KB038963

3명의 슈퍼바이저와 함께하는

상담사례 슈퍼비전

통합적, 인지적, 정신역동적 접근

Counseling Cases And Supervision with Three Different Supervisors

홍경자 · 박경애 · 최혜란 공저

학지사

머리말

어느 분야에서나 전문가로서의 역량을 기르기 위해서는 먼저 해당 분야에 대한 기초적인 이론을 확실하게 습득하고 나서 사범(master)에 해당하는 수련감독자에게 여러 이론과 기법을 익히며 자신의 장단점을 파악해 나가는 과정이 필요하다. 그리고 보다 노련한 전문가가 되기 위해서는 많은 임상 경험을 가지고 다양한 개성과 이론의 슈퍼바이저들로부터 좀 더 많은 지도를 받는 것이 요구된다. 이는 상담과 심리치료에 종사하는 사람들에게도 동일하게 적용되는 원리라고 하겠다.

내가 운영하는 심리상담센터에서는 지금까지 10여 년간 공개사례 발표회를 개최해 왔는데, 때마침 아주 귀한 기회가 마련되었다. 나와 박경애 교수와 최혜란 교수, 이렇게 3인이 한 팀이 되어서 한 상담자의 사례에 대하여 통합적 접근, 인지적 접근, 정신역동적 접근에 입각하여 슈퍼비전을 제공한 것이다. 그에 대하여 사례 발표자와 참관자들이 모두 흥미와 감동으로 열성적인 반응을 보인 것은 두말할 것도 없다. 이 책에 소개된 사례들은 사례 발표한 상담자에게 게재 허락을 받은 9개의 사례와 수련감독자(슈퍼바이저) 3인이 따로 슈퍼비전한 3개 사례를 합쳐 도합 12개의 사례이다.

1960년대에 미국에서 한 명의 내담자인 글로리아(Gloria)를 로저스(Rogers)와 엘리스(Ellis), 펄스(Pearls)가 각각 자신의 이론으로 상담한 동영상이 있는데, 그것은 지금까지도 미국의 대학원, 상담자 교육과정에서 활용되고 있다. 이 책에 소개된 사례 또한 하나의 사례를 가지고 이렇게 각각 다른 접근으로써 상담이 진행될 수 있으며, 그렇더라도 그 치료 효과는 유사하게 일어날 수 있다는 점을 보여 줄 수 있으리라 기대한다.

나는 한국 사회에 '상담심리학'을 처음으로 소개한 제1세대 학자 중의 한 사람으로서, 50년 이상을 상담을 가르치고 내담자를 상담해 왔다. 1980년대에 엘리스의 저서를 처음으로 번역하여 국내에 소개하였고, 1995년부터 지금까지 AP(적극적인 부모역할)의 부모코칭 지도자를 양성해 왔다. 그러한 경험을 통하여 내담자의 심리적인 문제는 그가 어떤 느낌과 생각에 사로잡혀 있는가와 밀접하게 연관되어 있다는 것을 알게 되었다. 그러므로 나는 내담자가 협소한 자기의 시각에서 벗어나 세상을 온통으로 조각하는 안목을 가지고 과거와 미래를, 아픔과 기쁨을 통합하도록 안내하는 것을 강조한다. 그래서 이 책에서는 박경애 교수와 최혜란 교수가 밀도 있게 제시한 인지적, 정신역동적 접근 이외의 영역인 통합적 접근에서 가족상담, 부부상담, 성상담, 트라우마치료, ACT, 명상, 기독교적 접근, 신체감각치료, 두뇌이론과 양자역학 등을 소개하였다. 그리고 내담자가 마음과 몸, 혼과 영, 이상과 현실 등을 통합하며, 인생을 거시적으로 조감하여 큰 그림을 그려 보기를 촉구하는 입장을 취하였다.

박경애 교수는 광운대학교 교육대학원 상담심리, 심리치료 교육 전공 주임교수로 재직하고 있다. 1995~1997년에 미국의 REBT 연구소에서 Ellis Scholar로 선정되었고 REBT 수련감독자로 인증되었으며, 국내에서는 2019년에 한국REBT인지행동치료학회를 창설하였고, 한국REBT인지행동치료 상담센터에서 REBT 전문가를 양성하고 있다. 박경애 교수는 REBT가 한국의 상담심리학 교재에서 중요하게 소개되고 있음에도 불구하고, 상담학도들이 REBT 이론과 기법을 정확하고 심층적으로 배울 수 있는 기회가 거의 없었던 것으로 인지하였다. 그래서 'REBT'라면 '비합리적 신념'과 '논박'에만 주의를 기울일 뿐이고, 내담자를 인지적인 측면에서 철학적인 변화까지 이끌어 내지 못하는 현실에 대하여 안타까워하는 심정이 많았다. 그리고 성인 내담자의 굳어진 사고구조를 바꾸어 주려면 편도체에 각인된 정서까지 교정해 주어야 하므로 많은 시간이 걸리지만, 청소년들은 사고기능이 막 개발되는 시기이기 때문에 이 시기에 REBT로써 사고를 바로 교정해 주고 합리적인 대안신념을 제공해 준다면 상담 과정에 소요되는 시간이 비교적 단축될 수 있다고 강조한다. 그런 의미에서 이 책에 소개된 REBT의 상담 기법이 성인과 청소년들의 치유에 많은 도움이 되기를 기대한다.

최혜란 교수는 백석대학교의 학생생활상담센터 소장으로 만 7년 이상 재직하면서 약 100명의 수련생에게 슈퍼비전을 제공하였고, 지금까지 NLP를 비롯한 여러 상담이론 외에도, 특히 분석심리학에 의한 꿈 분석 훈련에 매진하고 있다. 그리고 젊은 층에게는 대상관계상담이론을 즐겨 적용한다. 최혜란 교수는 슈퍼비전을 할 때 많은 시간을 들여 꼼꼼히 읽고 나서 자신의 가슴에 떠오르는 것을 전달하는 스타일이다.

슈퍼비전을 하는 상황은 수련감독자와 상담자 간에 두 영혼이 만나는 귀중한 기회라고 생각하여, 그때그때의 상황에 따라 슈퍼비전의 피드백을 때로는 간략하게 또는 자세하게 전달한다. 그렇더라도 슈퍼비전을 마치고 나면 서로가 만족하게 되는 것을 경험하므로, '아, 그런 상황에서는 그렇게 말하는구나.'라는 느낌이 이 책을 읽으면서도 독자들의 가슴에 전달될 것으로 믿는다.

공개사례 발표회 때 수련감독자로서 슈퍼비전의 피드백을 상담자에게 말로써 제공하는 것과는 달리, 이 내용을 다시금 글로 적어 책으로 내기란 또 다른 과제요, 힘든 작업이었다. 또한 이 책에 소개된 사례는 개인적인 신상에 대하여 다소간의 수정이 가미되었고 익명으로 처리되었음을 밝힌다. 그리고 상담자가 발표한 사례 내용을 지면관계상 상당 부분 축소하였기에, 슈퍼바이저의 피드백에서 간혹 축소된 내용에 대한 언급이 있을 수 있으므로 독자들이 이 점을 이해해 주시기를 부탁드린다. 모쪼록 이 책이 여리고 아픈 내담자의 가슴에 훈기를 불어넣어 주는 상담과 심리치료의 종사자들과 또 그들을 격려하고 지도하는 슈퍼바이저들에게 좋은 길잡이가 되기를 기원한다. 아울러 대학원의 '상담실습 및 사례연구'의 학과목과 '슈퍼비전'의 학과목 시간에 유익한 교재로 활용되기를 기대한다.

이 책에 상담 사례의 게재를 허락한 여러 상담자들의 성실한 노력 덕분에 훌륭한 상담의 모형을 제시할 수 있었다. 다시 한번 게재를 허락해 준 것에 대하여 고마운 마음을 전하고 싶다. 또 이 책의 원고 타이핑과 교정에 도움을 준 서미화 선생님에게도 감사드린다. 그리고 캄보디아의 동화와 문화에 대하여 조언해 준 전남대학교 박준근 명예교수에게도 깊이 감사드린다. 마지막으로, 좋은 책으로 출간해 주신 학지사의 김진환 사장님과 편집부 백소현 차장과 여러 선생님에게도 마음으로 감사드린다.

2022년 1월
우면산 기슭에서
저자들을 대표하여
홍경자

차례

1부

세 가지 접근별 상담의 특징과 진행 과정

상담이란 무엇이라고 정의할 수 있으며, 내담자의 심리적 문제의 특성은 어떻게 범주화할 수 있는가? 그리고 상담자의 역할은 무엇인가? 1부에서는 이에 대해 살펴보고 나서, 세 가지 접근별 상담의 특징과 상담 과정을 소개하였다.

상담과 심리치료는 크게 정신역동적 접근, 인간중심적–현상학적 접근, 행동주의적 접근, 인지이론적 접근의 네 가지로 분류되어 있다. 인간중심적인 상담은 모든 상담자에게 기본적으로 요구되는 상담자의 태도(자질)이므로 이 책에서는 생략하였다. 따라서 1부에서는 먼저 통합적 접근에서 내담자의 모습과 내담자의 문제를 포괄적으로 조망하는 관점을 제시하였다. 그러고 나서 가족, 부부, 성 상담과 기독교적 상담, 트라우마 상담과 두뇌이론 및 양자이론을 소개하고, 의사소통 기술과 부모역할의 코칭 등과 같은 실제적인 면에 대하여 언급하였다. 다음으로 인지적 접근에서는 REBT를 중심으로 한 상담의 특징과 진행 과정을 살펴보았다. 그리고 정신역동적 접근에서는 대상관계상담과 분석심리학적 상담의 특징과 진행 과정을 살펴보았다.

1부의 마지막으로 슈퍼바이저(수련감독자)가 상담자 쪽에서 여러 가지 이론을 적용하여 상담을 진행하는 것을 슈퍼비전할 때의 역할과 과제 등을 논의하였다.

1장

상담의 통합적 접근:
가족, 부부, 성 상담, 기독교적 접근 등

거의 모든 인간이 그러하듯이, 내담자는 자기의 생활 속에서 지속적으로 자신을 괴롭히는 심리적인 문제를 안고 있다. 그리하여 상담자로부터 전문적인 도움을 받음으로써 보다 더 적응적이고 자족하며 발전적인 삶을 살아가고자 노력한다. 다시 말해서 지금까지 반복적으로 느끼고 행동하고 사고했던 양식이 비효율적이라는 것을 깨닫고, 그것을 바꾸어 새로운 방식으로 살아가는 것을 배우고자 한다. 그리하여 '자기'라는 존재에 대한 진정한 이해를 얻고 진실한 자기의 욕구와 삶의 의미를 찾아 자기실현의 길로 방향을 선회하는 것이다.

1. 내담자의 문제 특성과 상담의 정의

내담자의 문제에는 어떤 패턴(특성)이 있고 상담자는 어떻게 도와줄 수 있는가?

사람들은 주로 어떤 문제로 상담을 받으러 오는가? 내담자들의 호소 내용을 들어보면 대개 자신의 삶의 방식이 주변 사람들과 심각한 마찰을 빚거나, 스스로도 심리적인 고통을 느끼게 되어, 무언가 잘못 살고 있다고 생각하는 경우가 많다. 또 자기의 정체성이나 삶의 의미와 진로를 찾지 못하여 방황하는 것을 알 수 있다.

무엇이 핵심 문제인가? 개인의 생각과 감정과 행동은 서로 연결되어 있어서, 어떤 것이 생각의 문제이고 어떤 것이 정서나 행동상의 문제라고 확연하게 구별 지을 수가 없다. 그러나 내담자가 보이는 문제 내지 애로사항을 필자는 다음과 같이 범주화할 수 있다고 본다.

(1) 부적응적 행동과 대인관계 양식

예를 들면, 친구를 사귀고 우정을 지속시키는 기술이라든지, 배우자 및 자녀나 직장동료와 원만한 관계를 맺는 것이 여기에 해당된다. 이때 내담자는 실생활의 적응에 필요한 효과적인 의사소통 기술과 갈등해결의 노하우 및 사람들의 마음을 헤아리는 (공감의) 법을 상담자로부터 코칭받을 수 있다.

(2) 정서적인 문제

어떤 사람은 너무 여리고 예민하거나, 걸핏하면 화를 터트리고 싸움을 걸어온다. 그 당시 자기가 진실로 느끼는 감정이 무엇이며 무엇을 원하는지도 인식하지 못한 채 무작정 과격한 정서 반응을 하는 사람들은 대개가 심리적 외상(trauma)으로 인한 반사작용을 보이는 것으로 판명되었다. 이런 경우에는 차단된 자기의 감정과 접촉하여 트라우마를 심정적으로 재경험하는 기회가 주어짐으로써 치유가 일어나는 것이 요청된다.

(3) 이성적 사유 능력의 문제

나이는 30~50대인데, 대인관계 패턴이나 행동이 유 · 아동기에 정체되어 있는 듯한 내담자들도 많다. 그들의 미성숙한 행동과 정서는 세상물정을 모르고, 판단능력이 부족하며, 왜곡된 사고 양식과 밀접하게 연관되어 있다고 본다. 이런 경우에는 상담자가 내담자를 마치 어린이나 청소년을 대하듯이 부드럽고, 친절하게 대하면서 기본적인 생활의 요령을 구체적으로 코칭하고 격려하는 것이 필요하다.

(4) 정체성과 실존의 문제

자기 자신이 도무지 마음에 들지 않고 아무것도 아닌 존재인 것 같아 열등감으로 괴로워하고, 장차 어느 방향으로 삶을 결정해야 할지 혼란스러워하며, 인생의 목적과 의미를 찾는 데 어려움을 겪는 사람들이 있다. 이들에게는 자기 정체성의 탐색과 철학적, 실존적 성찰을 하도록 도와줄 수 있다.

살아있는 모든 유기체가 본래적인 모습, 즉 자신의 본질에 일치하도록 개체(자아)를

실현시키고자 하는 경향성을 가지고 있듯이, 인간 또한 그러하다. 우리 모두는 심리적으로 천진난만한 어린이라고 할 수 있다. 우리는 미숙하고 실수하는 존재이지만, 내면에는 착한 마음과 지혜와 성장의 힘이 있기 때문에 실수를 딛고 일어나 자기의 고유성을 발휘하여 자아실현의 방향으로 살아간다. 그런데 왜 심리적으로 고통을 받으며 자기실현의 길에 정체현상이 있는가? 이형득(2003, 4장)은 ① 열등의식과 같은 부정적인 자아개념, ② 사물을 선악의 이분법적 기준으로 판단하는 경향성, ③ 사랑받지 못한다는 생각으로 관계를 단절, ④ 지나친 욕심에 집착하는 것, ⑤ 직관에 따라 그때그때의 자발적인 반응을 하지 못하고 미리부터 불안과 공포에 싸여 과잉 반응하기 때문이라고 하였다. 그러나 상담과 심리치료를 통하여 진정한 자기를 이해하고 자기를 수용하며, 자아실현에 방해가 되는 이런 것들을 척결할 수 있는 마음과 지식과 행동적 기술을 터득하게 된다면, 우리 내면에 있는 성장의 힘이 되살아날 수 있다고 보는 것이다. 그 결과 자기 내면의 갈등이나 대인 간의 갈등을 지혜롭게 처리하여 자족하는 마음으로 살아갈 수 있다.

상담자는 이와 같이 심리적, 적응적 문제를 가지고 오는 내담자와 마주하여 촉진적인 의사소통을 통해서 그를 전문적으로 도와준다. 따라서 '상담이란 내담자가 자기를 이해하고 현재 당면한 문제와 장차 예상되는 문제에 대한 조망과 해결능력을 습득하여 자아실현의 방향으로 나아가도록 조력함으로써 온전한 자기로서 자존감과 평안과 배려심을 획득하도록 인도하는 일련의 조력 과정'이라고 할 수 있다(홍경자, 2001).

상담자는 어떤 태도로 내담자를 대해야 하는가?

로저스(Rogers)의 후계자인 카크허프(Carkhuff)는 상담자가 ① 공감, ② 존경, ③ 온정, ④ 구체성의 반응을 보일 때 그의 의사소통 기술이 촉진적 수준에 도달한다고 하였다. 이러한 촉진적 수준에서만이 내담자를 도와줄 수 있는 전문성이 발휘된다. 그리고 상담자가 ⑤ 진실성, ⑥ 적절한 자기 노출, ⑦ 직면화, ⑧ 즉시성(here & now)의 반응을 보일 때 내담자를 고차원적으로 인도할 수 있다고 하였다(홍경자, 2001, p. 175).

상담자는 어떤 역할을 하는 사람인가? 다시 말해, 내담자를 어떤 방식으로 도와주는 것이 중요한가?

필자는 간략하게 다음의 네 가지를 강조한다(홍경자, 2001, pp. 57-62).

- 내담자에게 힘[氣]을 북돋아 준다.
- 지피지기(知彼知己)하게 한다: 역지사지(易地思之)하는 공감능력
- 자기 지도력을 길러주어 자기실현의 방향으로 나아가게 한다.
- 자기와 세상을 바라보는 조망이 넓어지고 미래 삶의 방향성을 정하게 한다.

구체적으로 상담자는 내담자에게 무엇을, 어떻게 도와준다는 말인가?

첫째, 내담자의 현재 상태를 파악한다. 즉, 내담자가 안고 있는 문제점은 무엇이고, 그가 보이는 생활방식과 주된 심리 상태, 즉 어떤 느낌에 싸여 살고 있는지를 규명한다. 예를 들어, 주영이(고2)는 장래(진로)에 대한 꿈이 없고 그저 허탈하다. 그리고 반항적이고 폭력적인 성격이다. 그런데 자신이 그런 성격이라는 것을 깨닫지도 못한 채, 부정적인 느낌 속에 살면서, 어떤 상황에 부딪히면 깊이 생각해 보지도 않고 무작정 본능적으로 거칠게 반응하는 것 같다. 상담에서는 주영이가 자기의 그런 특성을 자각하도록 도와주는 것이다.

둘째, 내담자가 원하는 것, 즉 그가 괴로워하는 것에서 벗어나 얻고 싶은 것이 무엇인지를 규명한다. 그것에 근거하여 상담의 목표를 설정한다. 그런데 주영이처럼 어떤 내담자는 상담을 받으러 오기는 했지만, 자기가 진실로 원하는 것이 무엇인지를 확실하게 알지 못하기 때문에 혼란스러워하는 경우도 많다. 상담자는 내담자가 원하는 것을 성취할 수 있도록, 계획을 수립하는 것을 도와준다. 그것은 지금까지 상투적으로 반복해 온 역기능적인 생각, 감정, 행동을 바꾸어 새로운 효율적이고 생산적인 습관을 터득하도록 안내하는 것이다. 이 시점에서는 자기의 문제와 세상에 대한 편협한 생각에서 벗어나 폭넓은 조망을 할 수 있으며, 자기의 힘으로 변화시킬 수 없는 사항은 담담하게 수용할 줄도 아는 태도로 인도하는 것도 포함된다. 그리고 먼 미래에 자기는 어떤 삶을 살고 싶은가에 대해서도 현재의 문제와 더불어 성찰하게 하여 자신의 정체성을 찾아가도록 한다.

셋째, 자신이 살아온 인생을 점검하고 자기의 삶을 정리하는 작업도 필요하다. 특히 중년과 노년기에는 철학적이고 종교적인 자기성찰을 통하여 삶의 의미와 가치를 확인하고 지나온 삶을 정리하며 평안을 찾도록 도와주는 일이 요구된다.

넷째, 내담자가 발전과 성숙의 방향으로 나아가도록 안내하고 훈련시킨다. 이 시기에서 가장 많은 역동이 일어난다. 친구를 사귀는 요령을 터득하도록 사회성의 기술을 가르쳐 준다든지 발표 불안, 즉 사회 공포증을 극복하도록 단계적 둔감화나 실제적 탈감화를 코칭하는 것이다.

이상에서 살펴본 것을 통합적인 관점에서 설명하자면 다음과 같다.

① 과거의 역사가 현재 속에 있고 미래의 삶의 방향도 현재 속에 있다. 그래서 개인의 역사는 인류의 역사처럼 반복되지만, 진화의 방향으로 나아간다(이 책의 모든 사례).

② 내담자의 문제는 그의 가족과 체계와 문화의 상호작용 속에서 조명되어야 한다(이 책의 5장, 14장 주인공이 여기에 해당된다). 그리고 조상의 미해결 과제가 엉뚱하게 내담자와 주변 인물을 괴롭히는 뿌리이므로 내담자의 자기 문제 해결은 부모와 조상의 미해결 과제까지 해소하는 기능을 한다(13장, 14장 참조).

③ 부부관계, 부모-자녀 관계에서의 갈등은 그들 간에 힘의 균형이 이루어지고 있는가를 상호 존중과 배려와 사랑의 관점에서 보도록 하고, 비언어적이며 성적인 에너지가 연결되는 느낌의 친밀감이 해결의 열쇠라고 볼 수 있다(14장, 15장 참조).

④ 당면 문제의 해결 내지 치료를 갈급하게 원하는 내담자에게는 미래, 곧 장기적인 삶의 목적까지 생각해 보게 함으로써 정체성의 탐구도 병행되도록 한다(10장, 14장 참조).

⑤ 결핍욕구(예: 사랑받고 싶다)의 내담자에게는 역설로써 성장욕구의 (사랑을 주는) 존재로 역할 할 수 있는지를 생각해 보게 한다(12장 참조).

⑥ 이성적(사고) 능력 위주로 사는 내담자에게는 감성 발달을 강조하여 삶의 균형을 기하게 한다(11장, 13장 참조).

⑦ 자기가 진실로 원하는 것이 무엇이며, 어떤 사람으로 살고 싶은지를 잘 인지하지 못하는 내담자에게는 의식(합리적 분석능력)과 무의식(직관, 느낌, 지혜, 종합능력) 간에 대화를 나누게 하거나 이성(혼)과 영성(영) 간에 나누는 대화에 귀를 기울이라고 촉구한다(7장, 11장 참조).

⑧ 아동·청소년이나 정서적으로 미숙한 내담자에게는 현실적 적응에 필요한 기술을 구체적으로 가르쳐 주고 지시적인 방법으로 코칭한다(8장, 9장, 15장, 16장 참조). 그러나 비교적 성숙한 내담자에게는 이성적인 토론이나 추상적이고 은유적인 의미 발견의 비지시적 방법을 사용한다(5장, 6장 참조).

⑨ '문제가 있다.'라는 것은 현 상태를 떨치고 일어나 '성장하고 비약하라.'라는 메시지이다. 그와 마찬가지로 손해(고난, 장애)는 이득(성숙의 계기, 은총)이라는 이중적인 의미를 발견하여 내담자가 상대적이고 이분법적인 관점에서 벗어나도록 인도한다(10장, 14장 참조).

⑩ 이해할 수 없는 과격한 감정 폭발로 피해를 주는 내담자는 내담자의 신체 속에 트라우마를 경험했던 당시의 감정이 체화된 신체 감각으로 들어 있다고 이해해야 한다(11장, 12장, 13장 참조). 그러한 트라우마를 다루게 되면 내담자의 미해결 과제뿐만 아니라 조상의 한(恨)까지 한꺼번에 해결되는 효과가 있다. 이때 언어적 방법 이외에 신체 감각적 접근과 명상과 예술치료를 융합적으로 적용하는 것이 필요하다.

⑪ 마음챙김의 명상과 '관찰하는 자기'는 사고와 의식 중추에 관심을 집중함으로써 초월적인 능력이 개발되어 내담자가 자신과 자신의 문제를 우주적으로 바라볼 수 있게 하며, 자기의 에너지가 환경과 대상에게 미치는 효과가 있다(10장, 13장 참조). 앞으로의 상담에서는 이 분야에 더욱 주력하는 것이 예상된다.

이와 같이 상담자는 내담자의 모습과 내담자가 호소하는 애로사항을 한걸음 떨어진 위치에서 포괄적으로 조감한 다음에, 그에게 적합한 몇 가지의 상담 이론을 선택하고 개입하도록 한다.

유능한 상담자가 되기 위한 전문적 자질에는 어떤 것이 있는가?

첫째, 상담자는 내담자를 인격적으로 존중하고 수용하고 내담자의 잠재적 성장 가능성을 믿으며, 내담자의 입장에서 그의 문제를 이해하는 태도로 임해야 한다. 즉, 로저스(Rogers)가 말하는 '무조건적인 수용적 존중'의 태도와 위니컷(winnicott)이 말하는 '충분히 좋은 엄마처럼 담아주고 버텨주는 태도'가 요구된다. 일반적으로 상담자가 따뜻하게 내담자를 수용하고 공감해 주고, 그가 변화를 위해서 위험을 감수하도록 격려할 때, 상담자가 어떤 이론을 적용했느냐와는 무관하게, 30%의 내담자가 증세의 호전을 보였다고 하였다. 그러므로 상담과 심리치료의 초기에 내담자와 치료적 동맹을 공고하게 맺는 것이 상담의 긍정적인 효과를 예측하는 데 중요한 요인이 된다(유영권 역, 2004, p. 188).

둘째, 상담의 이론과 실제 기법에 대한 전문적인 지식을 구비해야 한다. 내담자가 가지고 오는 문제를 풀어가는 데 적합한 다양한 상담 이론을 근거로 하여 사례개념화를 수립하고 나서, 실제 상담에 임할 수 있어야 한다. 어느 한두 가지 이론으로만 내담자를 대하는 것은 위험하고 비효율적이다. 그래서 아동, 청소년, 성인, 노인 내담자의 문제를 발달 단계에 따른 발달과업적 측면에서 조명할 수 있어야 한다.

가령 청소년과 청년은 세상에 나아가 적응하는 기술을 코칭해 주는 것이 중요한 데 반하여, 중년기의 내담자에게는 인생 방향과 진로의 재조절, 즉 제2의 사춘기적 요구에

부응해야 한다. 그리고 노년기의 내담자에게는 지나간 삶을 정리하고 죽음을 준비하면서 인생의 의미를 영적인 면에서 성찰하도록 도와주는 것이 요구된다. 그러니까 인간성에 대한 이해를 기초로 하여 ① 문제 예방적 차원(예방), ② 발달과 성장적 차원(교육, 코칭), ③ 문제해결적 차원(치료), ④ 의미와 가치관의 차원(영적 성찰)을 망라하여 상담과 심리치료를 진행하는 것이다.

셋째, 상담심리전문가로서 상담자는 윤리적인 책임 의식을 가지고 내담자의 신상에 대한 비밀을 보장하며, 신뢰성과 정직성과 열의를 가지고 임해야 한다. 그리고 어떤 영역에서 전문적으로 자신의 한계가 무엇인지를 잘 인지하고(예: 동성애 문제, 중독 문제) 내담자의 복지를 최우선시하여 위탁과 외부의 협조를 고려해야 한다(노안영, 2005).

넷째, 상담자는 자기 자신에 대한 이해의 면에서 성숙한 수준에 이르는 수행이 필요하다. 상담자는 상담시간에 일어나는 전이와 역전이 현상을 잘 이해하기 위해서 참여적 관찰자가 되어야 한다. 그 일에 도움을 받기 위해 선임 상담자로부터 개인분석을 받으며, 자기가 진행한 상담 사례에 대하여 다양한 슈퍼바이저(수련감독자)들로부터 슈퍼비전(수련감독)을 받는 것이 필요하다. 그리하여 기존의 고정관념에서 탈피하여 사람과 세상을 새로운 시각으로 바라보는 안목을 기르도록 한다(제석봉, 유계식, 박은영 역, 1997). 그리하여 상담자의 인격이 내담자의 인격을 치료하는 계기가 되도록 한다.

상담자는 어떤 상담 이론적 접근으로 내담자의 문제를 조명할 것인가를 살펴보기로 한다.

2. 상담 이론의 4대 조류

상담심리학이 대두된 이래로 많은 이론이 창출되었다. 이를 역사적으로 개관하자면 크게 다음의 네 가지 범주로 분류될 수 있다.

1) 정신분석학적(정신역동적) 접근

이것은 프로이트에 의해 소개된 정신분석의 이론에 입각하여 개인의 심리적, 적응적인 문제를 무의식과 관련하여 정신역동적으로 설명하려는 입장이다.

정신분석학에서는 내담자가 무의식적으로 사용하는 방어기제와 행동 양식이 과거에는 불안을 피하게 해 주어서 생존과 자기 보호에 유용했지만, 지금은 역기능적이라

는 것을 깨달을 수 있도록 의식화하는 작업을 한다. 그래서 (분석적) 해석을 통한 통찰을 얻게 한다. 그리하여 현실적으로 적합한 행동을 분별하고, 일상생활에서 새롭게 행동하는 법을 연습시킨다. 이것이 훈습이다. 그 결과 수많은 통찰과 훈습을 통하여 자기조절 능력이 길러진다.

프로이트 이후에, 정신분석학적인 기본 개념 아래 많은 학자들이 자기 나름의 사상을 개발하여 새로운 이론을 정립하였다. 대표적인 것들을 소개하면 다음과 같다.

- 융(Jung)의 분석심리학
- 아들러(Adler)의 개인주의 심리학
- 에릭 번(Berne)의 교류분석이론
- 위니컷(Winnicott)의 대상관계이론
- 코헛(Kohut)의 자기심리학

2) 인간중심이론 및 현상학적 접근

로저스(Rogers)는 모든 인간에게는 자기실현의 욕구와 사랑받고 싶은 욕구가 있는데, 부모의 가치를 내면화함으로써 참된 자기감을 상실하고, 거짓된 자기로 살기 때문에 심리적인 고통이 수반된다고 하였다. 그러므로 상담자가 내담자를 현재 있는 그대로 수용하고 공감해 주며, 내담자의 자율적 성장의 힘을 믿고 존중해 줄 때, 자기에 대한 진정성을 발견하고 자기실현의 방향으로 삶을 선택할 수 있다고 하였다. 오늘날 로저스의 인간중심적 상담 이론은 모든 심리치료 및 상담 종사자에게 요구되는 기본적인 태도로 자리매김하고 있다.

현상학적 접근에 속하는 대표적인 이론은 다음과 같다.

- 펄스(Perls)의 게슈탈트 이론
- 실존주의적 상담(의미요법)
- 현실치료

3) 행동주의적 접근

행동주의적 상담에서는 내담자의 부적응적 행동을 학습이론으로 설명한다. 즉, 그

의 문제행동은 ① 자극과 반응(S-R)의 연합(고전적 조건형성), ② 부적응적 행동이 반복 강화된 것(조작적 조건형성), ③ 모방행동(사회학습이론)을 통하여 학습된 것으로 간주한다. 그러므로 내담자의 부적응 행동을 없애고 바람직한 행동을 새로이 학습시키기 위해서는, ① S-R 연합을 제거하거나, ② 조작적 조건형성의 강화를 제거하고, 적응적 대안행동에 대해서 강화를 제공하며, ③ 모범적인 대상의 긍정적인 행동을 모방하도록 한다.

상담자는 과학자적인 태도를 가지고 ① 문제행동의 규명과 새로이 학습할 행동(표적행동)의 엄밀한 선정, ② 기초선의 설정, ③ 목표의 세분화, ④ 변화촉진 요인의 투입, ⑤ 변화 정도의 평가를 수행한다. 또 혐오치료, 자기관리기법, 인지행동수정, 바이오피드백 사용, 집단적 기법 등이 사용된다. 오늘날 행동주의적 접근은 인지상담적 접근 속에 통합되어 활용되고 있다.

4) 인지적(인지행동적) 접근

인간이 느끼는 감정과 취하는 행동은 거저 일어나는 것이 아니라, 무슨 생각을 했느냐와 연관이 있다. 그러므로 내담자의 적응과 심리적 안녕을 도와주는 상담에서는 내담자의 사고체계를 다루는 것이 매우 중요하다. 심리치료와 상담에서 내담자의 사고(신념)를 최초로 다룬 학자는 엘리스(Ellis)와 벡(Beck)이다. 그 뒤에 불교의 참선(명상)을 도입한 수용전념치료 이론과 심리도식치료 이론 등이 대두되었다.

국제초월영성심리학회(또는 무아심리학회, Transpersonal Psychology Association)가 설립된 이래로 여러 가지 종교적인 수행방법을 상담에 융합하는 방식으로 발전하였다.

인간은 육체, 마음, 영혼이 분리될 수 없는 존재로서, 영, 혼, 육은 서로 간에 영향을 미친다. 상담심리학에서 다루는 인간의 마음(혼)이 영과 맞닿아 육체적 건강까지 영향을 주는 관점에서, 협소하고 왜곡된 신념을 넓혀 영적, 우주적 차원까지 확대하게 되면, 내담자의 문제가 문제시되지 않게 되는 수준에 이르게 된다. 그러니까 인지적 접근은 '사고에 대한 한층 높은 차원의 사고 내지 복합인지'를 가능하게 하여 조망 능력을 넓혀주는 것이다. 대표적인 이론은 다음과 같다.

- 합리적 정서행동치료(REBT)
- 벡(Beck)의 인지치료
- 수용전념치료(ACT)

• 트라우마(PTSD) 치료와 두뇌이론

이 중에서 특히 '트라우마(PTSD) 치료와 두뇌이론'에 대하여 추가 설명을 하면 다음과 같다. 트라우마(trauma, 심리적 외상)는 전쟁, 재난, 폭행(강간) 등의 엄청난 사건을 접한 후에, 또는 스트레스를 주는 사건에 장기간 지속적으로 노출될 때, 그 충격에 압도되어 이성적인 사고 기능이 마비되고, 감정적으로 과도한 반응이나 해리 반응을 보이는 현상을 말한다. 이것을 외상 후 스트레스 장애(PTSD)라고도 한다. 엄청난 트라우마를 경험하게 되면, 세상은 재앙적으로 지각되어 분노, 의심, 불안과 공포 속에 살아가며, 자기 감정을 인식하지 못하게 된다. 그리고 마음과 감정과 신체 속에 외상의 흔적이 새겨져서, 생리학적인 변화를 경험하게 된다.

트라우마 치료는 복합적으로 이루어지는데, 먼저 안전한 환경에서 수용적인 상담자가 버텨주고 공감해 주도록 한다. 그리고 내담자의 몸에서 느껴지는 감각 신호를 알아차리게 하여 신체 속에 새겨진 트라우마의 흔적을 확인하고, 그때의 그 강렬한 감정과 접촉한 후에 그것을 몸 밖으로 방출하게 한다. 트라우마 치료는 신체감각치료와 인지치료를 함께하는 과정에서 마음챙김(명상), 그림, 춤, 노래, 이야기치료 등의 표현예술치료를 활용한다.

'인지행동적 접근'에는 이 외에도 심리도식치료이론, NLP, 기독교적 상담 등이 있으나 이 책에서는 생략하기로 한다.

3. 실생활에 필요한 적응기술의 훈련

상담은 ① 심리치료, ② 코칭 내지 심리교육, ③ 중재(환경적 도움)의 세 영역에서 이루어진다. 많은 내담자들에게 가장 긴요하게 요구되는 것이 일상생활의 적응 능력과 마음관리(감정조절)의 기술을 습득하는 것, 즉 코칭 내지 심리교육이다. 그리고 대부분의 기혼자는 자녀양육 과정에서 바람직한 부모역할의 노하우를 알고 싶어 한다. 따라서 상담자는 다음과 같은 영역에 전문가(지도자 자격증)적 소양을 갖추는 것이 요청된다.

• 부모역할의 코칭(부모교육)
 –P.E.T.(부모 효율성 훈련)
 –STEP(효율적 부모를 위한 체계적 훈련)

–AP(적극적인 부모역할): AP Now, AP Teens, 이혼 · 별거가정의 부모역할
–하모니 부모상담, 부모코칭

- 의사소통의 기술 코칭: 비폭력 대화, 주장적 자기표현 등
- 스트레스 관리 기술 등

4. 가족치료 및 부부치료: 성상담

가족의 문제와 부부간의 갈등을 해결하는 데 유용한 대표적인 이론은 다음과 같다.

- 보웬(Bowen)의 다세대 가족치료이론
- 사티어(Satir)의 경험주의 가족치료이론
- 미누친(Minuchin)의 구조적 가족치료이론
- 베이트슨(Bateson)의 가족체계이론
- 헤일리와 마다네스(Haley & Madanes)의 전략적 가족치료이론
- 김인수와 드 세이저(Insoo Kim Berg & de Shazer)의 해결중심 단기 가족치료이론
- 헨드릭스와 훈트(Hendrix & Hunt)의 이마고 부부대화
- 가트만(Gottman)의 Smart Marriage
- 슈왈츠(Schwartz)의 내면가족체계이론
- 정서중심치료
- 헬링거(Hellinger)의 가족 세우기 이론
- 성치료: 성인용 성교육과 성치료
- 내면아이 치료

이상을 살펴보면, 상담자가 알고 있어야 할 전문적 이론이 매우 많다. 그리고 세월이 지나면 또 다른 새로운 이론이 나타날 것이다. 그래서 상담자들(특히 초보상담자)은 압도감을 느낄 수 있다. 그러나 대부분의 이론은 용어와 설명은 달리하지만, 개념은 유사하고 공통점이 많다. 따라서 전문가로서 기본적 소양이 필요한 상담 이론을 공부하고 난 다음에, 자기의 취향에 맞는 몇 가지의 이론을 연구하고 실천해 보면서 그 효용성을 검증하기 바란다.

5. 상담 과정의 6단계

상담을 진행해 나가는 과정은 학자에 따라 5~7단계 등으로 설명하기도 한다. 필자는 상담의 각 단계에서 다루어야 할 중심 과제에 초점을 맞추어 다음과 같은 6단계로 나누었다.

1) 1단계: 상담 관계를 맺는다(친밀감의 형성과 구조화)

① 친밀감의 형성과 공감적인 반응 보내기

상담자는 처음 내담자와 만나 대화를 시작할 때 내담자가 편안하게 자기의 마음을 이야기할 수 있도록 안정감 있는 분위기를 만들어야 한다(rapport의 형성). 그리고 그의 이야기를 경청하는 동안에는 ① 내담자의 마음을 헤아려 공감해 주고, ② 내담자가 상담받고 싶은 의욕과 긍정적인 마음을 갖도록 내담자의 강점을 말해 준다.

② 상담의 구조화

상담을 받으러 온 내담자에게 처음에 제시한 상담 안내문의 내용을 다시 한번 주지시키면서, 심리 상담의 특성을 설명해 준다. 즉, 내담자가 스스로 자기 문제를 해결하려고 주도적으로 노력하는 주체이며, 특별한 예외사항이 아닌 한, 내담자가 진술한 내용에 대해서는 비밀이 보장된다는 말을 언급한다. 그리고 내담자와 얼마 동안 만나는 것이 기대되며, 비용은 얼마인지를 알려 주고, 경우에 따라서는 상담자가 주로 사용하는 상담의 이론과 기법에 대해서도 간략하게 설명해 준다. 이것이 구조화(structuring)이다.

③ 위기상황 시 서약서 쓰기

상담의 초기 단계에서 내담자가 자해, 자살 의도나 자살 미수, 폭력 등의 사건을 언급할 때는, 내담자가 그런 행동을 상담 기간 동안에 하지 않겠다는 서약서를 반드시 작성하고 사인하게 한다. 그리고 그 사실은 비밀보장의 예외 조건이므로, 가족과 유관기관(예: 학교, 경찰서 등)에 알리는 것이 필수적이다.

④ 위탁(referral)을 고려하기

상담자는 내담자의 복지를 최우선적으로 고려해야 한다. 그러므로 내담자의 심리 상태가 정상인지, 비정상인지를 판단하고, 또 내담자 문제의 특수성(예: 배우자 성 문제, 중독, 동성애 등)과 관련하여 상담자 자신의 전문성을 고려하여, 위탁 여부를 결정하도록 한다.

2) 2단계: 내담자의 현재 상태와 그의 바라는 바를 규명한다(문제점의 규명과 상담 목표의 설정)

① 내담자의 문제점을 규명한다.

② 내담자의 문제점과 관련하여 미래에 원하는 바, 꿈을 확인한다. 그것을 일일이 언급하게 한다.

③ 내담자의 바라는 바를 성취하기 위해서, 내담자 자신이 조처할 수 있는 것이 무엇인가에 초점을 맞추어 상담 목표를 설정한다.

- 이때 좌절감에 허덕이는 내담자에게 희망을 불어넣어 주기 위해서 단기 해결중심 상담의 기적 질문, 척도 질문, 성공경험 질문 기법을 사용할 수 있다.

④ 상담의 목표를 수립한다.

- 상담의 목표는 내담자와 상담자가 합의하여 수립한다.
  상담의 목표는 원칙적으로 내담자가 원하는 것이 이루어지는 것에 해당된다. 그러나 내담자의 시야가 협소하거나, 사회적으로나 윤리적으로 문제가 되는 성질의 소원을 내담자가 성취하고 싶어 한다거나, 너무 비현실적일 때, 상담자는 내담자와 그 점에 대하여 논의를 해야 한다.
- 큰 목표를 세우고 몇 개의 하위 목표를 세우거나 서너 가지의 목표를 세울 수 있다.
- 장기적인 비전까지 포함시킨다.
- 문제에 대한 넓은 조망 능력(문화적, 사회적, 종교적)을 갖도록 한다.
- 내담자가 원하는 방향으로 목표를 달성할 수 없는 상황에서는 그 현실을 받아들이는 태도를 체득하게 한다.

3) 3단계: 내담자의 특성과 문제의 원인을 탐색한다(사례개념화)

① 내담자의 문제점과 관련된 사고, 감정, 행동의 특성을 파악한다.

내담자가 반복해서 사용하는 말, 이미지, 행동과 신체 감각에 주목할 필요가 있다.

② 내담자가 보이는 증상이나 문제의 근원을 유전적, 환경적 맥락에서 조명한다.

원가족의 가계도를 분석하고 가족의 분위기(문화)와 성장사를 알아보는 작업을 한다.

③ 사례개념화를 한다.

내담자의 성격(기질)과 내담자의 성장 배경과 3~4대에 걸쳐 반복적으로 나타난 가족 역사의 특수성을 연결하여, 내담자가 현재 보이고 있는 문제의 인과관계(因果關係)에 대한 잠정적인 가설을 수립한다. 이것이 사례개념화이다.

4) 4단계: 상담의 진행 계획을 수립한다

① 상담자가 수립한 사례개념화에 근거하여 내담자에게 적용할 상담 이론과 기법을 검토한다.

② 내담자의 일반적인 특성(나이, 지적수준, 인간관계적 맥락, 환경 등)을 고려하여 적절한 상담이론과 방법을 결정한다.

③ 내담자에게 심리 치료, 코칭 내지 심리교육, 중재(환경적 도움)의 세 가지 영역에서, 주로 어느 영역에 중점을 두고 상담을 진행할지를 결정한다.

④ 가능한 한 복합적인 접근을 시도한다.

상담을 할 때 내담자의 신체적, 정신적(이성적), 영적(종교적) 건강을 복합적으로 도와주기 위해 여러 가지 상담 이론에 더하여 명상, 표현예술치료, 심리극(psychodrama) 등을 도입하고, 종교, 문학, 철학적 접근도 가미할 필요가 있다.

5) 5단계: 내담자의 발전과 치유와 성숙을 도와준다

상담은 이 단계에서 가장 많은 시간이 소요된다.

① 내담자의 억압된 감정을 자각하고 방출하도록 도와준다.

내담자가 동일한 소재의 이야기를 무수히 반복하는 것은, 그가 많은 억눌림을 받아 가슴속에 응어리가 있다는 것을 의미한다. 그 응어리는 어쩌면 그의 조상(3, 4대 선조) 때부터 그에게까지 전수된 것일 가능성이 많다.

상담자가 그의 호소를 경청하고 공감해 주는 것은 내담자에게는 막혔던 물꼬를 뚫어 주는 것에 해당된다. 그렇게 하면 내담자가 자신의 느낌을 바라보고, 알아차릴 수 있게 된다. 우리의 생각과 감정은 양자 이론의 입장에서 볼 때 에너지이다. 그래서 내담자 속에 응어리로 남아 있는 생각과 감정의 에너지를 제대로 흘러가게 하면, 그의 생명력은 되살아날 수 있다.

② 내담자가 자신의 감정에 접촉하도록 도와준다.

예를 들어, 남편을 비난하고 만성적으로 부부싸움의 악순환을 반복하고 있는 아내가 있다고 하자. 그는 자기가 무슨 감정을 느끼는지를 먼저 알아차려야 한다. 내담자는 분노의 늪 속에 빠져 있다. 그런데 그것을 더욱 탐색해 보니까, 분노 뒤에는 슬픔과 외로움이라는 감정이 도사리고 있다. 이것이 아내의 1차(근본적) 감정이다. 그러니까 내담자가 '자기 이해'에 도달하려면 자기가 어떤 느낌(감정)으로 살고 있는가를 먼저 자각해야 한다.

③ 내담자의 감정을 좌우하는 생각과 신념을 발견하도록 도와준다.

사람은 저절로 기쁘거나 슬프거나 화가 나지는 않는다. 반드시 무슨 생각을 했기 때문에 감정이 뒤따라온다. 그러므로 내담자가 느끼는 감정은 어떤 생각과 연관되어 있는가를 발견하도록 촉구한다. 아내는 '나는 언제나 남편에게 사랑받아야 한다.'는 생각이 강하다는 것을 알게 되었다. 그러고 나서 그것을 더욱 추적해 나가다 보니까 '나는 사랑받지 못할 것이다. 나는 매력이 없다. 그러니까 나는 무가치한 인간이다.'라는 상념이 끊임없이 자기를 괴롭히는 뿌리라는 것을 알게 되었다. 그것이 그녀의 핵심 신념 내지 스키마이다. 상담을 통해서 그것을 발견해야 한다.

④ 내담자의 부적응과 불행감의 원인이 되는 부정적 감정과 부정적 신념을 뿌리 뽑는 방법을 강구한다.

이를 위해서 상담자는 여러 가지 이론적 접근을 시도한다. 그리고 양자 이론과 인간의 두뇌 이론 및 신체감각적-표현예술치료적 접근도 접목시킨다.

⑤ 내담자를 새로운 사고, 감정, 행동으로 인도한다.

내담자가 무수하게 반복했던 역기능적 사고, 감정, 행동을 버리고, 새로운 생각과 느낌과 행동하기를 익혀서 습관이 되도록 인도한다. 이것이 훈습의 과정이다. 이 시기에 중요한 것은 긍정적인 자기의 모습을 두뇌에 이미지로 형상화시키는 작업이다.

우리의 현재 속에 과거의 기억과 미래의 꿈이 있다. 그러니까 현재는 과거와 미래와 공존한다. 과거를 정리하는 말을 하게 하고, 미래를 설계하는 말을 하게 하라. 그래서 내담자가 먼저 자기긍정의 말을 하고 나서, 긍정적으로 느끼고 긍정적으로 보고, 적극적으로 행동하도록 안내한다.

⑥ 내담자가 자기 리더십을 획득하도록 도와준다.

상담자가 내담자로 하여금 자기 리더십을 갖도록 도와주게 되면, 차후에 원래의 문제와 비슷한 상황이 발생하더라도 자기 스스로 너끈히 그런 문제를 해결해 나갈 수 있게 된다. 그러니까 자기 인생의 주인공으로서 주도력을 행사하게 된다.

6) 6단계: 상담 관계를 마무리한다(상담 관계를 종결하기)

이상적으로는 내담자가 꾸준히 노력하여 어느 정도 만족할 만한 성과가 나타났을 때, 내담자 또는 상담자가 종결의 의사를 내비치고, 그 뒤 얼마의 시간 후에 종결한다.

① 상담의 효과성을 평가한다.

종결 시간에는 그동안 내담자가 이룩한 상담의 효과를 평가하고, 아직 미처 해결되지 못한 것은 차후에 어떤 노력을 하여 다루려고 하는지를 평가한다.

② 상담의 고양회기와 추후상담을 약속한다.

상담이 끝난 후 얼마의 시간이 지나서(약 2~3개월 내지 6개월 후) 내담자와 연락하여 다시 한 번쯤 상담 회기를 가져보는 것이 바람직하다. 그리고 추후에도 도움이 필요한 경우에는 상담을 통하여 다시금 도움을 받을 수 있다고 말해 준다.

2장

상담의 인지적 접근: REBT를 중심으로

1. REBT 상담의 특징

REBT 상담의 특징은 인지의 강조, 철학의 강조, 심리교육적 접근과 자기 조력의 강조 및 상담자의 적극적 · 지시적인 태도, 상담의 단기 지향과 구조화된 모델로 되어 있다. 이를 자세히 살펴보면 다음과 같다.

1) 인지의 강조

REBT 상담에서는 인간의 심리구조 3요소를 '인지, 정서, 행동'으로 규정하며, 이 세 가지 요소는 서로 긴밀하게 영향을 미치고 상호작용하는 것을 강조한다. 아울러 내담자가 호소하는 정서적 문제와 행동적 문제는 바로 REBT의 창시자 앨버트 엘리스(Albert Ellis)에 의해서 '비합리적 신념'이라고 명명된 인지에 의해 매개된다는 것을 강조한다. 인지를 강조하지만 그렇다고 나머지 2개의 요소를 무시하는 것은 아니다. 엘리스 자신은 이미 REBT 상담은 인지행동치료를 넘어선 통합적 치료임을 강조하고 있다(Ellis, 1962). REBT는 합리적(rational) 사고, 정서적(emotive), 행동적(behavioral)이라는 명칭이 나타내고 있는 것처럼 인지를 강조하고 있는 것일 뿐 정서와 행동을 무시하는 것이 아님을 분명히 알아야 한다. 따라서 문제해결에 필요한 논박을 할 때에도 인지적 논박뿐 아니라 정서적 논박과 행동적 논박을 필요에 따라 활용할 수 있다. 특히 엘리스는 자신의 상담 시연회인 Friday Night Live에서 청중 가운데에 자원 내담자와 상담하면서 회기의 말미에 늘 논박의 정서적 기법인 Rational Emotive Imagery를 활용하며, 마지막에는 스키너(Skinner)에 의해 강조된 조작적 조건형성의 원리인 강화와 벌의 기법을 사용하면서 행동주의의 옹호자임을 드러냈었다.

2) 철학의 강조

엘리스는 정서적 문제를 지니고 있는 내담자들이 심오하고 철학적인 변화를 경험할 것을 강조한다. 이것은 내담자들로 하여금 단순히 상담실에 오게 만든 정서적이고 행동적인 문제뿐만 아니라 인생의 다양한 상황에서 자신을 방해하지 못하게 만드는 핵심적인 태도를 획득하도록 돕는 철학적이고 관념적인 변화를 이끌어내는 것이 중요함을 강조하고 있는 것이다(Ellis, 2003). 엘리스는 어린 시절에 병치레가 잦았으나 부모로부터 충분하게 돌봄을 받지 못한 내쳐진 아이였다. 그는 그때 방대한 양의 독서를 하면서 시간을 보냈는데, 특히 고대 스토아 철학자 에픽테투스의 "사람은 사물이 아니라 사물을 보는 견해에 의해 방해를 받는다."는 문구에 얼마나 감동을 받았는지에 대해서 훗날 많이 언급하고 있다. 특히 이외에도 그가 강조하는 부가적인 철학은 자신에 대한 무조건적 수용(unconditional self-acceptance), 타인에 대한 무조건적 수용(unconditional other acceptance), 그리고 삶에 대한 무조건적 수용(unconditional life acceptance)이다. 엘리스가 인생 말년에 집필하고 사후에 출간한 그의 자서전(2010)에 따르면, 그는 1959년에 비영리추구단체인 엘리스 연구소를 설립하였고 그곳에서 수많은 REBT 상담자를 훈련시켰으며, 75권의 책과 800편의 논문이 작성되었던 역사적인 장소에서 내몰리는 위기 상황에서도 그가 평소에 주장했던 이 철학에 의지해서 견뎌 낼 수 있었음을 고백하고 있다. 엘리스는 인간이 지닌 문제를 영구히 해결할 수 있는 것은 온전한 철학적 변화임을 기회가 될 때마다 강조해 왔다.

3) 심리교육적 접근과 자기 조력의 강조 및 상담자의 적극적 · 지시적인 태도

REBT에서 강조하는 심리교육적 접근과 자기 조력의 강조 그리고 상담자의 적극적이며 지시적인 태도는 서로 연결되어 있다. 우선 심리교육적 접근은 REBT 상담이 상담

히 민주적임을 알려주는 특성이다. 대부분의 상담 이론에서는 상담자가 적용하는 상담의 이론적 지식을 상담자 편에서 독점하는 경향이 있다. 그러나 REBT 상담에서는 이론의 주요 근간이 되는 내용, 특히 정서와 행동 간의 관계에 대해서는 내담자에게 분명히 알려주고 핵심이 되는 지식을 내담자와 나누어야 한다. 내담자가 건강하지 못한 부정적 정서나 부적응 행동의 기저에 원인이 되는 비합리적 생각이 있다는 것을 분명하게 인지할 때, 상담의 효과는 드물기는 하지만 곧바로 나타나는 경우도 있다. REBT 상담의 원리를 내담자가 친구나 가족 등에게 적용해 보게 하는 것을 과제로 많이 내주기도 한다. 또한 이렇게 배운 것은 ABC 기록지와 같은 자기 조력 양식(self-help form)을 활용하여 스스로 돕거나 자신에 대한 치료는 스스로 할 수 있는 능력을 보유하도록 하는 자가 치료(self-therapy)를 강조한다. 간혹 어떤 상담자들은 상담의 말미에 언제 어느 때라도 상담자의 도움이 필요하면 상담실의 재방문을 독려하기도 한다. 하지만 이는 REBT 철학에 따르면 명백하게 잘못 안내하는 것이라고 할 수 있다. 그렇게 하는 것은 엘리스가 초기에 제시했던 12가지 비합리적 신념 중에 "우리는 다른 사람들에게 의지해야만 하고 의지할 강한 누군가가 있어야만 한다."는 생각을 강화하는 위험이 있다는 것을 경고한다. 궁극적으로 상담의 목표는 누군가에게 의지하는 것이 아닌 스스로의 책임하에 자신의 인생을 자율적으로 꾸려가는 것에 있으므로, 타인에게 의지하기보다 스스로 자신의 문제를 상담 과정에서 배운 지식과 기법을 토대로 적용하는 자기 조력 또는 자기 치료를 강조하는 것이다. 마지막으로 상담자의 태도에 있어서 적극적이고 지시적이며 교사의 역할을 수행하는 태도를 중요시한다. 이를 통해 심리교육이 가능하고, 자기 조력적인 방법을 단기간 내에 가르칠 수 있는 장점이 있기 때문이다. 그러므로 REBT 상담의 심리교육적인 접근, 자기 조력적 특성, 상담자의 적극적이고 지시적인 태도는 유기적으로 연결되어 있다는 점을 유념해야 한다.

4) 상담의 단기 지향과 구조화된 모델

엘리스의 REBT 상담에서는 다른 인지행동치료와 마찬가지로 20회기 내외의 단기 상담을 지향한다. 내담자가 호소하는 핵심문제를 다루어 줌으로써 이를 바탕으로 차후의 문제에 대해서는 스스로 해결하는 능력을 강조하기 때문이다. 아울러 REBT에서 엘리스의 최고의 발명 틀인 'ABC 이론'에 따른 구조를 가지고 상담하는 모델을 제시하고 있다. 구조화된 모델에서는 상담의 초기에 내담자와 신뢰할 수 있는 관계를 맺어야 하는 것은 자명하나, 특별히 관계형성을 위해 많은 시간을 사용하라고 권유하지는 않는다. 대신에 엘리스는 내담자의 문제를 ABC틀에 따라 분명하게 분석해 주는 상담자의 전문적 태도에 매료되어 신뢰관계가 형성되는 것이라고 주장하였다.

2. REBT 상담의 진행 과정

이 절에서 REBT 상담의 진행 과정에 대한 설명을 이어가고자 한다. 엘리스가 강조하는 구조화된 틀에서는 제일 먼저 내담자가 호소하는 문제, 즉 부적절한 정서와 행동적 결과를 탐색한다(Consequence, C의 탐색). 그다음에는 상담의 목표를 비교적 초기에 설정해야 한다. 목표를 설정할 때는 내담자와 합의해서 설정하는 것이 중요한데, REBT 상담에서는 결과적 목표와 과정적 목표로 분리하는 것이 필요하다. 결과적 목표는 내담자가 호소하는 문제인 정서적·행동적 어려움을 극복하는 것이며, 과정적 목표는 여기에 도달하기 위해 필요한 신념의 변화를 일컫는다.

그런 후에는 내담자로 하여금 부정적인 정서와 부적응적 행동을 촉발시킨 선행사건을 탐색해야 한다(Activating Event, A의 탐색). 여기에서 선행사건은 구체적인 사건, 즉 엎질러진 물과 같이 변화시킬 수 없는 이미 일어난 사건을 말한다. 또한 내담자가 처해 있는 상황이나 환경 그리고 때에 따라 내담자가 지니고 있는 비합리적 생각이 선행사건, 즉 A로 작동할 때가 있다는 점을 유념해야 한다. 그다음 단계에서는 내담자에게 생각과 정서, 생각과 행동, 그리고 생각, 정서, 행동 간의 관계에 대해서 충분한 심리교육을 시켜주어야 한다. 내담자가 심리구조의 3요소, 그리고 이 3요소인 인지, 정서, 행동 간의 관계에 대해 충분한 사전지식이 확보되었을 때 REBT 상담은 보다 쉽게 적용될 수 있다. 다음 단계에서는 내담자를 힘들게 하는 비합리적 생각이 무엇인지에 대해서 충분히 탐색해야 한다. REBT 상담 과정에서 가장 중요한 두 가지 단계 중 하나는 바로 이 비합리적 신념의 탐색단계이다(Belief System, B의 탐색). 내담자가 지니고 있는 비합리적 신념이 바로 내담자가 호소하는 문제의 핵심 원인이 되기 때문에 정확하게 파악하는 것이 무엇보다도 중요하다. 비합리적 생각은 몇 개의 층 또는 수준으로 되어 있는데 의식의 가장 표피적인 곳에 반영적 사고(이는 Beck이 말하는 자동적 사고와 동일한 개념이다), 그 밑에 추론과 귀인, 그 밑에 평가적 인지, 그리고 가장 밑바닥에 핵심 신념으로 구성되어 있다. 평가적 인지는 우리가 흔히 말하는 당위적 사고가 여기에 해당하며, 이 당위적 사고는 대표적으로 '낮은 인내심(Low Frustration Tolerance: LFT), 자기 비하(self-downing), 과장적 사고(awfulizing)'로 구성되어 있다(박경애, 1997). 핵심 신념은 내

재된 신념구조, 스키마 등과 같은 개념이며, 궁극적으로는 이 핵심 신념을 잘 다루어야 한다.

비합리적 생각은 과잉학습되어 있거나 자동화되어 있기 때문에 내담자가 잘 깨닫지 못한다. 따라서 REBT 상담자는 자신의 전문적 기법, 예를 들면 귀납적 자각, 귀납적 해석, 추론연쇄, 연역적 해석 등의 방법을 잘 활용하여 내담자의 비합리적 생각을 찾아내야 한다. 그런 다음에 REBT 상담에서 가장 중요한 두 가지 단계 중 마지막 단계인 논박의 단계(Dispute, D의 단계)에 진입해야 한다. 논박은 REBT 상담에서 심장부에 해당한다. 왜냐하면 바로 이 단계가 내담자의 호소 문제가 해결되는 지점이기 때문이다. 논박을 얼마나 잘하느냐에 따라 REBT 상담자의 전문성이 돋보이며 드러난다. 논박은 인지적으로 살펴서 비합리적 생각의 비논리성, 비현실성, 비실용성에 초점을 맞추어서 진행하는 논박이 있는가 하면, 정서적 체험 기법이나 다양한 행동주의적 방법을 활용해서 이루어지는 중다양식적이고 통합적인 기법이라는 점도 기억해야 할 것이다. 논박이 잘 이루어지면 그 효과(Effect)로 비합리적 신념이 바뀌면서 상담의 결과적 목표인 정서적이고 행동적인 문제가 해결되는 것이다. 그리고 이때 내담자를 상담의 전체 과정에 적극적으로 참여시키기 위해서 숙제를 많이 활용한다는 점도 유념해야 한다. 유능한 REBT 상담자는 이러한 진행 과정을 잘 숙지하고 융통성 있게 각 단계를 오고가면서 최선의 상담 효과를 산출할 수 있다.

3장

상담의 정신역동적 접근: 대상관계 및 분석심리학을 중심으로

1. 대상관계상담의 특징

대상관계상담이라고 할 때 매우 다양한 접근의 이론체계로 강조하는 개념들이 상이하므로 여기에서는 대상관계에 대한 보편적인 관점 및 위니컷(Donald Winnicott)의 심리치료에서의 이론 및 주요 기법을 중심으로 제시하고자 한다.

위니컷의 관점을 형성한 주요 대상은 사회적인 대책이 필요한 비행 청소년들이었다. 비행아가 되는 아동의 근본적인 문제는 어떤 상황에서든지 같은 방식으로 나타나기 때문에 위니컷의 관점은 일반적인 상황에서도 적용할 수 있는 가능성을 갖고 있다(이재훈 외 역, 2001). 그의 관점은 반사회적인 요소와 상실된 것을 다시 찾아 회복시키고자 할 때, 돌보는 사람과 돌봄을 받는 사람 사이에서 일어나는 상호작용이 항상 중요한 초점이 된다.

- 대상관계란, 엄마–유아 관계를 반영하는 '상담자–내담자' 관계에 대한 연구에서 발달해 나온 인격에 관한 이론이다. 심리 내적 차원과 대인관계적 차원 모두를 일컫는 포괄적인 전문 용어로서, 대상관계는 성격을 구성하고 있는 요소들 사이의 관계를 일컫는다. 이런 대상관계들이 현재의 관계 영역 안에서 표현되고, 그것을

통해서 원래의 심리 내적 구조가 수정된다. 내적 대상들과 자기 안에 있는 다른 부분들은 외부의 대상들과 상호작용을 한다. 따라서 어떤 관계에서든지 성격은 서로가 영향을 주고받는다. 우리의 외적 관계들은 우리의 심리 내적 구조와 상호작용한다.

- 내적 대상이란, 성장 초기에 주요 양육자와 가졌던 관계 경험의 흔적으로, 성격 안에 형성된 심리구조의 한 부분이다. 내적 대상은 기억이나 표상이 아니라 자기의 일부이며, 성장 초기에 경험한 외부 대상의 직접적인 기록은 아니다(오규훈, 이재훈 역, 2008).
- 대상관계상담은 심리구조, 특히 자아의 발달이 초기 대상관계의 산물이라고 말한다. 성격의 발달은 자율적으로 동기화된 대상관계가 내재화되는 것을 토대로 개인의 성격발달과 병리적 현상을 설명하고자 한다.
- 위니컷의 심리구조에서는 참자기와 거짓자기로 구분하여 제시한다. 참자기는 심장박동, 호흡, 감각 등 신체 기능에 근거하며 주관적 전능감과 관련된 존재의 핵심적인 부분이다. 좋지 않은 엄마는 유아가 온갖 형태의 침범을 경험하게 하는데, 유아가 자발적으로 욕망을 표현했음에도 그 욕망이 충족되지 않으면 유아는 무시받거나 잘못된 것으로 느끼고 일종의 침범으로 경험한다. 이때 유아는 존재의 연속성을 경험하지 못한다. 이럴 때 유아는 참자기는 숨기고 거짓자기, 즉 존재의 표피적인 껍질에 해당하는 자기를 발달시킨다. 유아의 전능성에 반응해 주지 못하고 자기애적으로 반응하는 엄마에게 유아는 자기의 것을 표현하지 못하고 엄마에게 순응하여 결국 엄마의 것을 자신의 것인 양 대체하여 받아들인다. 이런 아이는 조숙하게 외부 세계를 파악하는 데 주력하게 되고 그것에 순응하게 된다. '나'라는 자기 감각과 주관성을 발달시키지 못하고 방해받는다. 극단적인 거짓자기는 자신의 인생을 살지 못하고 자발성을 잃고 타인에게 순응하는 의미 없는 삶으로 드러난다(신성만 외, 2021).

2. 대상관계상담의 목표

대상관계상담의 일차적인 목표는 초기의 관계경험에서 온 대상관계를 수정하는 데 있다(김춘경 외, 2016).

- 숨은 증상과 성격 왜곡을 깊이 해부한다. 이를 위한 예비 단계는 개인이 환자가 되는 것이다. 그는 질병을 감추는 대신에 병을 앓는 기간이 필요하다.
- 상담자는 내담자의 증상의 경향성을 희망의 증거라는 관점을 가지고 응해 준다. 그것을 도움을 청하는 긴급 신호로, 내면의 외침으로서, 또는 고통의 표현으로서 인식한다.
- 상담자는 상담 시에 내담자가 스스로 치료를 시도하는 동안 내담자의 자아 왜곡과 충동 욕동의 과도한 사용 모두를 고려한다(이재훈 외 역, 2001).

3. 대상관계상담의 치료 기법

대상관계상담에서는 다음과 같은 치료 기법들을 사용한다.

- 상담자는 전이가 자연스럽게 발달하도록 허용해 준다. 대상관계상담에서의 전이는 내담자가 상담 상황에서 투사적 동일시를 사용하여 자신을 표현하는 것을 말한다. 상담관계 안에서 외적인 것으로 경험되는 내적 대상관계의 표현이다(오규훈, 이재훈 역, 2008). 내담자는 상담 과정에서 어린 시절의 의존상태로 퇴행하든지 또는 그 시절의 기억으로 돌아감으로써 정말로 실감나는 상황을 연출하게 된다. 그러나 상담자(혹은 보호자)가 자신의 실패를 인정하게 될 때 내담자는 본래의 상처를 반복하는 대신 적절한 분노를 경험하게 된다. 내담자는 전이에서 반복되는 외상경험을 통해 외상을 입기 전의 상태로 되돌아갈 필요가 있다.
- 이때 내담자는 의존상태에 있으며 자아 지원과 환경적 관리를 필요로 한다. 이를 통해 내담자는 정서적으로 성장함으로써 긍정적인 성격을 형성하고 왜곡에서 벗어나게 된다. 내담자는 망상 대신에 상징적으로 표현된 꿈, 상상 그리고 생각들을 내놓는다(이재훈 외 역, 2001). 그리고 상담자는 내담자가 내놓은 이 자료들을 내담자의 무의식의 협력을 받으면서 해석한다.
- 안아 주기(holding) 환경을 조직한다. 대상관계 심리치료에서 안아 주기는 엄마가 유아에게 제공하는 실제 관계의 질에 대한 것이다. 그 관계는 유아가 필요로 하는 것을 헌신적으로 제공해 주는 엄마와 갖게 되는 안전하고 안정된 관계를 말한다. 이는 심리 내적 과정의 기능이기보다는 유아를 위한 엄마의 일차적 양육 기능과 헌신으로 이루어지는 실제적인 돌봄의 관계에 관심이 있다. 이를 안아주는 환경

이라고도 말하는데 엄마가 아이에게 안아주는 관계를 제공해 주는 관계이다. 안정된 지지의 관계를 제공해 줄 수 있는 환경 엄마의 능력은 유아가 자신의 자기를 찾을 수 있게 해 준다. 그때 유아의 자기는 사랑과 공격대상으로서의 엄마인, 대상 엄마(object mother)와 관계를 맺을 수 있다(오규훈, 이재훈 역, 2008). 내담자 주위의 직접적인 환경이 이 요구에 부응해 주지 못할 때 전문적인 상담자의 개입이 필요해진다. 자신이 미쳤다는 것은 자신을 버텨줄 누군가를 발견할 수 없다는 뜻과 같은 것이기 때문이다(이재훈 외 역, 2001). 여기에는 내담자의 증상의 정도와 증상을 견뎌 내는 환경의 능력이라는 두 가지 요인이 작용한다. 이것은 우정과 유사하지만 제한된 기간과 정해진 시간에만 대가를 받고 내담자를 본다는 점과 또한 치료의 목표는 전문적인 관계를 끝내는 지점에 도달하는 것이라는 점에서 우정과는 다르다. 치료의 종결과 함께 내담자는 스스로 자신의 삶을 책임지게 되고, 상담자는 다음 내담자를 돌보는 일을 시작하게 된다.

- 상담자는 내담자의 거울이 되어 준다(mirroring). 개인의 정서 발달에 있어서 거울의 초기 형태는 엄마의 얼굴이다. 이것은 환경이 담당하는 결정적인 부분으로 기능한다. 이때의 환경은 아직 유아에 의해서 '나-아닌 것'으로 분리되지 않은 환경이다. 점진적으로 나로부터 '나-아닌 것'의 분리가 발생하게 된다. 그래서 엄마의 얼굴을 바라볼 때 아기가 바라보는 것은 그것이 자신이라고 생각한다. 즉, 엄마가 아기를 바라보고 있을 때 우리에게 보이는 모습은 그녀가 거기에서 무엇을 보는가와 관련되어 있다. 많은 아기들은 그들이 표현한 것을 엄마에게서 되돌려 받고 싶어 한다. 만약 엄마의 얼굴이 반응해 준다면 아기가 그 얼굴에서 자신을 발견하기 때문에 내면을 보여 준다(이재훈 역, 1997).
- 상담자는 견뎌 내기 혹은 버텨 주기(surviving)를 해야 한다. 이것은 상담자가 내담자와 접촉하는 과정에서 좌절을 겪는다 해도 그것을 그대로 발산하지 않는다. 내담자는 언젠가 상담자의 인내심을 시험할 것이며 이 과정에서 상담자를 힘들게 할 것이다. 왜냐하면 그들은 인간적인 접촉과 진정한 감정을 필요로 하기 때문이다. 내담자 자신들이 의존하고 있는 관계가 전적으로 신뢰할 만한 것이어야 한다고 믿기 때문에 상담자의 신뢰성을 철저히 시험하지 않으면 안 된다. 이때 상담의 성공은 그의 아동기 시절의 상처를 치유할 수 있느냐에 달려 있다(이재훈 외 역, 2001). 내담자는 구조적이고 조직화된 강한 힘으로 자신을 버텨 주기를 바라는 기대, 즉 내담자가 환경 안에서 쉴 수 있고 이완되며 해체되고 안정감을 느낄 수 있는지 확

인하기 위해서 꼭 필요한 말썽부림을 보인다.

- 중간대상(transitional objects) 혹은 중간현상을 만들어 간다. 여기에는 무의식과 의식 사이에 있는 정신층 중간 영역을 가정한다. 아기가 그들에게 주어진 첫 번째 '나-아닌 것' 소유물을 사용하는 일이다. 이것은 손가락 빨기와 곰인형에 대한 애착 사이, 구강기 활동과 진정한 대상관계 사이, 자신의 잠재력을 인식하지 못하는 상태와 이에 대한 깨달음(즉, 아기가 옹알이를 즐기는 상태) 사이에 있는 중간 영역의 경험에 대한 것이다. 신생아가 주먹을 입에 집어넣는 행동부터 시작하여 곰인형, 인형이나 부드러운 장난감 또는 단단한 장난감에 애착을 갖게 되기까지의 광범위한 변용이 발견된다. 이것은 정상적인 사람의 경우 문화적 추구로 채워진다. 그러나 심한 장애의 경우에는 이 층이 지나치게 얇아서 예술, 종교, 놀이로 안내될 수 없고 해로운 방향으로 강박적으로 이끌린다. 상담자는 내담자의 내부 심리실재가 정신이나 복부, 머리 등 그 개인 인격의 테두리 안에 있는 반면, 외부 실재로 불리는 것은 그런 영역들 바깥에 위치하고 있으므로, 만약 엄마와 아기 사이에 잠재적 공간, 제3의 영역의 개념을 사용한다면 놀이와 문화적 경험에 하나의 자리가 주어질 수 있다(이재훈 외 역, 1997).

4. 분석심리학적 상담의 특징

융(C. G. Jung)에 의한 분석심리학적 정신치료는 임상정신의학을 넘어서 인간을 단순한 환자가 아닌 전체 인간의 문제를 다루는 것을 목표로 한 치료법이다. 융은 정신과 의사였으나 자신의 환자에 대해 환자의 1/3은 삶의 의미와 대상의 상실로 고통받고 있는 사람이고, 2/3는 인생의 후반기에 놓여 있는 사람들이라고 말했다.

그의 정신치료의 주목적은 내담자를 상상할 수 없는 행복으로 이끌어 가는 데 있는 것이 아니라 그가 고통을 참는 철학적 인내와 꿋꿋함을 갖도록 도와주는 것이다. 삶의 전체성과 충만을 위하여 기쁨과 고뇌의 균형이 요청된다(한국융연구원, 2001). 그러므로 치료는 단순한 증상의 소실, 고통의 일시적 경감, 직업환경, 학교환경에 대한 현실성 있는 적응도 있겠으나, 인격의 심층을 살피며 인격을 근본적으로 변화시켜 성숙한 사람을 만드는 데 목적을 두는 것이기도 하다.

치료 대상은 환자가 아니라 개성을 가진 인간이다. 분석심리학적 치료는 일반적(집단적) 인간의 테두리를 벗어나서, 인간의 개성을 살려가기 위한 대화의 방식(변증법적 자세)을 필요로 한다. 변증법적 자세는 두 사람이 대등한 위치에서 말을 주고받으며 무엇인가 제3의 것을 만들어 내는 과정이라는 의미가 있다.

분석심리학적 정신치료의 특징은 다음의 몇 가지로 말할 수 있다(이부영, 2015).

- 체험을 바탕으로 하는 심리학설이다. 많은 사람의 마음을 관찰하고 스스로의 마음의 움직임을 진지하게 살펴간 사람들의 경험을 토대로 엮은 가설이므로 경험론적이며 현상학적 입장이다. 인간의 마음속에 무엇이 어떻게 작용하고 있는가를 살펴나가고 거기서 얻은 사실을 바탕으로 각 개인의 의지와 의욕의 방향을 살펴본다. 인간 심리를 해석할 때도 그 해석의 논리성보다는 그 사람에게 얼마만큼 효과적이냐에 역점을 둔다. 정신적인 어떤 것이 작용할 때 그것은 진실이다.
- 혼이 있는 심리학이다. 우리는 불쾌한 감정을 때로는 좋은 감정으로 바꿀 수 있지만 우리가 마음대로 할 수 없는 정신이 있다. 우리 마음속에 자율적으로 존재하는 객체정신이 있기 때문이다.
- 의식에서 자아의 결단에 따라서, 무의식의 내용을 의식에 동화해 나갈 수 있다. 이로써 인간 정신의 전체성을 강조한다. 즉, 전체 정신인 자기를 실현하고자 한다.
- 정신적인 현실을 강조한다. 그 사회, 외부세계와 관계를 맺고 있는 주체의 체험으로서의 정신적 현실이다. 현재의 사회적 상황이나 규범과 같이 구체적인 것뿐 아니라 합리주의의 눈으로는 환상으로 보일 수도 있는 인류의 소산인 신화, 종교, 예술, 철학에 나타나는 정신이다. 그러므로 무의식의 개인적 측면뿐 아니라 집단무의식의 작용을 이해하고자 한다. 그것은 페르소나, 그림자, 아니마, 아니무스, 자기 등의 정신적 소인인 원형으로 이루어져 있다.
- 리비도란 성 혹은 성적 충동이 아니라 중요성의 정도로서의 정신적 에너지로 본다.
- 정신은 이것이기도 하고 저것이기도 한 것이다. 항상 어두운 면과 밝은 면, 창조와 파괴의 양극의 관계를 설명한다.
- 무의식은 인간의 고통의 역사와 함께 그 고통이 그에게 무엇을 의미하고 장차 그를 어디로 이끌어 가는가 하는 정신의 지향성, 목적성을 알고자 한다(이부영, 2015).

분석심리학에서 중요하게 생각하는 또 하나의 이론은 '마음의 구조와 기능'이다. 분석심리학에서는 개념의 의미와 전제를 일정한 말로 표현하게 된다. 인간의 마음에는 '나(Ego, 自我)'가 있다. 내가 의식하고 있는 모든 것은 무엇이든지 자아를 통해서 연상되는 정신적 내용이라면 의식(the consciousness)이라고 말한다.

자아에 속하지 않으며 자아와 아직 연관되지 않고 있는 모든 심리적 경향, 내용들을 통틀어서 무의식(the unconsciousness)이라 부른다.

'나(자아)'는 한편으로는 외계(external world)와 관계를 맺으며 다른 한편으로는 나의 마음, 내면세계(internal world)와 관계를 갖도록 되어 있다. 우리가 '사회'라든가 '현실'이라고 부르는 것과 관계를 갖고 거기에 적응해 가는 가운데 인간에게는 각종 사회적 적응태도나 역할이 주어진다. 이러한 적응 수단은 대부분 어느 집단이 공유하는 수단이다. 집단이 개인에게 준 역할, 의무, 약속, 그 밖의 여러 행동양식을 융은 '페르소나(persona)'라고 불렀다. 이것은 외부세계와의 관계에서 필요한 것인 만큼 그 개체의 외적 인격(external personality)이라고 할 만한 것이다.

외적 인격에 대응해서 내적 인격(internal personality)이 인간의 마음속에 존재한다. 남성과 여성의 경우 그 내적 인격의 특성이 각각 다르기 때문에 남성의 내적 인격을 아니마(anima), 여성의 내적 인격을 아니무스(animus)라 불렀다. 외적 인격이 자아가 외계와 관계를 맺도록 하는 매개체라고 한다면, 내적 인격은 자아로 하여금 무의식으로 눈을 돌리게 하는 중요한 다리 역할을 한다.

무의식이란 일단 의식되었던 것이 억압되어 이루어지거나 특히 억압이라는 기전이 작용함이 없이 단순히 잊어버렸거나 워낙 의식에 주는 영향이 미미해서 의식되지 못한 모든 심리적 내용으로 이루어지는 층이 있는가 하면, 태어날 때부터 가지고 있으면서 의식에 의해서 그것이라고 인식되지 못한 채 정신작용에 여러 가지 큰 영향을 주고 있는 부분이 있다. 전자는 그 내용이 개인의 출생 이후의 특수한 경험을 바탕으로 이루어

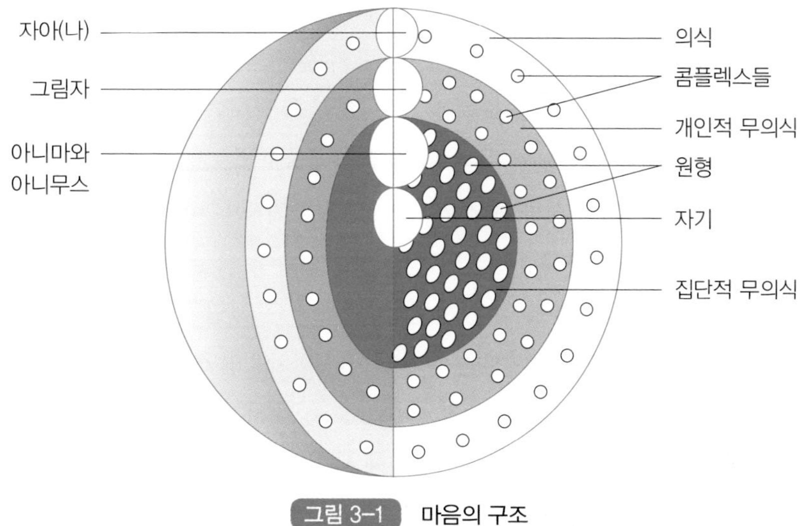

그림 3-1 마음의 구조

지며 개인에 따라 서로 다르다는 뜻에서 '개인적 무의식'이라 부르며, 후자는 선천적으로 존재하고 시간과 공간을 초월해서 모든 인간에게 보편적인 성격을 띠고 있다고 해서 '집단적 무의식(또는 보편적 무의식)'이라고 부른다(이부영, 2015; [그림 3-1] 참조).

의식의 중심으로서의 자아는 무의식적인 것을 하나씩 깨달아가는 의식화 과정이 필요하다. 그 과정에서 제일 먼저 부딪히는 무의식의 내용은 그림자이다. 그림자란 자아의식의 무의식적인 부분을 말한다. 아직은 어둠 속에 가려서 잘 보이지 않는 자아의 일부분이다. 보통 그림자의 의식화 다음에는 아니마 혹은 아니무스의 의식화가 뒤따른다.

인간은 결국 자기(Self) 실현을 하게 되는데 이를 개성화(individuation)라고도 말한다. 융은 이것이 인간의 내부에서 우러나오는 필연적 요구라고 본다. 인간은 누구나 자기실현을 할 수 있는 가능성을 태어날 때부터 가지고 있다는 생각이다. 융은 자기실현이란 완전성을 가리키는 말이 아니라 원만성을 말하는 것이라고 한다.

5. 분석심리학적 상담의 목표

분석심리학적 상담의 목표로 환자의 연령이 하나의 중요한 치료 지침으로 여겨진다. 융에 의하면 정신의 기본적인 사실들은 삶의 과정에서 인생의 전반기 심리와 후반기 심리로 말할 수 있을 정도로 아주 뚜렷한 변화를 겪는다고 하였다.

대개 젊은 사람의 삶은 눈에 보이는 목표를 향한 전반적인 확대 발전이 특징이다. 따라서 젊은 사람의 문제 및 신경증은 주로 이러한 방향으로부터 후퇴하거나 망설이는 데서 기인하는 것 같다. 이에 반해 나이 든 사람의 삶은 자기응축과 자신이 성취한 것의 고수, 그리고 더 이상 외적 팽창을 하지 않는 것이 특징이다. 따라서 그의 문제 및 신경증은 근본적으로 지나간 청년기 삶의 자세에 시대착오적으로 매달리는 데서 기인한다. 젊은 신경증 내담자들이 삶을 두려워하는 것에 비해서 나이 든 신경증 내담자들은 죽음을 직면하지 않고 회피한다.

신경증, 저항, 억압, 전이 등이 젊은 사람들과 나이 든 사람들 사이에 표면적으로는 유사하게 보이지만 그 의미에 있어서는 정반대이다(한국융연구원, 2001).

다시 말하면 아직 적응을 하지 못하고 아무것도 성취하지 못한 젊은 사람에게는 그의 의식적 자아를 가능한 한 효과적으로 형성해 나가는 것, 즉 그의 의지를 교육시키는 것이 가장 중요하다. 그는 자신을 의지의 존재로 느껴야 하고, 그의 속에 있는 다른 모

든 것을 자신의 의지에 따르도록 만드는 것이 필요하다. 그렇지 않으면 이런 젊은이를 사회적으로 적응시키는 데에 성공하지 못할 것이기 때문이다.

이와는 달리 더 이상 그의 의식적 의지를 교육할 필요가 없는 후반기 인생에 속하는 사람들은 그의 개인적 삶의 의미를 이해하기 위해 그 자신의 내면적 존재를 경험할 필요가 있다. 자신의 작업이나 창조적 활동이 사회적으로 유용한 것이면 바람직하다는 사실 이상의 목표가 필요하다. 역사적, 고태적 성격을 갖고 있는 비합리적이고 상징적인 경향, 즉 집단적 무의식에 의한 정신기능을 알 필요가 있다(한국융연구원, 2001).

그러므로 젊은 사람들을 치료할 때는 그들을 사회에 적응시키고 정상화시켜 주는 것, 즉 행위와 소유(to do와 to have)에 초점이 있다.

나이 든 사람들은, 자신의 삶을 돌아보며 진정한 자신이 됨(to be)을 추구해 나가는 것이 의미 있을 것이다.

6. 분석심리학적 상담의 과정 및 기법

융이 말하고 있는 치료 과정은 다음과 같다.

- 가장 간단한 경우로 건전한 상식이나 충고만을 바라는 내담자에게는 한 번의 상담으로 충분하다.
- 비교적 철저한 고백이나 제 반응(abreaction)으로 충분히 치유될 수도 있다.
- 보다 심각한 경우, 증상과 상태에 대한 분석이 필요하다.
- 원형적 내용이 나타나면 분석적, 환원적 방법은 포기하고 그 상징을 바로 변증법적 과정 및 개성화 과정과 같은 동일한 해석적 방법으로 다루어야 한다(한국융연구원, 2001).

즉, 실제 치료 과정은 고백 단계, 명료화 단계, 교육 단계, 변형 단계를 거치게 되며 기법으로 꿈분석, 확충법에 의한 상징 해석, 단어연상검사, 증상 분석, 유형 이해 등을 활용하는 것으로 정리해 볼 수 있다(노안영, 2019).

특히 융이 분석심리학적 상담에서의 치료 과정 및 기법에 대하여 내담자와 상담자에 대해 강조하는 것은 다음과 같다.

내담자의 개성은 의식과 무의식을 통틀어 합쳐진 하나의 전체이다. 이것을 실현시키기 위해 치료자는 하나의 개인적인 발전 과정을 함께 체험하는 사람이다. 치료자는 내담자라는 미지의 인간과 마주 앉아 내담자 자신도 잘 모르고 있는 인격의 미지의 측면을 함께 찾아가야 한다. 이것은 내담자의 의식뿐 아니라 무의식에서 앞으로의 발전방향을 알아본다는 의미이며, 그런 뜻에서 꿈이나 무의식의 표현 내용을 살펴가는 것이 중요하다. 이때 치료자를 내담자와 함께 체험하는 사람이라고 할 때, 치료자는 자신의 콤플렉스, 맹점, 편견을 먼저 의식화하고, 다른 정신체계와 관계를 맺어야 한다고 융은 주장하고 있다. 즉, 치료자 자신이 먼저 스스로 분석을 받아야 한다고 말하고 있다.

분석심리학에서 가장 중요한 특징 중 하나는 치료 방법이나 기술보다는 치료자의 자세를 무엇보다도 중요시한다는 것이다. 나 자신이 치료의 방법이고, 내가 서 있는 곳에서는 언제나 어디서나 정신치료가 실시된다는 마음의 기본 자세를 강조하고 있다. 그리고 융은 치료자는 너무 확실한 치료 목표를 갖지 않기를 권하고 있다. 치료자는 내담자의 본성과 삶의 의지보다 치료 목표를 앞세울 수가 없다고 말한다. 인간의 삶에서 중요한 결정은 대체로 본능과 그 밖의 무의식적 요인들에 의해 훨씬 많이 이루어지고 있기 때문이다. 그래서 어떤 사람에게 맞는 신발이 다른 사람에게는 꼭 끼듯이, 인생에는 보편적인 처방이 없다고 말한다. 융은 또한 자신의 치료가 의도적으로 비체계적이라고 한다. 다만 치료자의 인간 개성과 그 전체성에 대한 외경의 태도가 필요하다고 말한다(한국융연구원, 2001).

치료자가 하는 것은 내담자 속에 들어 있는 창조의 싹을 분화, 발전시키는 일이다. 분석심리학적 개입의 과제는 내담자의 무의식의 의식화이다. 내담자가 그 자신으로서 그대로 있게 하는 개성화를 지향한다.

4장

상담에 대한 슈퍼비전

지금까지 살펴본 바와 같이 상담과 심리치료는 내담자의 전인적인 성장 내지 자기실현을 도와주는 전문적인 과정이다. 그러한 일에 종사하는 사람, 곧 상담자(카운슬러)는 대학원의 과정에서 학문적인 소양을 닦았고 일정 기간 동안 상담 수련과 실습생의 경험이 있었건만, 상담을 하는 과정 중에 곧잘 당황하고 압도된 느낌을 가지게 된다. 책을 통하여 배우고 수업 시간에 연습한 대로 상담이 잘 진척되지 않기도 하고, 내담자가 들고 온 문제가 너무 복잡하고 심각하여 어떻게 다루어야 할지 막막하기도 하다. 그리고 상담자는 최선을 다하여 내담자를 도와주려고 하는데, 내담자는 상담자를 의심하고, 상담에 대한 동기가 약하거나 부정적인 견해를 가지고 대하는 수도 있다. 이럴 때 특히 초보 상담자일수록 자신감을 잃기가 쉽다.

한편, 내담자의 입장에서 보자면 상담자가 특정한 이론적 틀이 없이 상담을 진행하여 전문성이 느껴지지 않거나, 상담에 투자한 시간과 노력에 비하여 효과가 미미하고 긍정적인 변화를 경험할 수 없으며, 드문 경우이지만 상담자와 내담자의 관계가 전문가 대 고객의 공식적인 관계인지, 친지나 친구나 애인관계인지 혼란을 경험하여 심리적으로 착취당한 느낌을 가지는 사례도 없지 않다.

1. 슈퍼비전(수련감독)의 정의와 슈퍼바이저(수련감독자)의 역할

상담자는 자신의 분야인 상담과 심리치료 영역에서 전문적인 성장을 기하고, 또 내담자의 복지를 보호하기 위하여, 자기가 상담하고 있는 내담자의 문제와 내담자와의 관계 및 상담자 자신의 정체성 등에 대하여 경험 많은 수련감독자들로부터 철저하게 지도를 받는 것이 요청된다.

따라서 상담자가 내담자와 상담을 진행하면서 경험하는 전문가로서의 혼란감과 개인적인 (심리적인) 애로사항에 대하여 슈퍼바이저가 체계적인 지도와 훈련의 기회를 제공하는 것이 '수련감독'이라고 하겠다. 그리하여 상담자가 장기간 동안 상담하고 또 슈퍼비전을 받게 됨으로써 전문가로서의 유능성이 체득되게 하는 것이다.

슈퍼바이저(수련감독자)가 수행해야 할 주요 역할에 대해서 뉴펠트(Neufeldt)는 다음과 같은 두 가지를 제시하였다(강진령 역, 2010, p. 27).

(1) 슈퍼바이저는 상담과 심리치료의 이론과 기술 면에서 교사로서의 기능을 담당한다

그것은 구체적으로 상담자의 사례개념화를 도와주는 일이다. 다시 말해서, 슈퍼바이저는 내담자의 심리적인 문제를 풀어가는 데에 적용할 수 있는 대안적인 방안에 대하여 상담자와 더불어 브레인스토밍하고, 소크라테스식의 담론을 하며, 필요한 경우에는 역할놀이로써 실제 기술을 시범하여 코칭한다. 그리고 내담자의 문화적 배경에 대한 이해를 촉구한다.

(2) 슈퍼바이저는 상담자로서의 기능을 한다

수련감독자는 상담자가 상담(실습)할 때 경험하는 혼란된 감정에 대하여 공감, 수용해 주고 불안을 완화시켜 주는 일을 한다. 그리고 카운슬러 내지 치료자로서의 강점을 찾아 지적해 주고, 약점으로 보이는 영역에서는 더욱 성장할 수 있는 방안을 찾아보도록 격려함으로써 자신감을 고취시킨다. 그러나 슈퍼바이저의 역할을 수행할 때는 상담자가 내담자와의 관계에서 지켜야 할 윤리사항과 동일한 윤리사항을 지켜야 한다. 즉,

① 슈퍼바이지(상담자)를 내담자로 받아들여 상담을 진행해서는 안 된다.
② 슈퍼바이지(상담자)와 이중관계를 맺지 않아야 한다.

다시 말해서, 수련감독을 받고 있는 기간 동안에 연애와 성적인 관계로 발전해서는 안 된다.

이에 더하여 나는 다음과 같은 면에서 상담자를 지도 · 감독해야 한다고 본다.

(3) 슈퍼바이저는 상담자가 내담자를 고유한 인격체로 존중하며, 열과 성을 다하고 진정성 있게 도와주는 자세가 되어 있는가를 점검해야 한다. 그러니까 작업 동맹이 잘 이루어지고 있는가를 확인하는 것이다

내담자는 초면에 낯선 상담자와 대면하여 자기의 취약한 부분을 공개할 때 불안을 경험하기 마련이다. "과연 이 상담자를 신뢰하고 나의 비밀을 모두 이야기해도 되는 것일까?" 이런 의심을 가지고 무의식적으로 상담자를 시험해 볼 것이다. 그러니까 상담자는 친절하되, 과장되게 친절하지 않으며, 절도 있고 진실성 있고 안정감이 느껴지는 분위기 속에서 내담자를 맞이해야 한다. 자기가 피곤하거나 스트레스 받거나 업무와 가사일로 압도된 상황에서는 가급적 상담 업무를 줄여야 한다. 그리고 그러한 자기의 입장이 상담에 피해를 주는지 여부에 대하여 민감하게 주의를 기울일 필요가 있다. 다시 말해서 자기를 관찰해야 한다.

혹시 상담자는 카리스마 있는 리더십으로 내담자에게 영향력을 주고자 하는 의욕이 넘쳐나는가? 이럴 경우에 자칫하다가는 여리고 소심한 내담자를 너무 급하게 변화의 방향으로 몰고 가서 의도하지 않게 내담자의 기를 꺾어줄 수도 있다.

혹시 상담자는 부드러운 성격이고, 자기 자신이 여린 면이 있기 때문에 내담자에게 상처를 줄까 봐 조심스러운가? 그래서 내담자에게 직면화시키지 못하고, 상담자로서 느껴지는 솔직한 감정(예: 내담자가 번번이 지각할 때 짜증이 나는 것)을 말하지 못하고, 자기 느낌을 억압하거나 우회적으로 표현하는 것은 아닌가? 그렇게 되면 심도 있는 치유 작업으로 깊이 들어가지 못하고 시간 낭비와 에너지 낭비가 많게 된다. 이때는 자신의 조심스러운 성격과 관련된 자기의 성장사와 발달적 트라우마가 무엇인지를 살펴볼 필요가 있다. 그리고 상담자는 내담자의 복지를 보호하기 위하여 자신이 취약한 면(예: 자해, 자살 시도, 정신장애)의 문제는 다른 전문가에게 위탁하도록 해야 한다.

또 내담자에게 특정 이론의 방법을 적용하려고 할 때는 그 이론에 대하여 개략적인 설명을 해 주고 나서 내담자가 그 이론으로 자기 문제를 풀어보고 싶은지 질문하여 의사를 타진해야 한다.

상담자가 자기가 사용하는 이론이나 방법을 내담자에게 설명하지 않고 일방적으로 진행하는 것은 내담자의 '치료에 대하여 알 권리'를 무시하는 행위이므로 위험하고 비

인격적인 처사라고 하겠다. 내담자가 상담자와 안심하고 기분 좋은 관계적 경험을 하게 될 때 교정적 치료가 이루어진다.

(4) 슈퍼바이저는 상담자가 내담자와의 관계에서 일어나는 전이와 역전이 현상을 잘 풀어나가도록 지도해야 한다

슈퍼비전을 하다보면 상담자-내담자 간에 얽힘 현상이 일어나서 진전이 정체되는 경우를 곧잘 목격하게 된다. 예를 들어, 내담자는 폭군과 같은 아버지를 미워하고 어머니를 감싸고 돌았다. 그러면서도 징징대는 어머니가 혐오스럽다. 부모와 멀리하고 싶은데, 사정상 부모를 떠나 독립적으로 살 수 있는 여건이 아니다. 상담자는 이 내담자를 도와주는 과정에서 내담자가 불쌍하고 내담자의 아버지가 몹시 밉다는 감정이 올라온다. 그리고 한편으로는 우유부단한 내담자가 답답하여 짜증이 난다. 그래서 상담자는 내담자를 연민의 태도로 수용했다가도, 과격하게 직면화시켰다가, 또 자기가 너무 냉정한 것 같아 지나치게 친절하게 대한다. 아무튼 내담자를 잘 다룰 만한 속 시원한 이론과 방법이 생각나지 않는다. 이것은 상담자의 역전이 현상이라고 볼 수 있다. 그러니까 내담자의 가족 안에서 상담자 자신의 가족과 비슷한 문제를 발견하는 것이다. 상담자가 여러 종류의 내담자를 만나다 보면, 으레 자기 자신과 흡사한 처지의 내담자를 만나게 된다. 상담자가 어린 시절의 미해결 과제와 핵심적인 문제를 해결하지 못한 상태에서 그러한 내담자를 만나게 되면, 내담자를 효과적으로 다루기가 어렵게 된다. 그러므로 상담자는 먼저 올바른 자기 이해와 자기 치유를 통해 성장해야 한다. 상담자가 성장하고 치유된 만큼 내담자도 그만큼 성장하고 치유될 수 있다. 이것을 동형성(同型性, isomorphism)의 원리라고 한다(오제은, 김혜진, 2018).

(5) 슈퍼바이저는 자신과 슈퍼바이지와의 관계에서 일어나는 심리적인 역동에 민감해야 한다

흥미로운 것은 슈퍼바이저와 상담자의 관계에서도 동형성의 원리가 나타난다는 것이다. 슈퍼바이저가 상담자의 상담 내용에 대하여 피드백을 보냈는데, 상담자는 미리서부터 겁을 내고 불안감에 몸을 떨고 있다. 그리고 슈퍼바이저의 피드백은 자기의 약점을 지적하여 공격한 것이라고 받아들인다. 그러니까 부정적으로 과잉 반응을 한 것이다. 슈퍼바이저에게 개선 대책을 알아보려고는 하지 않고 자신이 상담한 것에 대한 변명으로 방어한다. 그래서 슈퍼바이저는 짜증이 나서 날카롭게 피드백을 보낸다. 이 두 사람 사이에 무슨 역동이 일어나고 있는가? 상담자는 자기 부모와의 관계에서 해결

되지 않은 감정(불안정 애착으로 인한 거부의 두려움)을 가지고 슈퍼바이저와 관계하고 있다고 보아야 한다. 슈퍼바이저 역시 인간인 만큼 불완전하며 성장사와 관련된 미해결 과제가 있기 마련이다. 이런 것들이 상호 간의 관계에 걸림돌이 된다.

이것은 내담자가 원가족과의 관계에서 미해결된 감정을 가지고 자기의 부부관계나 부모-자녀 관계에 그대로 적용하여 갈등을 야기하는 것과 동일한 원리이다. 따라서 슈퍼바이저와 상담자 사이에도 상담자-내담자 간에 이루어지는 취약성의 사이클(cycle)이 반복되는 것과 똑같은 현상이 일어날 수 있다는 것을 인지할 필요가 있다.

상담자는 슈퍼바이저에게 조언을 구할 때 대개 긴장된 모습으로 임하는가? 의존적인가? 무조건적으로 슈퍼바이저의 말이 100% 옳다고 수긍하고 임하는가? 이런 관계적 특성을 점검하고 자각해야 한다(제석봉, 유계식, 박은영 역, 1997).

상담자가 슈퍼바이저의 피드백을 들을 때, 무의식적으로 자신이 과거에 상처 받은 상황이 건드려져서 그것을 위험한 상황이라고 인식하고, 불안하거나 방어적으로 나오는 경향이 있다면, 철저한 자기 분석을 하도록 하라고 제안하는 것이 필요하다.

만약에 상담자-내담자 간에 저항이나 정체 현상이 발생하거나 슈퍼바이저-상담자 간에 미묘한 갈등의 조짐이 보일 경우에는, 동형성의 원리를 다시 한번 살펴보도록 해야 한다.

슈퍼바이저가 주로 사용하는 상담이론이 상담자가 사용하는 이론과 현저하게 다를 수 있다. 그러나 그것 때문에 슈퍼비전 때 양자 간의 갈등이 발생하는 것이 아니고, 각자의 내면에 있는 미해결 과제가 걸림돌로 작용하기 때문이라는 것을 서로가 이해할 필요가 있다. 그런 면에서 수시로 진지하고 솔직한 자기 분석이 요구된다.

2. 상담의 이론적 접근에서 살펴본 슈퍼바이저의 과제

소용돌이 속에 빠져 있는 내담자에게 상담자가 친절하게 손을 내민다. 그 손을 잡고 내담자가 발을 딛고 걸어 나올 수 있다. 상담자의 손에 들려 있는 생수는 그에게 새로운 힘을 소생시켜 주는 지지, 수용, 격려에 해당한다. 상담자의 손에 나침판과 지팡이가 있다. 그것은 내담자를 인도하는 상담의 이론적 접근에 해당된다.

이제 이 책에서 소개된 이론적 관점을 가지고 살펴보기로 하자.

1) 대상관계적 관점에서 상담자의 역할

상담자는 내담자가 현재 살고 있는 의식적 생활과 무의식이 그에게 안겨준 콤플렉스 내지 역기능적인 증상 사이에 끼어 있는 대상이라고 하겠다. 상담자는 마치 '충분히 좋은 엄마'처럼 수용, 공감, 직면으로 내담자를 따뜻하게 안아주고 버텨줌으로써, 어린 시절에 떼를 쓰다가 일어서서 자기의 놀이로 돌아가는 어린이가 되어 보는 것을 간접적으로 재경험하게 하는 것이다. 그래서 상담자는 내담자의 의식과 무의식 사이에 있는 정신층인 중간 대상(transitional object)이 된다.

상담자는 내담자를 상담한 사례보고서를 적을 때 어떻게 내담자를 안아주고 버텨주었는지를 확실하게 나타내는 것이 요청된다. 그리고 내담자에게 대리적 재양육의 경험이 제공되었으며, 끝내는 내담자가 스스로에게 양육적인 부모역할을 연출하는 수준까지 이르도록 안내했는지도 밝혀야 한다.

슈퍼바이저는 대상관계이론이 많은 상담자에게 설득력이 있지만, 상담의 방법을 구체적으로 제시하는 면에서는 다소간 미흡하기 때문에 이 점에 대하여 유념해야 한다고 지적해 주는 것이 필요하다.

2) 분석심리학적 관점에서 상담자의 역할

분석심리학적 접근에서는 보편적인 인간의 마음에 대한 깊은 이해와 자신의 개성화를 향한 노력을 강조한다. 그리고 상담자 자신이 서 있는 곳이 어디나 치료가 일어나는 곳이고, 상담자의 자세 자체가 치료의 도구라고 강조한다. 융의 이론을 철저하게 공부하고 상담자 자신이 심층적인 교육 분석을 받은 다음에 분석심리학적으로 상담을 시도하는 것이 요구되고 있다.

나는 상담자가 여러 가지 상담이론을 적용하여 내담자를 성장과 치유로 인도하는 도정에, 분석심리학적인 이론을 부분적으로 적용하고, 내담자에게 설명해 주면 유익하다고 생각한다. 가령 유교 사상에 젖어 외적으로 나타나는 자기 모습에만 신경 쓴 나머지, 매우 엄격하게 자녀를 지도하는 부모에게 '페르소나'와 '그림자'의 개념을 설명해 줄 수 있다. '지킬 박사와 하이드'처럼 그가 억압하고 있는 자신의 또 다른 성격적 국면, 즉 '그림자'는 무엇인가를 찾아보라고 촉구할 수 있다. 그래서 자기가 외면했던 숨겨진 또 다른 자신의 모습, 즉 열등하고 불편한 부분과 얼굴을 마주해 보라고 안내하는 것이다.

우리는 인간의 무의식적 측면인 아니마, 아니무스와 그림자를 인정하고, 그림자를

햇빛 가운데로 노출시킬 때 온전한 인간이 될 수 있다. '이것은 옳고, 저것은 그르다.'는 식으로 대립된 관념을 가지고 어느 한쪽으로 편향된 삶의 방식을 지양하여, 경시된 부분을 살리라고 하는 것이다. 그래서 상담자는 유약하고 여린 성격의 여성에게는 남성적 기질의 '아니무스'를 개발하라고 지시하며, 경직되고 독재적인 남성에게는 여성적이고 낭만적인 기질의 '아니마'를 개발하라고 지시할 수 있다. 그리하여 삶의 에너지가 균형을 이루도록 인도한다.

분석심리학적 상담에서는 현재의 부적응에 대해서 원인뿐만 아니라 목적론적 입장에서 설명하려고 한다. 이때 꿈의 분석, 환상과 상징(원형 등)의 해석, 생명 에너지의 방향(내향성, 외향성, 감각, 직관, 사고, 판단 등) 등에 대하여 내담자와 대화할 수 있다. 이것이 '개성화'의 방향으로 인격이 재구성되도록 도와주는 길이다.

분석심리학적 이론에서 융은 청소년은 자아의 발달로 향하며, 노년은 자기에로의 통합 방향으로 나아가는 것을 강조한다. 분석심리학은 내면에 숨겨진 집단 무의식과 지혜와 직관이 내담자에게 힘과 방향성을 줄 수 있다는 것을 제시하는 면에서 매우 유익하다고 본다. 그러나 내담자에게 해석을 할 때는 '가설적인' 해석을 하는 것이 무난하다고 생각한다. 그리고 분석심리학의 이론은 다분히 추상적이므로, 현실 적응 능력을 길러주는 면에 대해서는 구체적인 방법을 제시해 주지 못한다는 것도 슈퍼바이저가 알려줄 필요가 있다.

3) REBT 이론적 관점에서 상담자의 역할

슈퍼바이저는 다음과 같은 점을 유념하면서 상담자를 코칭해야 한다.

첫째, REBT 상담자는 논리적으로 따지기 좋아하는 사람이기보다는, 오히려 내담자를 무조건적으로 수용하는 태도를 가지고 임한다는 것을 명심할 필요가 있다. REBT에서는 내담자의 부적응의 원인이 그의 비합리적인 상념에서 기인한다고 전제하고, 비합리적인 생각을 찾아 논박하는 과정이 아주 중요하다. 이때 유의할 점은 상담자가 내담자와 논박할 때는 논쟁하지 않도록 한다. 그 대신에 내담자는 실수하기 마련인 인간이라는 철학을 가지고, 부드럽게, 유머러스하게 대하도록 한다.

둘째, 내담자가 가지고 있는 비합리적인 생각을 찾는 과정에서 핵심적 신념 내지 스키마(schema)라고 불리우는 신념 구조를 찾아내야 한다. 그리고 상담회기마다 그 스키마가 어떻게 변주되어 나타나는지를 확인하도록 한다.

셋째, 논박을 할 때 인지적인 방법(ABCDE 자기조력표 활용)이 기본이지만, 정서적, 행동적 논박을 다양하게 활용하는 것이 중요하다. 나는 심각한 내담자에게 자기의 상황을 '진도 아리랑'이나 '찬송가'나 동요(예: 어린 시절 등)에 빗대어 개사하게 하고 곧잘 함께 노래 부른다. 또 비합리적 생각을 고수하는 내담자와 더불어 상담자가 그 내담자의 역할을 하고, 내담자가 그런 비합리적인 생각을 설득력 있게 논박해 보는 치료자의 역할을 하게 한다. 이런 정서적, 행동적 기법이 매우 인상적인 효과를 거둔다.

넷째, 상담자가 내담자를 무조건적으로 수용하며, 구체적으로는 그의 감정에 공감해 주는 태도로 임하지만, REBT에서는 이 대목에서 한 가지 유의사항을 언급하지 않을 수 없다. 그것은 내담자를 수용하되, 내담자가 느끼는 모든 감정에 공감해서는 안 된다는 것이다. 그렇게 되면 내담자의 감정과 연관된 비합리적인 상념까지도 상담자가 수용해 준다는 인식이 들기 때문이다.

4) 통합적 관점에서 상담자의 역할

상담자가 어떠한 이론을 내담자에게 적용하든지 간에 상담자가 취할 역할은 동일하다고 본다. 다만 이 자리에서 강조하고 싶은 것은 오늘날 상담과 심리 치료가 대중화되기 시작하고 있고, 다양한 방법이 융합적으로 적용되고 있으며, 치료의 시간이 단축되는 경향이 있다는 것이다. 그래서 나는 슈퍼바이저가 상담자에게 다음과 같은 사항을 강조하는 것이 유익하다고 생각한다.

① 상담자는 의사소통의 면에서 전문가적 소양을 갖추도록 하라.
② 인간은 몸과 마음과 영혼의 복합체이므로 신체 감각적 치료와 예술치료와 명상과 종교 등을 융합하도록 하라.
③ 개인의 심리 내적 접근보다는 체계 속의 분위기가 치유에 미치는 영향을 중시하라. 그러므로 개인과 개인 사이, 체계와 체계 사이에서 작동하는 에너지(기)의 원리를 이해할 필요가 있다. 특히 부부간의 갈등을 풀어나갈 때 언어보다는 비언어적이고 성(sex)적인 연결감이 느껴지는 에너지가 오히려 더 중심적인 영향력을 미친다. 그런 의미에서 자녀 양육의 갈등이나 대인 관계상의 문제와 같은 이슈를 다룰 경우에도, 다소 거리감이 있게 느껴지겠지만, 부부의 성적인 친밀감이 매우 핵심적인 해결의 고리가 될 수 있다.
④ 미래의 비전을 염두에 두도록 하라. 상담자는 대개 내담자의 당면 문제 해결에 초점을 맞추는 경향이 있다. 그러나 내담자로 하여금 장차 70~80세, 100세,

120~150세가 되었을 때, 또 그의 영혼이 이 세상을 하직할 때 어떤 위치에 서 있게 될까를 잠깐잠깐 생각해 보게 하고, 이미지 작업을 시도하는 것이 유익하다. 그렇게 되면 영적인 존재로서의 느낌과 초월의 능력이 개발되면서 현재의 문제가 훨씬 쉽게 풀린다.

3. 미래의 상담과 심리치료 분야의 전망

미래의 세상은 점점 빠르게 변화하여 그만큼 스트레스와 불안이 가중될 것이다. 따라서 상담에 대한 대중적인 요구도 증가할 것이다. 그러나 첨단과학의 발달로 상담과 심리치료의 많은 부분은 인공지능(AI)이 담당하게 될 것으로 예상된다.

내담자가 AI와 마주 앉아 자기의 심경을 호소하면 AI는 뇌파 측정기나 간단한 MRI를 머리와 심장에 댈 것이다. 그리고 AI는 심리적인 장애의 상태와 그 원인은 밝히고 나서 치유 작업으로 들어갈 것이다. 그래서 실제로 필요한 신체감각 훈련과 불안 감소 기술이나 자녀지도의 대화기술을 연습시킬 것이다. 어쩌면 상담자는 AI와 공동으로 내담자를 치유하는 동반자 역할을 할 것 같다. 결과적으로 내담자의 성격진단이나 문제의 원인 규명과 실제 적응의 기술코칭은 AI가 담당하게 될 것으로 전망된다. 그러니까 미래 세상에서는 상담자의 업무가 크게 줄어들 것 같다. 그러한 미래 세상을 예상하게 되면 상담자의 입지가 위태롭다고 느껴질 수 있을 것이다. 그러나 다음과 같은 관점에서 미래의 세상을 예견해 보자.

상담과 심리치료 분야에서 앞으로는 이성적인 사유와 분석적 연구 방법에 더하여 초이성적-명상적인 방법이 더욱 활발하게 적용될 것으로 전망된다.

마음챙김과 명상(관상수행)을 하게 되면, 우리는 지금 이 자리에 국한된 자기(국소적 자기)에서 떠나 초월적인 위치에서 자기를 바라보는 자신(비국소적 자기)을 경험할 수 있게 된다. 그리하여 자기 내면에 있던 참된 마음과 생각과 행동이 동조 상태에 이르면, 자기의 에너지(기)가 우주적 에너지(또는 절대자)와 동조된 상태로 조율되어 진동하게 된다(최경규 역, 2020). 그 결과 우리의 두뇌 안에 새로운 뇌세포 조직이 생기고, 신체 세포에도 변화가 일어나며, 평정심, 기쁨, 사랑, 풍요의 느낌을 향유할 수 있게 된다. 우리는 과거 조상의 삶을 살아보고, 미래의 삶과도 하나되는 경험을 할 수 있다.

미래에는 내담자가 증강현실 속에서 여러 가지 성격의 인간(다중인격자)이 되어 실험적으로 수많은 인생을 살아볼 수 있게 될 것이다. 그러니까 상담 시간에 AI들이 내담자의 가족과 친지의 역할을 수행하게 되면 내담자는 그들과 상호작용하면서 여러 세대의 인생을 단기간에 간접 체험하게 되고, 그 결과 현재 자신이 당면하고 있는 갈등과 생활상의 어려움에 대한 해결책을 발견하게 될 것이다. 그리고 절대자(신)가 제시하는 자기 인생의 목적 내지 진정한 자신의 원형을 깨닫게 될 것으로 전망된다.

상담 시간에 얼마나 흥미진진한 드라마가 연출될 것인가. 상상만 해도 재미있다. 그러나 AI가 연출하는 다중인격은 누군가가 프로그램해서 넣어 준 각본일 따름이다. 중강현실 속에서 자기의 운명을 깨닫고 미래의 삶의 방향을 결정하는 주체는 내담자이다. 지구가 진화하듯이 인류의 지성도 진화한다. 인간만이, 그리고 인류의 집단적인 무의식만이 인간의 의식 수준을 높이고, 과거와 현재의 습관 내지 생활방식(업장)에서 해방되어 자유와 초월의 상태에 이르며 새로운 세계를 창조할 수 있다. 그리고 오로지 인간만이 누군가를 초월적 자아, 맥락적 자아, 무념무상의 무아적 자아의 수준으로 인도할 수 있다고 본다. 게다가 인간은 사람들과의 관계 안에서 접촉과 소속감의 욕구를 충족 받을 때 활력이 솟아나고 행복하다. 이런 것은 AI가 수행해 줄 수 없는 영역이다. 내담자의 의식이 확장되어 자기의 운명을 알고, 자기가 가야 할 길을 가도록 인도하는 상담자는 인품과 인격으로 내담자에게 훌륭한 정신적인 멘토나 스승의 역할을 해낼 수 있다. 인간의 문제는 과학으로 해결되기보다는 인간적인 관계를 통하여 해결된다.

결론적으로 우리 모두는 아픔과 기쁨을 가지고 이 세상에서 귀중한 시간을 살아가고 있다. 슈퍼바이저와 상담자는 이해와 연민의 마음으로 내담자를 보듬어 주고 성장, 치유, 성숙, 초월하도록 안내하는 멘토와 스승(guru)이 되도록 노력하자. 애써 노력하는 것이 아니라, 우리의 삶 자체가 그렇게 되도록 하라. 그리하여 '상담'이라는 춤을 내담자와 함께 추는 멋진 춤꾼이 되자.

2부

세 가지 접근별 상담사례 분석

2부에서는 가족상담 사례(1개), 청소년상담 사례(3개), 성인상담 사례(5개), 부부상담 사례(3개) 등 총 12개의 사례가 제시되어 있다. 특히 5~7장까지는 세 명의 저자가 각자 슈퍼비전한 내용을 담고 있으며, 8~16장까지는 공개사례회 때 저자인 세 명의 슈퍼바이저가 한 명의 상담자를 공동으로 슈퍼비전한 것을 담았다. 그러니까 하나의 사례에 대하여 세 가지 접근, 즉 정신역동적, 인지적, 통합적 접근별로 상담 사례를 개념화하고 이어서 슈퍼비전한 피드백을 수록한 것이다.

5장

붕괴 직전의 가족상담 사례 ___ 통합적 접근

"우리 가정이 산산조각 났어요"

I. 내담자의 기본 정보

주 호소 문제

- 아버지(60대): "자식에게 쫓겨나다니… 차라리 가족을 버리고 혼자 살고 싶습니다."
- 어머니(50대): "우리 가정은 완전히 깨졌어요. 너무 혼란스러워 죽고 싶어요."
- 큰딸(28세): "흥분 상태에 있는 동생이 무슨 짓을 할지 몰라 몹시 불안합니다."
- 작은딸(25세): "다른 여자와 놀아나고, 엄마를 속인 아버지를 용서하지 않을 거예요. 엄마와 이혼시킬 거예요."

가족관계

아버지(대졸)는 대기업의 임원이고 어머니(고졸)는 주부이다. 두 딸(대졸)은 부모님과 같이 살며 직장에 다니고 있고 미혼이다. 작은딸은 아버지와 갈등 관계에 있고 단절상태로 지내며, 어머니와는 정서적으로 융합되어 있다. 큰딸과 어머니와의 관계는 친밀한 관계이다. 현재 부부는 별거 중이다.

인상 및 행동 특성

- 아버지: 얼굴 근육이 굳은 모습으로 말투가 강하다. 7회기부터 상담에 열심히 참여했다.
- 어머니: 다소 마른 몸이며 깔끔한 옷차림이다. 자신의 이야기를 할 때는 끊임없이 말을 하고 한숨을 많이 쉬며 눈물을 많이 보인다.
- 큰딸: 애써 자신의 감정을 누르며 미소와 눈물을 같이 보인다. 목소리는 다소 빠른 편이다.
- 작은딸: 조용한 모습으로 있다가, 아버지에 대해 이야기할 때는 강한 눈빛과 단호한 말투로, 그러나 미소를 띠며 말한다.

상담 동기

작은딸은 5년 전 아버지의 핸드폰 카톡을 보고 아버지가 다른 여자와 사귀는 것을 알았지만 참고 지내다가 최근에 어머니가 크게 아프셔서 누워 계시는데, 아버지의 핸드폰에서 수상한 내용의 글을 보고 드디어 폭발했다. 강압적인 아버지에게 평소에 불만이 많은 작은딸이 아버지의 외도사건을 문제 삼아 아버지와 심하게 갈등을 보이고, 가족 전체를 위기로 몰아넣었다. 아버지로 하여금 사과문을 써서 일주일에 한 번씩 전 가족 앞에서 한 달간 읽게 하고, 부모의 모든 재산을 엄마 앞으로 돌리게 하고, 아버지로 하여금 온 가족에게 무릎을 꿇고 사과하고, 집에서 나가게 하였으며, 극도로 예민한 상태이다.

큰딸은 아버지 때문에 심리적 충격이 크고 엄마도 불쌍하지만, 과격한 성격의 동생이 저러다가 자살이라도 하거나, 아버지 회사에 가서 일을 저지를 것 같아 너무나 불안한 상태이다. 이에 큰딸이 상담을 신청하게 되었다.

아버지는 일시적으로 마음이 흔들려 잘못을 저질렀지만, 이렇게까지 자식에게 비참하게 내몰리는 것에 대해 너무나 힘들고 죽고 싶은 심정이다. 특히 전 가족 앞에서 사과문을 낭독한 것에 대해서 수치심과 모멸감을 느낀다고 아내에게 지속적으로 하소연하고 있다. 얼마 지나지 않아 정년퇴직을 하면 “가족을 아예 버리고 나대로 살 겁니다.”라고 하며 분노를 나타냈다.

어머니는 작은딸이 아버지를 내쫓고, 자신까지 통제하니 견디기 힘들어서 죽고 싶으며, 마음이 우울하여 무엇을 어떻게 해야 할지 모르겠다고 호소하였다.

상담자의 사례개념화

아버지는 어린 시절에 가난한 집안에서 자랐다. 할아버지와 할머니가 이북에서 월남하여 모진 고생을 하셨으므로 고학으로 대학을 졸업하였다. 그리고 다혈질이고 독재적인 할아버지 밑에서 엄한 가정교육을 받았다. 결혼 후에는 자녀들에게 고생시키지 않고 잘 공부시키려는 생각으로 성실하게 살았고 엄하고 권위적으로 아이들을 지도하였다.

어머니는 친정엄마가 질병이 있어서 제대로 돌봄을 받지 못한 가운데 몹시 허약하게 성장하였고, 가족을 위해서 헌신하는 착한 딸로 살았다. 결혼 후에도 똑똑하고 책임감이 강한 남편을 존경하고 의지하며 순종적으로 살았다.

그런데 작은딸이 5년 전에 아버지의 외도사건을 알게 되었다. 그러다가 최근에 어머니가 아파서 누워 지내는데 아버지가 여전히 외도하는 것을 알고 그것을 가족에게 폭로하였다. 성장 과정 중에 강압적이고 폭력적인 아버지에게 몹시 불만이 많은 작은딸이 아버지를 집 밖으로 몰아내고 재산을 어머니 앞으로 명의 이전하게 했고 아버지가 가족 앞에서 사과문을 읽게 하였다.

아버지에게 원망과 연민의 양가감정을 가진 큰딸은 이 위기 상황을 중재하고 싶으나 어찌해야 할지 몰라 혼란스럽다. 무능한 어머니는 남편과 헤어지기를 싫어하며 울고만 있다.

이 가정은 강압적인 아버지와 무능력한 어머니 사이에 어찌된 영문인지 힘의 균형이 깨진 생활을 하고 있었고, 거기에 두 딸이 끼어들어 감추어졌던 문제점이 표면에 드러났고 부모-자녀 간의 경계선이 무너진 상태이다. 과격한 성격의 작은딸은 엄마의 핸드폰을 빼앗고 일거수일투족을 감시하고 지낸다.

상담을 받기 시작하면서 어머니는 근처에 있는 교회에 다니기 시작하였다. 집 밖에서 생활하는 아버지는 아내가 교회에 나가는 시간에 맞추어 슬그머니 교회에 가서 아내와 함께 예배를 드리기 시작하였다.

강박적인 작은딸이 엄마와 아빠만을 감시하는 일에 집중하고 있기 때문에, 이 문제를 해결하는 데 시간이 오래 걸릴 것으로 예상된다. 그러나 이것은 그만큼 가족에 대한 기대가 많았다고 해석할 수 있다. 부부가 치료를 통해 동맹을 맺은 상태에서 작은딸을 상담에 합류시킬 예정이다.

이 가족의 의사소통 방식을 살펴보면 아버지는 비난형이고, 어머니는 소극적 회유형이며, 딸들은 수동공격적인 회유형이다. 두 딸들은 타인과의 관계에서 극단적이거나 우유부단한 모습으로 나올 것 같다.

한편 내면가족체계치료적 관점에서 보자면, 아버지의 체계 속에는 분노 폭발의 소방수와, 가난해서 갖고 싶은 것을 제대로 갖지 못했던 외로운 아이의 추방자 모습이 있다. 어머니는 무기력한 소방수와 자기 존재를 인정받지 못하여 슬픈 아기로서의 추방자 체계가 있다. 큰딸 안에는 무기력하고 눈치 보는 보호자 체계와, 무기력한 소방수와, 아버지에게 폭력을 당했을 때 두려움과 수치심에 압도된 아이가 추방자의 모습으로 들어 있다. 작은딸에게는 비난, 강박적인 보호자와, 분노 폭발하고 통제하는 소방수와, 아버지에게서 폭력, 협박당했을 때 두려움과 수치심에 압도된 추방자의 체계가 있다.

MMPI 결과를 보면 아버지는 우울감(D=72)과 분노감(75)과 자살 사고를 가지고 있다. 어머니는 높은 우울감(D=83)과 불안감(72)으로 식사도 제대로 하지 못하고, 잠도 제대로 자지 못하며 늘 슬프다. 큰딸 역시 우울(70점)과 불안감(75점)이 높아서 겨우겨우 직장 생활을 영위하고 있다. 작은딸은 불안과 분노가 높고 가족의 말 한마디에도 크게 화를 내고, 물건이 흩어져 있으면 강박적으로 정리하는 데 많은 시간을 보내며, 칩거 상태이다.

다행히 아버지와 어머니, 큰딸이 가정을 다시 살리려고 노력하고 있으므로, 가족의 위계질서 회복과 재결합에 대한 상담의 전망이 밝아 보인다.

이 가족은 그동안 가족 간의 상호작용이 아버지의 독재에 의하여 균형이 깨졌고 피차 존경과 신뢰가 결여되었다는 것을 깨달아야 한다. 그리고 서로 간에 부드럽게 대화하는 기술을 배워야 한다. 또한 반항심이 강한 작은딸의 마음을 어떻게 돌려야 할지가 풀어야 할 과제로 남아 있다.

1. 상담의 목표

- 내담자와 합의한 상담의 목표
  - 가족 구성원의 상처 치유와 관계 회복
- 상담자가 보는 임상적인 목표
  - 가족 구성원의 관계 회복을 위한 체계의 전환
  - 관계 회복을 위한 의사소통의 변화
  - 가족 구성원 각자의 자기 이해와 상호작용 패턴의 변화

2. 슈퍼비전을 받고 싶은 내용

① "이 가족은 남편이 은퇴를 한 다음에 부부가 재결합하기로 결정하고, 집을 새로 장만하였습니다. 그 과정에서 아버지가 자녀들에게 각각 독립할 수 있는 자금을 주었습니다. 그러나 현실적인 어려움 때문에 두 딸은 결혼할 때까지 부모와 함께 살기를 요청했고, 그 결과 부모의 집으로 들어가기로 결정한 상태에서 상담이 종결이 되었습니다. 겉으로 볼 때는 가족이 합쳐졌으나 깔끔하게 화해가 안 된 상태로 합쳐지게 되었고, 현재 작은딸은 개인상담 중입니다. 작은딸과의 상담을 진행하고 나서 가족상담을 다시 해야 할까요?"

② "이 부부가 이렇게 되기까지는 섹스 문제가 있었습니다. 지금까지도 두 사람은 성생활을 하지 않고 있으며, 가족의 관계 회복이 어느 정도 진전된 지금 상담자가 성 문제를 중요시하여 그것에 대하여 다루려 했으나, 남편이 성 문제를 다루는 것을 회피하고 있습니다. 이럴 경우 어떻게 해야 하는지요?"

3. 상담의 진행 과정

1회기 어머니와 두 딸 상담

주 호소를 들어보고 관계형성을 위해 각자의 느낌을 듣고 반영해 준다.

어머니는 눈을 제대로 마주치지 못하고 불안해했고, 큰딸은 엄마와 동생 그리고 상담자를 번갈아 가며 눈치를 보았다. 작은딸은 상기된 얼굴로 아버지의 외도 사실을 고발하듯이 이야기했다.

2회기 작은딸과 어머니

작은딸이 엄마를 어떻게 생각하고 있는지에 대해 돌아보게 하고, 이에 대한 엄마의 느낌을 나누었다.

엄마: 나는 남편을 이해하고 싶어요. 너무 힘들게 열심히 산 사람이라서요. 그런데 이 애가 아버지를 내쫓았어요. 딸이 제정신이 아닌 것 같아요. 아버지를 호통치고, 난 필요도 없는데 재산도 내 앞으로 하고.

작은딸: 아버지가 엄마 옆에 있으면 안 될 것 같아요. 엄마를 지켜야 해요.

상담자: 엄마 역할을 대신하고 있을 만큼이네요. ○○씨에게 엄마는 어떠한 사람일

까요?

작은딸: 늘 아빠에게 당하는 사람이고, 약해서 제가 엄마를 지켜줘야 돼요.

엄마: 나는 내가 잘 알아서 해. 그러지 않아도 되는데.

3회기 두 딸과 어머니

작은딸: 우리가 아주 어려서부터 아버지는 늘 우리에게 화만 냈어요. 엄마는 우리보다 더 벌벌 떨고요. 그래서 난 아예 아버지와 말을 안 하기로 작정하고 살았어요. (엄마는 그 이야기를 들으며 미안하다고 말하였다.)

큰딸: 저는 어릴 때 잠깐 할머니 집에서 살아서 아버지가 무섭기는 했지만, 동생만큼 그렇지는 않았던 것 같아요. 어떤 때는 잘해 줄 때도 있었고요.

엄마: 저는 우리 가족이 예전처럼 다 같이 모여 살았으면 좋겠어요. 아빠가 나가서 사는 게 너무 맘 아프고, ○○의 심정을 모르는 것은 아니지만, 내가 많이 힘드네요. ○○가(작은딸이) 아빠를 집 밖으로 내쫓은 다음에 나의 핸드폰을 규제하고, 상담에 아빠를 오지 못하게 합니다. 만약 이곳에 아빠가 상담받으러 오면 자기는 상담받지 않겠다고 해요.

4회기 작은딸

내면가족체계치료적 접근으로 내면 작업을 하였다.

작은딸: 5년 전에 우연히 아빠 핸드폰을 보게 되었고 다른 여자를 만나는 것을 알게 되었어요. 이후 엄마에게 그 말을 못 하다가 최근 엄마가 아파 누워 계시는데도 여자를 만나고 카톡 문자가 오고 가는 것을 보고 나서 폭발했어요. 나의 행동은 엄마를 위한 것이고, 엄마는 아빠를 이길 수가 없기 때문에 이렇게 해야 해요. 생각할수록 불쾌하고 화가 나요.

상담자: 그 분노감은 몸에서 어떻게 느껴지나요? 몸을 한번 느껴 볼까요?

작은딸: 머리가 멍해지면서 심장이 뛰어요.

상담자: 머리가 띵하고 심장이 뛰는군요. 어느 쪽이 더 강하게 느껴지나요?

작은딸: 심장이 조금 더 강하게 뛰는 것 같아요.

느껴지는 감정들을 알아차리는 작업을 한 후에 그런 느낌을 하나씩 내려놓게 하고, 가장 강한 느낌을 잡고 작업을 시작하였다. 어린 시절 집에 혼자 있으며 아빠에게 혼이

나서 울고 있는 추방자(내면아이)를 만나서 데리고 나오는 작업을 하였다. (그때 자신이 아무리 불러도 엄마는 아빠를 말리지 않아서 혼자 떨면서 울고 있었음)

5회기 큰딸

큰딸: 엄마는 많이 힘들어하시고, ○○는 여전히 엄마를 지키고 감시하고 있어요. 마음이 자꾸 슬퍼져요.(울음)

상담자: 아빠가 동생에게 쫓겨난 것에 대해 엄마도 언니도 함께 동의가 된 것인지요?

큰딸: 아니요. 사실 엄마가 제일 힘드실 텐데, ○○가 저러니까 ○○가 잘못될까 봐 힘들어하시고… 나는 어떻게 해야 할지 혼란스러워요. 사실 어제 집에 가는데 아빠가 집 근처에 오셔서 한참 쳐다보시고 가는 걸 봤어요. 마음이 안 좋아요. 그래서 그냥 내 마음을 차단하는 것 같아요. 신경 안 쓰려고 하고.

상담자: 힘들 때 주로 지금처럼 신경 쓰지 않으려고 하시나요?

큰딸: 네. 안 그럼 내가 미칠 것 같은 거예요.

고등학교 때 남자친구를 잠깐 만났을 때 아빠가 자기 방에서 가죽혁대로 때리던 기억과 함께, 그때부터 계속 불안감이 지속되었다는 것을 알고, 불안감이 올라오면 감정을 차단해 버리는 것을 알게 되었다. 이 문제는 다음에 다시 작업하기로 했다.

6회기 어머니의 가계도 작업을 두 딸과 같이 함

어머니: 친정 엄마가 나를 낳을 때 난산을 했대요. 몸도 약한데 가정 경제를 책임진 엄마에게 나는 늘 착한 딸로 성장했고 한 번도 속을 썩이지 않았어요. 알아서 다 하고 힘든 것도 내색하지 않고 살았죠. 나는 그냥 참고 지냈어요. 결혼해서도 남편이 하라는 대로 했고 불만도 없었어요. 남편은 믿음직한 사람이에요. 나는 자기주장을 잘 못하는 사람이라서, 남편이 자기주장이 강한 것이 오히려 좋게 느껴졌어요. 큰아이는 내가 잠깐 직장일을 해야 해서 친정집에서 초등학교 2학년 때까지 자랐고, 사랑을 많이 받았어요. 둘째는 내가 계속 데리고 살았는데, 왜 저렇게 사나운 애가 되었는지 모르겠어요. 내가 뭘 잘못 키운 것 같아서 마음이 아프네요.

큰딸: 엄마가 아빠에게 그런 식으로 당하며 사는 게 나는 상처가 된 것 같아요. 그냥 아빠가 너무 일방적이고 엄마는 늘 참는 것 같아서, 나는 아빠같이 남자가 나에게 강압적으로 하면 화가 나서 안 사귀게 되더라고요, 가계도를 같이 보면서

엄마를 좀 이해하게 되는 거 같아요.

작은딸: 나는 엄마가 늘 깨끗하게 정돈하고, 집에서 하나부터 열까지 혼자서 다 하는 게 못마땅했어요.

두 딸: 엄마의 가계도 그림 이야기를 듣고 나서 엄마가 왜 그렇게 아빠에게 억눌려 사는지 이해가 좀 되었어요. 그렇지만 우리는 그렇게 살고 싶지는 않아요.

7회기 첫 부부상담. 남편의 가계도 작업

남편의 가계도를 그리며 상담을 하였다. 남편은 어린 시절 매우 어려운 시골 생활을 하였는데, 혼자만 공부를 잘해서 고등학교를 마쳤고 혼자 학비를 마련해서 대학을 다녔다. 가고 싶은 대학에 못 가고 장학금을 타는 학교에 간 것이 지금도 가슴이 아리다. 그래서 아이들을 더 모질게 대했다. 편안하게 자란 너희들은 뭐냐는 생각이 많았다는 것을 이 시간에 알게 되었다. 아내는 그러한 남편을 너무 잘 이해한다고 하였다. 아내의 어린 시절의 경험도 함께 나누었다.

8회기 부부상담. 남편의 분노 감정을 표현하고 부부간에 서로 좋았던 점을 나누게 함

남편: 아내에게 많이 미안합니다. 그러나 딸이 내게 협박하고 그 애가 회사에 가서 떠든다고 해서, 가족을 위해 내가 모든 자존심을 다 내려놨지만, 나중에 퇴직하고 나면 가족을 보지 않으려 합니다. 나도 어떻게 될지 모르겠어요.

아내: (계속 눈물을 흘림)

그 이후 상담시간에는 서로 좋았던 시절에 대해서도 이야기하였다.

9회기 큰딸과 부부, 3인 가족상담

상담자는 부녀에게 이마고 대화법을 설명해 준 후에 상담을 시작했으며, 아빠가 반영하기, 요약 반영하기, 인정하기, 공감하기를 하도록 하였다. 그리고 큰딸과 아버지와의 관계 회복을 돕기 위하여 이마고 대화법으로 부모-자녀 대화를 시도하였다.

상담자: 따님은 몇 살 때로 돌아가서 아빠와 이야기하고 싶은가요?

큰딸: 6학년 때, 무슨 잘못을 했는지 기억도 나지 않는데, 아빠가 가죽혁대를 풀더니 나를 죽도록 때렸어요. 아빠는 내 말을 듣지 않았고 믿어주지 않았어요. 그때 나는 너무 무서워서 엄마를 봤지만, 엄마는 떨면서 울기만 하고 도움이 되

지 않았어요. 그다음에도 또 쇠파이프를 들고 와서 야단을 치셨는데, 그때 나는 머리가 하얘졌었어요. 그리고 고등학교 3학년 때 사실 나는 그 남자애와 사귀지 않았어요. 그냥 반 친구예요. 그런데 학교 담임 선생님이 그 애에게 전화로 나에게 소지품을 알려주라고 해서 그 애가 전화를 한 건데, 아빠는 그 전화를 빼앗아가지고 다그쳤어요. 다행히 그 애가 전화를 받지 않았어요. 만약 받았다면 아빠가 욕설하고 야단을 치셨겠지요. 나는 아마 수치스러워서 학교를 다니지도 못했을 거예요. (크게 울기 시작함)

아버지: 정말 미안하다. 네가 얼마나 힘들었고 수치스러웠을지 이해가 가네. 정말 미안하다. 나는 네가 가치 없는 아이로 자랄까 봐 걱정이 되었다. 네가 그렇게 힘들어하는 줄은 정말 몰랐어. 아빠가 어릴 때 너무 가난하게 자라다 보니 너희들에게 가난함을 물려주기 싫어서 열심히 일만 하고 놀아주지도 못했고, 늘 무섭게만 말해서 미안하구나. (아버지도 울고, 딸도 울고, 지켜보는 엄마도 울고)

어머니: 나도 정말 미안하다. 나도 그때 너무 무서워서 너희들이 매 맞을 때 말리지 못했어. 엄마가 좀 강해져야 하는데, 이제는 엄마도 강해져서 너희들을 지켜줄게.

(상담 후 셋이서 함께 포옹하고 울고 진정되었음)

10회기 부부와 큰딸, 가족조각 놀이를 통하여 가족의 위계를 재정립함

상담자: 이제 세 분이 동맹을 맺었으니 조만간 작은 따님도 괜찮아질 겁니다. 오늘은 가족들이 집에서 정서적으로 어떤 위치에 있는지 가족조각을 만들어 볼 거예요. (작은딸이 오지 않아서 인형으로 대신함. 아버지의 자리에 큰딸이 앉아 있어 보고, 각자 자리를 바꿔서 감정을 터치하도록 작업하였음)

큰딸: 아빠가 많이 외로우실 것 같아요. 내가 ○○를 잘 설득해서 온 가족이 함께 오도록 해야겠어요.

아버지: 내가 아내 자리에 앉아 보니, 아내 마음이 편하지 않았을 것 같아요. ○○도 그렇고, □□도 그렇고.

상담자: 그럼 어떻게 우리 가족을 조각하고 싶은지 다시 만들어 보세요.
(아빠의 양옆에 엄마와 인형(작은딸), 엄마 옆에 큰딸이 앉아 동그라미를 만들어 봄.)

어머니: 이렇게 만들어보니, 그냥 서 있기만 했는데도 마음이 편하네요~

11회기 부부, 이마고 대화로 서로가 반영하기를 익히도록 함

아내는 남편이 늘 강압적으로 명령하는 것과, 연말에 퇴직하고 나서 혼자 살 거라는 말에 너무 슬퍼서 말도 안 나왔다고 했다. 남편은 딸이 자신의 직장에 가서 폭로하겠다고 협박하고 사과문을 쓰게 한 것을 도저히 용서할 수가 없다고 했다.

이 시간에는 남편과 아내가 반박하지 않고, 변명하지 않으면서 다만 이마고 대화의 반영 부분에 집중하면서 대화를 하도록 코치하였다. 상담 후에 서로가 깊이 포옹하였다.

- 과제: 자신과 부모 중 한 분에게 편지 쓰기

12회기 큰딸과 부부

남편은 그동안 원망이 많았던 본가의 아버지에게 편지를 썼고, 아내는 친정엄마에게 반항 한 번 안 하고 순종만 하면서 힘들었던 마음을 처음으로 표현하는 편지를 썼다. 남편과 아내는 편지를 써 보고 나서 새삼 자신들을 돌아보게 되었다고 했다.

남편: 나 자신이 많이 불쌍했어요. 나는 늘 분노가 마음에 있었던 것 같네요. 이제는 다 내려놓고 정말 아내와 하나님께 기도하면서 살려고 합니다.

아내: 편지를 쓰면서 나 자신이 힘이 없고 남의 눈치만 보면서 살았구나, 그래서 애들도 이렇게 되었구나, 그동안 남편만 잘못해서 그런 줄 알았는데 나도 잘못이 많았구나 하는 생각이 들었어요. 여보, 미안해요….

그 뒤에 이마고 대화로써 서로에게 감사함을 표현하게 하였다.

13회기 큰딸과 부부

아버지: 지난주에 작은애 생일이라서 용돈을 부쳐 주고 편지를 써서 보냈어요. 그동안 상담하면서 나 자신이 애들에게 많이 잘못한 것도 있고, 한순간의 잘못으로 우리 집이 붕괴 직전까지 갔었다는 것을 생각하면 이렇게 굳건히 지켜준 아내도 고맙고, 큰딸도 아빠를 이해해줘서 고마워요. (큰딸에게 편지를 쓴 것을 가지고 와서 읽어 주었으며, 읽는 도중 가족들이 눈물을 흘림)

큰딸: 아빠를 많이 이해했고 불쌍한 생각이 들었어요. 엄마도 이제는 집에서 동생에게 확실하게 의사를 표현하셔서 마음이 편해요.

14회기 부부상담

아내: 남편이 지난번에 상담을 하고 나서부터는 말할 때 많이 노력을 하지만, 여전히 큰 소리와 강압적인 말투로 말할 때마다 가슴이 철렁 내려앉는 것 같아요. 그런데 조금 달라진 것은, 지금은 당신이 그러면 내가 힘들다고 말을 해요.

남편: 내가 일방적으로 말을 하는 습관이 있는데, 내가 답답해서 그렇습니다.

이후 남편에게 의사소통의 기술을 코치하였다.

15~18회기 부부상담

남편은 자기가 격한 말을 할 때 아내가 이해해 줘서 고맙고, 최악의 상황을 잘 견디며, 조금씩 나아지게 해줘서 고맙다고 했다. 아내는 남편이 밖에 나가 혼자 살고 있기에 이 세상에서 혼자라고 생각을 했겠지만, 자기도 똑같은 심정이었고, 그 사건 이후에도 마음속으로 남편을 한 번도 버린 적이 없었다고 말했다(두 사람은 엉엉 소리 내서 울음).

그 뒤로 남편은 예전에 비해 많이 부드러워져서 아내의 마음이 편하다고 했다. 그리고 부부는 함께 등산도 하였다. 남편이 큰딸하고는 관계가 완전히 회복되었다. 남편은 다음 달에 작은애 생일이라 용돈을 보내고 편지도 써서 부칠 계획이다.

19~20회기 부부상담. 남편의 외도 사건과 부부의 성 문제

남편은 작은딸에게 길게 편지를 썼다. 많이 미안하다고 하면서, 아빠가 어떻게 살아왔는지도 쓰고, 용돈도 보냈다. 아빠의 은퇴식에 엄마와 언니와 같이 와 주면 좋겠다고 했다. 편지를 쓰면서 깨달은 건데, 자신의 상처로 인해 아이들에게 모질게 했구나 하는 마음도 들고, 아내에게도 정말 고맙고, 편지를 쓰면서 많이 울었다고 한다.

아내는, 작은딸이 아빠가 딴 여자를 만난다는 것을 알고 나서 너무 난리를 쳐서, 아빠가 집에서 나가서 살고, 자신을 꼼짝 못하게 할 때는 정신이 하나도 없었으나, 남편을 신뢰했고 의심하지는 않았다고 한다. 딸아이가 더 걱정되고, 내쫓긴 남편이 더 걱정되고, 다 자신이 잘못한 것 같은 생각이 들었다고 했다. 사실 40대 중반에 부인과 수술을 했고, 이후 성관계를 할 때마다 많이 아파서 자연히 성관계를 하지 못했다고 한다. 그러다 보니 남편도 발기가 잘 되지 않아서 그냥 우리 부부는 그렇게 살아도 되나 보다 생각했었다고 했다. 남편이 병원에 가보자고 했는데, 자신이 그 말을 무시해서 남편이 그런 행동을 하게 만들었나 하는 생각이 들었다고 했다.

남편은 아내와 성관계를 하지 않더라도, 그냥 아내가 건강하고 둘이 함께 지내는 것 자체만으로도 만족한다고 말했다. 상담자는 부부의 성 문제를 다루고자 하였으나, 특히 남편이 회피를 하여서 추후에 다루기로 하였다.

21~23회기 부부상담. 자녀들과의 분리 계획과 자녀 관계

부부는 오랜만에 함께 여행을 갔다 와서 예전의 삶으로 돌아간 것 같은 느낌이 들었고, 부부간 성관계는 하지 않았다고 했다. 그리고 두 딸에게 독립하도록 각각 독립자금을 주기로 결정했다. 어머니는 작은딸에게 자기의 핸드폰에 손대지 말라고 말할 만큼 주장적으로 되었다. 남편은 부드럽게 대화하기가 아직도 익숙하지 않지만 많이 부드러워졌다고 한다. 부부는 교회에서 성경공부도 같이 하고 있다.

24회기 어머니 상담. 새로운 집 물색과 자녀의 독립

남편과 함께 살 집으로 새로운 아파트를 샀다. 두 딸이 결혼 때까지 엄마 아빠 집에 살고 싶다고 해서 허락했다. 이들 부부는 딸들이 독립해서 살면서, 돈 벌기가 힘들고 그동안 아빠와 엄마의 그늘이 좋았다는 것을 깨닫게 하고 싶었기 때문에 애들에게 독립을 권했다.

25회기 두 딸과 어머니

아버지가 상담에 오지 못한다는 것을 알고 작은딸이 엄마의 권유로 상담에 합류하였다. 그러나 작은딸은 여전히 아직은 아버지를 받아들인 것은 아니라고 말하였다.

작은딸은 엄마가 아빠한테 꼼짝 못하고 쥐여살 것 같아 정말 화가 나서 머리가 돌 지경이라고 했다. 어머니는 큰딸과 작은딸에게 너희는 독립해서 살고, 이제는 엄마 아빠 일은 엄마 아빠에게 맡기라고 충고했다.

26회기 작은딸

작은딸: 아빠가 독립자금은 줬지만, 그 돈 때문에 아빠를 받아들이는 건 아니에요. 엄마가 아빠와 함께 살겠다고 하시고, 엄마가 이제 할 말을 하시며 많이 변했어요. 아빠가 집에 왔을 때 내 손을 잡았는데 그땐 나도 모르게 가만히 있었는데, 나중에 화가 났었어요. 근데 요즘은 엄마가 괜찮다는데 내가 왜 그러는지 곰곰이 생각하게 되었어요.

딸은 이후부터 개인 상담을 받고 있다.

27~28회기 부부상담과 종결

부부는 함께 등산도 가고 교회에도 갔다. 작은딸이 많이 누그러졌다. 다음 달에 한 번 더 부부상담을 하고 상담을 종결하기로 합의하였다.

부부는 환하게 웃으면서 상담받은 지 1년 2개월 만에 상담을 종결하였다.

두 딸은 사정이 여의치 않아 별수 없이 부부가 새로 이사 가는 집에 잠시 들어와 살겠다고 해서 허락했고, 그 대신에 생활비를 내라고 말했다. 그런 요구를 할 만큼 어머니가 확실하게 자기주장을 할 수 있게 되었다.

아내는 남편이 예전 같으면 성내고 소리 질러도 열 번을 질렀을 상황인데도, 작은딸에게 참는 것이 고마웠다고 말했다. 그동안 상담을 통해서 달라진 것과 앞으로의 과제에 대해 이야기를 나눈 후 상담을 종결하였다.

4. 상담의 효과와 발전 과제

이 가족은 상담을 통하여 가족의 관계와 부부관계가 개선되었고, 자녀들이 독립을 하는 계기가 되었다. 이처럼 가족의 해체 문제가 해결되었고, 과거에 비해서 부부간에 이해와 친밀감이 더욱 많이 생겼으나, 부부간의 성 문제를 다루어 나가야 하는 발전 과제가 남아 있다. 작은딸이 상담에 합류했으나 관계 패턴이 아직 완전히 기능적으로 되지 않았으며, 새로운 의사소통 기술의 습득이 필요하다.

5. 상담자의 자기평가

상담자가 이 가족을 처음 만났을 때는 압도감을 느꼈다. 그러나 충분히 공감하고 수용하며 연민의 감정으로 대하여 뿌듯하고 만족스러운 효과를 보았다고 본다.

III. 슈퍼바이저의 사례개념화

아버지의 외도 사건으로 인하여 이 가족의 구조적 문제점이 이들 네 명에게 확실하게 인식되기 시작했다고 보아야 할 것이다. 즉, 아버지는 통제적이고 전제적이며, 연약한 어머니는 순종적으로 살아왔다. 아버지에 대한 불만이 많았던 두 딸은 무의식적으로 어머니와 융합되어 아버지를 배척하는 삼각관계를 형성하고 있다. 이들 부부는 인격적으로 평등한 위치에서 서로 존중하는 면이 부족했고 성적인 문제가 발생했다. 그 결과 힘의 불균형 상태는 부부체계에 균열을 불러오고, 그것이 '외도' 증상으로 나타난 것이라고 본다. 그 사건 때문에 어머니가 더욱 불행해질 것이라고 예감한 작은딸은 어머니를 보호하고, 폭군적인 아버지를 징벌하는 영웅의 역할을 담당하고 나섰다. 그리하여 부모-자녀 간의 위계질서가 파괴된 것이다. 그러니까 작은딸이 이 가정에서는 '확인된 환자(Identified Patient: IP)'인 셈이다.

이 가족은 이번의 위기 상황을 계기로 하여 각자의 성장 과정에서 경험한 심리적 상처가 가족 간의 의사소통과 태도에 어떤 영향을 미쳤는지를 깨달을 필요가 있다. 그리고 상호 간에 인격적으로 존중하고 있는지, 자기를 주장적으로 표현하고 있는지를 검토하고, 바람직한 의사소통의 기술을 훈련받아야 하겠다. 또한 자녀는 부모의 문제에 개입하지 말고 부모에게 일임하고 경계선을 분명히 지킴으로써 가족체계가 재정립되어야 할 것이다. 이번의 가족상담을 계기로 하여 네 명의 가족 구성원 사이에 힘의 균형이 이루어지고 서로가 인격적으로 존중하고 배려하며 생활하고 있는지를 점검하는 귀중한 계기가 될 것이다. 남편이 외도하게 된 원인으로는 성의 문제가 있다. 그러므로 상담 후반부에는 특별히 부부간에 성적인 문제를 심도 있게 다루어 나갈 필요가 있다.

1. 상담자가 수립한 상담의 목표와 전략 및 진행 과정

이 사례에서 아버지와 어머니와 큰딸 모두가 가정을 살리려고 하는 강한 의지를 가지고 가족상담에 임하고 있다. 상담자는 내담자와 합의하여 '가족 구성원의 상처 치유와 관계 회복'을 상담 목표로 삼고 있는데, 그건 바람직하다고 본다. 그리고 가족체계의 전환을 상담자가 임상적인 목표로 세운 것도 바람직하다. '의사소통의 변화'와 '가족 구성원 각자의 상호작용 패턴의 변화'는 방법론이라고 간주된다.

상담의 진행 과정을 살펴보면 상담자는 첫 회기부터 2, 3회기까지 계속하여 가족 각자의 마음을 잘 헤아려 주면서 상담을 안정감 있게 이끌어 갔다. 그리고 가족 구성원 개개인의 상처 치유와 관계회복을 위해서 상담자는 회기마다 다양한 상담 이론과 기술을 적용하였다. 그에 따라 다음과 같이 관계 변화와 치유가 일어났다.

- 내면가족체계이론으로 두 딸이 자신의 내면아이를 바라보게 하였다(4, 5회기). 특별히 아버지에게 강한 분노와 불신감이 있는 작은딸부터 상담을 시작하여, 자기 안에 상처 받은 내면아이가 있다는 것을 자각하게 한 것은 경탄스럽다.
- 가계도 작업을 어머니와 아버지에게 실시하여 서로가 어린 시절의 상처를 이해하게 하였다(6, 7회기).
- 부부에게 이마고 대화를 집중적으로 코칭하였다(9, 11, 12, 15, 16회기).
- 가족조각을 만들게 하여 가족의 위계가 무너진 현상을 바라보게 하였다(10회기).
- 편지쓰기 작업을 통하여 부부가 간접적으로 여한을 풀게 하였고(12회기), 아버지가 두 딸에게 편지를 써서 눈물 어린 치유의 효과가 있었다(13회기).
- 부부의 의사소통 방식을 점검하고(14, 16, 17회기), 부모의 위계질서를 되찾게 하였다(17회기). 이 시점에서 아버지는 격한 말투를 온화한 어투로 바꾸려고 하는 노력을 보였고, 어머니는 자기의 의견을 표현하기 시작하였다.
- 수년간 섹스리스였던 부부간의 문제에 대하여 언급하기 시작하였다(19, 20회기). 그러나 남편이 성 문제를 다루기를 꺼려하여 깊이 들어가지 못했다.
- 자녀들을 독립시키기로 결정하고 부부의 재결합에 대하여 논의함으로써 부모의 위계질서를 회복하였다(21, 22, 23회기).
- 작은딸이 개인상담을 받으러 왔다(26회기).
- 1년 2개월에 걸친 지속적인 가족상담의 결과로 아버지, 어머니, 큰딸의 심리적 상처 치유가 이루어졌고, 가족 간의 대화방식과 태도가 크게 변화하였다.

무엇보다도 성실하고 책임감이 강한 남편의 가족을 중시하는 가치관과, 남편을 신뢰하고 존경하는 아내의 마음이 있었기에 이들 부부의 재결합이 쉽게 이루어진 것으로 보인다. 그리고 상담자의 겸손하고 성실한 태도와 부부 · 가족상담자로서의 전문적인 실력과 경험이 이 상담을 성공시킨 기본적인 자원이었다고 사료된다.

2. 상담의 방향에 대한 제언

상담의 중반부에서 상담자가 부부의 의사소통 방식을 점검하게 한 것도 아주 잘한 일이다(14, 16, 17회기). 이 시점에서는 새로운 의사소통의 방식을 상담자가 가르쳐 주고 내담자들이 훈련받는 시간이 주어져야 하겠다.

(1) 부부에게 공감적 자기주장의 기술과 민주적인 부모 역할을 코칭하라

아버지는 성장배경상 화가 많고 과격한 성품으로 가족에게 명령하는 전제형의 리더십으로 군림하였다. 어머니는 마음이 여리고 눈치 보는 성격 때문에 수동적으로 맹종하며 살아왔다. 두 자녀 역시 한국 사회의 풍토에서 자존감 있게 자신을 내세우는 표현의 방법을 배운 적이 없으므로, 원망 어린 복종과 반항, 철수의 태도로 임해 왔다. 이들에게 필요한 것은 허심탄회하게 하고 싶은 말을 하는 기술, 즉 주장적인 자기표현의 기술이다. 그것은 소극적이고 비주장적인 태도로써 원망과 피해의식으로 사는 것도 아니고, 자신의 생각과 감정을 과격하게 표현하여 상대방의 자존심에 상처 주는 것도 아니다. 주장적으로 자기표현한다는 것은, 상대방의 마음을 먼저 헤아려 공감해 준 다음에, 자신이 원하는 바를 단호하나 부드러운 어조로 확실하게 표현함으로써, 자기의 인간적인 권리와 존엄성을 지키는 것이다. 그래서 가족 간의 힘의 균형이 인격적 존중과 배려의 태도에서 나타나도록 하는 것이다.

아버지는 아내와 딸들을 존중하고, 그들에게 스스럼없이 의사 표현할 기회를 제공하며 부드럽고 애정 어린 자기표현을 하도록 코치 받을 필요가 있다.

상담자는 아버지가 유교적 가치관과 통제적인 태도를 지양하며, 민주적인 자녀 양육의 기술을 배우도록 코치할 수 있다. 자녀와 갈등이 생겼을 때 부모 자신의 (분노) 감정을 관리하는 기술, 문제 해결적인 의사소통과 타협하는 기술을 배우게 되면 멋진 아빠, 존경받는 남편이 될 수 있다(홍경자 2016; 홍경자 외, 2008).

선천적으로 양순하고 자신감이 부족한 어머니가 예전과 동일한 언어 습관과 태도로 임한다면 장차 아버지와 재결합하더라도 다시금 억눌려 살게 될 소지가 많다. 그녀는 '주부'이기 이전에 한 인간으로서, 그리고 '아내'와 '어머니'로서 누릴 수 있는 인간적인 권리가 무엇인가를 여러 차례에 걸쳐 확인할 필요가 있다. 또 자기 주장하기에 수반되는 죄의식과 불안감을 REBT와 같은 인지이론으로써 다스리는 것을 가르쳐 줄 필요가 있다. 또한 마음의 안정감을 지키기 위해서 수용전념치료(ACT)이론을 알려주고, 마음챙김 명상을 상담 시간마다 실시하면 매우 유익할 것이다.

주장적 자기표현의 기술과 인지이론으로 마음 다스리기에 대한 정보는 다음과 같은 저자의 책을 참고하기 바란다[『자기주장과 멋진 대화』(2006), 『자기주장의 심리학』(2007), 『REBT와 인지이론의 실제: 생각 바꾸기 훈련 사례』(2020a), 『REBT와 인지이론으로 마음 다스리기』(2020b)].

이와 관련하여 남편은 과도한 남성성을 줄이고, 여성성(anima)을 개발할 필요가 있다. 그리하여 이성과 감성의 조화가 이루어져 온전한 삶을 살도록 하는 것이다. 그리고 아내는 남성 에너지(animus)를 더욱 일깨울 필요가 있다. 이를 위해서 부부가 낭만의 감정을 개발할 수 있는 춤(스포츠댄스, 사교댄스)과 노래교실을 함께 노크하는 것이 좋다. 그리하여 의식적으로 깨어 있는 결혼생활을 할 것을 강조하라.

(2) 작은딸에게는 과격한 기질과 올바른 자녀역할에 대하여 성찰하게 한다

이 가정에서 정작 관심이 집중되어야 할 IP는 작은딸이다. 상담자는 가계도 작업을 통하여 그녀의 분노와 의협심과 공격적 에너지가 할아버지와 아버지를 통하여 자기에게까지 3대째 전수(대물림)되었다는 것을 깨닫도록 촉구하는 것이 요구된다. 다시 말해서 자기가 그토록 증오했던 아버지의 피를 물려받아 자기 역시 통제적이고 독재적인 성향이 강하다는 것과 장차의 사회생활과 인간관계에서 마찰의 소지가 많을 것이 예상된다고 알려주는 것이다.

다시 말해서, 그녀는 매번 완전하며 실수한 적은 없는가? 아버지를 배척하면서 아버지가 준 독립자금을 받는 것은 이기적이 아닌가? 비록 아버지가 실수한 것은 사실이지만, 자기를 길러주고 대학교육까지 시켜준 아버지를 집 밖으로 쫓아낸 것은 바람직한 행동인가? 이런 것을 성찰하는 기회가 주어져야 하겠다.

그녀의 사고가 매우 편협하고 왜곡되어 있다는 것을 깨닫도록 상담자는 다음과 같은 질문을 그녀에게 적어 주고, 그에 대한 답안을 적어 보라고 지시할 수 있다. “자기가 정력이 왕성한 50대의 남자라면, 아내와 성관계 없이 5~6년간 살 수 있겠는가?” “아버지가 외도 사실을 어머니에게 숨긴 것은 어머니를 배려하는 마음이 전혀 없고, 오로지 이기심 때문인가?” “만약에 자기가 현재의 아버지처럼 어려서 독재적인 부모에게서 성장하였고 서럽게 자수성가했다면 성인이 되어서 온유한 아버지 역할을 잘해 낼 수 있는가?” 이런 질문에 대하여 REBT로써 논박을 하게 된다면 그녀의 신념과 태도는 변화될 수 있다고 본다. 그리하여 아버지를 용서하기가 쉬워질 것이다. 또 그녀의 불안감을 잠재우기 위해서 ACT와 마음챙김 명상을 수시로 가르쳐 줄 필요가 있다.

그리고 그녀 속에서 잠자고 있는 여성성과 낭만의 감정을 개발하기 위하여 칭찬하

기, 감사하기, 유머 등의 표현을 연습시킬 필요가 있다. 이것도 자기주장의 기술에 속한다.

(3) 부부의 성 문제 해결을 위하여 성에 대한 기본적인 정보를 제공한다

마지막으로 부부의 성 문제에 대하여 논의해 보자.

외도 사건에 연루된 대부분의 부부는 생리적 문제(성) 외에도 애정과 친밀감이 증발하여 심리적으로 이혼한 상태인 경우가 허다하다. 그런데 이 부부에게는 상호간에 애정과 신뢰감이 있다. 그러니까 성적인 문제만 잘 해결된다면, 이들은 행복한 후반부의 인생을 살 수 있다고 본다. 이 부부의 성 문제는 반드시 다루어져야 한다.

3. 상담자에 대한 슈퍼비전

〈63쪽 '슈퍼비전을 받고 싶은 내용' 참고〉

① 첫 번째 질문에 대하여, 상담자는 이들의 가족상담이 성공적으로 마무리되었음에도 불구하고 무언가 찝찝한 마음이다. 그래서 가족상담을 다시 해야 하지 않을까 하는 생각이 들어서 이런 질문을 한 것으로 보인다. 무엇보다도 이들 가족에게는 가족상담을 연장할 필요가 있겠다는 상담자의 느낌에 박수를 보낸다. 상담자는 매우 직관적이다. 직관은 사고보다 더 정확하고 더 지혜롭기 때문에, 상담자의 느낌대로 가족상담을 재개하는 것이 아주 타당하다고 본다.

이 부부는 새 출발을 하기 위해서 새 아파트를 장만했고, 곧 이사를 가려고 한다. 그런데 장성한 딸들이 다시금 부모의 집에 들어와 함께 살고 싶어 한다. 그것은 모처럼 가족의 모양새에 커다란 변환(transformation)이 일어날 즈음에 옛날의 가족형태 그대로 돌아가는 것과 같다.

네 명의 식구가 다시금 모여 산다고 가정해 보자. 아버지와 어머니는 자기네 부부의 문제점에 대한 통찰이 일어났고, 이제 훈습의 단계로 들어가려고 하는 시점에 와 있다. 그러나 독재적인 성격의 아버지가 민주적으로 되고, 순종적으로만 살아온 어머니가 자기의 목소리를 내기에는 상당한 시간이 걸릴 것이다. 딸들이 부모와 같은 집에서 살면서 부모들이 곧잘 과거의 방식으로 상호작용하는 모습을 바라볼 때, 과연 딸들은 의연하게 거리감을 둔 채 부모의 일을 모른 척할 수 있겠는가? "새 포도주는 새 포대에 담아야" 한다.

상담자는 가족과 연락을 취하라. 몇 회기 동안의 가족상담을 재개하고 나서 상담

을 종결하는 것이 필요하다고 알리는 일이 요구된다. 아버지, 어머니는 장성한 자녀에게 적당한 거리두기를 하여, 부모로서의 권위를 지키도록 촉구할 필요가 있다. 두 딸들은 자식의 본분대로 부모에게 효도하고, 자녀의 위치로 돌아가야 할 것이다. 부모는 두 딸에게 독립자금까지 주면서 부모로서 할 의무를 다한 셈이므로, 딸들은 비록 얼마 동안은 원룸에서 생활하는 한이 있더라도, 이 시점에서 독립해 나가는 것이 마땅하다고 본다. 그리고 작은딸은 아버지에게 외람되게도 재판관 노릇을 한 자신의 잘못을 무릎 꿇고 사과하면서 용서를 빌어야 한다. 그리하여 실추된 아버지의 권위가 회복된 다음에, 진정한 화해의 시간을 갖도록 하라.

② 두 번째 질문에 대하여, 상담자는 자존심이 강한 남편이 성적인 무능력(발기장애)의 문제를 젊은 여성에게 이야기하기가 얼마나 당황스럽고 수치스러울 것인가를 먼저 이해할 필요가 있다. 부부 갈등으로 상담을 받으러 오는 경우에 그들 중 80%는 상담자 쪽에서 '성'에 관한 질문을 먼저 해 주기를 기대한다. 그래서 상담자는 상담 시간에 "성(Sex)이란 인간의 자연스러운 본능이고 중요한 것이다."라고 몇 차례 언급하는 것이 필요하다. 그러고 나서 다음과 같이 접근하라.

- "모든 인간은 성적인 존재이다. 특히 남아는 어머니의 태 안에서부터 아침마다 성기가 발기되어야 정상이다. 따라서 성은 신이 주신 선물이므로, 성의 문제는 솔직하게 다루어질 필요가 있다."라고 편안하게 소개하라.
- 남편은 남성 상담자와, 아내는 여성 상담자와 성적인 문제를 먼저 논의한 다음에, 부부상담의 후반부에 가서는 아내와 남편이 상담자와 함께 성 문제를 다루는 것이 이상적이다. 그러므로 남편분에게는 남자 성치료 전문가를 소개해 주는 것이 좋다. 그것이 불가능할 때는 그 상황을 설명하고 나서 상담자와 성 문제를 다루자고 제의하라.
- 성 상담을 하기 전에 메일이나 글을 통하여 건강한 부부 생활에 대한 기본 정보를 그 부부에게 제공함으로써 성인에게 필요한 성교육을 실시하라. 그 정보는 대략 다음과 같다.
  - 많은 경우에(50%) 부부간 성욕의 정도는 일치하지 않는다(성욕 과다 또는 성욕 저하). 그리고 3명 중 1명은 1년에 10회 미만의 성적 교섭을 하고 산다. 이들을 섹스리스(sexless)라고 한다.
  - 기혼 부부(만 60세까지) 중에 여성의 약 40%와 남성의 약 30%가 성기능 장애

를 경험한다. 여자는 성욕 감퇴, 오르가슴 장애, 성교 통증, 질의 경직이 가장 빈번한 장애이다. 남자는 조기 사정(조루증), 발기 장애, 성욕 감퇴, 사정 지연이 가장 빈번한 장애이다.

–남성의 90%는 가끔씩 발기가 안 되는 경우가 있다. 설령 발기 장애가 있더라도 남성으로서 실패자는 결코 아니다.

–여성에게는 성욕의 저하가 가장 흔하다. 여성이 성교 시 통증을 경험할 때는 어떤 조건에서 나타나는지를 자세하게 알아보고 대처하라.

(성교 시 체위는? 생리 주기는? 후향 자궁인가? 질 감염이 있었는가? 폐경 후 질 건조증 때문인가? 윤활유는 바르는가? 질의 어느 부위에 통증이 있는가? 통증의 특성은?–예: 쏘는 듯한가?)

–질병(예: 당뇨병, 암)과 외과적 수술은 성생활에 큰 영향을 끼친다. 항암치료 이후에는 체력 저하와 현저한 성욕 감퇴 현상이 나타난다. 특히 여성이 부인과 수술을 받게 되면, 상당 기간 동안 성욕 감퇴는 물론이려니와, 질이 경직되고, 피부가 닿을 때 통증이 있으며, 성교 시에 통증이 수반된다.

–성 문제에 대한 치료

㉠ 신체적인 문제(예: 발기부전, 성욕 저하)는 의학적인 도움을 받도록 한다.

㉡ 심리적인 문제(예: 낮은 자존감)는 상담을 받거나 자기조력 관련 서적을 통하여 도움을 받도록 한다. “남자라고 매번 성적인 주도권을 가져야 할 필요는 없으며, 남자도 섹스에서 약할 수 있다.” “여자도 성적인 면에서 자기의 욕구를 표현하고 살아야 한다.”

㉢ 불감증의 경우(여성)에 가능한 처방: 호르몬치료, 체위의 변경, 마음챙김 명상(호흡명상), 케겔 운동(괄약근 조이기), 감각 집중법(sensate focus), 자기 손으로 자신의 몸과 질을 자극하기, 배우자와 성에 관한 대화 및 자기 몸의 자극법을 가르쳐 주기

–부부의 성생활 향상을 위한 안내

㉠ 아내와 남편의 건강 상태와 성욕 정도에 맞추어 합의된 공통의 비전을 먼저 세워라.

㉡ 가끔씩 부부가 함께 포르노를 시청하라.

㉢ 성행위에 어려움이 있는 부부는 감각 집중법을 6회기 실천하게 하라. 감각 집중법이란 성적 교섭에 애로를 경험하는 부부가 4~6주간 비(非)성적인 애무의 시간을 가지게 하는 것이다.

처음에는 손잡기로 시작하여 포옹하기, 머리, 등, 발 안마하기, 장난기 어린 전신 마사지, 진동기(vibrator) 사용하기, 유방-성기 만지기, 마지막에는 성기를 질 안으로 삽입만 한 채 그대로 가만히 있기이다. 마지막 6주 때 드디어 성교할 수 있게 되면 바람직하다. 그러나 굳이 성교를 하지 않아도 된다. 배우자끼리 토닥거리고 만지며 대화하면서, 서로 연결감과 친밀감을 느끼는 시간을 보내는 것 자체로 충분하다.

- 상담자는 아내와 개별 상담의 시간을 가지고 성 치료적 접근을 해야 하겠다. 40대 중반에 받은 부인과 수술이 성생활에 끼친 영향과 그 이전의 성생활에 대하여 탐색해 볼 필요가 있다. 그리고 폐경기에 호르몬 치료나 윤활유가 필요하다는 것을 알려주고, 특별히 허약한 체질의 그녀에게 에너지 관리(자기 보살핌) 요령을 코치해 주면 이상적이라 하겠다.

4. 상담자-내담자 관계와 발전 과제

상담자와 내담자의 관계적 차원에서 살펴볼 때, 어떤 특성이 이 상담을 성공으로 이끌었는가? 이에 대하여 성찰해 보자면 다음과 같다.

첫째, 내담자인 어머니는 비록 독선적인 남편에게서 억눌림을 당하면서 순종적으로 살아오기는 하였으나, 기본적으로 큰 불만 없이 카리스마 있고 똑똑한 남편을 존경하고 남편의 사랑을 신뢰하며 의지하고 살아왔다. 그녀는 선천적으로 온순한 성격으로 태어났고 친정부모에서도 순종적으로 성장하였다. 그래서 상담 시간에 부부간에 심한 갈등과 불신, 분노, 증오 현상이 있었다는 보고가 없다.

수년 전에 부인과 수술을 받은 그녀는 이후에 남편과 성적 교섭을 나눌 수 없었던 것 때문에 오히려 남편을 외도의 궁지로 몰고 가게 한 원인을 제공했다고 믿고 그것에 대하여 진심으로 미안해하고 있었다.

둘째, 내담자인 아버지는 책임감이 강하고 성실하며 가족과 명예를 중시하는 성품의 소유자이기 때문에 그는 자기의 가정을 버리거나 아내와 이혼하려는 의사가 전혀 없었다. 그렇기에 가족상담에 참가하여 가족의 재결합을 열망하였다. 말하자면 이 부부는 상보적인 성격으로 서로 편안하게 신뢰하고 사랑하는 사이로 살았는데, 도중에 성적인 불균형의 문제로 인하여 일시적으로 외도문제가 발생한 것이다. 외도로 인한 부부 갈등이 발생했을 때, 부부의 재결합을 위해서는 특히 남편의 책임의식과 아내에 대한 신뢰와 애정이 결정적인 요인이 된다.

셋째, 현대 교육을 받은 두 딸들은 가정에서 독재적 리더십의 아버지에게 강한 불만이 있었고, 특히 둘째딸이 선전포고를 하였다. 그 결과 가족원 간에 인격을 서로 존중하고 민주적인 관계로 살아가는 가정으로 변화하도록 공헌하였다.

넷째, 상담자는 시초부터 가족 구성원 개개인에게 따뜻한 관심과 공평하게 경청하는 태도로써 상담을 진행하여 그들과 신뢰로운 분위기 속에서 치료적 동맹을 맺었다. 그리고 겸손하고 부드러우나 주도적인 리더십으로 부부 · 가족상담을 잘 진행하였다. 이런 모든 요소가 결합하여 이 상담은 놀랄 만한 성공을 거두었다. 그런데 상담의 후반부에 와서 부부의 성생활에 대하여 탐색하려고 하자, 남편이 강한 거부 반응을 보였고, 이때부터 상담자가 당황하여 상담의 종결을 서두른 것처럼 보인다.

상담자가 내담자보다 젊은 나이의 여성이었기 때문에 성 문제를 다루는 것이 부담스러웠는가? 아니면 상담자는 성 문제를 다루는 것이 쑥스럽거나 자신감이 없었는가? 혹시 자신이 그런 문제를 소유하고 있는가? 상담자로서 그런 부분에 대하여 성찰해 볼 필요가 있다. 설령 성 문제가 상담자에게 걸림돌이 되었다고 하더라도, 그녀가 보여 준 전문가로서의 역량을 감안해 볼 때, 상담자는 빠른 시일 안에 성치료 면에서도 자신감을 곧 회복할 것이라고 믿는다.

연습문제

1. 이 가족이 해체될 위기를 맞았는데 근본 원인은 무엇인가?
2. 부부관계 개선을 위하여 남편과 아내 쪽에서 어떤 면을 개선해야 하는가?
3. '확인된 환자(IP)'인 작은딸을 상담할 때 다루어야 할 문제는 무엇인가?
4. 섹스리스 문제는 어떤 방식으로 접근해야 하는가?

6장

열등의식의 대학생 상담 사례 __ 인지적 접근

"저는 할 줄 아는 것도 머릿속에 든 것도 없는
한심한 아이랍니다"

I. 내담자의 기본 정보

인적 사항

22세 여성, 대학 재학 중 경제적인 이유로 1년간 휴학, 종교 없음

상담 신청 경위

복학 후 스스로 상담이 필요하다고 생각해서 자발적으로 신청하였다.

주 호소 문제

- "내가 무능해서 남들에게 피해와 부담만 주는 것 같아서 무가치하게 느껴져요."
- "다른 친구들은 잘하는 것 같고 나만 못하는 것 같아요."

이전 상담 경험

없음

가족관계

- 아버지(59세): 전문대 졸업 후 중장비학원 강사이며, 자녀에게 권위적이다.
- 어머니(53세): 고졸, 30여 년간 행정부 산하 직원으로 일하고 있다.
- 오빠(28세): 세무학과를 졸업한 뒤 취업을 준비 중이다.

인상 및 행동 특성

- 158cm 신장에 약간 뚱뚱한 편으로 얼굴도 부은 듯하며 굳은 표정으로 경직성과 약간의 경계심이 느껴진다.
- '그렇기는 한데…'라는 식으로 뒷말에 부정적이며 부적절한 정서 표현을 자주 사용한다.

부모의 양육방식

아버지는 자녀에게 권위적이고 '잘하는 것이 없다.' 또는 '아무것도 할 줄 모른다.'는 식으로 대했으며, 거부적-통제적 양육방식으로 성장한 것으로 보인다.

심리검사 결과 및 주요 해석

1) MMPI-2

척도	VRIN	TRIN	F	F(B)	F(P)	FBS	L	K	S	Hs	D	Hy	Pd	Mf	Pa	Pt	Sc	Ma	Si
T	40	51	55	54	38	51	43	38	38	35	66	47	64	42	53	61	61	55	76

2) SCT

번호	제시문구	작성내용
13	나의 어머니는	착하지만 표현을 못 한다.
49	나는 어머니를 좋아했지만	싫어하기도 했다(애기 때는 좋아했는데 왜 이렇게 우리가 참고 살아야 되는가? 이혼을 해 주시지 않을까 생각함).
19	대개 아버지들이란	강압적이다.
50	아버지와 나는	거리를 둘 필요가 있다.
12	다른 집안과 비교해서 우리 집안은	어두웠다.

40	내가 잊고 싶은 두려움은	아빠에 대한 두려움이다(엄마를 때리고 오빠에게 뭐라고 하고 폭력적인 행동들).
14	무슨 일을 해서라도 잊고 싶은 것은	과거(폭력적인 아빠의 행동)
17	어렸을 때 잘못했다고 느끼는 것은	많다(뭔가 선택할 상황에서 내 의견을 말하지 못하고 부모님 뜻대로만 하고, 돌아오는 건 분노).
34	나의 가장 큰 결점은	많다(부정적인 생각이 많아서).
18	내가 보는 나의 앞날은	어두컴컴하다.

내담자 강점 및 자원

- 자신도 잘하고 싶다는 욕구와 변화의 의지가 있다.
- 타인에게 인정받고 싶은 욕구가 많기 때문에 상대방에게 무언가를 해 주면서 만족감과 보람을 느낀다.

Ⅱ. 상담자의 사례개념화

내담자는 폭력적인 아버지와 무기력한 어머니 밑에서 성장하였다. 특히 권위적인 아버지로부터 너는 할 줄 아는 것도 없고, 잘하는 것도 없다는 말을 수시로 들어야 했다. 아버지는 늘 폭력적이었고 어머니도 역시 아버지의 폭력에서 자유롭지 못했을 뿐 아니라 자녀를 보호하기에는 너무 무기력하였다. 내담자는 자신이 정말 아버지의 말처럼 할 줄 아는 것도 없고 머리에 든 것도 없는지를 확인하기 위해, 그리고 아버지가 왜 그런 말씀을 하시는지 내력을 알기 위해 심리학과에 진학할 정도였다. 마음속에는 아버지의 이상 행동, 어머니의 무기력함 그리고 자신의 무가치감에 대한 궁금함이 있었다. 내담자는 또한 남에게 인정받고 싶은 욕구도 많기 때문에 늘 타인의 행동에 자신을 맞추어 주며, 타인과 함께 의견을 교류할 때에도 먼저 자신 있게 자기의 의견을 말하지 못하며 어정쩡한 상태로 살아가고 있다.

1. 상담의 목표와 전략

1) 목표

- 정서적 목표
  –무능/무가치감, 가해자 모드에서 벗어나기
- 행동적 목표
  –집중하지 못하는 이유를 탐색하여 집중력 높이기

2) 전략

- '다른 사람은 잘하는 것 같은데 나는 할 줄 아는 것도 없다.'라는 무능에 대한 과장성을 벗어나 '나도 잘하는 것이 있다.' '다른 사람들도 잘 못하는 것도 있다.'를 수용할 수 있도록 한다.
- '다른 사람은 집중을 잘하고, 나는 집중을 못한다.'라는 과잉일반화를 통해 자기비하하고 있다는 것을 인식시킴으로써 '어떤 상황에서 집중력이 떨어진다.'라고 좀 더 정확한 표현을 하도록 한다.

2. 슈퍼비전을 받고 싶은 내용

"본 내담자는 어린 시절부터 폭력적인 가정불화를 경험하면서 아버지에 대한 두려움이 내재되어 있으며, 가족으로부터의 지지 자원의 결여와 내사된 자기비하적 언어를 가지고 있는 상태로 자신은 잘할 수 있는 것이 없다는 무가치감에 빠져 있습니다. 기질유형의 결과에서는 새로운 것에 흥미를 가지면서도 위험을 회피하려는 상반된 면이 자괴감을 경험하게 될 것으로 예상됩니다. 호소 문제와 같이 현재도 타인과 비교하면서 자신은 수행력이 낮은 사람이라고 평가함에도 불구하고, 실행면에서 귀찮음과 하기 싫음으로 인해 적극적인 실행은 하지 않은 채 다른 사람보다 나은 사람으로 평가되고 싶은 욕구가 있는 상태입니다. 이처럼 아버지의 권위적이고 억압적인 양육방식과 기질적인 불쾌감 등 내적 요인 모두가 내담자의 자존감을 저해할 것으로 사료됩니다. 이렇게 기질적으로 불편감을 갖고 모방에 익숙한 내담자가 긍정적으로 생활할 수 있도록 도울 수 있는 상담 전략에 대해서 듣고 싶습니다."

3. 상담의 진행 과정

1회기

- 화상으로 수업을 듣다 보니 수업같이 느껴지지 않고, 과제를 해야겠다는 생각이 안 생기고, 요즘 결정을 잘 못하는 것 같다. 2019년에 휴학 후에 알바를 했지만 아버지는 공부도 못하고 돈도 많이 벌지 못한다고 만족스러워 하지 않아서 알바를 그만두게 되면서 더 심해진 것 같다. 예전부터 뭔가 하려고 하면 지지해 주지 않으셨다. 그저 "아무것도 할 줄 모른다."고 하신다.
- 아빠는 기준이 높아서 과정은 필요 없고 결과만 중요하게 생각하셨다. 고등학교 때 취업하고 싶었지만 아빠가 머리에 든 것도 없고 할 줄 아는 것도 없는데 어떻게 취업을 하냐고 해서 대학에 진학했고, 사회복지나 아동 관련 학과에 지원할까 하다가 아빠가 왜 그러는지 알고 싶어서 심리학과로 결정했다.

2회기

- 1회기를 마치고 3일 정도는, 아빠가 엄마를 때려서 오빠와 내가 방에서 불안해하고 무서워했던 옛날 일이 떠올랐다. 초등학교에 다닐 때는 집에서 있었던 일은 다 잊고 다녀서 내가 단순해서 잊고 다니나 생각했는데, 아빠가 내가 무식하다고 자주 말해서 나 스스로 무식해서 잊고 지낼 수 있나 보다 생각하기도 했다.
- 그러나 말해 줄 수 있는 건 없고, 애들에게 불편을 끼치는 것 같기도 했고 고등학교 때는 짜증나면 아빠가 무슨 일을 했다, 너무 어이가 없다, 받아주는 엄마도 이상하다고 말했었다. 지금은 계속 집안 일이 걱정되면 아빠 술 드셨냐고 전화해서 물어보고, 기분을 물어본다. 이렇게 잊고 지내는 내 모습이 낙천적인 사람, 긍정적인 사람, 에너지가 넘치는 사람으로 느껴진다.

3회기

- 사회적 거리두기가 2.5단계로 강화되면서 다시 집으로 들어갔다가 1주 정도 후에 다시 학교 근처 원룸으로 돌아와서 지냈다. 이제는 1단계로 완화되면서 학교에서 단체활동이 많아졌는데 상대적으로 다른 애들과 비교해서 왜 이렇게 못할까 하는 생각이 들었다. 다른 애들은 말도 잘하고 자료 취합할 때도 양도 많고 내용이 맞기도 한데 나는 한번 듣고 의견을 잘 말하지도 못하였다. 친구들과 회의할 때, 어떤 부분을 추가하면 좋을지 질문을 받게 되면 머리가 하얘지고 생각했던 것도 기억이

안 나서 말도 더듬게 되었다.

- 내담자가 남들이 먼저 말하기를 기다리고 있는 이유는 자신이 얘기한 것이 틀렸다거나 말대꾸를 한다는 말을 들어왔기 때문에 '내가 말한 게 틀리면 어떻게 하나?' '쓸모 있는 말이 아니면 어떡하나?' 염려가 되어서였다고 했다. 그러나 다른 애들이 먼저 말한 내용이 내가 생각했던 말이었고, 쓸모 있는 말이었음을 확인하게 되었다. 원가족에게서 자주 들어왔던 말이 현실적으로 물리적인 거리감이 있지만, 심리적으로는 현재도 가까이 두고 영향을 받고 있다는 것을 알게 했다.

4회기

- 오늘 전공과목 시험이 있어서 새벽까지 공부하다가 늦잠을 잤고, 1교시 수업에 못 들어갔다. 최근 당면한 일이 늦게 자각되는 것은 시험 빼고는 없는 것 같다. 그러나 중학교, 고등학교 시절에도 시간 가는 줄 모르고 생활하다가 추석이나 설이 지나고 난 다음에 추석이 지났고, 설이었다고 느끼곤 했었고 대부분이 시험에 대해 당면한 일이 아니라고 생각한 것 같다. 그때는 시험불안이 없다고 생각했는데 의미를 두지 않았던 것 같다. 대학교 3학년이 되어서 줌(zoom)으로 수업을 받아서 중요하게 인식되지 않는다고 생각했는데 아닌 것 같다고 파악하게 되었다. 고등학교 때도 점수에 연연하지 않았고 성적이 떨어지니까 불안했지만 공부는 하지 않았는데 "늦게 해도 올릴 수 있다."라고 생각했었다.
- 고등학교 3학년 말까지는 할 수 있다는 자기 믿음이 있었음을 확인하고, 반면에 지금은 조금 공부하면 성적이 올라갈 것이라는 믿음이 없다고 하였다. 수능 보기 직전에는 "어차피 해도 따라가기 어렵다."고 생각하였다. 대학 입학과 동시에 해도 따라가기 어렵다는 생각을 가지고 왔음을 자각하게 되었다.
- 지금은 다른 애들에 비해서 기억이 안 되고, 집중이 안 된다.

5회기

- 학술제와 공부 모두 집중할 수 없는 것 같다. 전체적으로 집중이 되지 않는 것은 아니며, 집중이 될 때도 있고 안 될 때도 있다는 점과 내담자의 뒷말은 주로 부정적으로 끝맺고 있다는 것을 알려주었다. 내담자는 그 이유가 최악의 상황을 배제하지 않으려고 하는 것이고, 자신이 못하는 걸 생각해서 좀 더 집중할 수 있도록 노력할 것 같아서라고 하였다.
- 토의할 때 자신의 의견을 먼저 말하지는 않고, 다른 사람이 말하는 의견이 내가 생

각했던 것과 같으면 다른 애들은 잘하는 것 같은데 나는 못하는 것 같고, 다른 애들은 잘 집중하는 것 같은데 나는 집중이 잘 안 되는 것 같다는 것은 무리 속에서 상대방에게 인정받고 싶은 욕구라는 것을 자각하도록 하였다.

6회기

- 거창하게 쉰 건 아니지만 확실히 힘이 났다. 확실히 내가 하고 싶은 대로 늦잠도 자고 침대에 누워 있고 다른 애들도 신경 쓰지 않고, 연락 오는 것도 답장하지 않았다. 이유는 방해받고 싶지 않다는 생각 때문이었고, 방해받지 않기 위해서 내담자는 카톡을 끄고 전화를 방해금지 모드로 전환했으며 문자가 와도 알람이 뜨지 않게 해 뒀다.
- 2주 전까지는 핸드폰에 신경을 쓰고 방해받지 않도록 조치를 하지 않은 이유를 찾아보았다. 애들한테 연락이 와서 궁금해하는 걸 대답해 주면 좋고, 한편으로는 중·고등학교 때부터 중요한 문자가 와 있을까 봐 핸드폰에 신경을 썼다.
- 집중하지 못하는 현재 상태를 해결하기 위한 방법을 찾아보았다. 카카오톡, 휴대폰을 공부하는 시간에는 꺼놓는 것. 교수님이 딴말하면 잠시 동안 기다리고, 친구들에게 잘 듣고 알려줘야겠다고 생각하고 수업을 듣도록 하였다. 인정의 기회이고, 친구들에게 수업내용을 알려주면 확실히 알고 있다는 느낌이 들어서 뿌듯해질 것 같다.
- 과제: 친구에게 무엇인가를 해 줄 때 나의 감정, 생각은 어떤지 파악해 보기

7회기

7회기 축어록

상담자 1: 2주 만에 만나네요. 근데 얼굴이 왜 이렇게 벌그스름해요?

내담자 1: 마스크 회사가 달라졌거든요.

상담자 2: 아. 마스크 회사마다 다르다는 뜻이네. 그것도 약간 알러지가 있다는 거네요. (네.) 궁금한 거 하나 물어봐도 될까요? 머리염색 색깔을 독특하게 했었는데 왜 그렇게 독특하게 했어요?

내담자 2: 아~ 원래 염색을 하고 싶었거든요. (대학생들 해 보고 싶죠.) 한… 뭐지. 언제부터였지? 여름 때부터 머리 자르고 싶고, 근데 뭐지. 정말 어… 머리 밀거나. (머리를 밀어?) 뭔가. 머리카락 있는 게 불편해가지고. (민다니까 이상하다.) 탈

인지적 접근

색을 하면 돈이 들잖아요. 머리는 아까워서 못 밀겠고. 뭘 할까 둘 중에. (자른다고 해. 뭘 밀어.) 근데 정말로 싹 밀고 싶기는 했어요. (그랬어?) 그래서 둘 중에 하나를 하면은 뭘 할까 하다가 머리 미는 건 좀 무리가 있을 것 같아서. (음.) 그래서 탈색을 하고 염색을 하기로 했거든요. 근데 색을 뭘 할지 정하다가 약간 청보라색을 하고 싶었거든요. 근데 그쪽에서, 미용사 선생님께서 쨍하게 해 주신 거예요(웃음). 그래서 머리 색깔이 이렇게 나와서.

상담자 3: 왜 보랏빛은 안 해줬어?

내담자 3: 아. 어~ 해 주셨는데 섞을 때, 그게 염색약 비율대로 섞는데 그게 보라색 비율보다는 청색이 좀 더 많이 섞여서. 그래서 보라색 빛깔은 거의 없고, 거의 청색만 남은.

상담자 4: 그랬었구나~ 마음에는 들었어? 하고 싶어서 했던 건데.

내담자 4: 어, 네. 근데 색깔은 상관이 없었던 것 같아요. 그냥 하고 싶었던 거라는 거.

상담자 5: 음. 변화를 주었다는 거에. (네.) 그래요. 2주 동안 내가 내준 과제를 잘 했어요?

내담자 5: 네. 애들을 도와준 적은 있는데. 뭘 해 준 적은 있는데.

상담자 6: 음. 갑자기 애들을 도와준 적이 있다는 게?

내담자 6: 그 과제가, 도와주고서 느낀 점, 뭘 생각하는지… 아니었나요?

상담자 7: 어. 그런 게 아니었고, 내가 친구에게 뭔가를 해 줄 때 나의 생각이나 감정이나 그게 어떤 상황인지를 얘기해 보라고 했죠. 이 말을 하려고 했던 건, 본인이 수업시간에 집중하고 싶다는 호소 문제가 있었단 말이야. 그래서 다른 친구에 비해서 내가 집중도 못한다고 하면서 약간의 비교가 본인에게 있었잖아요. 그래서 그것 때문에 힘들어해서. 1회기 호소 문제는 그 내용이었죠. 그런데 이야기를 하다 보니 사실은 그런 마음이 있음에도 불구하고 내가 집중하는 데 방해받고 있다는 인식이 없었고, 내가 정말 열심히 방해도 없애버리고 공부하고 집중하고 싶다, 이건 또 아니었다는 걸 깨달았잖아. 그래서 왜 그럴까? 얘기를 나누다 보니 그건 인정받고 싶은 ○○이의 알지 못했던 욕구가 있었다는 걸 발견했기에, 친구들에게 뭔가를 해 준 거잖아요. 그때 즉각적으로 반응을 했지. 그런 표현이나 단어를 쓰기 나름인데, '뭔가를 해 주는 거.' 그때 해줘야만 나는 인정받는, 내가 소외당하지 않고, 나로서 존재하는 것 같은 그런 느낌을 받았을 거 같아요. 그래서 그런 행동을 하지 않았을까? 그건 추측이고. 그래서 과제를 가지고 간 거예요. 내가 그동안에 있었던 스토리를 얘기해 준 거죠. 본인도

생각을 해 보라고. 친구들에게서 문자가 오거나 전화가 올 때 늘 예민하게 관심을 갖고 있었잖아요. 그러니 친구들에게 뭔가를 해 준다는 거, 그것이 아까 말한 도움을 준 거는 아니어도 되는 거지요. 그때 본인의 느낌이 뭐였을까요? 어떤 생각에서 그랬을까? 여러 가지 예를 들어 봐요. 그러면서 그때를 상기해 봅시다. ○○이가 누군가에게 뭘 해줘. 지금 떠오르는 게…?

내담자 7: 당장 오늘 아침에 (아침에, 좋아.) 오늘 친구 생일이었거든요. 그래서 전날 케이크를 사서 아침에 그 친구네 집에 가서 촛불을 붙여주고, 네 그러고 왔어요.

상담자 8: 아침에 생일 축하를 해 주고 왔어? 아이고~ 초를 켜서? 얼마나 좋았을까? 아니, 2주 전에는 아침에 일어나기 힘들었잖아요. 근데 어떻게 이럴 수 있어요?

내담자 8: 어…(32초). 피곤하기는 한데 해 줄 수 있다면 일어날 수 있는 정도의 피곤함이었어요.

상담자 9: 어! 근데 피곤하였다. 3주 전에는 ○○이가 정말 나는 쉬지도 못하나? 할 정도로 늘 피곤해서 쉰다는 걸 그 다음 주에 와서 푹 쉬어봤다고 이야기를 했었는데 피곤함도 ○○이가 마음먹기 달렸다는 걸로, 2~3주 전과는 다른 거죠. 그 피곤함의 정도도 내가 이겨낼 수 있을 만한 거고, 괜찮은 견딜 만한 거라고 얘기하네요. (네.) 많이 달라졌네. (웃음) 내가 발견한 거야, 어떻게 된 거예요, 이건 또?

내담자 9: 어… 약간. 오히려 생각해 보면 그때보다 과제는 더 많거든요.

〈중략〉

내담자 11: 네. (견딜 수 있네요.) 네.

상담자 12: 어떻게 인내심이 그렇게 길러졌어요?

내담자 12: 어~어! 인내심. 인내심 때문인 거예요?

상담자 13: 나는 도저히 참을 수 없다. REBT에 의하면, 난 도저히 이 상황을 견딜 수 없다. 감내할 수 없다. 인내할 수 없다는 거거든. 이 정도는 내가 할 수 있어. 감당할 수 있어. 남들도 아침에 일어나서 하루 종일 잠만 자. 하루에 24시간 중에 한두 시간 더 자기는 하겠지만, 늦게 자면서 뭘 하기는 하잖아요. (네.) 그런 차이를 가지고 소화해 내면서 산단 말이죠. 근데 그것을, 내가 이 상황을 나는 도저히 참을 수 없다면서 내 상태를 인내하지 못하는 거죠. 그런데 지금 할 수 있어요. 익숙해졌나? 그래서 그런가? 이렇게 얘기하시거든요. 너무너무 지극히 보통의 사람들이 약간의 스트레스를 과도하게 받지 않은 사람들이 견뎌낼 수 있는 정도로 일상의 이야기잖아요. (네.) 조금 익숙해진 것 같아요. 박수! 너무 반가운 이야기네요. 나는 반가워서 ○○이에게 박수를 쳐 준 거고. 안정된 느낌이라는 이 말도 너무 반갑고요.

내담자 13: 네.

〈중략〉

상담자 26: 이런 얘기를 챙겨줄 수 있어서 좋고, 기뻐해서 좋고라고 했거든요. 그럼 자기가 어떤 사람처럼 느껴져요?

내담자 26: (살짝 웃으며) 어, 이벤트 좋아하는 사람.

상담자 27: 그거는 아마 청년들이 우스갯소리로 유머스럽게 그냥 지나는 말처럼 할 수 있는 말 같아요. 나는 전혀 그렇게 한바탕 웃고 흘려보낼 수 있는 말로 표현하고 싶지가 않네. 그러니까 그렇게 ○○이를 표현하고 싶지 않아요. 그래서 다시 한 번, 우스개로 넘어갈 수 있는 말 말고, 전날 케이크를 사고 수업을 가는 것이 힘들었던 난데 챙겨주면서 그 상대방이 좋아하는 모습을 보면서 그게 난 좋다. 거기에는 돈도 들어가고. 돈이야 돌고 도는 거니까 또 나에게도 생일선물이 올 수 있으니까 그렇다 칩시다. 그러나 그 친구가 나에게 똑같이 해 주리라는 보장은 또 없는 거거든. 게다가 가서 사고, 아침에 일찍 일어나고, 가서 또다시 축하해 주고, 야 이건 정말 에너지를 계속 쏟고 있는 거잖아요. 정성을 쏟고 있어요. 그리고 성실해. 거기 가서 초만 꽂았어요? 초만 꽂고 '축하해' 그랬어요?

내담자 27: 아뇨. (그럼?) 다른 친구랑 같이 갔으니까. 친구는 또 미역국을 끓여갔거든요. (어~) 그거를 같이 먹으면서 얘기도 나누고 그랬어요.

상담자 28: 으음, 그랬지. 쉽게 말하면 아까 말한 이벤트지만. 뭔가 나의 에너지를 동원해서 충분히 축하하는 행동을 한 거잖아요. 그런 내가, 그런 ○○이가 어떻게 느껴지는지 참 궁금하네요.

내담자 28: 음… 남을 위해 에너지를 쓸 수 있는 사람.

상담자 29: 오, 그래! 고개를 끄덕이는데, 말을 하고 나니까 어때요?

내담자 29: 어… 새로운 면을 본 것 같아요.

상담자 30: 음. 이런 사람이야. 타인을 위해서 헌신할 수 있는 사람인 거죠. 에너지를 쓴다. 정성을 들일 수 있는 사람이에요, ○○이는. 만약에 이런 사람으로… 내 주변이 모두 이렇다면 우리 사회가 어떻게 될 것 같아요?

내담자 30: 좋을 것 같아요.

상담자 31: 그래요. 유토피아라고 말하는 천국이 되겠지요. 남을 위해서, 또 누군가가 ○○이에게는 남이잖아. 그런데 ○○이를 위해서 에너지를 그렇게 쏟아줘. 그러면 ○○이는 어떨까요? 기분이?

내담자 31: 아주 좋을 것 같아요.

상담자 33: 난 안 그래. (웃음) 난 그렇게 잘 못해요. 돌아서서는 그렇게 해 줬으면 좋았을 텐데 하면서 그 순간 그렇게 못 해줘요. 그게 난 익숙하지 않아요. 근데 ○○이는 뭐라고 그랬냐면 옛날부터 친구들 생일을 챙겨줬대. 난 이 말을 아까 들을 때부터, 옛날부터? 야! 대단하다. 음, 대단한 거야. 어떻게 옛날부터 친구들 생일을 챙겨줬어?

내담자 33: 어, 옛날 초등학교 때 잘 챙겨주는 친구가 있었는데요. 그 친구한테 생일 축하를 받으니까 좋은 거예요. 그 다음부터 이렇게 축하해 주면 좋겠다, 이래서… 그때부터였던 것 같아요.

상담자 34: 아~ 그렇구나! 그런데 그렇다고 그 챙김을 받은 모든 이들이 이렇게 ○○이처럼 나도 그렇게 해야지 하나요?

내담자 34: 아니요.

상담자 35: 그래. 아까 당연히 하는 것처럼 했다고 얘기했었잖아요. 그래서 내가 잠깐 접어놓자고 했죠. 당연히 하게 된 데에는 이 계기가 있었던 거고. 이 계기가 있다고 해도 모든 챙김을 받았으니까, '와 감동이야. 나도 앞으로는 그렇게 해 줘야지.' 이렇게 할까? 아니에요. 어~ 감동을 받았고 그거에 의해서 우리 ○○이는 또 다른 사람을 챙길 수 있는 싹이 자라면서 지금까지 계속. 옛날부터라고 그랬잖아요? 익숙하게 남을 챙겨주면서 좋은 인성을 길렀네요. 이 친구 덕분이기는 하지만, 그리고 자기가 알지 못했던 재능을 무럭무럭 자라게 한 것 같은데. 나도 돌봄을 받는 것을 경험했고, 그 경험을 통해서 다른 사람을 챙겨주고, 부모님을 통해서는 잘 챙김을 못 받았었잖아요. 그래서 학교 가서는 즐겁게 지냈다고 했었지요. 아~ 학교생활 우리 ○○이 참 잘했네. 나이가 들어도, 나이가 어려도 세 사람 이상 있으면 배울 게 있다고 하잖아요. 근데 배웠네. 부모님에게 못 배웠어도. 부모님은 오히려 나를 힘들게, 일제의 군사처럼 탄압을 했다 할지라도. (네.) 동료들 통해서는 ○○이가 잘 자랐어. 어때? 내가 지금 막 소설을 쓰고 있는 것 같아요?

내담자 35: 아니요. 지금 어떤 생각을 하고 있어요. 다행히도 알게 모르게 주변에서 그런 일들이 있으면 잘 학습한 게 대견해요.

상담자 36: 어. 맞아. 어떻게 그냥 지나칠 수도 있는데 계속해서 익숙하게 다른 사람을 챙기면서 지금까지 성장을 했나 싶으니까. 부모가 줄 수 없는 부분이지만 자기가 스스로 자양분을 얻어왔네요. 그래 그러면 우리 ○○이는, 그러다 보니까 친구들에게 관심을 갖고 있고, 그래서 친구들을 통해서 인정받고 싶은. 나도 몰랐던… (네.) 왜, 친구들을 통해서 뭔가 많이 배웠거든. 그리고 내가 자랐거든. (네!) 그러니까 친구들 속에서는 계속해서 내가 없는 존재가 되고 싶지 않은 거지요. 거기서 현존하면서 그것이 통화가 되었든 문자가 되었든. 그 존재로 살고 싶은데. 자~ 그런데 우리 ○○이에게 지금 현재, 원하는 것이 있어요. 나도 공부에 집중해서 잘하고 싶다. (네.) 그래서 지금 원하는 걸 또 잘해야 하잖아요. (네.) 그러면 본인이 왜 그걸 원하는 거예요?

내담자 36: 미래가 어떻게 될지 모르니까.

상담자 37: 미래가 어떻게 될지 모르는 건 사실 ○○이만 그런가? 나도 그러는데. (네.) 우리 모두가 미래가 어떻게 될지는 잘 몰라요. 어떻게 될지를 몰라서가 아니라 지금 ○○이가 수업시간에도 잘 집중하고 공부도 잘하고 싶고, 이런 내용이잖아요. 근데 그게 안 돼서 어렵다는 거잖아요. 그건 왜 그런 거냐? 미래가 어떻게 될지 몰라서 그런 게 아니라, 미래를 잘 살고 싶은 거지요.

내담자 37: 아~ 네.

〈중략〉

상담자 53: 아니, 본인의 처음 호소 문제가 뭐예요?

내담자 53: 집중이 잘 안 되는 거.

상담자 54: 그냥 집중이 안 되는 건 분명히 얘기했는데 거기에 항상 세트로 오는 게 있어요. (음…) 다른 애들은 집중을 잘한다는 거. 집중을 못하는 게 문제가 아니라, 집중을 못하는 걸 문제인 걸로 얘기를 하는데 결국은 남과 비교해요. 그러면 남과 비교하는 게 뭐 어떤데?

내담자 54: 남과 비교를 하면 행복하지 않았어요.

상담자 55: 그렇죠. 우울해져. 이해됐어. 그래서 나는 지금 뭐하는 거죠?

내담자 55: 휴대폰을 끄는 거.

상담자 56: 지금 뭐하는 거죠? 지금 우울한 거를 내가 만들고 있는 거예요. ○○이 되

게 똑똑하다. 기본적인 자질도 남을 위해 헌신할 때 즐거워 할 수 있는… 충분히 상담사, 임상심리사 할 수 있는 인간적인 매력도 갖고 있는 사람이에요. 자~ 우울해하는 거 만들지 마십시오. 나랑 다음 주에 말하려는 게 뭔지 이미 말했어요. (네.) 잘 관찰하세요. 지금 마음상태가 어떤지 듣고 싶어요.

내담자 56: 어… 음… 스스로가 약간 행복하지 못한 걸 자꾸 만들어 냈고, 그랬던 것도 충격이었고, (음) 어… 음… 근데 이거 휴대폰 끄는 거 나름 잘할 수 있을 것 같아요.

상담자 57: 좋아요. 그 자세 너무 좋네요. (웃음) 충격 먹어서 내가 알약 줘야 되는 거야? (아뇨.)(웃음) 정로환 줘야 되는 거야? (아니요.) 지금 금방 마지막 말. 휴대폰 끄는 거 잘할 수 있을 거 같아요. 자~ 그 말은 곧 뭘로 연결되는지 알아요? 한번 생각해 봐. 자~ 휴대폰 끄는 거. 뭐와 연결되는 거 같아요? 여기서 맴돌고 있는 거지. 퍼즐 맞추는 거와 비슷해요.

내담자 57: 음… 아… 미래에 잘 사는 거.

상담자 58: 어. 잘 살 수 있을 것 같아요. 너무 좋아요. 박수! 실천하고 오세요. 기대할게요. 수고했어요.

내담자 58: 네. 감사했습니다. 수고하셨습니다.

8회기

- 현재 상태를 질문: 시험과 과제 때문에 피곤한데(5.5점) 기말고사가 끝나면 피곤함도 끝난다는 걸 알아서 피하려고 하고 힘들어하는 게 어리석게 느껴진다고 보고하였다.
- 과제 점검: '핸드폰을 끄고 수업에 참여하기'는 첫째 주에 3~4일 정도는 불안(7~8점)해서 끄지 못했고, 그 다음에는 시험이라서 자연스럽게 핸드폰을 끄게 되었다. 그러고 나서 금요일, 월요일 수업에는 끄지 않았지만, 핸드폰을 보지 않고 수업에 집중하게 되었다.
- 핸드폰에 집중하게 된 이유를 탐색하면서 집중하여 공부를 잘하고 싶어하기는 하지만 수업을 듣기 싫었던 것 같고, 점수를 잘 받지 못할 거라는 생각을 하고 있었음을 알아차리게 되었다.
- 수업을 들어도 성적이 안 좋을 거라고 생각하는 이유를 탐색하였다. → 실패경험이 많아서이고, 지금 한 일이 쌓여서 미래를 예측할 수 있다는 말을 들어왔는데 과거에 했던 것들을 열심히 해 오지 않아서 수업을 집중해서 들어도 성적이 안 좋을

거라는 자동적 사고를 인식하도록 하였다. → '의지가 없나?'라는 생각과 '해봐야 뭐하겠어'라면서 힘들다는 생각을 하고 편하게 살려고 해서 안 하는 것 같다고 통찰하게 되었다.

9회기

- 방학이지만, 집에 가지 않았고 학교 근처에 자취하고 있는 친구들 집에 갔다. 하루는 밥 먹으러 오라고 해서 먹고 밤늦게까지 있다가 자고 왔는데, 같이 있었던 다른 친구가 자기 집에 가자고 해서 그 친구 집에서 또 하루를 보내고, 다음 날은 우리 집에 모여서 요리해서 먹고 놀면서 대학원 얘기도 하고 취업 연계로 일하고 있는 친구와 얘기하면서 무슨 서류가 필요한지, 어떻게 연계를 하게 되는지 등을 나누면서 시간 가는 줄 몰랐다. 옛날 얘기하면서 시간이 빠르다고 생각하게 되었다.
- 이번 학기를 돌아보면서 어떤 생활을 했었는지 친구들과 얘기하면서 생각한 것이 무엇인지 질문하였다. → 합리화를 엄청 잘했었고, 지금은 뿌듯하다.(다음 상담에서 종결하기로 함)
- 과제: 아침에 8시 30분까지는 일어나서 기상 문자 보내기

10회기 종결

- 과제 점검: 8시 30분까지 일어나기
- 상담 내용을 요약하고 상담을 통한 변화나 알게 된 점 파악하기: 예전에는 아무것도 몰라서 꽉 막힌 답답함이라고 생각하여 해결하려고 노력하지도 않았는데, 얘기를 하면서 원인이 뭔지를 알게 되니까 노력도 많이 하게 되었고, 나의 문제를 직시하다 보니까 정말 이건 고쳐야지 하면서 더 열심히 했던 것 같다.
- 구체적으로 열심히 했던 것은 무엇인지 질문하였다. → 내가 인정받고 싶었다는 걸 몰랐는데 인정받고 싶었다. 이러면 안 된다고 생각하면서 내가 원하는 것이 무엇인지 생각을 하게 되었다. 학문으로 인정받고 싶은 것과 친절한 것으로 인정을 받고 싶은 것도 있다. 근데 학문으로 인정받고 싶으면서 노력도 안 한다고 생각하였다. 이렇게 하면 안 된다고 생각하여 토익사관학교도 신청해서 들어갔고, 사회분석사 시험도 신청하고(25~28일) 3월에 시험을 보려고 하였다. 학문적으로 인정받으려면 게을러도 안 되겠다고 결심하였다.
- 호소 문제의 해결 정도: 호소 문제에 대해 상담 초기에는 10점이었다면, 이제는 2점이다. 그 이유는 앞으로 비교상황이 생긴다면 쉽게 비교를 안 하지는 않겠지만, 그

래도 비교하고 있다는 걸 알고 있을 것 같아서. 나도 나니까 최대한 비교를 안 하려고 노력할 수 있을 것 같다.

- 소감: 한 학기 동안 많은 걸 알게 되었고, 많은 걸 받아들일 수도 있게 된 것 같다.

Ⅲ. 슈퍼바이저의 사례개념화

내담자는 본인이 무능해서 남들에게 피해와 부담만 주는 것 같아 간혹 무가치하다는 생각이 들기도 하고, 다른 친구들은 잘하고 있는데 자신은 그러지 못하다고 비교하면서 매사를 부정적으로 생각하고, 자기 생각도 정리가 잘 되지 않아서 어려움이 있다고 호소하고 있다. 상담한 내용을 중심으로 REBT에 따라 핵심적인 문제를 정서적 문제와 행동적 문제로 정리하면 다음과 같다.

- 정서적 문제
  - 우울하고 불편하다.
- 행동적 문제
  - 다른 사람의 눈치를 많이 살핀다.
  - 다른 사람에게 인정받기 위해 과도한 친절을 베푼다.
  - 나태하고 게으르다.

이와 같은 정서적, 행동적 문제를 일으키는 비합리적 생각은 다음과 같이 정리할 수 있다.

- 나는 다른 사람에게 부담과 피해만 주는 사람이다.
- 잘하는 것이 없고 아무것도 할 줄 모른다.
- 다른 친구들보다 모든 면에서 나은 것이 없다.
- 나는 무능하고 한심한, 가치 없는 사람이다.

내담자는 이처럼 깊이 내재된 신념으로 인하여 우울하고 불편하고 늘 사람들의 눈치를 살피고 다른 사람의 인정에 목말라 하면서 과도하게 친절을 베풀지만, 막상 자신의 일을 위해서는 게으르고 나태한 모습을 지니고 있는 것 같다.

1. 상담자가 수립한 상담의 목표와 전략 및 진행 과정

1) 상담의 목표

먼저 상담의 목표에 대해서 살펴보자. 상담의 목표는 대개 내담자의 호소 문제가 해결되는 상태로 설정할 수 있다. REBT 상담에서는 결과적 목표와 과정적 목표로 나눈다. 이 사례의 결과적 목표는 정서적 문제인 '우울하고 불편한 정서를 극복하는 것' 그리고 행동적 문제인 '다른 사람의 눈치를 살피지 않으며 다른 사람에게 인정받기 위해 지나친 친절을 베푸는 것을 멈추고 적당하게 친절할 것', 그리고 '나태하고 게으른 행동에서 벗어나서 부지런하게 행동하는 것'을 목표로 설정할 수 있다. REBT 상담에서 이러한 결과적 목표를 달성하기 위해 성취해야 할 과정적 목표는 내담자가 호소하고 있는 문제의 원인이 되는 핵심적인 비합리적 생각을 합리적인 생각으로 바꾸는 것이다. 그러므로 이 사례에서는 '나는 다른 사람에게 부담과 피해를 주는 사람이 아니다. 오히려 남을 돕고 남에게 유익함을 주려고 하는 사람이다.' '나는 할 줄 아는 것도 많고 그중에서 잘하는 것도 많이 있다.' '나는 다른 친구들보다 못한 점도 있지만 나은 점도 있다.' 그리고 궁극적으로 내담자의 핵심 신념인 '나는 때때로 유능하며 가치 있는 사람이다.'라는 생각이 내재화되도록 논박이 진행되어야 한다.

2) 상담의 전략

상담의 전략이란 다름 아닌 내담자가 호소한 문제를 극복하고 상담의 목표를 달성하기 위해 적용할 수 있는 이론과 기법을 의미한다. 이 사례에서 우선 내담자가 호소한 문제인 우울과 불편감에서 벗어나는 목표에 도달하기 위해서는 무엇보다도 먼저 내담자가 상담 과정 곳곳에서 호소하고 있는 비합리적 신념을 찾아서 논박을 진행하여야 한다. 먼저 비합리적 신념의 수준에 대해서 살펴보고 분석해 보자. 내담자의 비합리적 신념은 단일한 하나의 수준으로 되어 있다기보다는 다층적인 수준으로 되어 있다. 가장 표피적으로는 반영적 사고 또는 자동적 사고라고 불리는, 내담자에게 순간순간 떠오르는 생각이나 영상에 대해서 다루어야 한다. 그다음 단계에서는 추론(inference)이나 귀인(attribution) 수준의 생각이 있다. 이는 내담자가 사실이 아닌 경우를 사실로 믿을 수 있기 때문에 내담자의 추론이 사실인가 아닌가에 대해서 살펴보아야 하는 것이다. 사실인지의 여부를 밝히는 것도 REBT 상담에서는 논박이라고 한다. '추론과 귀인 수준의 생각'의 보다 깊은 곳에는 평가적 인지(evaluative belief)가 있다. 평가적 인지에는 REBT에서 강조하는 당위적 사고가 해당된다. 또한 당위적 사고에서 파생하는 자기비하적 사고(self-downing), 낮은 인내심(low frustration tolerance), 그리고 과장적 사고(awefulizing)도 바로 이 평가적 인지에 해당되는 것이다. 마지막으로 생각의 구조 속 가장 밑바닥에는 깊숙이 감추어진 소위 '스키마'라고 불리는 내재된 신념구조가 있다. 논박에서 가장 중요한 것은 인간의 마음속 가장 깊은 곳에 있는 스키마, 즉 내재된 신념구조를 찾아서 이를 논박하는 것이다. 생각의 가장 깊은 수준인 스키마는 씨앗과 같아서, 그로 인하여 여러 가지 열매들이 열린다. 문제는 그 씨앗이 건강하지 않을 때 열리는 열매는 엄청 쓰거나 시거나 떫어서 과실의 좋은 맛을 내지 못하고 인간에게 해를 입히는 맛의 과실을 열게 한다는 것이다. 그러므로 좋은 열매를 맺게 하기 위해서는 좋은 품질의 씨앗을 심고 그것을 통해 열매를 맺게 하는 것이 중요하다. 이처럼 REBT 상담에서도 내담자를 힘들게 하는 씨앗이 되는 생각을 찾아서 논박을 하는 것이 가장 중요하나, 문제는 내담자가 그렇게 깊은 곳에 내재되어 있는 생각을 자각하지 못하는 데에 있다. 내담자가 상담자가 비합리적이라고 지적하는 스키마, 즉 내재된 신념구조를 인정한다면 그 수준의 비합리적 생각을 논박하면서 상담을 진행하면 되지만, 그렇지 못한 경우에는 내담자가 깨닫고 있는 수준의 생각에서 논박을 진행하면 된다. 대개의 경우 표피적인 수준의 논박으로 시작하여 점점 깊이 있는 생각으로 진입하면서 논박을 진행하면 되는 것이다. 논박을 하는 것 또한 많은 상담자들이 언어로만 하는 논박 이외에 다른 방식의 논박이 있다는 것을 알지 못하는 하는 경향이 있다. REBT 상담은 이론의 명칭이 설명해 주듯이 정서적(emotive), 행동적(behavioral) 기법 등을 통합적으로 활용하는 통합적 치료방법이라는 것을 알아야 한다. 물론 REBT 상담은 인지행동치료(cognitive behavioral therapy)의 우산 속에 들어가는, 인지에 초점을 둔 대표적인 이론이지만 정서적 기법과 행동적 기법을 통합적으로 사용하는 통합치료이다. 상담자는 내담자의 삶에 전방위적으로 분포되어 있는 비합리적 생각을 합리적인 생각으로 바꾸는 과정에서 그동안 상담심리 이론에서 과학적으로 검증된 기법을 두루 활용할 수 있다는 점을 명심해야 한다. 물론 REBT는 프로이트(Freud)의 정신분석치료가 작동되지 않았던 창시자의 경험에서 시작된 만큼, 정신분석에서 강조하는 무의식의 세계에 진입하기 위하여 활용하는 자유연상, 꿈 분석 등의 기법은 전혀 사용하지 않는다.

3) 상담의 진행 과정

상담의 진행 과정에서 상담자가 제출한 사례를 중심으로 기술하고자 한다.

1회기

본 회기에서 내담자는 아버지가 자신에게 공부도 못하고 돈도 많이 벌지 못하는 것을 만족스러워하지 않아서 아르바이트를 그만두게 되었다고 한다. 그리고 아르바이트를 그만두게 된 사건으로 자신에게 중요한 일을 스스로 결정하지 못하게 되었다고 한다. 아버지는 예전부터 뭔가를 하려고 하면 지지해 준 적이 없고 "아무것도 할 줄 모른다."고 하면서 내담자를 비난한 것으로 보인다. 내담자는 고등학교를 졸업하고 바로 취업을 하고 싶었으나 아버지가 머리에 든 것도 없고 할 줄 아는 것도 없다고 해서 대학에 진학을 했다. 대학에서의 전공도 아버지의 그런 행동에 대한 이유를 알고 싶어서 심리학과를 선택했다고 하였다. 이 사례의 내용을 보면 내담자의 부친은 끊임없이 내담자를 '머리엔 든 것도 없고 아무것도 할 줄 아는 것이 없는 아이'라고 비난하였고 이렇게 자주 들었던 말은 그대로 내담자의 신념구조 속에 편입되어 '나는 아무것도 할 줄 아는 것이 없는 쓸모없는 아이'라는 자기 비하적 스키마가 이 내담자의 마음속 깊은 곳에 자리 잡게 된 것 같다. 1회기에서 상담자가 이것을 어떻게 다루었는지는 나타나 있지 않다. 아마도 1회기이기 때문에 내담자의 이런 호소를 듣고 파악하면서 상담이 마무리되었을 가능성이 커 보인다. 혹시 상담자가 내담자의 이러한 비합리적 신념을 상담회기의 중반쯤 파악하였다면 그때는 바로 논박을 하는 것이 필요하다. 만약 회기의 말미에서 논박을 할 만큼의 충분한 시간이 남아 있지 않을 때 비합리적 신념을 찾게 되었다면 다음 회기로 미루는 것이 좋다.

본 회기에서 논박을 하게 되면 다음과 같은 방식으로 할 수 있을 것이다.

'나는 머리에 든 것도 할 줄 아는 것도 아무것도 없는 쓸모없는 아이'라는 생각에 상담자는 동의할 수 없다고 강력하게 피력해야 한다. 머리에 든 것도 없고 아무것도 할 줄 아는 것도 없는 학생이 어떻게 서울에 있는 대학의 심리학과에 들어왔느냐고 반문해야 한다. 고등학교 때 학교 성적을 물어 보면 성적이 그리 나쁘지 않았음을 쉽게 알 수 있기 때문이다. 많은 학생들이 심리학과를 가고 싶어하는데 경쟁률도 센 학교를 들어 왔다는 것은 머리에 든 것도 많고 공부도 잘한다는 것을 객관적으로 검증받은 것임을 내담자에게 알려야 한다. 내담자는 이제 대학생이기 때문에 그리고 심리학과에 다니고 있기 때문에, 본인이 지니고 있는 생각이 아버지에 의해 주입되었으며 주입된 생

각은 자신도 모르는 사이에 자신을 힘들게 하는 생각으로 자리 잡게 되었다는 것을 자각할 수 있도록 해 주어야 한다. REBT 상담에서는 이러한 생각을 바로 비합리적 생각이라고 명명했으며 이런 생각이 우울과 불안을 유도한다는 것을 설명해 주어야 한다. 즉, 상담자는 생각과 정서, 생각과 행동, 그리고 생각, 정서, 행동 간의 관계에 대해서 내담자가 파악하고 이해할 수 있도록 해 주어야 한다. 바로 이런 이유 때문에 REBT 상담은 심리교육적인 접근을 강조한다고 말하는 것이다.

2회기

지난 1회기를 마치고 3일 정도 부친이 어머니를 때려서 방에서 혼자 불안해하고 무서워했던 옛날 일이 떠올랐다고 한다. 초등학교 다닐 때는 부친이 내담자에게 무식하다는 말을 많이 해서인지 내담자가 스스로 자신은 무식하기 때문에 잊고 지낼 수 있나라는 생각을 하기도 했다고 한다. 대학에 다니는 지금은 집안일이 걱정되어 가끔 집에 전화해서 아버지가 술을 드셨나 확인하는 정도이다. 지금도 집안일은 모두 잊고 살면서 자신이 낙천적이고 긍정적인 사람으로 살아온 것 같다고 한다. 본 회기에서 상담자는 내담자의 부친과 모친의 만남, 그들의 성장과정에 대해서 살필 필요가 있다. 물론 REBT 상담에서 개인의 과거사나 가족관계 등은 많은 시간을 할애해서 살펴보지는 않으나 이러한 배경지식이 내담자의 비합리적 생각의 형성에 어떻게 그리고 얼마나 영향을 미쳤는지를 파악하기 위해서는 필요하다. 내담자의 부친은 경제력이 없고 폭력이 심한 것으로 보이고 내담자의 모친은 구청에 다니면서 가계를 책임지고 있음에도 불구하고 자신의 목소리를 분명하게 내지 못한다. 이러한 내력에 대해서 살펴보면 내담자는 아버지가 어떤 이유로 어머니를 비롯하여 내담자에게 폭력적이며 내담자를 무식하다고 얕잡아 보는지에 대해서 희미한 그림이라도 그릴 수 있을 것이다. 내담자는 아버지가 자신에게 무식하다고 했던 말을 지푸라기처럼 잡고 모든 것을 잊으려 했던 것으로 보인다. 어두운 과거를 모두 기억해 내면 제정신으로 살 수 없기 때문에 그리고 모두 잊고 낙천적이고 긍정적인 척하지만 그것은 어디까지나 가장일 뿐 내담자의 실체는 가려지지 않는다는 것을 상담자가 일깨울 필요가 있다. 상담자는 내담자의 어두운 기억을 억압하기보다 찾아내고 마주하여 그러한 상황에 대한 새로운 해석을 할 수 있도록 도와야 한다. 내담자로 하여금 '아버지가 내게 무식하다고 나를 비난해서 나는 무식하다.'라는 생각에서 벗어나, '나는 무식하지 않고 슬기롭고 매력적인 특성이 많은 사람'이라고 대안적인 생각을 제시해 주어야 한다. 그리고 내담자에게 느껴지는 매력 포인트가 있으면 상담자가 진솔하게 지적해 주는 것이 필요하다.

3~4회기

코로나가 1단계로 완화되어 집에서 비대면 수업을 주로 하다가 학교로 돌아왔다. 학교에서 단체 활동이 많아졌는데 상대적으로 다른 애들과 비교해서 왜 이렇게 못할까? 다른 애들은 말도 잘하고 자료 취합할 때도 양도 많고 내용이 맞기도 한데 나는 한번 듣고는 의견을 잘 말하지 못하고 친구들과 회의할 때 어떤 부분을 추가하면 좋을지 질문을 받으면 머리가 하얘지고 생각했던 것도 기억나지 않아서 말을 더듬게 된다고 하였다. 여기에서 내담자는 동료들과의 비교문제로 자신을 고통스럽게 만들고 있다. 내담자는 '나는 다른 애들보다 발표 자료도 부족하고 말도 못하고 질문을 받으면 생각도 잘 안 나는 못난 인간이다.'라는 생각이 드러나고 있다. 상담자는 내담자가 한 말을 잘 정리하여 이와 같이 내담자에게 비합리적 신념이 있다는 것을 제시해야 한다. 그리고 이 생각에 대해서 논박을 해야 한다. 다른 애들도 그들 자신은 내담자처럼 못났다고 생각하고 오히려 내담자가 말을 더 잘한다고 생각은 하지 않는지 점검해 보아야 한다. 내담자가 1회기에서 드러난 핵심 스키마인 '나는 아무것도 할 줄 아는 것이 없는 쓸모없는 아이'라는 생각에서 '나는 다른 애들보다 부족하고 모자란 사람이다.'라는 추론적인 수준의 생각이 파생되었음을 보게 해야 한다. 대개 남의 떡이 커 보이는 것처럼 내담자가 가지고 있는 것은 보지 못하면서 다른 친구들의 능력은 확대해서 보는 것은 아닌지 살펴보게 했어야 했다.

내담자는 또한 자신이 먼저 말을 못하고 남이 말하는 것을 기다린다고 했다. 그것은 내가 이야기한 것이 '틀렸다' 또는 '말대꾸한다'라는 비난을 들어왔기 때문에 '내가 말한 것이 틀리면 어떡하나' '내가 말한 것이 쓸모 있는 말이 아니면 어떡하나' 등의 염려가 되기 때문이라고 하였다. 이 역시 내담자의 부친에게 어렸을 때부터 들어왔던 말이 내담자의 신념 체계 속에 편입되어 내담자를 힘들게 하는 비합리적 신념으로 자리 잡은 것으로 보인다. 상담자는 내담자에게 이제부터 남이 먼저 말할 때까지 기다리면서 다른 사람의 눈치를 살피지 말고 자신 있게 스스로의 말을 할 수 있도록 행동에 옮길 것을 요청해도 좋다. 중요한 것은 자신의 소신껏 이야기하는 것이지 항상 남에게 듣기 좋은 말, 맞는 말만 하는 것이 아님을 일깨워야 한다. 아울러 이 세상에 모든 말이 쓸모없는 말과 쓸모 있는 말이 따로 분리되어 있는 것이 아님을 알게 해 주어야 한다. 그리고 자신의 의견을 내는 것과 말대꾸하는 것은 구분되어야 하며 자신이 소신을 가지고 의견을 피력하는 것은 어른들의 말에 반항하듯이 말을 하는 말대꾸와는 다르다는 것을 알게 하는 것이 필요하다.

3회기에서도 역시 내담자는 자신이 지니고 있는 핵심 비합리적 신념인 '나는 무능하고 할 줄 아는 것이 아무것도 없는 아이'라는 핵심 신념에서 파생된 추론적 수준의 비합리적 생각인 '나는 다른 애들보다 부족하고 모자란 사람이다.'라는 생각이 파생되었음을 내담자로 하여금 깨닫게 하는 것이 중요하다는 것을 강조하고 싶다.

4회기에서 내담자는 고등학교 때는 '공부를 늦게 준비해도 성적을 올릴 수 있다.'고 생각하였는데 지금은 '어차피 해도 따라가기 어렵다.'는 생각을 하고 있다는 것을 찾아내었다. 상담자는 고등학교 때와 지금의 생각이 다른 이유를 탐색할 필요가 있다. 고등학교 때의 학습 환경과 대학교의 학습 환경이 다르고 지금 학생들이 모두 우수하기 때문에 그런 생각을 하는 것은 아닌지 짚어보아야 한다. 생각은 행동을 이끌어 내기 때문에 내담자가 어차피 해도 안 된다는 생각을 한다면 공부를 안 하게 되고 공부를 안 하면 성적이 떨어지는 것은 자연스러운 결과라는 점을 강조하면서 내담자가 지니고 있는 비합리적 신념인 '어차피 해도 따라가기 어렵다.'라는 생각을 논박해야 한다. 이 생각도 역시 내담자의 핵심 신념인 '나는 무능하고 할 줄 아는 것이 아무것도 없는 아이'라는 생각에서 파생한 신념임을 보게 하면서 내담자의 핵심 신념이 삶의 요소요소에서 내담자를 무능한 사람으로 몰고 가고 있다는 것을 깨닫도록 할 수 있어야 한다. 이때 논박은 천재는 노력에 의해서만 만들어진다는 것이다. 불세출의 천재인 발명왕 에디슨도 "천재는 1%의 영감과 99%의 노력으로 이루어진다."는 말을 하였을까에 대해서 생각해 보게 한다. 상담자는 내담자가 무능하고 쓸모없는 사람이 아니기 때문에 열심히 노력해야 하는 이유가 있다고 논박할 수 있다.

인지적 접근

5~6회기

상담자가 "그렇기는 한데…"라는 식으로 내담자가 뒷말을 부정적으로 끝맺고 있다는 것을 지적하자, 그 이유는 최악의 상황을 배제하지 않으려고 하는 것이며 내가 못하는 것을 생각해서 좀 더 집중하기 위해, 노력하기 위해 그랬다고 하였다. 또한 토론 시간에 자기 의견을 먼저 말하지 못하고 듣고 있다가 다른 사람들의 의견이 자신의 생각과 같으면 다른 애들은 잘하는 것 같은데 자기는 못하는 것 같고 자신은 집중이 안 돼서 그런 것 같다고 하였다. 이 부분에서 상담자는 내담자의 비합리적 생각을 정확하게 짚어 주어야 한다. 이것은 집중력의 문제가 아니고 자신감의 문제라는 점, 그리고 다른 애들은 잘하고 나는 못한다고 지각하는 것은 내담자에게 고질적인 비교의 쟁점이 있다는 점을 지적해 주어야 한다. 『왜 나는 계속해서 남과 비교하는 걸까』(2015)라는 책을 읽히면서 상담을 하면 도움이 될 수 있는 내담자이다. 이 책의 제목은 원래 'overcoming the rating games'로서, 남과 비교하며 사는 것이 얼마나 부적절한 정서를 유도하는가에 대해서 잘 설명해 주고 있다. REBT 상담에서는 독서치료(biblio therapy)를 활용할 것을 권장한다. 내담자의 말은 또한 바로 내담자의 생각이기 때문에 내담자의 '그렇기는 한데…'라는 식의 부정적 언어를 긍정적 언어인 '그렇기는 한데 그래도 좋은 점은 이것이다.'라는 식으로 바꾸어서 말하도록 요청한다.

6회기에서 내담자는 친구들의 전화나 카톡에 유별나게 신경 써서 답을 하고 있다는 것을 알게 되었다. 이때에도 상담자가 친구들에 대한 인정의 욕구를 지적한 것은 잘한 것인데 여기에 더해서 내담자가 '친구들의 요구에 부응해야만 가치 있는 사람이다.'라는 생각을 하는 것은 아닌지 살펴보았어야 했다. 내담자의 핵심 비합리적 신념인 '나는 무능하고 쓸모없는 사람이다.'라는 신념 때문에 '나는 친구들의 요구에 부응하지 않으면 가치 없는 사람이다.'라는 신념이 파생되어 내담자가 그토록 예민하게 친구들의 카톡과 문자에 대답하는 것일 수도 있음을 볼 수 있도록 도와야 했다.

7회기 축어록으로 제시함

상담자가 축어록을 제시한 것으로 보아 중요한 내용이 담긴 회기로 사료된다.

우선 내담자 2를 보면 내담자는 갑자기 청보라색으로 머리를 염색하고 나온다. 내담자 4에서는 염색을 그냥 하고 싶었다고 하자 상담자는 이 부분에서 변화를 주었네 하면서 과제를 점검하는 것으로 넘어가고 있다. 이때 상담자는 다른 이야기로 화제를 돌릴 것이 아니라 이 대목에서 분명하게 짚어야 한다. 청보라색이면 대학생의 머리색으로는 독특하다. 그렇다면 뭔가 이유가 있는 것이기에 파고드는 질문을 했어야 했다. 그간의 경험에 비추어 보면 내담자들이 '다른 사람들이 자기를 쳐다본다.'라는 추론적 수준의 생각에 빠져 있는 경우에는 호피 무늬 옷을 입거나 남다른 치장을 해놓고, 그래서 사람들이 자기를 쳐다본다고 생각하면 마음이 편하다고 말한다. 이 내담자도 남의 시선에 민감한 점을 고려하여 늘 타인들이 자기를 관찰하거나 쳐다본다는 신념에 빠져서 괴로워할 수 있다는 점을 놓치지 말아야 한다. 이러한 종류의 생각을 REBT에서는 자기 참조적 사고(self-referencing thought)라고 명명하였다. 상담자 7에서 내담자가 친구들의 문자나 카톡에 바로바로 반응을 하는 것은 결국 내담자가 친구들에게 인정받아야만 한다는 욕구 때문임을 깨닫도록 해 주면서 다시 한번 최근의 예를 떠올리게 하자, 내담자 7에서는 친구의 생일에 케이크를 사서 촛불을 켜주고 왔다는 대답을 끌어내고 있다. 이런 답을 끌어낸 다음에는 '내가 왜 그토록 친구들의 인정을 받기 위해 노력하는가?'에 대한 이유를 찾아내도록 유도해야 하는데 이야기가 다른 쪽으로 흘러가 버리는 아쉬움이 있다. REBT에서는 아마도 내담자의 핵심 비합리적 신념인 '나는 무능하고 쓸모없다. 남에게 아무런 도움도 되지 않고 오히려 부담만 주는 나는 무가치하다.'라는 신념 때문에 파생하는 '나의 가치를 인정받기 위해 주변 사람들을 기분 좋게 해 주어야만 한다.'라는 신념이 있었던 것은 아닌지 확인해 볼 필요가 있었다. 그러나 본 회기의 마지막까지 이어지는 질문을 통해 내담자가 원하는 좋은 미래를 위해 내가 지금 방해 받지 않고 공부에 몰두해야 하고, 그러기 위해서 휴대폰을 끄고 수업에 집중해야 한다, 휴대폰은 수업을 마친 후에 볼 수도 있고 그렇게 하는 것이 내담자의 삶에 유리하게 작동할 수 있다는 결론을 얻어 내면서 회기를 마친 것은 잘 진행한 것으로 보인다.

8~9회기

8회기에서 상담자는 내담자가 공부를 잘하고 싶기는 하지만 점수를 잘 받지 못할 것이라는 생각, 수업을 들어도 성적이 안 좋을 것이라는 생각을 파고들면서 내담자는 자신이 실패경험이 많아서 '해도 안 될 거야, 해 보았자 뭘 하겠어' '편하게 살려면 하지 마'라는 자동적 사고를 내담자가 인식하도록 도왔다. 그러나 인식에 그치지 말고 이 내용을 적절하게 논박하여 자신의 그러한 생각이 노력과는 멀어지는 삶을 살게 했고 그래서 성적이 오르지 않았음을 보도록 하였다면 금상첨화였겠다고 보인다. 특히 본 회기에서 나타난 '해봤자 뭐해, 나는 해도 안 된다.'는 신념 또한 초기에 호소한 '나는 무능하며 쓸모없는 무가치한 인간이다.'라는 핵심 신념에서 변주된 생각이었음을 내담자가 깨닫게 해 주었다면 더욱 빛나는 회기가 되었을 것이다.

9회기에서는 자신이 합리화를 엄청 잘했다고 하는데 이 부분에 대해서 인지적 용어로 다시 내담자의 비합리적 생각을 정리해 주었으면 좋았을 것이다.

종결회기

내담자는 호소 문제가 상담에 처음 왔을 때 10이었다면 지금은 2 정도라고 말한다. 자신이 남과 비교하고 있다는 것을 알았기 때문에 최대한 비교를 하지 않으려고 노력하고 있다고 말한다. 변화된 점에 대해서는 자신의 상태에 대해서 아무것도 몰라서 꽉 막힌 답답함이라고 생각하여 해결하려고 노력하지도 않았는데, 이제는 원인이 무엇인지를 알게 되었고 자신의 문제를 직시하게 되어 이건 고쳐야지 하면서 열심히 노력했다고 대답하고 있다. 상담자가 구체적으로 무엇을 열심히 했느냐고 묻자, 자신이 인정받고 싶은 욕구가 있었고 내가 원하는 것이 학문적으로 인정받고 싶은 것이었는데 노력도 해오지 않은 점을 깨달아 여러 가지 공부모임에 참석하고 자격증 시험도 신청했다는 대답을 듣게 된다. 이상은 상담자가 내담자의 나아진 점을 점검하면서 마지막 마무리를 비교적 잘한 것으로 보인다. 그러나 내담자가 초기에 호소한 핵심 비합리적 신념의 강도가 얼마나 퇴색되었는지, 그에 따라 다음과 같은 호소 문제를 해결한 결과적 목표에 얼마나 도달했는지를 구체적으로 파악하지 못한 점이 아쉽다.

- 정서적 문제
  - 우울하고 불편하다.
- 행동적 문제
  - 다른 사람의 눈치를 많이 살핀다.
  - 다른 사람에게 인정받기 위해 과도한 친절을 베푼다.
  - 나태하고 게으르다.

2. 상담의 방향에 대한 제언

상담자는 REBT 상담에서 강조하는 내용을 비교적 잘 파악하여 진행한 듯이 보인다. 그러나 이 사례에서 놓친 것은 내담자의 비합리적 신념의 가장 깊숙한 곳에 위치한 스키마, 즉 내재된 신념구조를 잘 파악하여 그것이 회기마다 어떻게 변주해서 나타나는지를 내담자로 하여금 보게 하는 것이다. 이 과정은 〈표 6-1〉 '핵심 비합리적 신념과 파생된 비합리적 생각'과 같이 제시할 수 있다. 상담자는 매 회기를 분리하여 운영하기보다는 핵심 비합리적 신념을 내담자가 인정하거나 깨달은 후에, 그것이 나의 삶 속에 여러 가지 상황과 맞닥뜨리면서 새롭게 활성화되는 비합리적 생각이 회기마다 어떻게 다르게 나타나는지를 찾아내서, 내담자가 지니고 있는 핵심 비합리적 신념의 중요성과 파급력을 깨닫게 하는 것이 필요하다. 이것이 바로 논박의 전략에 있어 왕도라고 할 수 있다. 핵심 스키마와 거기에서 파생한 비합리적 생각의 다른 수준이 어떻게 나타나는지를, 그리고 그것이 어떻게 내담자의 삶에 악영향을 끼치는지를 생생하게 볼 수 있고 체험하게 해 주었다면 더욱 좋았을 것이다.

표 6-1 **핵심 비합리적 신념과 파생된 비합리적 생각**

1회기에 발견한 핵심 비합리적 신념 **(내재된 신념구조)**

나는 아무것도 할 줄 아는 것이 없는 무가치한 아이이다.

2회기에 나타난 비합리적 신념 **(추론)**

아버지는 내가 무식하다고 비난하였고 그래서 나는 무식하다.

3~4회기에 나타난 비합리적 신념 **(추론)**

나는 다른 애들보다 모자라고 부족한 사람이다. 나는 어차피 공부해도 따라가기 어렵다.

5~6회기에 나타난 비합리적 신념 **(추론)**

친구들의 요구에 부응하지 않으면 나는 가치 없는 사람이다.

7회기에 나타난 비합리적 신념 **(평가적 인지-당위적 사고)**

나의 가치를 인정받기 위해 주변사람들을 기분 좋게 해 주어야만 한다.

8~9회기에 나타난 비합리적 신념 **(추론)**

나는 무능하며 쓸모없고 무가치한 인간이기 때문에 공부해도 안 될 거야. 해 보았자 뭐 하겠어!!!

3. 상담자에 대한 슈퍼비전

〈84쪽 '슈퍼비전을 받고 싶은 내용' 참고〉

본 상담의 슈퍼비전은 REBT 원리와 기법에 따라 이루어지고 있으므로 그에 맞게 제언하고자 한다.

내담자의 귀찮아하고 하기 싫어하는 부적응 행동은 이미 앞의 본문에서 제시된 것처럼 내담자의 '나는 늘 남보다 못한 사람이다.' '나는 해도 안 되는 사람이다.' 등의 비합

인지적 접근

리적 신념에서 파생된 것이다. 내담자의 이런 비합리적 신념은 어린 시절부터 지금까지 계속되고 있는 부친의 '너는 무식한 아이이다. 너는 머릿속에 든 것도 없고 할 줄 아는 것도 없는 무능한 사람이다.'라는 등의 언어를 무비판적으로 받아들여 그러한 신념이 마치 사실이고 진실인 것처럼 자신의 생각 속에 고스란히 내재화한 대표적인 경우이다. 앞서 진행 과정 2회기분에서도 언급하였던 것처럼 이 경우 내담자에게 비하적인 비합리적 생각을 지속적으로 주입하고 발언해 온 부친의 심리구조에 대해서 살펴보아야 한다. 즉, 아버지의 성장환경과 가족구조는 어떠했는지, 어머니의 성장과정과 가족구조는 어떠하였는지, 어떤 연유로 어머니는 배우자의 자식에 대한 비하적 발언을 제지하지 못하고 옆에서 듣고만 있었는지에 대해서 살펴봐 주어야 한다. 인간의 모든 행동에는 이유가 있다는 개인심리학의 창시자 아들러의 주장이 아니더라도 아버지가 아버지답지 않은 행동을 하는 데에는 아버지의 성장환경이 분명 영향을 끼쳤다는 것을 어렵지 않게 추론해 낼 수 있다. 부모의 이러한 주변환경에 대한 이해가 생기면 내담자는 아버지의 비합리적 주입이 나타난 배경을 알게 되고 그런 것이 터무니없는 행동이란 것을 이해하기 쉬워진다. 이때 상담자는 적극적으로 내담자를 향하여 '아무것도 할 줄 아는 것도 없고 머릿속에 든 것도 없는 한심한 아이'라는 생각이 잘못되었음을 논박해 주어야 하는 것이다. 내담자는 또한 '나는 아버지에게 피해를 당해서 무가치 하다.'라는 비합리적 생각을 지니고 있는데 이것도 '내가 아버지에게 피해를 당했다고 해서 영원히 무가치한 것은 아니다.'라는 합리적인 대안 신념을 분명히 제시하거나 스스로 찾아낼 수 있도록 도와야 할 것이다. 뿐만 아니라 내담자가 심리적 힘을 키워서 부친이 그렇게 말할 때마다 소극적으로 듣고 말 것이 아니라 자신의 주장을 할 수 있도록 도와야 한다. 물론 이 아버지의 경우 폭력성이 심하기 때문에 후폭풍이 두려워서 못하는 것을 십분 이해하면서 그래도 아버지의 기분을 거스르지 않으면서 어떻게 자기주장을 할 수 있는지에 대해 상담자와 함께 고민해 보아야 한다. 자기 주장은 검증된 행동주의 기법의 대표 선수이다. 내담자가 어렸을 때 무섭고 폭력적인 아버지에게 압도당한 나머지 주눅 들어 살아왔지만 이제 내담자는 스무 살이 넘은 성인이 되었고 아버지는 점점 신체적으로는 물론 심리적으로도 힘을 잃어가고 있음을 보게 해 주면서 당당하게 아버지에게 자신의 의사를 표현할 수 있는 의지와 힘을 키워주는 것이 좋을 것이다. 아울러 모든 REBT 상담의 귀결은 내담자가 삶에 대한 철학적 태도를 건강하게 바꾸는 것이다. 이 사례에서 철학적 태도는 '나의 능력에 상관없이 나는 소중한 사람이며, 그렇기 때문에 나의 시간을 낭비하지 않고 내 능력을 최대한으로 발휘할 수 있도록 열심히 노력하며 사는 것이 중요하다.'로 승화할 수 있게 도와야 한다.

연습문제

1. 이 사례의 내담자가 보였던 비합리적 생각을 찾아 생각의 4수준, 즉 자동적 사고(반영적 사고), 추론과 귀인, 평가적 인지, 핵심 스키마에 따라 제시하시오.
2. 이 사례에서 나타난 핵심 스키마를 인지적 기법을 활용하여 논박하는 과정을 제시하시오.
3. REBT 상담에서 철학적 변화가 중요한 이유는 무엇인지 서술하시오.

7장

자살 의향의 성인상담 사례 ___ 정신역동적 접근

"자해와 자살사고가 올라와서 불안해요"

I. 내담자의 기본 정보

인적 사항

20대 후반 여성, 대졸, 회사원, 미혼

상담 신청 경위

최초에 자발적인 인터넷 검색으로 상담을 신청하였으나 조기 종결하였고, 약 1년 후 본인 및 가족을 통하여 본 상담자에게 다시 상담을 의뢰하게 되었다.

주 호소 문제

- "안 좋은 생각들이 들어서 불안해요."

이전 상담 경험

- 초기 상담에서는 '안 좋은 생각들이 들어서 불안하다'고 호소하며, 직장업무로 인한 스트레스로 인터넷을 검색하여 직접 상담을 신청하였다.

- 이후 자해로 인해 개인병원에서 약물치료를 받기 시작했으며, 외부에서 7개월 동안 3명의 상담자(개인심리상담, 미술치료)와 병원 2군데를 옮겨 다녔다.
- 다시 본 상담자에게 상담을 신청하여 140회기의 상담을 진행하였다.

가족관계

- 아버지(60대): 개인사업으로 넉넉한 적도 있었지만, 무리한 투자로 큰 빚을 지게 되었고 경제적인 문제로 이혼하게 되었다. 그래도 내담자의 요구로 내담자가 불안해할 때나, 기타 가족생활에 종종 함께하기도 하였다. 최근에는 지병으로 인해 일을 하는 데 어려움이 있다.
- 어머니(60대): 전업주부로 지내다가, 이혼 후에는 지인의 사업장 일을 도우며 가계를 유지하려고 노력하고 있다. 내담자의 자해나 자살시도, 정신증의 가능성에 대해 매우 불안해하며 받아들이기 힘들어하였다. 내담자의 문제나 가족들의 어려움을 주변 사람들이 알게 되는 것에 대해 상당한 두려움을 보였다.

인상 및 행동 특성

- 큰 키에 체격이 큰 편이다. 목소리가 작고 매우 느릿하며 뭉개지듯이 말하지만, 때때로 알아들을 수 있을 만큼 분명한 크기와 속도로 말하는 날도 있다. 초반에 상담 중 자주 눈의 초점이 흐려지고 이야기 흐름을 놓치기도 했으며 표정이나 감정표현도 적었다. 최근에는 그런 행동이 현저히 줄었고 상담 중에도 자주 웃는 편이다. 마찬가지로 상담하는 동안 쿠션이나 가방을 끌어안고 있는 일이 많았는데 최근에는 그런 모습 대신에, 테이블 위에 있는 물건들을 만지작거리다가 도로 갖다 놓고 다시 반복하는 등의 손동작이 많았다. 특히 불안하거나 힘든 내용이 오갈 경우에는 그런 행동에 더 많이 몰두하면서 말한다.
- 20회기 무렵부터는 염색과 파마를 하고, 옅게 화장도 하고 오는 날이 있었고, 취업을 한 이후부터는 일이 없는 날도 화장을 하고 옷을 말끔히 차려입고, 액세서리까지 하고 온다.

심리검사 결과 및 주요 해석 내용

〈첫 번째 슈퍼비전에서 제시(TCI / PAI / Rorschach 실시)〉

종합 소견: 내담자는 강한 자극보다는 안정적이고 환경으로부터 물러나는 것이 익숙한 기질적인 특징(TCI: NS=14, HA=100)을 보인다. 높은 수준의 스트레스가 있으며

(PAI: STR=73), 내적인 충동보다 외부 환경적 자극일 가능성이 있다(Rorschach: FM=5). 이러한 스트레스 상황에서 내담자는 높은 불안(PAI: ANX=79)과 우울(PAI: DEP=84)을 호소하고 있다. 특히 대인관계상에서 지지적 자원과 연결되고 있지 못하거나(PAI: WRM=35), 대인관계 갈등 상황에 노출되어(Rorschach: GHR:PHR=3:7), 무기력하고 깨어진 자아상(Rorschach: MOR=5, 내용 반응)으로 힘겨워하고 있다. 이러한 상황에 대해 적극적인 사고보다는 수동적인 방식으로 대처하고 있을 가능성이 높은데(Rorschach: a:p=5:7), 특히나 성격적인 측면에서 스스로에 대한 자율성(TCI: SD=0)과 타인과의 연대감(TCI: C=7)의 자원을 개발하지 못한 채, 이상적이고 현실도피적인 방식으로 문제해결(TCI: ST=68, PAI: SUI=87)을 시도하고 있을 수 있다.

〈두 번째 슈퍼비전에서 제시(Clinical Outcomes in Routine Evaluation-Outcome Measure)〉

종합 소견: K-CORE-OM 검사 총점 107점으로 위험군에 해당된다[CORE의 Risk 문항 반응: 자해할 생각을 한 적이 있다(4점), 신체적으로 자해를 하거나, 건강을 해치는 위험한 행동을 한 적이 있다(4점), 생을 마감할 계획을 세워놓았다(4점), 차라리 죽는 게 나을 것 같다고 생각한 적이 있다(4점)]. 위기 평가 및 개입을 위한 생명 유지 서약서 작성과 긴급전화 안내가 필수이다. 자살시도가 있을 경우 상담을 지속하기 어렵고, 입원을 통한 안전 확보가 필요할 수 있음을 안내하였다. 자살에 대한 사고(thoughts)가 있지만, 새롭게 구조화한 상담 회기 동안 자살시도를 하지 않고, 무엇이 힘든 것인지 자살을 통해 정말 얻고 싶은 것이 무엇인지를 이해해 보는 것으로 합의하였다.

내담자의 강점 및 자원

- 자발적으로 상담을 찾았고, 스스로 필요한 것을 찾는 의지가 있다.
- 원하는 대학에 다시 들어갈 만큼 욕심과 지적 능력이 있다.
- 직장에서 보조업무를 맡다가 점차 정규직으로 가고 동기들보다 높은 수익을 올렸다. 만나는 고객에게도 호감을 받는다.
- 별도로 배우지 않았는데도 다양한 예술적 재능이 있다.
- 종교단체의 리더들로부터 돌봄을 받고 있다.

II. 상담자의 사례개념화

내담자('소망 씨')는 만 20대 후반의 미혼 여성으로, 취업하여 일을 시작한 지 3개월 정도 되던 때에 불안과 자살생각을 주 호소로 하면서 처음 상담을 시작했다. 이후 자해 행동을 하게 되면서 아무 생각이 없는 듯 멍해지며, 안절부절못하던 것들이 안정이 된다고 보고하는 내담자에게, 자해와 자살에 대한 생각은 자신의 경험과 책임으로부터 멀어지는 가장 극단의 선택인 것으로 보인다. 내담자의 불안은 담겨지지(containing) 못했고, 내담자가 자신과 삶에 대해 느끼는 좌절은 건강하고 창조적인 방식으로 승화될 경로를 찾지 못했던 것으로 보인다. 따라서 상담에서는 지지와 격려를 통하여 일상생활을 영위할 수 있고 스트레스에 대처하기 위한 자아 기능을 점점 강화시켜 나가는 데 집중하고자 한다. 현재까지 내담자는 직장에서 적응적으로 지내려고 노력하는 것으로 보인다. 다만 근본적으로 가족관계, 특히 어머니와의 관계에서 느끼는 갈등의 해결과, 자신의 독립과 실존적 책임을 마주하는 과정이 상담을 통해 적절하고 안전하게 이루어져야 할 필요가 있을 것이다. 이에 임상 목표는 '자아 기능을 강화하고, 분리 개별화 과정을 촉진'하는 데 있으며, 내담자와 합의된 목표는 '자해를 하지 않는다. 구직 및 취업을 한다. 불안을 감소하여 자신을 이해한다.'였다(31회기로 1차 슈퍼비전에 임함).

이후 내담자는 자해와 자살시도, 일탈된 성적 환상과 행동을 비롯해서, 환청과 환시의 임상적인 문제를 보고하고 있다. 상담에서는 지지적인 접근으로 기능적인 대처 행동을 향상하고, 현실검증력을 개선하며, 건강한 심리적 방어 구조를 강화하는 데 초점을 두고자 한다. 현재는 상담을 재구조화하여 안전하고 협력적인 상담 관계를 회복하고 특히 상담적 경계를 존중하면서 관계를 맺을 수 있는 데 주력하여 내담자가 자기파괴적인 의존 형태로 관계를 맺는 것이 아니라, 적절한 거리를 유지하면서 자신의 감정과 욕구를 인식하고 충족하기 위한 현실적인 대처와 기능을 할 수 있도록 돕고자 한다.

1. 상담의 목표와 전략

- 목표
  - 상담에서 원하는 기대나 목표를 찾는다.
- 전략

–안전한 상담 구조와 환경을 합의하고 유지한다.
–내담자의 주관적 경험에 적극적 관심의 자세로 경청하고 존중의 태도를 보인다.
–내담자가 자신의 경험들에 대해 현실적인 검증을 할 수 있도록 격려한다.
–부정적인 정서와 충동을 보유할 수 있도록 적절한 설명을 제공한다.
–내담자의 욕구를 확인해 주고 그것을 충족하기 위한 적절한 실천계획을 수립한다.

2. 슈퍼비전을 받고 싶은 내용

〈1차 슈퍼비전(31회기로 진행)〉

① "주로 지지적인 접근으로, 내담자의 생활을 살펴보고 대체행동들을 함께 계획해 보면서 기능적인 기술들을 연습해 오고 있습니다. 취업을 해야 하는 상황도 있기에, 내담자의 독립과 현실적인 책임에 대한 불안을 피하기는 어려운 것 같습니다. 내담자에 대한 이해와 어떻게 상담 구조화를 하는 것이 좋을지 지도받고 싶습니다."

〈2차 슈퍼비전(140회기로 진행)〉

② "장기상담으로 이어오다가 단기상담으로 재구조화하였습니다. 앞으로 상담 관계 및 구조에서 유의해야 할 것들에 대해 지도가 필요합니다. 그리고 환청과 환시의 증상을 보고하고 있지만, 직업인으로서의 수행을 유지하고 있는 등의 이유로, 병원에서도 조현병 진단(최근에는 성격관련 진단)에 대해서는 신중하게 보고 있는 것으로 전달받고 있습니다. 이 내담자에 대한 이해 및 상담에서의 한계와 가능성에 대해서 알고 싶습니다."

3. 상담의 진행 과정

138회기

[상담 신청서와 동의서, 생명 존중 서약서를 작성하고, 상담 목표를 협의함. 자살과 관련해서, 자살시도가 있을 경우 이제는 상담하기 어려울 수 있음을 안내함.] 죽는 것밖에 방법이 없다. 나는 용서받기 어렵고 심판받아야 한다. ○월 ○일(약 한 달 뒤)에 디데이를 정했다. (죽음을 통해 정말로 얻고 싶은 것이 무엇인지, 상담을 통해 이야기하고 이해해 가는 시간을 만들어 보자.) 이해받고 싶어서 나도 말을 하고 싶다. 그런데 말이 나오지 않는다. 상담이

라도 안 오면 불안해서 숨이 막힌다. 선생님은 다 이해해 줄 것 같은 게 좋다. 조금이라도 나를 기다려 주는 데가 여기밖에 없다. (기다려 주겠다. 이번 상담의 목표는 정말로 내가 원하는 기대나 목표를 찾는 것으로 방향을 잡으면 좋겠다.)

장기상담으로 이어오다가, 상담 서류를 다시 작성하고, 상담 목표를 다시 협의하는 과정이 서로에게 도전적인 상황이었다. 더구나 단기상담으로 가는 것이 내담자에게 어떻게 받아들여질지, 나 역시 내담자를 밀어내기 위한 수단은 아닌지 거듭 살펴졌다. 상담 관계를 회복하고, 서로 협력하기 위한 목적임을 중간중간 내담자와 나에게 상기시키며 회기를 진행했다.

139회기

시끄러웠던 것은 좀 나아졌다. 바뀐 병원 선생님이 나쁘지 않다. 엄마와 병원에 같이 다녀왔는데, 엄마의 표정이 심각하다. 슬프다. 나에게 능력이 생겼다. 비를 내리게 할 수 있다. 다른 사람들도 내가 비를 내리게 하면 느낄 수 있는지 실험해 보고 싶다. 선생님도 느껴지는가? (느낄 수는 없었다. 다만, 당신의 표정을 통해 비가 내리는 상태가 어떤 느낌인지에 대해 이해할 수는 있었다.) 아쉽다. 비를 내리게 하면 시원하고 기분이 좋다. (엄마의 표정 때문에 슬프다고 했는데, 이야기 주제가 바뀌었다. 그 얘기를 하는 게 힘든가 보다.) –침묵– 엄마에게 모든 것을 다 얘기하려고 한다. 비밀을 가지고 있는 게 힘들고, 엄마도 내가 무엇 때문에 힘든지를 모르니까 더 힘들어하는 것 같다. (이야기해서 어떻게 되기를 바라나?) 엄마가 편해졌으면 좋겠다.

내담자와 엄마가 성적 일탈이나 정신적 증상들에 대해 소통이 가능할지 혹은 감당할지에 대한 걱정도 들었다. 어쩌면 그것이 나의 불안일지 모르겠다는 생각도 들었다.

140회기 **축어록 참고**

환시와 환청의 증상이 사라졌다고 하고, 상담 대화도 주고받기가 수월해진 인상이다.

–축어록 선정 이유: 가장 최신 회기이며, 내담자의 현실 기능을 강화하고 상담적 협력 관계를 다져가는 회기가 되었다.

– (도입 인사 부분 생략) –

상담자 1: 어떤 증상이 없어진 거예요?

내담자 1: 비 내리는 것도 안 되고, 그냥 보이는 것도 안 보이고, 소리도 안 들려요.

상담자 2: 그런데 두 개 다 소망 씨한테는 좀 좋은 영향을 준 거 같네요. (끄덕임) 그래요. 한번 좀 지켜보죠. 몸이 안 좋다는 건 무슨 말이에요?

내담자 2: 속이 안 좋아요. 지난 주 토요일에 차 멀미부터, 뭐만 먹으면 자꾸 체해요. 약은 먹고 있는데 불안하면 시험 앞두고 엄청 긴장되는 듯한 그런 느낌이 드는데, 그러고 나면 속이 안 좋아요.

상담자 3: 그렇구나. 어떤 때 좀 불안을 느껴요?

내담자 3: 그 병원에서 검사한 게 정상으로 나왔는데, 두 달 후에 또 안 좋아지면 어떡하지 이러고. 엄마랑 얘기를 잘 풀긴 했는데, 그냥… 정말 잘, 엄마가 이제 더 이상, 이거에 대해서는 얘기하고 싶지 않다고, 우리한텐 없었던 일이라고, 그냥 아무 일 없는 듯이, 전이랑 똑같이 대해 주는데, 가끔 불안해요. 엄마를 보고 있으면, 엄마가 진짜 괜찮은 걸까, 아니면 진짜 전으로 돌아갈 수 있을까, 그런 거 생각하면 불안해져요.

상담자4: 그렇구나. 두 달 뒤에 정말 아무 이상이 없을지를 확인하는 거, 엄마가 정말 괜찮으신지 우리 관계를 회복할 수 있는지 그런 생각을 하면 좀 불안하군요.(고개 끄덕임) 소망 씨 입장에서는 엄마랑의 관계는 어느 정도 시간이 필요할 것 같아요?

내담자 4: 회복이 안 될 거 같아요.

상담자 5: 소망 씨 상황에서는 회복이 안 될 거 같다는 생각 때문에 불안하다는 건 존중이 돼요. 그리고 만약에 회복이 되는 상황도 있다면, 적어도 얼마간의 시간이 필요할 것 같아요?

내담자 5: 1년.

상담자 6: 그 시간이 지났을 때 엄마와 소망 씨 사이에 어떤 상태가 되어 있으면, '아, 그래도 우리 관계가 좀 회복됐구나. 엄마가 편안하구나.'라고 확인할 수 있을까요?

내담자 6: 엄마가 더 이상 나를 볼 때, 좀 뭔가 금방이라도 울 것 같은 표정을 보이지 않고, 밤에 내가 잘 때 혼자 안 울면.

상담자 7: 혹시 이 회복된 관계를 만드는 데, 우리가 조금이라도 할 수 있는 일이 있다면 뭐가 있을까요?

내담자 7: 음… 약 끊는 거(이후 엄마와의 관계수립을 위한 목록을 이야기함: 더 이상 사고 안 치는 거, 조금만 이상해도 큰 병일까 하고 엄청 그러지 않는 거, 일 가거나 퇴근할 때 뭔가 짜증내거나 울지 않는 거, 우울한 거 안 생각하는 거).

상담자 8: 그러면 약 끊는 건 무슨 얘기예요?

내담자 8: 엄마는 계속, 내가 약 끊기 전까지는 엄마가 많이 노력하겠지만, 엄마 마음이 완전히 괜찮다고, 안심한다고 말은 절대 못할 것 같다고. 그러니까 빠른 시일 내에 약 끊는 모습을 보여 달라고 했어요.

상담자 9: 정신건강의학과에서 먹고 있는 약? (네) 엄마의 제안에 대해서, 소망 씨는 어떻게 생각해요?

내담자 9: 음… 빨리 안 먹을수록 엄마가 편안해질 것 같아서. 당장 일단 병원에 약 끊고 싶다고 말할 거예요. 그리고 엄마한테 괜찮다고 보여 주려고 약을 먹었는데, 너무 속이 안 좋아서, 저도 좀 고통스러워요.

상담자 10: 소망 씨도 약을 먹는 거 자체가 먹고 나면 속이 쓰리고 해서 좀 고통스럽고 힘들군요. (고개 끄덕임) 그럼에도 불구하고 또 증상 때문에도 힘들어했잖아요?

내담자 10: 힘든데, 엄마가 편안해지는 게 일순위예요.

상담자 11: 그럼 약을 끊는 거, 그리고 나한테 그런 증상이 없는 거, 둘 중에 엄마가 더 편안할 수 있는 건 뭐라고 생각해요? (약을 임의로 끊을 수 없다는 것과 궁극적으로 엄마가 좀 편안해질 수 있게 해보자고 말함) 그다음에 더 이상 사고를 안 친다는 건 무슨 말이에요?

내담자 11: 어, 이것도 엄마가 말해 가지고. 자해. 자살시도. 다른, 모르는 사람 만나는 거.

상담자 12: 이거에 대해서, 엄마의 요청은 그렇고, 소망 씨는 어떻게 생각해요?

내담자 12: 저도 안 하고 싶어요. 이유는 엄마가 한계치라 그래서. 엄마가 먼저 죽을 수도 있다고 그래 가지고. 또 음… (침묵) 약간 그 전에는 잘 안 와 닿았는데, 이번에 진짜 좀 크게 느낀 게… 전 죽고는 싶은데, 아프기는 싫어요.

상담자 13: 그렇구나, 그다음에 조금만 이상해도 큰 병일지 모른다고 그러지 않는다는 건 어떤 말이에요?

내담자 13: 이것도 엄마가 한계치라고 했어요. 만약에, 목이 아프면 감기일 확률이 99%, 큰 병일 확률이 1%면, 저는 무조건 1%가 나일 거라고 엄청 의심하기 시작하면서, 의사가 아니라고 확신 주기 전까지는, 마치 진짜 그 병에 걸린 것처럼 너무 고통스러워요. 그래서 엄마가 힘들어요. 저는 계속 속이 안 좋으니까, 혹시 간에 문제가 있는 거 아닐까 그래요.

상담자 14: 필요하다면, 병원 처치를 받기 위해서 노력하는 건 해 볼 수도 있는 일이라고 얘기해 주고 싶어요. 다만 너무 극단적인 생각을 하게 돼서 내가 불안이 너무 커진다. 그러면 혹시 주중에 그런 상황이 있었다면, 상담시간에 우리가 그걸 하면서, 그거를 엄마가 불안해할 정도로 드러내지 않으면서, 우리가 상담시간에 좀 이야기를 나누면서, 필요한 도움이나 다른 대처 방법을 찾아봅시다. 이건 어때요? (고개 끄덕임) 좋아요. 일 가거나 퇴근할 때 짜증내거나 울지 않는 거, 이건 무슨 얘기예요?

내담자 14: 이것도 요 근래, 아무래도 몸도 힘들고, 아직 엄마 눈치도 보고, 조금 신경 쓸 게 많다 보니까, 일까지 제대로 해 낼 만한 그런 여유가 없어서. (사장님이 파워가 많이 달려 보인다고, 어디 아픈 데가 있는 거냐 물었다 함) 조금, 놓치는 부분이 많이 있기는 해요.

상담자 15: 소망 씨도 본인이 지금 일하고 있는 능력에 대해서, 본인이 뭔가 빠뜨리고 있다는 것을 인식하고 있는 거잖아요. (끄덕임) 우리가 대안을 같이 고민해 볼 수도 있고, 한번 천천히 같이 필요한 걸 해 봅시다. 소망 씨한테는 되게, 요 몇 주 몇 달이 힘든 시간이었잖아요, 그죠? (끄덕임) 그럼에도 일을 계속 다니면서 잘 해내고 있구나, 하고 나도 좀 많이 놀랐고, 많이 격려하고 싶었어요. 우리가 이걸 의식하고 좀 하면, 방향을 잡을 수 있을 것 같아요. 우울한 거 생각 안 하는 건 무슨 말이에요?

내담자 15: 음… 그냥, 문득문득 우울한 생각이 드는데, 그러면 그걸 티를 내지 말아야 되는데. 엄마한테는 티가 다 나나 봐요. 참으려고 하는데, 요새 그냥 눈물이 많아졌어요. 그리고 혼자 있으려고 해요. 엄마한테 미안하다는 말도 많이 한대요.

상담자 16: 우울한 생각을 안 한다는 거는 티가 나지 않게 하려는 거네요? (끄덕임) 우리는 상담시간에 그 얘기에 대해서, 저랑 이야기 나눌 수 있어요. 알고 있죠? (끄덕임) 그리고 엄마 앞에서는 가능하면 눈물을 보이지 않고, 혼자 있으려고 하지 않고, 엄마한테 미안하다는 말을 좀 줄이는 거, 괜찮아요? (끄덕임) 요것들이 소망 씨가 해야 되는 이유는, 엄마를 좀 안정되게, 소망 씨는 돕고 싶고 엄마와의 관계를 회복시키고 싶다는 거였거든요, 맞아요? (끄덕임) 그렇게 하는 데 있어서 도움이 되는 것들을 본인이 정했는데, 그러면 우선순위를 한번 불러 봐요.

정신역동적 접근

내담자 16: 사고 안 치는 것, 큰 병, 우울한 것, 일 가는 것, 약 끊는 것.

상담자 17: 우리가, 이렇게 상담하는 데 소망 씨가 적어도 1년 정도는 걸리겠다고 생각한 거잖아요. 좀 정리해 보니 지금 마음은 어때요? 엄마를 안정하도록 돕고, 또 관계를 회복하는 데 우리가 오늘 같이 이야기 나눈 것들이 어떨 거 같아요?

내담자 17: 정리한 순서대로, 할 수 있는 것부터 하나씩 하면 될 거 같아요.

상담자 18: 예, 마무리해야 될 거 같은데, 혹시 이 시간에 놓친 게 있거나, 주중에 꼭 하고 싶었던 얘기나 논의할 게 있을까요?

내담자 18: 자꾸, 아픈 데가 늘어나요. 속이 1번이고, 그다음에 머리 아프고. 잇몸에 하얀 게 났는데, 이것도 걱정되고. (이후 목도 아프고, 심장이 아프다, 인터넷에 안 좋은 거일 수도 있다고 한다, 암 같은 전조 증상일 수도 있다고 한다는 이야기)

상담자 19: (치과, 건강관리, 식단관리, 면역관리, 정기검진에 대한 이야기) 그래요. 오늘 시간이 충분치 않아서, 일단 제가 그걸 다음 시간 주제로 생각하고 있을게요. 괜찮을까요? (고개 끄덕임)

III. 슈퍼바이저의 사례개념화

'어두운 숲, 사자, 표범, 암늑대',
윌리엄 블레이크, 1824~1827 作

내담자는 약 4년여 전에 상담에 왔다가 초기 몇 회기 만에 종결하였다. 처음에는 딱히 그럴 만한 일이 없는데 '안 좋은 생각들이 들어서 불안하다.'는 것이 주 호소 문제였다. 막연한 불안감, 그냥 포기하고 싶다는 느낌은 중3 초부터 있긴 했고 대학 들어가고 극심한 정도가 몇 번 있었는데 참다가, 직장 들어간 지 3개월이 된 시기에 좀 더 심해진 느낌이다. 편안하게 아무것도 안 하고 싶은데, 그럴 수는 없다고 보고하였다. 상담 진행 얼마 후 그냥 못 버티겠기에 직장을 그만두었다고 하였다. 처음 내담자가 호소한 내용이 내담자의 전체 이슈인 것으로 생각되어 상담 중 이야기한 부분을 정리해 보면 다음과 같다. '내가 무언가를 해야 된다는 게 무섭다. 머물고 싶지는 않은데, 선택할 수 있으면 존재하지 않는 상태가 제일 좋은 것 같다. 결국은 또 내가 해야 되는 거라는 생각이 든다. 상담을 오는 것도 그래서 고민이 된다. 상담을 계속 해야 하나 고민이 된다.' 마지막 회기에 이런 느낌의 말을 하고 문자 인사와 함께 상담이 종결되었다. 내담자는 나쁜 생각이 든다는 것을 주 호소로 처음 상담을 시작했으며, 독립과 분리에 대한 필요성, 사회적 책임감으로 오는 불안을 감당하기 어렵다고 보고하였다. 그러나 변화에 대한 스스로의 노력을 예견하고 상담 자리를 피하고 생활하였고 이후 자해 행동, 자살에 대한 생각으로 진전된 것으로 보인다. 1년이 훨씬 지난 후 다시 본 상담자를 지정하여 찾아와서 현재 140회기의 장기상담을 하였다. 내담자의 발달력이 자세히 기술되어 있지는 않으나 아마 내담자는 어릴 때부터도 새로운 환경과 도전에 들어갈 때마다 심하게 낯설고 불안했던 정서나 행동 관련한 이력이 있었으리라 생각한다. 그럴 때마다 내담자의 불안이 적절하게 받아들여지고 조정되는 기회가 별로 없었던 것으로 보인다. 이에 상담에서는 내담자의 자아기능을 강화하고 현실을 회피하지 않고 대면하고 그것을 극복하여 넘어갈 수 있도록 일관적이고 수용적인 태도로 내담자를 지지하고 격려해 나갈 필요가 있다. 무엇보다도 처음 상담에 와서 '성장하는 것이 두렵고 어른이 되기 싫다.'고 하는 내담자의 불안을 보다 건강하게 대처하기 위한 상담자의 전략이 필요할 것이다. 물론 부모 입장에서도 최선을 다한 결정과 도움이었을 것임을 충분하게 감안하면서 상담에서는 어떤 태도로 개입할 수 있을지 생각해 보아야 할 것 같다. 전진하는 것이 무섭고 두려워서 울고 있다고 바로 직장을 그만두라든지, 사표를 대신 써준다든지 하는 부모의 역할과는 다른 견고하고 안정적이며 바르게 안내해 나갈 수 있는 울타리를 만들어 가는 것(surviving)이 본 상담에서 중요한 일이 될 것으로 생각한다. 이런 과정에서 내담자는 자신이 살아내야 할 삶의 무게를 기꺼이 감당하고 도전을 극복해 나가는 주체로서 자아를 표명하는 한 존재가 될 수 있을 것이다.

1. 상담자가 수립한 상담의 목표와 전략 및 진행 과정

상담자가 수립한 상담 목표는 '상담에서 원하는 기대나 목표를 찾는다.'이다. 전략은 내담자의 경험에 대한 수용, 경청, 공감과 현실검증 격려, 욕구와 충동에 대한 적절한 실천계획하기 그리고 상담구조와 환경의 합의와 유지가 있다. 상담자의 목표와 전략 및 임상적 견해에 동의하며 상담자가 안전한 수용의 자리(holding)와 따뜻한 반영(mirroring), 무엇보다도 장기상담을 진행 중에 있으므로 내담자의 증상 및 그 변화 추이에 견디고 버텨낼 수 있는(surviving) 견고함이 필요하다고 볼 수 있겠다.

2. 상담자에 대한 슈퍼비전

〈113쪽 '슈퍼비전을 받고 싶은 내용' 참고〉

1) 1차 슈퍼비전(31회기로 진행)

(1) 우선 몇 가지 생각해 보는 점은 다음과 같다. 상담이 재개될 때 상담자가 생명 존중 서약서 작성하기 및 병원에서의 상담과 약물치료가 필수, 그리고 어머니도 개인상담을 받기를 권유한 것은 매우 적절한 것으로 보인다. 그리고 나 또한 지금 부담스러운 상황일 수밖에 없다고 말한 것도 상담자가 자신의 한계에 대하여 인식하고 있는 것 같아서 긍정적으로 생각한다. 상담자가 상담 기간을 1년으로 제시한 부분이 있으니 이 기간 안에 해결이 가능할 목표를 붙들고 나갈 필요가 있을 것이다. 이런 구조화를 바탕으로 하여 이후 내담자의 문제에 대해서는 부모 때문에가 아니라 단지 자신이 겪어 나가야만 하는 인생에 놓인 고통과 위기의 순간을 만났기 때문으로 이해하고 풀어나갈 수 있었으면 하는 바람이다.

(2) 상담자는 내담자에게 목표를 제시하고 있다. 상담을 통해 이 세 가지를 한다. 즉, '자해 안 한다. 취업한다. 자기이해를 한다.'이다. 상담자가 계속적으로 이 내담자가 겪는 고통의 끝을 함께 이야기하는 것은 필요하다고 본다. 이것을 이루기 위한 몇 가지 제안을 하고자 한다.

첫째, '자해 안 한다'에 관한 것이다.

내담자가 쉽게 자해, 자살 이야기를 하고 있다. 내담자는 갑자기 자해를 하고 싶어서 하고, 좀 참으려고 중간에 빵도 한번 먹어 보는데 그런 자기가 웃기더라고 말하고 있다. 자해가 갑자기 충동적으로 느껴지는 일종의 자위 같은 것으로 설명하고 있다. '이번에는 선생님 못 보는 동안에 슬쩍 손톱깎이로 피를 좀 냈다, 그건 진짜 한 건 아니다.' 라고 한다. 상담자는 이 자해의 끝이 무엇일지 직접적으로 물어볼 필요가 있다. 즉, 만약에 '정말 제대로 자해를 한다면' 어떤 결과가 오겠는지 정색을 하고 물어야 한다. 치명적으로 목숨을 잃는 것을 원하는 것인지 확인해야 한다. 죽는다면 어떻게 될 것인지, 죽음에 대해서도 이야기해 볼 수 있을 것이다. 내담자가 종교생활도 한다고 하는데 그 다음 세계는 어떨지 이야기해 봐도 좋을 것 같다. 말하자면 죽음의 문제를 거론하는 것이 금기시될 필요는 없을 것이다. 청년인 내담자가 자살 운운하면서 죽음을 그렇게 원한다면 죽음이 무엇인지 이야기해 볼 수 있지 않겠는가? 내담자가 지금 자꾸 죽으려고 하고 자해하는 것들은 '지금 평온하려고… 이때에야 나다워지니까'라고 말하는데 정말 자기다워지는 길이 자해밖에 없겠는가? 사실은 이것을 상담에서 찾아야 할 것으로 생각해 보면 어떨까? 내담자가 자해를 그만하려고 빵을 먹는다고 하였다. 자해와 허기가 연결된다. 빵으로 배를 불리는 포만감도 있겠지만 외부 세계와의 동화라는 측면도 고려할 수 있을 것 같다. 특히 이 젊은 내담자의 경우에 외부세계의 어떤 것을 동화해 나가기가 어렵고 버거운 것인가? 그 구체적인 스트레스 상황을 다루어 보면 어떨까 생각한다. 그것을 위해서 노력하면 빵 먹는 것 같은 제 살 뜯어먹기, 즉 자해라는 일은 궁극적으로는 다시 태어나는 일과 연관이 있게 된다. 그러나 이러한 대화는 매우 의도적으로 전략적으로 집중적으로 해야 될 것이다.

둘째, '취업'과 관련한 것이다.

내담자가 직장에 갔는데 이제 못할 것 같다고 자꾸 이야기하고 있다. 그리고 실제로 3개월 만에 그만두는 등의 행동이 있었다. 상담에 왔을 때 내담자는 상당히 다운된 상태였던 것으로 보인다. 우선은 지지와 격려로 현실을 견뎌내는 것이 필요한 것 같다. 취업은 '공무원?'을 원한다고 하는데 지금 당장 너무 거창하게 취업의 목표를 잡는 것보다 다소 장기적인 목표를 가지고 대화해 보면 좋을 것 같다. '1년 내, 또 5년 내, 10년 내에… 그다음에 80세에서 당신은 어디에서 어떻게 살고 있겠는가?' 즉, 끝을 먼저 보는 것, 좋아졌다면 어떻게 살고 있을까, 원하는 대로 살고 있다면 어떻게 하고 있을 것인가를 논의하는 방식이 어떨까 생각한다.

내담자는 현재 다소 신경증적인 증상이 있는 것으로 생각된다. 현재 내담자에게는 상담자가 말한 대로 자아강화, 현실적응이 가장 우선일 것이다. 규칙적인 복약과 함께 현실적으로 자기관리를 잘하는 것이 필요하다. 내담자가 20회기쯤에는 이 나이에 맞는 여성처럼 하고 화장도 하고 상담에 오는 모습이 있다. 이럴 때 내담자와 자기관리에 대하여 물어보면 좋을 것 같다. 집에서는 뭐 하는지, 설거지도 하는지, 방 청소는 하는지, 자기 주변을 깨끗하게 하고 있는지, 필요한 돈은 어떻게 충당하는지, 일주일 동안 어떻게 시간을 사용하고 있는지 물어봐 주는 것도 좋겠다. 그리고 아르바이트도 할 수 있으면 힘닿는 만큼 해 보는 것도 좋겠다.

상담자가 1년을 제안하여 상담하고 있는데 이 제한의 핵심은 '빨리'라기보다는 내담자가 자신을 추스르는 정도에 박차를 가할 수 있다는 점에 있다고 본다. 취업 못 하면 안 된다, 내가 돈을 벌어야 된다고 막 밀어붙이는 것과는 다른 의미이다. 그러나 내담자는 현재 내적 고통을 겪고 있다. 인생길이 힘들게만 느껴지고 있다. 물론 견디고 극복해 나가야 한다. 사막의 음침한 골짜기를 밝은 의식을 향한 안내자이며 격려자인 상담자와 함께 잘 통과해 가기를 바라는 마음이다.

셋째, '자기이해'와 관련한 것이다.

내담자가 보이는 증상을 내담자의 말을 통해 인용해 보면 한마디로 앞에 놓여 있는 삶을 책임지기가 부담스러운 것 같다. 처음에 왔을 때 "나쁜 생각이 들어요."라고 호소한 그 내용들이다. 앞으로 전력질주해야 하는데 자꾸만 뒤쪽이 보인다. 할 수만 있으면 누가 '뛰지 마.' 하고 말해 주면 좋을 것 같은 심정이 든다는 것이다. 이런 상황을 보고 신경증이라고 말할 수 있다. 나이 든 이가 죽지 않으려고 하는 것과 마찬가지로, 젊은 이가 살지 않으려고 하는 것이 신경증이라고 융은 이야기하고 있다.

소설 『베로니카, 죽기로 결심하다』에 보면 여자주인공 베로니카는 특별한 이유 없이 그냥 자살을 시도했다. 그 이전에 흐른 약간의 분위기로 보면 어떤 무의미가 있었던 것 같다. 그러니까 젊은이가 삶이 무의미하다는 것은 현실 속에서 삶을 뜨끈뜨끈하게 못 산다는 것, 내 원대로 실컷 못 살고 있다는 것으로 보인다. 그녀의 자살시도는 미수로 끝나지만 다시는 죽겠다고 말하지 않게 된다. '곧 죽게 될 병에 걸려 있는데 뭘 그렇게 수고를 하는가?'라는 말을 의사로부터 들은 이후, 그녀는 얼마나 치열하게 살고자 노력하는지….

본 상담에서 나타난 상담자와 내담자 사이의 대화를 인용해 보고자 한다. '당신은 진짜 욕심 많은 사람이다.' '나는 적당히 결과가 나올 거면 안 한다.' 그리고 '끝내겠다.'고 말할 때 '당신은 정말 죽고 싶은 게 맞냐. 제대로 자고 싶은 게 맞냐.'라고 상담자가 물었다. 그때부터 내담자에게서 약간 의지가 나오는 것을 보았다. 이런 방식의 대화는 내담자의 에너지가 삶으로 향하게 할 수 있을 것 같다. 하지만 좀 더 깊이 있게 다뤄보지는 못했던 것 같아 보인다.

그렇다면 내담자가 현재 호소하고 있는 불안의 의미는 무엇일까? 내담자가 말하기는 불안의 본질은 삶의 무의미이고, 피는 삶의 의미라고 한다. 그래서 피를 딱 보면 이제 좀 살 것 같고 살아있다는 뜻이라고 말한다. 아마도 지금 내가 제대로 못하고 있는 것일까 봐 안절부절못하는, 다시 말하면 잘살고 싶다는 내면의 외침이라고 볼 수 있지 않겠는가? 불안 그 자체는 사실 선기능이 있다. 그러니까 불안한 건 좋은 거냐 안 좋은 거냐고 물어볼 일이다. 그리고 죽음은 무엇인가? 심리학적으로 죽음은 재탄생을 돕는 것이다. 우리도 심리적으로 계속 죽었다 살았다 하지 않는가. 내담자의 불안은 체질적으로 과하게 보인다. 하지만 이 불안하다는 것조차도 '지금 상당히 치열하게 살고 있다는 거다. 도망가지 않고 있다는 뜻이다. 끝이 없고 미래 없는 삶이 아니라 미래에 있는 삶을 지금 어떻게 부담을 지고 갈까 염려하는 것이다.'라고 상담자가 해석하고 있는 것에 동의한다. 실존적으로도 불안한 것은 최대의 각성 아니던가? 내담자에게는 이렇다 할 출구가 없었으니까 신경증적으로 진행되는 것처럼 보일 수도 있을 것이다. 상담에서는 이 부분을 나누고 신경증을 신호로 삼고 이렇게 겪고 있는 고통을 담는 도가니가 되어 견뎌주면 좋겠다. 지금 함께 견뎌 줄 사람, '누구 한 사람'으로 내담자가 이미 지금의 상담자를 택했다. 실제로 상담자는 상담 개입에서 보면 어떤 경우도 부정문으로 말하지 않고 항상 긍정적으로 내담자의 진술들에 대하여 반응하고 있다. '당신의 생각은 어떠냐, 내가 이렇게 해석하는 거, 혹시 이렇게 얘기해 보면 어떨까?' 이런 방식으로 내담자의 마음이 그렇게 만들어지도록 견뎌주고 있는 것을 볼 수 있었다. 상담자 반추에도 상담자 자신이 여러 번 '신중해진다.'를 말하고 있다. 그러니까 상담자도 좀 위태로움을 느끼고 있는 것과 동시에 최선을 다하여 상담을 이루어 내고자 하는 모습이라고 생각한다.

끝으로 내담자 이해에 있어서 분리 개별화 측면에서 특히 부모로부터의 독립을 생각하는 것은 정말 중요한 부분이다. 상담자는 내담자가 앓고 있는 부분을 발달력을 구체화하지 않은 상태에서 어머니의 문제에 약간 초점을 두고 추정하고 있는 것은 아닌가 생각해 본다. 부모가 내담자의 발병에 어떻게 영향을 미칠까? 어떤 측면에서는 가정적으로 좋은 여건이 아니었으니 내담자도 어느 정도는 어머니의 어떤 심리적인 환경에 그대로 노출되어 있었다고 볼 수 있다. 따라서 신비적 참여 혹은 융합을 짐작할 수 있을 것이다. 기본적으로 그 엄마의 모습이 내담자에게도 보인다고 하는 것을 우리가 좀 잠정적으로 얘기해 볼 수 있겠다. 그렇다 하더라도 현재 내담자의 삶의 주인공은 내담자 아니겠는가? 내담자가 그 누구보다도 상담자하고는 자신의 진짜 이야기를 하고 싶어한다. 상담 과정에서 보이는 인상 및 행동에서, 그리고 일을 구하고 일궈내려고 하는 측면에서 내담자는 나름 상담의 성과도 보이고 있다. 쉽게 이야기하면, 내담자에게 그냥 물어봐 주면 좋겠다. '부모에 대해서' 너는 어떻게 생각하느냐고 자신의 언어로 표현할 수 있게. 그게 사실이든 아니든 본인이 말하고 정리한 대로 그렇게 또 마음도 가게 되는 것 아니겠는가?

2) 2차 슈퍼비전(140회기로 진행)

(1) 우선 몇 가지 생각해 보는 점은 다음과 같다.

이 사례는 '안 좋은 생각들이 들어서 불안하다.'를 주 호소로 하여 처음 몇 회기 상담으로 종결된 이후, 1년 3개월 뒤에 다시 상담이 재개되고 지금까지 3년 9개월 이상 진행되던 중에 슈퍼비전을 실시했다. 내담자는 상담 개시 후 병원에서 불안과 우울, 조현증상(후에는 성격장애)에 대한 약물치료를 받고 있다. 현재 업무와 관계 적응의 문제, 자해와 자살사고, 행동의 문제가 있다. 관련한 사건으로 2차 슈퍼비전을 진행했던 해에 두 번, 그때로부터 2년 전에도 한 번의 '자살시도'를 하였다. 마지막 자살행동에 앞서서 그 해 초반부터 성적인 자극 및 경험을 찾게 되었다. 이후 사고방식에서 더럽혀졌다는 생각, 죽음으로 심판을 받아야 한다는 생각 등을 하게 되고 그런 목소리를 들을 때도 있다고 하였다. 최근에는 강박적으로 성병에 걸리지 않았나 하는 불안 때문에 3회 검사를 하였으나 이상이 없다고 확인했다.

이 같은 사례 전체의 흐름에서 그간의 상담 성과도 함께 살펴볼 필요가 있을 것 같다. 특히 인상 및 행동 관찰에 있어서 내담자는 초반에 감정을 보이거나 눈물이 흐르지 않았다. 그리고 눈에 초점이 흐리거나 졸기도 하였다. 2년 후에는 울기도 하고, 정서적인 사건을 언급한 후에도 멍해지거나 졸지 않고 상담에 임했다. 즉, 점차 의식의 에너지를 보유하고 상담자와 대화하는 것이 가능한 것으로 보인다. 일과 관련해서도, 상담이 진행되면서 2년 뒤 계약직으로 취업하고 다시 2년 뒤에는 정규직으로 진입하는 성과를 얻고 있다. 간과하지 말아야 할 부분이다. 이와 함께 몇 가지 생각해 보고 싶은 사항들이 있다.

첫째, 기질적으로 정신증에 취약한 소인을 가졌다고 보고되고 있고 또한 그 점이 인정되는 부분이 있기도 하므로 내담자에 대한 발달력을 좀 더 기술하는 것이 필요하다. 기질과 어머니의 태도, 가정, 분위기 등이 상세히 기록되기를 바란다. 특별히 내담자 행동의 원인과 유지 요인 및 이로 인해 만들어진 행동 패턴이 무엇인지 자살과 자해에 있어서 촉발 요인은 무엇이었는지 살펴볼 필요가 있다.

둘째, 약 2년 경과하면서 보고되고 있는 증상들, 즉 환시, 환청, 자살행동, 과다 약물복용, 그리고 성적 자극 추구 행동은 내담자의 어떤 측면들로 보아야 할 것인가? 138회기에서 내담자는 '○월 ○일을 죽는 날로 정했다, 나는 용서받기 어렵고 심판받아야만 한다.'고 하는데 무슨 뜻인가? 성행동과 관련한 것인가? 내담자 보고를 과장인지 혹은 강박적인 비합리적 사고인지 체크해 보았는가? 그러나 이때마다 내담자는 현실 구분이 가능하고 직장에서 자신의 일을 적당하게 감당하고 있는 편이다. 이에 관한 상담자의 분명한 판단이 필요한 것으로 보인다.

셋째, 어머니는 늘 좋은 쪽으로 결론을 내린다고 내담자가 보고하고 있는데 무슨 뜻인가?

어머니와 딸 사이의 관계유지 방식이 내담자에게 미치고 있는 영향을 어떻게 이해하고 있는지 궁금하다. 현재 보여지고 있는 가족과 내부에서 형성되어 있는 가족 사이에 괴리가 있다고 볼 수 있겠는가?

넷째, 내담자 증상의 목적적 의미는 어떤 것일까? 먼저 상담자는 투사적 동일시를 경험하였다고 보고한다. 상담자는 내담자의 안전을 불안해하며, 내담자를 보호하기 위해 동분서주했다. 내담자를 지킨다는 명분하에 상담구조는 파괴되었고, 상담자의 감정과 욕구, 웰빙은 위협당했다. 그 과정에서 상담자는 무력감을 경험했다. 그런 중에 이번 새롭게 시작하기로 한 회기의 상담 동안, 상담을 재구조화하고 안전하고 협력적인 상담 관계를 회복하는 데 초점을 두겠다는 말에 전적으로 동의하는 바이다. 아울러 상담 현장에서 상담자의 고군분투가 느껴지고, 정말 고맙고 따뜻한 마음이 일어난다.

현재 내담자는 상담자가 언급하는 대로 지지적인 접근으로 건강한 자아 구조에 초점을 두고 현실검증력을 강화하는 것이 필요하다. 이를 위하여 내담자 문제에 대하여 기질적인 측면과, 성격 구조의 문제, 그리고 가족 문제 및 사회적인 기능을 시작했던 직장 생활에의 부적응을 고려할 수 있겠다. 이러한 원인의 파악뿐만 아니라 무엇보다도 이러한 내담자의 증상과 고통으로 나타나게 된 배경에 있는 목적적인 의미를 이해하는 것이 중요하다고 생각한다.

(2) 내담자와의 상담 목표 설정 및 재구조화에 대하여 살펴보고자 한다.

첫째, 상담자는 상담 목표를 재설정하고자 한다. 이에 대하여 내담자는 모두 엄마가 자신에게 원하는 것에 대해 말하고 있다. 내담자 8에 보면 엄마는 내담자가 약 끊기 전까지는 엄마 마음이 완전히 괜찮다고 안심한다고 말은 절대 못할 것 같다, 그러니까 빠른 시일 내에 약 끊는 모습을 보여달라고 했다. 내담자 9에서는 약 끊는 것에 대해서 엄마가 편안해질 것 같아서 약을 끊고 싶다고 의사에게 말하겠다고 한다. 내담자에게는 엄마가 편안해지는 게 일순위이다. 내담자는 목표를 새로 잡는 데 사고를 안 친다는 말을 했다. 이것도 엄마가 말한 것이다. 자해, 자살시도, 모르는 사람 만나는 거 이런 것들을 안 하는 이유도 엄마가 이제는 한계치에 왔다고 말해서이다. 엄마가 먼저 죽을 수도 있다고 말을 했다고 한다. 엄마를 좀 안정되게 돕고 싶고 엄마와의 관계를 회복시키고 싶고, 내가 잘 때 혼자 울거나 나를 쳐다볼 때 울 것 같은 표정으로 보는 그런 모습이 줄어들기를 바라는 것이 내담자가 원하는 것이다.

상담자(상담자6)가 '무엇을 보면 우리 관계가 좀 회복됐구나, 엄마가 편안하구나 하고 확인할 수 있을 것인가'를 묻는 것에 대한 답이다. 여기에서 문제는 내담자 자신의 상담에서 이루고 싶은 것이 '어머니를 위하여'라는 것이다. 이것은 내담자의 상담 목표로는 적합한 것 같지 않다. 내담자가 할 수도 해 줄 수도 없는 것들이기 때문이다. 그건 엄마의 문제이고 나는 그것에서 떨어져 나와야 할 것이다. 그러므로 먼저 상담자는, '엄마가 밤에 내가 잘 때 혼자 울면 당신은 어떤 느낌이 드는가? 엄마에게 무엇이라고 말하고 싶은가?' 물으면서 초점을 어머니의 마음에 두지 않고 내담자 자신에게 두게 하는 것이 필요하다.

둘째, 장기상담에서 단기상담으로의 재구조화에 대한 것이다. 우선 내담자는 '나는 용서받기 어렵고 심판을 받아야 한다.'고 말한다. ○월 ○일에 디데이를 정했다고도 이야기하는데 이 일에 대해서 이야기해 볼 필요가 있다. 무엇을 염두에 두고 하는 말인가? 자살관련 계획인가? 분명한 언어로 표현하게 하는 것이 필요하다. 물론 상담자는 생명 존중 서약서 및 이로 인한 상담 가능성을 전달하고 있는 것을 볼 수 있었다. 그러면 이렇게 이야기하면서라도 내담자가 이해받고 싶은 것은 무엇인가? 내담자는 '말하고 싶지 않고 말하거나 이해받아서는 안 되기도 하다.'고 말한다. 모두가 말을 하라고 하는데 말이 안 나온다고 한다. 그렇지만 상담을 받을 때 가장 숨통이 트인다고 말한다. 선생님은 다 이해해 줄 것 같은 게 좋고, 조금이라도 나를 기다려 준다고 말한다. 참으로 상담자는 부담스러울 수 있을 것 같다. 그러나 내담자가 기다려 달라고, 이해해 달라고 말하고 있으니 이것이 지금 상담에 대한 기대인 것 같다. 상담자가 장기상담에서 다시 단기상담으로 결정하고 나가는 것이 내담자에게 어떻게 받아들여질지 살펴진다고 했다. 그러니까 상담관계에서 일어나는 일들에 대하여 내담자의 의견을 다시금 물어보는 것이 좋을 것 같다. 그리고 현재의 재구조화도 축어록을 보면 1년간은 지속될 것으로 보이므로 내담자에게도 급한 마음을 가지지 않아도 좋을 것이며 상담관계의 재학습 기간으로 이해하도록 전달하면 좋을 것 같다.

마지막으로 내담자의 약 복용과 관련해서도 분명한 지침을 가질 필요가 있다. 일단 내담자는 약을 끊어서는 될 것 같지 않다. 임상적 진단 및 약 복용은 필수적이다. 이를 상담자는 상담 목표에 있어서 감안해야 한다. 물론 축어록에서도 보았지만 상담자가 충분히 그렇게 하고 있는 것으로 보인다.

(3) 현재 상담을 약 3년 9개월 정도 진행하고 있는데 상담 개입 및 관계와 관련하여 확인해 볼 필요가 있겠다. 우선 상담자와 관련하여 살펴본다.

전반적으로 상담자는 단단하고, 상담 개입은 유연하게 보인다. 상담자와 내담자는 대화가 잘되고 있는 것 같다. 자해, 자살행위와 함께 다시 상담에 온 것이고 내담자는 죽는 것밖에 방법이 없다고 말하고 있다. 그러나 상담 회기가 더해가면서 제시된 호소 문제를 보면 "여기(상담)라도 안 오면 불안하고 숨 막혀요."이다. 내담자가 현재 살아가게 해 주는 상담자이다. 그만큼 상담자는 상담에 전심전력한 것으로 보인다. 상담자가 투사적 동일시를 겪은 것이 아닌가 여길 정도로 정말 수고한 것이 사실인 것 같다. 실제로 그렇게 애쓰고 있는 모습일 것 같은 부분이 보인다. 상담자는 '우리'가 하자고 말한다. 우리가 조금이라도 할 수 있는 일이 있다면 뭐가 있을까, 우리 같이 노력해 보자, 우리가 상담시간에 그 얘기를 좀 나누자, 우리가 이런 것들을 하면 내가 보기에 가능성을 조금이라도 높일 수 있을 것 같긴 하다고 이야기한다. 내담자는 상담자가 이야기할 때마다 고개를 끄덕이거나 대답이나 말이 짧다. 다시 상담자의 말이 길어지고 상담자는 계속 해설하고 설명한다. 내담자는 역시 고개를 끄덕인다(현재 제시된 축약본에는 그 분위기 전달이 다소 미약할 수 있다). 축어록에서 점점 상담자가 의견들을 많이 내고 있고, 내담자는 고개를 끄덕이는 모습으로, 즉 수동태로 보인다. 같은 방식으로 내담자는 강박적이라 말할 수 있을 만큼 상담자의 관심을 많이 끌고 있는 것 같다. 이미 호소 문제에서 표현하고 있지 않았는가? 상담자에게 자신의 '숨쉬기'가 달려 있다고 말했다. 축어록에서 내담자는 이제 비 내리는 것을 할 수가 없고 그냥 보이는 것도 안 보이고 소리도 안 들린다고 말한다. 약을 바꾼 효과인 것 같다. 그러니까 상담자가 환시, 환청 같은 증상이 없어진 것에 대해서 좋다고 이야기한다. 그러나 내담자는 '지금부터는' 속이 안 좋다고 말한다. 하나 막으면 또 다른 데에서 터진다(터뜨린다). 내담자는 자꾸 자신을 다운시킨다. 거기에 따라 상담자가 반응하고 있다. 상담 회기 마무리 시간에도 같은 이야기로 지연이 일어나고 있는 것 같다(내담자 18, 상담자 19). 이런 소통방식들에서 내담자는 무엇을 얻고 있는 것일까 생각하게 된다. 내담자가 무의식적으로 상담자에게 의존하게 된 것 아니겠는가? 무엇보다도 내담자가 '잘하는 방식의 기제'(자신이 책임지지 않기)로 들어가는 또 다른 출구인지 생각해 보게 된다.

그러므로 우선 상담자는 내담자를 기다려주는 것이 어떨까 한다. 가령 맞는 답은 좀 보류하고 '내담자 자신의' 의견이 나오도록 말이다. 상담자가 이미 잘하고 있는 부분인데, 예를 들어서 상담자 15처럼 내담자가 느끼기에도 지금 직장에서 일을 좀 잘 못하고 있는 것에 대한 인식에 대하여 상담자는 질문을 하라. 그리고 대답을 기다리라.

이후에서도 '소망 씨가 지금 상황들을 정돈해 가고 있기 때문에 일을 하는 것도 회복하게 될지도 모르겠다, 회복하는 걸 만들어 가보자, 우리가 그게 좀 잡히면 일 가거나 퇴근할 때 엄마한테 짜증내거나 우는 것도 조절되지 않을까 싶다.'고 말하는데, 내담자가 이런 과정을 자신만의 말투와 생각으로 표현하고 정리해 나가면 좋을 것 같다. 계속적으로 상담자가 뭐 뭐 하면 좋을 것 같다는 식의 대안 혹은 답을 준다거나, 언제든지 내가 당신의 협조자가 되어줄 것이라는 메시지를 전달할 필요는 없을 것이다. 그리고 대화의 주제마다 '내담자가 정리하게 하는 것'이 지금 언급하고자 하는 주제의 핵심이다. 그런 의미에서 좀 더 많이 기다려 주되, 상담자는 내담자가 답을 할 수 있다는 믿음과 여유를 보여 주는 것이 좋을 것 같다.

(4) 내담자 증상의 원인에 대하여 생각해 보고자 한다. 즉, 내담자가 앓고 있는 것이 어머니 때문이겠는가 하는 문제이다.

내담자가 139회기 상담에 와서 '이제 소리가 안 들린다.'고 말한다. 더불어 현실에서는 엄마의 표정이 심각하고 이로 인해서 슬프다고 말하면서 '나에게 능력이 생겼다. 비를 내리게 할 수 있다. 다른 사람들이 어떻게 느끼는지 실험해 보고 싶다.'고 한다. 이런 내담자와 함께 하기가 쉽지 않을 것 같다. 최대한 상담자가 내담자 표정을 통해서 비가 내리는 상태가 어떤 느낌인지에 대해서 이해할 수 있다, 내담자의 새로운 능력에 대해서 이해해 보고 싶다고 반응해 준다. 그런데 비 내리는 것은 어떤 의미인가. 당신은 어떤 느낌인가를 찾는 것이 도움이 될 것 같다. 비는 화해, 새로운 출생, 풍요와도 관련이 될 수 있다. 지금 현재의 내담자가 비를 내리게 하면 시원하고 기분이 좋다고 말했는데 어떤 상황과 관련이 있는지 궁금하다.

아무튼 내담자에게는 엄마의 표정이 심각해서 슬프다. 엄마 때문에 슬프다고 말하는 부분이 있다. 심각한 융합의 상태로 보인다. 이것이 내담자의 증상과 어떻게 연관이 될지 살펴볼 필요가 있을 것이다. 비를 내려서 엄마와 잘 지내고 싶은 것일까? 지금 회기 이후에도 엄마가 편해졌으면 좋겠다고 이야기한다. 결국 성행동에 대한 것을 엄마에게 털어놓았고 증상에 대해서는 자세히 이야기하지 않았다고 한다.

이에 내담자는 화해의 제스처로 자신의 일을 털어놓는 것도 중요하겠지만 내담자 행동에 대한 자신의 관점이 무엇인지 아는 것이 더 중요한 것 같다. 도덕이나 윤리의 문제, 그리고 그 이상의 것에 대한 내담자의 의견이 있지 않겠는가? 상담에서는 내담자가 이 부분을 스스로 정리한 뒤에 자신의 행동에 대한 책임감을 갖고 엄마와 대화하는 것을 계획해 보면 어떨까 생각한다.

그다음에 상담 안에서 내담자가 엄마에게 느끼고 있는 불안을 분명한 말로 나누어 보면 좋을 것이다. 예를 들어, 140회기 상담 내용에서 일련의 내담자 행동들에 대한 엄마의 태도를 언급하고 있는 이야기에 관한 것이다. '엄마하고 지난번에 얘기를 하면서 잘 풀긴 했는데 엄마가 더 이상 이거에 대해서는 얘기하고 싶지 않다고, 우리한텐 없었던 일이라고 말을 하면서 아무 일 없다는 듯이 행동하는데 불안하다, 엄마를 보고 있으면 엄마가 진짜 괜찮은 걸까 아니면 진짜 전으로 돌아갈 수 있을까 그런 거 생각하면 갑자기 불안해진다.' 이 말에 의하면 내담자는 엄마의 마음과 행동이 일치하지 않는 것으로 느끼고 있는 것으로 보인다. 내담자는 거기에 반응하여 모든 것을 다 말할 수가 없고 조금씩 조금씩 눈치를 보듯이 이야기하는 것 같다. 그러면 내담자는 이런 엄마에 대해서 어떻게 평가하고 있는 것인가. 실제로 사례에서 내담자가 가족 구성원들, 특히 엄마에 대하여 표현하는 부분이 거의 안 보이는데 내담자의 엄마에 대한 직접적인 판단, 보고, 기대 혹은 분노를 좀 들어볼 필요가 있을 것 같다. '늘 좋은 쪽으로 결론을 내리는 엄마'는 편향적이고 일방적이라고 말하고 싶은 것인가 하고 내담자에게 새삼 확인하자. 내담자가 그렇다고 확언하는 것은 내담자 정신이 균형을 이루는 방식이 되지 않겠는가? 이렇게 할 수가 없을 때 내담자가 어떤 방식으로 행동하는가? 내담자 인상 및 행동 특성은 '내담자가 테이블 위에 있는 물건들을 만지작거리다가 도로 갖다 놓고 다시 반복하는 등의 손동작이 많았다. 특히 불안하거나 힘든 내용이 오갈 경우에는, 그런 행동에 더 많이 몰두하면서 말한다.'라고 기술되어 있다. 그러니까 내담자는 지금 현재의 느낌을 있는 그대로 말로 표현할 수 있는 기회를 갖는 것이 중요하겠다. 무엇보다도 이런 느낌이 얼마든지 허용될 수 있는 것이라는 전달이 필요할 것 같다.

끝으로 생각해 볼 점은, 내담자 4에 엄마와의 관계가 회복이 안 될 것 같다고 말한다. 진짜 전으로 돌아갈 수 있을까? 그런 거 생각하면 갑자기 불안해진다고 하는데, 정말 내담자는 전으로 돌아갈 필요가 있을까? 더군다나 '엄마를 위해서'? 그냥 이 상태에서 내담자는 자신의 생각과 느낌을 신뢰하면서 앞으로 전진하면 어떨 것인가? 재언급하면, 내담자 3에서 호소하는 내담자의 불안은 병원 검사와 관련한 것도 있지만 엄마가 내게서 있었던 일을 없었던 일이라고 한 말에 걸리는 것이 아닌가 생각한다. 엄마 때문인 것처럼 말하지만 실은 내담자 자신이 자신의 행동들에 어떤 해석을 하고 있는지 찾아보려고 시도하면 어떨까 생각한다. 이것은 상담 중에도 숨겨진 주제로 계속 내담자를 블랙홀로 빠져들게 하고 있는 것은 아닐지, 그러니까 내담자가 자신이 숨고자 하는 엄마라는 다리를 불태우면 그 불이 앞길을 밝혀주지 않을지, 이것이 성급한 기대일지 생각해 본다.

결론적으로 내담자는 자신의 불안을 자신의 것으로 가지고 와야 할 것이다. '나는 나로서 기능할 수 있을까? 나로서 기능하고 싶다.'로 말이다. 아마도 내담자는 지금 자신의 생사를 걸고 엄마의 무의식적인 그림자 역할을 하고 있는 것으로 보인다.

(5) 내담자 증상의 목적에 대한 것이다. 내담자가 엄마의 그림자처럼 행동하고 있는 것으로 언급하였다. 실제로 내담자는 무엇 때문에 자살, 자해로 나가는 것일까? 마치 엄마의 아기처럼 수동적으로 살면서 성장하지 못하고 있는 자신의 모습에 대한 화나 분노가 있는 것은 아닌지 생각해 본다. 또한 주 증상 외 부수적으로 수반되고 있는 성 충동, 성 문제가 자신의 자율성과 어떤 관련이 있는지 살펴보면 좋겠다.

상담자는 내담자를 조현병 혹은 경계선 성격장애 그리고 다른 공존 병리에 대한 가능성을 고려하고 있다고 하는데, 이에 대해서 상담자의 이론과 임상 경험 및 진단을 존중하면서 상담 140회기 축어록을 간단하게 언급해 보고자 한다. 상담 시작에서 끝날 때까지 내담자는 자신의 몸 상태에 대해서 말하고 있다. '몸이 안 좋다.'로 시작하다가 상담을 마치는 상황에서 내담자는 자꾸 아픈 데가 늘어난다고 얘기한다. 속이 아프고 머리 아프고 잇몸도 아프고 등등, 그러다가 결국 암 전조 증상일 수도 있을 것 같다고 이야기한다. 이러한 이야기들을 어떻게 해석하면 좋을 것인가? 진단명도 중요하겠지만 현재 내담자가 보여 주고 있는 증상들은 무엇을 지향하고 있는 것인가에 초점을 두고 이야기해 보고 싶다.

증상의 의미, 이것은 목적이 있는 것이다. 내담자는 지금 어디를 향해야 할 것인가? 당연히 내담자는 어둠 속의 삶, 즉 그림자로 살고 있었다면 이제는 자신을 빛에서 드러나게 해야 한다. 이것은 자신에 대한 정체성 규명, 즉 자신을 의식화하는 일이 될 것이다. 그러나 언급했던 바이지만 내담자는 자신을 계속 다운시키는 쪽으로 지향하는 것으로 보인다.

이것 또한 어떤 의미를 갖고 있는 것일까? 우울이 가장 핵심일 텐데 우울의 뜻은 무엇이겠는가? 분석심리학에서는 지금과는 다른 방식으로 살아보라는 뜻이라고 말한다. 특히 젊은이의 경우, 살지 않으려고 하는 데에서 병리가 일어난다고 말한다. 그러니까 열심히 살아보려고 하는 몸부림, 무엇인가를 행동하고 소유하고자 하는 데에서 건강과 생동감이 일어나는 것이라고 정리해 보고 싶다. 융은 이를 재탄생에의 추구라고 하였는데, 내담자의 재탄생은 본인이 진정으로 성장하면서 살고 싶은가에 달려 있다고 본다.

내담자가 우울하다고 할 때 또 엄마 이야기가 나온다. 내담자가 눈물이 많고 혼자 있으려고 하는 부분에서 엄마 때문에 하지 말아야 하는가? 눈물, 우울, 혼자 있는 것을 해도 되지 않겠는가? 이것은 내담자에게 일어나는 에너지의 흐름이고 때때로 내담자로서도 어쩔 수 없는 것이다. 우울도 올라올 만큼 올라오고, 티가 날 만큼 나야 갱신이 될 것이다. 엄마 때문에 하기가 어렵다고 이야기하고 있다. 자신의 것으로 주체를 바꾸어

나가는 말투가 필요하다. 다른 가족이나 친구나 직장에서 만나고 있는 고객이나 상담자를 묘사하게 해 보라. 판단하게 하고, 이들이 자기에게 미치는 영향이 무엇인지 본인의 말로 해 보게 하자. 그리고 나는 어떤 식으로 처신해야 할지를 찾아보게 하자. 무엇보다도 내담자는 비록 작은 것으로 느껴질지라도 현실에서 직장에서 어떻게 이만큼이나 적응할 수 있게 되었는가 등을 이야기해 볼 기회를 가지는 것이 필요하리라고 생각된다. 친구는 누가 있는지, 어떻게 지내는지, 눈에 들어오는 이성친구는 있는지, 혹은 재밌게 시간을 보낼 만한 외부의 어떤 것들은 있는지도 거듭 언급되어야 할 주제이다. 사족으로 덧붙이자면 상담에서 내담자의 건강을 위하여 '엄마와의 관계회복'을 일순위로 놓고 초점을 맞추지 않아도 될 것이다. 자신의 성장을 열망하면서 남 탓하고 있을 시간은 없으니까.

연습문제

1. 자살은 '재탄생에 대한 열망, 변환(transformation)에의 추구'이다. 이에 대하여 토의해 보시오.
2. 내담자의 증상을 '어머니의 딸 문제(problem)'로 토의해 보시오.
3. 상담자의 투사적 동일시의 처리에 대하여 토의해 보시오.
4. 이 사례의 내담자가 상담을 통하여 지향해야 할 심리적 과제에 대하여 토의해 보시오.
5. 단테의 신곡(지옥편, 2013)에 나오는 다음의 구절을 음미해 보시오.
   '우리 인생길에서 올바른 길을 잃고 난 어두운 숲에 처했었네'

8장

다문화청소년상담 사례

"친구들이 나를 싫어해요"

I. 내담자의 기본 정보

인적 사항

12세 여자아이(초등학교 5학년), 부모, 조부모, 언니와 동거 중, 기독교

상담 신청 경위

2019년 초기 10회기: 언니의 폭력(나무막대기로 휘두르는 것)을 집에 놀러온 두 명의 친구들이 보게 되었고, 친구의 설득으로 학교폭력전화로 신고하였다. 그 이후 학교폭력 전담부서에서 학교 상담실로 연계하였다.

2020년 25회기: 말수가 줄고, 표정이 어두워지자 선생님들이 걱정하여 상담실로 연계하였다.

주 호소 문제

2019년: "방을 같이 쓰는 언니가 때리고 소리 질러서 너무 힘들어요."

2020년: "온라인 수업에서 퀴즈 풀 때 오타를 냈더니 친구들이 놀리고 불편하게 해요. 애들과 어떻게 지내야 할지 모르겠어요."

이전 상담 경험

2019년 10회기 상담을 하였다. 그 뒤에 아이에게 기록이 남아서 주홍글씨처럼 남는 것이 아닌지 부모님이 고민하고 상담을 받지 않다가, 위급상황이 이어지면서 8개월 만인 2020년에 다시 상담을 받게 되었다.

가족관계

- 조부: 매일 집 근처로 일을 하러 나가셔서 오후 늦게 들어오신다.
- 조모: 집에서 하는 부업으로 많이 바쁘시다. 아이들 식사나 잠자리를 챙겨주신다.
- 아버지(50대 후반): 어머니와 같이 식당을 운영하고, 수리일도 병행하고 있다.
  "2020년 10월부터 다른 지역에서 식당일과 수리일을 하고 주말에 집에 오세요."
- 어머니(30대 후반): 캄보디아 결혼 이주 여성이며, 식당을 두 군데 운영하고 있다.
  "평일에는 집에 오시고, 주말에는 바빠서 식당에서 자고 일요일에 집에 오세요."
- 언니: 같은 학교 6학년. 언니도 2년째 상담을 받고 있다.
  "화나면 때리는 사람, 소리 지르는 사람, 자기 방(엄마 방)에서 나오지 않아요. 우리는 따로 있어요. 안 친해요."
- 가족들이 거의 다 제각각 지내며 같이한 기억이 없다.

인상 및 행동 특성

154cm 정도의 마른 체형, 2020년에 만나서는 말이 없고 질문에만 단답하였다. 대부분 그림이나 보드게임을 통해 접촉을 늘리고 있다.

내담자 강점 및 자원

- 내담자는 대가족(6인 가족)의 둘째딸로 활동적이고 운동을 좋아한다.
- 아버지와 친한 편으로 장난을 치거나 같이 노는 편이다.

Ⅱ. 상담자의 사례개념화

캄보디아 이주 여성인 내담자의 어머니는 큰딸에게 동생을 지도하라고 위임하였고 '동생이 말을 듣지 않으면 때려도 된다.'고 하였다. 같은 방을 쓰는 내담자가 언니에게 막대기로 맞는 것을 목격한 내담자의 친구가 학교의 폭력예방센터에 신고한 이후에 상담을 받게 되었다.

작은 학교의 소규모 반으로 이루어져 있는 학교에서 급우들이 대부분 1학년부터 6학년까지 같이 지내게 되어 있고, 여학생이 적은 학년인데, 코로나로 인한 거리두기로 친한 여자친구들과 먼 자리로 배치가 되면서 수업 외 시간에도 다가가서 말을 걸지도 못하는 상태이다. 자기는 배제하고 3명 친한 친구들끼리만 즐겁게 노는 것에 신경이 쓰인다.

온라인 수업 동안에 모든 학생이 참여하는 실시간 퀴즈 답변을 내는데, 오타를 자주 쓰다가 아이들의 놀림 대상이 되고, 오타에 대한 압박이 심했다. 그것 때문에 친구들이 놀리니까 어떻게 대해야 할지 모르겠다. 그 뒤부터 식사량이 줄고 잠을 거의 안 자고 침대에서 자신이 무슨 잘못을 했는지 고민하였다. 친구들끼리 웃고 떠드는 모습이 신경 쓰인다.

1. 상담의 목표와 전략

- 목표
  - 친구들과 잘 지낼 수 있도록 대화기술과 표현법을 익힌다.
- 전략
  - 타인의 말을 듣고 반응하는 연습을 한다.
  - 말수가 줄어든 내담자와 보드게임을 통해 대화를 이어간다.
  - 감정표현이 익숙하지 않은 부분들은 '나-전달법(I-message)'을 알려준다.
  - 언니와의 관계에서 폭력적인 방식이 아닌 말로써 좋고 싫음을 표현하고, 때때로 약을 올리거나 지나치게 서로의 공간을 침범하지 않도록 안내한다.

2. 슈퍼비전을 받고 싶은 내용

① "다문화가정 내담자는 가족 내에서의 안정을 필요로 하는데, 어떻게 상담을 지속해야 하는지 도움 받고 싶습니다(경제적 상황이 바뀌기 어려운 경우)."

② "친구들과/타인과 정서적인 관계가 중요한 내담자에게 같은 상황에서도 친밀감, 사회성을 기를 수 있도록 할 수 있는지 도움 받고 싶습니다."

3. 상담의 진행 과정

1회기

학원 친구 두 명이 내담자 집으로 놀러왔다. 언니가 친구들이랑 노는 내담자가 시끄럽다며, 화를 내면서 나무 막대기를 휘둘렀다. 친구들이 놀라서 폭력신고를 권유했다. 그 이후 학교폭력전화로 신고하면서 학교에서 자매를 불러 이유를 듣고, 해당 전문가가 학교를 방문해 보호자, 자매의 이야기를 듣고, 심리상담을 급하게 권유하였다. 또한 이전에 내담자가 자해(선생님의 말)의 행동을 보여 부모님도 상담에 동의하였다.

활동적인 내담자는 체육을 좋아하고, 친구들과 과학 실험관찰 일지를 쓰면서 교류를 지속하고 있다. 학원의 단짝 친구 두 명과 친하게 지내며, 학교 끝나고도 계속 보고 싶다고 하였다. 내담자는 언니와 맨날 화내고 싸운다고 하였다.

2회기

심리검사로는 HTP, MBTI를 실시하였다(아동용 SCT는 집에서 하라고 안내함).

3회기

심리검사 해석상담을 하였다. 집에서 오랜만에 아버지와 떡볶이를 만들어 먹었다. 맛은 있는데, 묽게 만들었다. 내담자는 아버지와 둘이 노는 걸 좋아하였다.

감정카드로 내담자의 감정을 찾아보았다. 친구들과 놀아서 기쁘고, 잠잘 때는 편안하다. 항상 친구들이 나와서 즐겁게 놀고 있는 꿈을 꾼다.

집에 가면 아무도 없고, 지루하고 휴대폰만 하며, 유튜브로 그림 그리는 영상을 보는데 그래도 지루하다. 언니가 욕하거나, 문 안 닫고 나갈 때 짜증난다. 키우던 강아지가 새끼를 낳았는데, 할머니가 새끼들을 팔아버렸다. 귀여웠는데 팔아서 못 보니까 슬프다.

친구에게 뭔가를 말할 때 친구가 "뭐라고?" 이렇게 말하면 장난하는 느낌이라서 답답하다.

4회기

언니가 집에서 커터칼로 약하게 팔목을 긁어 상처를 냈고, 학교에서 자해했다고 친구들에게 보여 준 일로 인해 학교가 긴장 상태로 상담을 하였다. 자신도 예전에 팔뚝을 손톱으로 마구 긁었다고 하였다.

자살, 자해 사고 탐색, 자살 방지 서약서와 생명존중에 대한 교육을 진행하였다.

친구 2명과 이야기를 나누는데, 한 명이 자꾸 내담자를 툭툭 치면서 대화를 하였다. 싫다고 하는데도 계속되어서 화를 어떻게 풀어야 할지 모르겠어서 집에서 팔뚝을 긁었다.

또 언니가 때릴 때 어떻게 대해야 할지 모르겠다고 하였다.

5~7회기

미술치료로 '클레이(컬러)로 캐릭터 표현해 보기'와 '스크래치 종이를 통해 긁는 촉감, 소리, 색감을 느끼면서 스트레스 완화하기'를 했다.

자매들끼리의 규칙 만들기를 안내하여, 서로의 방에 있을 때 개인 물건을 사용해야 할 경우에는 요청하기로 하였다. 개인의 공간을 이해해야 하는 것을 안내하였다.

학교에서 리코더 연습을 하였다. 친구들과 운동장에서 얼음땡, 그네를 탔다. 학교 체육시간이 좋은데, 피구와 축구를 잘했다. 포스터 그리기 행사가 있었는데, 3등을 해서 반에서도 칭찬 받아서 좋았다. '조하리의 창'에 대해 설명해 주고 이 내용들을 친구들에게 인터뷰해 오도록 하였다.

'축구'라는 제목으로 행동화 그림을 그려보았다. 내담자는 상상하기가 어렵다고 하였다.

8~9회기

감정카드, 보드게임을 하고 싶다고 해서 함께 하였다.

10회기

1차 종결 회기: 내담자가 언니에게 대응을 잘해서 언니의 공격적인 반응은 줄었다.

11회기

작년에 상담받은 경험이 즐거웠고, 친구들과 사이가 멀어진 것 같아서 8개월 만에 다시 상담을 신청했다.

온라인 수업마다 선생님이 퀴즈를 내시는데, 오타를 자주 내니까 친구들이 자주 놀려서 타자를 잘 못 치겠다고 하였다. 오타 낼까봐 걱정되고 잠을 잘 못자고 친구들이 왜 나만 놀리는지, 생각이 많아졌다. 수면은 2~3시간, 밥은 점심 급식만 먹었다.

11회기 축어록

상담자 1: 오랜만이야~ 벌써 5학년이구나!! 오늘은 어떤 걸 상담에서 이야기하고 싶어?

내담자 1: (작은 목소리로) 친구들이랑 잘 못 놀아요.

상담자 2: 친구들이랑? 작년에는 친구들이랑 같이 운동도 하고 놀기도 했는데?

내담자 2: 사이가 안 좋아요. 친구들이 저 빼고 놀아요.

상담자 3: 아, 서운하겠다. 그럼 ○○이는 뭐하고 있어?

내담자 3: 멍 때리고 있어요.

상담자 4: 말로 잘 표현이 안 되는 것 같아? 그림카드를 가져왔는데, 내 기분을 골라 봐. ○○감정을 골라도 되고, 그림으로 표현해도 되고.

내담자 4: (잔디밭에 혼자 서있는 그림과 사람들과 함께 달리는 그림을 고름)

상담자 5: 언제부터 친구들이 ○○이를 빼놓고 놀았어?

내담자 5: 개학하면서.

상담자 6: 개학하면서? 그 전부터 같이 놀던 친구들이야?

내담자 6: 네. 코로나 때문에 학교에 못 나왔는데, 그때도 자기들끼리 같이 놀았대요.

상담자 7: 친한 친구들 중에 누가 제일 친했어?

내담자 7: A요. 이제 3명이서 같이 놀고, 저랑은 안 놀아요.

상담자 8: 실제로도 나 빼고 놀고 있잖아? 다른 친구들도 없는데? 섭섭한 게 있대?

내담자 8: 없어요.

상담자 9: 사람들과 함께 마라톤을 하는 사진을 골랐어?

내담자 9: 같이 뛰어놀고 싶어요.

상담자 10: 코로나에도 같이 뛰어노는 시간이 있어?

내담자 10: 네. 체육시간이 있어요.

상담자 11: 그렇구나. 같이 운동하면 안 돼?

내담자 11: 무시해요.

상담자 12: 무시해? 너무 속상하겠다. 자기들끼리 친해져서? 집에서는 어때? 엄마 아빠는?

내담자 12: 잘 안 들어와요. 낮에는 계시는데, 집에 가면 식당에 가셨어요.

상담자 13: 그렇구나. 집에 가면 어떻게 보내?

내담자 13: 게임하다가 영상 보다가 저녁에 숙제해요.

상담자 14: 핸드폰으로 하는 거야?

내담자 14: 다른 사람이랑 소통하거나 유튜브 보고 있어요.

상담자 15: 누구랑 하는 거야? 반 친구들?

내담자 15: 모르는 사람이랑, 나이 말하고 소통해요.

상담자 16: 모르는 사람이랑? 또래가 아니면 조심하면 좋겠어.

내담자 16: 네. 예전에 모르는 사람이랑 연락하다가 이제 안 해요.

상담자 17: 그럼 그렇게 알게 된 사람들이랑은 잘 지낼 수 있어?

내담자 17: 아뇨. 애들이 있었던 일 말하고 증거 보여줘도 삐꾸라면서 따돌려요.

상담자 18: 따돌려? 아이고. 애들 못 만나고 혼자 있을 때는 어땠어? 슬프거나 외로웠어?

내담자 18: 슬펐어요.

상담자 19: 어떤 게 슬펐어?

내담자 19: 대화할 사람도 없고 놀 사람도 없어서요. 친구들과 피구랑 게임하고 싶어요.

상담자 20: 기분이 안 좋겠다. 그리고 또 무슨 걱정이 있니?

내담자 20: 온라인 수업 때 퀴즈 답 맞추는 거 실수했는데, 애들이 뭐라고 했어요.

상담자 21: 그렇구나. 걔네들이 어떻게 말하는데?

내담자 21: 계속 놀리고 왜 그렇게 하냐고, 채팅도 못 치냐고 해요.

상담자 22: 급하게 치는 건가? 실수한 걸 계속 기억하고 놀려?

내담자 22: 네.

상담자 23: 이런 거에 섭섭하겠다. 왜 오타 내는 것 같아?

내담자 23: 다른 휴대폰으로 쓰다 보니까 키보드가 익숙하지 않아요.

상담자 24: 이것 때문에 신경 쓰여서 밥도 못 먹고 잠도 못 자는 것 같아?

내담자 24: 네.

상담자 25: 말이 안 통해서 답답하겠다.

내담자 25: 조금요.

12~14회기

불안함을 이야기하였다. 온라인 수업에 집중을 못 하겠고, 수업이 끝나면 게임만 하고 있다. 게임을 단짝과 자주 하는데 시간이 지나면 거의 7시에 수업 숙제를 하고, 잠이 오면 자거나 침대에서 생각만 하다가 아침에 잠깐 2~3시간 자고 학교에 가고 있다.

코로나로 엄마 아빠 식당이 잘 안 돼서 거의 집에 계실 때는 엄마랑 있어서 좋다. 최근에는 그래도 언니랑 이야기하려고 서로 노력하였다.

15~16회기 **화상상담**

변화가 크지 않은 상황이라 보드게임으로 놀이를 대체하였다. 숙제는 겨우겨우 하는데, 하기 싫어서 최대한 미루다가 하고 있다.

17~21회기

언니와 같이 미술치료를 진행했다. 서로의 얼굴을 그려주고, 모자이크 작업과 느끼는 감정을 서로 이야기해 보았다. 언니에게 느끼는 감정(감정카드 사용)은 서운함, 피곤해 보임, 외로운 사람, 짜증남이다. 대화법대로 친구들과 대화하는 중이나 외로움을 느낀다. 식사량은 조금씩 늘어나고 있는데, 식욕이 없다. 강아지를 데리고 산책도 한다.

- 목소리의 형태 영상 시청 (1): 대인관계 유지를 위한 방법. 친구들이 왜 나를 제외하고 자기들끼리 다녔는지 생각이 멈추지 않는다.
- 목소리의 형태 영상 시청 (2): '나에게 친구란?' A라는 단짝친구가 자기 이야기를 잘 안 듣고 넘기니까 대화가 안 된다.

22~25회기

나-전달법으로 자기 마음 표현해 보기를 하였다.

자리를 바꿨는데 혼자 남자애들 근처이고, 친한 여자애들과 이야기를 못하게 되었다. 거리두기 좌석이라 같이 놀 수 없어서 서운하고 마음이 아프다.

대화기법 연습을 하였다.

언니가 아토피 치료를 받으러 간 김에 같이 외식을 하였다.

Ⅲ. 슈퍼바이저의 사례개념화(정신역동적, 인지적, 통합적 접근)

1. 정신역동적 접근의 사례개념화

내담자는 2019년 언니로부터 폭행당하는 모습을 친구들이 보고 신고하게 되어 처음 상담에 왔고, 이후 상담이 낙인이 될까 봐 부모님이 반대하다가 위급상황이 이어지면서 상담을 받게 되었다. 내담자의 호소 문제로는 2019년은 '컴퓨터 방을 같이 쓰는데, 언니가 방에 있을 때 제가 들어가면 때리고 소리 질러요. 너무 힘들어요.'이고, 2020년에는 '온라인 수업에서 퀴즈 풀 때 오타를 냈더니 친구들이 놀리고 불편하게 해요. 애들과 어떻게 지내야 할지 모르겠어요.'이다. 내담자는 조부모, 부모와 함께 살고 있지만 이들 모두 바쁘다. 50대 후반의 아빠도 집에 거의 안 들어오고 30대 후반인 엄마는 다문화 결혼 이주 여성으로 현재 두 군데 식당에서 일하고 있다. 언니도 자해사고를 일으키고 있고 내담자는 현재 학교에서 외떨어져 있는 것 같은 상황을 느끼면서 친구문제로 괴로워하고 있다. 내담자는 집에서도 학교에서도 마땅히 친밀하게 교류되는 사람들이 없는 실정이다. 이에 상담에서는 충분히 안아주는 환경 안에서 지지와 공감(mirroring), 견뎌주기(surviving)를 제공하여 내담자가 자신의 참자기를 발견하고 건강한 정체성을 발견해 나가도록 돕는 것이 필요할 것이다.

1) 상담자가 수립한 상담의 목표와 전략 및 진행 과정

상담 목표는 '친구들과 잘 지낼 수 있도록 대화기술과 표현법을 익힌다.'이다. 전략으로는 '타인의 말을 듣고 반응하는 연습을 한다, 말수가 줄어든 내담자를 보드게임을 통해 대화를 이어간다, 감정 표현이 익숙하지 않은 부분들을 나-전달법을 알려주면서 표현을 해 보도록 독려한다, 언니와의 관계에서도 폭력적인 방식이 아닌 좋고 싫음을 표현하고, 때때로 약 올리거나 지나치게 서로의 공간을 침범하지 않도록 안내한다.'로 네 가지이다.

이에 상담자는 사춘기 소녀에 맞추어 상담 방향을 구체적으로 설정하여 상담 과정에 개입하고 있는 것으로 보인다. 다만 다문화에 속한 내담자로서 학교생활을 해나갈 때 겪게 될 수 있는 측면, 예를 들면, 오타문제도 나왔지만 언어나 학습면에도 관심 및 도움을 줄 수 있으면 실제적이고 장기적으로 내담자에게 도움이 될 것으로 생각한다.

2) 상담자에 대한 슈퍼비전

〈136쪽 '슈퍼비전을 받고 싶은 내용' 참고〉

① [내담자가 (경제적 상황이 바뀌기 어려운데) 가족 안에서 안정을 얻는 길은?]

② [친구관계를 중요시하는 내담자에게 사회성을 길러주는 방안은?]

(1) 폭력에 대하여

먼저, 내담자의 문화권에서는 자녀를 때리고 서로 간에 폭력을 쓰는 것을 어떻게 이해하고 있는지 궁금하다. 엄마가 잘못됐으면 맞아야지라고 하는 폭력이 있고 언니가 그냥 막대기로 위협하고 있다. 또한 처음에 폭력사건으로 신고되었다고 하고, 2019년도에 10회기 상담을 3개월 하고 8개월 정도 후에 다시 또 상담에 왔다. 전과는 분위기가 상당히 다르고 선생님 앞에서 입을 꽉 다물고 있다고 하는데 상담자는 그 이유를 분명하게 이해하고 있는지 질문하게 된다.

일단 이 내담자는 엄마는 캄보디아인, 아빠는 한국인으로 언니와는 연년생이다. 언니도 자해사고를 일으키고 있고 딱히 아이들을 교육할 수 있는 사람은 집에 없는 편이다. 이에 언니가 동생을 돌보는 입장으로 있으면서 제재하는 사람이 없는 가운데 막대기를 휘두르고 맞는 일이 일어나고 있다. 마침 친구 A, B가 집에 와서 내담자하고 노는데 언니가 시끄럽다고 막대기를 휘두르려고 했다. 그때 아이들이 신고하라고 하니까 신고를 했다.

신고한 뒤 사후 처리는 어떻게 됐는지, 선생님하고 상담하게 되면서도 이 아이들하고는 잘 놀고 어울렸는지 마음이 쓰인다. 그 후 이 내담자는 한 학기를 지내면서 약 8개월 동안에 아이들하고 어떻게 지냈을까 궁금해진다. 말하자면 그 아이들이 이 내담자의 언니가 때린다, 폭력을 휘두른다는 소문을 내지는 않았을지, 이 내담자를 쉽게 보고 함부로 대하지는 않았을지 살펴보면 좋을 것 같다. 그리고 내담자가 다니는 학교 환경이 1학년부터 6학년까지 같이 지낸다는 게 어떤 경우일까? 아마 많이 작은 학교인 것으로 보인다. 이런 경우에 자연히 단짝을 얻고 함께 지내는 것은 내담자에게 매우 중요한 일일 것이다. 어떻든 폭행하는 언니를 둔 아이, 맞는 아이로 비추어진다면 이 때문에라

도 내담자에게는 어려움이 되지 않을까 생각해 본다.

이럴 때 친구들에게는 어떻게 대해야 하는지 상담자가 도움을 주는 것이 필요할 것이다. 폭력문제로는 상담자가 이미 개입하여 상담을 잘하고 있는 부분이리라 생각한다. 못하면 때려야지, 나쁘면 맞아야지 하는 방식은 절대 허용되지 못할 일이라는 것을 알려주어야 한다. 이것은 내담자에게도 부모에게도 마찬가지이다.

(2) 친구관계에 대하여

내담자의 자기표현과 관련한 문제가 있다. 10회기까지 상담이 잘 진행되어 이제는 종결하고 있는데, 결론적으로 10회기를 보면 언니에게 대처를 잘하는 것으로, 대처 잘해서 맞지는 않는다는 것으로 잘 끝냈다. 그러나 회기 진행 3, 4회기에 보고되는 것을 보면, 내담자는 친구와 대화하는데 놀린다고 느끼거나 친구가 싫다고 하는데도 자기를 계속해서 툭툭 친다. 답답해하면서 화를 어떻게 풀지 모르겠다 했고 화 때문에 자해를 했다고 말한다. 4회기에 또 다른 화나는 상황으로 언니가 때릴 때 어떻게 대해야 할지 모르겠다고 한다. 언니하고의 관계로 왔지만 실제로 이 내담자는 다른 친구와의 관계에서도 자기를 표현하는 것이 상당히 어렵다. 친구가 놀리는 것 같다, 툭툭 친다는 것이 무엇인지 자세히 들어보아야 할 것이다. 폭력인지, 단순히 놀리려고 하는 것인지 몰라도 이에 내담자는 화가 나서 어쩔 줄 몰라서 자기를 확 긁는 자해를 하고 있다는 점을 살피는 것이 필요하다. 이 내담자의 성향은 굉장히 외향적이고 활발하게 보이기는 하지만 정서적 측면들을 내놓고 교류하는 것을 잘 못하고 있는 것 같다. 의외로 표현이 안 되고 있음을 주목해야 하겠다.

두 번째로 친구관계에서 살펴볼 점은 이 내담자가 상황파악을 잘하는 편일지 궁금해진다는 것이다. 11회기에 보면 왜 아이들하고 못 지내냐 하면 내가 오타를 내서 나를 놀린다고 말한다. 17회기에도 (요약본 이전 자료에) 그런 식이었다. 두 번째 상담하면서 내가 게임하다 오타 내서 아이들이 놀리는 것만 있겠는가 하는 부분도 다룰 수 있으면 좋을 것 같다. 예를 들어 먼저 언급되었던, 동생은 폭력 아래 있고 언니는 자해하는 걸 친구들에게 보여 주고 있는 자매라든지 하는 것에 있어서, 이런 것들이 언니와 자신을 따돌리는 이유가 될 수도 있지 않겠는가? 그 다음에 어떻게 아이들에게 설명할 수 있었는지, 그런 것들에 대해 설명할 수 있는 능력 혹은 그래도 내가 친구들하고 잘 노는 능력, 이런 것들이 좀 필요하지는 않겠는가 생각해 본다. 그리고 MBTI 검사를 했는데 작년에 한 것이다. ENTP가 나왔다. 물론 이 내담자가 보고한 결과인 것으로 보인다. 그런데 내담자는 그림, 운동, 실제적인 것, 놀이하는 것을 잘한다. 그러면 실제적인 것을 다루는 감각적 기능이 발달했을 것 같다. 외향이라고 하는데 진짜 외향인지도 생각해 보아야 할 것 같다. 내담자가 사고형이라고 한다면 감정적으로 아이들하고 교류하는 것, 특히 4~5학년 올라오면서 여자아이들하고 관계하는 부분에서 말하자면 상당히 눈치가 없이 굴 수도 있지 않을까 짐작해 본다. 그러므로 관계에서의 상황파악과 센스 있게 대처하는 것이 이 내담자와 나눠볼 주제가 아닐까 생각한다.

(3) 상담개입에 대하여

혹시 이 내담자가 오타 낸다고 할 때 다문화 내담자로서, 언어능력, 즉 국어, 받아쓰기 등과 함께 언어는 유창한지 어떤지를 살펴보면 좋을 것 같다. 이를 위해 독서하기 같은 상담개입도 도움이 될 것이다. 상담자와 보드게임 등도 많이 하고 있지만 인성 관련한, 혹은 여자아이들의 질투, 관계 등에 대한 도서나 그림책 같은 것을 골라 소리 내어 읽게 하는 것도 가끔씩 권하고 있는 방법이기도 하다. 상담자가 말시키려고 애쓰지 말고 이런 책을 1~2페이지만 읽게 하고 어떤 느낌인지 말하게 하고 상담자의 의견도 나눌 수 있다면 그것도 참 좋은 방식인 것 같다. 현실적으로 이 내담자가 가장 분별력 있고 따뜻한 사람과 얘기할 수 있는 게 상담자와의 관계에서가 아니겠는가 싶다. 그리고 상담 회기는 25회기에 이르고 있다. 그래서 엄마, 할머니하고 대화가 여의치 않다면 상담자가 한국적 문화를 가지고 잘 분별하면서 편안하게 대화할 수 있는 유일한 여성이고 어른이자 품이라는 생각을 해 본다.

그리고 또 하나는, 단짝하고 어떤 방식으로 교류하는가 했을 때 축어록 보면서 놀라게 된다. 실제로 만나서 얘기해 본 적이 없고, 게임에서만 노는 것이다. 그럼 내담자는 현재 만나고 있는 아이가 없다는 이야기가 된다. 그래서 '나만 따돌려요.' 할 때 문제가 된다. 실제로는 언니밖에 없다. A, B가 어쩌다가 놀러와서는 가서 다시는 안 올 것이다. 게임에서만 그래봤고, 놀자고 하는가? 내담자는 못한다. 또래하고 대화해 본 적이 없는 내담자이다. 그렇기 때문에 내담자는 가상세계에서 지내고 있는 것이고 실제적으로 아이들과의 접촉을 경험하게 하려면 무엇을 해야 할지 고심해 보아야 할 것 같다. 전체 제시된 문장완성검사(SCT)에서도 보면, 전부 친구들에 대한 이야기인데, 실제로는 어느 누구하고도 진짜 친구관계를 맺고 있지 않다면 이 부분을 어떤 식으로 해소해야 할지 고민이 클 것으로 생각된다.

그리고 내담자에게 현재 귀신 이야기나 수면문제가 있다. 2~3시간 잔다고 하는데 어떻게 체크하는지는 모르지만 병원에 의뢰해 보아야 할 것 같고, 귀신꿈을 꾼다 할 때 잘 들어봐 주면 좋을 것 같다. 실제로 전부 친구 얘긴데 아무하고도 친구가 아니고 모르는

사람하고 채팅하고… 삐꾸?(혼혈이란 뜻? 잘 못한다는 뜻?)라고 놀린다. 실제 관계는 없으면서 뭔가 오는 두려움들이 있고, 귀신꿈이라 하는 게 완전히 이 내담자가 지금 상당히 어딘가 누락된 삶을 사는 것이 아닌가 생각된다. 이 내담자가 자아를 형성하는 데 굉장한 취약점을 지금 귀신으로 표현할 수도 있겠다. 그럼 이걸 그려보라고 해도 좋을 것 같다. 그림은 말하자면 하나의 투사이다. 이 내담자의 투사가 많이 나온다. 그냥 무엇이든지 말하라, 이것은 대단히 어려울 것이다. 다양한 자원을 활용하면서 내담자를 상담하는 일이 쉽지만은 않을 것이라고 생각한다. 그러나 이런 것을 상담자가 견뎌내 줄 수 있다면 지금 상당한 어려움 가운데 있는 내담자가 성장하는 기회가 될 것이라 본다.

연습문제

1. 내담자가 '귀신꿈'을 꾸는 것을 심리학적으로 어떻게 이해할 수 있을지 설명하시오.
2. 다문화가족을 위한 상담개입을 좀 더 실제적인 측면에서 설계한다면 어떤 것들을 포함할 수 있을 것인지 설명하시오.

2. 인지적 접근의 사례개념화

내담자는 초등학교 5학년 여학생으로 친구가 방문하던 중 언니가 내담자에게 폭력을 행사하는 것을 목격하여 학교폭력전화로 신고가 되었고 학교폭력 전담부서에서 안내하여 상담을 받게 된 경우이다. 내담자가 아동이나 청소년인 경우에는 이 사례처럼 주변의 성인에 의해서 의뢰된 경우가 많고, 이때에는 내담자에게 상담은 문제가 많은 사람이 받는 것이 아니고 자신의 어려움을 잘 이해하고 문제를 해결하기 위해 필요한 도움을 받는 것임을 인지시킬 필요가 있다. 그렇지 않으면 상담은 문제아들이 받는 것이라는 편견 때문에 상담실에 오는 것을 꺼리는 경향이 있기 때문이다. 내담자보다 한 살 위인 언니가 내담자를 잘 때리고 내담자에게 화를 잘 내며 소리를 지르는 행동이 내담자를 힘들게 한다고 호소하고 있다. 또한 내담자는 학교에서 친구들과도 비교적 잘 지내는 활동성이 강한 아이였는데, 코로나로 인한 온라인 수업을 할 때 퀴즈를 풀면서 오타를 냈더니 친구들이 놀리고 자신을 불편하게 만드는 것을 상담자에게 호소하고 있다. 상담자가 상담한 내용을 중심으로 REBT에 따라 핵심적인 문제를 정서적 문제, 행동적 문제로 정리하면 다음과 같다.

- 정서적 문제
  –불편하고 힘들다.
- 행동적 문제
  –행동이 많이 위축된다.
  –잠을 잘 못 잔다.

이와 같은 정서적, 행동적 문제를 일으키는 비합리적 생각은 다음과 같이 정리할 수 있다.

- 나의 언니는 나를 싫어하고 미워한다. 그런 언니를 둔 나는 참 불쌍하다.
- 내가 온라인 수업 퀴즈에서 오타를 내서 친구들이 나를 놀리고 나를 싫어하는 것이 틀림없다.
- 학교에서 친구들에게 따돌림을 당하는 나는 너무 한심하다.

내담자는 이와 같은 신념으로 늘 힘이 들고 불편하고 행동이 위축되는 것 같다. 특히 내담자는 어머니가 캄보디아 출신인 다문화가족의 둘째 딸이다. 한 살 위인 언니도 동생에게 다정하거나 살갑게 굴기보다는 오히려 내담자를 야단치고 소리를 지르고 힘들게 한다. 내담자는 조부, 부모와 함께 대가족 속에서 살고 있지만 조부모와 부모 모두 생업에 바쁜 것으로 보이며 가정 내에서 따뜻한 정서적 교류는 없는 것 같고, 특히 캄보디아 출신의 어머니는 아이를 주로 때리면서 훈육을 하고 있는 것으로 보인다. 이를 보고 배운 내담자의 언니도 주로 동생과 함께 놀고 소통하며 동생을 소중하게 여기기보다는 어머니의 방식대로 동생에게 날카롭게 구는 것으로 사료된다.

1) 상담자가 수립한 상담의 목표와 전략 및 진행 과정

(1) 상담의 목표

REBT 상담에서는 결과적 목표와 과정적 목표로 나눈다. 이 사례의 결과적 목표는 정서적 문제인 불편하고 힘든 정서를 극복하는 것, 그리고 행동적 문제는 위축된 행동

에서 벗어나서 잠을 잘 잘 수 있는 것을 목표로 설정할 수 있다. REBT 상담에서 이러한 결과적 목표를 달성하기 위해 성취해야 할 과정적 목표는 내담자가 호소하고 있는 문제의 원인이 되는 핵심적인 비합리적 생각을 합리적인 생각으로 바꾸는 것이다. 그러므로 이 사례에서 나타나는 '언니는 나를 싫어하고 미워한다. 그런 언니를 둔 나는 참 불쌍하다.' '내가 학교의 온라인 수업 퀴즈에서 오타를 내서 친구들이 나를 놀리고 나를 싫어하는 것이 틀림없다.' '학교에서 친구들에게 따돌림을 당하는 나는 너무 한심하다.'는 생각이 내담자를 가장 힘들게 하고 있는 것임을 먼저 내담자에게 이해를 시켜야 한다. 그런 다음에 내담자의 첫 번째 비합리적 생각인 언니가 정말 내담자를 싫어하고 미워하는 것인지를 잘 살피도록 해야 한다. 어쩌면 언니가 내담자를 진짜 싫어하기보다 언니가 학교에서 받는 스트레스 때문에 내담자에게 못되게 구는 것은 아닌지, 그리고 한 살밖에 차이가 나지 않는 동생이 언니를 귀찮게 하는 면은 없는지도 먼저 살펴보도록 안내해야 한다. 즉, 언니의 표면적인 행동이 언니 전체를 나타내 주는 것이 아님을 알게 하는 것도 필요하다. 그리고 내담자에게 자기표현 훈련(assertive training)이나 나-전달법 등의 방법으로 언니가 내담자를 함부로 대하지 못하도록 안내하는 것이 필요하다. 그러므로 비록 지금은 언니가 나에게 나쁘게 하지만 언니도 언젠가 상황이 바뀌거나 철이 들면 행동이 바뀔 수 있다. 언니가 나에게 나쁘게 한다고 해서 내가 불쌍한 사람이 아니라는 생각을 갖도록 해야 한다. 이 사례처럼 한두 살 차이가 나는 형제와 자매들은 인지기능이 피아제(Piaget)가 주장하는 형식적 조작기에 들어가기 전까지는 사소한 일로 다투는 것이 정상이다. 그러므로 우리말에도 아이들은 싸우면서 큰다는 말이 있는 것을 내담자가 깨닫도록 안내하는 것이 중요하다.

두 번째 나타나는 비합리적인 생각 '온라인 수업 퀴즈에서 오타를 내서 친구들이 나를 너무 싫어하는 것이 틀림없다.'는 것을 분석해 보자. 먼저 이 추론적 수준의 생각을 논박하기 위해서는 온라인 수업 퀴즈에서 오타를 낸 적이 구체적으로 몇 번인지에 대해서 상담자는 물어 보아야 한다. 실제로 확인해 보면 한두 번 정도 친구들이 놀린 것을 가지고 항상 놀리고 따돌리는 것으로 과잉일반화하면서 자기를 괴롭히는 것은 아닌지 살펴보아야 한다. 질문을 통해 친구들이 몇 번이나 놀리고 괴롭혔는지 살펴보면 그리 많은 것도 아닌데 본인이 한두 번의 경험을 그렇게 일반화하여 지각하고 있다는 것을 상담자가 일깨울 필요가 있다.

다음으로 '학교에서 친구들에게 따돌림 당하는 나는 한심하다.'는 평가적 신념에 대해서 다루어야 한다. 내담자의 문장완성검사(SCT) 등에서 나타난 내담자의 성향을 보면 내담자는 친구들과 함께 하는 것을 좋아하고 그들과 함께 하는 것을 매우 즐거워하는 것으로 나타나고 있다. SCT의 구체적인 예를 들면, 다음과 같다. '내가 가장 행복할 때는 친구들과 놀 때이다.' '내가 좀 더 어렸다면 자주 놀 것이다.' '다른 사람들은 나를 노는 것을 좋아하는 아이로 생각할 것이다.' '나는 친구 꿈을 잘 꾼다.' '가장 좋았던 일은 친구들과 스케이트장 가는 것이다.' '내가 가장 좋아하는 사람은 단짝 친구이다.' '여자애들은 나랑 잘 놀아준다.' '나의 좋은 점은 친구들과 잘 논다.' '내가 꾼 꿈 중에서 제일 좋은 꿈은 친구들 꿈이다.' 이렇듯 내담자에게 친구는 알파요 오메가인 것이다. 이 시기에 있는 대부분의 건강한 아이들이 그렇듯이. 그런데 그렇게 좋아하는 친구들로부터 따돌림을 당한다고 생각하니 내담자는 기가 죽어 있고 모든 것에 의기소침하며 밤에 잠까지 잘 못자는 것으로 나타나고 있다. 상담자는 이러한 점에 잘 착안하여 친구들에게 따돌림 당한 것이 언제, 어떠한 상황에서 몇 번이나 그랬는지 구체적으로 물어보아야 한다. 내담자는 원래 친구들과 잘 사귀었던 기질이 있던 아이이므로, 한두 번 친구들에게 오타로 놀림을 당했다고 하더라도 얼마든지 내담자가 친구들과의 관계를 만회할 수 있다는 것을 알게 해야 한다. 그리고 내담자의 친화력 있는 기질을 상담의 자원으로 활용하여 자기표현 등을 통해 친구들에게 먼저 다가가도록 안내하고 행동으로 옮길 수 있도록 이끌어야 하며 내담자를 따돌리는 것이 사실이라고 해도 그것은 따돌리는 가해자의 문제이지 따돌림을 당하는 피해자의 문제가 아니라는 것을 분명히 알도록 도와주어야 한다.

마지막으로 그러나 결코 무시해서는 안 되는 것은 내담자에게 핵심 합리적 신념인 '친구들이 나를 따돌리건 말건 나는 나대로 아주 좋은 사람이고 귀한 사람이다.'라는 신념이 내재화될 수 있도록 해야 한다.

(2) 상담의 전략

이 사례에서 우선 내담자가 호소한 문제인 불편하고 힘든 정서에서 벗어나는 목표에 도달하기 위해서는 무엇보다도 먼저 내담자가 상담 과정 곳곳에서 호소하고 있는 비합리적 신념을 찾아서 논박을 진행하여야 한다. 흔히 REBT 상담에 대해서 잘못 알고 있는 것은 REBT에서는 인지가 핵심적인 쟁점이기 때문에 생각하는 기능과 능력이 확고하게 생성된 지적 기능이 높은 성인에게만 REBT 상담을 활용하는 것으로 알고 있는 경우이다. 피아제에 따르면 인간의 인지기능은 발달하는 과정에 있고 정점에 가설적이고 추상적 사고를 할 수 있는 형식적 조작기에 도달한다고 한다. 비록 내담자의 인지기능이 형식적 조작기에 도달하지 않았더라도 내담자의 수준에 적합한 인지기능을 다루어 줌으로써 충분히 REBT 상담이 가능하다는 것이다. 오히려 인지기능이 이미 발달할 대로 발달해서 자신만의 인지적 체계에 갇혀 있는 성인보다는 아직 인지기능이 발달상에 있는 내담자들에게 합리적인 사고 과정을 안내해 줌으로써 건강한 사고의 틀과 내용을 형성하는 데 유용하게 작동한다(박경애, 2013).

이 사례에서 상담자가 가장 중요하게 다루어야 하나 놓친 부분이 있다. 내담자는 다문화가정의 아이라는 것이다. 주로 어머니가 외국인인 경우가 많은데 어머니는 아이의 양육에 언제나 가장 중요한 존재이다. 그런데 어머니가 한국문화에 익숙하지 못하고 한국어에 능통하지 않기 때문에 양육과정에서 그로 인한 어떤 결손을 초래할 수도 있다는 점이다. 이 사례에서도 온라인 수업 퀴즈에서 오타가 나서 친구들에게 놀림을 당한 것을 고려하면 아마 어머니의 영향에서 자유롭다고 말하기 어려울 것이다. 또한 마음속 깊은 곳에서부터 원초적으로 '나는 다른 아이들과는 달라. 우리 어머니는 캄보디아에서 왔어. 그래서 아이들이 나를 싫어하는 거야.'라는 생각을 할 수도 있기 때문에 상담자는 이 점을 간과해서는 안 되었다. 만약 이러한 생각을 하는 것이 사실로 나타난다면 이 내담자에게 맞는 스토리 등을 찾아내서 남과 다른 것이 나쁜 것이 아니고 오히려 강점이 될 수 있음을 분명하게 주지시킬 수 있어야 한다. 안데르센의 자전적 동화 '미운 오리 새끼'는 보통의 오리들과 다르다는 이유로 따돌림을 당했던 오리가 결국에는 백조였다는 이야기로, 내담자에게 힘과 용기를 북돋울 수 있는 내용이다. 어머니가 동남아의 나라에서 왔다는 것을 부끄럽거나 창피하게 생각하는 것은 아닌지 면밀히 살펴보아야 한다. 내담자가 혹여라도 그렇게 생각하는 부분이 있다면 그것을 바로잡아 주고 모든 약점은 강점이 될 수 있다는 사실, 그러므로 어머니가 외국인라는 것은 글로벌 시대에서는 나의 장점으로 부각될 수 있다는 것도 아이의 인지수준에 맞게 풀어서 설명해 주면 좋을 듯하다. 특히 요즘은 세상이 네트워크로 연결되어 있는 시대이므로 어머니의 모국어를 어렸을 때부터 어머니에게 열심히 배워서 구사하는 능력을 갖춘다면 그것은 전쟁터에 나간 장수에게 비장의 무기가 될 수도 있다는 것을 비유적으로 알려줄 수 있다. 또한 어머니 나라의 요리를 잘할 수 있으면 나중에 그 나라의 고유한 음식을 요리하는 전문 레스토랑도 경영할 수 있다는 말에 내담자가 흥미를 보일 수도 있을 것이다. 상담자는 내담자가 호소하는 문제에 물론 귀를 기울여야 하지만 내담자가 미처 깨닫지 못하고 있는 수준의 문제나 내담자가 두려움에 압도된 나머지 표현하지 못하고 있지 못하는 문제에 대해서도 잘 살펴서 그것을 드러내고 도움을 받을 수 있도록 해야 한다.

(3) 상담의 진행 과정

1~3회기

상담자는 상담의 초기에 내담자의 문제를 파악하기 위하여 접수 면접 및 여러 가지 검사 등을 실시하고 해석 상담을 통해 관계와 내담자의 감정을 탐색하였다. 내담자는 상담자가 요구하는 검사에 두려운 마음으로 응할 수 있으므로 내담자에게 검사를 실시하는 이유와 검사를 어떻게 활용하는지에 대해 자세하게 설명해 주어야 하는데 그렇게 하였는지 궁금하다. 특히 이 사례의 내담자처럼 아동인 경우에 이런 설명이 없다면 더욱 어리둥절해 할 수 있으므로 더욱 자세하게 내담자의 언어로 이를 설명해 주고 검사를 실시하기 전에 내담자가 검사에 대해 궁금한 여러 가지 질문의 대답도 하면서 가능한 한 편안한 마음으로 검사에 임하도록 해야 한다. SCT 결과의 미진한 부분에 대해서도 상담자의 질문을 통해 보완할 수 있어야 한다. 대표적인 예로 내담자는 SCT에서 '나를 가장 슬프게 하는 것은 할머니다.'라고 표현한 부분에서 이것에 대한 이유를 탐색해 보면 가정 내의 많은 역동에 대해서 파악할 수 있을 것이다. 내담자는 언니와의 불편함 그리고 학교 친구들이 온라인 수업 퀴즈에서 오타를 내서 놀리고 불편하게 하며 내담자가 그들에게 어떻게 다가가야 할지 모르겠다고 호소하고 있다. 그런데 초기 회기와 검사 결과를 보면 내담자는 친구들과 교류했던 경험도 많고 활동성이 많아서 함께 체육활동도 많이 했던 것으로 나타나고 있다. 이러한 것으로 보아 내담자의 문제는 기질적이고 만성적인 문제라기보다는 상황과 환경적인 맥락에서 파생한 것으로 이해할 수 있다.

4~10회기

내담자와의 언어적 대화만으로는 한계가 있기 때문에 상담자는 미술치료에서 활용하는 색깔이 있는 진흙, 학교에서 행하는 활동에 대한 행동화를 그리게 해서 내담자의 마음세계에 진입하고 있다. 아동기와 청소년 초기에 있는 내담자들과는 언어적 대화만으로 상담을 해 나가는 것이 사실상 불가능하다. 이 사례에서처럼 미술치료의 다양한 기법, 행동치료의 다양한 기법 중에 내담자에게 적합한 것을 활용하여 상담시간이 역동적으로 되어야 내담자도 지루해하지 않으면서 내담자의 문제를 이해할 수 있을 뿐만 아니라 해결 과정에서도 유익하게 도움을 받을 수 있다. 언니가 화날 때 어떻게 할지 모르겠다고 하는 부분에서 바로 나-전달법 등의 기법을 가르쳐서 상담자와 함께 실습을 해 보면서 자기표현의 중요성에 대해서 내담자를 일깨웠으면 좋았겠다. 5회기에서

내담자가 언니와 같은 공간에서 지내면서 마찰이 있다는 점을 착안하여 자매들끼리의 규칙을 만들도록 했는데 이 점은 돋보인다. 다만 그 규칙의 실천에 어떤 장애가 있는지를 확인해 보고 점검해 나가는 과정이 필요할 것이다. 바로 '나의 언니는 나를 싫어하고 미워한다. 그런 언니를 둔 나는 불쌍하다.'는 생각에 대해서 차분히 상담자가 질문을 해나가면서 이것이 정말 사실인지, 언니도 속마음은 동생에 대한 사랑이 있는데 학교에서의 삶이 힘들기 때문에 동생에게 거칠게 구는 것은 아닌지 살펴보게 해야 한다. 상담자가 판단하기에도 내담자의 언니가 내담자를 싫어하는 것이 사실이라면 내담자는 언니에게 살갑게 구는지도 살펴보아야 한다. 인간관계는 상호적이기 때문에 언니가 내담자를 일방적으로 이유 없이 싫어할 수 없음을 일깨우면 좋다. 만약에 내담자의 언니가 내담자를 이유 없이 싫어한다면, 나-전달법이나 자기표현을 통해 언니의 행동이 내담자에게 얼마나 피해를 주는지에 대해서 상담자와 내담자가 언니와 동생의 역할을 해보면서 연습을 시키는 것이 내담자가 습득하기 쉬운 기법일 것이다. 그리고 더욱 중요한 것은 '언니가 지금 나를 사랑하지 않는다고 영원히 지속되는 것은 아니야. 언젠가 언니와 나는 서로 믿고 의지하는 좋은 자매가 될 수 있다.'는 합리적 신념을 대치할 수 있도록 상담자가 도와주어야 한다는 것이다. 6회기에서 내담자는 학교의 포스터 그리기 행사에서 3등을 해서 칭찬을 받았다고 좋아하고 있다. 이때 상담자는 더욱 강하게 내담자의 행동에 대해서 강화를 했으면 좋았을 것이다. 이를 통해 내담자는 자신의 능력에 대해서 자신감을 갖게 되며 그런 기세에 더해서 친구들에게 먼저 다가가서 말할 수 있는 용기를 갖게 하고, 학교에서 일어날 수 있는 어떤 상황을 연출하여 내담자와 함께 역할연기를 해 보았으면 좋았을 것이다. 행동주의 기법 중에서도 역할연기는 모든 연령대의 내담자들에게 효과가 확실하며 특히 아동, 청소년기의 내담자에게는 연습의 효과를 유발하여 더욱 돋보이는 기법이다. 여기에서도 '나는 다문화가정의 아이이기 때문에 어쩌면 아이들은 영원히 나를 싫어할지도 모른다.'는 생각이 잘못되었음을 내담자가 확실히 깨달을 수 있도록 상담자는 도와야 한다. 포스터 그리기 등을 잘하고 자신의 능력을 잘 쌓으면 현대는 능력사회이기 때문에 굳이 내담자의 어머니가 외국인이라고 해서 내담자가 영원히 미움을 받는다는 근거가 없음을 깨닫도록 해야 한다. 여기에서 안데르센의 동화를 활용하면 내담자는 더 쉽게 받아들일 수 있을 것이다. 7회기에서 내담자는 공상이나 상상이 익숙하지 않고 없던 것들을 생각하기 어렵다고 말하고 있다. 이것이 혹시 내담자의 어머니가 외국인이라 제한된 언어능력 때문인 것은 아닌지 파악하고 이를 보완할 수 있는 방법을 제시해 주는 것도 유용하다. 내담자에게 아동들이 읽기 쉽고 재미있어 하는 동화책을 많이 읽히면 상상력이 풍부해질 수 있다는 팁

인지적 접근

을 제공할 수도 있다.

11~12회기

상담이 시작된 후 비로소 자신의 문제를 드러내 놓는 회기이다. 11회기에서 내담자는 비로소 온라인 수업에서 집중을 못하겠다는 호소를 하고 있다. 그 이유는 온라인 수업마다 선생님께서 퀴즈를 내는데 오타를 자주 내니까 친구들이 놀려서 타자를 더 못 치게 되고 남도 못하는데 친구들이 자신만 놀린다고 하고 있다. 이때 상담자는 구체적으로 그렇게 놀린 사건에 대해서 물어보고 몇 번 정도 실수를 했는지 살펴야 한다. 혹시 한두 번의 놀림을 늘 놀린다고 과잉일반화하는 것은 아닌지 살펴보기 위해서이다. 11회기 축어록에 보면 다른 학생들은 타자를 잘 못 쳐도 그냥 넘어가는데 자신에게만 화살이 돌아오는 것에 대해서 불편감을 호소하고 있다. 이것도 확인을 해 보아야 한다. 다른 학생들은 자잘한 실수이기 때문에 그냥 넘어가는 것은 아닌지, 만약에 내담자의 실수나 다른 학생들의 실수 횟수가 유사하고 실수의 경중이 비슷한데도 본인에게만 그렇게 놀리는 것이라면 혹시 여기에 더해 내담자가 다문화가정의 아이라는 것을 알고 놀리는 것이라면 이에 대한 대처 전략을 잘 수립하도록 도울 수 있다. 여기에서 문제해결은 첫째, 타자를 익숙하게 쳐서 놀림감이 되지 않도록 타자 치는 연습을 하게 하면서, 다문화가정은 우리와 다르고 우리와 다른 것은 나쁘다는 생각 때문에 놀리는 것이라면 학생이 이를 직접 대응하게 해도 좋고 담임교사의 도움을 받는 것도 필요할 것이다. 또한 중요한 것은 내담자의 생각인 학교의 온라인 수업 퀴즈에서 오타를 낸다고 아이들이 나를 싫어하는 것이 사실이라고 하더라도 '나는 한심하거나 가치 없는 사람이 아니다. 오히려 나는 다문화적 소양과 능력이 있는 중요한 사람이다.'라는 생각이 내재화되도록 자기언어를 반복적으로 쓰거나 암송하도록 내담자에게 요청할 수 있다. 12회기에서는 이와 연관되어 잠을 잘 자지 못하고 있다는 것을 호소하고 있다. 수업시간에 또래에게 놀림을 받는 것은 이 시기의 발달단계에 있는 아동들에게 고통스러운 일이다. 그러므로 11회기에서 호소했던 또래 놀림의 문제가 해결이 된다면 잠을 잘 못자는 문제에서도 벗어날 수 있다.

13~25회기

13회기에서 내담자는 가족들이 식사 이야기만 하는 것이 불편하다고 하였다. 아마도 가족 내에서 풍성한 이야기를 통해 자신의 의견을 주고받는 것을 기대하고 있는데 그러한 요구가 충족이 안 되는 것에 대한 불편함일 수 있으므로 상담자는 충분히 공감

해 주고 내담자가 먼저 이야기를 꺼낼 수 있고 가족의 분위기를 바꾸어 갈 수 있다고 안내할 수 있다. 그나마 어머니가 코로나로 인해서 식당일이 잘 되지 않아 집에 계셔서 좋다는 점을 지적하면서 어머니와 함께 대화하려고 시도해 볼 수 있도록 독려할 수 있다. 14회기에서 언니는 엄마나 할머니의 방식처럼 계속해서 잔소리를 하고 말대꾸하면 예전에는 손을 올렸는데 지금은 서로 이야기하려고 노력한다는 점을 크게 격려하면서 내담자가 노력하고 있는 점, 그리고 노력의 결과가 나타나고 있는 점에 대해서 내담자가 볼 수 있도록 하는 것이 필요하다. 그리고 여전히 내담자에게 가장 중요한 관심사인 친구들이 아직도 예전처럼 관심을 가져주지 않는다고 18회기에서 호소하고 있으며, 20회기에서도 여전히 왜 나를 제외하고 친구들끼리 다녔는지 생각이 멈추지 않는다고 호소하고 있다. 여기에서 다시 내담자에게 친구들이 나를 제외하고 저희들끼리 몇 번이나 다녔는지 확인해 보고, 혹시 늘 그렇게 나를 제외하고 저희들끼리 다닌 것이 사실이라고 할지라도 이 세상에 영원한 것은 없다는 것을 상기시키면서, 내가 꿋꿋하게 내 할 일을 잘 하면서 이 상황을 버티어 내면 언젠가는 친구들의 마음도 돌아설 수 있다는 것을 상기시킨다. 아울러 상담자는 내담자에게 '너희들이 나를 따돌리건 말건 나는 소중한 존재, 사랑스러운 사람이다.'라는 생각을 자기언어를 통해 반복적으로 암송하거나 써 보면서 마음속의 핵심 스키마로 자리 잡을 수 있도록 도와야 한다.

종결기

26회기 이후부터 30회기 종결기까지는 아직 진행되지 않았다. 상담자는 이때 내담자가 초기에 호소한 문제가 얼마나 변화되었는지를 파악하고 변화된 부분이 있다면 어떤 요인 때문에 변화되었는지를 파악해야 한다. 그리고 그 요인이 계속될 수 있도록 내담자 스스로 생활 속에서 노력할 것을 요청할 수 있다. 또한 해결되지 않고 남아 있는 과제에 대해서도 상담자는 종결기에 충분히 다루고 대처전략도 내담자와 함께 수립해 보면 좋을 것이다.

2) 상담의 방향에 대한 제언

이 사례의 상담자는 REBT 인지행동치료적 관점으로 사례를 다루지 않았지만, 이 사례를 다시 수행한다면 REBT식으로 접근할 때 다루어야 하는 내용을 중심으로 기술해 보겠다.

흔히 상담자들은 REBT 상담은 인지기능이 최정점에 있는 성인에게만 적용할 수 있다는 오해를 하고 있다. 인간은 누구나 사고의 기능이 작동하고 있기 때문에 내담자의 수준에 맞는 인지기능을 다루면서 얼마든지 REBT 상담을 수행할 수 있다. 이 사례에서도 내담자에게 나-전달법 대화기법 등을 활용하고 있는데 이를 내담자의 사고와 연결시켜서 했으면 더욱 효과적이었을 것이다. 예를 들면, 내담자의 비합리적인 생각 '나의 언니는 나를 미워하고 싫어한다.'는 것이 사실이 아니라는 것을 인지시키면서 나-전달법을 활용했다면 신념을 다루지 않은 상태에서 하는 것보다 더 진실된 표현이 나올 수 있다. 내담자의 핵심 비합리적 신념인 '나는 다문화가정의 아이이기 때문에 어쩌면 아이들은 영원히 나를 싫어할 것이다.'라는 생각도 바꾸어 주면서 아이들에게 자기표현을 시킨다면 같은 말이나 표현이라도 훨씬 더 생명력 있는 표현이 될 것이다. REBT에서 행동적인 방법과 정서적인 방법도 함께 활용하는데, 분리된 개별 방법으로 활용하는 것이 아니라 신념과 연결되어 행동을 바꿈으로써 인지를 바꾸고, 또 인지가 변화되면서 그로 인해 파생했던 정서와 행동이 바뀐다는 순환모드에 있다는 것을 유념해야 할 것이다. 상담자가 포착했으면 좋았을 내담자의 비합리적 생각을 〈표 8-1〉과 같이 드러낼 수 있다.

아동 및 청소년 내담자에게 REBT를 적용할 때에는 구조화된 프로그램을 활용하는 것이 효율적이다. 엘리스 박사의 제자 버논(Vernon) 박사는 REBT를 청소년에게 적용

표 8-1 핵심 비합리적 신념과 파생된 비합리적 생각

초기에 나타난 비합리적 신념 (추론)

나는 결국 모든 사람이 싫어하는 무가치한 사람이다. 언니도, 친구들도, 할머니도, 모두 나를 싫어한다. 나의 언니는 나를 미워하고 싫어한다. 온라인 수업시간에 오타를 내서 친구들이 나만 놀린다. 다른 친구들이 오타를 낼 때는 그냥 넘어간다.

중기에 나타난 비합리적 신념 (추론)

아이들끼리 나를 따돌리며 저희들끼리만 다니는 것으로 보아 나는 한심한 아이이다.

상담의 전 과정에 나타난 내재된 신념구조 (스키마)

나는 다문화가정의 아이이기 때문에 친구들은 어쩌면 영원히 나를 싫어할 것이다.

할 수 있는 프로그램을 많이 개발하였다. 이 책은 우리나라에도 필자와 동료들에 의해 『REBT를 활용한 정서교육 프로그램』이란 제목으로 번역 · 출간되었다. 내용은 아동 · 청소년의 발달 단계별로 '자기수용' '감정' '신념과 행동' '문제해결/의사결정' 그리고 '인간관계'로 되어 있다. 본 내담자의 경우에 '자기수용'과 '인간관계' 편에 제시되어 있는 프로그램을 활용하면 좀 더 쉽게 REBT의 내용으로 내담자의 어려움을 해결하는 데 도움이 될 것이다. 필자가 집필한 저서 『아동 및 청소년을 위한 인지행동치료 상담사례: REBT를 중심으로』(2013)를 참고하면 유익할 것이다.

3) 상담자에 대한 슈퍼비전

〈136쪽 '슈퍼비전을 받고 싶은 내용' 참고〉

① [내담자가 (경제적 상황이 바뀌기 어려운데) 가족 안에서 안정을 얻는 길은?] 이에 대한 조언은 앞부분에서 이미 지적하고 있듯이 모든 약점은 장점이 될 수 있다는 것을 내담자에게 알려주어야 한다는 것이다. 내담자는 자신이 다문화가정의 아이로 다른 학생들과 다르다는 점을 생존에 있어서 악조건으로 생각할 수 있다. 실제로 이 사례에서와 같이 급우들에게 따돌림을 받는 상황에서는 더욱 그러한 생각을 강화할 수 있을 것이다. 그러나 이 시기를 잘 견디어 내면 결국 백조가 될 수 있다는 사실을 분명히 인지시키는 것이 필요하다. 또한 친언니와의 관계가 또래관계의 결핍을 보완해 줄 수 있으므로 친언니와 대립구도에서 벗어나 자매간의 끈끈한 우정이 생길 수 있도록 언니에게 퉁명하게 굴지 말고 살갑게 대하도록 태도의 변화를 유도할 수 있다. 내담자는 원래 성격이 사교적이고 체육활동도 좋아하는 사회성이 발달된 모습이 있으므로 내담자가 자신의 이런 특성을 바로 볼 수 있도록 해야 한다. 지금의 위축된 모습은 일시적이고 영원하지 않다는 것을.

② [친구관계를 중요시하는 내담자에게 사회성을 길러주는 방안은?] 아동 · 청소년기의 또래관계 향상을 위해 필요한 자질을 기를 수 있도록 어떻게 도와줄 수 있는가에 대한 상담자의 원초적 고민으로 보인다. 정신과 의사 클라킨(Clarkin, 1998)은 또래집단이 아동 · 청소년의 발달과정에서 지니는 의미와 기능을 연대감(affiliation), 자신감(competence), 그리고 인기(popularity)라는 세 가지 개념을 통해 설명하고 있는바, 이 시기에는 정체감의 형성이라는 발달과업의 성취를 위해 이 세 가지의 심리적 특성을 보유하는 것이 필요하다고 하였다. 무엇보다도 청소년 또래집단

과의 연대는 자기가치, 욕구, 행동기준을 평가하고 일정한 방향을 지향하게 만드는 중요한 기능을 한다. 또한 또래와의 성공적인 관계 경험을 통해 유능감을 발달시키기 때문에 아동 및 청소년들은 부모와 함께하는 활동보다 또래 친구들과 함께하는 활동에 의미를 좀 더 갖게 되는 것이다. 또래집단 속에서의 인기는 집단 내의 지위를 확보하게 하고 심리적 안정을 얻게 한다. 이 사례의 내담자는 바로 이 세 가지의 특성을 성취해 가는 과정에서의 어려움으로 현재 삶의 전반에서 무기력이 나타나고 있다. 질문 ①에 대한 답과 연결되는 것으로 주변의 친구들이 아직은 나의 장점을 모르지만 언젠가는 알아줄 수 있다는 것, 그리고 내가 지니고 있는 약점이 강점으로 바뀔 수 있다는 점을 내담자에게 여러 가지 예나 이야기를 통해 상기시킨다. 원래 내담자는 운동도 잘하고 활달한 성격인 점을 내세워, 그 학교 내의 다른 다문화가정의 친구는 없는지 확인하고 있다면 그 친구부터 사귀어 볼 수 있도록 안내할 수 있다. 그리고 친구가 없을 때 의기소침해 있으면 오히려 친구들이 더 무시하는 경향이 있으므로 자기 스스로 마음을 다잡아 스스로를 위로하고 자애를 베푸는 능력이 중요하다는 것을 일깨울 필요가 있다. 자신을 위로하고 자신에게 힘을 주면서 의연해 있는 심리적 힘이 친구들에게 다가가거나 다가오게 할 수 있는 요인이 될 수 있다. 영원한 것은 없으므로 내담자가 놀림당하거나, 친구가 없는 것도 영원할 수는 없다는 점을 내담자에게 이해시키는 것이 필요하다.

연습문제

1. 이 사례에서 나타난 내담자의 비합리적 생각을 찾아 생각의 4수준, 즉 자동적 사고(반영적 사고), 추론과 귀인, 평가적 인지, 핵심 스키마에 따라 제시하시오.
2. 이 사례에서 나타난 다문화가정의 아이들을 상담할 때 기본적으로 상담자가 지녀야 할 태도와 자세는 무엇인지 서술하시오.
3. 이 사례는 청소년기에 진입하는 내담자의 사례입니다. 청소년상담사례에서 유념해야 할 청소년기의 특성이 무엇인지 서술하시오.

3. 통합적 접근의 사례개념화

내담자(12세, 초5)는 어머니가 캄보디아 여성인 다문화가정에서 할머니, 할아버지, 부모 및 언니와 함께 살고 있다. 같은 방을 쓰는 언니(13세, 초6)가 내담자(캄보디아 이름으로 '너비야'라고 부르자)를 막대기로 때리는 장면을 집에 놀러 온 두 명의 친구가 목격하였다. 이들이 학교에 그 사실을 알리자, 학교폭력예방위원회가 너비야와 언니를 상담실로 연계하였다. 처음 10회기의 상담을 마친 후에, 8개월이 지나서 너비야가 다시 상담을 받게 되었다. 2020년 온라인 수업 시간에 너비야가 퀴즈 대답에 자꾸만 오타를 치니까 친구들이 놀리게 되었다. 그리고 예전에 친하게 지냈던 3명의 아이들이 너비야를 제외시키고 자기들끼리만 놀기 때문에 소외감으로 괴로워한 나머지, 거의 밤잠을 설치는 상태까지 왔다. 이 사례는 청소년들에게 필요한 발달상의 문제와 예방적 문제, 즉 친구 사귀기, 관계 찾기, 정체성 찾기 등이 나타나 있다. 그리고 너비야의 적응적인 문제는 대부분의 다문화가정 출신의 아이들이 경험하는 애로사항이다. 다문화권의 부모는 여러 가지 사정상 방임적인 양육태도로 자녀를 기르며, 자녀에게 동화책을 읽어주고 놀이동산, 박물관, 미술관 등의 견학을 시키면서 풍부한 문화적인 체험의 기회를 제공해 주지 못하는 경우가 많다. 그러한 문화적 결핍으로 인하여 아이들의 지적 능력과 사회성이 뒤떨어지기 십상이다. 또 한국 사회의 치열한 경쟁의식이나 학업의 중요성을 인지하지 못한 채 초등학교에 입학하게 된다. 그들은 학년이 올라갈수록 모든 면에서 또래들의 수준에 미치지 못하기 때문에, 급우들로부터 무시 받고 배제되기 시작한다. 너비야가 친구들로부터 따돌림을 처음으로 받게 되어 문화적인 충격을 겪는데, 이러한 소외 현상은 앞으로도 계속될 것 같다.

이 사례는 많은 시사점을 준다고 본다. 너비야의 문제는 학교 상담 선생님과 1:1의 상담으로서는 충분히 만족할 만한 효과를 거두기가 어렵다. 부모상담을 통하여 부모의 협조를 구하며, 특히 바람직한 자녀 양육의 기술에 대한 지식이 부족한 다문화가정의 부모에게 얼마의 기간 동안 수시로 부모교육 내지 부모코칭의 기회가 제공되어야 한다. 그리고 학교에서는 '다문화의 날' 행사를 1년에 1회씩 정규적으로 개최할 필요가 있다. 그런 행사를 통하여 일반 학생들과 다문화가정의 학생이 문화의 다양성을 배우고 서로 즐거운 시간을 함께하는 기회를 갖도록 함으로써 소외감을 떨치고 합류되게 해야 한다.

요약하자면 너비야 자매에게는 친구 사귀는 기술과 자신의 정체성을 탐색하는 청소년기의 발달적, 예방적 과제를 도와주어야 하고, 부모와 교사, 학교의 외부적 지원체제를 동원하는 것이 필요하다.

1) 상담자가 수립한 상담의 목표와 전략 및 진행 과정

이 사례에서 상담의 목표는 너비야가 친구들과 잘 지낼 수 있도록 대화기술을 익히는 것에 두었다. 그것은 타당하다. 상담자는 너비야에게 경청하고 반응하는 기술과 나-전달법을 가르쳐 주고 보드게임을 활용하는 전략을 세웠다. 그리고 언니와 싸우지 않고, 말로써 자기 의사를 표현하는 방법과 서로의 공간을 침범하지 않기를 안내하였다. 그런 전략은 타당하다.

너비야는 다문화가정의 아이가 보이는 특성, 즉 언어적 표현 능력이 부족한 것이 두드러진다. 그러므로 상담자는 너비야의 언어 구사력을 길러주기 위하여 노력해야 할 것이다. 가령 HTP, 가족화, 행동화, 찰흙 빚기 등을 한꺼번에 실시하지 말고, 매 상담시간에 한 가지씩 작업하는 것이 좋다. 그리고 너비야가 그린 그림에 대하여 이야기하게 하고, 또 이야기한 것을 소감문 형식으로 써보게 했더라면 좋았을 것이다. 또는 MBTI는 실시하지 않아도 된다. 6회기 때 '조하리 창문'을 가지고 작업했는데, 초등학교 학생의 수준에는 적합하지 않다고 본다.

1~4회기 때 너비야는 폭력적인 언니('꼴랍'이라고 하자. 꼴랍은 장미를 뜻한다)와의 관계에 대해서 언급하였다. 4회기 때 친구 한 명이 너비야를 툭툭 치면서 이야기하는 것에 대한 혐오감과 분노를 어떻게 풀어야 할지 알 수 없어서, 집으로 돌아와 팔목을 그었다고 말하였다. 그러니까 친구가 툭툭 치는 것에 대하여 과잉반응했는데, 그것은 아마도 언니가 자기를 치는 것과 비슷하게 지각되었던 것 같다. 이러한 면을 상담자는 너비야와 함께 탐색했더라면 좋았을 것이다. 그리고 너비야의 자해 행동은 언니가 팔을 긋는 것을 보고 모방한 행동으로 보인다. 이 시점에서 상담자가 자해, 자살 방지 서약서를 쓰게 하고, 생명존중에 대한 교육을 진행한 것은 잘한 일이다.

5회기 때 상담자는 언니와 너비야에게 대화할 때는 '부탁하는' 방식으로 말하고, 개인의 사적 공간이 중요하다고 설명해 주었다. 그것은 아주 잘한 일이다. 기왕이면 너비야와 꼴랍이가 공동으로 지켜야 할 생활규칙에 대해서 논의하고, 이어서 상담자가 그것을 유인물로 자세하게 적어 주었더라면 훨씬 유익했을 것이다.

5~7회기에는 그림 그리기를 실시하였고, 8~9회기에는 감정카드, 보드게임을 실시하였다. 초등학생, 특히 언어 구사 능력이 빈약한 다문화가정의 학생들에게 비언어적

매체를 활용하여 상담을 진행한 것은 바람직한 일이다. 그러나 그 시간에 상담자는 너비야에게 여러 가지 질문을 하며, 상황을 설명하게 하고, 그에 대한 느낌(감정)과 생각을 말로 표현하게 할 필요가 있다. 또 상상력이 부족한 너비야에게 그 작업과 관련된 연상 작업도 시도해 보는 것이 좋다고 본다. 그리고 상담자가 간단한 책을 소개하여 독서치료를 시도하는 것이 아주 유익하다.

그 뒤에 8개월이 지나서 너비야는 다시 상담을 시작했고, 지금까지 약 6개월간 너비야와 언니인 꼴랍이가 함께 미술치료도 받게 하는 등 꾸준히 상담을 받고 있다.

그러나 11~23회기까지도 너비야는 소외감에 고통 받으며, 식욕이 없는 생활을 이어가고 있다. 이 시점에서 상담자는 너비야가 알아듣기 쉬운 말로 솔직한 조언을 해 주고, 상담의 목표를 다시 설정해야 한다. 대략 다음과 같이 설명해 주는 것이다.

"다문화가정의 아이들은 선천적으로 우수한 지능을 타고 났다 할지라도, 지능 발달이 적극적으로 촉진되어야 할 유·아동기에 불가피하게 문화적 결손이 있었다. 그래서 또래 아이들과 대화 소재나 놀이 문화에서 격차가 생긴다. 그런 차이 때문에 친구들이 너비야하고는 공통의 관심사를 나눌 수 없다고 느껴서 자기네들끼리만 노는 것이지, 너비야가 싫어서 그런 것이 아니다. 이런 상황은 너비야에게 몹시 실망스러운 여건이지만, 그것을 받아들이는 것이 현명하다. 그러니까 그 애들하고는 지금의 거리를 인정하고, 서로 웃으면서 인사하는 정도로 지내고, 그 대신에 다문화가정의 또래들과 친해지도록 하자. 그리고 자기의 재능과 매력과 실력을 열심히 키워 나가다 보면 자라서 좋은 친구들을 사귈 수 있다."라고 일러줄 필요가 있다.

11회기부터 상담자는 대화기술을 코칭한 것으로 보이는데, 그것은 잘한 일이다.

2) 상담의 방향에 대한 제언

너비야와 그 언니 꼴랍이를 위한 상담은 의사소통과 사회성을 길러주는 훈련과 일상생활의 예절교육에 집중해야 한다. 자매간에 서로 싸우고 폭력적으로 대하는 문제도 새로운 대화법을 익히면 개선될 수 있다. 또한 학교 교사와 행정당국의 협조가 필요하다. 그리고 학부모의 협조를 얻는 방안이 강구되어야 하겠다.

(1) 학부모(너비야의 어머니)의 협조를 구한다

이 자리에서는 너비야의 부모로부터 협조를 얻는 방법에 대해서 살펴보겠다.

상담교사는 너비야의 어머니에게 연락을 취하기 이전에, 그녀와 친밀감(라포,

rapport)을 형성하는 방법을 연구해야 한다. 어떻게 하면 너비야의 엄마가 교사를 두려워하지 않으며, 교사가 부탁하는 말을 귀담아 듣고, 즐거운 마음으로 응하게 동기화시킬 수 있을까?

사람들은 상대방이 자기와 공통점이 있다고 느껴질 때, 또 상대방이 자기에게 호감을 가지고 유익을 줄 수 있는 사람이라고 느낄 때 대화의 문을 쉽게 연다. 상담자가 이 두 가지에 주력하면 너비야 엄마의 마음을 살 수 있다.

첫째, 너비야 엄마로 하여금 교사는 자기와 통하는 점이 있다고 느끼게 하라. 그래서 캄보디아의 문화에 대해 다소간 알고 있어야 한다. 그리고 대화의 물꼬를 트는 데 그것을 활용해야 한다. 그래서 상담자는 유튜브 등을 통해서 간단한 캄보디아의 인사말부터 익혀 둘 필요가 있다.

> "너비야 어머니, 쭘 리어 쑤어?(안녕하세요?)
> 나는 너비야의 상담교사예요. 내가 캄보디아 말을 잘하지 못해서 쏨 또!(미안합니다.)
> 나하고 이야기해 주시니까 어꾼 천~(매우 감사해요.) 어꾼! 어꾼!(감사, 감사합니다.)"

> 너비야 엄마가 "어꾼 쯔라운!(대단히 감사합니다.)"이라고 말하면,
> "엇 아이떼!(천만에요. 괜찮아요.)"라고 대꾸한다.

이때 너비야의 어머니가 어떤 반응을 보일지 상상이 되지 않는가? 그러고 나서 너비야가 아주 착한 학생(먼저 장점을 언급한다)이라는 것과, 너비야가 말로써 자기를 표현하는 것이 힘들어서 친구관계에 어려움이 있다는 것과 어머님이 도와주시면 너비야의 문제가 쉽게 해결될 수 있다는 것을 언급하는 것이다.

마지막으로 상담교사는 너비야 자매가 잘 되도록 최선을 다하겠으니, 어머니께서 자기하고 약 1년 동안 너비야 자매를 함께 지도해 나가자고 당부하는 것이다. 그런 다음에 어머니가 협조해 주어야 할 사항을 지시하도록 한다. 그런 뒤 상담자는 지시 내용을 간단하고 쉬운 말로 핑크색 색지에 적고, 그 유인물 두 장을 너비야가 어머니와 아버지에게 드리라고 당부하는 것이다. 그리고 가능하다면 공책도 선물하면서 1주에 1회씩 너비야와 언니가 할 일을 적고, 그것을 잘했을 때 스티커를 붙이라고 당부하면 더욱 효과적이다.

(2) 다문화가정의 부모가 자기 문화를 가르쳐 주어 자존감을 심어주도록 한다

다문화가정과 관련하여 이 시점에서 한국의 교육 풍토에 대하여 검토해 보자.

지금까지 우리나라의 분위기는 다문화 출신의 부모가 자녀들로 하여금 주류사회, 즉 한국문화에 동화되도록 모든 노력을 경주하는 쪽에 편향되었다. 그 결과 자녀는 부모의 문화에 대해서 잘 알지 못한 채, 절름발이식 적응을 하고 있다. 그것은 자녀들에게 엄청난 손해가 아닐 수 없다. 만약에 너비야 자매가 캄보디아어를 유창하게 구사할 수 있다면, 이중 언어 실력으로 인하여 자존감이 크게 향상되고, 지구촌 사회에서의 적응과 취업이 훨씬 더 용이하다. 그리고 그들의 정체성 확립에 도움이 된다. 그러므로 상담자는 너비야 자매의 부모(특히 어머니)에게 다음과 같은 사항을 부탁하면 좋을 것이다.

- 가정에서 한국말과 캄보디아 말을 동시에 사용하여, 아이들이 캄보디아 언어를 능숙하게 말하고 쓰도록 지도하게 한다.
- 가정에서 캄보디아의 전통을 살려 나가도록 주지시킨다. 그래서 너비야의 엄마가 두 딸에게 캄보디아의 동요를 가르쳐 주고 동화도 들려주게 한다. 또 가끔씩 집에서 자매들이 엄마와 함께 캄보디아 음식을 요리함으로써 캄보디아 요리의 달인이 될 정도로 훈련시키는 것이다. 요리를 잘하게 되면 세계 어느 나라에 가서 살든 간에 인기가 있고 큰 자원이 될 수 있다.

  그리고 1년에 1~2회 정도 엄마가 간단한 캄보디아 음식을 만들어 5학년의 너비야와 6학년의 꼴랍이 반에 선물로 보내도록 한다. 그래서 캄보디아 요리를 한 번에 한두 가지씩 두 아이의 반에 만들어 보내고, 너비야가 캄보디아 동요를 부르며 친구들에게 가르쳐 주고, 또 엄마에게서 들었던 캄보디아의 동화도 아이들에게 가끔씩 들려주는 것이다. 그러면 급우들의 반응은 어떨 것 같은가?

  음식 재료비용이 한 번에 약 5~6만 원 정도 들어간다면 너비야의 부모가 기꺼이 출원할 수 있지 않을까? 만약에 그것이 힘들다면, 상담교사가 학교 당국에 건의하여 상담실의 생활지도비로 너비야 부모에게 재정 지원을 할 수 있도록 노력하라.

(3) 학교 당국과 담임교사의 협조를 구한다

학교에서는 '다문화 행사의 날'을 정하고, 1년에 한 번 정도 거교적인 잔치를 벌일 수도 있다. 그때 너비야 자매와 엄마가 캄보디아 민속의상을 입고 무대에 나와 캄보디아 동요를 부르면서 학생들에게 그 노래를 가르쳐 주게 한다. 그리고 잔칫상에 나온 음식과 캄보디아의 민속에 대해 설명해 주도록 하는 것이다. 이런 설명을 하기 위해서 너비야 자매가 그에 대한 문장을 쓰고, 발표 연습을 해야 할 것이다. 그런 노력이 그들의 한국어 실력을 향상시킬 것이고, 또래들로부터 칭찬과 인정을 받게 되는 계기가 되지 않을까?

상담교사는 학교 담임 선생님의 협조를 구하는 것이 중요하다. 담임교사가 너비야에게 어떤 임무를 부과하게 하여 학급 일의 중요한 부분을 담당하게 하면, 아이들과도 간접적으로 접촉하게 되고 인정도 받게 된다. 가령 유인물 나눠주기, 과제물 걷기, 과제 수행 체크하기와 선생님 지시사항 전달하기 등을 너비야에게 시키고, 또 봉사부장으로 교실 정리를 체크하는 임무를 맡길 수 있다.

(4) 이들 자매의 공격성과 자해 습관에 대하여 탐색한다

이 상담에서 언니 꼴랍이가 초 5때 동생 너비야를 막대기로 때리는 습관이 보고되었다. 그리고 너비야는 언니가 집에서 면도칼로 여러 번 자해를 하는 것을 목격하였다. 그와 관련된 전후 사정이 밝혀지지 않았는데, 이 문제는 확실하게 탐색되어야 한다고 생각된다.

- 캄보디아 문화권에서는 힘(무력)을 중시하여 싸울 때 폭력을 사용하는가? 그리고 너비야의 조부모와 부모가 폭력적인가? 폭력적인 부모의 불화를 목격하고, 또 부모로부터 심하게 폭행당한 경험이 누적될 때, 일종의 모방학습과 대물림 현상으로 꼴랍이의 공격성이 나타난 것이라고 추론할 수 있다. 상담자는 부모와 면담하여 그런 사항을 알아보아야 한다.
- 꼴랍이가 학교에서 또래들과 잘 어울리지 못하며, 학과목 수업도 잘 따라가지 못해서 심한 좌절감을 경험하는 것 같다. 그리고 그런 좌절감을 집에 와서 동생에게 푸는 듯하다. 이것도 알아보아야 한다.
  여학생인 꼴랍이가 막대기로 동생을 때리고 자해행위를 했는데, 그것은 초등학교 5학년 그 나이의 여학생에게 흔한 현상이 아니다. 그러므로 꼴랍이의 기질과 행동에 대한 진단 작업이 필요하다.
- 어쩌면 꼴랍이에게는 선천적으로 공격적인 기질과 알 수 없는 분노가 내재되어 있는 것 같다. 따라서 상담시간에는 부모의 협조를 받아 이들 가족의 가계도를 분석할 필요가 있다. 조부모와 외조부모 대와 부모 및 부모의 사촌에게서 폭력의 가해자, 피해자 및 살상 사건이나 정신장애의 가족력이 있었는지를 알아보는 것이다.
  만약에 그것이 사실인 것으로 판명되면, 상담자는 부모와 자매에게 조상의 역사는 3, 4대에 걸쳐 대물림된다는 것을 설명해 줄 필요가 있다. 그리고 그 점을 똑똑하

게 인식하고, 지금부터 달리 행동한다면, 꼴랍이의 DNA에 각인된 폭력성과 분노가 지워지고, 그런 대물림은 꼴랍이 대에서 끝난다는 것도 설명해 주도록 한다.

극적인 에피소드를 소개하자면, '토드'라는 소년은 9세 때부터 펜으로 소파를 찔러대고, 이웃집 아이를 때려 40바늘이나 꿰매야 하는 상처를 입혔다. 가족력 조사에 의하면 토드의 조부가 할머니와 가족을 폭행했고, 술집에서 한 사람을 죽였다. 또 증조부도 살인사건과 연루되었다는 것을 알게 되었다. 그러니까 토드가 느낀 감정과 행동은 토드 자신의 것이 아니라, 증조부와 조부의 것이었는데, 그것을 마치 자기의 것인 양 공유하고 있었던 것이다(정지은, 2016, p. 131).

미국에서 사는 8세의 캄보디아 소년 '프락'은 크메르루주에서 살해당한 할아버지의 존재에 대해서 전혀 아는 바가 없었다. 프락의 부모는 킬링필드(killing field) 생존자 1세로서 미국으로 이민 왔다. 그런데 프락이 쇠기둥이나 벽에 자기 머리를 박고, 옷걸이로 방바닥을 후려치면서 '죽여라, 죽여라' 하고 소리치며 놀았기 때문에 그 부모는 소름이 끼쳤다. 프락은 할아버지가 살해당한 모습을 유사하게 재현하고 있었던 것이다(정지인 역, 2016, p. 188).

내담자에게서 나타나고 있는 자살-자해 욕망이나, 폭력행위는 피해자나 가해자였던 조상과 무의식적으로 동일시하며, 그들의 응어리진 슬픔을 공유하고 있다고 설명한다(정지인 역, 2016). 만약에 자손이 그것을 모른 척하고 무시한다면 그 이후의 세대에게 그와 유사한 증상이나 두려움으로 나타난다고 한다. 이러한 대물림의 악순환을 끝내려면, 내담자가 치료 시간에 비극적인 조상의 이미지를 떠올리는 작업을 해야 한다. 그 조상과 대화를 나누고 진정으로 그분의 고통을 이해하고 감사를 표시하며, 자기를 축복해 달라고 부탁하는 말을 하라고 한다.

이 사례의 상담자는 이와 같은 집중적인 치료까지는 진행하기가 힘들다고 여겨지더라도, 가계도를 분석하고, 그 가족의 심리적 분위기에 흐르는 기운(공격성, 분노, 좌절-실패의식)이 어떤 것인가를 논의해 본다면 너비야 자매에게 매우 유익할 것이다.

(5) 사회성 기술을 코칭한다

상담자는 너비야와 언니인 꼴랍이를 동시에 상담하고 있다. 따라서 이 자매에게 친화적 인간관계를 맺는 기술을 가르쳐 주어야 한다.

이들에게는 ① 또래뿐만 아니라 ② 학교의 선생님, ③ 사회인-문방구 주인, 아파트 경비원, 마켓의 사람들과 ④ 가족에게 스스럼없이 다가가 호의적인 관심을 보이고 대화를 할 수 있도록 코칭해 주어야 하겠다. 상담자는 일지 형식으로 매뉴얼을 만들어 주고 1주일에 3인과 대화한 내용을 적고 보고하도록 하는 과제물을 주도록 한다. 그리고 상담자에게도 동일한 방식으로 하도록 지시한다. 이때 열린 질문형(open ended question)의 기술을 가르쳐 준다.

대화 방법: ① 인사한다.
② 상대방을 관찰하고 좋은 점을 말해 주거나, 자기가 궁금한 것에 대하여 질문한다.
③ 감사를 표시한다.
④ 그러고 나서 자기공개를 (약간) 한다. 가족에게도 동일하게 한다.

과제물 보고 일지에는 내담자가 질문을 하고 칭찬을 한 말을 엄마의 모국어(캄보디아어)로도 적어오도록 지시한다.

⑹ 참고: 캄보디아 문화에 대한 약간의 소개

캄보디아 사람들은 주로 농업과 어업에 종사하며, 드넓은 메콩강과 호수에서 아이들이 미역 감고 뛰놀면서 다소 느긋하게 공부를 하고 생활한다. 어린이들은 논밭 주변의 땅 구멍에 손을 집어넣어 재빠르게 개구리를 잡아 망태에 담아가지고 집으로 가져간다. 개구리 대신에 뱀(독이 없는 뱀)을 잡더라도 다른 망태에 뱀을 담아 가지고 간다. 그러면 어머니가 이것을 맛있게 요리한다. 뱀요리는 대량 학살이 이루어진 크메르루주(Khmer Rouge) 정권(1960~1970) 시절에 사람들이 먹을 것이 없는 기아 상태에서 살아남기 위하여 시작된 것이다. 그리고 귀뚜라미도 튀겨 먹는다. 이것은 우리나라의 메뚜기 튀김과 비슷하다.

캄보디아에서는 설날을 쫄츠남이라고 한다. 쫄츠남 때 며칠 동안 맛있는 음식을 먹고 재미있는 놀이를 하면서 시끌벅적하게 지낸다. 카레 수프, 놈꼼(코코넛 떡), 놈쌔익(바나나가루 떡), 놈언쏨(돼기고기 떡), 아목(생선 카레), 짱으랏(개구리 튀김) 등을 즐겨 먹는다.

어린이들이 좋아하는 놀이 중에 보 엉꼬잉(Bo Ang-Kuuh)이 있다. 그것은 모래 위에 푯대 3개를 세워 놓고 엉꼬잉(딱딱한 작은 과일)을 던져서 푯대를 순서대로 맞히는 게임이다. 어린이들이 가장 좋아하는 것은 물뿌리기 놀이이다. 쫄츠남은 가장 덥고 비가 오지 않는 4월, 건기의 명절이다. 그래서 사람들은 물바가지, 물봉지, 물병, 또는 호스로 서로에게 닥치는 대로 물을 뿌려 주고 더위를 식히면서 깔깔 웃는다. 또 랙점싸잉이 있는데, 그것은 우리나라의 수건 돌리기와 똑같은 놀이이다. 그리고 줄넘기도 한다.

우리나라는 '심청전'과 같이 효도를 강조하는 이야기들이 있는 데 비하여, 캄보디아의 동화 중에는 정직성을 강조하는 이야기들이 많다. 그중에 '토끼와 바나나' 이야기는 다음과 같다.

토끼는 어느 날 배가 고팠다. 그래서 길가에 늘어진 나뭇잎과 맛있는 과일을 따 먹으려고 하였다. 마침 그때 어떤 여자가 놓아둔 바나나가 들어있는 바구니를 보았다. 그래서 토끼는 얼른 바나나가 든 바구니 위로 뛰어 올라갔다. 그 여자가 먼 길을 걸어 자기 집에 도착할 때까지 토끼는 바구니 속에서 바나나를 야금야금 먹어 치웠다. 여자가 집에 도착하여 바나나 바구니를 땅에 내려놓으려는 순간, 토끼는 땅으로 뛰어내려 곧 도망쳐 버렸다. 결국 빈 바구니만 남았다.

또 '두 명의 이웃' 이야기가 있다.

옛날에 이웃에 사는 두 사람이 짐승을 잡기 위해서 숲속에 덫을 설치하러 갔다. 한 사람(A)은 과일 열매가 많이 맺히는 나무 밑에 덫을 설치하였다. 그러자 다른 사람(B)은 그 나무의 꼭대기에다 덫을 설치하였다. 그리고 다음 날 아침에 두 사람이 함께 그 장소에 가보기로 약속하였다. 그런데 B는 그날 밤 아내와 상의하고 꾀를 내었다. 그리고 다음 날 새벽에 혼자서 그곳에 가 보았더니 사슴이 나무 아래 A의 덫에 걸려 있었다. B는 그 사슴을 덫에서 풀어 나무 위의 자기 덫에 걸쳐 놓고 살그머니 집으로 돌아왔다. 그러고 나서 아침에 B는 시치미를 떼고 A와 함께 숲속으로 갔다. B는 자기가 나무 위에 설치해 놓은 덫에 사슴이 걸렸다고 아주 좋아하였다. A는 아무래도 B가 의심스러웠다. 그날 낮에 B가 사슴을 잡아 사슴의 뒷다리를 재판관 쌕에게 가져다주었다. 그리고 B는 혹시 A가 자기를 고소하면 자기를 이기게 해달라고 쌕에게 부탁하였다. A도 재판관 쌕에게 찾아가 억울한 사정을 호소하였다. 재판관 쌕은 A에게 내일 아침까지 많은 양의 후추를 자기에게 가져오지 않으면 내일 당신이 재판에서 지게 될 것이라고 말하였다. A는 다음 날 아침 동네에서 후추를 구하러 여기저기 뛰어다녔다. 그러다가 마침 법원을 향하여 걸어가고 있는 재판관 라빗을 길에서 만났다. 그래서 A와 재판관 라빗은 함께 법원으로 갔다. 법정에 들어가자마자 재판관 쌕은 A에게 말하였다. "왜 이렇게 늦었소? 당신은 판결에서 졌소." 그러자 재판관 라빗은 말하였다. "잠깐! 재판의 판결은 우리 두 사람이 함께 내려야 해요. 그리고 우리는 때마침 물고기가 날아다니고 나무 꼭대기에서 나뭇잎을 먹고 있는 광경을 한참 동안 구경하고 오느라고 늦었소." 그러자 쌕은 말하였다. "우리 선조들에게서 물고기가 날아다니고 나무 꼭대기에서 나뭇잎을 먹는다는 이야기를 나는 들어

본 적이 없소.” 라빗은 대꾸하였다. “그래요? 나는 덫을 나무 꼭대기에 설치해서 네 발 달린 짐승을 잡았다는 이야기를 우리 선조들에게서 들어본 적이 없소. 여기 계신 여러분들은 그런 이야기를 들어본 적이 있습니까? 그러니까 이 사건에서는 나무 위에 덫을 설치한 B가 감옥에 가야 합니다. 재판관 싹, 당신의 의견은 어때요?” 재판관 싹은 많은 사람들 앞에서 부끄러워 아무 말도 하지 못하고 벽만 바라보았다.

3) 상담자에 대한 슈퍼비전

〈136쪽 ‘슈퍼비전을 받고 싶은 내용’ 참고〉

① [내담자가 (경제적 상황이 바뀌기 어려운데) 가족 안에서 안정을 얻는 길은?] 너비야의 집은 조부모방, 부모방, 자매방으로 되어 있는 것 같다. 경제사정상 방이 네 개 있는 곳으로 이사 갈 수도 없고, 지금 그 집에서만 살아야 한다. 그런 상황에서 연년생의 자매가 같은 방에서 매일 티격태격하는데, 이 문제를 어떻게 해결할 수 있는가를 상담자는 궁금해하는 것 같다. 너비야 집에 거실이 있다고 하자. 그러면 꼴랍이와 너비야 중 한 사람이 거실의 한쪽 공간을 침실로 사용하도록 조처하면 된다. 두 개의 가리개를 사서 거실 중앙으로부터 침실의 공간을 가리고, 또 책상과 전기스탠드로 다른 쪽 칸막이를 하게 하라. 만약에 너비야가 거실조차 없는 협소한 집에서 살고 있다고 가정하자. 그럴 때는 칸막이를 2~3개 사서 자매의 방을 인위적으로 두 개의 침실 공간으로 나누는 것이다. 그래서 방문 앞의 출입구만 자매가 공동으로 드나들도록 하고, 서로 신체적 · 물리적 접촉을 막는 것이다. 그리고 하고 싶은 말은 카톡으로 정중하게 부탁하는 형식을 취하도록 한다. 또 방과 후에 집에 돌아와서 지내는 시간에는 너비야는 조부모의 방에서 놀고 공부하고, 언니 꼴랍이는 엄마 아빠의 방에서 지내다가 잠잘 때만 자기네 방으로 가는 것을 원칙으로 세울 수 있다.

② [친구관계를 중요시하는 내담자에게 사회성을 길러주는 방안은?] 친구들에게서 따돌림을 당하는 너비야를 도와주고 싶어 하는 상담자의 마음은 이해가 간다. 그런데 사회성 기술을 길러주는 것만으로는 다문화가정의 너비야 문제가 해결되지 않는다. 먼저 따돌림 현상에 대한 이해가 있어야 한다(홍경자, 오정선, 김유정, 2017, pp. 216-267; 홍경자, 2020b, p. 205).

인간세계나 동물의 세계에서 따돌림은 보편적으로 일어나는 현상이다.

첫째, 인간이나 동물은 자기네 특성과 같지 않은 부류를 배척한다. 이것이 '미운 오리 새끼 이론'이다. 그러니까 또래들은 너비야가 외모(옷차림), 언어 수준, 취미, 지적 능력(공부), 집안의 경제 사회적 수준 중에서 적어도 한두 가지가 자기네와 다르다고 느낄 때, 너비야를 자기네 집단에 끼워주지 않을 것이다. 너비야는 학교에서 줄곧 혼자 지내며 짝꿍하고 게임을 하다가 게임이 끝나면 집으로 돌아와 숙제를 한다(11회기). 어린이들은 4~5학년 때부터는 마음을 주고받는 대화를 통해서 우정을 다지게 되는데, 단순히 게임을 같이 한다고 해서 깊은 우정을 맺을 수 있는 것은 아니다. 너비야의 친구들은 공통의 흥밋거리가 많다. 가령 유튜브의 먹방 VJ 크리에이터, 짤, 아이돌 구독채널(방탄소년단), 블랙 핑크, 패션피플, 1인 드라마나 TV 드라마 등과 같은 것을 시청하고 그것에 대해서 대화를 나눈다. 그런데 너비야는 대화 소재가 빈곤하므로 그 애들과 통하는 이야깃거리를 나누기가 힘들다. 상담자나 너비야가 이 점을 인식해야 할 것이다. 따라서 상담시간에는 너비야의 지적 수준에 맞게(약 3~4학년 수준), 만화를 가지고 그 만화에 글을 써 놓고 대화를 주고받는 식으로 지도하면 좋을 것이다.

둘째, 인간이나 동물은 예쁘고 매력이 있어야 인기가 있다. 가능하다면 너비야의 어머니가 딸들의 외모를 말쑥하게 관리하도록 신경을 써 주어야 마땅하다. 오늘날 우리나라의 초등학교 5~6학년 여학생들은 멋을 부리고 화장품을 이것저것 사서 화장을 하기 시작한다. 그런데 동남아 출신의 이주민들은 소박하다. 사실상 소박한 단장이 바람직한 삶의 태도라고 볼 수 있다. 이런 것을 분별할 줄 모르는 미성년자인 또래의 눈에는, 너비야가 외견상 초라하게 비칠 가능성이 높다.

셋째, 힘센 자가 약한 자를 무자비하게 배제시킨다. 그러니까 너비야가 또래로부터 무시받지 않으려면, 어느 분야에서 힘센 자로서 두각을 나타내도록 힘써야 할 것이다. 너비야는 언어 표현이 어눌한 편이지만, 운동은 잘한다. 그러니까 태권도나 유도를 시키라고 부모에게 적극적으로 권유해 보는 것이 좋다. 아니면 컴퓨터나 드럼을 배우게 하라.

이상과 같이 따돌림의 요인을 살펴보자면, 너비야는 또래로부터 따돌림 당할 만한 여건이 모두 갖추어져 있고, 또래와의 격차는 앞으로도 여전히 남아 있을 것이다. 그러므로 다른 곳에서 생활의 재미와 소속감을 느끼도록 상담교사가 도와주어야 하겠다. 다문화가정의 학생들 모임을 만들고, 그 속에서 친구를 사귀게 하며, 운동단체에 소속되도록 주선해 줄 필요가 있다.

4) 상담자–내담자 관계와 발전 과제

상담자는 따뜻한 성품으로 열성적으로 너비야를 도와주려고 하는 모습이 잘 나타나 있다. 그러나 다문화가정의 학생 상담은 이번이 처음이기에, 상담 진행에 어려움을 겪는 듯한 인상이 든다. 상담자는 사전에 문화적 이해의 준비시간을 가지기 바란다. 그리고 상담 목표로 내담자에게 가르쳐 줄 내용(대인관계 기술 등)을 일관되게 집요하게 실천하기를 당부한다. 이를 위해서 상담과 관련된 전공분야의 기초를 다지기 바란다. 그리고 체계적으로 임하라. 그렇게 되면 전문성이 크게 발전할 것이다.

연습문제

1. 다문화가정 출신의 학생을 상담할 때 상담자가 먼저 유념하고 대비해야 할 사항은 어떤 것인가?
2. 따돌림의 원인을 어느 각도(피해자? 가해자?)에서 찾아보아야 할까?
3. 사회성 기술의 개발 요령을 어떻게 코칭할지 만화와 매뉴얼로 만들어 보라.
4. 청소년의 폭력과 자해 행위의 원인은 근원이 어디에 있다고 보는가? 또 이 문제를 어떻게 도와줄 수 있는가?
5. 상담자의 강점과 보완할 점은?

9장

운동선수 청소년상담 사례

"운동 슬럼프와 따돌림 때문에 너무 힘들어요"

I. 내담자의 기본 정보

인적 사항

15세 남자(중2), 야구 선수로 활동 중이다. 초등~중1까지는 ××북도의 중소도시에서 어머니와 같이 살았으나, 중1 때 서울 근교의 도시로 이사 와서 아버지와 할머니, 여동생(초5)과 같이 살고 있다.

상담 신청 경위

최근에 내담자의 표정이 어둡고 수업 태도가 좋지 못하며 무단결석을 자주하므로 담임교사가 상담실에 위촉하였다.

주 호소 문제

"운동 슬럼프와 반 아이들의 따돌림 때문에 운동에 집중할 수 없고 우울해요."

내담자의 특성

- 강점: 성격이 원만하며 친구 관계가 좋다. 근면하고 책임감이 강하다.
- 약점: 운동선수의 특성상 언어표현 능력이 약하고 감정 표현이 서투르다.

가족관계

- 아버지(40대 중반): 빌딩 관리인, 사업에 실패하고 가정불화 끝에 내담자가 초3 때 아내와 이혼했다. 조용하나 갑자기 화를 폭발하는 성격이다.
- 할머니(70세): 1년 전에 아버지가 모셔와서 가족 4명이 함께 생활하고 있다. 동네에서 아이돌보미로 파트타임 일을 하신다. 잔소리가 많다.
- 어머니(40대 중반): ××북도 ○○시에서 미장원을 경영한다. 남편과 이혼 후에 두 자녀와 함께 살았으나, 지병인 관절염과 심장병이 발생하여 자녀들을 남편에게 보내고 혼자 지낸다. 두 아이들에게 전화하고, 가끔씩 용돈을 준다.
- 여동생(초5): 착하지만 우는 소리를 잘한다.

인상 및 행동 특성

체격이 크고 건장한 인상이다. 말투가 다소 투박하고 내던지는 듯한 느낌이다. 운동선수로서 체중 관리에 힘쓰다가 가끔씩 폭식을 한다고 했다.

심리검사 결과 및 주요 해석

1) TCI

TCI	기질				성격			자율성 + 연대감
척도	자극추구	위험회피	사회적 민감성	인내력	자율성	연대감	자기초월	
백분위	80	75	45	10	25	49	20	35

2) SCT(아동·청소년용)

번호	제시문구	작성내용
11	내가 가장 좋아하는 사람은	엄마
12	내가 가장 싫어하는 사람은	사람을 골탕 먹이는 나쁜 애들
13	우리 아빠는	집안을 망하게 해서 밉기도 하고 불쌍하다. 갑자기 화를 내신다.
14	내가 가장 무서워하는 것은	친구들이 없고 혼자 지내는 것
19	나의 좋은 점은	인내심. 운동을 잘한다.
20	나는 때때로	나쁨 놈들을 야구 방망이로 때려주고 싶다.
23	나를 가장 슬프게 하는 것은	엄마가 아프고 혼자 떨어져 계신다.
28	내가 꾼 꿈 중에서 제일 무서운 꿈은	내가 악당들에게 쫓겨 도망간 꿈

〈검사결과〉

TCI에서 낮은 자율성(25)과 낮은 인내력(10)은 자기조절 능력이 떨어지는 것으로 볼 수 있다. SCT에서는 나쁜 놈을 야구 방망이로 때려주고 싶고(20번), 악당들에게 쫓겨 도망간 꿈(28번)은 내담자가 현재 또래들로부터 따돌림당하는 상황과 관련된 심정을 나타내는 것 같다.

Ⅱ. 상담자의 사례개념화

내담자는 이유를 알 수 없이 자기를 따돌림했던 또래들에 대한 적개심을 보이며, 운동 슬럼프로 인한 스트레스가 겹치면서 학교생활에 적응하지 못하고 있고 진로에 대해서도 불안감을 느끼고 있다.

1. 상담의 목표와 전략

• 목표

–또래들로부터 따돌림에서 벗어나 친구관계를 회복한다.

–운동 슬럼프에서 벗어나는 방법을 알고 싶다.
–전학 가는 방법을 알아본다.

- 전략

–또래에 대한 분노와 고통스러운 마음을 표현하도록 돕고 관계개선의 방안을 연구하기
–운동 슬럼프와 진로에 대하여 계획을 세워보기

2. 슈퍼비전을 받고 싶은 내용

"내담자의 의사소통 능력을 길러주는 문제와 은따관계에서 회복되도록 어떻게 개입할 수 있는지 궁금합니다."

3. 상담의 진행 과정

1~2회기

내담자('치타'라고 하자)는 현재 다니고 있는 학교에 1년 전(1학년 2학기)에 전학을 왔다. 초등학교 때부터 야구 선수로 활약을 했으므로 이 학교에 와서도 야구반에 들어갔다. 그는 발이 빨라서 홈플레이트(home plate)에 재빨리 접지하는 능력과 타자로서 타율이 좋아서 코치로부터 칭찬받았다. 특히 2학년 여름부터 주자로서도 그의 민첩성이 두드러져서 크게 인정을 받게 되었다. 짱(왕초 격)인 재원이('하이에나'라고 하자)와는 서로 무난한 사이였는데 한두 달 전부터 그가 치타에게 갑자기 생까고 따돌리기 시작했다고 한다. 하이에나가 치타의 어깨를 툭 치고 노려보면서 "야, 너 깐죽거리지 말고 말조심해!"라고 했다. 치타는 이유를 알지 못한 채 당하기만 했다고 한다. 하이에나를 따르는 친구들이 치타에게 쌀쌀하게 대하기 시작했고 자기네들끼리만 비밀스러운 말을 했다. 또 치타와 친했던 정민이, 이삭이, 지성이마저 자기를 보면 피하고 말을 하지 않아서 갑자기 외톨이가 되었다고 했다. 가장 고통스러운 것은 쉬는 시간과 점심시간이다. 자기 옆에 와서 같이 이야기하거나 식사하는 친구가 하나도 없기 때문에 어쩔 줄을 모르겠고 학교가 지옥 같다고 했다(분노와 슬픔의 눈물을 보임). 그래서 학교 오기가 싫어 결석을 자주 했고 야구 연습 때 성적이 오르지 않고 헛방망이만 휘두른다고 하였다.

치타의 담임 선생님이 치타의 아버지에게 전화를 걸어서 학교 내방을 권유하였다. 나도 치타의 아버지와 통화를 하였다.

3회기 치타와 아버지 상담

치타의 아버지가 상담실을 찾아왔다. 나는 치타가 따돌림을 당하고 있는데, 학교 아이들과 치타 사이에 서로 오해가 있었던 것 같고 그것 때문에 따돌림을 당하고 있지만, 학교 선생님과 치타와 급우들이 함께 이 문제를 잘 풀어나가려고 하므로 앞으로는 나아질 수 있을 것이라는 희망을 불어넣었다.

치타는 전학을 가고 싶다고 하였다. 아버지는 전학을 가는 것에 반대하였다. 전학을 가려면 아들의 생활기록부에 왕따에 관한 기록을 교육청에 남기는 것이 좋지 않고, 또 거주지를 옮겨야 하는데 그것이 불가능하다는 것이다. 그래서 차라리 전반을 원했다. 그러나 치타는 전반을 하면 학교에 소문이 나서 더 다니기가 힘들다고 하였다. 전학, 전반이 모두 가능성이 낮게 보였으므로 치타가 일단은 학교에 다니면서 상담을 계속하자고 권유했다. "너의 마음의 짐이 너무 무거워 보이니 그 일부를 나에게 주겠니? 나한테 줘 봐." 그러자 치타는 마지못해서 주는 시늉을 했다. "이제 좀 가벼워졌지? 지금부터 상담 선생님하고 마음의 짐을 나누었으니 잘해 나갈 수 있을 거야. 내일 학교에 오고 싶은 마음이 100 중에서 얼마쯤 될까?(척도 질문)" 치타는 20점이라고 했다. "와, 20점이네. 그럼 내일 학교는 오겠구나." 하고 말한 뒤 등교하기로 서로 손가락을 걸고 약속하였다.

치타 아버지에게는 따로 불러서 아들을 야단치지 말고 지켜보고 격려해 주라고 당부하였다.

4회기

치타의 아버지에게 치타가 계속 등교하도록 도와달라고 부탁하는 전화를 하였다. 치타 아버지는 학교 담임 선생님이 가해학생을 처벌하지 않는다고 비난하고 화를 냈다. 나는 치타가 입은 피해를 최소화하며 정상적인 교우관계를 회복하도록 최선을 다하겠지만, 지금은 가해자의 입장이 처벌 대상이 될 정도인지를 결정하기가 매우 애매하다고 말씀드렸다. 그리고 청소년들은 서로 티격태격하면서 정들고 우정도 생기는 것이니까 우선은 그들끼리 잘 화해하는 길을 찾아보고, 치타가 학교생활에 잘 적응하는 쪽으로 서로 노력하자고 하였다. 그래도 치타 아버지는 담임 선생님의 부적절한 지도와 왕따시키는 학급 아이들을 비난하였다. 나는 "아버님 말씀은 알겠는데, 그러시는 게 ××(아들)이 학교생활을 하는 데 어떤 도움이 되나요?(자기평가 질문)"라고 질문했다. 그리고 "아드님이 학교를 잘 다니기를 바라시는데, 그렇게 학교 탓을 하는 게 어떤 도움이 되나요?"라고 다시 정중하게 자기평가 질문을 했다. 아버지는 "그래도 교육이 이러면 발전이 될까요?"라고 하였다. "아버님, 교육의 발전과 ××(아들)가 학교 잘 다니는 것 중에 어느 것이 더 우선적인 바람이신가요?"(진정한 바람 탐색) 했더니, "일단은 우리 아이가 학교 잘 다니는 게 우선이죠."라고 하셨다. 나 역시 두 아이의 부모이므로 아버님의 마음을 잘 이해한다고 말씀드리고, 서로 잘해 보자는 것과 협조를 부탁하였다.

치타는 운동 연습에 의욕을 보이지 않고 결석을 자주하므로 야구 감독님이 야단을 치셨다고 했다. 더 이상 감독님을 실망시키지 않고 운동에 집중하고 싶다고 하였다. 그런데 운동연습을 열심히 해도 전혀 진보되지 않아서 속이 상한다고 했다. 그리고 자기와 친했던 친구들마저 왜 자기를 멀리하고 피하는지 알 수 없고, 배반당한 것 같다고 하였다. 전학을 가고 싶은데 그게 안 되고 학교도 싫다고 하였다. 오늘은 치타가 SCT와 TCI의 심리검사를 받도록 하였다.

나는 치타의 담임교사와 연락을 취하고, 치타와 하이에나의 교우관계(역학관계)를 자세히 알아보았다.

5회기

치타는 상담실에 와서 '교실에는 안 들어가고 양호실에 있고 싶다.'고 했다. 그리고 전학 가고 싶은 마음을 이야기했다.

5회기 축어록

치타: 옛날에는 학교가 좋았는데, 지금은 아니에요. 아빠에게 잘 말씀드려서 전학을 가고 싶어요. 아빠가 화를 내시겠지만요.

상담자: 너희 집 주소를 옮기기가 어렵다고 하셨지? 그래도 너는 전학 가고 싶은 마음이 크구나.

치타: 근데 제가 결석을 많이 했는데요.

상담자: 그게 걸리니? 네가 전학을 가더라도 결석한 것은 그대로 표시되는 거야. 그리고 결석이 너무 많은 경우에는 전학 가기가 힘들 수도 있단다. 지금 너는 전학 가고 싶은 마음과 여기 다니고 싶은 마음을 0에서 10까지 척도로 표시한다면 몇 대 몇일까?

치타: 10 : 0, 아니 10 : 0.5예요.

상담자: 그렇구나. 그런데 전학이나 전과가 힘들어 보이니까 어쩌지? 우선은 너랑 나랑 노력해서 일단 이 학교에 잘 적응하도록 마음을 잡아 보자. 지금처럼 힘들어지는 데 한두 달 정도 걸렸으니, 나아질 때도 시간이 좀 걸릴 거야.

치타: (고개를 끄덕임)

상담자: 가만 있자, 내가 좋은 이론을 하나 소개해 줄게. 미국의 정신과 의사인 글래서 박사가 '현실요법'이라고 하는 상담이론을 개발했거든. (선택이론의 차트를 보여 주면서 설명함) 네 머릿속에는 네가 바라는 것들이 들어 있고 그런 너의 바람을 성취하기 위해서 너는 여러 가지 행동을 하는 거야. 그러니까 너의 머릿속에는 너에게 유익한 '좋은 세계'의 사진첩이 들어 있단다. 그런 꿈과 좋은 세계를 만들기 위해서 네가 어떻게 해야 할까?

그것은 전행동(total behavior) 중에서 생각하기와 활동하기를 선택하는 거야. 그러면 너의 신체 감각도 좋아지고 마음도 편안해진단다. 예를 들어 보자. ××야. 네가 아침에 학교오기가 힘들지만, 등교하기로 마음을 먹고(생각하기), 학교를 오는 것(활동하기)을 선택하는 거야. 그러면 아침보다 더 혈색이 좋아지고(신체 감각), 그런 것들이 전학을 가게 되더라도 도움이 되니까 마음이 편안하게(느끼기) 되는 거란다. 그러니까 일단은 학교 교실에 들어가기로 결정하는 거야. 그것이 '생각하기'란다. 그러고 나서 용기를 내서 교실에 들어가는 거야. 그것이 '활동하기'란다.

이때 친구들이 너를 차갑게 바라본다든지 모른 척하고 말도 건네지 않아도 너는 너의 마음을 붙들어라. 길게 심호흡하고 "괜찮아, 괜찮아. 나는 잘할 수 있어."라고 셀프 토킹(self-talking)하는 거야. 그 애들의 눈치를 보는 것은 너에게 해롭단다. 그런 것은 무시하고 오직 네가 해야 할 일, 공부와 운동에만 집중하는 거야(마음챙김의 심호흡 방법을 가르쳐 줌).

(치타는 심호흡하기를 연습한 뒤에 편안하다고 말함)

치타: 우선은 학교에 와야겠어요. 그런데 아빠가 계속 화를 내시니까 나도 하이에나랑 친구들이 더 싫고 무서워요.

상담자: 선생님이 아빠의 마음도 선택이론으로 설명해 줄까?

너의 아빠의 머릿속에는 '좋은 세계'에 대한 사진첩이 들어 있단다. 아들이 학교에 잘 다니고 친구들과 사이좋게 지내고 운동도 잘하는 것, 그것이 아빠의 머릿속에 든 '좋은 세계' '좋은 꿈'이야. 그런 꿈을 이루는 데 도움이 되도록 아빠는 여러 가지 행동(전행동)을 할 수 있어. 생각하기, 활동하기, 신체 감각, 느끼기가 그거야. 그런 것들 중에서 어떤 것을 선택하느냐는 아빠의 마음이란다. 아빠가 화를 내고(느끼기) 너의 반 아이들을 비난하는(행동하기) 것을 선택할 수도 있어. 그러나 아빠가 마음을 바꾸어서 네가 학교생활을 잘하도록 다른 것을 선택할 수도 있단다. '아이들은 싸우면서 자란다. 한때 티격태격했다가 또 친해지는 것이 사내아이들의 세계야. 내 아들이 자기 힘으로 노력해서 잘 이겨나가는지 지켜보기로 하자.'라는 생각을 선택할 수도 있단다. 물론 많은 부모들에게 이런 생각을 선택하기는 쉽지 않지. 그래도 가끔씩 그런 부모도 있어. 너는 아빠에게 뭐라고 말씀드리고 싶니?

치타: "아빠, 우선은 학교에 다녀볼게요. 상담 선생님이 잘 도와주시니까요. 그러고 나서 또 볼게요."

상담자: 그래, 참 잘 생각했다. 우리 '좋은 세계'를 잊지 말자.

6회기

치타의 가족관계에 대해 알아보았다.

치타 아버지는 동업자와 사업을 하다가 동업자에게 속아 사업이 망했고 어머니와 많이 싸운 다음에 이혼을 했다(초3 때). 아빠는 혼자 서울 근처로 가서 사셨다. 엄마는 ×× 시에서 미장원을 하시며 치타와 여동생과 4년간 같이 살았다. 그러다가 엄마는 2년 전에 심장병과 관절염이 악화되어 미장원도 제대로 운영할 수가 없게 되었다. 그래서 치타와 여동생은 작년 가을부터 아버지와 같이 살고 전학 오게 되었다. 아빠는 시골에 계시는 할머니를 모셔왔다. 이유도 없이 화를 잘 내는 아빠가 밉기도 하지만, 그래도 매우 불쌍하다. 지방에서 혼자 사시는 엄마 건강이 몹시 걱정된다. 엄마는 가끔 전화하고 조금씩 용돈도 보내주신다.

7회기

심리검사 결과를 치타에게 해석해 주었다.

그동안 치타와 하이에나의 역학 관계를 탐색하여 알아낸 사실은 다음과 같았다.

지방에서 전학 온 치타가 야구 감독으로부터 갈수록 인정받게 되고 또래들이 그를 따르자 하이에나가 은근히 불안한 것으로 보였다. 치타는 말수가 적고 다소 무뚝뚝한 어투인데, 그것이 하이에나에게는 잘난 척하는 것으로 보였을 가능성도 있다. 그러나 치타는 힘(power)에 대한 욕심이나 지배욕은 적고, 원만한 성격이다. 친구들을 잘 챙기다 보니까 그를 좋아하는 또래들이 몇 명 주변에 모였다. 이것은 하이에나가 제 1스타인데 갑자기 촌놈 치타가 제 2스타로 나타난 셈이다. 하이에나가 긴장해서 자기를 따르는 또래들을 챙기기 시작했다. 한두 달 전에 치타가 무심코 한 말이 이렇게 큰 파장을 불러왔다는 것을 치타는 전혀 모르고 있었다. 상담자가 또래들 한 명 한 명을 상담

실로 불러 대화한 후 밝혀진 것이다. 언젠가 ××선생님이 큰 소리로 하이에나 아빠와 전화하는 것을 치타가 보았다. 그 사실을 치타는 별생각 없이 이삭에게 말했다. "하이에나 아빠는 ××선생님과 잘 아시나 봐. 서로 친하게 전화하더라." 이삭은 그 말을 지성이에게 전했다. 그런데 현철이가 옆에서 같이 있었는데 그 말을 하이에나에게 부풀려 말한 것이다. "야, 네 아빠가 ××선생님한테 전화 자주 하신다며? 너 잘 봐달라고." 그 당시 현철이의 심리가 어떤 것인지는 추리해 볼 필요가 있다. 그 말을 듣고 나서 하이에나가 치타를 은근히 왕따시키는 작업으로 들어간 것 같다. 그 뒤부터 치타를 따랐던 이삭, 지성이, 정민이가 하이에나의 눈초리가 무서워서 치타를 피하고 치타와는 거리를 두는 행동을 한 것으로 보인다.

나는 수컷 세계에서 벌어지는 세력 다툼(힘겨루기)의 현상이 중2의 또래 싸움에서 나타났다는 것을 알게 되었다. 치타의 억울함을 밝혀주는 것과, 또 하나, 하이에나와 또래들의 은밀한 동맹을 일일이 파헤쳐서 따돌림의 가해자로 적발하여 크게 문제화하는 것이 과연 교육이념에 부합하는지를 결정하기가 힘들었다. 사춘기 사내아이들은 곧잘 몸싸움하다가 또 친해질 수 있는 것인데, 교사와 학부모가 과잉 개입하는 것이 바람직하지 않다고 본다. 가해자-피해자로 보이는 아이들이 긴장을 풀고 서로 악수하게 하는 방법을 찾아보려고 한다.

8회기

치타는 많이 달라져 있었다. 얼굴 표정이 반듯하고 말도 자신감 있고 또렷했다. 아빠와의 관계와 전학에 대하여 알아보았다. 다시 한번 전학 희망과 그 이유를 묻고 생각을 정리하게 했다. 그리고 역할 연습을 했다. 나를 아빠라고 생각하고 치타의 바람을 솔직히 이야기해 보라고 하여 자리를 바꾸어 앉았다. 치타는 매우 불안한 얼굴로 주눅이 들어 전학 가고 싶다는 말을 했다. 나는 수동적, 공격적, 주장적 의사소통에 대해서 설명해 주고 그 자료를 주었다. 집에 가서 주장적 의사소통의 요령을 혼자서 연습해 보라고 과제를 주었다.

9회기

치타는 아빠에게 말씀드렸는데 전학을 반대하신다고 했다. 그래서 아빠에 대한 분노가 다시 일어나고, 말수가 적었다. 나는 치타에게 심호흡을 연습시켰다. 그리고 너의 마음을 알아보기 위해 그림을 그려 보자고 하고 집, 나무, 사람(HTP)을 그리게 했다.

10~11회기

그동안 하이에나와 그를 따르는 아이들을 불러서 서로 치타와 사이좋게 지낼 수 있는 길을 찾아보라고 하였다. 그리고 "너희들이 단체로 치타에게 사과하겠니, 아니면 1 : 1로 만나서 이야기하겠니? 너희들이 정해 봐." 하고 선택권을 주었다. 그랬더니 아이들이 모두 개인적으로 만나서 이야기하는 쪽을 선택하였다. 상담실에 치타가 앉아 있고 한 명씩 아이들이 들어와 서로 대화하도록 하였다. 일이 잘되었다. 무엇보다 치타가 하이에나를 무시하고 잘난 척한 적이 없다는 것을 하이에나에게 말하였다. 그리고 치타는 그동안 나의 코치를 받아 주장적인 의사소통의 기술을 배웠으므로 자기의 마음을 잘 이야기했다. 자기는 하이에나를 좋아하고 하이에나의 능력(리더십)을 좋아한다는 것과 하이에나랑 친구들과 예전처럼 사이좋게 지내고 싶다는 말을 했다. 그리고 하이에나도 그동안 오해한 것에 대해서 미안하다고 하였다.

1 : 1의 대화 시간이 모두 끝난 다음에, 그들을 전부 소집하고 서로 악수하며 포옹하라고 했고 준비한 음료수를 주었다. 이렇게 해서 3~4개월 만에 은따 현상이 잘 해결되었다.

12회기

치타는 상기된 얼굴로 상담실로 왔고, 감사하다고 했다. 치타의 아버지도 감사 전화를 하였다.

상담자: ××야, 너 기분이 어떠니?

치타: 너무 좋아요.

상담자: 애들이랑 이제는 잘 지내?

치타: 네. 이삭이, 정민이, 지성이가 와서 미안하다고 했어요. 하이에나가 무서워서 나를 피했다고 했어요.

상담자: 그러니까 이제 잘 되었구나. 하이에나랑 다른 친구들과는 어떻게 지내니?

치타: 하이에나가 저한테 고개도 끄덕이고 친구들도 쌀쌀맞게 굴지는 않아요. 그래도 자기네들끼리만 귓속말을 해요. 나는 그냥 그대로예요.

상담자: 서로 어색하고, 친해지지 않는다는 말이지?

치타: 네.

상담자: 시간이 걸리겠지. 마음 편안히 먹고 너는 운동과 공부에 올인하면 좋을 거야. 아직도 전학 가고 싶다는 생각이니?

치타: 아닙니다. 그 생각은 버리기로 했어요. 여기서 열심히 공 때릴 거예요.

13회기

나는 치타와 월 1~2회씩 가볍게 만나기로 하고, 이번 상담을 종결하였다.

Ⅲ. 상담자의 사례개념화

1. 정신역동적 접근의 사례개념화

상담 신청 경위를 보면 내담자는 최근에 표정이 어둡고 수업 태도가 좋지 못하며 무단결석을 자주 해서 담임교사가 상담을 신청하게 되었다.

내담자는 열 살 때 부모가 이혼하여 4~5년 동안 어머니와 살았으나 어머니가 아프게 되면서 내담자와 여동생은 아버지, 할머니와 함께 살게 되었다.

어머니는 현재 떨어져서 살고 있으나 이후에도 자녀와 연락을 유지하고 있는 편으로 보이며 가끔 용돈도 주는 것으로 보고되고 있다. 어머니는 내가 가장 좋아하는 사람이고 아프고 혼자 떨어져 계셔서 내가 가장 슬퍼지게 되는 대상이다. 아버지는 집안을 망하게 한 사람으로서 밉고 갑자기 벌컥 화를 내는 종잡기 어려운 사람이다. 그러나 한편으로는 이 아버지는 불쌍하다고 표현하고 있다.

전반적으로 볼 때 내담자의 성장배경에서 부모의 이혼을 경험했으나 이후 어머니와 현재는 아버지, 할머니의 돌봄 아래에서 크게 표면적으로 드러나는 문제는 없이 성장한 것으로 보인다. 내담자는 현재 운동선수로 훈련받고 있으며 감독 및 코치로부터 운동 능력과 성과로 칭찬을 받기도 하였다.

그러나 최근 자신을 따돌렸던 친구들에 대한 불신과 적개심이 있고, 이와 함께 운동 슬럼프로 인한 스트레스가 가중되어 수업태도 불량 및 무단결석 등으로 자신의 행동을 잘 통제하지 못하는 모습으로 어려움을 느끼는 것으로 보고하고 있다.

이에 상담에서는 현재 겪고 있는 또래 친구들과 적절한 의사소통관계를 만들 수 있도록 조력하는 것이 필요하다. 특히 장기적으로 내담자가 전문 운동선수로 충분한 기능을 발휘할 수 있도록 자기조절적 스트레스 해결과 관련하여 상담 전략을 계획하는 것이 요청된다. 상담과정에서 상담자는 내담자를 안전하고 편안할 수 있도록 수용하고(holding) 반영하면서(mirroring) 울타리를 만들어 주는(surviving) 심리적 환경 조성이 중요할 것이라고 생각한다.

1) 상담자가 수립한 상담 목표와 전략 및 진행 과정

상담자의 상담 목표는 '또래들과의 갈등 관계에서 벗어나 친구관계를 회복한다, 운동 슬럼프에서 벗어난다, 전학 가는 방법을 찾는다.'이다. 그리고 전략은 '내담자의 억압되어 있는 분노와 고통스러운 마음을 표현하도록 돕기, 운동 슬럼프와 진로에 대하여 계획을 세워보기.'이다.

상담자는 적절하게 상담 계획을 수립하고 상담 회기 중 다양한 전략을 통해 내담자의 문제해소를 조력하고 있는 것으로 보인다. 더 나아가서 본 상담에서 우선 내담자가 또래와 소통할 수 있는 길을 찾고 장기적으로는 진로결정에 따른 전문 운동선수로 성장해 나갈 수 있도록 하는 상담 전략을 계획해 보면 좋을 것 같다. 그리고 상담자가 개입한 내용은 회기별 상담자의 자기 평가 부분에서 제시되면 좋겠고 아버지와의 면담 등은 회기 외에 별도로 기술하는 것이 어떨지 제안해 본다. 그림검사, 역할놀이, 주장적 의사소통기술 코칭, 마음챙김에서의 호흡방법 등 회기 내에서 사용한 상담 기술 및 기법이 다양하다. 이 또한 상담 사례 소개 부분에서 충분히 드러나게 기술해 주면 좋겠다.

2) 상담자에 대한 슈퍼비전

〈172쪽 '슈퍼비전을 받고 싶은 내용' 참고〉

[내담자의 의사소통 능력을 길러주는 문제와 따돌림 극복의 요령은?]

슈퍼비전을 통해 도움 받고 싶은 점은 내담자의 의사소통 능력을 길러주는 문제와 은따관계에서 회복되도록 어떻게 개입할 수 있는지 궁금하다는 것이다. 상담 회기의 전개를 볼 때 내담자의 은따문제는 소통을 통하여 서서히 해결되고 있다. 그러므로 여기에서는 의사소통과 상담에서 드러난 몇 가지 주제를 중심으로 이야기해 보고자 한다.

(1) 내담자의 의사소통 능력을 길러주는 문제이다. 이를 상담자와의 관계에서 생각해 보고자 한다. 우선 상담 개입에 있어서 상담자가 상당히 주도적이고 교육적인 역할을 하고 있는 것 같다. 문제해결을 중심으로 상담하고 있는 것이 확연하게 보인다. 결국은 학내에서 일어난 '은따 사건'을 해결했다고 보고하고 있다. 5회기에서는 현실요법의 핵심과정을 단 한 번으로 설명해 주고 있다. '너는 너의 마음을 붙들어라'는 말로 일갈하며 마음챙김의 언어와 심호흡 방법을 가르치고 내담자가 바로 자신에게 적용해 보도록 한다. 상담자의 빠른 상담 전개와 실력이 놀랍다. 물론 내담자는 심호흡을 따라 했고 편안하다고 말한다. 이에 따라 이 학교에 더 다니고 싶은 마음은 1도 없고 완전 0이라고 대답하던 내담자가 우선은 학교에 와야겠다고 한다. 그래도 8, 9회기에서까지 전학해야겠다고 말하고는 있지만 말이다. 그리고 상담자는 선택이론을 들고 아빠의 마음도 내담자에게 설명해 준다. 이에 따라 내담자는 아빠에게 말할 거리도 생각해 낼 수 있었다. 학교 안 다니겠다고 고집하고 실제로 무단결석을 자행하던 내담자가 이제는 본인이 학교 더 다녀보겠다고 말해야겠다고 하였다. 상담자의 설명이 쉽기도 하고 내담자가 이해도 곧잘 하는 것 같다. 또한 상담자는 상담관계에서의 딜레마를 나름의 분명한 교육관으로 해결하고 있는 것을 볼 수 있었다. 이는 7회기에서 내담자와 또래들 간의 역학관계 탐색에서 드러나고 있다. '내담자의 억울함을 밝혀주는 것과 또 하나, 주도인물과 또래들의 은밀한 동맹을 일일이 파헤쳐서 따돌림의 가해자로 적발하여 크게 문제화하는 것이 과연 교육이념에 부합하는지를 결정하기가 힘들었다. 사춘기 사내아이들은 곧잘 몸싸움하다가 또 친해질 수 있는 것인데, 교사와 학부모가 과잉 개입하는 것이 바람직하지 않다고 본다. 가해자-피해자로 보이는 아이들이 긴장을 풀고 서로 악수하게 하는 방법을 찾아보려고 한다.'고 말하고 있지 않은가? 이와 같은 측면들에서 상담자는 매우 주도적이라고 볼 수 있는데 학내에서의 갈등 및 마음이 갈팡질팡하는 청소년기의 내담자에게 아버지와는 또 다른 견고하고 단단한 울타리의 기능을 다한 것이 아니겠는가 생각한다. 이것이 내담자에게는 안정감으로 다가간 것 같다. 8회기에서 내담자는 얼굴 표정이 반듯하고 말도 자신감 있고 또렷해졌다, 내담자가 많이 달라졌다고 기술하고 있다. 분노가 일게 되는 아빠에게도 자기 의견을 이야기해 볼 수 있게 되었다. 무엇보다도 내담자는 이후에 친구들의 태도가 다소 바뀌기도 한 점은 있으나 '자신은 그냥 그대로'라고 말한다. 그리고 묵묵히 '여기서 열심히 공 때릴 거예요.'라고 말하고 있다. 나름의 울타리를 경험한 뒤의 결심이 아닐까 생각한다. 그러므로 내담자의 의사소통 능력, 특히 자기주장적 소통 능력은 우선 상담자와 내담자의 관계 속에서 배워지고 연습함으로써 일어나고 있었던 것을 알 수 있었다.

(2) 상담 개입에서 상담자가 설명해 주고 있는 '좋은 세계'가 내담자에게는 어떤 것인지 궁금하다. 상담자는 이를 '머릿속에 들어 있는 네가 바라는 것들, 네게 유익한 좋은 사진첩'이라고 정의해 주고 있다. 상담에서는 충분하게 내담자의 그 '좋은 세계'를 들어주는 것이 필요해 보인다. 내담자는 현재 너무 힘들고 우울하다고 호소한다. 내담자가 현재 겪고 있는 문제는 분명하게 무엇인가? 운동 슬럼프인가? 반 아이들의 따돌림인가? 혹은 반 아이들의 따돌림 때문에 운동에 집중할 수 없고 우울해서 운동 슬럼프라고 하는가? 아니면 반 아이들의 따돌림도 있고 마침 운동 슬럼프도 와서 우울한 것인가? 단순한 문제를 어렵게 하자는 것이 아니라 우선 내담자는 지금 겪고 있는 문제를 차근차근 자신의 말로 설명해 보면 좋을 것 같다. 내담자 특성에서 보면 내담자가 언어 능력이 약하고 감정 표현이 서투르다고 기록되어 있다. 이것이 어느 정도인지는 모르겠으나 내담자도 자신의 감정과 의견이 있을 것이다. 내담자가 상담에 와서 할 일은 비록 맥락 없고 서투르겠지만 자신의 마음을 말해 보는 것이다. 학교에 전학 와서 경험한 것들, 친구들 이야기, 운동부에서 칭찬 들은 이야기들을 실컷 해 보면 좋을 것 같다. 내담자는 현재 버럭 화를 내는 아버지와 할머니, 우는 소리를 잘하는 여동생 누구에게 일상을 이야기하고 있겠는가? 상담자가 편안하고 수용적으로 그 이야기들을 담아주고 되돌려주는 동안 내담자는 현재 자기 문제의 실마리를 붙잡을 수 있을 것으로 생각한다. 그 실마리의 끝이 '좋은 세계' 아니겠는가? 친구들과의 관계에서, 그리고 운동선수로서의 진로에서 내담자는 어떤 바람을 피력하고 있었던가? 혹시 엄마와 떨어져서 이곳으로 살러 오게 될 때의 이별과 상실감도 표현될 기회가 있다면 이후 내담자는 앞으로 나아가기가 더 쉬울 것 같다. 이때 '좋은 세계'는 더욱 선명하게 자신의 모습을 드러낼 수 있을 것 같다. 그러므로 내담자의 의사소통 능력을 위하여 먼저 자신의 이야기를 충분히 할 수 있는 환경의 조성이 필요한 것으로 생각한다.

(3) 6회기에서 상담자는 가족관계에 대하여 내담자와 이야기한 것 같다. 자신의 가족 상황에 대한 내담자의 이해나 설명은 무엇인가? 무엇보다도 엄마에 대한 내담자 자신의 감정을 들어 보고 싶다. 부모가 싸우고 이혼하는 상황, 아빠 혼자 나가서 살던 상황, 그리고 엄마가 아프고 양육이 힘들어져서 내담자와 동생이 엄마로부터 떨어져야 했던 상황들에 대하여 내담자가 자신의 관점으로 표현하고 정리하는 과정이 필요할 것이다. 굳이 슬프고 우울한 것을 드러내면서 지금의 내담자 행동과 문제의 원인을 말하려는 것보다는 내담자가 겪은 자신만의 일을 이야기해 볼 수 있는 기회, 그리고 스스로 정리하여 '좋은 세계'이든 앞으로의 바람직한 삶이든 '재구성'해 볼 수 있는 목적이 분명한

기회로 만들어 주면 좋을 것 같다. 내담자는 남자 청소년으로서 뭔가 힘 있게 자발적으로 행동하고 성취하기 위해 나서고자 할 때 필요한 것은 무엇일까? 이 내담자를 생각할 때는 다듬어진 감정적 에너지가 아닐까 생각한다. 이것의 바탕은 어머니에 대한 표상이다. 모성적 정서가 주는 격려와 안정감을 내담자는 일상에서 경험할 수 있으면 좋겠다. 혹시 지금 함께 살고 있는 할머니는 내담자에게 어떤 분이실지 궁금하다. 다행스럽게도 엄마가 가끔 전화도 하고 용돈도 보내준다고 했다. 이것을 크게 의미부여하고 가지고 와서 내담자의 '좋은 세계'의 토대로 삼아볼 수도 있을 것 같다. 물론 실제적인 어머니로 끝인 것은 아니다. 내담자는 자기 자신에게 진취적인 동기를 부여하고 앞으로 전진하게 하는 어떤 힘을 이미 보유하고 태어났을 것이다. 상담에서는 이 부분을 믿고 의식화할 수 있도록 도와주면 좋을 것이다. 그러므로 내담자 의사소통 능력의 핵심으로 모성적 정서가 든든한 것이 도움이 될 것이다.

(4) 다음은 진로와 관련하여, 특히 내담자가 운동선수로서 운동 슬럼프에서 벗어나고 싶다고 한 것을 중심으로 이야기하고자 한다. 먼저는 감정과 관련한 것이다. 전체적으로 보면 내담자는 감정면에서 잘 기능하지 못하고 있는 것으로 보인다. 내담자는 현재 전문 운동선수가 되고자 하는 훈련 중에 있다. 운동선수에게는 감정이 중요하다. 『NLP 상담이론』(설기문, 2003)을 보면 감각선호표상에 따라 전문 운동선수일수록 감정형 혹은 내 기분 혹은 몸의 상태 이런 것이 성과에 굉장히 영향을 준다고 말한다. 그래서 전문 선수들일수록 감정 혹은 신체적인 면을 관리해 주는 개인적인 시스템을 가지는 경우를 보고 있다.

내담자에게도 앞으로 이러한 주제는 계속 있을 일이 되겠다고 생각한다. 상담 목표가 지금 슬럼프를 벗어나는 방법을 알고 싶다고 한다. 다운된 것 올리고 그것으로 끝나는 것이 아니라, 실제로 이 내담자는 동료문제뿐 아니라 전문 선수로 가려면 중요한 것이 자기 마음이 무엇인지를 아는 것이 필요하다. 역시 다른 사람 마음은 무엇인지, 그리고 두 마음이 서로 소통하며 공감하는 것은 어떤 것인지 이해할 수 있다면 도움이 될 것이다. 이것이 이 내담자에게 중요한 주제로 생각된다. 이것들은 EQ의 요소들이기도 하다. 내 마음을 알 뿐만 아니라 내 마음을 조절하는 것도 이 내담자에게 필요한 것으로 보인다.

미국의 수영선수였던 비온디는 우리나라에서 개최된 세계선수권올림픽대회에서 3관왕을 한 사람으로 알려져 있다. 당시 미국에서 선수선발을 위한 심리검사 총책임자가 '학습된 무기력'으로 유명한 셀리그만이었다고 한다. 비온디는 선수선발전에서 좋은 점수를 얻지 못하였다. 그러나 셀리그만은 비온디가 꼭 출전해야 된다고 하였고, 출전한 결과는 남달랐다. 비온디는 '스스로 동기유발을 잘하는 사람'이었다고 보고되고 있다. EQ의 요소 중에는, 내 마음이 뭔지 안다, 네 마음이 뭔지 안다, 내가 너와 관계할 줄 안다, 그리고 스스로 동기유발을 잘한다는 것이 포함된다.

이 내담자는 제시된 검사에 의하면 인내력이 상당히 낮다. 인내는 목표를 향해 계속적으로 도전하는 것이다. 그것이 지금 말하고 있는 동기유발 관련이다. 현재 내담자가 감정을 타고 있는 것 자체는 그럴 수 있다. 그러나 상담에서 앞으로 자기감정을 조절하고 동력을 잃지 않을 수 있는 실제적 대안들을 논의하는 것이 필요하지 않을까 생각한다. 이는 자연히 스트레스를 견뎌내는 것과도 관련이 있을 것이다.

이 사례에서 내담자는 스트레스가 있을 때 어떤 식으로 풀고 있는지 살펴보면 좋을 것 같다. 한 가지 알 수 있는 것은 내담자는 현재 어려움을 당하고 있으면서 계속 전학을 가겠다고 주장하고 있다. 전학을 가면 어디로 가고 싶은지, 다른 곳으로 가서는 어떻게 행동하고 있을 것인지 물어보면 좋겠다. 요컨대, 내담자는 스트레스 상황에서 회피하는 쪽이 더 많이 보이는 것 같다. 이와 더불어 본 상담에서 가장 큰 성과 중에는 내담자가 결국 전학 가지 않는 것으로 마음을 먹는 것이다. 이를 결정하는 데 무엇보다 중요한 것은 내담자가 회피만 하던 소통방식에서 직접적으로 대면하는 소통방식을 사용함으로써 가능할 수 있었다고 생각한다. 10~11회기에 의하면 내담자가 그 따돌림에서 중요한 인물인 친구에게 '내가 너를 무시하고 잘난 척한 적이 없다.'고 말하고 있다. 이는 물론 상담자가 코칭하여서 활용할 수 있게 된 주장적 의사소통 기술이다. 감정은 표현되어야 한다고 말한다. 특히 청소년 내담자에게는 더욱 그러하다. 직접적으로 드러내고 행동하면서 본인이 속한 집단과 소통할 수 있는 능력이 계속 배양되어야 할 것이다. 이와 함께 표현되지 않을지라도 본인의 감정을 먼저 알아채고 이해하는 것이 우선인 것은 거듭 강조하는 것이다. 이에 상담자가 내담자를 조용히 수용하고 반영하면서 견뎌주는 것이 큰 역할을 하는 것이 아닌가 생각한다.

연습문제

1. 현재 청소년기의 내담자를 자아(ego) 발달 측면에서 조력한다면 어떤 부분이 보완되어야 할 것인지 토의해 보시오.
2. 내담자가 가지고 있는 부모에 대한 양가감정, 특히 어머니에 대한 정서가 내담자의 추후 자기조절력과 어떻게 연관될 수 있는지 토의해 보시오.
3. 상담자의 수용하고(holding) 반영하면서(mirroring) 견뎌주는 것(surviving) 그리고 제공하는 것(providing)을 찾아보고 대상관계적 상담의 입장에서 토의해 보시오.

2. 인지적 접근의 사례개념화

내담자는 중학교 2학년 남학생으로, 야구 선수로 활동하고 있는데 운동 슬럼프가 와서 힘들어하였다. 또한 내담자의 표정이 어둡고 수업태도가 불량하여 무단결석을 자주 해서 담임교사의 권유로 상담을 시작하게 되었다. 내담자의 부모는 내담자가 초등학교 3학년 때 이혼하였고 내담자는 부친과 조모가 양육하였다. 최근에 친구들이 갑자기 내담자를 따돌리면서 친구들에 대한 불신과 적개심, 분노가 보이고 동시에 운동 슬럼프가 가중되어 불안과 우울이 심하다. 상담자가 상담한 내용을 중심으로 REBT에 따라 핵심적인 문제를 정서적 문제, 행동적 문제로 정리하면 다음과 같다.

- 정서적 문제
  - 적개심과 분노를 느낀다. 불안하다.
- 행동적 문제
  - 가끔씩 폭식을 한다.
  - 친구들이 싫고 학교에 무단결석을 한다.
  - 운동이 잘 안 된다.

이와 같은 정서적, 행동적 문제를 일으키는 비합리적 생각은 다음과 같이 정리할 수 있다.

- 친구들이 갑자기 태도를 바꾸어 나를 따돌리는 것을 참을 수 없다.
- 친구들은 항상 일관되게 나에게 잘해 주어야만 한다.
- 친구들에게 따돌림당하고 운동도 잘 안 되는 나는 한심한 아이이다.

내담자는 친구들에게 갑자기 따돌림을 당한 이후부터 적응이 어려워지고 하던 운동에도 슬펌프가 와서 자신의 존재에 대해 비하하기 시작했고, 급기야 이유 없이 학교를 무단결석하기 시작하였다. 내담자의 담임교사에 의해 상담에 의뢰된 사례이다.

1) 상담자가 수립한 상담의 목표와 전략 및 진행 과정

(1) 상담의 목표

- 친구들에 대한 적개심과 분노에서 벗어나기
- 진로에 대한 불안에서 벗어나기
- 운동 슬럼프에서 벗어나기
- 폭식에서 벗어나서 규칙적으로 식사를 하기

REBT 상담에서는 결과적 목표와 과정적 목표로 나눈다. 앞에서 제시한 목표는 결과적 목표이며 이를 정서적 목표와 행동적 목표로 나눌 수 있다. 정서적 목표는 친구들에 대한 적개심과 분노를 극복하는 것, 운동 슬럼프가 초래한 진로에 대한 불안을 극복하는 것이다. 그리고 행동적 목표는 가끔씩 폭식을 하는 것을 극복하고, 운동에서 슬럼프를 극복하는 것이 될 수 있다. REBT 상담에서는 이러한 결과적 목표를 달성하기 위해 거쳐야 할 과정적 목표는 내담자가 호소하고 있는 문제의 원인이 되는 핵심적인 비합리적 생각을 합리적인 생각으로 바꾸어야 한다는 것이다.

(2) 상담의 전략

이 사례에서 우선 내담자가 호소한 문제인 적개심과 분노 그리고 불편감에서 벗어나는 목표에 도달하기 위해서는 무엇보다도 먼저 내담자가 상담 과정 곳곳에서 호소하고 있는 문제와 연관된 비합리적 신념을 찾아서 논박을 진행하여야 한다. 그러므로 비합리적 생각을 순서에 따라 '친구들이 갑자기 나를 따돌리는 이유를 살펴보고, 친구들이 얼마나 나를 좋아해 주느냐에 따라 나의 존재가치가 결정되는 것이 아니다.' '나에게 잘해 주었던 친구들이라고 해서 항상 나에게 잘해 주어야만 하는 것은 아니다. 뭔가 이유가 있겠지라고 생각하면서 친구들에 대해 적개심과 분노를 느끼기보다는 그 이유를 살펴보고 대처해 나가면 된다.' '나도 인간이기 때문에 때로는 통제가 잘 안 될 수도 있고 운동 슬럼프에 빠질 수도 있다. 비록 내가 슬럼프에 빠졌다고 해도 운동선수로서 가치가 없는 것은 아니다.' 그리고 궁극적으로, 내담자의 핵심 비합리적 신념인 '친구들에게 따돌림당하고 운동도 잘 안 되는 나는 한심한 아이'라는 생각에서 벗어나 핵심 합리적 신념인 '친구들에게 따돌림당하고 운동이 잘 안 되더라도 나는 한심한 아이가 아니다. 나는 이미 내 존재로서 고귀하고 가치 있으며 사랑스러운 사람이다.'라는 생각이 내재화되도록 논박이 진행되어야 한다.

내담자의 호소 문제는 상담 과정에서 늘 중요하게 다루어야 하는 내용이다. 상담 전문가의 눈에는 내담자가 호소하는 문제보다 내담자를 괴롭히는 심층적인 문제가 보이기도 하지만 그렇다고 하여 내담자의 호소 문제를 무시하고 상담자의 눈에 보이는 심층적인 문제를 다루려고 하는 것은 오류이다. 내담자는 스스로 고통스럽다고 느끼기 때문에 직접적으로 상담실에 오게 만든 이유가 되는 것을 호소한다. 그러므로 숙련된 상담자라면 먼저 호소 문제에 귀를 기울이며 잘 다루고 상담이 진행되면서 나타나는 수면 위로 떠오르는 심층적인 문제를 다루면 된다. 여기에서는 친구들의 갑작스러운 태도 변화가 내담자를 고통스럽게 하므로 먼저 친구들이 어떤 이유로 갑작스러운 태도 변화를 보이는지 이에 대해서 내담자의 마음속에 짚이는 것, 즉 내담자가 친구들에게 그런 태도를 유발할 만한 어떤 조건을 제공했는지도 탐색해 보도록 하면서 궁극적으로 내담자가 지닌 핵심 비합리적 신념이 바뀌도록 상담을 이끌어 가야 할 것이다.

특히 이 사례에서 간과해서는 안 되는 것은 내담자의 문장완성검사(SCT) 결과에서 보이는 어머니에 대한 그리움이다. 11번의 "내가 가장 좋아하는 사람은 엄마", 23번의 "나를 가장 슬프게 하는 것은 엄마가 아프고 혼자 떨어져 계신다."이다. 이것을 보면 어머니가 부재한 마음속 깊은 곳의 허전함이 내담자를 심리적으로 취약하게 만들며 허기지게 만들었을 가능성이 크다. 문장완성검사(SCT) 12번에 "내가 가장 싫어하는 사람은 사람을 골탕 먹이는 나쁜 애들"로, 20번에는 "나는 때때로 나쁜 놈들을 야구 방망이로 때려주고 싶다."고 기술하고 있다. 어머니에 대한 채울 수 없는 그리움과 친구들에 대한 배신감 등이 혼합되어 이 내담자를 괴롭히고 있다. 상담자는 내담자가 친구들의 따돌림에서 파생하는 문제는 잘 다루고 있으나 기저에 있는 어머니에 대한 그리움과 안타까움에 대한 정서는 잘 다루고 있지 않고 있다. 중학교 2학년의 남학생에게 어머니의 사랑은 삶을 유지하기 위해 필요한 생명수이며 산소와 같은 것인데 이것의 공급이 차단되는 상황에서 내담자가 느끼고 있는 답답함과 퍽퍽함에 대해서 상담자는 충분히 다루고 넘어갔어야 했다. 부모의 이혼이 초래한 삶의 구멍은 중학교 2학년 남학생이 스스로 메꾸기에는 너무 컸으리라. 그리고 바로 이것이 내담자의 핵심적 신념인 "나는 부모가 이혼했기 때문에 한심한 아이이다."와 연결되어 있는 지점이다.

(3) 상담의 진행 과정

1회기

본 회기에서 내담자는 그동안 서로 무난하게 지냈던 친구가 갑자기 따돌리기 시작하면서 고통이 시작되었음을 호소하고 있다. 그 친구는 무례한 말로 내담자를 괴롭히고 내담자와 친했던 친구들을 내담자에게서 멀어지게 만들면서 내담자는 분노와 슬픔의 눈물을 보이고 있다. 상담자는 내담자가 이야기한 여러 가지 정보를 토대로 내담자의 핵심 문제와 이에 대한 이유를 가설적으로 그려 보아야 한다. 여기에서 내담자는 "친구들이 갑자기 나를 따돌리고 나와 멀어지는 것을 나는 참을 수 없다."라는 비합리적 생각을 하고 있는 듯이 보인다. 상담자는 이것을 REBT식으로 바로 논박할 수 있다. 친구들이 내담자를 따돌리면 어떤 일이 일어나는지, 그것이 그토록 참을 수 없는 것인지에 대해서. 만약에 내담자가 지금처럼 슬퍼하고 분노하기보다 의연하게 자기 일을 하면서 아무렇지 않게 잘 지낼 수는 없는 것인지에 대해서 물어보았으면 어떤 대답을 했을까?

2~3회기

내담자는 전학을 가고 싶다고 하지만 내담자의 아버지는 이를 반대하였다. 전학을 가려면 아들 생활기록부에 따돌림에 대한 기록을 남겨야 하고 거주지를 옮기는 것도 불편하기 때문이다. 이것은 상황이나 환경을 바꾸어서 문제해결을 하려는 전형적인 예이다. 사실 이러한 방법이 가장 쉬운 문제해결 방법일 수 있다. 그러나 이 방법은 동시에 또 미봉책이 되기도 한다. 왜냐하면 다른 학교로 전학을 가서도 따돌림의 문제가 생길 수 있기 때문이다. 그러므로 상담자는 내담자의 신념, 즉 "친구들이 나를 따돌리고 멀리하는 것을 참을 수 없다."는 생각에서 합리적 대안 신념인 "친구들이 나를 따돌리고 멀리하는 것을 참을 수 있다. 시간이 지나면 그들이 뭔가 나에 대해서 오해하는 것이 풀릴 것이며 그렇게 되면 그들과 좋은 관계를 회복할 수 있다. 그때까지 나는 내가 할 수 있는 일을 하며 꿋꿋하게 버틸 수 있다."라고 생각을 바꾸면 힘이 좀 들어도 그 시간을 버티어 낼 수 있을 것이다. 상담의 인지적 접근에서는 내담자의 상황과 환경을 바꾸는 데 시간을 쓰고 조력하기보다는 이렇듯 신념을 바꾸어서 문제를 해결하는 것이 또 다른 유사한 문제의 생성을 막을 수 있다고 강조한다.

4회기

본 회기에서는 내담자의 아버지가 주로 학교에서 문제해결을 잘 못 하고 있다고 비난하는 이야기가 나오고 내담자는 더 이상 감독님을 실망시키지 않고 운동에 집중하고 싶다고 하였다. 상담자는 이를 놓치지 말고 내담자가 감독님을 향한 존경의 마음을 강화해 주어야 한다. 그리고 아무리 연습을 해도 전혀 진보가 없어서 속이 상한다고 하소연하는 내담자의 비합리적 생각은 "연습을 하면 하는 만큼 바로바로 결과가 나와야만 한다."라는 생각에서 "연습을 해도 내가 원하는 만큼의 결과가 바로 안 나올 때도 많다. 그러나 꾸준히 운동을 하게 되면 언젠가 이런 슬럼프에서 벗어날 수 있다."라고 생각을 바꾸도록 해 주어야 한다.

5~6회기

본 회기에서는 부모가 내담자 3학년 때 이혼을 했는데 아버지가 밉기도 하고 지방에서 혼자 사는 엄마가 걱정이 된다고 하소연했다. 이러한 밑 마음에는 "부모가 이혼한 나는 한심하다."와 같은 핵심적인 비합리적 생각이 있을 수 있다. 내담자는 이때 부모의 인생과 내담자의 인생을 분리해서 생각할 수 있도록 도와야 한다. 즉, "어머니와 아버지가 이혼했다고 하더라도 내 인생은 한심하지 않다. 내 인생이 한심하고 안 하고는 내가 얼마나 노력하느냐에 달려 있다. 부모는 부모, 나는 나이다."라고 생각할 수 있도록 하면서 부모의 이혼이 자신의 존재가치와 전혀 연결되어 있는 것이 아님을 확실히 알도록 해 주어야 한다.

7회기

본 회기에서 드디어 내담자를 왕따시켰던 친구들과의 관계 패턴이 드러나고 있다. 내담자는 말수가 적고 무뚝뚝한 어투인데 그것이 친구들에게는 잘난 척하는 것으로 보였을 가능성이 있다고 상담자는 파악하고 있다. 아울러 내담자가 야구 감독으로부터 인정을 받게 되자 은근히 같이 운동하는 친구들이 내담자를 따돌렸다는 것을 알게 되었다. 그리고 내담자는 원래 욕심이나 지배욕은 없고 원만한 성격이기 때문에 친구들을 잘 챙기다 보니까 힘이 센 하이에나라고 상담자가 지칭한 친구가 내담자를 의식하여 주변의 친구들을 모았고 몇 날 전에 내담자가 별생각 없이 했던 말, "하이에나 아빠는 선생님과 친한가 봐."라는 말 한마디를 친구인 이삭에서 말했고 이삭은 지성에게, 그리고 옆에 있던 현철이가 이 말을 부풀려서 하이에나에게 했던 바람에 이렇게 되었다는 것을 상담자는 알게 되었다. 그런데 안타까운 것은 상담자가 이런 역동을 파악했으나 내담자에게 이해를 시키지는 않은 것으로 드러나고 있다. 내담자에게 이해를 시켰다면 자기가 나쁘고 바보 같은 아이이기 때문에 왕따를 당한 것이 아니고 오해를 받았기 때문이라는 것을 알게 되면 내담자의 움츠러드는 마음을 펼 수 있게 하는 데 한몫을 했을 것이다. 이때에는 "나도 때때로 사람들에게 오해를 받을 수 있다. 오해는 시간이 가면 해결이 된다. 그러므로 그때까지 내가 할 수 있는 일을 하면서 기다리면 되는 것이다."라고 생각이 바뀌도록 할 수 있으면 좋았겠다.

8~9회기

아직까지 전학 문제가 해결되지 않고 또 전학 이야기가 나온다. 내담자는 계속 전학을 하겠다고 하고 아빠는 이를 반대하고 있다. 상담자는 내담자에게 심호흡을 연습시켰다. 심호흡은 당분간의 마음의 안정은 쉽게 유도하지만 근본적으로 전학에 대한 내담자의 생각을 바꾸지 못한다. 그러므로 심호흡을 해서 마음이 안정되게 만든 후에는 "전학을 한다고 문제해결이 되는 것이 아니다. 내가 여기에서 잘 버티어 내야 한다. 언젠가 아이들도 오해를 풀 것이다."라는 생각을 하도록 만들어야 한다. 상담자가 근본적인 문제를 다루지 못하고 있기 때문에 같은 문제가 계속해서 쳇바퀴를 돌고 있다.

10~12회기

상담자는 내담자를 가장 힘들게 했던 하이에나를 불러서 내담자와 사이좋게 지낼 수 있는 방법을 찾아보라고 하고 일대일로 사과하는 방법을 선택하게 되었다. 그래서 내담자가 하이에나에게 그를 무시하고 잘난 척한 적이 없다는 것을 말하고 나서야 왕따 현상이 해결되었다고 한다. 그러나 이 방법은 좋은 방법은 아니었던 것 같다. 만약에 하이에나가 상담자의 말을 따르지 않았다면 어떤 일이 일어났을까? 아마도 문제해결이 안 될 수도 있었을 것이다. 그러므로 이렇게 상황을 바꾸려고 하기보다는 내담자의 신념을 다루어서 상황과 상관없이 문제를 다룰 수 있어야 할 것이다.

종결회기

내담자와 월 1~2회씩 가볍게 만나고 헤어졌다고 한다. 가볍게 만난다는 것은 무엇일까? 대체로 종결회기에는 다음의 추수회기를 정하고 또한 그동안 상담을 통해 좋아진 점, 그리고 좋아진 이유를 확인하고 이를 지속하기 위해 필요한 생활 속의 과제를 내주는 것이 통상적이다. 마찬가지로 좋아지지 않고 그대로 있는 점은 무엇인지 파악하고 스스로 이것도 해결할 수 있는 방법을 같이 모색해 보고 이를 생활 속에서 실천할 수 있도록 안내해 주는 것이 필요했다.

2) 상담의 방향에 대한 제언

상담자가 제시한 상담의 전략에는 또래에 대한 고통스러운 마음을 표현하도록 돕고 관계 개선의 방안을 연구하기, 운동 슬럼프와 진로에 대해서 계획을 세워보기로 되어 있다. 그러나 이런 식의 방법만 가지고 내담자 마음속 깊이 자리 잡은 자신의 존재에 대한 부정적인 자아상을 바꾸기 어렵다. 내담자는 자신이 초3때 부모님이 이혼한 이후로 '나는 부모님이 이혼을 한 한심한 아이'라는 핵심 신념이 자리 잡고 있다. 그리고 각 회기마다 변주되어 나타나는 비합리적 신념에 대해서 다루어 주어야 한다. 이 내담자

표 9-1 핵심 비합리적 신념과 파생된 비합리적 생각

1~3회기에 나타난 핵심 비합리적 신념 **(내재된 신념 구조)**

친구들이 나를 따돌리고 나와 멀어지는 것을 참을 수 없다.

4회기에 나타난 비합리적 신념

연습을 하는 만큼 바로바로 결과가 나와야만 한다.

5~6회기에 나타난 비합리적 신념

나는 부모가 이혼한 한심한 아이이다.

7회기에 나타난 비합리적 신념

나는 친구들에게 오해를 받으면 절대로 안 된다.

8~9회기에 나타난 비합리적 신념 **(평가적 인지와 추론의 혼재)**

아이들이 오해를 하는 것을 참을 수 없다.

를 REBT 접근으로 상담을 한다면, 우선 내담자의 호소 문제와 관련된 비합리적 생각을 찾고, 이에 따라 상담의 회기 중에 나타나는 왜곡된 신념을 찾아서 논박을 해 주어야 한다(〈표 9-1〉 참고).

3) 상담자에 대한 슈퍼비전

〈172쪽 '슈퍼비전을 받고 싶은 내용' 참고〉

[내담자의 의사소통 능력을 길러주는 문제와 따돌림 극복의 요령은?]

상담자는 내담자가 은따관계에서 회복할 수 있는 개입방법을 묻고 있다. 이는 앞서 회기 해설에서 기술한 바와 같이 상황을 바꾸려고 해서는 잘 되지 않는다. 내담자로 하여금 따돌림 현상에 대해서 자신이 가지고 있는 신념을 바꾸어서 조절하도록 해야 한다. 어떤 상황에서든지 올바른 신념만 가지고 있다면 누구에게 또다시 따돌림을 받더라도 그것을 극복할 수 있기 때문이다.

연습문제

1. 상담의 종결기에 수행해야 할 상담자 과업에 대해서 논의하시오.
2. 이 사례에서 나타난 이혼가정의 아이를 상담할 때 유념할 점에 대해서 설명하시오.

3. 통합적 접근의 사례개념화

중학교 2학년(15세)의 내담자는 학교에서 야구 선수로 활약 중이다. 내담자('치타')는 10세(초3) 때 부모가 이혼한 후 어머니(미장원 경영)와 여동생과 같이 4~5년간 지방에서 함께 살았다. 그러나 어머니가 지병(관절염)과 심장병으로 아파 생업 유지마저 힘들게 되자 중1, 2학기 때 서울 근교의 아버지 집으로 여동생과 같이 이사 와서 학교에 다니고 있다. 최근에 치타가 학교 결석이 잦으므로 담임교사 상담교사에게 위촉하였다. 치타는 또래들로부터 따돌림을 받게 되었고 운동에 슬럼프가 와서 몹시 우울하고 운동에 집중할 수 없어서 전학을 강력하게 희망하였다.

치타가 현실적으로 전학 가는 것이 용이하지 않았으므로 상담자는 우선은 지금의 학교생활을 잘하는 것과 따돌림의 문제를 다루는 것에 상담의 초점을 맞추었다.

1) 상담자가 수립한 상담의 목표와 전략 및 진행 과정

상담의 목표와 전략은 타당하게 보인다.

- 목표
  - 따돌림에서 벗어나 친구관계를 회복한다.
  - 운동 슬럼프에서 벗어난다.
  - 전학 가는 문제에 대해 알아본다.
- 전략
  - 분노 등을 표현하고 관계 개선 방안을 연구한다.
  - 운동 슬럼프와 진로에 대해 계획을 세운다.

상담의 진행 과정을 살펴보면, 상담자는 치타와 라포를 형성한 다음에 치타의 아버지와 연락하여 면담했고, 수시로 전화하여 협력을 구했다. 그리고 담임교사와 긴밀하게 연락하여 치타와 따돌림의 주체 세력이 되는 하이에나의 친구관계(역학관계)를 탐색하여 따돌림 발생의 근원을 파악하는 데 주력했고 그것을 만족스럽게 수행했다.

그리하여 따돌림 문제를 거교적으로 표면화시키기보다는, 급우들을 일대일로 면담하여 자기네들끼리 건설적으로 풀어나가도록 코칭한 것이 큰 효과를 거둔 것으로 나타났다. 상담자는 남학교의 카운슬러로서 이런 문제를 능숙하고 세련되게 다룬 경험이 많은 것으로 보인다. 그리고 현실요법의 선택이론을 치타에게 설명해 준 다음에 자기의 꿈인 '좋은 세계'와 자기에게 유익한 사고와 행동을 선택하도록 설명해 주었다(5회기). 청소년들에게는 인간중심적인 상담이나 분석적인 치료보다는 행동 위주의 변화를 강조하는 현실요법이 효과적이므로 현실요법의 적용은 시기적절했다고 사료된다.

그리고 자기표현 능력이 부족한 치타에게 주장적인 의사소통의 기술을 가르쳐 줌으로써 아버지에게도 솔직하게 자기의 의사를 표현하도록 코칭했고(8회기), 하이에나와 대화할 때도 코칭했다(11회기). 그리고 심호흡(마음챙김)을 연습시켜 불안감을 줄이도록 코칭하였다(5회기 이후 계속). 그런 코칭은 매우 탁월하게 보인다.

2) 상담의 방향에 대한 제언

이 사례에서 치타가 운동 슬럼프를 극복할 수 있는 요령을 좀 더 자세하게 가르쳐 주고, 따돌림 현상에 대한 지식을 충분히 가르쳐 준 대목이 나타나 있지 않다. 이것은 아쉬운 점이다. 그리고 장래의 계획과 목표 등은 마지막 회기(12회기)에 탐색해 본 다음에 상담이 종결되었더라면 좋았을 것이다. 여기서는 따돌림의 문제에 대하여 상담자가 더욱 고려해야 할 사항을 언급하겠다.

① 치타의 대인관계 방식과 따돌림의 경험에 대하여 탐색하도록 한다

치타는 또래들과 어떻게 관계 맺는가?

치타는 착하고 겸손하나 말투가 투박하고 툭툭 던지는 듯한 인상이 들었다고 묘사되었다. 청소년기의 특성상 감정 기복이 심할 경우가 있고, 특히 이혼한 가정에서 가끔씩 아버지가 화를 내는 가정환경에서 생활하다 보면 치타는 또래들에게 아는 체하지도 않고 무뚝뚝하게 나올 수도 있었을 것이다. 마침 치타가 야구 감독으로부터 칭찬과 인정을 받으면서 급부상할 때 그런 치타의 태도를 보고 짱인 하이에나가 그것을 잘난 척하고 교만하다고 받아들였지 않을까? 그 점에 대해서 상담자는 치타와 함께 더 탐색해 볼 필요가 있다. 자기표현 능력이 서투른 치타에게 하이에나가 '너 말 조심해.'라고 으스댔을 때 그 당시에는 꼼짝 못했다. 그러나 치타가 상담을 받으면서 '그것이 무슨 말인지, 오해를 풀고 싶다.'는 말을 하도록 코칭해 줌으로써 그가 하이에나에게 먼저 카톡으로 그런 표현을 해보라고 지시할 수도 있다고 본다. 그러고 나서 그 추이를 살펴보고 또 대응할 수 있다.

② 상담자는 인간 사회에서 나타나는 따돌림의 현상에 대한 정보를 알려주도록 한다

먼저 '따돌림'은 어느 조직 사회에서든지 나타날 수 있다는 것과 장차 내담자가 사회생활을 하게 될 때도 일어날 수 있다고 알려 주어야 한다. 이런 따돌림의 일반적인 특성을 알고 나면, 치타가 다소간 마음의 안정을 얻게 될 것이다.

㉠ 동물과 인간의 세계에서는 모두 자기네와 다른 것은 배척하는 본능이 있다. 그것이 '미운 오리 새끼' 이론이다.
㉡ 동물은 매력 없고 열등한 또래는 배척한다.
㉢ 동물의 수컷은 힘으로 우열을 가리는 치열한 싸움 끝에 제일 힘이 센 자가 자기의 적수를 굴복시키고 나서 그 상대를 철저하게 따돌림(소외)시킨다.

치타는 ⓒ의 이유에 해당될 것 같다. 아마도 치타의 야구 실력이 뛰어났고 또 자신감이 넘치는 것처럼 보였고 또래들에게 인기가 있는 것에 대하여 하이에나가 위협감을 느꼈던 것 같다. 그래서 하이에나가 자기의 추종자들을 집결시키고 은근히 집단 따돌림한 것 같은 인상이 든다. 그러한 사항도 검토해 보는 것이 요청된다.

③ 집단 따돌림의 고통을 극복하는 방법을 치타에게 코칭해 주도록 한다

상담자는 치타가 하이에나의 적대적인 태도에 크게 신경 쓰지 않는 것이 현명하다고 일러 주었다. 그것은 참 잘한 일이다. 그러나 이 자리에서는 따돌림의 고통에서 해방되는 방법을 좀 더 전문적으로 고찰해 보기로 하겠다.

• 내담자가 자기의 마음 상태를 먼저 알아차리도록 한다.
  치타가 평상시의 평온한 마음으로 돌아와 발전적인 삶을 꾸려가고 싶다면, 제일 먼저 자기의 마음 상태를 알아차려야 한다. 그래서 다음과 같이 질문할 수 있다.
  "자, 갑자기 네가 따돌림당했던 당시로 돌아가 보자. 그때 너는 무엇을 보았니? 또 무슨 소리를 들었니? 그때 네 몸에서 느낀 것은 무엇이니? 가슴이 답답했니? 눈과 얼굴에 열이 났니? 손과 입이 떨렸니? 너는 혼잣말로 무어라고 중얼거렸니?"
  이렇게 여러 가지 표상감각의 경험을 묘사하게 하는 NLP의 기법을 사용할 수 있다. 그리하여 치타가 그 당시 자기가 느꼈던 감정(당황스러움, 불안, 두려움, 분노 등)에 접촉하도록 도와준다.
• 내담자가 억압된 감정을 방출하여 카타르시스를 경험하게 한다.
  상담자는 치타가 억울한 감정을 방석이나 인형 등에 간접적으로 표출하게 하여 억압된 분노와 증오심과 두려움에서 빠져나오도록 격려할 수 있다. 또 상담실에 샌드백을 비치하여 몇 분 동안 소리치면서 혼자 실컷 쳐보라고 지시하는 것도 좋다.
• 내담자가 상처받은 자기의 마음을 스스로 위로하게 한다.
  치타가 또래로부터 배척받는 이미지(자아상)에서 벗어나려면 첫째로 상처난 자존심을 일으켜 세우는 것이다. 스스로가 자기는 소중하고 사랑스럽고 유능한 존재라는 것을 확신시키며, 자기 내면에 있는 위축된 자아를 안아주고 위로해 주는 독백을 하는 것이다.
  하이에나의 날카로운 눈빛과 위협적인 말에 신경을 쓰지 않고 스스로에게 긍정적인 자기 암시로써 무장하면, 의젓하게 자기 자리를 지킬 수 있다. 그것이 적극적인 중심잡기(centering) 또는 접지(接地)하기(grounding)라고 볼 수 있다(임용자, 2021, p. 51).

통합적 접근

나를 살리는 말로써 나를 격려하는 이미지를 내 머릿속에 강력하게 각인시키도록 코칭하라.

- 재해석하기(reframing)의 태도로써 따돌림의 고통을 이겨내도록 한다.

치타가 집단 따돌림의 위협을 고통스러운 사건으로 지각하기 마련이지만, 그렇게 되면 자신은 상처받기 쉬운 약자요, 피해자라는 생각에서 헤어 나오기가 힘들다. 그리고 그런 생각을 하게 되면 우울하고 움츠러들기 마련이다. 치타가 씩씩하고 멋있는 삶을 살고자 한다면, 그 상황을 바라보고 해석하는 관점이 바뀌어야 한다. 즉, 왕따 경험을 자기를 발전과 성공으로 인도하는 기회로 보는 것이다.

"위기는 기회다." 그리고 "실패는 성공의 어머니다."

예수나 부처나 이 세상의 위인은 역경 속에서 탄생한다. 그러니까 고통스러운 경험은 자기를 강하게 만들어 주고 투철한 목표의식을 심어주는 귀중한 선물이다.

초라한 외모 때문에 젊은 시절 내내 배척받고 업신여김을 받았던 중국의 강태공 이야기를 소개하기로 한다. 강태공의 이름은 태공망(太空望)이다. 인물이 어찌나 못생겼던지 소년 시절에 자기 또래의 불량배들이 그들의 가랑이 사이로 기어나가라고 했기에 그런 치욕을 감수해야 했었다. 초나라의 왕이었던 항우 역시 그를 업신여긴 나머지 10년간 벼슬자리를 주지 않았다. 강태공은 자기 내면에 천하 웅비의 뜻을 감추고 온갖 야유와 모략을 참았다. 끝내는 주나라의 왕 유방에게 등용되어 은나라 군사를 섬멸시키고 중국 최고의 명장이 되었다(홍경자, 2020b, p. 212).

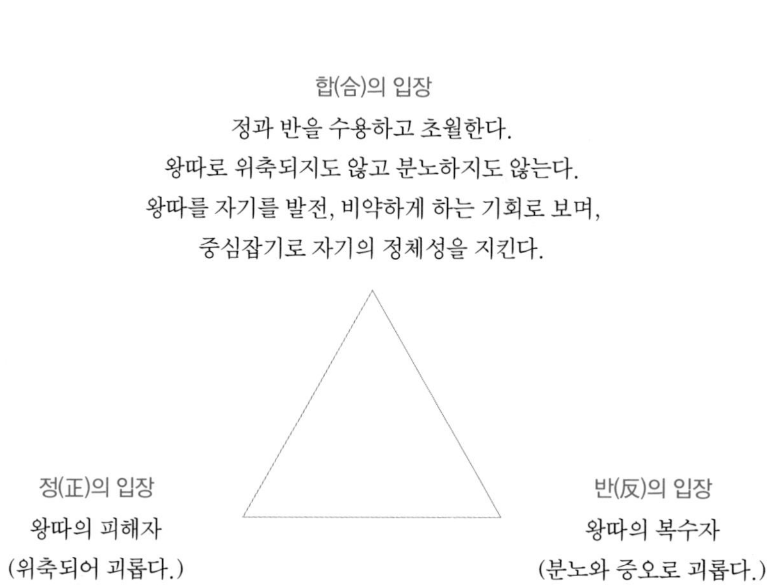

합(合)의 입장
정과 반을 수용하고 초월한다.
왕따로 위축되지도 않고 분노하지도 않는다.
왕따를 자기를 발전, 비약하게 하는 기회로 보며,
중심잡기로 자기의 정체성을 지킨다.

정(正)의 입장
왕따의 피해자
(위축되어 괴롭다.)

반(反)의 입장
왕따의 복수자
(분노와 증오로 괴롭다.)

그림 9-1 변증법적 관점의 질적인 변화

시련, 실패 또는 왕따의 현실이 여전히 존재함에도 불구하고, 그것을 '피해'라고 바라보는 관점을 바꾸어 자기 발전의 계기로 삼고 묵묵히 노력하는 것, 즉 그렇게 변화된 태도를 질적인 변화 또는 한층 높은 차원의 조망(meta perspective)이라고 한다. 그리고 그것을 '변증법적 인지요, 변증법적인 행동 선택'이라고 한다. 치타에게 이런 변증법적 관점을 쉬운 말로 설명해 주면 좋을 것이다([그림 9-1]).

④ 심리적인 충격이나 상처를 극복하는 방법을 구체적으로 가르쳐 준다

- 마음챙김의 명상을 하게 하라.

상담 회기마다 또 집에 가서도 마음챙김을 매일 하도록 하는 것이 좋다. 우리가 스트레스를 받게 되면 교감신경이 활발하게 움직인다. 그래서 두뇌의 감정 중추인 변연계가 활성화되어 흥분하고, 가쁜 숨을 쉬게 되고 에너지가 소진되며, 불안, 공포, 분노 등의 감정에 사로잡히게 된다. 이때 온몸의 근육을 이완하고, 깊고 천천히 호흡하면서, 오로지 호흡 자체에만 주의를 집중하여 머리를 텅 비도록 하는 것이 마음챙김 호흡법이다. 그렇게 되면 부교감신경의 기능이 증가하여 횡격막으로 호흡하게 된다. 그리고 마음이 안정되고, 피로감이 줄어들고, 불안과 분노의 감정이 가라앉게 된다.

- 복수심, 분노, 증오 등의 감정을 물체화시켜서 멀리 보낸다.

치타에게 아직도 분노와 복수심 등의 감정이 남아 있다면 상담자는 하이에나에 대한 감정을 분리해서 바라보라고 설명해 줄 수 있다. 하이에나는 100% 악인도 아니고, 100% 선인도 아니다. 하이에나 속에는 치타를 좋아했던 과거의 마음도 남아 있고, 치타를 멸시하고 위협을 주었던 마음도 있다. 상담자는 치타가 하이에나 속에 있는 위협적인 마음을 괴물처럼 생각하고, 그 부분만 밖으로 떼어내 보라고 지시할 수 있다. 하이에나 속의 고약한 그 마음은 얼마나 클까? 색깔은? 얼마나 무거운가? 무슨 소리와 무슨 말을 하고 있는가? 어떤 움직임을 보이고 있는가? 그것을 어떤 살아있는 물체처럼 객체화시키는 것이다. 그것을 시각적인 형상으로 만들어 보고, 그 이미지를 30초 동안 바라보면서 그것에 대한 느낌을 느껴보게 하는 것이다. 찰흙 작업을 할 수도 있다. 그리고 치타의 손 안에 상상 속의 그 물체를 넣고, 손 안에서 주먹으로 쥐어 찌그러트려 버린다. 그리고 그것을 멀리 던져 버린다. 치타의 손에서 불쾌한 냄새와 약간 가시같이 찌르는 것이 그 물체와 함께 다 사라져 버렸다고 하자.

이제 치타 속에는 과거에 하이에나가 자기를 호의적으로 대했던 마음만이 예쁘고 커다란 물체의 모양으로 남아 있다. 기분이 어떤가? 그 기분과 연관된 이미지가 치타의 머릿속 거울 신경에 새겨져 있다. 치타의 두뇌에 새로운 긍정적인 신경회로가 생긴 것이다.

- 글쓰기 작업을 하게 한다.

상담자는 치타에게 자기가 경험했던 따돌림 사건에 대하여 글을 쓰도록 지시할 수 있다. 왕따 문제는 어떻게 해서 발생했으며, 하이에나와 자기는 또래들과 어떤 행동을 했는가를 희곡을 쓰듯이 조직하여 글을 쓰는 것이다. 치타의 문장 실력이 약하다면 상담자와 함께 만화를 그리면서 글을 쓰게 한다. 그리고 그 글 속에 자기가 잘한 것과 자기의 강점과 자기 위로의 문장을 넣고, 미래에는 그 스토리가 어떻게 끝나는지를 생생하고 희망적으로 적어나가게 하는 것이다. 이런 글쓰기(narrative) 자체가 치유를 가져다준다. 왜냐하면 성공한 자기 이미지와 더불어 장차 또래들이 귀중한 친구가 되고 자산이 된 모습으로 묘사되기 때문이다.

- 현실적으로 좋은 인맥을 쌓도록 코칭한다.

이렇게 어려울 때일수록 자기 학년의 또래들과 친밀한 관계를 유지하는 일에 더욱 신경을 쓰는 것이 좋다. 그리고 학교의 선생님이나 코치 중에서 적어도 한 분과 친밀한 교류를 쌓아, 어려울 때 도움을 받도록 한다. 가능하다면 선배 중에서 자기에게 호감이 있는 분과 친분을 쌓을 필요가 있다. 그렇게 되면 고독감을 떨치고 즐겁게 학교생활을 해나갈 수 있을 것이라고 귀띔해 주는 것이 필요하다(홍경자, 2020b, pp. 205-209).

- 상담자는 또래들 간의 힘겨루기(파벌싸움) 현상을 거시적인 관점에서 하이에나와 치타를 비롯한 모든 아이들에게 설명해 주도록 한다. 그 내용은 다음과 같다.

동물의 세계에서는 신체적 힘만이 강자의 조건이므로 힘센 수컷이 경쟁자를 무자비하게 배척하고 죽이기까지 한다. 그러나 인간의 세계에서는 여러 가지 특성에서 두각을 나타내어 강자가 되는 자가 많고, 그들은 서로 배척하여 원수가 되지 않고도 잘 지낼 수 있다. 그러니까 하이에나는 리더십과 카리스마로 강자가 되고, 치타는 온유한 성품과 야구 실력으로 강자가 되고, 또 자기반의 M은 공부로, S는 음악으로 두각을 나타낼 수 있다.

그리고 학창 시절에 공부도 못하고 언변도 서투르고 두각을 나타내지 못했던 친구들이 사회에 나가 크게 성공한 사업가로 부상하는 경우가 많다. 불굴의 의지, 노력, 인격, 창의성이 그들의 자원이다. 그러므로 청소년기에 친구들을 두루두루 사

귀는 것이 중요하다.

지금은 아직 어리니까 경쟁의식을 느끼지만, 서로가 서로를 인정해 주는 넓은 마음을 갖도록 하라. 그러면 성인이 되었을 때 협력적인 동반자로 서로 협력하여 함께 성공할 수 있다. 그것이 윈-윈(win-win)하는 멋진 리더십이다.

⑤ 슬럼프 상태에 대한 설명을 해 준다

학문이나 예술이나 운동이나, 어떤 기술을 습득할 때, 일정기간 동안 진보가 있은 다음에는 반드시 정체 현상이 나타나는데, 이것을 고원(plateau) 현상 또는 슬럼프 상태라고 한다. 제아무리 뛰어난 작곡가나 소설가도 수년간 단 한 편의 작품도 손을 대지 못하고 허송세월하는 정체 기간이 있고 나서, 그다음에 위대한 작품이 쏟아져 나온다. 이것은 자연의 생태계에서도 동일하다. 식물은 봄, 여름, 가을에 활발한 성장과 결실이 있다. 그런 다음에 긴긴 겨울에 휴식을 취하면서 에너지를 보존한다.

그러므로 운동선수들은 인체의 리듬상 일정기간 훈련한 이후에 찾아오는 슬럼프 상태를 정상적인 것이라고 알고 수용해야 한다. 그래서 슬럼프 상태를 속히 극복하려고 조바심을 가지고 불안해하지 말아야 한다. 오히려 먼 미래의 비전과 장기적인 만족에 초점을 맞추고 현재의 힘든 시기를 참을성 있게 견뎌내는 의지력과 끈기가 중요하다.

상담자는 치타에게 두 가지 과제를 부과할 수 있다.

첫째는 자기에게 자신감을 길러주고 자기강화해 줄 수 있는 명구를 찾아보라고 하고, 그것을 외우도록 지시하는 것이다. 예를 들면, '하면 된다.' '뜻이 있는 곳에 길이 있다.' '칠전팔기(七顚八起)' '대기만성(大器晩成)' 등이다.

둘째는 장애와 좌절을 딛고 재기하여 끝내는 성공한 인물이나 선수들의 예화나 감동적인 영화의 스토리를 찾아오게 하는 것이다.

3) 상담자에 대한 슈퍼비전

〈172쪽 '슈퍼비전을 받고 싶은 내용' 참고〉

[내담자의 의사소통 능력을 길러주는 문제와 따돌림 극복의 요령은?]

상담자는 치타에게 주장적 자기표현의 기술을 코칭하였다. 그리하여 치타가 하고 싶은 말을 하지 못하거나, 공격적으로(적대적으로) 표현하지 않으며, 먼저 공감적으로 나온 다음에 자기의 의사를 표현하는 기술을 잘 가르쳐 주고 있다. 그러나 치타는 타고난 성품과 대부분의 운동선수들이 그러하듯이 언어표현에 서투르고, 그로 인하여 이번에

통합적 접근

하이에나와의 갈등이 발생하였다고 본다.

치타에게 급우, 교사, 가족에게 매일 간단한 인사(긍정적, 칭찬의 말)를 하도록 과제를 주는 것이 필요하다. 그래서 서로 간에 간단한 말을 교환하는 것이 습관이 되도록 지도하라. 그리고 따돌림 극복의 요령은 앞에서 이미 자세하게 설명하였다.

4) 내담자–상담자 관계와 발전 과제

상담자는 그동안 남학생들의 문제를 현명하게 해결한 경험이 많은 유능한 카운슬러로 보인다. 그리고 따뜻하며 솔직하고 리더십이 있으며 문제해결력이 뛰어난 것으로 보인다. 또 학부모와 담임교사의 협조를 잘 얻어냈다. 특별히 사춘기 아이들로 하여금 자기네들의 갈등을 자율적으로 해결하여 자체적으로 훼손된 우정을 회복하는 성공적인 경험을 하도록 지도하였다. 그와 같이 노련한 상담자의 실력에 박수를 보낸다.

그런데 미성년자들에게는 인간 세상을 살아가는 지혜에 대하여 교사와 멘터로서 자세히 알려주는 것이 필요하다. 이번 사건에 연루된 학생들에게도 그러한 멘터링을 좀 더 제공하면 좋았다고 본다. 그리고 다른 교사와 협력하여 운동시간이나 레크리에이션 시간을 안배하는 것도 집단 따돌림의 문제해결에 유익하다고 본다. 사람이나 동물들은 본능적으로 자기네 패거리에 대한 단결심이 발로된다. 그러므로 운동회나 학교행사를 기획하고 하이에나의 추종자와 치타 및 치타의 추종자가 한데 섞여 청군이 되고, 또 다른 학생들이 백군이 되도록 의도적으로 편을 나누어 경기하게 하는 것이다. 그렇게 되면 그들이 뭉쳐 적을 공격하는 과정에서 일체감이 형성된다. 상담자는 이런 행사도 능숙하게 고안하고 집행할 수 있다고 믿는다.

연습문제

1. 내담자의 따돌림 문제를 도와주려면 어떤 질문을 통하여 탐색할 수 있을까?
2. 따돌림을 잘 다루기 위하여 담임교사와 학부모의 협조는 어떻게 구할 수 있는가?
3. 위인들이 실패나 슬럼프를 극복한 극적인 예화들을 알고 있는가?
4. 상담자로서 자기의 강점은 무엇인가? 그리고 보완할 점은 무엇인가?

10장

장애인 성인상담 사례

"내가 장애인이 된 것은 다 엄마 때문이에요"

I. 내담자의 기본 정보

인적 사항

32세 남성, 미혼, 기독교, 휴직 중

상담 신청 경위

두 달 전에 다니던 회사를 퇴사하고 집에서 쉬는 동안 어머니와 갈등이 심하고 스트레스를 받아 본인이 상담하고 싶다고 하여 어머니가 의뢰하였다.

주 호소 문제

- "다른 사람들의 시선이 불편해요."
- "내 일을 내가 선택하고 결정할 수 있으면 좋겠어요."
- "가족들이 저를 이해해 주지 않아요."
- "다 엄마 때문이라고 말하고 싶어요."

가족관계

- 아버지(68세, 사망): 하급 공무원으로 은퇴를 몇 달 앞두고 ○○암으로 사망하였다. 직장, 친족에게는 매우 친절하나 가족들에게는 냉정하고 잔소리 많고 엄격하며 어머니가 돈 쓰는 것을 간섭하여 부부갈등이 심했다고 하였다. 아버지가 사망하고 나서 가족 몰래 들어놓은 보험과 연금으로 현재 가족 경제에 보탬이 되고 있다.
- 어머니(62세): 내담자와 친밀하면서도 갈등하는 사이. 남편 사별 후에는 아들들에게 자신의 생일을 기억해 주지 않는다고 섭섭해 하였다. 스트레스를 받으면 폭식을 하는 습관이 있고 현재 인슐린을 맞을 정도의 만성 당뇨, 고혈압 환자이며 한 달 전에 난소암 수술을 받고 치료 중이다. 어려서부터 죽고 싶다는 생각을 많이 하였고, 홀로 된 모와 결혼한 오빠에게 부담을 주지 않기 위해 중매로 결혼했으나 결혼 생활이 불행했다고 하였다. 타인에게 베풀기를 좋아하여 어려운 살림에도 시모와 시집식구들을 정성껏 섬겼으며 남편과 갈등이 생기면 주로 먼저 사과를 해서 집안 분위기를 좋게 하려고 애썼다고 하였다.
- 형(34세): 손톱을 물어뜯고 담배를 피우며 과속 습관이 있고 분노를 폭발하는 경향이 있다. 사기를 당해 성실하게 다니던 직장을 그만두고 2년여 동안 경제활동을 하지 않고 있으며 내담자의 월급까지 차압당할 지경에 이르러서야 어머니가 알게 되었고 아버지가 남겨준 보험금 중 일부를 해약해서 빚 청산을 하게 되었다. 올해 초 신용불량자 신세를 벗어나 새로운 일자리를 위한 교육을 받고 있고, 현재 어머니의 병간호와 집안일을 도맡아하고 있다.
- 내담자(32세): 장애로 인한 자신의 처지를 비관하며 아이돌 그룹 EXID의 솔지의 열혈 팬으로 주말에 팬클럽 회원들을 태우고 운전하여 지방 공연을 보러 다니기도 했으나 2년 전 그룹이 해체되어 지금은 사는 재미가 없다고 하였다. 장애로 떨리는 손을 극복하려고 사진 찍는 취미생활을 하는데 가족들의 평가로는 수준급이라고 하였다.

인상 및 행동 특성

170cm 정도의 키에 몸무게는 68kg 정도로 다리가 튼튼해 보이나 뇌성마비 장애 3급으로 걸음걸이가 눈에 띄게 비틀거리고 로봇같이 각지고 불편한 몸짓을 보인다. 이목구비가 뚜렷한 준수한 외모이다. 머리는 노랗게 염색하였으며 흰색과 빨간색으로 디자인된 메이커 점퍼와 청바지 차림으로 옷을 잘 차려입었다. 무표정하고, 상담자를 찌르는 듯한 시선으로 뚫어지게 바라보았다. 상담 시작할 때 보청기를 착용하곤 하였다. 말

할 때 천천히 또박또박 발음하여 상담자가 대화하는 데 별 어려움을 못 느꼈다.

심리검사 결과 및 주요 해석

1) K-WAIS-IV (FSIQ=)

지표점수
언어이해 102, 지각추론 118, 작업기억 119, 처리속도 66, **〈전체 IQ 102〉**

2) 다면적 인성검사(MMPI-2)

척도	VRIN	TRIN	F	F(B)	F(P)	FBS	L	K	S	Hs	D	Hy	Pd	Mf	Pa	Pt	Sc	Ma	Si
T	34	55T	70	59	50	58	33	42	35	60	79	56	70	50	56	69	66	48	74

2-4-7코드: 만성적 우울, 불안을 가지고 있으며 수동-공격적인 성격패턴을 보인다. 분노 감정을 가지고 있으나 이를 적절히 표현하지 못하고 이에 대한 죄책감을 가진다. 스트레스 내구력이 낮고 사소한 일에도 과민반응을 보이며 정서적으로 불안정하였다. 자기 스스로에 대한 열등감이나 부적절감이 많고 우울감을 경감시키기 위해 알코올에 과도하게 의존하는 경향이 있다. 기본적인 신뢰감이나 애정욕구가 좌절된 구강-의존적인 성격특징을 가지는 것으로 보인다.

3) 투사검사

BGT: 기질적인 손상이 의심되어 순간노출, 모사, 회상의 순으로 실시하였으나 회상 순서는 바뀌었어도 모두 기억해 내어 정신적 뇌기능의 장애가 의심되지 않았다. 다만 소근육 운동의 어려움으로 직선과 곡선의 표현에 어려움이 있었다.

II. 상담자의 사례개념화

내담자는 출생 당시 어머니의 난산으로 인하여 뇌성마비 장애 3급이다. 초등학교 시절에 장애로 인해 또래로부터 놀림을 당한 왕따 외상이 있으며 현재까지 장애를 어머니 탓으로 돌리며 갈등이 심하였다. 최근에 유일한 취미활동인 연예인 '덕질'을 그만두고 7년 동안 다니던 회사도 그만둔 상태로 집에만 거주하면서 미래에 대한 절망감으로 죽고 싶은 생각이 든다고 하였다. 어머니의 과잉보호와 통제, 아버지의 방관적이면서도 비난하는 말투, 부모의 가정불화 등은 내담자가 현실에 부적응적인 생활양식을 형성하는 데 영향을 미친 것으로 보인다. 뇌성마비 장애의 독특한 외모로 인한 타인의 시선에 극도로 불안감을 느끼는 한편, 자신이 장애인으로서 보호받고 대접을 받는 것이 당연하다는 사고로 대인관계는 물론 사회에 대한 관심이 매우 협소한 상태이다. 따라서 상담자는 존중하는 태도로 내담자를 대하며 그의 왜곡된 신념을 수정하여 건강한 사회의 일원으로 성장하도록 도와야 할 것으로 사료되었다.

1. 상담의 목표와 전략

- 합의된 목표
  - 다른 사람들의 시선을 받아도 조롱당한다는 불안감을 갖지 않는다.
  - 자신의 일을 자신이 선택하고 결정할 수 있다.
  - 가족들과 화목한 관계를 가지기 위해 자신이 양보해야 할 것이 무엇인지 찾는다.
- 임상적 목표
  - 좌절감과 열등감을 극복하도록 사회적 관심을 증가시킨다.
  - 인생목표와 생활방식을 변화시킨다.
  - 타인과 평등한 존재라는 생각으로 사회에 기여하는 구성원이 되도록 돕는다.
- 전략
  - 내담자의 어린 시절 왕따 상처를 치료하고, 자신의 모습을 통합적으로 수용한다.
  - 자신의 욕구를 안전하게 표현하고 공감적인 의사소통 능력을 키운다.
  - 자신을 위로할 수 있는 취미와 운동 등을 개발한다.

  내담자의 강점과 긍정자원을 강화한다.

–신앙공동체 안에서 또래 젊은이들과의 만남을 갖는다.

2. 슈퍼비전을 받고 싶은 내용

"내담자가 자신의 절망적인 상태를 강조하며 타인의 부정적인 시선에 민감하게 반응하여(예: 장애인이라는 용어를 사용하는 데 주저하거나 돌려 말함) 상담자인 제가 자칫 내담자의 상처받은 감정을 충분히 다루지 못하고 성급히 긍정적으로 해석하고 변화된 모습을 설득하려고 합니다. 또한 자신이 장애인으로서 보호받고 대우받아야 한다는 내담자의 미성숙한 태도에 저도 동조하게 됩니다. 이럴 때 상담자로서 견지해야 할 마음 자세가 어떠해야 할까요?"

3. 상담의 진행 과정

초기 상담

코로나19 사태로 상담실에 오는 것에 대한 부담을 느낀 내담자 어머니의 요청으로 내담자 가정의 거실에서 진행하였다. 내담자의 어머니는 3주 전쯤 난소암 수술을 하여 복대를 차고 있었고 그의 형은 자기 방에서 컴퓨터를 하고 있었다.

전공 수업시간에 들은 결정론적 인간관에 영향을 받은 내담자는 상담에 대해서도 부정적이었다. 자신의 변화보다는 가족들의 변화를 요구하고 있었다.

"어린 시절에 엄마 아빠가 '안 돼, 하지 마.' 하고 뭘 못하게 키워서 지금은 제가 스스로 결정을 못 하는 거라고요. 다른 사람들이 네가 알아서 하라는데 전 그걸 모르겠어요."

1회기

내담자 자택을 방문하여 심리검사(MMPI–2, HTP)를 실시하였다.

2회기

"7년 동안 직장생활을 하면서 내린 결론은 '장애인은 전문가가 될 수 없다.'예요. 예전에는 잘 몰랐는데 지금은 허리도 아프고 손도 아프고 목도 아파요. 그리고 가족이 내가 마음가짐을 올바르게 할 수 있게 도와줘야 하는데 그것을 못 해줬어요."

3회기

내담자의 뇌기능 문제를 알아보기 위해 BGT를 실시하였으나 9개의 도형을 완벽하게 회상해 냈다.

① 초기기억검사를 했는데, 4~5세 때 언어교정을 하러 엄마 등에 업혀서 매일 병원 다니던 일이 기억났다. 병원에 가서 놀이하는 줄만 알았기 때문에 즐거웠다.
② 유치원 쉬는 날에 혼자 유치원에 가서 창문 안으로 꽃밭에 있던 모래를 던졌다. 당시의 기분은 모르겠는데 아마도 유치원에 불만이 있었기 때문이었던 것 같다.
③ 엄마 친구 아주머니가 아팠는데 걱정되어 콩나물국 끓여 드시라고 500원을 드렸다.

4회기

K-WAIS-IV를 실시하였다. 내담자가 떨리는 손으로 열심히 '토막짜기'를 하는 등 적극적으로 임하는 모습이 관찰되었다. 산수 검사에서 암산으로 복잡한 문제를 계산해 내는 것을 보고 상담자가 지지하며 격려해 주었다.

5회기

손이 저리고 아파서 밤에 잠을 잘 못 자고 왔다고 하며 몸이 이곳저곳 아파지면서 나중에 걷지도 못할 것 같아 절망감이 계속되고 죽고 싶다는 생각이 든다고 하였다. 그냥 다음 날 눈을 안 떴으면 좋겠다고 하였다. 자살 방지 서약서를 작성하였다.

주변의 시선들, 폭언, 따돌림, 침 흘린다고 더럽다고…. 그냥 "쟤 더러워, 이상해."라는 말에 화가 났다. 애들이 놀리면 수업시간에 형을 데리러 올라갔다.

그리고 아빠가 돌아가시기 2년 전에 '병신'이라는 말을 해서, 그 뒤로는 아빠에게 말도 안 하고 인사도 안 하고 혼자 밥 먹으며 섭섭함을 소극적으로만 표현하였다.

6~7회기

내담자가 자신의 우수한 지능을 확인하고 자부심을 갖도록 격려해 주었다. 부모가 강요한 학과보다 자신이 원했던 컴퓨터 관련 학과를 택했던 것과 자신에게 적당한 운동을 선택하는 등 자신이 주도적으로 삶을 개척해 나갈 능력이 있음을 확인하게 되었다.

입버릇처럼 "다 엄마 때문이야."라고 하는 말이 자신의 무능함을 변명하기 위한 핑계거리나 분풀이 말로써 자신과 엄마 모두에게 상처가 되는 말뿐임을 직면하게 하였다.

9~10회기

회사에서 자신이 장애인이기 때문에 다른 직원들의 도움을 당연시하며 자신의 업무를 위해 노력하지 않았으며 불평하는 동료를 비난하고 사표를 낸 과정을 이야기하였다. 대인관계에서의 자기중심성과 이기심에 직면하였다.

사촌누나의 아들이 자신을 장애인이라고 말한 것과 관련하여 자신이 장애인이라는 현실을 아직 인정할 용기가 없음을 알게 되었다.

11회기 축어록

내담자 1: 맨날 같은 꿈을 꾸어요. 나는 큰 사람으로 나오고, 애들은 초등학교 때 그 애들이 교실에 작은 모습으로 앉아 있어요. 그냥 그 얼굴이 떠오르는 거예요.

상담자 1: 꿈에 떠오르면 어떤데요?

내담자 2: 아 막, 압박 받는 느낌? 약간 그런 것 같아요.

상담자 2: 그니까 얼굴이 막 떠올라요? 내가 큰, ○○이가 이렇게 가면 걔들이 나를 보고 있어요? 어떤데, 어떻길래 내가 압박 받지?

내담자 4: 놀릴 것 같으니까 불안한 거죠, 꿈에서. 그래서 깨요.

상담자 4: 그러다 깨요? 아, 뭐 얼마나 자주 꿔요, 이런 꿈?

내담자 5: 최근에도 꿨고 뭐 1년에 한 두세 번씩은 꾸는 것 같아요.

상담자 5: 최근에는 언제 꿨어요?

내담자 6: 상담하는 기간에. 상담하기 시작하고 한 1~2주 후였나?

내담자 7: 꿈속에서 나오는 애들 중에 XX가 있어요. 걔가 나를 괴롭혔어요. 그러면 내가 선생님한테 말하면 선생님은 약간 티 안 나게, 걔가 혼날 짓을 할 때 더 세게 때려요.

상담자 7: 음, 선생님하고 ○○씨만 아는 방법으로 약간 보복을 해줬구나.

내담자 8: 네, 약간 그런 식으로 했던 거 같아요.

상담자 8: 아, 그래서 조금 위로가 됐어요? 그리고 애들도 날 좀 덜 괴롭히고?

내담자 9: 덜 괴롭히는지는 모르겠어요. (지속적으로 놀리는 최XX에게 욕을 하고 도망갔다가 다음 날 등을 발로 한 대 얻어맞고 고꾸라진 에피소드) 그 후에도 계속 괴롭히고….

상담자 9: 음, 괴롭히고. 그러니까 친구들한테 맞은 건 없네요?

내담자 10: 아, 딱히 이렇게 학교폭력 이런 건 없는데.

상담자 10: 음, 그런 건 없었구나? 그나마 다행이네. 그게 ○○씨가 인지가 되니까 그랬을 수 있고, 또 당하면 가만히 안 있으니까.

내담자 11: 저는 선생님한테 가서 말하는 거밖에는 못 했어요. 일차적으로 선생님한테 말하거나 형 부른 거고, 안 되니까 또 엄마 부른 거고. 근데 엄마는 가만히 있고. 아무튼 선생님이 다 같이 있는 데서 '○○이 괴롭히지 마라. 몸이 불편한 친구한테 그렇게 하는 거는 나쁜 일이다.' 그렇게 말해 주면 좋아요. 제가 있을 때, 그렇게 했으면 어땠을까….

상담자 13: 그래 맞다, 그렇게 해야 되는 건데, 요즘 같으면 학교폭력으로 신고할 것 같거든.

내담자 14: 근데 요즘에도 비리가 많아가지고 학교 이미지 깎인다고 막 쉬쉬한대요, 학교폭력. 왜냐면 학교폭력 일어나면 학교 이미지가 깎이니까, 그냥 그러려니 하고 학교에서 쉬쉬한대요. 그러니까 애들이 못 견디고 끝이 없을 것 같으니까 자살이 일어나죠. 그니까 저는 어떻게 보면 엄마가 저한테 고마워해야 되는 거예요. 저는 자살은 안 했잖아요. 얼마든지 자살할 수 있었던 상태였거든요. 죽고는 싶은데 맘이 약해서, 그걸 실행은 못 하겠더라고요. 어떻게 해야 되는지도 모르겠고, 정말 차에 뛰어들어야 되는가 싶기도 하고.

상담자 14: 그만큼 괴롭다는 거죠. 그런 생각은 많이 해봤어요?

내담자 15: 네, 많이 해봤죠, 생각은.

상담자 15: 요즘에도 그래요?

내담자 16: 그냥 요즘엔 살기 싫고, 그냥 모든 걸 놓고 싶다는…. 일도 하기 싫고 그냥 집에서 편하게 쉬고 싶고, 집에서 뭔가 그니까 집에 있으면 적어도 누굴 만날 일은 없잖아요. 사람들 만나는 게 제일 힘드니까. 나는 사람을 쉽게 못 믿어요. 언제 또 나한테 뒤통수 칠 줄 모르니까 의심하고 피해망상이 있고.

상담자 16: ○○씨가 사람을 잘 믿지 않고 의심하는 거는 트라우마 때문인가 봐요.

참고자료: 내담자 에피소드

에피소드 ①

내담자는 5학년에 올라와서 XX라는 여자애와 학원도 같이 다녔고, 처음에는 그애가 자기더러 아기천사 같다고 예뻐했는데, 갑자기 돌변해서 학원에서 쪽지를 주었다고 했다. 과자인 줄 알았는데 그 안에 쓰레기가 있었고, "너 학원 버스 타면 저 구석에 앉아." 라는 편지가 있었다. 그렇게 놀릴 때마다 무시했는데 고등학교 때 버디버디 메신저에

서 XX의 아이디를 보았다. 그래서 "내가 너 때문에 죽도록 고생했다."라고 XX한테 말을 했더니 "어쩌라고" 했다. 그래서 서로 욕만 하다가 끝났다.

이때 상담자는 "못된 사람이네."라고 맞장구치면서 내담자를 위로하였다.

에피소드 ②

5개월 전에 요가 선생님에게 가서 나 같은 사람도 가르쳐 줄 수 있느냐고 솔직하게 질문하니까 '걱정 말고 와라, 한국말을 못 알아듣는 외국인도 동작을 따라하면 된다.' 라고 해서 요가 선생님을 믿을 수가 있었으므로 요가원에 다니고 있다. 자기가 다리를 하나 못 들고, 비틀거리는 것을 보고 요가 수강생들에게 웃음거리가 될 것으로 생각했는데, 그들은 요가 자세 연습하느라고 자기한테는 신경 쓰지 않는 것 같았다. 그래도 한 발 들고 1초도 못 서 있으니까 몹시 창피하고 자존심 상한다. 내가 생각한 것만큼 빨리빨리 완벽하게 되지 않아 마음이 조급하다.

이때 상담자는 마음을 느긋하게 가지라고 격려하였다.

에피소드 ③

허리를 반듯하게 펴기 위해서 이곳저곳 병원에 다니면서 근육이완 주사를 맞고 이런저런 시술을 하느라고 4년이나 시간을 헛되이 보냈다. 그래서 평소에는 의사나 병원을 불신하는데, 한번은 마지막으로 자기가 의사 선생님에게 가서 수술을 하고 싶다고 말하니까 그 자리에서 바로 수술을 하게 해 주었다. 그제서야 의사에 대한 믿음이 생겼다. 상담자는 그에 대해 칭찬과 격려를 보내고 나서 꿈 이야기로 화제를 돌렸다.

상담자 1: 친구들이 자꾸 꿈에 나타나는데, 그 이야기를 해 보고 싶은데…. 어떻게 하면 애들이 꿈에 나타나지 않게 될까요?

내담자 1: 저는 약간, 이게 좀 현실성이 없는지 모르겠지만 예전 드라마에 보면 〈겨울연가〉 같은 데 보면 사고가 나가지고 기억을 바꿔버리고 싶어요. 저도 그런 식으로 걔네들을 지워버리고 싶어요. 어릴 때 그런 상황을 겪어본 내가 아닌, 전혀 다른 ○○○, 행복한 삶을 살아왔던 ○○○의 가짜 기억을 가지고 살고 싶어요.

상담자 2: 그만큼 괴로운 거구나. 그 정도로! 얘들을 변화시킬 순 없으니까.

내담자 2: 할 수만 있다면, 내가 어렸을 때부터 행복한 가정에서 살아왔다면 장애가 있너라도 지금 엄마한테도 잘할 것 같아요. 왜냐면 가정에서 행복을, 사랑을 받고 자라온 기억이 있으면 내가 힘들더라도 긍정적인 마인드를 가질 것 같아요. 저는 어느 정도 집안 분위기가 영향이 있다고 생각해요. 그래서 맨날 엄마 때문이라고 엄마 탓만 한 거죠.

상담자 3: 엄마 때문이라고 말하면, 엄마가 좀 능력이 좋아져서 잘해 줄 수 있을까요?

내담자 3: 화만 내죠, 저한테.

상담자 4: 그때의 엄마나 지금 엄마나 ○○씨를 그렇게 음, 잘 양육할 만한. 자기들은, 자기들 수준에서는 최선을 다해서 굶기지 않고 병들지 않게 키웠다고 하지만, ○○씨가 원하는 만큼은 못 해줬단 말이야. 능력이 그만큼밖에 안 되는 부모.

내담자 4: 엄마가 하는 말이, 아빠가 맨날 바쁜 일을 하면서 월급은 많이 벌어오지도 못하고 적은 돈으로 가정을 살려야 되니까 여유가 없대요. 아빠가 그니까 맨날 장난감 사주지도 않아, 내 옷 비싼 거 사주지도 않아, 그랬죠. 근데 그게 표현 방식이 달랐다고 봐요. 아무리 삶의 여유가 없었어도 말이라도 좋게 해줬으면.

상담자 5: 그러게. ○○씨는 그 말을 가지고 굉장히 용기를 얻고 힘을 얻을 텐데….

내담자 5: 그니까, 그니까 결국에는 뭐, 아빠 잘못이나 엄마 잘못이 아니라 이렇게 된 거죠.

12~13회기

내담자는 자신의 외모 열등 콤플렉스를 극복하기 위해 외모를 잘 꾸며 세련되고 깔끔한 외모를 가꾸게 되었다고 하였다. 자신의 외모가 잘생겼다는 자부심이 있다.

14회기

자신이 장애를 갖게 된 것이 엄마가 자신을 출산할 때 난산을 하였으며, 임신 중에는 도둑이 들어 엄마가 많이 놀랐기 때문이고, 곧 자신의 장애가 엄마 탓이라는 논리는 자신이 무언가를 잘못했을 때 위안을 받기 위해 잡고 있어야 할 이유라고 하였다. 상담자는 내담자의 이 사적 논리가 자신의 삶을 긍정적으로 변화시키는 데 걸림돌이 될 뿐임을 알고 자신의 삶의 의미를 발견하고 책임을 지는 자세가 필요함을 이야기하였다.

15회기 모자 상담

어머니와 함께 상담을 진행하였다. 그동안 어머니에게 왜 자신이 어렸을 때 친구들로부터 놀림 받을 때 도와주지 않았는지를 따지듯 물었고 어머니가 나름대로 노력한 것을 변명이라고 몰아붙였다. 상담자가 개입하여 두 사람 모두 여기까지 오느라고 많

이 힘들었다고 공감해 주고, 내담자의 억울한 감정에 대해 어머니가 미안하다고 하여 손잡고 화해를 하였다.

16회기

가정의 분위기가 달라졌다고 보고하였다. 형에게 자신의 목소리를 낸 에피소드도 보고하였다. 일본 여성이 남편에게 순종적이라고 믿으며, 또 몇 년 전에 여행지에서 만난 일본 사람의 친절에 매료되었다며 일본 여성과 결혼하고 싶다고 하였다. 자신을 여전히 돌봐줄 대상으로서 아내를 구하고 있는 내담자의 속마음과 직면하고 사랑하는 사람들이 갖추어야 할 친밀함과 헌신, 책임감이라는 가치에 대해 이야기하였다.

Ⅲ. 슈퍼바이저의 사례개념화(정신역동적, 인지적, 통합적 접근)

1. 정신역동적 접근의 사례개념화

내담자의 주 호소 문제는 '다른 사람들의 시선이 불편해요, 내 일을 내가 선택하고 결정할 수 있으면 좋겠어요, 가족들이 저를 이해해 주지 않아요, 다 엄마 때문이라고 말하고 싶어요.'이다.

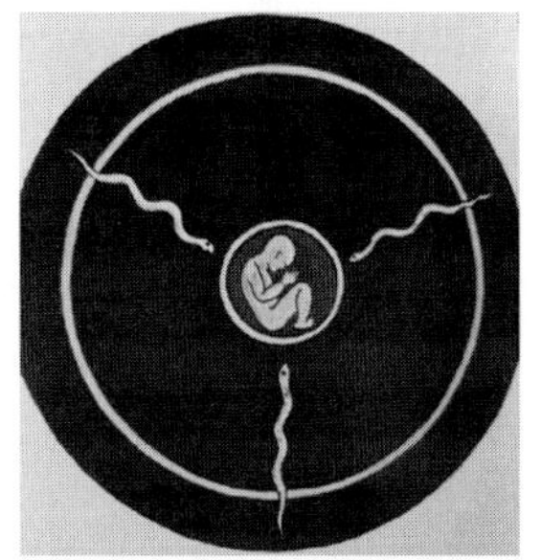

'아기를 먹이려 원 안으로 들어가다.' 융 환자의 비전 중 Vol. 2, 1997

내담자는 출생 당시부터 장애가 있었다. 어릴 때부터 지금까지 자신의 장애를 인정하고 수용할 수가 없어서 괴로움과 원망과 분노로 생활하고 있다. 이에 상담에서는 내담자를 충분히 수용, 공감하고 나아가서는 분석심리학에서 말하는 전체성의 입장에서 내담자가 행복뿐만 아니라 고통 또한 자신의 것으로 받아들일 수 있도록 조력하는 것이 필요할 것으로 생각된다.

1) 상담자가 수립한 상담의 목표와 전략 및 진행 과정

상담자의 합의된 상담 목표는 '다른 사람들의 시선을 받아도 조롱당한다는 불안감을 갖지 않는다, 자신의 일을 자신이 선택하고 결정할 수 있다, 가족들과 화목한 관계를 가지기 위해 자신이 양보해야 할 것이 무엇인지 찾는다.'이다. 임상적 상담 목표는 다음의 여섯 가지이다. '내담자의 사회적 관심을 증가시킨다, 내담자가 좌절감과 열등감을 극복하도록 돕는다, 내담자의 인생목표와 생활방식을 변화시킨다, 내담자의 잘못된 동기를 변화시킨다, 내담자가 타인과 평등한 존재라는 인식을 갖도록 돕는다, 내담자가 사회에 기여하는 구성원이 되도록 돕는다.'

치료전략은 다음과 같다. '내담자의 어린 시절 왕따 상처를 치료하고 장애를 입은 자신의 모습을 통합적으로 수용한다, 자신의 욕구를 안전하게 표현하고 상대방의 마음을 공감하여 의사소통 능력을 키운다, 자신을 위로할 수 있는 취미와 운동 등을 개발한다, 내담자의 강점과 긍정자원을 강화한다, 신앙공동체 안에서 또래 젊은이들과의 만남을 갖는다.'

이에 상담자가 설정한 목표가 달성될 수 있을 것이라고 기대한다. 다만 인간의 조건에 대한 깊은 이해와 전략으로 내담자가 자신의 고통과 책임을 받아들일 수 있도록 상담 개입을 하는 것이 필요하다.

2) 상담자에 대한 슈퍼비전

〈205쪽 '슈퍼비전을 받고 싶은 내용' 참고〉

[내담자를 위로하기에 바빠서 직면화시키지 못하는 상담자는?]

(1) 상담자의 임상목표

상담자가 사례에 부여한 제목이 '엄마 때문이야'인데 '엄마 때문에, 누구 때문에'라고 말하면 참 쉬워진다. 그러나 그 밑 마음에서는 그리 편하진 않을 것이다. 우리가 그렇지 않은가? 그러나 이 쉬운 것을 내가 좀 어렵게 들고 간다고 하는 게 인생에 대한 책임을 지는 것이다. 실은 이 사례의 내담자에게는 인생을 책임지고 부담감도 가지고 살아야 한다는 것에 대한 어떤 자신감이나 용기나 결단이 좀 있어야 될 것 같다. 그래서 이 주제가 상담할 때 내담자에게 정리가 된다면 이건 매우 큰 성과가 될 것이다. 마침 상담자의 임상목표에 보니 내담자가 상담을 통하여 사회적 관심을 많이 갖게 하는 것이 제시되어 있다. 그렇게 되면 좋을 것이다. 아들러 상담 이론에서도, 사회적 관심이란 다른 사람의 눈으로 보고 귀로 듣고 마음으로 느끼는 것이라고 하였다. 이것을 상담적 언어로 말해 보면 무엇인가? 공감하는 것 아닐까? 사회적 관심이 있는 사람으로 간다면

어디 사회적 성공을 이루는 것만 해당되겠는가? 이와 함께 다른 사람을 공감하는 사람으로 가는 것이 포함되어야 한다고 생각한다. 이 얼마나 패러다임이 달라지는 이야기인가? 서른이 넘은 지금까지도 나 스스로를 공감 못 하겠고 못 받아들이겠고 나를 장애인이라고 부르는 것도 아직 어렵다. 그런데 다른 사람을 공감하고 같이 어울리고 잘 지내는 건 더 어렵지 않겠는가? 그래서 여기에도 그 바람이 이루어지는 과정이 필요할 것이라는 것을 먼저 나누고 싶다.

(2) 한 말씀만 하소서

이 내담자는 '내가 왜 이렇게 되어야 하는가? 왜 하필 나인가?' 이 부분을 굉장히 고민하고 너무나 괴로워하는데, 박완서 님의 소설 중에 『한 말씀만 하소서』가 생각난다. 이 책은 실화를 소설로 쓴 것으로 알고 있다. 소설 주인공의 외아들이 교통사고로 즉사했다. 어머니는 그 후 다 싫다, 모두 싫다며 너무 괴로워하고, 절필도 하고 그랬는데 그 옆에서 도와주려고 애쓰는 사람이 많았다. 이 내담자도 도와주려고 애쓰는 사람이 많고 상담자도 그중 하나인데, 내가 만나본 상담자의 분위기를 보니까 굉장히 참하게 다듬어진 분위기가 느껴진다. 얼핏 상담자가 '나도 이제 산전수전 공중전 겪은 사람이다.' 하던 소리가 지금도 남아 있다. 그러니까 말하자면 이 사례가 어떻게 되어야 할지 알고 있고, 내담자에게도 말해 줄 수 있는 것도 많은 상담자 아니겠는가? '왜 하필 나인가?'에 대한 대답은 무엇이겠는가?

(3) 나를 장애인이라고 불러요

이 내담자가 처음에 호소한 문제가 '다른 사람들의 시선, 가족들의 이해심, 엄마 탓' 이렇게 해서 다른 사람을 의식한다는 이야기 세 가지와, 그다음 또 하나는 '내 일을 내가 선택하고 내가 결정할 수 있으면 좋겠다.'는 것이다. 그러므로 이 내담자에게 진짜 중요한 것은 '내 일을 내가 결정하고 살았으면 좋겠다.' 하는 것이다. 내가 선택한 후에는 바로 앞에서 언급한 대로 내 인생에 대한 책임을 안고 가는 것이다. 그리고 앞의 세 가지에 대한 것인데, 그중에 다른 사람의 시선에 대한 이야기는 이 사례의 이해에서 중요한 주제라고 생각한다.

우선 상담자가 꿈과 관련하여 관심을 보이고 있다. 11회기에 꿈 이야기가 나오는데 이 꿈을 꾸게 된 것은 아마 9회기와 10회기가 좀 자극이 됐을 것 같다. 9회기에 내담자가 장애인이기 때문에 사표 낸 이야기가 있다. 자기중심성과 이기적인 측면이 있어 보인다. 그다음에 10회기에서는 사촌누나의 아들이 나를 장애인이라고 불렀다는 것이다. 사촌누나 아들은 열두 살 초등학생이다. 아마 9회기, 10회기가 이 꿈을 촉발했을 것이라 생각된다. 이후 내담자가 꾼 꿈은 초등학생 이야기이다. 여기에 상담자가 "그래서 이 악몽을 요즘에도 꾼다고? 꿈에 나타나요?" 하고 들어가고 있다. 내담자는 지금 현재 모습 그대로 나오고, 그때 그 초등학교 교실 안이 배경인데, 그 얼굴들이 다 나온다. 내담자는 아이들 이름을 다 말한다. 그때 열두 살, 열세 살 아이들이 쭉 나오는데, 그냥 교실에 앉아 있다. 어떤 느낌이냐 하면, 압박받는 느낌이 든다. 이유는 걔들이 보고 있으니까 압박받는 느낌이 들고, 그냥, 눈빛이 '옛날 눈빛 그대로예요.'라고 말한다. 아이들이 나를 보고 있는데 그 눈빛 때문에 내가 압박을 느낀다고 하니 우리가 말하는 '총애'의 눈빛은 아닐 것이다. 나를 막 조롱, 멸시하는 시선, 이런 것이다. 그리고 금방이라도 놀릴 것 같다. 분하다고 말한다. 내담자는 이런 꿈을 최근에도 꿨고 1년에 한두 번 계속 꾼다고 한다. 그러니까 초등학교 때부터 지금까지 내담자는 바뀌지 않은 것이다. 최근에는 언제 꿨냐 하니까 '상담하는 기간에, 상담하기 시작하고 한 1~2주 후였나. 그런 후에 꿈을 계속 꾸고 그 다음에 매주매주 그 꿈을 꾸고.' 그러니까 상담자는 당신의 마음의 상처가 너무 크기 때문에 이거를 좀 해결하고 벗어난다면 괜찮을 것 같다고 말한다. 이제 어떻게 해결할 것인가? 꿈에서 이 눈빛은 사실은 내가 보는 것이라고 생각한다. 꿈에서 누군가가 나를 째려본다 하는 것도 결국 자기 자신이 그러고 있는 것으로 본다. 그러면 여기에서 아이들이 어떤 눈빛을 보내고 있는가? 째려보는 눈빛을 보내고 압박하는 느낌에 불안함을 느끼고 있다. 이 눈 혹은 눈빛은 아까도 잠깐 언급했지만, 대상관계에서 따뜻한 눈빛이 치료제라 했고 그것을 다르게는 총애라고 부른다. 내담자가 느끼고 있는 눈빛은 상당히 죽이고 살벌하고 꼼짝달싹 못하게 하고 불안하게 하고 장애를 더 장애로 만드는 눈빛이다. 사실은 장애가 남이 만드는 장애가 아니다. 장애는 자신이 자신을 봐도 장애인가, 그러면 장애인 것이다. 그래서 잘 아는 방식으로 말해본다면, 내가 그 사건을 보고 해석한 것, 그것이 장애이다. 내담자의 꿈에서도 상대가 째려보고 있다는 것은 사실은 내가 나를 그렇게 보고 있다는 것이라고 보아도 큰 무리가 없을 것이다.

(4) 기억을 바꿔버리고 싶어요

그러면서 이때 이 (내담자) 아이가 한 경험은 사실을 선생님에게 일러서 선생님이 아이들을 혼내게 됨으로써 티 안 나게 복수를 해 주는 것이다. 그런 이야기가 나오고 있다. 무슨 일 있으면 대부분 선생님한테 가서 말했다고 한다. 내담자가 고자질을 잘한다. 초등학교 5학년짜리, 4학년짜리들이 제일로 미워하는 아이들이 고자질하는 아이

아니겠는가? 특별히 선생님이 옹호해 주고 내담자는 고자질도 하고 이렇게 되는 것이다. 그래서 처음에는 어떤 아이가 자신에게 잘해 주다가 나중에는 왕따시키고 그랬다고 말한다. 자세히 좀 보면 내담자가 제법 많이 편애를 받았다. 편애받은 기분이 어땠었나 하고 물어보고 싶다. 자신은 편애받은 기억이 없다고 하지만 선생님이 그렇게 해준 것은 어디 갔는가? 마침 상담자도, '그럼 도와준 거는 어땠는지 보자.' 했더니 내담자 12~14에서 '그건 잘 모르겠고요.' '그때 어린아이였는데 몰랐을 수도 있겠죠.'라고 말하였다(사례 원본에서). 이후에는 내담자가 아이들을 '개같이 패줘야 한다, 고소해야 한다.'고 말한다. 급기야 '어떻게 보면 엄마가 저한테 고마워해야 한다. 왜냐하면 내가 자살을 안 해 주어서'라고 말한다. 이때 엄마가 내담자에게 '피해망상'이 있다고 말한 것이다. 그런데 또 '제가 상당히 약한 편이어서' 이런 얘기를 하면서 자기가 장애인인 것에 대한 이득을 찾아낸다.

상담자는 내담자가 진술하고 있는 이런 부분에 정말 관심을 기울여야 할 것이다. 우리는, 때로 마음의 긍정적인 사진첩 하나만 가지고도 삶을 살아갈 수 있다고 했다. 상담자가 그래도 '당신이 이렇게나 버텨와서 참 잘했어.'라는 방식에 더하여, 이런 마음도 좀 생각해 보도록 도와주면 좋을 것 같다. '그래, 당신은 살아오면서 정말 한 번도, 한 가지라도 도움받았다고 생각하는 것이 없는가? 당신은 정말 누군가로부터 한 가지도 얻은 것이 없다고 생각하는가?' 물어봐 주어야 할 것이다. 분명 사랑받은 기억이 있다! 담임이 그렇게 옹호하고 보호하고, 그리고 그 녀석을 나 보라는 듯이 보기 좋게 '보복'해 주었다고 했다. 그것이 정말 아무것도 아닌가. 선생님이 그렇게 도와준 것이 어디 작은 일인가. 생각하기에 따라서는 선생님의 배려 아니겠는가. 그리고 엄마한테서 어찌 사랑받은 적이 없겠는가. 형에게서는 없겠는가 등등등. 그리고 초졸 아버지가 생전에 짜고 무뚝뚝하게 굴고 안 놀아줬다고 하지만 관공서에서 궂은일을 하면서 이 아들을 위하여 보험을 들어놓고 한 것이다. 앞으로 이 아들이 살아야겠다 싶어서 말이다. 큰자식은 몰라도 장애 있는 자식은 어찌어찌 마음이 더 쓰이지 않았겠는가. 이런 것을 생각해 볼 때에도 오직 언제나 항상 자살하고 싶은 생각만 들 것인가? 이에 대해서 어떤 생각이 드는지 좀 말해 보라고 하면 좋을 것 같다.

다시 한번 더 상기해 보면, 내담자는 이제 사촌누나네 아이가 '장애인'이라고 한 것에 많이 자극되었다. 나보고 장애인이라고 말해서는 안 되는 것이다! 즉, 30세가 될 때까지도 내담자는 내가 장애인인 것을 허락할 수가 없는 상태이다. 이런 이유로 내담자가 정말 원하는 것이 있다. 〈겨울연가〉에서처럼 기억을 바꿔버리는 것이다. 모든 기억을 잊고 싶다는 말이다. 그런데 내 힘으로 잊을 수 없다. '내가 만약 어린 시절에, 가정에서 행복을 혹은 사랑을 받고 자라온 기억이 있으면' 내가 힘들더라도 긍정적 마인드를 가질 것 같다고 말하면서.

여기에 해결책이 있을 것 같다. 바로 내담자가 제시한 해결책은 '내가 만약 사랑받은 기억이 있다면'이다. 이 내담자는 사랑받은 적이 있을까, 없을까? 한 가지라도 있으면 있는 것이다! 그 이야기를 이미 NLP(설기문, 2003; 최혜란, 2016)에서 말하는 '정말 하나도 없어요?' 상담 기법으로 이야기해 보았다. 'Nothing!' 하다가 하나라도 있으면 'All!' 아니겠는가? 또 내담자가 갖겠다고 한, '갖고 싶은' 마음인 '긍정적 마인드'를 정의하자면, '있는 그대로 자신을 받아들이는 것'이다. 이런 방식으로 상담자는 내담자의 기억을 수술해 주면 좋을 것이다.

(5) 내 일을 내가 선택하고 내가 결정할 수 있으면 좋겠어요

사실 내담자는 지금 수술받고 있는 중이다. 이렇게 이야기하고 싶다. "상담자 앞에 있는 게 수술이지." 기억 바꾸기, 그것은 기법으로도 가능하겠지만 실제로는 중요한 치료에 대한 가치관 혹은 철학적 의미부여에 달린 것으로 볼 수 있다. 융에 의하면 '정신치료의 주목적은 내담자를 상상할 수 없는 행복으로 이끌어 가는 데 있는 것이 아니라 그가 고통을 참는 철학적 인내와 꿋꿋함을 갖도록 도와주는 것이다. 삶의 전체성과 충만을 위하여 기쁨과 고뇌의 균형이 요청된다'(한국융연구원, 2001). 이 말에는 내담자에게 행복뿐 아니라 고통도 받아들일 것을 촉구하는 의미도 있지 않겠는가? 이 사례에서 상담자는 진심으로 이 내담자의 고통스러운 것을 충분히 공감하려고 노력하고 있다. 하지만 이제 내담자가 자신이 장애를 가지고 있다는 사실을 인정하고 견뎌나가는 일이 필요한 것이다. 내담자도 엄마탓, 엄마탓 하지만 '꼭 엄마가 문제는 아니에요.' 라고 얼핏 말할 때 사실은 내 일을 내가 선택하고 내가 결정할 수 있으면 좋겠다, 즉 내가 내 인생을 책임지고 싶다는 것 아니겠는가? 그런 마음으로 이 말에 얼른 반응하고 싶다.

이 내담자는 두 가지 태도를 보이고 있었다. 한 가지는 장애인인 것을 인정하지 않으려고 하는 것, 또 한 가지는 '장애인인데…' 하는 것. 이 어떤 괴리감에서, '나는 장애인이잖아. 그럼 나 자신을 뭐라고 부를 건데?' 하고 심하게 갈등하는 동안 꿈에서 가르쳐주는 것이 있었다. '그 눈들이 다 나를 째려보고 있더라고요, 그리고 30세가 되어서도 남들의 시선이 신경 쓰여요' 하는 부분이다. 그 눈길은 내 안에서 나가는 투사라고 언급했거니와, 만약에 진짜 외부에 있는 사람들의 눈길이 싫다면? 그럼 내가 눈을 감아버리면 될 것이다. 눈을 감을 때 나는 내 안의 세계로 들어가게 된다. 조용하고 깊어지고 마음이 고쳐먹어지고 내 삶을 다시 살아내고 싶어지는 계기가 될지 누가 알겠는가? 물론

이 내담자는 청년기에 속하는 경우이니 너무 오래 눈감고 있는 것은 곤란할 것이다. 새로운 다른 고운 눈길로 세상을 만나야 하니까. 이것이 상담자가 도움을 주어야 할 부분이라고 생각한다. 그런데 『한 말씀만 하소서』 책에서는 무엇이 '한 말씀'이었을까?

연습문제

1. 심리치료의 목표가 '삶의 전체성과 충만을 위하여 기쁨과 고뇌의 균형을 잡도록 돕는 것'이라고 하는 융의 말에 대하여, 이 사례를 예로 들어 논의하시오.
2. 청년기의 내담자가 '외부의 시선에 집중하는 일'과 '내 일을 내가 결정한다.'에 대하여 자아발달적 측면에서 이해하고 설명하시오.
3. 내담자의 꿈을 무의식의 '보상적 차원에서의 도움'이라는 측면에서 설명하시오.

2. 인지적 접근의 사례개념화

내담자는 32세의 남성으로, 어머니의 난산으로 인해 뇌성마비 장애 3급 판정을 받았고 최근에는 7년 동안 다니던 직장도 그만두었다. 사례의 에피소드 ①에서 나타난 것처럼 초등학교 5학년 때 친구였던 여자애가 처음에는 '아기 천사' 같다고 하면서 우호적이었는데 어느 날 갑자기 돌변하였고 과자인 줄 알고 받았던 쪽지 속에는 쓰레기와 함께 '너 학원 버스 타면 구석에 앉아.'라는 편지가 있어서 '저 썅년 죽여 버릴까?'라는 생각도 한 적이 있었다고 한다. 고등학생 때쯤 버디버디 메신저를 통해 연락을 하고 '내가 너 때문에 죽도록 고생했다.'는 메시지를 전했더니 '뭐 어쩌라고.'라는 답을 듣게 되어 기가 막혀 헛웃음이 나왔다고 하면서 사람은 변하지 않는 거라고 주장한다. 뿐만 아니라 초등학교 시절에 내담자를 괴롭혔던 여러 명의 또래들이 지금까지 꿈속에서 나타나 내담자를 괴롭히는 것으로 보아 외상적 경험을 아직까지 극복하지 못한 듯 보인다. 내담자는 이 모든 어려움을 엄마탓, 행복하지 못한 가정에서 성장한 탓으로 돌리며 어머니와 애증의 관계를 보이고 있다. 또한 자신이 자살하지 않고 버텨준 것에 대해서 엄마는 고마워해야 한다고 강변하며 자신의 장애를 비관적으로 지각하고 있다. 상담자가 상담한 내용을 중심으로 REBT에 따라 핵심적인 문제를 정서적인 문세, 행동적인 문제로 정리하면 다음과 같다.

- 정서적 문제
  - 장애인으로 사는 것에 대해 억울함과 분노를 느낀다.
  - 뇌성마비의 독특한 외모로 타인의 시선에 불안감을 느낀다.
- 행동적 문제
  - 어머니를 미워한다.
  - 대인관계가 원활하지 않다.

이와 같은 정서적, 행동적 문제를 일으키는 비합리적 생각은 다음과 같이 정리할 수 있다.

- 나의 모든 불행은 어머니 탓이다.
- 자신이 장애인이기 때문에 세상으로부터 보호를 받고 대접을 받는 것은 당연하다.
- 앞으로 나의 미래는 절망적이다.
- 인간은 변하지 않는다.

내담자는 특히 대학생 때 수업시간에 배운 결정론적 인간관에 지대한 영향을 받아 그 인간관과 부합하는 자신의 경험에 선택적으로 집중하는 경향이 있어 왔고, 주변의 사람들이 바뀔 수 없음에 대해서 한탄하는 듯이 보이며 자신의 삶의 주체가 자기 자신이라는 자율적인 생각을 하고 있지 못하다. 문장완성검사(SCT)에서 '자신의 미래는 캄캄하며 늙으면 외로울 것 같다.'고 절망적으로 기술하고 있다. 그러면서도 희망적인 요소는 동일한 검사에서 다음과 같이 '남녀가 같이 있는 것을 보면 부럽고, 지금은 결혼을 포기하고 있어서 딱히 별 생각은 없지만 좋은 배우자를 만나면 행복할 것 같고, 결혼이 평생의 소원이다.'라고 기술하고 있다는 점이다.

사례 전반을 통해 확인한 내담자의 핵심적인 비합리적 신념은 '다른 사람들이 나를 비난하고 조롱하는 것을 참을 수 없다! 나는 장애인으로 세상에 존재할 가치가 없는 사람이다.'라고 파악할 수 있다. 이 사례에서 내담자가 모든 것을 어머니 탓으로 여기는 것이 잘못되었음을 인정하게 하고, 결국 인생은 자신의 주도하에 스스로 행복을 쟁취해 갈 수 있는 자율적인 여정이라는 것을 깨닫도록 하는 것이 중요하다.

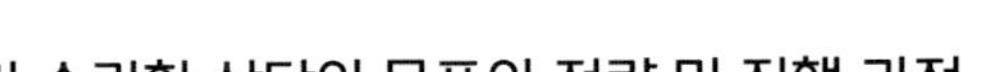

1) 상담자가 수립한 상담의 목표와 전략 및 진행 과정

(1) 상담의 목표

- 억울함과 분노의 감정에서 벗어난다.
- 타인의 시선을 받더라도 불안을 느끼지 않는다.
- 어머니를 미워하지 않는다.
- 나의 미래에 희망을 걸 수 있다.

REBT 상담에서는 결과적 목표와 과정적 목표로 나누는데 앞에서 제시한 목표는 결과적 목표이며, 이를 달성하기 위해서 거쳐야 할 과정적 목표는 내담자가 호소하고 있는 문제의 원인이 되는 핵심적인 비합리적 생각을 다음과 같은 합리적인 생각으로 바꾸어야 한다.

- 나의 모든 불행은 어머니 탓도 그 누구 탓도 아니다.
- 내가 세상으로부터 보호를 받고 대접을 받는다면 그것은 내가 장애인이라서가 아니라 한 인간이기 때문이다.
- 앞으로 나의 미래는 나의 노력 여하에 따라 얼마든지 희망적이 될 수 있다.
- 인간은 변하지 않는 기질적인 부분도 분명히 있지만 환경에 영향을 받아 변화되는 부분도 분명히 있다.

이와 같이 비합리적 생각을 바꾼 후에 내담자의 마음속 깊숙이 자리 잡고 있는 핵심 비합리적 생각인 '나는 장애인이기 때문에 주변의 모든 사람들은 나에게 맞추어 주고 나를 보호해 주어야만 한다. 하물며 다른 사람들이 나를 비난하고 조롱하는 것을 참을 수 없다! 나는 장애인으로 세상에서 존재할 가치가 없는 사람이다.'를 '내가 장애인이기 때문에 주변의 모든 사람들이 나를 맞춰 주어야만 하는 것은 아니다. 다른 사람들은 나를 이유 없이 비난하고 조롱하지 않는다. 설사 조롱한다고 해도 그것은 그들의 인격 문제일 뿐이다. 나는 비록 장애인이지만 소중한 존재이며 따라서 살아가야 할 분명한 가치가 있다.'라는 합리적인 생각으로 바꾸어야 할 것이다.

(2) 상담의 전략

이 사례에서 우선 내담자가 호소한 문제인 억울함과 분노 그리고 불안감에서 벗어나고 어머니를 미워하지 않는 목표에 도달하기 위해서는 무엇보다도 먼저 내담자가 상담과정 곳곳에서 호소하고 있는 문제와 연관된 비합리적 신념을 찾아서 논박을 하면서 궁극에는 내담자의 내재된 신념구조를 잘 다루는 것이 중요하다. 내재된 신념은 상황에 따라서 변주되어 나타나기 때문에 이것은 나무의 뿌리에 비유될 수 있다. 나무가 뿌리째 뽑히는 것과 같이 성장이 불가능한 것처럼 내재된 핵심 신념이 뿌리째 뽑힌다면 그로 인해 파생한 여타의 비합리적 생각은 부수적으로 제거될 수 있다. 그러나 이러한 신념은 내담자의 마음속에 깊숙이 존재하기 때문에 잘 드러나지 않는다는 단점이 있고, 내담자 스스로도 이러한 신념이 있다는 것은 잘 모르고 살아가기 때문에 비록 상담자의 눈에는 이러한 자기 파괴적 신념이 보인다고 하더라고 이것을 바로 논박해 들어가는 것은 매우 위험한 일이다. 이는 마치 내담자가 가렵다고 느끼지도 못하는 부분을 긁어 대는 것과 같아서 내담자의 동조를 얻기 어려우며 이는 효율적인 상담의 결과로 이어지지 못할 수도 있다는 점을 유념해야 한다. 그러므로 상담자는 내담자가 호소하는 문제 주변에 있는 찾기 쉬운 비합리적 생각부터 탐색하여 논박해 가면서 궁극에는 나무의 뿌리에 해당하는 핵심적이고 심층적인 생각을 찾아서 논박해야 할 것이다.

(3) 상담의 진행 과정

초기 면접

어린 시절에 내담자는 엄마, 아빠가 '안 돼, 하지마' 하고 뭘 못 하게 하면서 키워서 지금은 스스로 결정할 수 없다고, 스스로 결정할 수 있으면 좋겠다고 한다. 그리고 내담자는 전공수업시간의 영향으로 인간에 대한 결정론적 견해를 주장하여 상담에 대해서도 부정적이었다. 내담자는 자신이 스스로 변화하겠다는 의지보다는 가족이 자기를 위해 변화해 줄 것을 강조하고 있다. 여기에 나타난 비합리적 생각은 '나는 변화할 수 없다, 가족이 나를 위해 변화해 주어야만 한다.' '인간은 변화되는 것이 아니다 그러므로 상담을 받아도 소용없다.' '부모가 뭘 못 하게끔 키워서 스스로 결정할 수 없다.'라고 파악할 수 있다. 초기 상담에서는 바로 이 부분에 대한 논박이 진행되기 어려우나 회기가 진행되면서 상담관계가 어느 정도 형성이 된 후에 이러한 유형의 생각이 나올 때 생각과 생각을 연결시켜 논박을 해나갈 수 있다. 상담자가 REBT 이론에 따라서 상담을 해나갈 때는 상담의 초기에 내담자에게 자신의 이론적 지향점을 밝히고 이론의 근간에

대해서 설명을 해 준 후에 생각과 정서, 생각과 행동의 연결고리를 내담자가 분명히 알도록 하고 접근하도록 해야 한다. 상담의 다른 많은 이론에서는 이론의 내용은 상담자만의 전유지식이지만 REBT 상담에서는 가능한 한 이론의 골격을 내담자와 나누는 것이 좋다. 이를 두고 REBT에서는 '심리교육적 접근(psychoeducational approach)'이라고 말한다. 내담자가 이론을 공유한다는 것은 치료의 메커니즘에 대해서 이해를 한다는 것이므로 자신의 문제에 대한 내담자 편의 이해가 빠르며 상담의 효과를 산출하는 시간을 단축할 수 있다. 이러한 측면 때문에 REBT 상담은 단기적 접근을 지향한다고 말하기도 한다.

2회기

내담자는 7년 동안 직장생활을 하면서 '장애인은 전문가가 될 수 없다. 가족이 내가 마음가짐을 올바르게 갖도록 도와주어야만 하는데 못 해준다.'는 것을 호소하고 있다. 여기서 나타난 비합리적 생각은 '장애인은 전문가가 될 수 없다.' 그리고 '나의 가족은 내 마음가짐을 올바르게 갖도록 도와주어야 한다.'이다. 우선 상담자가 REBT 상담의 핵심을 알게 한 다음에 서서히 논박을 시작할 수 있다. 먼저 '장애인이 전문가가 될 수 없다.'는 추론적 수준의 비합리적 생각에 대해서, 영국이 낳은 세계적인 물리학자 스티븐 호킹 박사는 장애인 중에서도 중증 장애인이었던 것을 상기시키면서 장애인이 전문가가 될 수 없다는 생각이 그릇된 것임을 분명히 알게 해 주어야 한다. 또 다른 예로, 우리에게 너무도 잘 알려진 시각, 청각, 언어의 3중 장애인이었던 헬렌 켈러 여사의 위대성을 알고 있는지도 확인시켜 주어야 할 것이다. 다음으로 '나의 가족은 내가 마음을 올바르게 갖도록 도와줘야만 한다.'라는 생각에 대해서도 논박해 보자. 인간은 자기 스스로의 마음도 자기 뜻대로 잘 되지 않는데, 하물며 아무리 가족이라 해도 32세가 된 성인의 마음을 어떻게 도와주어야 한다는 것인지 물어볼 수 있다. 내 마음이 나의 소유일텐데 어떻게 소유자도 아닌 사람이 남의 마음을 올바르게 갖도록 도와줄 수 있는지 내담자에게 직접 물어보면서 논박을 진행할 수 있다.

3~5회기

몸이 이곳저곳 아파지면서 나중에 걷지도 못할 것 같아 절망감이 계속되며 죽고 싶다고 한다. 지금은 의술이 좋아서 미리미리 처치를 하면 좋아질 수 있다는 점을 상기시키며, 어떻게 아직 일어나지 않는 일, 즉 걷지 못할 거라고 단정할 수 있는지에 대해서 물어 보아야 한다. 사람의 미래는 그 누구도 예단할 수 없다는 점을 인식시키면서 논박을 진행할 수 있다. 의술이 지금보다 더 좋아질 수도 있는데 굳이 나빠진다고 부정적으로만 생각하는 그 근거를 물어 보면서 논박할 수 있다. 내담자는 또한 어린 시절에 아이들이 "쟤 더러워, 이상해"라는 말에 화가 났다고 한다. 이에 대해 상담자도 충분히 공감해 주면서 그때의 상황을 지금-여기에로 끌고 와서 내담자에게 그때 못다했던 말을 지금 재연하게 할 수도 있다. 예를 들면, "그래, 나는 뇌성마비라서 몸을 좀 못 가눠. 그렇다고 너희가 나를 더러운 애라고 낙인을 찍으면 그게 품성이 좋은 학생이라고 말할 수 있을까?" 등 내담자가 그때 하고 싶었던 말이 무엇이냐고 묻고 그것을 지금 이 시간에 하도록 해서 미해결 감정이 해소되도록 도와줄 수 있을 것이다. 아빠가 돌아가시기 전에 자신에게 '병신'이라는 말을 해서 그 뒤로는 아빠에게 말도 안 하고 혼자 밥 먹으며 소극적으로 섭섭함을 표현했다고 한다. 이 부분에 대해서도 아빠가 앞에 있다고 가정하고 그때 하고 싶었는데 못다했던 말이 있으면 상담자 앞에서 다시 해 보게 함으로써 아버지와의 미해결 과제를 해결하도록 도울 수 있다.

6회기

내담자의 우수한 지능을 확인하였고 자신에게 적당한 운동을 선택하는 등 자신이 주도적으로 삶을 개척해 나갈 수 있는 능력을 확인하는, 변화를 위한 전환점이 되는 중요한 회기로 보인다.

상담자는 이 회기에서 좀 더 강력하게 내담자가 스스로 자신의 인생과 운명을 개척해 나갈 수 있는 잠재력이 있다는 것을 내담자가 스스로 깨닫도록 도와야 했다.

7회기

내담자가 입버릇처럼 "모든 것이 다 엄마 때문이야."라고 하는 이 말이 사실과 다르다는 것과 이 말이 자신의 삶에 도움이 안 된다는 비실용적 측면에 초점을 두고 논박을 해야 한다. 현재의 내담자의 어머니는 만성 당뇨와 고혈압 환자이며 더군다나 난소암으로 수술까지 받은 상태이다. 내담자 어머니의 삶도 녹록지 않았음을 쉽게 알 수 있는 부분이다. 그럼에도 불구하고 내담자가 어머니에 대해서 안쓰럽고 불쌍하게 여기는 태도는 나타나지 않고 있다. 자신의 잘못된 주장만을 내세우며 어머니에게 모든 탓을 돌리는 내담자를 직면한 것은 잘했다. 이때에도 조심스럽게 마치 자신은 장애인이기 때문에 모든 것을 어머니의 탓으로 돌리는 것이 과연 바람직한 태도인가에 대해서 물어보고 내담자 스스로 자신을 돌아볼 수 있게 해야 한다.

9~10회기

내담자의 핵심적인 비합리적 신념 중에 하나인 '나는 장애인이며 주변인들은 모두 나를 돌보아 주고 맞춰줘야만 한다.'가 본 회기에서는 내담자의 회사에 있는 다른 직원들이 내담자를 돌보아 주는 것은 당연하며, 그러지 않으면 동료를 비난하고 있는 태도로 나타나고 있다. 이러한 태도를 견지한 내담자는 결국 사표를 냈고 이에 대해 상담자는 대인관계에서의 자기중심성과 이기심에 대해서 직면했다고 기술하고 있다. 이러한 상담자의 직면에 내담자의 반응은 어땠을지 궁금하다.

11회기 축어록 참고

본 회기에서는 내담자의 여러 가지 에피소드가 잘 드러나 있다(앞서 제시된 '참고자료' 참조). 어렸을 때 자신을 놀렸던 아이들이 성인이 된 지금까지도 꿈에 나와서 괴롭히고 있으며, 1년에 두세 차례나 꾼다고 한다. 자신의 억울함이 풀리지 않은 채 계속해서 내담자를 짓누르고 있다. 이러한 내용에 대해서는 내담자로 하여금 그 당시로 돌아가서 아이들에게 하고 싶었는데 못다했던 이야기를 논박의 행동적 기법으로 상담자 앞에서 역할 연기를 해 보게 하면서 풀어낼 수 있다. 또는 합리적 역할 바꾸기 기법을 통해서 상담자가 당시의 내담자 역할을 해 주고, 내담자가 당시에 자기를 괴롭혔던 아이들의 역할을 해 보게 하면서 다른 아이들의 입장은 어땠을까에 대해서 생각해 볼 필요가 있다. 또는 논박의 정서적 기법 중에 하나인 '환기요법(emotive evocative technique)'을 활용하며 그때 나를 괴롭혔던 아이들에게 내가 분이 풀리도록 욕을 해 보는 것도 내담자의 가슴에 맺혀 있는 응어리를 풀어내는 하나의 방법이 될 수 있을 것이다.

에피소드 ①은 핵심문제에도 기술한 바와 같이 5학년 때 믿었던 여자 친구에게 받은 배신이 나중까지 영향을 미쳐 내담자가 사람을 믿지 못하게 만드는 나쁜 계기가 되었을 수 있다. 내담자는 믿었던 사람이 언제 뒤통수를 칠지 모르기 때문에 사람을 믿으면 안 된다는 신념을 보인다. 에피소드 ②에서는 내담자의 요가 선생님이 수강생의 요가 실력이 천차만별이라는 것을 알려주면서 남과 비교하지 않아도 된다는 신념을 일깨워 준 것 같다. 더욱 중요한 것은 함께 요가하는 수강생들이 각자의 자세를 연습하느라고 내담자에게는 신경을 쓰지 않는 것을 알게 된 점이다. 이 점에 착안하여 상담자는 내담자가 장애인이건 정상인이건 다른 사람들은 내담자의 인생에 별로 관심이 없다는 점을 분명히 하여 타인이 자기를 비웃고 조롱하는 것은 어린 시절에 잠시 있었던 해프닝으로 여길 수 있는 태도를 분명히 해 주는 것도 필요했을 것이다. 에피소드 ③에서는 다시 꿈 이야기와 어머니에 대한 원망이 나온다. 특히 축어록에서는 생략되어 있지만 상담자는 엄마가 능력이 모자라다고 능력이 안 되는 부모라고 지칭하고 있는 부분이 있다. 혹시 이러한 상담자의 반응은 모든 것이 엄마탓이라는 내담자의 비합리적 신념을 강화하고 있지는 않은지 살펴볼 일이다. 그렇지만 내담자의 반응에서 보면 오히려 내담자는 '그니까 결국에는 뭐, 아빠 잘못이나 엄마 잘못이 아니라, 이렇게 된 거죠.'라고 말하고 있는 점으로 보아 내담자도 자신의 장애가 운명적으로 그렇게 되려고 된 것이지 어머니 때문이 아님을 알고 있는 듯이 보이므로 이점도 놓치지 말고 직면했으면 좋았을 것이다.

12~13회기

내담자는 외모 열등 콤플렉스를 극복하기 위해 헤어스타일과 외모를 잘 꾸미게 되었다고 하는데 이는 바람직한 현상으로 강화와 격려가 필요했던 대목이다. 어린애들을 싫어하는 것은 자신을 장애인이라고 조롱했던 아이들이 생각나서라고 하는 점에 대해서 다시 되짚어 물어보아야 한다. 아이들이 생각 없이 하는 이야기에 대해서 과도한 의미를 부여하는 것이 과연 바람직하며 나에게 도움이 되는지에 대해서.

14회기

내담자가 장애를 갖게 된 탓을 어머니에게 돌리는 것은 자신이 무언가를 잘못했을 때 위안을 받기 위한 이유가 된다는 논리의 걸림돌에 대해서 이야기했다고 하는데 내담자는 이러한 상담자의 태도에 어떤 반응을 했을지도 궁금하다. 상담자는 내담자에게, 어머니 역시 내담자의 장애로 인해 어쩌면 내담자보다 더 괴롭고 지난했을 인생을 살아왔던 과정에 대해서 내담자가 볼 수 있도록 안내하면서 자신에게만 온통 집중되어 있었던 에너지를 사용해 어머니, 형, 그리고 돌아가신 아버지의 삶은 어땠을까를 조망하면서 시야를 확장하도록 돕는 것이 필요했을 것으로 보인다.

15회기

내담자가 어린 시절 친구들로부터 놀림을 받을 때 어머니가 충분히 도와주지 않은 점에 대해서 어머니가 미안하다고 하며 화해한 회기이다. 내담자도 어머니의 입장에서 나름대로 노력한 점을 볼 수 있도록 하는 것이 중요하다. 뿐만 아니라 내담자의 형에 대한 이야기는 별로 나오지 않는데 초등학생 때 친구들이 놀리면 형에게 달려갔던 기억을 상기시키면서 내담자의 형 역시 내담자를 위해 보이지 않는 노력을 했던 것을 일깨우고, 내담자를 위해 가족의 모든 구성원들이 힘들고 고통당한 부분이 있다는 것을

내담자가 알게 하면서 내담자 인식이 확장되도록 도와야 한다.

16회기

일본 여행 중에 일본사람들의 친절에 매료되어 일본 여성과 결혼하고 싶다고 했고 아내를 자신을 돌봐줄 대상으로 여기는 점에 대해서 직면하고 사랑하는 사람들의 가치와 태도에 대해서 논의한 것도 아주 잘한 것으로 보인다. 여기에서도 역시 내담자의 사고 수준이 표피적인 것과 하나의 단면만 보고 전체를 파악하는 오류를 내담자가 깨닫도록 하는 것이 필요하다.

2) 상담의 방향에 대한 제언

내담자는 자신이 장애인이 된 것도, 장애인이기 때문에 어린 시절에 놀림을 받은 것도 다 어머니 탓이라는 왜곡된 견해로 스스로를 더욱 비참하게 만들고 있다. 더군다나 자신이 자살하고 싶은 생각이 많으나 자살을 하지 않은 것에 대해서도 어머니가 감사해야 한다고 주장하면서 마치 장애가 특권이라고 되는 양 행동하고 있는 모습이 보인다. 자신은 장애인이기 때문에 주변의 모든 사람들은 자기에게 맞춰 주어야만 하며 다른 사람이 자신을 비난하고 조롱하는 것은 참을 수 없고, 그래서 자신의 존재 가치도 없다는 신념에 사로잡혀 스스로 위축되어 있는 내담자이다. 이 내담자를 REBT 접근으로 상담을 한다면 이러한 스키마, 즉 내재된 신념구조가 상담의 회기 중에 어떻게 변주되어 나타나는지 그것을 찾아야 하는데 이를 도표화하면 〈표 10-1〉과 같다. 이렇게 회기마다 나타나고 있는 표피적 수준의 비합리적 생각에 대해서 논박하는 과정이 쌓이면서 궁극적으로는 내담자의 핵심 비합리적 신념이 합리적으로 바뀌도록 이끌어내야 한다. 신념의 변화로 인해 내담자가 겪고 있는 억울함, 분함, 그리고 불안함 등이 해결될 수 있을 것이다. 아울러 궁극적으로 이 내담자가 자신이 장애인이라는 점을 수용하고 인생은 한번쯤 살아볼 만한 가치가 있는 것이라는 철학적 변화가 내재화될 수 있도록 도와야 할 것이다.

내담자가 진정으로 자신이 장애인이라는 점을 수용하도록 도와야 한다. 인간은 누구도 완벽하지 않고 어떤 점에서는 남들이 모르는 장애가 있다는 사실을 일깨우는 것이 필요하다. 다만 내담자의 경우에는 남에게 보이는 장애가 있기 때문에 불편하지만, 내담자의 요가 경험에 빗대어 결국 인간은 자기의 삶도 살아내기 바쁘기 때문에 남이 장애인이긴 아니긴 관심을 두지 않는다는 점을 알게 한다. 타인들의 시선에 대해서 자유

표 10-1 **핵심 비합리적 신념과 파생된 비합리적 생각**

초기 면접에 나타난 비합리적 신념 (**추론과 귀인**)

> 나는 변화할 수 없다. 가족이 나를 위해 변화를 해 주어야만 한다.
> 부모가 뭘 못하게 키워 놓아서 스스로 결정할 줄 아는 것이 하나도 없다.

2회기에 나타난 비합리적 신념 (**추론과 귀인**)

> 장애인은 전문가가 될 수 없다.
> 내가 아니라 나의 가족이 내가 올바르게 살도록 도와야만 한다.

3~5회기에 나타난 비합리적 신념 (**평가적 인지**)

> 어린 시절 아이들에게 "걔 이상해."라는 말을 들으면 참을 수 없었다.
> 아버지도 나를 "병신"이라고 말한 적이 있었고 역시 참을 수 없었다.

7회기에 나타난 비합리적 신념 (**추론과 귀인**)

> 모든 것은 다 엄마 때문이야.

9~10회기에 나타난 비합리적 신념 (**평가적 인지**)

> 주변에 있는 모든 사람들은 내가 장애인이기 때문에 모두 나에게 맞춰 주어야 한다.
> 그렇지 않으면 나는 참을 수 없다.

15회기에 나타난 비합리적 신념 (**평가적 인지**)

> 어린 시절에 내가 아이들에게 놀림을 받을 때 어머니가 나를 충분히 도와주지 못한 것을
> 나는 참을 수 없다.

내담자의 내재된 신념구조 (**핵심 스키마**)

> 주변의 모든 사람들은 모두 나를 위해 맞춰 주어야만 한다.
> 나를 장애인이라고 조롱하고 놀리는 것을 참을 수 없고 이러한 나의 존재가치는 없다.

로울 수 있어야 하고 타인이 여전히 자신을 놀리는 것이 사실이라면 그것은 그 상대방의 몫으로 남겨 놓는 지혜를 갖도록 도와야 할 것이다. 상담자는 내담자의 지능도 우수하고 외모도 우수한 점을 잘 상기시켜 내담자도 남에게 없는 좋은 점이 무수히 많다는 것을 환기시킨다. 내담자가 이제 와서 어머니와 환경을 탓하는 것은 내담자의 삶에 백해무익할 뿐이며 지금부터 자신의 삶에 필요한 크고 작은 결정을 스스로 내리면서 살 수 있도록 격려하고 힘을 북돋아 주는 작업이 필요하다. 내담자가 지니고 있는 자기만의 세계와 시선을 확장하도록 돕고 삶에 대한 크고 먼 조망력을 지닐 수 있도록 하는 것을 간과해서는 안 된다. 마지막으로 내담자는 자율적 결정을 하기를 원하고 있는 점을 내담자가 궁극적으로 독립적 인간으로 되어 가는 데 주요한 요인인 평생의 진로와 연결시켜 향후 진로에 대한 계획과 실천도 내담자가 스스로 결정하고 실행할 수 있도록 전략을 세워보는 것도 필요하다. 내담자는 사진가로서 전문적인 기량을 지니고 있는 만큼 이것이 취미의 수준을 넘어서서 커리어가 될 수 있는 방법을 안내하는 것도 생각해 볼 일이다.

3) 상담자에 대한 슈퍼비전

〈205쪽 '슈퍼비전을 받고 싶은 내용' 참고〉

[내담자를 위로하기에 바빠서 직면화시키지 못하는 상담자는?]

타인의 시선은 내가 조절하고 통제할 수 없는 부분임을 분명히 한다. 그런데 요가체험에서도 알 수 있듯이 타인은 내게 그리 관심이 없다. 그럼에도 불구하고 그들이 나를 보는 것은 그들의 영역이기 때문에 그것은 내 소관이 아니라는 점을 분명히 한다. 두 번째 질문에 대한 답은 상담자가 이미 알고 있는 것처럼 내담자의 아픈 마음을 충분히 공감해 주어야만 한다. 그러나 이때 유념할 것은 내담자의 잘못된 신념에서 파생한 정서까지 충분히 공감해서는 안 된다는 점이다. 예를 들면, 내담자가 모든 것이 엄마탓이라고 힘들어할 때는, 힘들다는 점에 대해서 깊이 공감하지 말고 과연 엄마탓인가에 대해서 살펴보는 지혜를 가져야 할 것이다. 공감을 잘 못하게 되면 내담자로 하여금 건강하지 못한 비합리적 신념을 강화하게 하는 실수를 저지를 수 있다는 점을 유념해야 할 것이다. 마지막 질문에 대한 답도 마찬가지이다. 내담자가 자신이 장애인이기 때문에 보호받고 대우받아야 하는 태도에 동조하는 것은 역기능적인 신념을 강화하는 것이 되므로 동조해서는 안 된다. 그러한 생각에 동조하지 않으면서 내담자의 입장에서 생각하고 느끼려는 상담자의 태도에 진정성이 있다면 이는 충분히 내담자에게 전달이 되고 좋은 관계형성에 도움이 될 것이다. 그런데 초심자의 경우 본 상담자처럼 내담자의 모든 발언에 공감하거나 동조하지 않으면 내담자가 상담자를 불신하게 될 것 같다는 비합리적 신념이 있다는 것을 유념해야 할 것이다.

연습문제

1. 이 사례에서 보듯 장애인을 상담할 때 장애인에게 흔히 나타나는 비합리적 생각이 무엇인지 기술하시오.
2. 이 사례에서 내담자에게 보이는 비합리적 생각을 논박하기 위해 필요한 전략이 무엇인지 기술하시오.
3. 초심자에게 나타나는 공감의 오류에 대해서 설명하시오.

3. 통합적 접근의 사례개념화

내담자('피노키오'라고 하자)는 뇌성마비 장애 3급으로, 7년간 몸담고 일하던 직장을 두 달 전에 그만두고 집에서 지내고 있다. 뇌성마비 장애로 인한 독특한 외모 때문에 초등학교 시절에 또래들로부터 많이 놀림을 받았던 심리적 외상이 아직도 남아 있다.

어린 시절에 어머니의 과잉보호와 아버지의 방관적 태도, 부모의 가정불화는 내담자의 부적응적 생활양식에 영향을 끼친 것으로 보인다. 그러니까 내담자는 뇌성마비로 인한 장애 때문에 직무수행이나 거동이 불편하다. 게다가 어머니를 탓하고 직장 동료들이 자기를 도와주지 않는다고 원망하면서 마음이 괴롭다. 그리고 미래에 대한 불안감 때문에 상담을 받으러 왔다. 따라서 상담시간에는 현실적으로 대인관계의 능력을 길러줄 뿐만 아니라 자신의 존엄성과 주체성을 찾아 미래를 설계하도록 안내하는 작업이 요청된다. 마음의 평화를 누리며, 적응적인 삶을 영위하려면 피노키오의 생각에 변화가 일어나야 하겠다. 그리고 세상을 넓은 관점에서 바라보며, 어떤 태도로 삶의 의미와 비전을 찾을 것인지에 대한 철학적 · 종교적인 성찰과 결단이 필요하다고 본다.

1) 상담자가 수립한 상담의 목표와 전략 및 진행 과정

내담자와 합의하여 상담자가 수립한 상담 목표는 아주 타당하다. 그리고 치료 전략 역시 뛰어나다. 그것을 요약하여 간략하게 정리하자면 다음과 같다.

- 목표
  - −뇌성마비로 인한 장애와 독특한 외모에 대한 열등의식을 극복한다.
  - −자기 삶을 결정하는 능력을 가지며 사람들로부터 사랑과 배려를 받고 싶다.
- 전략
  - −따돌림의 상처와 장애인인 자신의 모습을 수용한다.
  - −자기표현 능력과 공감 능력을 기른다.
  - −강점을 강화하고 신앙공동체 안의 만남을 기한다.

상담의 목표에는 현재의 애로점 극복과 더불어 장래의 비전도 생각해 보는 것이 추가되어야 한다. 그리고 전략상 적용할 이론을 구상할 필요가 있다.

상담의 진행 과정을 살펴보면, 상담자는 1~4회기에 걸쳐 피노키오의 호소 내용을 잘 경청하였다. 그리고 현재의 기능 수준을 평가하기 위해서 MMPI−2, HTP, K−WAIS−IV와 초기기억검사를 실시하였다. 그 결과 피노키오가 소근육 운동 능력에 결손이 있을 뿐이고, 정신적인(뇌) 기능은 정상 이상으로 우수하다는 것이 판명되었다. 또 초기기억검사를 통하여 긍정적인 초기기억도 회상되었다. 그리고 5회기에 자살 방지 서약서도 작성하였다. 그러므로 상담자는 상담의 초기 단계에서 장애인 내담자에게 꼭 필요한 작업을 잘 수행하였다.

피노키오는 자기결정 능력이 부족하다고 하였는데 그런 인지와 반대되는 다음과 같은 현실도 발견하게 해야 한다.

- 대학교 전공과목은 자기가 선택해서 컴퓨터 관련 학과로 갔다(6회기).
- 자기에게 알맞은 운동을 선택하고, 요가를 배우러 다니고 있다(11회기).
- 의사 선생님에게 자진해서 수술 받기를 청하였다(11회기).
- 세련된 복장으로 외모를 꾸며 자존감을 높이고 있다(12~13회기).

피노키오는 자기가 장애인이 된 것을 엄마 탓으로 돌리고(7, 14, 15회기) 회사 직원들이 도와주지 않은 것을 비난하였다(9~10회기). 이때 상담자는 그의 자기중심성을 부드럽게 지적해 주었고 자신이 책임감과 헌신의 태도가 필요하다고 부드럽게 그를 직면시켜 주었다(11, 16회기). 그것은 잘한 일이다.

2) 상담의 방향에 대한 제언

자신의 장애를 부정하고 싶어 몸부림치면서 세상을 원망하는 내담자를 변화와 발전과 성숙으로 인도하기는 결코 용이하지 않은 것이 사실이다. 그러므로 뇌성마비의 피노키오의 문제는 많은 상담자에게 도전적인 사례라고 하겠다. 피노키오는 '자기가 장애인인 것을 도저히 용납하기 싫다.'는 것이 그의 근본 문제다.

(1) 상담자는 먼저 피노키오의 속상한 마음을 수용하고 표현하도록 한다

이 사례에서 상담자는 연민의 마음으로 그의 마음을 잘 수용하였다. 그런 뒤 게슈탈트의 '빈 의자 기법'을 사용하여 자기를 놀려댔던 친구들이나 사촌누나의 아들과 대화를 하게 함으로써, 어린 시절에 미처 하지 못했던 말을 지금 쏟아내게 할 수 있다. 즉, 정서적 환기요법(evocative technique)을 적용할 수 있다.

꿈 작업도 시도할 필요가 있다. 꿈속의 애들 한 명 한 명에게 피노키오가 하고 싶은 말을 해 보는 작업을 하도록 하는 것이다. 또래들은 작은 모습인데, 피노키오는 큰 사람으로 나타났다. 그것은 무슨 의미일까? 그에 대한 상징도 이해할 수 있다면 커다란 깨달음이 올 것이다.

(2) 실존주의적 상담 이론을 적용한다

피노키오는 자기가 정상인 대열에서 소외되어 있고 삶의 의미와 목적도 발견하기 힘들며 그야말로 보잘것없는 존재 같아 미칠 지경이다. 이것을 실존주의에서는 '비존재(nonbeing)'의 불안이라고 한다.

실존주의적 상담에서는 과거와 고통과 일과 사랑에서 삶의 의미와 목표를 발견하도록 안내한다. 피노키오에게 실존주의적 상담과 프랑클(Frankl)의 의미치료 이론을 적용해 보자(노안영, 2004).

① 실존적 불안을 회피하지 않고 받아들인다

실존주의적 상담은 철학적인 방향을 제시해 준다. 그러나 구체적인 상담 기법에 대

한 언급이 부족하기 때문에 로저스의 자기실현의 경향성을 믿고 수용전념치료이론을 적용할 수 있다.

그는 '나는 못생겼고 무능력하고 인기가 없다.'라고 자기개념화했는데, 그것은 허구적 자아상이고 오류이다. 사실을 말하자면 그에게는 뇌성마비로 인하여 다소 뒤틀리게 보이는 신체모습도 있고 그렇지 않은 모습도 있다. 또 무능력한 면도 있고 유능한 면도 있다. 또 화내고 불평하는 마음도 있고 착한 마음도 있다. 이 모든 것이 피노키오의 모습이다. '모든 인간이 그러하듯이 나에게는 단점과 부족한 면이 있다. 그러나 나는 장점도 많고 착하며 꾸준히 노력한다.'라고 믿으며 그런 자아상으로 대체한다. 그리고 로저스가 말한 바와 같이 자기실현하려는 방향으로 살면 되는 것이다. 그것이 또한 자존감의 회복이다.

- 피노키오가 있는 그대로의 자기 모습과 자기 능력을, 하등의 평가 작업이나 자기개념화하지 않고 순순히 받아들이는 것이다.
  "그래. 나는 장애인이야. 사람들은 이미 내가 장애인이라는 걸 알고 있는데, 내가 그것을 부인하려고 하는 것은 정직하지 않은 것이다. 장애는 범죄 행위가 아니다. 장애는 수치가 아니고, 다만 불편의 조건일 뿐이다. 지금부터 떳떳하게 나를 세상에 알리고, 아이들에게 공표하자." 이제는 남들이 나를 어떻게 생각할까에 관심이 집중되었던 습관, 즉 '자기초점적 사고'를 떨쳐 버리는 것이다.
  "얘들아, 나는 뇌성마비 때문에 이렇게 거동이 불편하단다. 다행히 밥은 먹을 수 있지만, 입에서 침이 흘러내리는 걸 막을 수는 없어. 그러니까 나는 장님이나 귀머거리나 벙어리처럼 장애인이야. 나는 병신이야. 외모가 독특하게 생긴 병신이야. 알았지?" "너희들이 나를 놀리고 싶으면 놀려라. 난 병신이니까."
  지금까지 입 밖으로 소리 내어 말하지 못했던 말, '장애인'이나 '병신'이라는 말을 서슴없이 발설하는 것이다.
- '탈융합'의 방법과 '관찰하는 자기'의 방법을 가르쳐 준다. 우리는 어떤 생각과 감정 속에 빠져 반추하는 경향이 있고, 그 생각과 감정이 곧 자기라고 생각한다. 이것을 '인지적인 융합'이라고 한다.
  피노키오는 '나는 못생겼고 이상한 사람이다.'라는 생각과 '내가 괴상망측하게 보이는 것이 몹시 창피하다.'라는 감정으로 괴로워한다. 그런데 그 생각이나 그 감정이 곧 자신과 동일한 것이 아니라는 것을 깨닫기 위해서 그러한 자기를 초연하게 거리 두고 바라보는 연습이 필요하다. 이것이 '탈융합'이다(홍경자, 2020b, p. 137).

여기서는 탈융합의 한 가지 방법인 '관찰하는 자기'가 되는 방법에 대하여 부연 설명하기로 한다.

'관찰하는 자기'가 된다는 것은 고통 속에 빠져 있는 자기의 모습을 제3자의 위치에서, 객관적인 관찰자로서 바라보는 것을 말한다. 상담자는 피노키오로 하여금 세상을 탓하고 화내는 자기의 모습을 멀찌감치 떨어져서 바라보라고 지시하는 것이다. 자기는 지금 의자에 앉아서 한숨만 푹푹 쉬고 있다. 그 모습을 바라보는 또 하나의 '나'가 있다. 그 '나'는 피노키오의 머리 뒤쪽에 서 있거나, 아니면 공중 위에 떠 있을 것이다. 제3자의 위치에 서 있는 '나'는 한숨을 푹푹 쉬고 고통스러워하는가? 절대로 그렇지 않다. 그 '나'는 희로애락의 감정이 없이 그저 고요하게 나를 관찰하고 있는 무아(無我)적인 존재, 초월적인 존재로서 '나'는 조용한 영혼이다. 그것이 피노키오의 본질적인 모습이다.

피노키오는 그저 평안하다. 그래서 자기는 왜 뇌성마비 장애인이 되었으며, 이 세상에서 어떤 삶을 살아야 하는지, 그 의미를 그냥 알 것만 같다. 자기의 괴로움은 마치 지구가 진화하듯이, 자기의 지성과 영성이 진화하는 과정 중에 필연적으로 거쳐야 하는 통과의례인 것과 같이 인지되는 것이다. 이 세상을 초월하라고! 피노키오가 잠시나마 이런 경험을 할 수만 있다면, 그의 의식은 평안 속의 고요한 존재로 비약할 수 있다고 본다.

② 역설적 의도를 실천한다

상담자는 그가 '장애'라는 생각과 '장애'라는 말을 회피할 것이 아니라, 그것을 의도적으로 더 많이 말하라고 지시한다. 하루에 200번씩, "그래 나는 장애인이야. 나는 병신이야."라고 말하기를 1개월간 계속하라. 그러면 아마도 보름 만에 전혀 수치심도 느끼지 않게 되고, 감정적인 동요가 없어진다는 것을 경험하게 될 것이다.

내담자가 이렇게 솔직하게 인정하고 나면, 속 시원한 해방감을 느끼게 된다. 그래서 또래들과의 심리적인 전쟁과 자기 자신과의 전쟁이 끝나게 된다. 완전한 자유! 그리고 신기한 것은 아이들도 더 이상 자기를 놀리지 않게 되는 것이다.

③ 과잉숙고에서 벗어나 사고의 균형을 기한다

피노키오는 자기의 약점에 대하여 지금까지 부정적인 관점에서만 해석하였기에 괴로움의 늪에 빠져 있었다. 그런데 장애에 대하여 정반대의 관점, 즉 긍정적인 관점에 대해서도 생각해 보라고 상담자는 촉구할 수 있다. 뇌성마비 장애인으로 살기 때문에

장애인과 소외된 계층에 대한 연민의 감정이 생겼다. 또 장애인이기 때문에 세상의 무엇으로부터 떠나게 된 이득이 있는가? 이러한 사유를 통하여 부정적 관점과 긍정적 관점에 균형을 가져오게 하는 것이다. 즉, 자기의 약점이 안겨준 손해와 더불어 이득과 감사의 조건을 모두 수용하게 하면, 그의 마음은 평안하게 된다. 이것을 실존철학적 상담 이론에서는 '과잉숙고'에서 '탈숙고'의 방향으로 전환하는 것이라고 설명한다.

그림 10-1 세상을 거꾸로 보기

출처: 홍경자(2020b), p. 290.

(4) 자기 인생에 대한 책임을 받아들인다

상담자는 내담자의 어머니를 탓하는 문제를 다루도록 한다.

허구한 날 그가 어머니 탓을 하고(7, 14, 15회기) 화를 터트리면 터트릴수록, 그 생각에 사로잡혀(반추하므로) 더욱 화가 난다. 그리고 어머니와의 관계도 불편해진다. 따라서 상담 시간에는 이 문제를 짚고 넘어가야 하겠다. 상담자는 '내가 자살하지 않은 것을 엄마는 고맙게 생각해야만 한다.'의 의미를 물어보는 것부터 시작하는 것이 좋겠다. 어떻게 해서 자살하지 않기로 했는가? 어머니의 가슴 아픈 마음에 더욱 상처를 주는 극단의 결정을 하지 않은 피노키오의 배려심을 이 시점에서 칭찬해 줄 필요가 있다. 그러니까 그는 효심이 있는 효자이다. 고생해 온 어머니에게 그는 또 어떻게 효도하고 보답하려고 노력했는가를 질문해 보자. 그러고 나서 역할놀이를 통하여 '내가 이렇게 된 것은 모두 어머니 때문이에요.'를 절규하게 할 필요가 있다. 그도 어머니도 통곡을 하게 될 것이다.

엄밀히 따지고 보면, 뇌성마비 장애는 어머니가 자기를 임신했을 때 도둑이 들어서 어머니가 놀랐던 것이 원인일 수도 있고, 출생과정 때의 난산 때문일 수도 있고, 선천적인 유전인자의 이상 때문일 수도 있다. 그러니까 어머니의 잘못이 아니다.

피노키오는 많은 장애인들이 그러하듯이, 자기의 불편함에만 마음이 꽂힌 나머지, 가슴에 피가 맺힌 어머니의 마음을 헤아리고 공감해 줄 여유가 없다. 역지사지(易地思之)하는 능력이 개발되어야 한다. 그래서 상담자는 피노키오가 어머니 역할을 하고, 상담자가 피노키오의 역할을 해 보자고 제의해 볼 필요가 있다. '이게 모두 엄마 때문이야.'라고 발버둥을 치는 상담자(피노키오 역) 앞에서 갈기갈기 찢어진 가슴으로 몸부림치며 끝없이 통곡하는 엄마가 되어본 다음에야, 피노키오는 자기 어머니가 얼마나 피눈물 나는 인생을 살아왔는가를 가슴 절절히 이해할 수 있게 될 것이다. 어머니가 만성 당뇨병과 고혈압을 앓고 있고, 최근에 암(난소암) 수술을 받게 된 것도 사실은 그런 마음의 고통 때문에 생긴 것이 아니었겠는가? 혹시 엄마는 얼마 후에 곧 사망할 수도 있다. 그런 상황도 생각해 보라고 상담자는 촉구할 수 있다.

사실상 자기가 어머니 탓을 한 것은 만약에 자기가 이 세상에서 보란 듯이 살아갈 수 없을까 봐 두려웠고, 그에 대한 변명거리를 찾기 위해서 한 '빈말'이었다는 것을 그는 인정하였다. 어머니가 돌아가신 다음에 가슴 아픈 회한의 눈물을 흘리지 않으려면, 그는 지금부터 어머니를 어떻게 대해야 할 것인가? 여기서부터 피노키오의 삶의 태도에 대전환이 이루어져야 한다. 말하자면 반전이 일어나는 것이다. 자기의 행복을 타인에게서 구하는 어리석음을 버리고, 자기 스스로가 책임지고 행복한 사람이 되도록, 주체성을 확립하는 것이다.

다음으로, 동료직원들이 내담자를 도와주어야 마땅한데, 그러지 않아서 사표를 내고 직장을 그만둔 사건을 다루도록 한다(9~10회기).

직장에서 피노키오를 도와주는 동료가 별로 없는 것으로 보인다. 상담자는 그런 상황에 대해서 구체적으로 탐색하는 작업이 필요하다. 피노키오는 혹시 매일 수차례(너무 많이) 도와달라고 한 것은 아닌가? 그리고 피노키오가 그 동료에게 고맙다고 말하며, 가끔씩 답례를 하는가? 자기가 도와달라고 부탁할 때 동료들이 거절하는 것은 아마도 그들이 자기 일을 수행하기 바빠서 남을 도와줄 만한 시간적인 여유가 없는지도 모른다. 그렇다면 그들의 입장을 피노키오가 이해해야 한다. 나의 업무량이 폭주하고, 나의 능력을 인정받아야만 회사에서 살아남을 수 있는 현실인데, 장애인 동료를 도와주느라고 나를 희생할 수 있는 사람이 몇 %나 될까? 게다가 장애를 가진 그가 강요적으로 나올 때 피노키오라면 희생적으로 그를 도와주겠는가? 사람들에게 무조건 강요하는 유아적 태도는 지양되어야 하겠다.

(5) 비전을 세운다

피노키오는 대학교 때 배운 결정론적 인간관을 믿고(초기 상담), 장애인은 전문가가 될 수 없다고 결론 내렸다(2회기). 손이 저리고 아파서 밤에 잠을 잘 자지 못하기 때문에 나중에는 걷지도 못할 것 같아 절망감이 계속되고, 죽고 싶다는 생각이 들었다(5회기). 그럼에도 불구하고 순종적인 일본 여성을 만나서 결혼하여 돌봄을 받고 싶은 마음이 있다(16회기). 그러니까 피노키오는 막연하고, 소극적이고 의존적인 꿈을 가지고 있다. 그것은 피노키오가 뇌성마비라는 장애가 있기 때문이다(because of). 그런 고정관념을 버리고, 그가 뇌성마비의 장애가 있음에도 불구하고(in spite of), 펄펄 끓는 의욕과 희망을 가지고 새파란 꿈을 향하여 생동감 있는 삶을 펼쳐갈 수 있는 길을 설계하도록 도와줄 필요가 있다. 그래서 다음과 같은 대화를 주고받으면 유익할 것이다.

- 힘이 없는 어머니나 동료들보다는 기왕이면 자기 인생을 끝까지 지켜주고 크게 세워줄 분에게 의지하는 것이 더 현명하지 않겠는가? 그분이 곧 하나님이시다.
- 변증법적 접근의 길을 제시한다. 피노키오는 열등감으로 위축되지도 않고, 또 다른 사람을 탓하지도 않으면서, 성공과 만족감을 찾는 길, 제3의 길을 발견해야 한다. 그것이 변증법적인 접근이다([그림 9-1] 참고). 그것이 가능했던 사람이 닉 부이치치다(최종훈 역, 2010).

  '해표지증'(물개 다리 증세)이라는 유전적 질환 때문에 양팔도 양다리도 없고 99cm의 키를 가진 닉 부이치치! 그는 절망하여 자살 시도를 했으나 그것도 실패했고, 자기의 힘으로 어떻게 살아보려고 했지만 땅에서 서고 걷고 뛰고 손으로 잡을 수도 없다. 전후좌우가 모두 막혀 있다. 이때 그가 바라볼 수 있는 유일한 곳은 하늘이었다. 그래서 그는 하늘을 향하여 기도했다. 그리고 혼자서 일상생활의 모든 것을 할 수 있기까지 노력하고 또 노력했다. 그가 쓴 책들은 베스트셀러가 되었고, 희망전도사로서 1년에 200회 이상을 여러 나라에서 강연했다. 그리고 기적 같은 사랑이 찾아와 아름다운 여인과 네 명의 아들과 함께 살고 있다.

닉 부이치치

  피노키오도 그런 인생을 꿈꾸고 싶지 않겠는가? 자기의 무의식과 대화해 보라. 자기는 어떤 존재인가? 아마도 그의 무의식은 "난 사람들에게 천대받고 살 존재가 결코 아니다. 나는 귀한 존재, 왕자 같은 존재다."라고 말해 주지 않았을까? 그렇다. 피노키오는 그런 비전을 가지고 살아야 할 것이다.

제일 먼저 착수해야 할 일은 자기의 머릿속에 그러한 이미지, 곧 '유능하고 매력 있고, 사랑이 넘치며, 겸손과 자족하는 마음으로 웃고 있는 나'를 그리는 것이다. 그리고 '나는 아름다운 여인과 두 명의 자녀와 함께 행복하게 살고 있다. 나는 불우한 사람들을 돕는 삶에서 기쁨을 누린다.' 무수하게 그런 그림을 머릿속에 각인시키고 그런 말을 독백하면, 그것이 현실로 이루어지는 것이다. 그래서 어려서부터 가슴속에 자리 잡고 자라고 있는 독초의 쓴 뿌리가 제거되는 것이다.

이를 양자이론의 관점으로 설명해 보자. 양자는 파동과 입자(빛알)의 이중성을 띤다. 태양빛이 빛알의 에너지를 발사하면 나무의 잎사귀를 때리고 엽록소의 분자와 충돌한다. 엽록소는 빛알의 에너지를 흡수한다. 빛알의 에너지는 이제 파동(wave)의 형태로 되어 식물 전체에 확산된다. 그래서 식물은 싱싱하게 자란다(배지은, 2016, p. 262). 그러니까 피노키오의 긍정적인 비전의 이미지가 빛알의 에너지가 되어 그의 몸을 진동시키면 그에게 삶의 의미와 활력을 주는 것이다.

그는 장애인으로 놀림받고 살았던 기억을 바꿔버리고, 행복한 삶의 가짜 기억을 가지고 살았으면 좋겠다고 말했다(11회기 에피소드 ③). 그것이 현실적으로는 불가능하지만, 그는 머릿속 이미지로서 그렇게 할 수 있다고 본다.

(6) 기독교적인 관점에서 자기의 장애 문제를 조명해 보도록 한다

이성적인 사유의 논리로써는 장애인으로서의 존재 이유에 대한 대답을 찾을 수가 없다. 그래서 종교적이고 철학적인 관점에서 답을 구해야 할 것이다.

피노키오는 기독교 신자이다. 다행스럽게도 상담자 역시 크리스천이므로 두 사람은 신앙적인 대화가 가능하다. 따라서 이상적으로 보자면 7~8회기 때부터 기독교적인 관점의 상담을 진행했더라면 좋았을 것이다. 그래서 두 사람이 기도로써 상담을 시작하고 상담을 끝내며, 성경을 가지고 해당 구절을 찾아보도록 한다. 아무튼 상담자는 피노키오가 자기 방에서 하나님께 소리치며 외쳐보라고 지시하는 것이다.

"사랑의 하나님이요, 공의(公義)의 하나님이라고 하는데, 하나님은 왜 나를 장애인으로 만들었습니까? 왜 나는 세상에서 존경받고 성공하면 안 됩니까? 왜 세상에는 이기적인 사람들이 더 잘살고 있습니까?"

상담자는 데살로니가 후서 1:4-5를 피노키오와 함께 읽고, 토론의 시간을 가져볼 수 있다.

> "너희의 참는 모든 핍박과 환난 … 이는 하나님의 공의로운 심판의 표요, 너희로 하여금 하

나님 나라에 합당한 자로 여기심을 얻게 하려함이니, 그 나라를 위하여 너희가 또한 고난을 받느니라"

상담자는 피노키오에게 여러 가지 질문을 던지고 다음과 같이 소크라테스적인 담론을 나누도록 한다.

- 만약에 피노키오에게 뛰어난 능력과 외모와 재산과 명예가 주어졌다면, 자기는 어떤 삶을 살았을 것 같은가?
  –두말할 것도 없이 행복하게 잘 살았을 것 같다.
- 그것은 무슨 삶의 특징으로 나타나는가?
  –자기의 능력과 지위와 성공을 지키려고 온갖 정열을 다 쏟았을 것이다.
- 기독교 신자로서 그런 삶에서 놓치고 있는 부분은 무엇일까?
  –아마도 나는 자랑하고 교만하며, 성공한 상류층 계급하고만 교류하였을 것이다. 그러니까 세상적인 삶에 만족했을 것이다. 그리고 하나님과 천국에 대해서 알려고 하지 않았을 것이다. 고상한 품성(겸손, 절제, 인내, 긍휼, 사랑과 용서 등)을 개발하려고 하지 않았을 것이다.
- 이 세상에서 어떤 사람이 하나님의 자녀가 될 수 있는가?
  –아마도 실패도 해 보고, 고생도 해 보고, 그래서 하나님을 찾고 하나님께 의지하고 하나님께 부르짖는 삶을 살아야 그렇게 될 수 있을 것 같다.
- 이런 담론을 통하여 고난에 대해 깨달은 것은?
  –하나님은 우리를 깨끗한 영혼으로 만들어 천국으로 인도하기 위해서, 우리를 단련하고자 '고난'이라는 불시험을 선물로 주신 것이다.
- 사실상, 나는 역경과 실패와 멸시받는 것을 싫어한다. 나는 사람들에게서 존경받고 성공하기를 원한다. 물론 하나님의 자녀로 선택받으면서, 동시에 이 세상에서도 행복하게 살고 싶은데, 이 두 가지의 욕구를 모두 충족 받을 수 있는 길은 없는가?
  –있다. 애굽에 노예로 팔려 갔던 요셉이 인내의 세월을 지낸 다음에는 온 천하를 호령하는 애굽의 총리가 되었다. 나도 하나님께서 그렇게 인도해 주시기를 원한다. 내가 역경의 시기를 잘 연단 받아 성숙하고 깨끗하고 겸손한 사람이 되면, 그때 주님께서 나를 존경과 성공의 면류관으로 높여주시라고 기도하자.

(7) 머릿속에 꿈의 이미지를 각인시키고, 능력을 개발하라

피노키오는 일본 여성을 만나 결혼하여 순애보적인 사랑과 돌봄을 받고 싶다고 하였다(16회기). 지금까지 피노키오는 피해의식에 사로잡혀 거지같이 무언가를 구걸하는 태도로 살았다. 그런 태도의 사람에게 어찌 숭고한 여성이 혜성처럼 나타날 수 있겠는가? 이제부터 그는 왕자같이 빛나는 무언가가 그의 태도에서 풍겨 나와야 한다. 능력과 매력과 아름다운 덕성이 향기처럼 그에게서 뿜어져 나오면, 왕자를 알아보는 천사를 만나는 인연이 생기고 좋은 일들이 일어난다. 인간은 유유상종(類類相從)하기 때문이다. 그래서 피노키오는 부지런히 자립심과 책임감과 배려 정신과 사랑의 능력을 길러가야 한다. 닉 부이치치는 엄청난 장애에도 불구하고, 사람들을 감동시키는 무언가가 있었기 때문에 천사 같은 여성을 만나 결혼도 할 수 있었지 않았던가!

또 한 분의 예를 들어보자. 한국 장애인 최초로 미국에 유학 가서 교육학 박사로 일리노이주의 특수교육장과 부시 대통령 행정부의 국가장애위원회 정책 차관보를 역임한 강영우 박사이다. 그가 그런 축복받은 인생을 살 수 있었던 것은, 고등학교 때 그를 도와준 아름다운 여대생 자원봉사자, 석은옥 씨를 만났고, 그녀와 결혼하면서부터였다(강영우, 2000). 강영우 박사는 말했다. "내 눈에는 희망만 보였다." 고(故) 강영우 박사에게는 한국인의 긍지를 미국 사회에 보여준 두 아들이 있다. 아버지와 같은 시각장애인의 눈을 치료해 주기 위해서 안과 의사가 된 아들과 오바마 대통령의 특별 보좌관으로 부임했던 아들! 피노키오도 쉬지 않고 기도하고, 긍정적인 확언을 하면 된다. "나는 멋있는 인간이다." 또 자기가 먼저 너그럽고 품위 있고 능력 있는 사람이 되려고 할 때 강영우 박사나 닉 부이치치처럼 천사 같은 여성을 만나는 기적이 일어날 수 있다.

강영우 박사

(8) 관점을 바꾸어 비약하라

과연 장애란 인생의 걸림돌이고, 수치의 조건일까? 베토벤은 청력을 완전히 잃어버리고 난 후에 〈운명 교향곡〉과 같은 불후의 교향곡들을 창작하였다. 아직까지도 많은 기독교 신자들에게 감동을 주는 장편 서사시 『실낙원』은 영국의 작가, 존 밀턴이 시력을 상실한 뒤에 저술한 것이다.

'장애'라고 하는 역경은 영웅과 위인을 만드는 필수 불가결의 조건이요, 하나님의 특별한 은총이다. 그러니까 '장애'에 대한 관점을 180도 달리하는 것, 즉 재해석하기(reframing)가 이루어져야 한다. 그러므로 어떤 사물에 대해서 이분법적인 해석은 잘못

되었다. 장애, 실패, 역경은 손해가 아니라 이득이 될 수 있다. 이런 포용적인 이해가 필요하다. 그는 일어나 자기 인생을 주도적으로 펼쳐 나가는 주인공으로 살아가야 한다. "너는 주저앉지 말고 너의 한계와 더불어 빛과 소금이 되어라. 그것이 영웅의 길이다." 이렇게 말씀하시는 하나님의 세밀한 음성을 들을 수 있어야 하겠다. 피노키오는 현재 당면한 어려움의 극복에만 관심이 많다. 그러나 현재를 매순간 열심히 살다 보면 결국에 가서는 인격적으로 향기가 나는 멋진 인간이 될 수 있다는 것을 설명해 줄 필요가 있다. 비바람을 견딘 향나무가 명품 바이올린이 된다. 병든 고래 기름으로 최고의 향수를 만든다. 병든 소의 간으로 우황청심환을 만든다. 하나님이 그에게 그런 기대를 걸고 있다. 남은 과제는 장기적 비전과 단기적 계획을 세우고, 발길마다 하나님의 뜻을 묻고 도움을 구하며, 힘차게, 즐겁게, 감사하며 하루하루를 살아가는 것이다. 잠언 4:23, 예레미야 33:3, 마태복음 7:7-8, 히브리서 11:1, 야고보서 1:2-4, 시편 20:1-4, 요한3서 1:2, 데살로니가전서 5:16-18을 참고하기 바란다.

(9) 세상을 불신하는 마음과 트라우마 의식을 인지적 접근으로 다루도록 한다

피노키오는 초5 때 모처럼 자기를 귀여워했던 여자아이가 있어서 참 좋았는데, 그 애가 갑자기 '너 학원 버스 타면 저 구석에 앉아?'라는 쪽지를 주었다(11회기 에피소드 ①). 얼마나 큰 배신인가!

또 비틀거리는 걸음걸이를 제대로 교정하고자 수년간 이런저런 시술을 받으며 많은 돈을 들였는데, "당신에게는 시술은 안 되니까, 수술을 받으십시오."라고 직언해 주는 의사가 단 한 명도 없었다. 그래서 의사들이란 약자인 장애인의 금전을 축내는 사람들이라고 판단하였다(11회기 에피소드 ③). 그러니까 피노키오가 세상 사람들을 불신하고 미워할 만한 충분한 이유가 있다. 그 점은 상담자가 수용해 주는 것이 필요하다. 그러나 그의 생각은 편파되어 있다. 그런 편파된 생각이 수정되어야 그는 객관적인 안목과 담담한 마음으로 세상을 살아갈 수 있을 것이다. 그래서 상담자는 피노키오에게 그의 사고가 합리적이고 옳은 것인지를 판별해 보자고 권유해야 한다.

먼저 사촌누나의 어린 아들이 "이상해. 병신인가 봐."라고 말했는데, 그 조카는 정말 마음이 사악한 아이인가를 따져 보는 것이다. 만약에 피노키오가 조카의 나이(6세?)에 뇌성마비로 비틀거리고 씰룩씰룩하는 청년을 본다면, 어린 피노키오는 '아유, 참 안됐네. 얼마나 불편할까?'라고 생각하고 동정 어린 눈길을 보낼 것인가?

피노키오는 자기 역시 6세의 나이에는 처음 보는 장애인의 뒤뚱거리는 몸놀림을 보고 낯설어하며, "이상해. 병신이야?"라고 할 것 같다는 대답을 할 가능성이 많다. 그러

니까 그를 조롱한 어린이나 또래는 마음씨 나쁜, 악마 같은 존재가 아니다.

다음으로 병원 의사에 대한 불신의 문제도 따져보자. 어쩌면 어머니가 아들에게 수술시키는 것을 싫어해서, 피노키오가 시술 치료를 받았을 가능성이 많다. 그것을 확인해야 한다. 자기가 의사라면 돈을 많이 벌기 위해서 불쌍한 뇌성마비 환자에게 수술을 하지 말고 오랫동안 시술을 받으라고 권면할 것인가? 어떻게 해서 비양심적이고 착하지 않은 사람들이 그 어려운 의학 공부를 해서 의사가 될 수 있었는가? 왜 피노키오 혼자만 양심적이고, 무수한 의사들은 다 양심이 없는 사람들인가? 그렇게 판단하는 자기의 관점이 객관적이고 합리적인가를 따져 보라고 촉구할 수 있다.

또 피노키오의 부정적인 시각과 정반대되는 상황도 헤아려 보라고 촉구해야 한다. 그는 어머니와 형과 담임 선생님이 보호해 주었다. 그리고 요가 선생님도, 또 상담자도 긍정적으로 자기를 격려했다. 수술을 받도록 허락한 의사 선생님도 계셨다. 학교 다닐 때 자기를 비웃은 또래들 이외에 자기를 친절하게 도와준 급우들이 더 많았을 것이다. 이런 담론을 통하여 그는 자기의 사고방식을 바꿀 수 있다. "그렇다. 이 세상에는 나 같은 장애인을 보면 안타깝게 여기고 가능한 한 도와주려고 하는 사람이 오히려 더 많다. 나는 비정한 사람들의 시선에 신경 쓸 필요가 없다. 나를 도와주려고 하는 사람들하고 친밀하게 지내면 된다. 그것으로 충분하다."

마지막으로 상담자는 피노키오에게 다음과 같은 질문을 하여 그의 사고방식을 점검하도록 촉구할 필요가 있다. "이 세상의 모든 장애인은 트라우마를 겪은 경험 때문에 죽을 때까지 불행감과 열등의식 속에 살아야 하는가? 트라우마를 이겨내고 밝은 인생의 스토리를 적어나가면 안 되는가? 자기는 어떤 태도로 남은 미래의 청사진을 설계하고 싶은가?" 이제부터는 예전의 태도를 과감하게 버리고 새로운 스토리를 써 내려가야 한다.

(10) 내담자에게 안구운동 탈감화를 시도해 볼 수 있다

안구운동 탈감화, 즉 안구운동 민감소실 및 재처리 요법(Eye Movement Desensitization & Reprocessing: EMDR)이란 간단하게 말해서 트라우마 환자를 치료할 때, 내담자에게 처리되지 않은 고통스러운 기억을 의도적으로 떠올리게 하면서 동시에 눈 깜박이는 안구운동과 같은 양측성 자극을 주어 뇌의 정보처리 시스템을 활성화시키는 방법이다. 이때 고통스럽고 부정적인 기억을 즐거웠던 장면과 함께 연상시킴으로써 그 기억이 중립적인 사실로써 기억하도록 도와주는 치료법이다(제효영 역, 2016, 제15장).

내가 수년 전에 물에 대한 공포증으로 고통하는 내담자를 치료한 경험을 간략하게 소개하고자 한다. 내담자 J씨는 40년 이상을 물이 두려워서 공중목욕탕에 단 한 번도 가지

못했고, 바다나 호수에는 일체 발을 담구지 못하였다. 그녀는 또 자동차 바퀴에 대한 두려움 때문에 자동차를 운전하지 못하였다. 이런 공황장애의 근원은 어린 시절에 그녀가 탄 자동차가 경사진 언덕을 달리다가 호수 속에 빠졌던 경험에서 비롯되었다.

나는 플라스틱 통에 물을 담고 그 통 뒤쪽에서 번쩍이는 막대를 좌우로 회전시켰다. 그리고 J씨에게 출렁이는 물과 함께 막대를 바라보라고 지시하였다. 상담시간에 이런 작업을 몇 분 동안 실시하였다. 그리고 집에 가서도 그렇게 실천하라고 지시하였다. 그 결과는? 불과 몇 차례의 상담을 받고 나서 40년 이상 경험한 물 공포증이 완전히 사라지게 되었다. 책에서 권장한 대로 하루에 20~30분 동안 안구운동을 하지 않고 약 5~10분간만 실시해도 충분했다. 그녀가 얼마나 놀라워하고 기뻐했는지 모른다. 더욱 경이로운 것은 그녀가 시골에 계시는 연로한 어머니와 대화하면서 발견한 사실이다. 어려서 (그녀가 아마도 6세경) 자동차 사고로 호수에 빠진 아이는 자기의 남동생(4세경)이고, 자기는 옆 좌석에 앉아 있었다고 한다. 그런데 40대 중반의 남동생은 지금까지 물에 대한 공포증이 없이 잘 살고 있다. J씨만 간접적인 트라우마의 후유증으로, 그것도 잘못 인지된 기억 때문에 40년을 고생한 것이다.

가능하다면 피노키오에게도 안구운동 탈감화(EMDR)를 시도해 보면 유익할 것 같다. 유쾌한 과거 경험을 연상시키면서 고통스러운 기억을 회상하게 하고 눈을 깜박이라고 지시하게 되면 내담자의 두뇌에서는 괴로웠던 기억이 그저 '하나의 사건'으로만 재처리되는 것이다. 그러니까 지나간 상처는 여전히 상처가 아니라, 그저 하나의 '흔적'으로 남게 된다. "아, 그런 일이 있었지!"

3) 상담자에 대한 슈퍼비전

〈205쪽 '슈퍼비전을 받고 싶은 내용' 참고〉

[내담자를 위로하기에 바빠서 직면화시키지 못하는 상담자는?]

상담자는 마음이 따뜻하고 여린 성격의 소유자로 보인다. 물론 내담자의 괴로운 마음에 공감하고 수용해 주는 것은 필요하다. 그러나 세상을 원망하는 생각 속에 정체되어 있는 그가 자리를 박차고 일어나 새로운 삶의 태도를 채택하도록, 상담자는 부드럽게 그러나 도전적으로 직면시켜 주어야 한다. 상담자가 내담자의 억울한 마음에 공감적 반응만 계속하게 되면, 내담자의 유아적인 생각과 의존적인 삶의 방식을 계속 강화시키는 꼴이 된다.

4) 상담자–내담자 관계와 발전 과제

이 사례에서 내담자는 상당히 고집이 세고 자기의 생각을 강력하게 주장하는 배짱이 있는 것으로 보인다. 그래서 담임 선생님과 형에게 고자질을 하여, 장애아로서 대우받을 권리를 충분히 향유하였다. 한편 상담자는 부드럽고 비주장적으로 보인다. 그러니까 강한 성격의 피노키오에게 휘둘리는 것 같다. 15회기에 내담자의 어머니를 상담에 동참시킨 것도 이해하기 힘든 점이 있다. 그 시간에 어머니가 아들을 충분히 도와주지 못했다고 피노키오가 불평을 하게 하여 자기합리화를 할 수 있는 기회를 준 것 같은 인상도 든다. 혹시 상담자는 내담자와 비슷한 불만이 많았던 사람인가를 자기분석할 필요가 있다.

상담자는 상담이 끝나고 나서, '내가 왜 직면화시키지 못했지?'라는 느낌이 왔던 것 같다. 이럴 때는 자기의 직관이 옳으므로, 상담자는 그 직관에 따라가기 바란다. 그래서 '그럼 어떻게 지적을 해 주지?'라고 자문하고, 직면화의 문장을 연구하고 적어보기 바란다. 부드러운 것이 항상 좋은 것이 아니다.

암 환자에게 의사는 '암'이라는 말을 해 주어야 한다. 그래야 시기를 놓치지 않고 암을 치료할 수가 있다. 내담자가 솔직한 자기 응시를 할 수 있을 때 성장하고 비약할 수 있다. 상담자는 자신이 느껴지는 대로 솔직하고 과감하게 말하면서 내담자에게 직면화시키고 도전적인 질문을 할 수 있는 역량을 길러야 하겠다.

연습문제

1. 피노키오의 근본 문제 두 가지는 무엇인가?
2. 피노키오의 장애 문제를 수용전념치료의 '탈융합' 기법으로 풀어보는 문장을 써 보라.
3. 실존적 상담에서 사용하는 역설적 기법과 탈숙고의 개념을 이 사례에 응용해 보라.
4. 기독교적 접근을 통하여 장애에 대해서 어떤 대답을 얻을 수 있는가?
5. 상담자의 강점과 보충할 점은?

11장

일 중독의 성인상담 사례

"하루 26시간 일하고 잠은 죽어서 자면 돼요"

I. 내담자의 기본 정보

인적 사항

30세 여성, 대학원생(휴학 중), 현재 약 2개월간(6회기) 상담 진행 중

상담 신청 경위

학업과 일, 전공 수련을 병행하면서 몸이 너무 힘들고 지친 상태, 어떻게 살아야 되는지 고민이 많아서 스스로 신청하였다.

주 호소 문제

- "하루하루가 힘들고 불안할 때가 많아요. 앞서서 걱정도 많고 답답해요."
- "흥분하거나 나약한 나의 모습이 싫고 평정심을 유지하고 싶어요."
- "열심히 살지 않으면 한심하게 생각되고 시간이 아까워요."

가족관계

- 아버지(58세): 회사원. 본가에서 막내이다. 본가에서 무슨 일이 생기면 그 일들을 다 맡아 하면서 인정을 받았다. 내담자는 고등학교 때부터 지금까지 교육비를 지원해 주지 않았던 아버지에 대해 원망의 감정을 가지고 있다.
- 어머니(56세): 가정주부. 초등학교 자원봉사자이다. 3남 1녀 중 막내딸로 귀하게 자랐다. 감정기복이 심하고 예민한 성격으로, 집에서 마음에 들지 않는 일이 생기면 방문을 닫고 들어가 누구하고도 말을 하지 않는다.
- 첫째 여동생(29세): 회사원. 2년 전부터 독립하여 살고 있다. 몸이 허약하고 자주 아팠다. 어렸을 적부터 별로 친하게 지내지 않았고 동생이 내담자의 전화번호를 차단하고 지낸다. 고집이 세고 강하여 아버지로부터 많이 맞고 자랐다.
- 둘째 여동생(22세): 대학생. 아버지의 총애를 받고 있다. 어릴 적부터 내담자가 막내를 엄마처럼 챙기면서 보살펴 주었고 막내 또한 내담자를 잘 따르고 좋아했다.

인상 및 행동 특성

눈이 크고 흰 피부에 보통 체구로 선한 인상과 말끔한 외모. 상담 중 간간이 한숨을 쉬며, 말을 하는 속도가 매우 빠르고 대화도 끊지 않고 숨 돌릴 틈 없이 이야기를 쏟아내고 상담시간을 초과할 때까지 장황하게 이야기를 하며, 종종 눈물을 보였다.

내담자 강점 및 자원

독립적이고 씩씩하며 성실하다. 상담에 적극적으로 임하는 태도가 있다.

II. 상담자의 사례개념화

내담자는 어린 시절부터 어린아이처럼 자기중심적으로 행동하는 엄마 밑에서 늘 엄마의 기분을 맞추려고 눈치 보면서 자라왔다. 어머니는 소녀 같고 가사 일을 싫어했으며 기분이 안 좋으면 안방 문을 잠그고 들어가 누구하고도 대화하려 하지 않았다. 심지어 내담자가 무엇을 먹을 때도 어머니가 자기 것을 챙겨달라고 요구하기도 했다. 막냇동생에게 엄마 대신 학교 공부도 봐주는 것과 같은 부모역할을 하면서 자라왔다. 이런 엄마로 인해 내담자는 집에 있는 것이 숨이 막힐 것 같다고 하였다. 그럼에도 불구하고

내담자는 아버지가 더 싫고 어머니를 향한 마음이 안타까우면서도 동시에 답답한 양가감정을 가지고 있는 것으로 보인다.

아버지는 내담자가 고등학교 때 전공 관련 학원에 다니고 싶다고 했을 때, 돈이 많이 든다고 학원비를 잘 지원해 주지 않았다. 그 이후 내담자는 아르바이트를 두 개씩 하면서 편입 학원비를 마련하여 대학에 진학하였다. 원하는 대학에 들어갔을 때 아버지가 딱 한 번 등록금을 주신 것이 전부다. 현재 대학원에 진학할 때까지 내담자가 돈을 벌어 등록금을 냈다. 대학시절 친구들하고 맛있는 것을 먹어본 기억이 없을 정도로 일만 하면서 지냈다. 지금도 대학원 학비를 벌기 위해 작은 디저트 가게를 운영하고 있고 가게 일이 끝난 후 밤에 친구 가게에서 아르바이트까지 하고 있다. 엄마와 아빠는 여행도 자주 가고 밖에서는 다른 사람들에게 오지랖 넓게 베풀면서 정작 딸인 자신에게는 그 어떤 경제적 지원도 하지 않는 매정한 아빠에게 강한 분노감정을 가지고 있다.

어린 시절부터 부모에게서 정서적 지지와 공감을 받지 못한 성장배경으로 인해 정서 표현이 서툰 것으로 보였다. 최근 3년 사이에 가장 친한 친구 두 명이 우울증으로 인해 자살을 했던 트라우마를 경험하면서 힘들어도 내색하지 않고 참아야 된다고 생각하면서 지내온 것으로 유추되었다. 내담자를 격려하고 위로하여 무조건적인 수용과 존중감을 상담자를 통해 경험하게 하는 것이 매우 중요하다고 보았다. 그리고 내담자의 성장배경 속에서 형성되고 강화되었던 일과 시간에 대한 비합리적 신념을 변화시키는 인지정서행동치료(REBT)를 적용하는 것이 적절하다고 보았다. 또한 집안에서 부모역할까지 하고 있는 내담자에게 건강한 자기돌봄과 독립의 방법을 찾도록 도와줄 필요가 있다.

1. 상담의 목표와 전략

- 목표
  - 걱정을 덜 하고 편안하게 살고 싶다.
  - 감정에 휘둘리지 않고 침착하게 평정심을 유지하는 방법을 배우고 싶다.
  - 인생을 낭비하지 않고 맡은 일을 제대로 성실하게 잘하고 싶다.
- 전략
  - 절충적, 통합적 접근으로 감정자각 연습 및 이완훈련

2. 슈퍼비전을 받고 싶은 내용

① "내담자가 자신을 보살피면서 불안해하지 않고 살 수 있도록 도와주는 효과적인 개입방법을 알고 싶습니다."

② "자신의 감정을 자각하고 접촉하는 것이 매우 서툴고 어려운 내담자에게 감정자각 연습하기 외에 효과적인 중재기법은 무엇이 있을까요?"

③ "상담자가 보기에 부모님과 첫째 동생과의 관계가 역기능적이고 개선되는 것이 중요하다고 판단되었으나 내담자는 이대로 모든 것을 인정하면서 힘들어도 체념하듯이 사는 것이 낫다고 생각합니다. 가족관계에서 생겨나는 심리적 어려움의 해결을 위해 부모님, 여동생과의 소통을 위한 중재를 하지 않아도 되는 것인지, 다른 방법이 있다면 어떻게 조력해야 하는지 알고 싶습니다."

3. 상담의 진행 과정

1회기

아버지가 대학을 진학할 때 경제적 지원을 끊은 이야기를 했다. 성인이 되어 만난 친한 친구가 작년에 우울증으로 자살한 사건과 금년 봄에 또 다른 친구가 자살한 사건에 대한 이야기를 했다. 두 사건이 생겼을 때 내담자는 혼자서 여행을 갔고 아무것도 안 하고 호텔에서 머물다 돌아왔다. 두 친구에 대한 죄책감이 컸지만 두 번째 친구가 죽었을 때 '모든 선택은 옳다. 그 친구가 한 선택에 대한 믿음이 있었다. 그래서 친구가 한 선택을 지지하기로 했다. 나한테는 슬픈 일이지만 얘한테는 슬픈 일이 아닐 수도 있겠다. 사는 것이 더 슬플 수도 있기 때문에'라고 생각했다. 그래서 장례식장에서는 눈물이 나왔지만 발인할 때는 울지 않았다. 어렸을 때부터 참는 것이 버릇이 되었고 '참아야 돼.' '배고파도 참자.' 하면서 버텼다. 엄마에게도 힘들다고 한 적이 없었다. 앞으로 더 나이를 먹어도 즐거울 것 같지 않고 어떻게 살아야 될지 고민이 많고 걱정밖에 없다. 평소 주간 스케줄을 다 세우고 조금이라도 오차가 생기면 불안하고 힘들다.

2회기

현재 큰 매장에서 작은 디저트 가게 코너를 맡아 운영하고 있고 오후 1시부터 저녁 7시까지 일을 하고 있다. 또 저녁 7시부터 밤 12시까지 친구가 하는 가게에서 알바를 하고 있다. 중간에 비는 시간에 임상기관에서 일을 하고 야간에는 대학원 수업도 듣고

있다. 친구들이 옆에서 "잠 좀 자. 힘들겠다. 그러다 죽어. 독하다."고 한다. '○○ 25시 편의점' 이름보다 한 시간 더 보태서, 26시간을 살아야겠다고 생각했다. 아무것도 안 하고 있으면 오늘 하루를 날렸다고 생각이 되고 몸이 힘든 것보다 그게 더 괴롭다. 나는 시간 약속을 잘 지켜야 하고 언제나 맡은 일을 성실하게 제대로 잘해야 된다. 인생과 시간을 낭비하지 않아야 되고 돈을 쓰지 말고 잠은 죽어서 자면 된다. 감정 기복이 싫다. 흥분된 내 모습이 싫다. 침착하고 싶다. 시간 낭비하는 것 같아서 친구 만나는 것을 별로 좋아하지 않는다. 친구가 별로 없다. (어디서 에너지를 얻나? 무엇에서 삶의 즐거움을 느끼는가?) 예전에는 여행가는 것이 즐거웠다. 꼭 혼자 가야 한다. 동남아를 많이 갔다. 그냥 방에서 있다가 주변 산책 좀 하고. 밥 먹고. 작년에 허리 디스크가 와서 앞으로 이런 삶을 계속 살아야 되는가 생각했다.

3회기

바로 아래 동생과 다툰 이야기, 엄마와의 관계에 대해 이야기를 했다. 어렸을 적부터 엄마가 글씨를 잘못 써도 혼내고 친구들과도 놀지 못하게 했다. 엄마가 겁이 엄청 많고, 예민하다. 한번은 엄마랑 여행 가서 배를 탔는데 배가 조금 흔들리니까 엄마가 그 순간 아이처럼 놀라서 울었다. 나도 조금 무서웠지만 엄마가 울고 계시니 엄마를 달래 주고 괜찮다고 해 주었다. 대학교 다닐 때도 불안하여 계속해서 전화를 했다. 그래서 늦게까지 친구들하고 놀 수가 없었다. 엄마는 지금도 감정 기복이 심하고 무엇인가 기분이 안 좋을 때 안방 문을 잠그고 이야기하고 싶지 않다고 한다. 어렸을 적 엄마는 소녀 같았다. 엄마는 가사일을 좋아하지 않는다. 내가 간식 같은 것을 내 용돈으로 사와서 먹고 있으면 어릴 때도 엄마가 '나도 줘.' 했다. 집에서 엄마와 부딪치면 집안 분위기가 숨이 막히고 싫고 그래서 집 앞 편의점에서 책을 보고 들어갈 때도 있다.

4회기

대학원 휴학을 하게 되는 이유는 가게이건 임상이건 대학원 공부이건 뭐 하나도 제대로 못하는 것 같아서다. 그래서 일은 대학원 졸업할 때쯤 정리하려고 한다. 엄마가 코로나19 이후 외출할 때 우주복처럼 무장을 하고 나간다. 불안이 높아서. 엄마가 그런 것을 보면 한숨이 나오고 가슴이 답답하지만, 엄마가 걱정되는 마음도 있고 원망도 조금 있다. 엄마, 아빠가 달랐으면 내 성격이 달라질 수 있었겠다. 엄마가 취미 활동에 빠져서 집에 없고 바깥으로 다닌 적이 많았다. 그럼 막냇동생은 밥도 못 먹고 있어서 내가 동생 밥 먹이고 숙제 봐주고, 동생 학교에도 내가 거의 갔다. 그래도 일요일에 막냇동생이랑 닭백숙을 먹으러 갔는데 동생이 '언니 나랑 놀자' 하는데 고맙더라. (시간을 함께 보내고 정서적으로 의지가 될 수 있는 남자친구, 이성 친구는?) 지금은 남자친구가 없다. 누구를 먼저 좋아해 본 적이 없다. 그래서 남자친구를 사귀어도 내가 만나준다 이런 생각이었다. 그 친구를 좋아해서 만난 적이 없다. 이성에 대해서 누구를 봐도 좋아하는 마음도 안 생기고, 만나는 그 시간이 아깝다.

5회기

코로나 상황에서 엄청 예민한 엄마의 불안을 다시 이야기했다. 아버지가 집안에서 막내였고 부모님에게 엄청 인정받고 싶어 했고, 집안에서 문제가 생기면 아버지는 그것을 막내임에도 자처하여 다 맡고 자신이 그 모든 문제를 해결했다고 떠들고 다니셨다. 여러 동호회에서 회장직 등을 맡으면서 남한테는 오지랖 넓게 베풀고 가족에게는 그렇지 못한 아버지가 싫다. 고등학교 때 핸드폰 요금도 안 내줘서 핸드폰 없이 살았던 적도 있다. 아빠도 본인이 대학에서 등록금을 벌어 내고 다녔다고, 너도 독립적으로 살라는 의미로 그랬다고 하셨다. 그래서 나는 원하는 전공을 하고 싶어 학교를 두 개 다녔다. 아르바이트를 두 개씩 하면서 편입 학원비를 냈다. 아빠가 처음으로 등록금 주셨을 때 정말 많이 울었다. 그게 다였다. 대학교 때 애들하고 무엇을 먹어본 적도 없다. 아빠에게 섭섭하고 원망하는 마음을 말하면 아빠는 너만할 때 자기는 수 킬로미터를 걸어 학교 다녔다고 하면서 화만 내시고 소리 지른다. 둘째랑 나는 늘 맞고 컸다. 막내는 아빠가 지금도 예뻐하셔서 한 번도 맞은 적이 없다. 그래서 둘째는 집을 나갔다. 오죽하면 고등학교 때 '아빠는 내가 아빠 앞에서 목을 매도 슬퍼나 할까…' 그렇게 생각했다. 지금도 아빠는 내가 죽을병이 걸려도 돈을 안 내주실 것 같다.

6회기

내담자가 첫째 동생에게 가게 일을 잠깐만 도와달라고 부탁을 했는데 동생이 도와주지 않아 화가 나서 다투었다. 내담자가 동생과 다툰 일을 엄마에게 말하고 동생에게 뭐라고 한마디 해 주라고 했는데 아무튼 한동안 엄마가 그런저런 일로 괴로워하는 것을 보았고 어느 날 아침 출근을 하는데 방을 열었더니 엄마가 고개를 숙이고 앉아계셨다. 그날 내담자에게 '미안하다. 너 힘들게 해서 미안하고 내가 다 안고 가겠다.'는 장문의 메시지를 보내셨다고 하였다.

6회기 축어록(상담 앞부분 중략)

상담자 16: 아이고야, 정신이 없이 그냥 말일부터 한 일주일이 그렇게 지나갔는데 내가 조금 궁금한 건요, 선생님이 되게 당황스럽고 그 일이 일어난 것에 대해서 엄마가 하는 반응이나 이런 것이 답답하기도 했을 것 같고.

내담자 17: 엄마가 사실 아침 일찍 나선 건 아니었고, 엄마는 그때 전화기도 놓고 동생한테 돈을 입금하고, 아, 공과금도 다 내고, 아빠한테도 얼마를 입금하고, 통장에 있는 나머지 돈을 다 출금했어요. 그래서 정말 안 좋은 상황까지도 생각하게 되고 그래서 옥상을 보면서 다녔어요. 엄마가 동네에 아파트나 건물 같은 곳에 혹시 있을까 해서요.

상담자 17: 얼마나 놀랐을까요!

내담자 18: 근데 전 생각보다 그렇게 안 놀랐어요. 저도 모르겠어요. 저도 이상하게 생각이 드는 게 침착했어요. 침착했고 일이 일어나면 어쩔 수 없겠다 그렇게 생각을 해서 그냥 동생 걱정이 많이 됐고. 저는 일단 동생에게 '너 여기 전화해. 아빠에게 CCTV 확인해 봐' 이러고. 만약 무슨 일이 일어나면 '나는 집을 나가야지. 그럼 내 동생은 어떡하지?' 뭐 그런 생각이 드는 거예요. 그냥 어떻게 해결을 해야겠다. 엄마 걱정을 해야 하는데 동생 걱정이 먼저 되니까 그것도 조금 이상했어요.

상담자 18: 일단 최악의 시나리오로 어떤 일이 생겨나면 그때 우리 동생은 어떡하지? 동생에 대한 걱정과 그리고 가게는 어떡하지 막 그런?

내담자 19: 네. 제가 생각했을 때 제가 너무 매정한 거예요. 만약 엄마가 어떻게 돼도 내가 매장을 비울 수 없는데, 내가 가게를 나올까? 막 이런 생각을 했어요.

상담자 19: 으음, 그러면서 내가 좀 이상한건가? 그런 생각이 들어서 조금 혼란스럽기도 했어요?

내담자 20: 네, 그래서 내가 엄마를 생각보다 더 안 좋아했나? 싫어하는 건 아닌데(울컥하면서 눈물을 흘림. 이에 상담자가 휴지를 건네줌) 제가 학교 다닐 때 그런 친구가 있었거든요. 얘는 착한데 학교도 잘 안 오고 공부도 잘 안 하고 그래서 제가 계속 '학교 와야 돼. 숙제도 해야 돼.' 막 그랬거든요. 근데 안 따라와 주는 거예요. 약간 엄마도 그런 것 같아요.

상담자 20: 엄마가 그냥 말도 하지 않고 확 나가 버리신다든지 하는 것들이 사실은 어리고 철없는 철부지? 사춘기 애들 정도나 할 수 있는 그런 행동이잖아요. 그냥 당신 하고 싶으신 대로 해버리면 가족들은 걱정해 주고 어쩔 줄 몰라 하고. 이게 정말 어떻게 보면 뒤바뀐 거죠. 선생님이 그래서 그 뒷감당을 다 하는 거예요. 어디 가셨나 알아봐야 되고, 그 와중에 막냇동생도 챙겨줘야 되고. 어떻게 생각하나요?

내담자 21: 그래서 제가 계속 생각이 드는 게, 이거 진짜 이기적이다, 정말로. 그렇게 하면 안 되죠.

상담자 21: 지금 이렇게 시간이 얼추 지났잖아요. 그때 그 소동이 나고 엄마랑은, 밤늦게 들어오니까 주무시고 계셔서 별로 부딪칠 일도 없고, 어때요? 여전히 그냥 똑같아요? 그게 그냥 그렇게 이 사건에 대해서는 전혀 언급하지 않고 아무도 이야기를 꺼내지 않고.

내담자 22: 동생이 했대요. (아, 동생이?) 다음날 낮에 울면서 너무 놀랐다고. 다시는 이런 일 없게 해달라고 도대체 그런 문자를 무슨 생각으로 보냈냐고 얘기를 했나 봐요. 근데 동생도 저한테 하는 얘기가, 또 너무 날카롭게 이야기하면 엄마는 문을 닫고 들어가니까(웃음) '언니, 내가 최대한 엄마 기분에 맞게 부드럽게 얘기했어.' 그러는데 엄마가 '아니야, 그런 의미 아니었다.' 그렇게 얘기를 했대요, 동생한테. (으음.) 그냥 나갔다 온 거라고.

근데 또 제가 그냥 혼자 생각한 게 엄마가 어차피 죽을 건데 왜 출금을 했을까, 왜 또 나만 빼고 다 돈을 줬지? (웃음) 그랬어요.

상담자 22: 하여튼 많이 놀랐을 텐데 이렇게 일단락돼서.

내담자 23: 근데 저는 진짜 안 놀랐어요. 그냥… (어?) 하, 일 하나 생기겠네(웃음) 그래서 계속 또 생각해 봤는데 저는 후회는 없을 것 같은 거예요. 왜냐하면 그건 엄마의 성격의 문제라고 생각을 하거든요. 그리고 제가 엄마한테 막 모진 말을 한 적도 없었어요. 그리고 아빠도 문제죠.

〈중략〉 (동생이 억한 감정으로 내담자를 난처하게 하는 행동을 한 것에 대해)

내담자 55: 내가 혼자 스스로 나를 생각했을 때 나는 왜 이러지? 그냥 무덤덤. (무덤덤해요?) 네, 그게 뭐 친구든 모르는 사람이든 그냥 건들려면 건드려라(웃음) 그냥. (어떻게 해석할 수 있을까요, 그것을?) 20대 때는 다 반응했어요. 앞뒤 다 따지고 막 그랬었거든요. 근데 너무 피곤하고 그래서 그냥 넘겨요. 한 서른 살부터는 작은 일에 크게 반응하지 말자 해서, 그리고 사람들한테 잘못된 거 아무리 얘기해 줘도 모르더라고요, 잘. 그래서 그냥 인정하기로 했어요.

상담자 55: 선생님이 이런 상황에서 어떤 마음이었을까가 또 가장 걱정되는 것이었는데 이 상황을 그냥 받아들이고, 있는 그대로 인정해 주자라고 하는 걸로 선생님 마음 정리가 됐다고 하니까. 사실은, 선생님도 정말 흔들리고 무너질까 봐 내가 걱정했거든요.

내담자 56: 생각보다 제가 좀 멘탈이 센 것 같아요. 저는 그냥 어렸을 때부터 오히려 위기상황에서 제일 침착하고 머리가 차가워지면서 컴퓨터처럼 이렇게 생각이 나서. (으음.) 근데 그런 거는 있어요. 분명히 반복될 것 같다는 확신이 있어서 그런 일이 또 생기면 그때 동생이 또 상처를 받게 될 거고.

상담자 56: 아휴, 그렇구나.

Ⅲ. 슈퍼바이저의 사례개념화(정신역동적, 인지적, 통합적 접근)

1. 정신역동적 접근의 사례개념화

현재 내담자의 주 호소 문제는 다음과 같다. 첫째, 하루하루가 힘들고 불안할 때가 많아요. 앞서서 걱정도 많고 답답해요. 둘째, 흥분하거나 나약한 나의 모습이 싫고 감정에 휘둘리지 않고 평정심을 유지하고 싶어요. 셋째, 열심히 살지 않으면 한심하게 생각되고 시간이 아까워요.

이 말을 보다 긍정적인 말로 정리해 보면, '하루하루 평정심을 유지하고 싶다. 그리고 시간이 너무 아까우니 열심히 살고 싶다.'로 생각된다.

'나는 나무가 되었고 태양을 향해 내 얼굴을 들다.' 융 환자의 비전 중 Vol. 1, 1997

내담자는 어린아이처럼 자기중심적으로 행동하는 엄마 밑에서 늘 엄마의 기분을 맞추려고 눈치를 보았고 막냇동생을 챙기고 학교 공부도 봐주는 것과 같은 부모역할을 하면서 자라왔다. 이런 엄마로 인해 마음이 안타까우면서도 동시에 답답한 내담자는 집에 있는 것이 숨이 막힐 것 같다. 그러나 부모 자신들이나 외부의 사람들에게 쓰고 베푸는 데 비해 딸인 자신에게는 고등학교 때부터 대학원에 다니는 현재에 이르기까지 그 어떤 경제적 지원도 하지 않는 아빠가 더 싫고 매정한 것에 강한 분노감정을 가지고 있다. 이에 내담자는 알바를 2~3개씩 뛰며 자신의 필요를 충당하고 있는 상황이다. 정서 접촉과 표현이 어려울 수 있는 성장배경과 함께 내담자는 최근 1~2년 사이에 친한 친구 두 명이 우울로 인해 자살을 했던 트라우마를 경험하면서 힘들어도 내색하지 않고 참아야 된다고 생각하면서 철저히 일, 알바, 학교생활 중심으로 생활해 왔다. 내담자의 문제에 대한 표현방식에서도 볼 수 있듯이 내담자는 현재 매우 지치고 피곤한 심리적 상태에 놓여 있는 것으로 보인다. 이에 내담자를 지지하며 수용, 공감하는 것이 필요하다. 청년기에 속한 내담자의 모든 수고와 노력은 집단에 적응하기 위한 발달단계에 맞는 과제수행과 같은 것임을 인식해 나갈 수 있게 하는 것이 요청된다. 또한 현재 겪고 있는 고통이 의식의 일방적인 질주에 대한 내적인 보상일 수 있다는 것을 통찰하고 보다 전체성을 향한 자신의 모습을 의식화할 수 있도록 돕는 것이 필요할 것으로 생각된다.

1) 상담자가 수립한 상담의 목표와 전략 및 진행 과정

상담자가 수립한 상담 목표와 전략은 다음과 같다. 걱정을 덜 하고 편안하게 살고 싶다. 감정에 휘둘리지 않고 침착하게 평정심을 유지하는 방법을 배우고 싶다. 인생을 낭비하지 않고 맡은 일을 제대로 성실하게 잘하고 싶다. 절충적, 통합적 접근(인간중심 접근, 인지정서행동치료, 정서중심 접근으로 감정자각 연습 및 이완훈련)의 상담을 하겠다.

이를 달성하기 위하여 상담자는 전반적으로 상담개입을 빈틈없이 잘하고 있다고 생각한다. 특히 축어록과 회기 정리에서 상담자는 상당히 조용하고 찬찬하게 탐색을 잘하고 있다. 이후 합의된 상담 목표를 설정했다면 상담 결과가 좀 더 구체적이고 행동적으로 드러날 수 있게 설정하는 것이 필요해 보이고, 더불어 임상적 목표로 상담자의 전문적인 방향성을 제시해 보는 것이 요청된다.

2) 상담자에 대한 슈퍼비전

〈246쪽 '슈퍼비전을 받고 싶은 내용' 참고〉

① [내담자가 자기보살핌을 할 수 있는 효과적인 방법은?]

② [내담자가 자기 감정을 자각하고 자기 감정에 접촉할 수 있게 도와주려면?]

③ [첫째 동생과 부모님이 절교하고 지내는 문제는 어떻게 다룰까?]

슈퍼비전의 첫 번째 질문을 생각해 보자. 내담자가 자기를 보살피면서 불안하지 않게 살 수 있는 효과적인 개입방법에 대한 것이다. 내담자는 늘 어떻게 살아야 하는지 고민이 많고, 스케줄에 조금이라도 변동이 생기면 초조하고 화가 나는 사람이다. 이런 방식이 자신을 돌보지 않는 것으로 생각될 수도 있다. 하지만 어쩌면 이렇게 사는 것이 자신을 돌보는 방식일지도 모른다. 본인은 힘들다 하는데 또 그렇게 살지 말라 하면 반기를 들 수 있다. 이 내담자에게 점수를 준다면 좀 많이 줄 것 같다. 왜냐하면 나이 30세에 들어가는 청년기에 '나는 어떻게 살아야 되는가' 물으면서, 이렇게 열심히 매진하는 사람이니까. 더욱 그렇게 하라고 말할 것이지만, 다만 이런 방식으로 사는 목적적 의미가 무엇인지 확실히 한다면 이 내담자는 굉장히 성장하지 않을까 생각해 본다. 이에 내담자의 불안에 관련된 호소 문제 몇 가지로부터 생각해 보고자 한다.

(1) 집에 있으면 부모님 때문에 짜증이 난다

우선 내담자가 엄마에 대해 이야기하는데, 엄마는 잘 삐지고 예민하고, 초등학교에서 자원봉사도 하는데 약간 맥락은 소녀 같다. 아직도 소녀, 영원한 소녀를 라틴어로 '푸엘라(puélla)'라고 한다. 이 소녀라는 정신의 상태는 아버지하고 짝이 잘 맞는 것 같다. 아버지는 힘도 잘 쓰고 외향적으로 행동하는 센 사람으로 보인다. 이런 남성과 소녀 같은 정서는 어떤 면에서는 잘 어울리는 만남이 될 수 있다. 그런 반면 이 내담자에게는 엄마가 소녀이기 때문에, 소녀의 반대, 나이 든 노인인 '세넥스(sĕnex)'가 있다. 너무 어릴 때부터 어른 행동을 도맡아 버리면 나오는 상태이다. 엄마의 또 다른 측면을 살고 있다고 표현할 수 있겠다(김성민 역, 2019).

특히 이 내담자는 딸로서 엄마가 살아내야 하는 다른 측면을 살고 있다고 생각된다. 만약 엄마가 어른답게 배려하고 사려 깊게 행동해 주었다면, '엄마보다 아빠가 더 싫어요.'라고 말할 때 엄마가 중재할 수 있는 사람이 되지 않겠나 생각한다. 바로 밑 동생하고도 문제가 있어서 징징대면 어른답게 처신해 주면 좋았을 텐데, 그게 아니다. 그래서 내담자는 엄마의 '최근 일어난 일련의 의혹스러운 행동'에 대하여 '믿지도 않았지만, 죽지는 않을 거고, (혹시라도 그런 일이) 일어나면 일어나는 거다.' 그렇게 쌀쌀맞게 축어록 끝에서 얘기하고 있는 것은 아닐까 생각해 본다.

이 가정의 분위기로 보면 부모는 서로 정신적으로 공생하며 살고 있다. 딸은 엄마가 못다 산 것을 사는 것 같다. 어느 집에서 엄마가 굉장히 성모 마리아인 것처럼 행동하며 정숙과 깨끗함을 강조하면 그 따님은 무의식적으로 상당히 그 반대되는 여성으로 살고자 하는 모습들을 본다. 사실은 그것이 일종의 그림자로 역할하는 게 아닌가 생각한다. 내담자는 노인처럼 할머니처럼 어른처럼 엄마처럼 하는데 어떤 교과서에서는 이를 '부모화된 아이'라고 부르고 있다.

이렇게 빨리 어른스럽게 되면서 얻은 것은 무엇이겠는가? 앞으로 내담자는 임상에 종사하고 싶은 사람이다. 이 내담자는 치유자가 될 것이다. 그래서 지금 자기 문제로 치유받을 참 좋은 때가 왔다는 것인데 상담 신청 경위에 보면 일과 임상을 병행하면서 너무 몸도 힘들고 지쳤다. 어떻게 살아야 되는지 고민이 많다. 스케줄에 조금이라도 변동이 생기면 초조하고 화가 난다. 집에 있으면 부모님 때문에 짜증이 난다고 이야기하고 있다. 부모 때문에 짜증이 난다는 건 이미 오래된 일이다. '나는 진정 나로서는 누구인가?' 생각해 볼 수 있으면 좋을 것 같다.

(2) 내가 어떻게 살아야 하는지 고민이 많다

여기에서 그래도 내담자의 '내가 어떻게 살아야 하는지 고민이 많다.'고 하는 이 부분이 반갑다. 그러니까 치료자, 치유자의 길을 가기 전에 이런 고민을 하는 것은 좋은 일이다. '그래, 그럼 어떻게 살아야 되겠는가?'라고 내담자에게 질문을 되돌려 주고 싶다.

열심히 사는 것은 정말 아름답지만 어떻게 이렇게 25시간, 26시간 열심히 사느냐 하는 것이다. 그때 본인의 이야기가 있겠다. 우리가 배우는 바 우리 인생에서 과제가 있다고 하면, 일하고 사랑하는 것이다. 좀 더 나아가면 일하고 사랑하고 놀이해야 한다고 말한다. 이 내담자는 지금 이 중 한 가지를 선택해서 잘 하고 있다. 그 부분에서 크게 격려하고 싶다. '그래 참 열심히 하네. 그 어떤 것보다 일을 더 우선으로 하네.' 이제 이렇게 열심히 살 때 끝이 무엇인가 하고 말해 보라 했을 때 내담자 대답이, '시간이 아깝다.'고 말하고 있다. 사실은 우리가 탈탈 털어보면 시간이라는 재산이 제일 큰 것은 분명하다. 그런데 이 내담자가 시간이 아깝다고 한다. 최근에 이렇게 호소할 때, 무슨 일이 있는가 궁금하다. '어떻게 살아야 하는가.'라는 질문은 언제나 좋지만, 지금 문득 물어야 하는 이유가 무엇인가 할 때, 죽음과 관련해서 우울증으로 자살한 두 명의 친구를 언급하고 있다. 두 번째 친구에 대한 정리는 일리가 있는 것 같다. 처음엔 어쩔 줄 몰라 했지만 두 번째는 '그래, 네 생각을 존중할게.'이다. 내담자가 어떤 방식으로 친구의 자살에 대해 해석하고 정리해 냈는가 하는 점은 우리가 나눠 봐야 할 굉장히 중요한 주제인 것 같다.

그러니까 친구의 죽음에 대한 내담자의 정리는 '선택'이다. 이와 같은 맥락에서 『환상의 빛』이라고 하는 미야모토 테루의 소설(영화로도 나온 적 있는)이 생각난다. 거기에는 한 여인이 자기가 사랑한 사람이 '이유 없이' 죽어버리는 게 이해가 안 돼서 정말 오

래도록 고뇌하는 이야기가 있다. 그 가운데 한 여인이 자살자에 대한 해결을 어떻게 해 나가는가를 보여 주고 있다. 그 끝은 '너의 선택이었구나. 너의 선택을 내가 이제는 받아들이겠다.' 하고 정리되는 것 같다.

이 내담자도 이렇게 정리하고 있는 것으로 보인다. 내담자의 관점을 인정한다. 그런데 왜 이렇게 죽을 만큼 열심히 살아야 하나? 내담자는 죽는다는 사실 앞에서 절박한가? 이 친구가 이제 30세로 젊은데, 정말 죽는 것과 관련된 이야기를 하고 싶은 것인지 궁금하다. 그래서 내담자에게 '어떻게 살고 싶은가? 어떻게 살면 만족스럽고 잘 살았다고 할까?' 물어봐서 한 10년, 20년, 50년 뒤를 그려보게 하고 싶다는 생각이 든다. 일단은 내담자가 어떻게 살아야 할까 하는 부분에서 어떤 존재론적인 질문이라고 생각하면서 반갑다는 표시를 하고 싶다.

(3) 스케줄에 조금이라도 변동이 생기면 초조하고 화가 난다

내담자는 자기 계획에서 조금이라도 변경이 생기면 초조하고 화가 난다고 이야기한다. 이를 슈퍼비전 받고 싶은 부분의 두 번째 질문과 관련하여 살펴본다. 사례에서 상담자가 기록하고 있는 내담자의 '인상 및 행동 특성'에 보면, 좋은 인상이 있지만 상담받는 중에 간간이 한숨을 쉬고, 또 밝게 잘 얘기하다가 눈물을 흘리는 모습을 보였지만 이내 추스른다. 이것이 이 친구의 정서표현법으로 보인다.

우선 상담자는 감정을 '자각하고 접촉한다.'는 말을 하고 있다. 그 문제와 관련하여 우선 한숨 쉬는 순간을 목격할 때, '잠깐만'이라 말해 놓고, '한숨 쉬시네요.' 하고 반영해 주면 어떨까 한다. 실제로 언젠가 나의 내담자는 상담 중에 눈물이 나니까 얼른 화장지 뽑아서 찍어내고 화장지 버리고, 화장지 뽑아서 또 눈물 찍어내고 버리고, 눈물이 흘러내릴 새가 없이 자꾸 눈언저리를 닦아내고 있었다. 내가 이를 보다가 '내 화장지 다 쓰네~' 했다. 내 화장지 다 쓴다고 아깝다고 말하는 것이 아니다. 눈물 나면 충분히 울어라, 눈물이 흐르게 해라, 이것이 감정표출을 돕는 것이 아닌가 생각한다.

같은 맥락으로 호소 문제에서도 조금이라도 변동상황이 생기면 초조하고 화가 난다고 하는 게 바로 이런 것이다. 아까 친구들이 죽었을 때, 그 바쁜 중에 한 시간이라도 일분이라도 놓치면 안 되는 이 내담자가 일본에 갔다고 한다. 여러 번 일본을 갔다. 이 친구, 죽을 때마다 일본에 갔다. 호텔에 콕 박혀 나오지 않았다. 그다음에 동남아에 갔다. 호텔에 가서 쭉 앉아 있었다. 뭐 돌아다닌 게 아니라 그냥 있었다는 것이다. 이후 돌아와서는 여전하게 일을 했다고 한다. 그래서 이제 이 내담자는 '감정 접촉을 하기 위해 무엇을 해야 되나?' 할 때 '일본 가라.'는 것이다. 일본에 가는 것은 일종의 상징일 것이

다. 일본에 갔을 때 뭘 했는가, 무슨 생각을 했는가 궁금하다. 아마도 힐링하고, 마음 추스르고 다시 삶을 전개해야겠다는 마음을 먹고 온 것이 분명하다. 내담자에게 여행은 중요한 재생의 공간이기 때문에 여행을 좀 자주 다녀야겠다는 것이다. 즉, 일본 가기로 상징되는 그런 시간 가지기에 대하여 이야기해 보았으면 한다.

또한 내담자가 호소하는 것 중에 시간 강박적인 측면과 관련해서 2회기째의 회기 정리를 보자. 내용을 정리해 놓은 부분을 보면 '오늘 하루도 날렸다고 생각되고 시간 약속 잘 지켜야 하고 낭비하지 않아야 하며 잠은 안 자야 되고 늘 평정심을 가져야 되고.' 라고 말하는 것들을 전부 거꾸로 해 보는 것이 이 내담자가 사는 방법이 아닐까 생각해 본다. 좀 멈춰서서 나를 돌아보고 또 잃어버린 것들, 예를 들어 누가 죽었을 때 자기를 다스리는 것들, 이것이 자기 정리이면서 휴식이면서 치유였지 않은가? 그러면서 또 막 달려간다. 여기서는 못다 산 사람들의 삶을 살려는 건지 의욕인지, 그것까지는 일단 차치하더라도 '이 친구에게 도움이 된다.' 하는 것은 금방 나열한 것들을 모두 반대로 시도해 보면 좋겠다. 내담자가 강박적으로 그렇게 말할 때마다 좀 딴지를 걸어보고 싶다는 것이다. '좀 쉬면 어떤가, 약속 좀 안 지키고 덜 성실하면 어떤가.' 이런 방식으로 생각의 폭을 넓혀가고 숨 고르기도 해 볼 수 있을 것이다. 왜냐하면 나한테는 열심히 사는 것만 있는데 이 상담자가 말도 안 되게 딴지를 건다고 해 보자. '자, 열심히 안 사는 모습 말해 봐라. 성실하지 않은 것을 말해 봐라.' 이렇게 하면, 이렇게 된다면 休가 되는 거다. 이렇게 좀 빡빡한 것에서 여유를 가져보면 이 사람이 감정에 접촉할 수 있게 될 것이라고 생각한다.

이 사람의 심리유형(한국융연구원, 2001)과 관련해서도 말해 보겠다. '기본적으로 이 내담자의 심리유형은 무엇일까?' 물었더니 상담자는 아마 INTJ인 것 같다고 말했다. 여기에서 이 사람은 내향사고형인 것 같다. 내향사고형에게 제일 취약한 지점은 감정 접촉, 감정을 드러내고 나누는 것이 제일 어렵다. 상담에서 '감정을 개발시킵시다. 뭘 느끼세요?' 하면 너무너무 힘들어할 것이다. 이런 이야기는 마치 한쪽 다리를 저는데 '그 다리, 빨리 오게 하라고요.' 하는 것과 똑같다고 비유된다. 그 다리가 오게 하려면 다른 쪽 날쌘 다리는 좀 멈추고 있어야 한다. 그러면 천천히 저는 다리가 와서 딱 같이 서게 될 것이다.

사고(thinking)는 안 쓰고 기다려 주어야 한다. 현상적으로는 호텔 가는 것, 일본 가는 것, 어딘가 안전한 곳에 콕 박히는 것, 때로는 열심히 안 살고 게을러지는 것들일 수 있다. 이 사람의 사고를 좀 쉬게 하고, 감정은 좀 천천히 개발된다면 두 번째 심리기능을 써야 할 것이다. 일단 INTJ라고 하면 두 번째 기능은 N이다. N은 직관이다. 내담자의 전공을 감안하면 S도 많이 사용하고 있다고 볼 수 있겠다. N이든 S든 좋다. 두 번째 기능이 무엇인지 이해되면 된다. 그러니까 가장 열등한 감정기능(feeling)을 쓰게 하려면 먼저는 감각(이나 직관)을 많이 쓰게 하는 전략이 필요할 것이다. 그 방법은, 아까 이 친구가 돈도 써보고 잠도 자고 놀러도 가고, '그러면 안 될 것만 같아요.' 하는 것들을 해 보는 것이다. 그렇게 해 보면서 균형이 좀 맞춰진다. 작업을 하면서도 휴식할 수 있다. 떠오르는 상상들을 가지고 이미지들을 자꾸 만들어 가고 퍼뜩퍼뜩 생각나는 것들을 가지고 작업할 수 있을 것이다. 상상한 것이나 꿈꾼 것을 말해 볼 수도 있고 그림으로 그려볼 수도 있다. 상담 중에도 열심히 살아내느라 힘들이고 있는 현실만 이야기하는데 내담자와 그 외의 앞에 언급한 소망들을 놀이처럼 나눠볼 수도 있을 것 같다.

그러니까 처음부터 이 내담자의 감정부터 건드리면 꽤 어렵고, 상담하는 동안에는 '무엇을 느끼고 있는가?' 이런 식으로 할 수도 있지만 실제로는 이는 장기적 목표로 가져갈 부분이라고 생각되며, 그런 의미에서 감정 자각 및 접촉은 '앞으로 일어날 수 있는 일'이라고 이야기할 수 있겠다. 그래서 슈퍼비전을 받고 싶은 내용 중에 두 번째 질문인 '자신의 감정을 접촉하고 접근하는 부분에 매우 서툴고 어려운 내담자에게 감정 자각 연습하기 외의 효과적인 중재법'이라고 하고 있는데, 감정 자각 연습은 상담자가 잘 아는 부분이니까 그대로 시행하면 좋을 것이다. 여기에서는 '그 외'에 해당할 만한 것을 제안해 보는 것이다.

(4) 동생과 잘 지내고 싶지 않고, 제치고 싶다

세 번째 슈퍼비전 받고 싶은 부분에 대한 것이다. 중재 관련인데 이 내담자는 '아, 뭐 이제 나는 가족 중에 첫째 동생하고 잘 지내고 싶지 않고, 제치고 싶다.'고 이야기하고 있다. 내담자 의견이 그렇다면 그런 것이다. 그런데 첫째 동생은 어떤 이유로 내담자에게 그렇게 막 행동하는가? 첫째 동생도 보면 끝까지 어떻게 해 보자는 측면이 있다. 이런 부분들이 어째서 그럴까 하고 규명할 필요가 있을 것 같다. '동생이 그러는 게 이해가 되는가?' 무조건 화해하라는 게 아니라 객관적으로 그런 일이 가능한 것인지 물어보고 싶다. 내담자는 첫째 동생처럼 그러지 않는가? 첫째 동생은 사실은 무엇에 대한 것일까? 만약 꿈에 막내, 첫째 동생 같은 여성이 나오면 그것은 자신의 그림자이다. 이 사람들은 지금 살고 있는 내 어떤 모습의 반영일 수 있다. 자신의 여동생에게서 자신이 발견되지 않는가? 정말 자신과는 다른가? 혹은 비슷한가? 달라도 그림자이고 비슷하다고 하면 딱 자기 자신인 것이다. 이런 점을 확인하고 자신의 어떤 측면을 자아가 의식할 필요가 있다는 말이다.

내담자가 첫째 동생과는 대조적으로 대하는 막내는 본인이 엄마같이 키운 아이이다. 내담자는 본능적으로 엄마같이 된다. 왜냐하면 아까 세넥스라고 했다. 엄마에 대립되는 그림자로 역할할 때 재를 내가 키우고 있는 것이 된다. 그런데 막냇동생을 보면 걱정을 안 해도 되는 게, 아버지의 총애를 받는다는 것이다. 왜일까? 엄마가 집을 나갔다고 했을 때 후에 엄마한테 막냇동생이 물어본다. 너무 또 이렇게 들이대면 엄마가 좀 그럴까 봐 조심해서 '엄마.' 하고 기분 나쁘지 않게 물어보고 있다. 그러니까 이 막내가 굉장히 처신을 잘한다. 감정기능을 잘 쓰든지 아빠 딸로도 잘 지내고 엄마한테도 잘 얻어낸다. 얄밉지만 조직에서도 이런 사람을 좋아하지 않던가?

이 막냇동생이 하고 있는 게 내담자 자신에게는 없는지 물어보았으면 한다. 이러고 싶지 않을까? 부모의 사랑을 받고 싶지 않은 사람이 어디 있겠는가? 여동생은 얻고 있는데 내담자는 왜 항상 탈탈 털린 사람처럼 있는가 그렇게 물어보고 싶기도 하다. 이런 면이 자신한테 없는가 했을 때 없다고 그러면 자신도 이런 삶을 좀 살아보지? 좀 나긋나긋하게, 조명 불빛도 좀 낮추어 가면서 엄마 눈치도 보면서 아버지 눈치도 보면서 해 보면 어떨까 나눠볼 수 있겠다. 아버지가 딸을 세게 대하는 데는 혹시 그럴 만한 이유가 있을 것 같지 않은가? 세게 나오는 데는 또 세게 뻗대는 측면도 있지 않을까 생각된다. 우선은 아버지하고 맞상대를 하고 있다. 아버지한테 '겨루겠다, 좋다, 안 진다.' 하면서 하고 싶은 거 다 하고 있다. 이런 측면에서 한편으론 안쓰럽고 한편으론 본인은 뭔가 잃고 있는 게 있다는 생각이 든다.

세 번째 질문에 대하여 의견을 말해 본다면, '화해하고 가정으로 돌아가라.' 이런 것은 아니다. 분가할 수 있으면 하라고 말하겠다. 굳이 청년들을 집으로 돌아가게 하지 않아도 좋지 않겠는가? 더군다나 집에서 쉴 수도 없고 더 긁히기만 한다면, 할 수만 있다면 나와 있으라, 자신 스스로 좀 담아주고 푸근하게 해 주고 쉼도 가지고 호텔도 가고 때로 펑크도 나는 삶을 좀 살아보라는 말이다. 얼마 동안만 그렇게 살아보라는 것이다. 이런 내담자들이 제일 무서워하는 것이 펑크내며 사는 것인데 과격하게 표현해 본다면, '나하고 상담하는 동안에는 펑크내라, 내가 책임져 줄게. 무슨 일 있으면 날 불러라.' 이렇게 해 볼 수도 있을 것이다. 이런 말의 핵심은 이 친구를 격려하는 방식에 대한 것이다. 그러므로 굳이 내담자도 아직 원치 않고 있는 중재에 대하여 정리해 보면, 상담받으면서 내담자가 독립적으로 잘 살고 마음에 공간이 생기면, 엄마도 다시 봐지고 아빠도 동생도 나름 다시 바라볼 수 있을 것이라 말하고 싶다.

연습문제

1. 내담자의 심리유형에서 강점과 열등기능을 찾아보고 보완점을 지적한다면 어떤 것이 있을지 토의하시오.

2. 내담자의 아버지 콤플렉스와 그 영향은 무엇일지 논의하시오.

3. 내담자의 자살자에 대한 경험을 또 다른 입장에서 설명하자면 어떻게 말할 수 있는지 이야기하시오.

4. 이 사례에서, 청년기의 내담자가 지향해야 할 개인적 과제는 무엇일지 이야기하시오.

2. 인지적 접근의 사례개념화

30세의 대학원생인 내담자는 하루를 26시간으로 살아야지 그렇지 않으면 날리는 것이라고 주장하며 시간에 대한 강박관념으로 삶을 살아내면서 하루하루를 보내고 있다. 그녀는 특히 인생과 시간을 낭비하지 않아야 하고, 돈도 쓰지 말고, 잠은 죽어서 자면 된다는 것을 강조하며 미친 듯이 열심히 살아가던 어느 날 자신의 삶에 회의가 들면서 상담실의 문을 두드렸다. 부친은 막내로 어려서부터 독립적이었고, 향우회, 조기축구회 회장 등을 하면서 남에게는 관대하지만 자기 자식에게는 엄격하게 대하는 스타일이었다. 특히 딸인 내담자에게 충분한 학비를 대주지 않고 스스로 알아서 할 것을 강요해 왔다. 어머니는 4남매 중 막내로 자라서 돌봄을 받는 데에만 익숙하고 자기가 낳은 자식을 돌보는 것도 잘하지 못할뿐더러 오히려 딸에게 의존한다. 사진 찍는 취미로 소일하는, 내담자의 표현대로 소녀 같은 미숙한 사람이다. 이러한 부모 밑에서 살아남기 위해 자신의 능력을 100% 이상 활용하다가 삶에 허덕이며 지쳐서 부모에 대한 원망과 분노 그리고 자신에 대한 화를 호소하고 있다. 내담자의 문제를 REBT 과정에 따라 정리하면 다음과 같다.

- 정서적 문제
  - 자신에 대해서 화가 난다.
  - 하루하루가 힘들고 불안하다.

  -부모에 대한 원망, 분노, 서러움으로 고통스럽다.
- 행동적 문제
  -하루를 바쁘게 살아오다 소진되어 가고 삶에 지쳐 있다.

이와 같은 정서적, 행동적 문제를 일으키는 비합리적 생각은 다음과 같이 정리할 수 있다.

- 나는 시간 계획을 세워서 낭비하지 않고 잘 써야만 한다.
- 계획을 세워야만 하고 계획에서 어긋나면 큰일이다.
- 하루하루를 알차게 24시간보다 더 많이 살아야만 한다.
- 아무도 돌보아 주는 사람이 없는 내 인생은 참으로 비참하다.

내담자는 이와 같은 신념으로 무장하여 지금까지 자신을 채근할 수 있는 지점을 최대로 확보하며 살아왔다. 심지어는 남자친구를 사귀는 시간까지도 남자친구를 좋아하는 마음보다는 시간이 아깝다는 생각을 하면서 만나왔다. 주변의 친구들에게 '잠 좀 자, 힘들겠다, 그러다 죽어, 독하다.'라는 말까지 들어가면서 악착같이 살아왔다. 그러나 어머니답지 않은 어머니는 유사 자살을 암시하며 자식들을 힘들게 했고 자린고비보다 더한 아버지는 내담자가 죽을병이 들어도 돈을 안 내줄 것 같아 아버지에 대한 원망과 서러움이 앞선다. 내담자는 이런 환경에서 자신에 대한 책임은 물론 막내 여동생까지 보살피면서 부모 역할을 하고 있는, 어찌 보면 대견하기도 하지만 자신의 삶을 지나치게 드라이브해 가면서 삶을 소진시키는 특성을 보이고 있다. 이상의 내용을 종합해 보면 내담자는 '열심히 살고 낭비하지 않고 살아야만 가치 있는 인생이다. 그렇지 않으면 나는 참을 수 없고 견딜 수 없다.'라는 핵심적 스키마를 지니고 있는 듯이 보인다.

1) 상담자가 수립한 상담의 목표와 전략 및 진행 과정

(1) 상담의 목표

- 정서적 측면
  -자신에 대한 분노에서 벗어나기
  -하루하루의 삶에서 느껴지는 불안에서 벗어나기
  -부모에 대한 분노, 원망, 서러움에서 벗어나기

• 행동적 측면
  −하루하루의 삶을 즐기면서 생동감 있게 살아가기

이 사례에서 내담자가 지녀야 할 합리적 생각은 '시간은 내 삶의 소중한 자원이지 통제해야 할 대상이 아니다. 하루하루를 열심히 살아야 하는 것은 중요하지만 내가 세상을 보고 느끼고 깨달으면서 천천히 살아가고 즐기면서 살아야 한다. 삶은 살아내는 것이 아니라 주체적으로 살면서 생의 아름다움과 의미를 느낄 수 있어야 한다.'라고 정리할 수 있을 것이다.

(2) 상담의 전략

이 사례의 상담 과정 곳곳에서 나타나고 있는 비합리적 신념을 찾고 이에 대해 각각 논박을 진행하여야 한다. REBT 상담을 할 때 가장 중요한 것은 내담자가 지니고 있는 인생 전반에 대한 잘못된 오리엔테이션과 철학적 태도가 바뀌어야 한다는 것이다. 삶을 살기 위해서 대학원도 다니면서 공부하고 이를 위해 필요한 아르바이트를 하는 것이지, 아르바이트를 하고 돈을 벌기 위해 살아가는 것이 아님을 깨닫도록 해 주어야 할 것이다. 이 사례의 내담자는 대학원에 재학 중이며 지적 기능이 뛰어난 만큼 독서치료(biblio therapy) 등을 병행하면서 상담을 수행하면 시너지 효과를 기대할 수 있다. 피에르 쌍소(Pierre Sansot)의 『느리게 산다는 것의 의미』나 혜민스님의 『멈추면, 비로소 보이는 것들』 등의 도서를 읽히도록 권유하고 싶다.

(3) 상담의 진행 과정

1회기 접수면접 및 호소 문제 탐색

내담자는 살아오면서 참는 것이 버릇이 되어 모든 것을 참아야 했다. 심지어 배가 고팠던 것까지 참고 버티어 왔다. 힘든 일이 생겨도 엄살부리는 것 같아서 누구에게도 말하지 못하고 어머니에게도 호소하지 못하였다. 자신이 더 늙어도 즐거울 것 같지 않고 어떻게 살아야 할지 고민과 걱정밖에 없었다. 평소에도 주간 스케줄을 세워야만 하고 오차가 생기면 제대로 하는 것이 없는 것 같아서 불안하다고 한다. 이 회기에서 이미 내담자의 핵심문제와 이것을 유도하는 비합리적 생각이 잘 드러나 있다. 이는 '모든 것을 참아야만 한다.' '스케줄은 항상 세워야만 하고 오차가 생기는 것은 큰일이다.'로 파악될 수 있다.

2회기 심리검사 및 일과 시간에 대한 비합리적 생각 탐색

내담자는 야간대학원에서 수업받고 수업이 없는 날은 아르바이트 하고 낮에는 디저트 가게를 운영하면서 하루를 26시간으로 늘려서 살아야만 한다고 외친다. 이렇게 사는 것이 힘이 들긴 하지만 아무것도 안 하고 있으면 오늘 하루를 날렸다는 생각에 몸이 힘든 것보다 더 괴롭다고 한다. 이 외에도 '시간 약속을 잘 지켜야만 하고 언제나 열심히 해야만 한다.' '많은 일을 성실하게 잘 해내야만 한다.' '인생과 시간을 낭비하면 안 된다.' '친구를 만나는 것도 시간을 낭비하는 것이다. 그래서 여행도 혼자서 갔다 온다.' 등의 비합리적 생각이 많이 드러나고 있는데 내담자는 삶의 본질적인 목적과 의미에 대한 좌표는 잃고 헛된 것을 추구하면서 방황하고 있는 듯이 보인다. 여기에 상담자의 구체적 개입이 들어갔으면 좋았겠다. 예를 들면, 여행의 목적이 무엇인지, 친구와 함께 가는 것이 왜 시간을 낭비하는 것인지 등에 대해서 질문을 해서 내담자가 여태까지 진리라고 믿었던 그의 신념들에 오류가 있었다는 것을 깨달을 수 있는 기회를 줄 수 있으면 좋았겠다. 살아가는 본질적인 목적과 이유에 대해서 내담자는 의식이 없는 것 같다. 그저 시간의 노예처럼 삶의 보람과 가치를 망각한 채 다람쥐 쳇바퀴 돌듯이 살아가는 자기의 모습을 보게 했으면 어땠을까?

3회기 내담자가 비합리적 당위적 사고를 형성하게 된 배경에 대해서 파악

내담자의 어머니는 어렸을 때부터 내담자가 글씨를 잘못 쓰면 혼내었고 친구들과도 놀지 못하게 하였다. 친구들과 노느라고 늦게 오면 어머니의 계속되는 전화로 내담자가 힘들었다고 한다. 내담자의 어머니는 자신의 기분이 안 좋으면 방에 들어가서 문을 잠그고 나오지 않는 등의 행동을 보이면서 자신의 해결되지 않은 문제로 자녀들을 괴롭혔던 것으로 보인다. 내담자는 자연스럽게 이런 어머니의 태도에 영향을 받아 어렸을 때부터 '글씨를 잘 쓰지 않으면 안 된다. 친구들과 놀면서 어머니를 기다리게 하는 것은 나쁜 행동이다.'라는 사고를 형성하여 성인이 된 지금까지도 친구를 만나는 것은 시간을 낭비하는 것이고 인생을 잘못 살고 있는 것이라는 비합리적 생각을 형성하게 된 것 같다. 또한 어머니의 눈치를 늘 살피면서 자기가 원하는 대로 행동하지 못하고 어머니의 기분에 따라 맞추어 살아왔던 점 등을 상담자가 내담자에게 인식시키면서 어머니의 안 좋은 영향으로 형성된 생각이 내담자에게 얼마나 해를 끼쳤는지를 알게 하고, 이제 어머니의 나쁜 영향력에서 벗어나려면 어떻게 행동해야 할지에 대해서 이야기를 나누어 봐도 좋았을 것이다.

4회기 **휴학과 어머니에 대한 이야기**

본 회기에서 내담자는 결국 휴학을 하겠다고 한다. 등록금을 벌려고 시작했던 아르바이트와 사업을 모두 열심히 하려 했지만 결국 뭐 하나도 제대로 하지 못했다는 고백을 하고 있다. 이때 상담자는 인간의 능력에는 한계가 있으며 일의 긴급도와 중요도를 고려해서 우선순위를 정해야 하는데 한꺼번에 모든 일을 잘 하려고 하는 것은 비현실적 기대라는 것을 충분히 이해시키는 작업이 필요했을 것이다. 더불어 내담자는 어머니가 코로나로 인해 불안이 더욱 높아져서 외출을 할 때 옷을 우주복처럼 입고 무장하는 모습을 보면 짜증이 난다고 호소하고 있다. 이런 어머니의 행동을 변화시키는 것은 어려운 것이며 이를 수용하는 태도를 내담자에게 견지하도록 일러주는 것이 필요하다. 어머니의 방식은 내담자가 보기에는 그것이 비록 역기능적이라고 하더라도 여태까지 삶을 지탱해 왔던 방식이기 때문에 내담자가 뭐라고 한다고 해도 하루아침에 바뀌기는 어렵다. 과도한 어머니의 태도에 짜증을 내고 화를 내는 것은 내담자의 정신건강에 악역향을 미치므로 어머니를 있는 그대로 수용하는 모습이 최선의 방략이 될 수 있음을 알게 하는 것이 필요하다. 어머니는 사진작업에 빠져 집에 안 계신 적이 대부분이었고 내담자가 어머니를 대신해 동생 학교에도 간 적이 많았던 것은, 어머니답지 않은 어머니를 대신해서 어머니의 역할까지 떠맡아 한 점에 대해서 충분한 격려를 해 주면서 내담자의 기능 수준이 상당히 높다는 것을 인정해 주고 자신에 대해서 자존감과 자신감을 갖게 할 필요가 있다. 이렇게 모든 것을 자신이 알아서 착착 해내면서 이 시기에 성취해야 할 가장 중요한 발달과업인 이성과의 교제조차도 시간이 아깝다고 하는 내담자의 반응과 관련지어 진정한 삶의 의미와 가치 등에 대해서 일깨울 필요가 있었다.

5회기 **아버지와의 관계, 아버지에 대한 생각과 감정**

남에게 관대하고 자식에게 엄격한 아버지, 뿐만 아니라 양육의 책임을 다하지 못하는 아버지에 대한 원망과 분노가 가득 차 있다. 이에 대해서 아버지에게 한 번이라도 제대로 자신의 의견을 피력한 적이 있었는지에 대해서 상담자가 질문을 했는지 궁금하다. 과거에는 내담자가 힘이 없고 어렸기 때문에 아버지에게 자신의 의견을 정확하게 피력하지 못했겠지만 이제는 30이 넘은 성인이기 때문에 자식으로서 부모에게 필요한 요구는 당당히 할 수 있도록 도와야 한다. 부친이 벽창호이기 때문에 그렇게 시도를 했는데도 말이 안 통하는 사람이라면 지금까지 해왔던 방식으로 스스로 자립하면서 자신의 삶을 꾸려가도록 하되 일을 하고 돈을 버는 것의 본질적 가치가 무엇인가에 대해서 숙고해 보도록 해야 한다. 4회기에서 공부를 위해 시작한 아르바이트가 결국 공부를 방해하는 이 역설의 의미에 대해서 내담자가 알 수 있도록 해야 할 것이다.

6회기 앞서 제시된 축어록 참고, 상담이 중단되었던 기간 동안 일어났던 해프닝

내담자는 어머니의 자살소동에 대한 이야기를 하면서 놀라지 않고 침착했던 자신의 모습에 대해서 말하고 있다. 오히려 동생 걱정이 많이 되었다고 하며 아버지도 놀라지 않으시고 '그냥 들어오겠지. 또 그러나 보다.'라는 반응을 보인 점으로 보아 내담자의 어머니는 자신의 어려움을 이런 식으로 가족을 놀래키면서 가족들에게 호소하는 것이 아닌가 하는 가정(assumption)을 갖게 되고 그동안 이런 식의 반응에 익숙해진 아버지는 그냥 그러려니 하면서 놀라지도 않는 모습이다. 상담자가 이들 부부의 관계에 대해서 자세한 탐색을 하지는 않았지만 앞뒤의 정황으로 보아 미성숙한 아내와 인색한 남편의 궁합이 좋을 리 없어 보인다. 어머니는 내담자에게 자주 자신은 결혼을 하지 않았어야 된다고 하시고 자녀들에게도 결혼을 하지 말라고 한 점이 이를 증명해 주고 있다. 그러기에 남편은 가족을 돌보기보다 향우회와 조기 축구회를 하면서 시간을 보내고 어머니는 사진촬영 등의 취미생활로 시간을 보내는 와중에 자녀들이 많이 희생된 것으로 보인다. 특히 몸이 허약하여 자주 아팠고 고집이 센 편이었던 내담자의 바로 밑에 동생은 집을 떠나 단절하면서 지내고 있다. 이런 구조 속에서 생존 전략으로 내담자는 자신의 능력을 최대한 발휘하며 막냇동생을 돌보면서 지금까지 온 것으로 사료된다. 축어록의 곳곳에서 내담자의 적응기능이 뛰어나고 어떻게 현실적 생활력이 개발되어 왔는지에 대해서 알 수 있는 대목이 보인다. "제가 생각했을 때 제가 너무 매정한 거예요. 왜냐하면 가게에서 아르바이트생 등이 다 개강을 해서 시간이 안 나는데 어머니가 만약 어떻게 되면 매장에서 내 사정을 봐줄 수 있을까?" 등이 내담자의 적응능력의 백미를 보여주고 있는 부분이다. 본 회기에서는 내담자가 지니고 있는 이렇다 할 비합리적 생각은 보이지 않는다. 대신에 내담자의 뛰어난 기능과 강한 정신력이 잘 드러나고 있다.

2) 상담의 방향에 대한 제언

이 사례를 REBT를 활용하여 상담한다면, 먼저 내담자가 지니고 있는 회기별 비합리적 생각은 〈표 11-1〉에 제시된 바와 같이 분석하고 이에 대해서 적절한 논박이 수행되어야 할 것이다.

상담자는 앞에서 회기별로 나타난 비합리적 생각이 내담자를 얼마나 피폐하게 만드는지를 먼저 내담자에게 알려 주어야 한다. 그리고 매정하지만 내담자로 하여금 자신

표 11-1 **핵심 비합리적 신념과 파생된 비합리적 생각**

1회기에 나타난 비합리적 생각 **(추론과 귀인)**

모든 것을 참아야만 한다. 아파도 배가 고파도 참아야만 한다. 항상 스케줄을 미리 세워 놓아야만 하고 여기에서 혹시라도 펑크가 나면 큰일이다.

2회기에 나타난 비합리적 신념 **(추론과 당위적, 평가적 신념의 혼재)**

아무것도 안 하고 있으면 하루를 날렸다는 생각에 괴롭다. 하루하루를 알차게 24시간보다 더 많이 살아야만 한다. 시간 약속을 잘 지켜야만 하고 언제나 열심히 해야만 한다. 많은 일을 성실하게 잘 해내야만 한다. 인생과 시간을 낭비하면 큰일이다. 친구를 만나는 것도 시간을 낭비하는 것이다. 그래서 여행도 혼자서 갔다 온다.

3회기에 나타난 비합리적 신념 **(추론)**

글씨를 잘못 쓰면 안 된다. 감정 기복이 심한 어머니의 눈치를 항상 살펴야만 한다. 친구들과 놀면서 집에 늦게 들어오는 것은 어머니를 기다리게 하는 것이므로 나쁜 행동이다.

4회기에 나타난 어머니와 관련된 비합리적 신념 **(평가적 인지)**

모든 것을 다 잘하려고 했지만 결국 이것도 저것도 안 돼서 휴학을 해야 하는 내가 너무 한심하다. 내 어머니는 어머니답지 못하므로 어머니의 역할까지 도맡아서 해야 하는 내가 너무 한심하다.

5회기에 나타난 아버지와 관련된 비합리적 신념 **(추론과 평가적 신념의 혼재)**

아버지답지 못한 아버지가 내 아버지인 내 인생은 참으로 비참하다. 가족에게는 인색하고 남에게는 베풀고 다니는 아버지를 보면 참으로 한심하다. 내가 아버지 앞에서 목을 매도 아버지는 슬퍼하지 않을 것이다. 아버지는 내가 죽을병에 걸려도 돈을 안 내실 것이다.

내담자의 내재된 신념구조 **(스키마)**

부모답지 않는 부모 밑에서 태어난 내가 너무 한심하고 불쌍하다. 이를 보완하기 위해 나는 매 순간 인생을 낭비하지 않으면서 열심히 살아야만 한다.

이 처한 현실을 있는 그대로 보도록 돕는다. 즉, 부모답지 않은 부모 밑에서 스스로 자립해야만 하는 상황이라는 것을, 그리고 어렵기는 하지만 희망적인 요소로 내담자가 스스로 자신의 삶을 꾸려갈 수 있는 충분한 능력이 있는 사람이라는 것을 알게 해야 한다. 그래서 혹시라도 부모답지 않은 부모를 어버이로 하고 있는 나의 삶이 너무도 한심하고 부끄럽다는 비합리적 생각이 있다면 이를 '내 인생의 책임은 내가 진다. 부모가 부모답지 않아도 얼마든지 자율적으로 나의 삶을 내가 원하는 대로 꾸려갈 수 있다. 나의 소중한 인생을 의미있게 만들어 갈 수 있다.'라는 합리적 생각으로 바꿀 수 있도록 도와주어야 할 것이다.

3) 상담자에 대한 슈퍼비전

〈246쪽 '슈퍼비전을 받고 싶은 내용' 참고〉

① [내담자가 자기보살핌을 할 수 있는 효과적인 방법은?]

② [내담자가 자기 감정을 자각하고 자기 감정에 접촉할 수 있게 도와주려면?]

③ [첫째 동생과 부모님이 절교하고 지내는 문제는 어떻게 다룰까?]

먼저 ①에 대한 대답은 앞에 기술한 내용으로 충분하나 다시 한번 강조하면 자기 스스로 자신의 삶에 대해 아무에게도 의존하지 않고 스스로 주도하여 자립하는 능력을 개발하고 부모답지 않은 부모를 둔 자신의 환경을 있는 그대로 받아들이도록 한다. ②에 대한 대답으로, 감정을 자각하는 기법으로는 불안하거나 억울하거나 분노를 느꼈을 때 그러한 부적절한 부정적 감정을 유도하는 비합리적 생각을 찾아서 각각의 정서와 연결되는 각각의 신념이 있다는 것을 알게 한다. 비합리적 신념을 분명히 하면 부수적으로 그 생각이 유도한 정서를 분명히 느끼도록 도울 수 있을 것이다. ③에 대한 대답으로 내담자가 궁극적으로는 바로 밑의 여동생과 관계를 회복하도록 돕는 것이 필요하다. 다만 그 여동생 역시 내담자가 부모에게 느낀 그 억울함과 분노와 황당함을 수용하지 못하고 집을 나간 것으로 보인다. 그녀는 독립적인 삶을 꾸려나가고 있는 점으로 보아 내담자보다 좀 더 힘이 있는 사람으로 여겨진다. 언니인 내담자가 동생에게 다가가서 동생의 고통을 공감해 주고 수용해 주면서 얼마든지 서로를 이해하고 감쌀 수 있는 관계로 진전될 수 있다고 보인다.

연습문제

1. 이 사례에서 내담자가 보이는 대표적인 부정적 정서인 분노, 억울함, 불안 등과 연결된 비합리적 생각이 무엇인지 본문에서 찾아서 기술하시오.
2. 이 사례의 내담자에게 REBT 상담을 수행한다면 상담의 초기에 심리교육이 필요하다. 내담자에게 어떤 식으로 심리교육을 시킬 것인지에 대해서 설명하시오.
3. 이 사례의 내담자에게는 궁극적으로 삶에 대한 철학적 변화가 중요하다. 이러한 철학적 변화를 끌어낼 수 있는 전략에 대해 설명하시오.

3. 통합적 접근의 사례개념화

내담자('똑딱 씨'라고 하자)는 고3 때 학원비를 벌기 시작하였고, 그 뒤에 대학교와 대학원까지 등록금을 자기 힘으로 마련하면서 거의 초인적인 의지로 삶을 꾸려왔다. 하루를 26시간으로 잡고 24시간 일을 해야 한다고 생각하며, 조금이라도 일상의 스케줄을 변경하게 되면 몹시 불안하고 화가 난다. 그렇게 살아오다가 최근에는 모든 에너지가 소진되어 대학원을 휴학 중이다. 설상가상으로 두 명의 친구가 자살한 사건을 목도하였다. 그런 시점에서 혼란스럽고 걱정이 많다. 신체가 아프다는 것과 마음이 괴롭다는 것은 우리의 혼과 육이 영(혼)에게 보내는 SOS 신호이다. 무언가가 잘못되어 있으니 속히 점검하라고 무의식이 자기에게 보내는 경고음이다. 몸이 소진되어 아플 때는 얼마동안 누워 편안히 쉬고 병원 치료를 받으면 된다. 그런데 똑딱 씨는 답답하고 어떻게 살아야 할지 걱정이 많은 상태로 몸져누워 있다. 그러니까 그의 영혼이 신체의 소진 상태에서 외치는 소리에 귀를 기울여 상담을 받으러 온 것은 그녀 안에 있는 '지혜'를 따른 것이다.

무의식은 신체적 감각과 감성적인 느낌으로써 그에게 소리치고 있다. 그러므로 무의식 안에 있는 지혜를 따를 때 그녀는 참된 자기실현의 방향으로 삶의 제도를 바꿀 수 있다. 건강의 악신호와 친구 자살의 트라우마는 외관상 그녀에게 엄청난 시련이고 재난이다. 그러나 다른 각도에서 바라보자면, 그 두 가지 사건은 인생을 올바로 사는 길에 대하여 깊이 있는 사유와 새로운 결단을 하라는 메시지이다. 죽도록 일하고 열심히 공부하는 이유는 무엇인가? 그것은 성공함으로써 행복한 삶을 누리고 싶기 때문이 아니겠는가? 똑딱 씨는 이 시점에서 성공과 행복에 대한 그녀의 생각과 참된 삶의 원리에 대하여 심도 있게 성찰해 보아야 하겠다. 성공과 행복은 같은 것인가? 성공이란 돈과 명예인가? 건강과 우정과 질적인 인간관계는 무시해도 되는 것일까? 왜 대학원 공부를 하는가? 전문가로서 입지를 세우는 것은 중요하고, 인격의 통합은 필요하지 않다고 생각하는가? 그런 것들에 대하여 성찰해 본 다음에 일(능력)과 사랑과 건강과 인간관계(우정) 면에서 균형 잡힌 삶이 곧 성공이며, 행복의 조건이라는 것을 깨닫는 것이 요구된다.

내담자에게는 두 명의 친구가 자살한 것을 경험한 충격과 오랫동안 느꼈던 아버지에 대한 원망의 감정을 다스리는 것이 또한 요구된다.

참고로, 이 사례는 오늘날 한국사회에서 살아가는 젊은이들에게 많은 시사점을 주는 내용을 담고 있다. 우리는 일생 동안 전쟁하듯이 긴장하여 잠도 못 자고 허덕이며 불행한 삶을 살도록 되어 있는 것이 아니다. 어린이처럼 삶을 즐기게 되어 있다. 그것을 행복 또는 자족한 삶이라고 하자. 그러한 삶을 살기 위해서 열심히 일하는 것이고, 성공과 명예는 그에 따라 부수적으로 수반되는 보너스이다.

똑딱 씨는 신체적으로 디스크 질환이 왔고, 지금처럼 살다가는 앞으로 어떤 큰 우환이 닥칠지 모르는 심히 우려되는 상태이다. 심리적으로는 사는 재미도 없고 몹시 낙심되어 있다. 이것은 분명히 자연의 원리에 반(反)하는 삶을 살기 때문에 초래된 결과이다. 자연은 일과 휴식에 균형을 취하라고 말한다. 산천초목은 긴긴 겨울 동안 자양분을 뿌리에 모아두었기 때문에 봄 · 여름에 성장하고 결실할 수 있다. 심지어 겨울철이 없는 열대지방에서도 나무는 건기에는 휴식하고, 우기에는 성장한다. 똑딱 씨는 올바로 사는 방법에 대한 이런 진리를 상담을 통하여 깨달을 필요가 있다. 그러고 나서 여유와 낭만이 있는 삶의 방식으로 크게 선회해야 할 것이다. 다시 말해서 지금까지 개발되지 못했던 그녀의 감성, 즉 에로스가 살아나도록 해야 한다. 그것이 자기의 생명을 사랑하는 것이고, 온전한 삶을 제대로 사는 것이다.

1) 상담자가 수립한 상담의 목표와 전략 및 진행 과정

똑딱 씨와 상담자가 합의하여 수립한 상담 목표와 전략은 아주 타당하게 보인다.

- 목표
  - 걱정을 덜고 감정에 휘둘리지 않으며 평정심을 유지한다.
- 전략
  - 불안의 원인을 탐색하고 자각하여 불안을 다스리는 방법을 배우고 자신의 감정에 접촉하고 감정을 잘 알아차릴 수 있게 된다.
  - 일과 시간에 대한 비합리적 신념을 합리적 신념으로 바꾸며, 가족 안에서의 책임과 경계선을 잘 분리할 수 있도록 하고, 건강한 자기돌봄의 방법을 찾는다. 이것은 똑딱 씨가 분화 내지 개성화되기 위하여 필요한 작업이다.

상담의 진행 과정을 살펴보면, 첫 회기에 상담자는 그녀가 자기 자신의 피폐한 마음에 집중되어 있다는 것을 확인하고, 상담의 방향을 불안과 걱정의 원인을 살펴보는 것에 맞추기로 합의하였다. 그러한 확인 작업은 아주 잘한 일이다. 2회기 때 똑딱 씨의 강박적인 일중독의 습관을 발견하고, 그녀가 어디서 삶의 즐거움과 에너지를 얻는지, 혹시 몸은 아프지 않은지를 탐색하였다. 그 결과 과로로 인하여 허리디스크가 왔다는 것을 알게 되었다.

1~6회기까지 상담자는 지금까지 고생하고 살아온 똑딱 씨에게 충분히 공감해 주면서, 친구나 남자친구와 같은 지지 자원이 있는지, 그리고 인색한 아버지와 심리적으로 병적일 정도로 취약한 어머니에게서 독립할 수 있는지를 탐색하는 방향으로 인도하였다. 상담의 초반부에 필요한 이런 탐색 작업은 무난하게 이루어지고 있다고 본다.

이제부터는 본격적으로 근본적인 문제를 하나씩 하나씩 다루어 나가야 한다고 본다. 말하자면 자기 삶의 방식에 대한 이해와 더불어, 지금까지의 생각과 감정과 행동을 조금씩 바꾸어 나가는 치유의 과정으로 진입해야 할 것이다.

2) 상담의 방향에 대한 제언

(1) 자기의 신체 감각과 대화하게 한다

심신이 소진되어 있는 똑딱 씨에게 상담자는 자기의 영혼의 메시지를 경청하라고 안내하는 것이 바람직하다. 즉, 디스크로 아픈 허리가 자신에게 무어라고 말하는가를 깨닫도록 신체 감각적 치료기법이나 게슈탈트 기법을 사용할 수 있다.

(2) 내담자가 추구하는 인생의 목표에 대하여 큰 그림을 그려보게 한다

성공은 무엇이라고 생각하는가를 질문하라. 그리고 자기가 죽기 아니면 까무러치기로 일한 결과로 이룩한 성공의 모습을 마음의 눈으로 그려보도록 인도하는 것이다. 나이 몇 살에 어디쯤 와 있을까? XX 대표? CEO? XX 박사? XX 사장? 집 몇 채? 친구는? 사는 재미는? 자원봉사는? 자기 꿈을 이루기 위해서 쉬지 않고 일해야 하는데, 지금의 건강 상태로 가능할까? 그리고 자기의 인생 그래프를 0세~30세~60세~120세~150세까지 그림으로 그려보게 할 수 있다. 70대에는 어떤 회전의자에 앉아 있을까? 자기가 사는 모습을 예행연습 내지 시뮬레이션으로 그려보게 하는 것이다. 삶의 자세가 자신의 얼굴 표정과 인품으로 나타난다. 그때 나는 편안한 얼굴로 너그러운가, 아니면 딱딱하고 스트레스 주는 자인가? 나는 어떤 성격과 인품의 소유자로 말년을 맞이하고 싶은가? 이때 상상 작업을 시키는 것이 좋다.

또 유추하기의 기법으로써 천천히 그러나 꾸준히 사는 것과 지금처럼 전쟁터의 군인처럼 사는 것의 장단점을 대차대조표 형식으로 비교해 보도록 한다. 똑딱 씨가 생존을 위하여 여유가 없는 삶을 살아야 하는 실정이기는 하지만, 자기 보살핌의 시간을 통하여 활력을 찾도록 생활을 재설계해야 한다. 하루 24시간에, 또 1개월, 1년, 3년, 5년, 10년을 어떻게 보낼지 계획표를 짜보는 것이다.

(3) 성취의 절대적 가치에 대한 내담자 신념의 합리성을 따져보게 한다

그녀는 하루 24시간 동안 일해야 하며 잠은 죽어서 자면 된다고 생각하며 살고 있다. 그 생각이 옳다면, 그녀는 짧은 시일 안에 병이 나고 곧 죽게 될 것이 뻔하다. 그렇게 살기로 결정한 그녀가 왜 허탈하고 괴로워하는가? 상담자는 영리한 그녀가 엉성하기 짝이 없는 궤변을 굳은 신념으로 삼고 사는 것의 모순점을 지적해 주고, 그녀의 신념이 비합리적이라는 것을 깨닫게 할 필요가 있다. 그리고 보다 더 합리적이고 현명한 생각으로 대처하도록 REBT의 여러 가지 기법을 소개하는데, 여기서는 간략하게 은유의 예를 들어 보겠다.

> 후회하는 사람은 과거에 살고
> 걱정하는(불안한) 사람은 미래에 살고
> 편안한 사람은 현재에 산다.

(4) 균형 잡힌 생활과 실존의 의미에 대하여 논의한다

어떤 삶이 올바른 삶인가? 죽도록 일해서 경제적 자립과 성공을 쟁취해야 한다는 신념은 원래 아버지의 것이었는데, 그것을 자기에게 내사(內射)한 것이다. 자기가 진정으로 아버지의 가치관대로 살고 싶은가를 검토해 보아야 한다. 거짓 자아를 버리고 참 자기의 길을 가는 것이 로저스가 말하는 진정한 자기실현의 추구이다. 그리고 실존적으로 자기 삶의 진정한 의미를 찾고 매일매일 기쁘게 편안하게 감사하며 살면 되는 것이다. 똑딱 씨에게서 결여되어 있는 것은 기쁨, 재미, 낭만(eros)이다.

이를 위해서 자신이 처한 상황을 한걸음 물러서서 거시적으로 조감하게 한다. 걱정과 불안이 많은 똑딱 씨가 마음의 안정을 기하도록 수용전념치료(ACT) 이론을 적용할 수 있다. 그중에서 '나=걱정하는 사람'이라는 융합된 사고에서 벗어나도록 '거리두기'와 같은 탈융합 기법을 가르쳐 주고, '관찰하는 자기'도 연습시키는 것이다. 그리고 마음챙김 명상과 자기연민의 말과 글로써 자기 위로하기도 소개해 줄 수 있다. 그리하여 생동감 있는 감정으로 온전한 삶을 살게 하는 것이다. 이에 더하여 EFT(정유진, 2010)와 같은 방법으로 자기의 아픈 부분을 두드려 주면서 자신의 신체감각과 접촉하는 작업을 병행할 필요가 있다.

(5) 아버지에 대한 원망의 감정에서 자유로워지도록 한다

똑딱 씨의 아버지에 대한 원한은 충분히 표출되고 치유되는 시간이 필요하다. 그런 다음에 아버지의 삶의 철학과 태도를 자기 자신의 것과 비교해 보는 것이 요구된다. 오로지 성공과 일(직업)만 중시하고 넉넉하고 여유로운 성품의 개발은 안중에 없는 똑딱 씨와 그녀의 아버지는 어느 면에서는 닮은꼴이다. 다시 말해서 아버지와 똑딱 씨는 융통성이 없고 균형이 깨진 삶을 살고 있다. 이런 깨달음과 더불어 똑딱 씨에게 학비 지원을 하지 않은 것도 딸에게 독립심을 길러주기 위한 아버지 나름대로의 사랑이었다는 것을 알게 되면, 똑딱 씨는 아버지에 대한 원망의 감정이 상당히 사라지고 아버지를 용서할 수 있게 될 것이다.

(6) 심리적인 독립(자기분화)과 아울러 인간적인 모습을 찾도록 한다

이제는 가족에서 분화하여 자기의 삶을 독립된 공간에서 살도록 연구해야 할 것이다. 여동생과 부모의 삶에 더 이상 구원자 역할을 하지 않으며, 부모체계의 경계선을 침범하지 않고 빠져나와야 한다.

똑딱 씨가 성인으로서 자기 생계를 책임지는 것은 마땅하다. 그러나 지금은 건강상

SOS 상태이기 때문에, 이 시기야말로 모처럼 가족에게 도움의 손길을 요청할 시기라고 본다. 그런데 최근에 어머니가 가출할 때 통장의 돈을 아버지와 여동생에게 몽땅 송금하면서 그녀에게는 한 푼도 송금해 주지 않았다(6회기). 그것은 똑딱 씨가 말할 수 없이 힘들게 살면서도, 겉으로는 지나치게 독립적인 페르소나(persona)를 보여 주었기 때문이 아니었을까? 앞으로는 여리고 취약한 자기의 모습을 표명할 줄도 알아야 한다.

(7) 부드러운 자기주장의 대화법을 코칭해 준다

상담자는 똑딱 씨에게 의사소통의 기술, 특히 공감적 자기주장의 요령을 코칭해 주는 것이 좋겠다. 그리하여 그녀가 어머니와 산책하면서 자원봉사를 하는 엄마를 칭찬해 주고, 이어서 자기의 삶과 고민을 이야기함으로써 서로가 마음이 통하는 관계를 맺도록 하는 것이다. 그러고 나서 엄마가 건강한 동생에게는 송금을 했는데, 디스크에 병이 올 만큼 혹사하고 살다가 끝내는 뻗어버린 자기에게는 전혀 송금해 주지 않아서 섭섭했다는 말을 담담하게 표현하도록 코칭하고, 마지막으로 어머니에게 자기를 도와달라고 적극적으로 부탁하는 것을 연습시킬 수 있다.

요즈음 악화된 똑딱 씨의 건강 상태 때문에, 지금이야말로 처음이자 마지막으로 아버지의 사랑을 필요로 하는 시기이므로, 아버지에게 결혼자금조로 얼마를 지원해 달라고 유언처럼 부탁한다면 어떨까? 그렇게 되면 아버지에 대한 섭섭한 감정도 해소되고, 독립적인 주거 공간을 마련할 수도 있을 것이다. 아버지에게 부드럽게 여러 번 글로써 요청하고, 마지막으로 대면하여 웃으면서 부탁하는 것을 연습시키는 것이다(홍경자 2006; 홍경자 2007). 이때 똑딱 씨는 아버지에게 자기의 속마음을 허심탄회하게 표현해 보는 것에 목적이 있기 때문에, 설령 아버지가 그녀의 부탁을 거절한다 하더라도 상처받을 필요가 없다. 자기표현하는 새로운 '나'로서 임한 것으로 충분하다.

(8) 두 명의 친구들의 자살로 인한 심리적인 충격을 다루도록 한다

똑딱 씨는 두 명의 친구들이 자살한 것은, 이 세상에 사는 것이 더 슬플 수도 있었기 때문에, 그들에게는 옳은 선택이었다고 해석하고서 그것을 수용하였다. 그런데 일생동안 유치원생처럼 삐지고 잘 울고 예민한 똑딱 씨의 어머니가 최근에 편지를 써 놓고 가출한 사건이 발생하였을 때 그녀는 나쁜 일(자살)이 일어날 수도 있다고 가정한 다음에, 담담한 마음으로 어머니의 행적을 수소문하였다. 똑딱 씨가 어린 시절부터 부모화된 어린이로서 크고 작은 사건이 생길 때마다 감정에 압도되지 않은 채, 냉철하게 판단하고 해결사의 역할을 수행해 왔기에 그렇게 할 수 있었다. 이것은 대단한 탄력성이라

고 볼 수 있다. 그러나 그러한 그녀의 태도에 대하여 좀 더 탐색해 볼 필요가 있다.

어려서부터 즐겁게 뛰놀았던 추억, 곧 마음의 고향이 없고, 스스로를 토닥일 줄도 모르고, 힘들 때 격려와 지지를 제공해 줄 인적 자원도 없는 똑딱 씨에게, 만약 건강이나, 경제나, 진로 면에서 심각한 좌절적 상황이 발생하게 된다면 어떻게 될까? 그녀는 자살한 친구들을 떠올리게 될 것 같다. 그리고 그 친구들처럼 자기도 현재의 삶이 너무 버겁기 때문에, 차라리 죽는 것이 더 편할 것이라고 생각할 소지가 없지 않다. 핀란드에서 이루어진 대규모적인 자살 연구에 의하면 자살자의 80%가 3개월 이내에 어떤 극적인 사건을 경험했다고 보고하였다(김학렬, 김정호 역, 2012, pp. 62-63).

똑딱 씨는 한 명도 아니고 두 명의 친구가 자살한 것을 경험하였기 때문에 그 경험으로 인한 충격은 반드시 다루고 넘어 가야 한다. 고인들에 대한 애도의 시간을 가지고, 그들에 대하여 마음으로 정리해야 할 것이다.

(9) 절교한 여동생과의 관계

여동생의 상태에 대하여 내담자의 이해를 돕고자 한다면 아들러(Adler)의 이론을 소개해 줄 수 있다. 즉, 첫째 여동생은 세 명의 자매들 중에 중간 아이이기 때문에 부모의 관심을 가장 적게 받게 되어 있다. 그로 인하여 부모에게 불만이 많고, 자기는 사랑을 받지 못한 존재라는 생각으로 반항적이며 독립성이 강할 소지가 많다. 게다가 똑딱 씨와 첫째 여동생은 연년생으로서, 두 사람이 모두 논리적이고 강한 아버지의 기질을 닮아 티격태격하는 사이로 지냈을 것이다. 이에 반하여 어머니는 비록 신경증적이기는 하지만 여성적이고, 둘째 여동생은 막내인 데다가 유순한 성격의 사람으로 보인다. 그래서 그들은 기질상 아버지와 상보적이므로 아버지와의 관계가 무난하다.

지금까지 내가 소개한 상담 방법은 내담자가 처한 현재의 애로점을 타개하는 것과 더불어 미래의 삶을 전망하도록 코칭한 것이다.

3) 상담자에 대한 슈퍼비전

〈246쪽 '슈퍼비전을 받고 싶은 내용' 참고〉

① [내담자가 자기보살핌을 할 수 있는 효과적인 방법은?] 내담자의 불안과 강박적 사고는 논리적인 설득으로써는 바뀌지 않는다. 똑딱 씨가 미래의 자기 모습을 상상하고 역할놀이 해 보거나 시뮬레이션 해봄으로써 마음의 눈으로 자기의 전 일생을

통합적 접근

조감해 보는 기회를 제공하라. 개미처럼 오로지 일중독으로 살다 보면, 정작 소중한 것들을 다 놓치게 되며, 끝내는 삭막한 삶을 사는 결과를 초래하는 어리석음을 범하는 것이라는 점을 깨닫게 하는 것이 중요하다. 상상의 눈으로 보는 것도 백문이불여일견(百聞以不如一見)의 효과를 가져다준다.

② [내담자가 자기 감정을 자각하고 자기 감정에 접촉할 수 있게 도와주려면?] 게슈탈트 치료나 심리극(psychodrama)을 시도하는 것이 좋다. 또 머리는 맑은가? 멍멍한가? 팔과 다리의 감각은 어떤가? 얼굴 근육과 목은 어떤가를 질문하여 신체감각과 연결된 자기의 마음을 깨닫게 하라. 그 느낌에 대하여 그림 그리는 작업을 하고(미술치료), 그 느낌을 노트에 적어보라는 과제를 줄 수 있다. '아' '오' '우'라는 소리를 내게 하여 똑딱 씨의 몸(세포조직) 안에 묻혀 있는 이야기(트라우마)와 스트레스를 밖으로 방출시키는 작업도 시도해 볼 만하다. 우리의 불안감, 분노, 슬픔 등은 몸속에 들어 있다. 그리고 상담시간에 마음챙김 명상을 코치하라.

③ [첫째 동생과 부모님이 절교하고 지내는 문제는 어떻게 다룰까?] 내담자가 그 문제를 다루고 싶어 하지 않을 경우에는, 그녀의 의사를 존중하여 그 문제는 그대로 두는 것이 바람직하다. 강한 성격의 똑딱 씨는 자기가 가족을 중재할 만큼 대인관계 기술도 노련하지 못하다는 것을 잘 알고 있었기 때문에 가족 간의 관계 개선에 대하여 체념하고 있는 것으로 보인다. 얼마의 시간이 경과한 다음에, 똑딱 씨가 감정의 민감성과 유연한 의사소통의 기술이 개발된다면, 여동생을 품어줄 수 있을 것이다. 그때까지 기다리는 것이 현명하다.

4) 상담자-내담자 관계와 발전 과제

상담자는 똑딱 씨가 심리적인 위기 상황을 알아차릴 수 있도록 여러 가지 질문을 하면서 감정적 접촉이 일어나기를 시도하고 있다. 그리고 그녀의 처지에 대하여 몹시 안타까워하는 것 같고, 그녀의 심리적 환경에 압도되어 그녀보다 더 고민하는 듯한 인상도 든다. 혹시 상담자는 섬세하고 여린 성품의 소유자인가? 혹은 상담자 역시 심신이 소진되어 압도되는 삶을 경험한 적이 있고, 그런 연상이 오버랩되고 있는가? 다시 말해서 역전이 현상이 일어나고 있는가를 성찰해 볼 필요가 있겠다. 상담자가 전문적으로 더욱 발전하기 위해서는 내담자에게 배려와 연민의 태도를 가지되, 어느 정도는 심리적인 거리를 두고 내담자의 상황을 객관적으로 조감하는 것이 요청된다.

연습문제

1. 성취 지향적으로 사는 내담자에게 어떤 방법으로 시야를 넓혀줄 수 있는가?

2. 내담자의 삶의 철학과 가치관을 검토하도록 인도하려면 어떻게 하는 것이 좋은가?

3. 내담자의 입장이 되어 은유로써 자기를 표현해 보자.

4. 상담자의 강점과 보완할 점은?

12장

외도불안증 성인상담 사례

"내 마음이 흔들려요"

I. 내담자의 기본 정보

인적 사항

36세 여성, 대졸, 결혼 8년 차 주부, 6세와 4세 아들 있음

상담 신청 경위

내담자의 외로움과 불안, 우울이 심하였고, 최근 휴대폰 앱을 통해서 남자를 만나고 있으나 그 사람과 정리하고 싶은데 잘 안 되고 충동적인 행동을 많이 하여 벗어나고 싶은 마음에 상담을 신청하였다.

주 호소 문제

- "불안에서 벗어나고 우울에서 가벼워지고 싶어요."
- "남편이 내 마음을 알아주지 않아서 외로워요."

이전 상담 경험

4년 전 약 5개월간의 상담 경험이 있다.

가족관계

- 남편(40세): 전문대 정보통신과 졸업 후 대기업에 취업. 직장에 대한 부담이 많다. 작년에 갑상선 수술을 받은 후부터 누워 있는 경우가 많다.
- 큰아들(6세): 어린이집을 다닌다. 음성 틱과 함묵증(주로 어린이집에서는 말을 하지 않음)이 있다.
- 작은아들(4세): 어린이집을 다니고 있다.
- 친정부: 직장의 직원들과 싸우고 퇴직당했으며 술과 외도로 가정불화가 많았다.
- 친정모: 가끔씩 파트타임 일을 하였다. 잔소리와 불평 불만이 많다.
- 여동생(31세): (결혼, 직장생활)

인상 및 행동 특성

긴 생머리, 동그란 얼굴형, 화장기가 없고 눈빛은 초점이 흐리며, 낮고 힘이 없는 말투. 이야기 도중 눈물을 수시로 흘렸다.

심리검사 결과 및 주요 해석

1) MMPI-2

척도	VRIN	TRIN	F	F(B)	F(P)	FBS	L	K	S	Hs	D	Hy	Pd	Mf	Pa	Pt	Sc	Ma	Si
T	34	57F	58	63	52	62	36	42	39	67	84	70	64	37	56	80	76	45	69

2) SCT

번호	제시문구	작성내용
26	어머니와 나는	안 친하다. 내가 엄마인 것 같다.
19	대개 아버지들이란	엄마보단 늘 못하다.
5	어리석게도 내가 두려워하는 것은	지금의 나다.
43	때때로 두려운 생각에 내가 휩싸일 때	불안해서 미칠 것 같다.
14	무슨 일을 해서라도 잊고 싶은 것은	나의 힘들었던 과거
27	내가 저지른 가장 큰 잘못은	외도
41	나의 평생 가장 하고 싶은 일은	제발 불안 없이 행복해지고 싶다.

내담자 강점 및 자원

- 열심히 상담받으러 오고, 자신을 드러내는 개방성과 솔직함이 있다.
- 자녀를 잘 키우고 싶은 마음과 가정을 지키고 싶어하는 마음이 있다.

Ⅱ. 상담자의 사례개념화

신경정신과에서 양극성 장애로 진단을 받고 약을 복용한 적이 있으며 4년 전에 불안 증세로 상담을 받은 적이 있는 내담자가 다시 상담을 받으러 왔다. 결혼 이후에 남편과 성생활이 점점 줄어들었고, 최근에는 안절부절못하고 외로워서 다른 남자를 만나고 있으며, 그로 인해 불안감이 더 커지고 있다. 육아 과정에서 아이가 잘못될 수 있다는 생각에 꼬리에 꼬리를 무는 걱정을 하고 있다. 내담자는 성장 과정에서 부모의 잦은 부부싸움으로 불안 속에 살았고 어머니에 대한 불안정한 애착관계가 형성되었다. 게다가 예쁘고 공부 잘하는 여동생에 비해 관심을 받지 못하여 소외감과 무기력, 분노를 느끼고 자랐다. 내담자는 충동성과 외로움과 '사랑받고 싶은' 갈망을 해소하고, 남편과 연결감을 갖고 자존감을 느끼며 좋은 엄마의 역할을 해나가고 싶어하였다.

1. 상담의 목표와 전략

- 목표: ① 내담자의 부정적 감정의 해소와 자존감을 높인다.
  ② 남편과의 원만한 관계와 육아에 자신감을 갖게 한다.
- 전략: ① 이마고 대화기법, ② 내면아이 치유 심상작업
  ③ 내면가족체계이론, ④인지적 오류 수정

2. 슈퍼비전을 받고 싶은 내용

"상담이 다시 이어진 후반부에 가서 내담자가 더욱 혼란스러워 하는데, 그런 상황에서 불안을 감소할 수 있는 방법에 대한 지도를 받고 싶습니다."

3. 상담의 진행 과정

1회기

대학을 졸업하고는 서비스 유통쪽에서 직장생활을 하며 직원들과 가끔 영화도 보고 나이트도 가고 남자들과 몇 번 연애도 했었다. 그런데 직업의 성격이 그래서인지, 모두들 월급에 비해서 씀씀이가 크고 헤프고, 쉽게 만나고 쉽게 헤어지고 그랬다. 엄마는 나더러 자꾸만 착실한 사람하고 결혼해야 한다고 말씀하셨다. 그때 선배 되는 남자분이 성실한 엔지니어 신랑감이 있다고, 남편을 소개해 주었다. 우리는 약 6개월간 사귀고 결혼하였다. 남편은 특별히 끌리지는 않았다. 말수도 적고 놀 줄도 모르고 호인형으로 잘 웃고 믿음이 갔다. 나하고 정반대의 유형이다.

신혼 때는 괜찮았는데, 큰아이 낳은 뒤부터 남편이 성관계를 점점 하지 않게 되어서 그 문제로 우울하고 많이 싸우기도 했다. 아이가 2~3세 될 때 마음을 어디에 둘 줄 모르겠고 울렁거려서 앱으로 남자를 만났으나, 죄의식이 심해서 조금 만난 다음에는 관계를 끊었다. 말이 없고 덩치만 큰 남편은 싸워 봤자 뾰족한 수도 없어서 안절부절 마음을 잡지 못하고 살았다. 그러다가 작년에 또 울렁병이 생겼다. 어느 날 낌새가 이상해서 방문을 열어보았더니 남편이 혼자서 자위하는 것을 목격하고 깜짝 놀랐다. 그이는, 내가 있는데 내가 여자로 보이지 않는 것일까? 몹시 화가 났다. 남편은 사는 것이 힘들어서 잠자리하고 싶은 의욕이 없어졌다고 했다. 자존심이 너무 상했다.

1회기 축어록

내담자 2: 아까도 말씀드렸지만, 좌불안석 같은 느낌이 들어서 가만히 누구의 이야기를 듣는 게 너무 힘들고 가슴이 너무 답답하고, 자꾸 그래서 힘들고, 사실 핸드폰을 검색한다거나, 그리고… 사실은 남편은 모를 거예요. 그냥 무난하니까, 그렇지만 저는 너무 외롭고, 남편과는 별로 맞지 않는다고 생각해요.

상담자 3: 아, 그래요?

내담자 3: 예, 그니까 뭐 다른 사람이 보면 남편이 너무 다정하고 요리도 잘하고 아이들하고 잘 놀아주고, (남편이~) 그렇지만 남자로서의 그런 거는 전혀 못 느끼고 있어요. 그게, 정신과 선생님은 내가 사랑을 많이 원하고 바라는데, 그게 채워지지 않는 남자이기 때문에 그렇다고 해요. 그리고 사실 얼마 전에 앱을 통해서 남자를 만나게 됐어요. 그래서 그 남자를 만났는데, 되게 잘생긴 거예요. 제가 원하는 스타일. 지금 남편을 보면 막 못생긴 것 같고 초라하거든요. 집에서

는 추레하게 편하게 입잖아요. 근데 그 남자는 되게 멋지게 하고 오고, 결혼도 안 한 사람이고, 4~5년 전에도 그런 시기가 한 번 왔었거든요. 그때 상담을 받았는데요. 지금도 내가, 지금도 막 꾸며요. 옷을 산다든지 화장품을 산다든지 막 충동구매를 하죠. 그리고 만나러 가는데, 사실은 깊은 관계를 원하는 게 아니라, 사랑을 받고 싶어요. 연락을 해서 나한테 '뭐해? 뭐 했어?' 막 그렇게 관심 받고 싶어요. 예전에도 그렇게 앱으로 연락해서 그랬던 사람이 있었어요. 그런 남자들 세 명? 그런데 너무 불안해서 잠깐씩만 사귀고는 끊었죠. 이번에 외로움이 드니까 또 그렇게 하고 싶은 거예요.

상담자 4: 그래요. 근데 그렇게 하는 게… 본인이 어때요?

내담자 4: 신경이 쓰이죠. 그러니까 핸드폰만 울리면 불안하죠. 무섭죠. 그니까 잠을 못 자요. 새벽에 확 깨서 잠을 못 자죠. 혹시 남편이 내 핸드폰을 갖고 있는 건가 착각하게 되고 두려워요. (아~) 근데 그때 만났던 남자, 세 번째 남자는 정말 저랑 너무 잘 맞는 거예요, 코드가. 한 시간을 톡을 하는데 너무 재미있었어요. 지금도 생각날 정도로. 근데 그 사람이 자기는 결혼도 해야 하고 그렇지 않냐, 그러니 우리 친구로 지내자, 그래서 헤어지자고. 그러면서 서로 연락을 안 하게 되었고, 그게 너무 힘들었어요. 그런 만남과 헤어짐이 힘들거든요. 원래 예전부터도….

상담자 5: 그럼 남녀가 만나면 톡만 나눈다든가 대화만 한다든가 이 정도까지가 되나요?

내담자 5: 그니까 남자들은 그걸 다 원하죠, 잠자리까지요. 전 그게 싫은 거예요.

상담자 6: 상대방은 ○○씨를 유부녀라고 생각해요? 알고 있어요?

내담자 6: 네. 알고 있어요. 저는 다 오픈을 한 상태에서 만나거든요. 그 앱을 보면 되게 기혼이 많아요. 근데 저는 기혼을 만나고 싶지 않은 거예요. 왜냐면 그 사람들은 와이프가 있으니까. 나는 진짜 온전히 사랑을 받고 싶은 거예요. 미혼이면 여자친구가 없잖아요. 근데 지금 남자는 외모는 제 스타일인데, 남편처럼 무뚝뚝한 거예요. 자주 연락을 준다거나 그런 게 없는 거죠. 그러면 저는 좀 집착하게 되고.

상담자 7: 그러면 성관계를 요구하거나 그럴 수도 있을 텐데.

내담자 7: 아직은 두 번밖에 안 만났어요.

상담자 8: 그런 상황에서 자꾸 남편을 의식하고 신경 쓰니까 더 불안해지겠네요?

내담자 8: 네, 불안한데요. 그런데 저는 그 남자한테 만족을 못 하는 거예요. 나는 사랑을 받고 싶은 거예요. 누군가 나를 좋아해서 '뭐해? 밥 먹었어? 왜 이렇게 연락이 없어?' 막 이렇게 하는 사람을 만나고 싶거든요. 또 앱에 들어가게 되면, 이상한 사람이 90%예요. 그럼 또 실망을 하죠. 근데 또 남편한테 '나를 사랑해줘.' 그러면, 싱겁게 '응.' 이러겠죠. 그러니까 설레지가 않고. 지금 그 남자에 대한 생각인데, 정리를 하고 싶어요. 그런데 두려워요.

상담자 9: 두려워요… 그래요.

내담자 9: 나는 이제 또 남편이나 아이들밖에 없을 텐데… (그래요.) 그런데 또 외롭고 우울하지 않을까? 그래서 요즘에 여기저기 일자리를 구하고 있어요.

상담자 10: 지금 이렇게 불안하고 초조한 상태에서 일하는 게 가능한가요?

내담자 10: 아, 그니까 지금은 뭐든 할 수 있는 게 아니라, 뭐라도 하고 싶은 거예요. 예뻐지고 싶어요. 예뻐져서 사랑을 받고 싶어요. 돈을 벌어서.

상담자 11: 예뻐지고 결국은 사랑받고 싶은데. (네.) 그래서 지금 어떻게 되고 싶어요?

내담자 11: 그니까 제가… 우연히 어떤 책을 읽게 되면서 우울에서 많이 벗어나게 됐어요. 매일매일 감사일기를 쓰고 한두 달 지냈어요. '정말 이것도 감사하다.' 인위적으로라도 생각해 내고 글을 쓰는 거예요. 그랬더니 그때부터 죽고 싶은 생각이 안 들었거든요. 근데 갑자기 그것도 때려치웠어요. 4~5년 전과 똑같이 갑자기 앱으로 다시 또 남자를 만나고.

상담자 13: 지금?

내담자 13: 네. 그때도 얼마동안 마음으로 정처 없이 방황했죠. 그때도 어떤 이유로 그 남자하고 관계가 정리됐는지 모르겠지만, 하여간에 정리를 했어요. 그 뒤에 둘째를 임신해서 낳고 키웠거든요. 근데 작년 봄이었는데 다시 가슴이 울렁이고요, 사랑받고 싶고, 설레고 싶고, 예뻐지고 싶고, 인정받고 싶고, 일기고 뭐고 머리에 안 들어왔어요.

2~3회기

요즈음 남자친구와 2주 동안 만나지 못했다. 지난번에 남친과 북한강 쪽으로 드라이브를 나갔는데, 어린이집에서 아이가 토한다고 전화가 왔다. 깜짝 놀라서 돌아왔다. 아이 걱정도 되고 남편을 향한 죄책감도 들고, 아이 양육에도 집중하지 못하고 있다. 작은아이가 스스로 우유를 먹겠다고 고집하다가 우유를 흘리면 화가 나서 때리게 된다. (아이가 그럴 때 어떤 마음인가?) 어린 것이 나를 무시하는 것 같다. 남자친구를 만나면 죄책감이 들지만, 헤어지자고 할까 봐 두렵고 그렇게 되지 않기 위해 예쁘게 꾸미려고 한

다. 어릴 때 부모의 싸움으로 늘 불안했고, 엄마가 보이지 않으면 놀라서 어디 갔는지 찾았고, 엄마가 죽을까 봐 늘 불안했다. (어린 마음에 힘들었겠다.) 엄마가 너희들 때문에 이혼하지 못한다고 말씀하셨고, 늘상 공부 잘하는 동생 때문에 산다고 했었다. (속상하고 혼란스러웠겠다.) 그런 엄마가 미웠다. 작년에 남편은 갑상선암 수술을 받았다. 남편이 피곤하다고 하면서 누워서 많이 자고 핸드폰만 만지고 지낸다. 남편이 행여나 죽을까 봐 불안하다. 이야기하고 나니 편안해진 것 같다.

남편이 따뜻하게 받아주지 않으니까 너무 공허해서 친구들과 나이트 가서 놀았지만 채워지지 않고 그래서 앱으로 남자를 만난 것이다. 힘들 때마다 남자에게 위로를 받고 싶었다. 그 사람은 내 이름을 불러주니까 재밌고 즐겁고 20대로 돌아간 느낌이다. 그런데 그 남자가 남편과 비슷한 성향이라 위로가 되지 않는다. 외로움이 크고, 그래서 지금 만나고 있는 남자랑 헤어지는 게 맞지만 두렵다. 남자와 만나도 외롭다. 그때도 살짝 만나서 차 마시고 있었는데 남편이 갑자기 전화를 했다. 몸이 아파 병가를 내고 병원에 가는 중이라고. 얼마나 가슴이 철렁했는지. 남편은 철석같이 나를 믿고 있지만 나는 놀라서 또 관계를 끊게 되었다. 남편은 재미도 없고, 남편이 전문대 출신으로 대기업에서 근무를 하지만 열등감이 있어서 회사 일을 힘들어하고 이직을 원하고 있다. 남편은 지금 게임만 하고, 한심하다. 그냥 둔다. 이런 걸로 싸우면 남편은 나하고 아예 말을 안 하게 되고, 그게 지옥이고, 잔소리도 싫어한다. 남편이 나에게 위로가 되지 않으니까 다른 남자를 만나고 싶기는 하지만, 남편이 없으면 나는 죽을 것 같다. 혼자 사는 걸 감당할 수 없을 것 같다. 요즈음 쇼핑센터에 나가 일을 하고 지내서 그런지 불안감이 많이 없어졌다. 요즈음 꿈을 꾸게 되는데 끝에 가서는 꼭 남편이 나온다.

4회기 (양극성 장애 약 복용)

최근 돈이나 카드를 잃어버리고 정신이 없고 산만하다. 자꾸만 밖에서 남자를 찾는 일이 일어난다. 가장 큰 스트레스는 아이들을 잘 키워야 되는 걱정이 크다. 돈도 없는데 아파트를 분양받았다. 옷이나 구두 등도 충동구매하고 또 스트레스 받는다. 그러나 얼마 전보다 지금은 조금 나아진 것 같다. 그 남자는 내 성향에 안 맞다는 것을 확인했고 위로도 안 되었다. 결국은 내가 나를 위로해 줄 방법을 찾아야겠다는 생각이 든다. 책을 읽고 난 다음에 스스로를 위로해야겠다는 생각을 하게 되었다. 부모님은 항상 다투고 엄마는 우리 때문에 이혼하지 않았다고 하셨지만, 여동생이 공부를 잘해서 맨날 여동생 이야기만 하고 나에게는 관심을 주지 않았다. 어릴 때 나는 혼자이고 주인공이 아닌 느낌으로 살았다. (그게 어떻게 보이나?) 내가 불쌍하고 안됐다. (자기에게 해 줄 수 있는 말은?) 나의 뻥 뚫린 공허함을 남편이나 다른 남자가 해결해 주길 바라왔던 것에 대해 통찰을 하였고 나의 감정을 내가 알아서 채워주고 싶다.

5~6회기

아이를 길러야 하는 모든 현실이 다 버겁고 슬프고 두렵다. 내가 초등학교 때 잦은 전학으로 따돌림을 받아 학교 가기 싫은 상황을 엄마에게 말했지만 엄마가 무관심하여 서운했다. 지금도 엄마를 원망하게 된다. 내가 큰아이에게 친정엄마와 같은 방식으로 대하고 있다는 것을 발견했다. 아이에게 무관심했다가 또 잔소리하고 닦달한다. 친정아버지는 일생 내내 여자들과 외도하고 가정을 보살피지 않았으므로, 아버지를 아예 무시하는 마음으로 살았다. 상담을 마치고 정신과 병원을 들러 약 처방을 받을 생각이다.

남편 역시 어려운 가정환경 속에서 둘째 아들로 태어나 어렵게 학교에 다녔다. 남편은 직장의 똑똑한 사람들 속에서 스트레스가 심하여 직장을 그만두겠다고 한다.

어린이집 학부모 중에 친한 사람들이 이사를 가게 되어 상처를 받았다. '나를 떠나가는구나.'라고 생각했다. 몸이 멀어지면 마음도 멀어지는 것 같다. 아이들도 남편에게서도 다 떠나고 싶다. 잘 먹이고 밥을 해줘야 하는데, 그럴 만한 힘이 없다. 도망가고 싶다. 어릴 때도 죽고 싶다는 생각을 많이 했다. 지금은 매일이 죽고 싶은 마음인데, 용기가 안 난다. 지옥에 갈까 봐 두렵다. (얼마나 고통스러우면 그런 마음이 들까? 어떤 삶을 살고 싶은 게 있었을 것 같다.) 친구들과 재미있게 수다도 떨고 놀고 싶다. 내가 너무 어린애 같다. 이제는 어른이 되고 싶다. (○○님을 보면 살아보려고 애쓴다는 생각이 들고 아이들 밥 먹이고 엄마로서 뭔가 하고 있는 것 같은데….) 그게 내 성에 안 차는 거 같다. 두 아이들과 놀아주고 싶은데 사내 녀석들이라 같이 노는 것이 재미가 없고 귀찮다. (맞다. 엄마가 재미가 있어야 놀아주고 싶지.)

상담자 개입 ① 어린 시절 어머니와의 관계에 대한 내면아이 치유 심상작업을 함.
② 자신에게 격려하고 지지할 방법을 알려주고, 격려의 과제를 줌.

7회기

결혼기념일이 지난주였고 남편은 아무것도 못 주어 미안하다는 말을 하였다. 남편이 회사 일로 힘들어하는 이야기를 2시간가량이나 해서 내가 들어주었는데 그 뒤에 내 가슴속 아픈 게 쑥 풀린 느낌이었다. (어떤 계기로 풀렸을까?) 나만 힘든 게 아니구나, 이 사람도 힘들었구나란 생각이 들었다. 남편과 이야기하기를 잘했다는 생각이 들었다. 남편은 3~4개월간은 직장에 더 다니기로 하고 그 뒤에 다른 직장을 구하려고 하는데, 자

기소개서를 대신 작성해 달라고 했다. 남편에 대해 이해되는 마음이 생기며 남편이 친구를 만나러 가는 것도 편안하게 허락하게 되었다. 다시 글쓰기를 시작했다.

8회기

불안과 초조함이 이전보다 사라졌는데 외부에서 스트레스를 받으면 가슴이 아파온다. 아이의 어린이집 학부모들로 인해 스트레스를 받고 있다. 학부모 사이에서 따돌림을 받는 느낌이 들고 계속 신경을 쓰게 된다. 어려서 학교 다닐 때도 친구들에게서 버림받을 것 같은 느낌으로 괴로웠다. 나는 초·중학교 때 서너 번이나 전학을 가서 적응하기가 힘들었다. 사람들에게서 무조건 나는 인정받고 싶다. 지난번 남편하고 잘 지냈음에도 불구하고 이런 것 가지고 또 마음이 무너진다. 나의 자존감이 빵점이다. (자신이 조절이 잘 안 되는 것에 대해 알고 있다. 그럼에도 불구하고 상담하는 과정에서 괜찮았던 경험은 있었나?) 나 자신에 대해 알게 되니까 힐링되고 괜찮은 것 같다. 틱이 있고 선택적 함묵증으로 진단받은 큰아이가 친구들과 잘 어울려 놀 수 있도록 내가 신경 쓴다. 아이의 친구들을 우리 집으로 초대하려고 하는데 집이 너무 좁다. 그래서 무작정 큰 아파트를 샀다. 덜커덩 큰 집을 사서 이사하고 나니 월부금을 걱정하고 이렇게 매사를 충동구매하고 나서 후회하고, 우울해지고, 지나간 것을 너무 많이 생각한다. (그래서 어떤가?) 너무 힘들다. (어떻게 하고 싶은가?) 나는 누구의 말과 행동에 따라 마음이 소용돌이를 친다. 매일 심한 파도가 친다. 엄마도 아빠도 용서의 대상에서 제쳐 놨다. 지금은 나에게 엄마 아빠가 잘해 준다. (그런 점을 알게 되고 도움 된 게 있다면?) 내가 살아온 것에 대해 잘 버텼구나란 생각이 들고, 나도 자신을 사랑해 주고 싶다.

상담자 개입 심상작업: 어린 시절의 어머니와 대화하기

9회기

또 물건을 사러 다니고 남자친구와 연락을 할까 말까 안절부절못하게 되지 않을까 걱정된다. 요즈음은 조금 편안해졌다.(이 문제에 대해서 상담자는 내면가족체계이론을 그녀에게 소개해 주었다. 불안하고 소외된 자신, 곧 '유배자' 같은 자아를 보호하기 위해서 강구하는 비상대책이 충동구매와 외도인데, 이것은 일종의 '소방관' 역할을 해 주었다. 지금은 남편과도 친밀감 있는 관계를 유지하고 있다. 아이들이 방학이라서 상담을 쉬는 동안, 상담자는 내담자에게 자신에게 편지쓰기, 감정 읽어 주기를 제안하였고, 아이들과 부딪치게 될 때 자녀의 행동에 대한 훈육 방법에 대한 코칭을 해 주었다.)

평소에 남편은 아이들하고 잘 놀아주고 집안일도 잘 도와주는 사람이라, 주위 사람

들은 그런 남편이 어디 있느냐고 부러워한다. 내 속은 모르고 하는 말이다.

10회기

큰아이가 틱이 있고 체구도 작고 잘 먹지도 않는다. 아이를 잘 먹여야 된다는 압박감이 들고 떡이나 편한 것으로 먹이면 죄책감이 많이 든다. 어린이집에서 큰아이가 발표 시간에 입을 다물고 고개를 떨구고 있어서 정말 화가 났다. 남편에게 그런 이야기를 하면 나랑 같이 고민을 해 주지 않고 뭐든지 혼자 결정을 하라고 하니까 너무 힘이 든다. 큰애 때문에 고민이 많다. 계속 지치고 피곤하고 불안이 반복된다. (아이에게 지금 당장 필요한 격려나 지지를 해 주면서 아이의 마음을 키워 주는 게 필요할 것 같다.) 그럼에도 불구하고 상담받고 변화된 것은, 다른 남자에게 관심을 받으려고 했던 나 자신의 문제를 알게 되었고, 남편과 대화를 더 하게 되고 좀 더 나아지고, 발전했다.

11회기

아이가 잘 못 클까 봐 불안해서 아이 친구들을 집에 초대했다. 내가 다른 사람들에게 신경을 많이 쓴다는 것을 알았다. (어떻게 하고 싶나?) 나 자신을 남의 시선으로 평가하지 말고, 내가 스스로 자존감이 높은 사람이 되고 싶다. 내가 별로구나 그런 생각이 꼬리를 물고 우울해진다. 이제는 친정엄마, 아빠를 그만 미워하고 싶다. 엄마는 아직도 잔소리하고 힘든 이야기만 한다. (약은 잘 먹나?) 약은 잘 먹고 있고 조절하려고 하고 있다. 그런데도 축축 처진다. 잘 살고 싶고 행복하게 살고 평온하게 살고 싶다. 갑자기 기분이 좋으면 사람도 초대하고 그러는데, 그런 기분 좋은 상태가 오래 유지되지 않는다. 설날에 시댁에 다녀와서 외로움이 '확' 들어왔다. 그래서 또다시 앱을 통해 남자를 사귀게 되었다. 남편은 알콩달콩하지가 않다. 남편이 혼자서 자위하는 것은 충격이었다. 그것에 대해서 언젠가 속시원하게 말하고 싶다.

12회기

(상담자의 사정상 3개월 쉬고, 또 내담자의 사정이 생겨 4개월 쉰 후에 만났다.)

불안이 많고 약을 계속 먹고 있다. (아이는 어떤가?) 큰아이는 예전보다 밝아지고 내 손이 덜 가서 너무 좋다. 아이가 섭식장애처럼 삼키지 못한다. 잘 안 먹어서 왜소하고 신경 쓰이고 속이 상한다. 이번에 사귄 남자친구와 계속 연락을 하고 있다. 그 친구와 깊은 관계로 되었고, 그 사람을 의지하면서 더 불안하다. 그래서 관계를 끝내려고 하지만, 그게 안 된다. (끝내고 싶은 이유는?) 성격이 잘 맞고 외로움이 치유가 돼서 연락을 자

주 하게 되는데 겁이 덜컥 나서 이러면 안 되는데 하는 생각이 든다. 남편과 비교가 되고, 남편은 남자가 아니라 그냥 가족 같다. 너무 속상하다. 난 혼자 있는 것을 잘 못한다. 남친과의 관계를 끝낼 수 있는지는 모르겠다. (어떤 의미로 그 사람을 만나는 건가?) 그 사람은 여자가 필요한데 내가 바로 그 여자이니까 나를 만나는 것이고 결혼해도 나를 계속 만나고 싶다고 한다. 나는 이성과 감정이 왔다 갔다 하고 혼란스럽다. 이 사람 때문에 남편이 더 멀어진 것 같다. (말하면서 어떤가?) 후련하기도 하다.

III. 슈퍼바이저의 사례개념화(정신역동적, 인지적, 통합적 접근)

1. 정신역동적 접근의 사례개념화

이 내담자의 호소 문제는 '불안에서 벗어나고 우울에서 가벼워지고 싶어요, 남편이 내 마음을 알아주지 않아서 외로워요.'이다.

회기별 정리를 통하여 볼 때, 내담자의 문제는 현재 6세와 4세 아들의 자녀 양육이 힘든데 아이들에게 계속적인 장애가 발생하고 있으므로 더욱 스트레스가 가중되고 있다. 그리고 남편은 수술 후에 몹시 피곤하고 의욕 상실이 되어 있다. 무엇보다도 남편과 연결감이 없다고 호소하며 우울과 불안, 초조함으로 충동적인 행동들을 하고 있다. 이에 내담자는 불안, 우울, 외로움을 벗어나고 가벼워지고 싶다고 한다.

1) 상담자가 수립한 상담의 목표와 전략 및 진행 과정

상담자의 상담 목표는 '내담자의 부정적 감정의 해소와 자존감 높이기, 남편과의 원만한 관계와 육아에 자신감 갖게 하기'이고, 전략은 '이마고 대화기법, 내면아이 치유 심상작업, 내면가족체계이론, 인지적 오류 수정'이다. 전반적으로 이러한 진행이 도움이 되리라 생각하며 이와 함께 상담자가 깊은 공감과 울타리 되어 주기로 내담자의 반복되는 조울상태를 붙잡아주는 것이 필요해 보인다. 무엇보다도 내담자에게는 병식과 함께 현실생활 잘하기, 스트레스에 건강하게 대처하기, 네트워크 잘 만들기가 요청된다.

2) 상담자에 대한 슈퍼비전

〈279쪽 '슈퍼비전을 받고 싶은 내용' 참고〉

[다시 상담을 시작했을 때 남친과 성관계로 발전했고 혼란스러워하는 내담자를 돕는 길은?]

먼저, 다음과 같은 궁금한 점들을 몇 가지 제시하고자 한다.

- 사례에 내담자의 성장기, 학력, 결혼 이전까지의 대인관계 등 구체적인 발달력이 제시되지 않고 있는데 어떠한가?
- 4년 전, 결혼 초에 본 상담자와 6회기 상담한 경험이 있으나 잠시 해결되었다가 다시 반복되었다고 한다. 이때 무슨 이유로 상담에 왔으며 어떤 도움이 되었나?
- 내담자는 무슨 이유로 아버지를 용서할 수 없다고 말하고 있는가?
- 양극성 장애 진단 시기 및 약물복용과 관련해서 확인이 있었는가? 조울의 극단적 무드과정에서 여러 명의 남자를 만나고 돈도 없는데 아파트를 분양받는 등의 충동적 행동이 관계있는지 확인하였는가?

(1) 내담자의 양극성 장애 진단

내담자는 29세부터 지금까지 결혼, 자녀 출산, 양육의 과정에서 뭔가 어긋나고 있는 것 같다. 내담자는 양극성 장애 진단을 받았었다고 하는데, 몹시 우울하다가 어느 날부터 책을 읽고서 감사일기를 막 쓰다가 갑자기 때려치우고 앱을 깔아서 이 남자 저 남자 만나기 시작한다. 그리고 어린이집에 다니는 아이 친구의 집이 좁다는 말을 듣고는 돈도 없는데 남편과 상의도 없이 넓은 집을 분양받아 버린다. 여러 번 이런 일이 있는데 조울과 관련한 것인지 살펴서 논의해야 할 것이다. 그리고 5회기 중 약복용 관련하여 내담자가 언급하고 있지만 8회기까지도 행동화하지 않고 11회기 때는 한의원에 가서 화병 관련 약을 먹게 되었다고 하였다. 그러나 11회기에는 무드장애 관련한 행동들을 보이고 있다. 내담자로부터 병원력 및 정신과적인 진단을 언제 받았는지, 추이가 어떠한지를 확인하는 것이 필요하다.

그러므로 우선 내담자는 자신의 감정과 충동적인 행동들에 관련하여 병식을 가져야 할 것으로 보인다. 필요하면 약물복용 권유와 현실기반한 심리교육을 병행할 수도 있을 것이다. 예를 들면, 내담자가 우울하고 답답하고 불안한 것은 마음의 병이 있어서이다. 이것이 어떤 목적적 의미가 있는 것인지 우리가 상담해 보는 것이라는 식으로 이야

기해 나갈 수 있을 것이다.

한편 이에 대한 개입으로 5회기에 들어간 내면아이 치유 심상작업 등은 좀 더 보류하는 것이 좋을 것 같다. 6회기에서는 죽고 싶다고 하는데 더 좋아진 상태라고 보기 어려울 것이다. 할 수 있으면 어린 시절의 상처로 환원하여 작업하기보다는 지금 여기에서 어디를 향해 나아가려고 하는지를 생각하면 좋을 것 같다.

(2) 내담자의 가정생활: 자녀 양육 문제

그리고 현재 내담자에게는 가정생활이라는 실제적인 스트레스가 있다. 먼저는 아이들 케어가 힘이 든다. 큰아이가 문제가 있는 가운데 남자 문제가 있었고 첫 번째 상담 이후 남자를 끊고 새출발 하고자 둘째를 가진 것으로 이해된다. 이후 큰아이뿐 아니라 둘째 아이도 감당하기 버겁게 느낀다. 12회기 상담에서는 아이가 음식을 '못 삼키는' 섭식장애를 겪고 있다. 이런 과정에서 친정어머니에게 내 아이를 맡길 수도 없다.

그러므로 상담 개입에서는, 계속 호소하고 있는 육아 스트레스에 대한 현실적인 대처전략을 나눌 필요가 있을 것이다.

(3) 내담자의 가정생활: 남편 문제

내담자에 의하면, 무엇에든 스트레스 받고 싫어하지 않고 거칠게 대답해서 상대하기를 회피하고 있는 남편과 교류할 수가 없어서, 자신의 말을 잘 들어주고 밥 먹었냐와 같은 관심의 말들을 듣고 싶어서 다른 남자를 만난다. 그녀는 남자를 생각하고 기다리며 핸드폰을 들고 초조해하며 연락을 기다린다. 이러한 태도는 거의 신경증에 가깝다고 볼 수 있을 것이다. 내담자에게 '밥을 먹었냐, 안 먹었냐?'라고 물어봐 주는 것은 상대와의 연결감, 친밀감과 관련한 것으로 보인다. 사례의 인상 및 행동 특성에서 내담자는 '눈빛의 초점이 흐리고 힘 없는 말투'로 기록되어 있다. 그러나 내담자는 보톡스 등을 맞으며 옷을 사 입고 꾸며서 남자를 만나면 예쁘게 보인다는 말을 듣고 존재감을 느낀다고 한다. 어떻게 보면 이 부분이 내담자가 경험하고 있는 전반적인 우울 상태에서는 활력을 얻는 선기능으로 작용할 수도 있겠다는 것을 감안한다 할지라도, 내담자는 여성으로서 자기의 상(image)이 매우 제한적이며 자기상에 대한 자신감이 부족한 것을 볼 수 있다.

여성으로서의 자기상에 대한 관점이 어릴 적 아버지의 눈길로부터 온다면 내담자는 아버지상이 부재하고 남편상도 부재한 상태인 것 같다. 아버지는 용서할 수 없는 사람이고 남편은 못생기고 남자답지 않고 별 볼 일 없는 사람이라고 말하고 있다. 그렇게 되면 끊임없이 다른 남성상을 찾아 헤매게 될 것이다. 이에 내담자는 상담을 통하여 다른 곳이 아닌 자신의 내면에서 자신에게 맞는 남성상을 찾아내야 한다. 여성에게는 마음 안에 남성상이 있기 때문이다(이부영, 2001). 이것을 이해하지 못하면 늘 바깥에서 이상적인 남자상을 찾고 매달리게 된다. 바깥에 있는 누군가에게 남성상을 투사하여 사랑에 빠지고 존재감을 찾으려 하지만 언제나 공허감으로 끝내게 된다. 그러므로 자신이 존재감을 갖게 하는 남성상이란 과연 무엇을 의미하는 것인지, 그것을 본인이 어떻게 살아내야 하는지 이해해 나가야 할 것이다.

또한 꿈을 꾸고, 끝에는 남편이 자꾸 나온다고 한다. 어떤 방식으로 나타나는지 등을 좀 더 자세히 들어볼 필요가 있겠다. 기혼의 여자에게 남성상은 남편으로 잘 나타난다. 내담자에게 남자 문제는 에로스, 즉 관계성과 관련되어 있다. 바깥에 있는 남자, 그리고 아버지나 남편이 아니라 오히려 자기 안에 있는 나를 한 사람의 딸로, 여인으로 보아주는 대상, 알콩달콩 정서를 나눌 수 있는 대상에 대한 이야기를 하고 있는 것이다. 그녀에게 이런 에로스가 발동할 수 있는 어떤 자극제가 필요하다. 어릴 때는 아버지 혹은 남자 형제가 될 것이다. 그런데 내담자는 딸로 못 컸다. 어머니를 돌봐야 했고 아버지는 용서할 수 없는 대상이 되어 있다. 남자 문제는 자신 안에 있는 남자가 자꾸 들락날락하는 것이다. 그러니까 내담자가 말하는 남성상을 자세히 들어보아야 할 것이다. 내담자는 내가 주인공이 되고 싶다, 나를 좀 봐달라고 말한다. 앱으로 남자를 만나면서 다시 20대가 된 것 같고 설레고 좋단다. 이 자체가 아직도 소녀인 것이다. 그러면서 현실적으로 직면한 것들을 버거워하고 있다. 남편은 이렇게 내가 힘든 걸 모른다고 한다. 상담 과정에서 남편을 개입시킬 수 있다면 좋을 것이라고 생각된다. 남편이 내담자가 받은 진단이나 육아 문제, 돈 문제에 대한 상황을 알고 함께 대처해 나가는 것이 필요할 것이다.

(4) 이 사례에 대한 개입 제안

내담자와는 역동보다는 병식과 함께 현실생활 잘하기, 스트레스에 건강하게 대처하기, 네트워크 잘 만들기가 필요하다고 생각된다. 예를 들면, 아이의 어린이집 엄마들과의 관계도 중요하다. 그리고 남편이 1회기에 묘사된 대로 실제로는 '너무 다정하고 요리도 잘하고 잘 놀아 주는 사람'이기도 하다는 것을 재음미할 필요도 있고, 대화를 시도하여 좋았던 경험을 활용하는 것도 중요하다. 무엇보다도 내담자의 존재감을 세워나가기 위한 전략적 개입이 필요하다. 위니컷이 말하는 미러링(mirroring), 즉 깊은 공감과 울타리 되어 주기(surviving)로 내담자의 반복되는 조울상태를 견디고 붙잡아 주는 것이 중요하다고 생각된다.

연습문제

1. 이 사례에서 남성 속의 여성, 여성 속의 남성으로 보는 아니마, 아니무스 원형이 어떤 방식으로 나타나고 있는지 토의하시오.
2. 내담자의 남성편력을 부모와 연관된 콤플렉스 측면에서 설명하시오.
3. 이 사례의 내담자에게 보다 더 실제적 측면에서 어떤 상담 개입이 필요한지 이야기하시오.

2. 인지적 접근의 사례개념화

결혼 8년 차인 30대 중반의 여성으로, 6세와 4세 된 자녀를 두고 있다. 최근에 어플에서 만난 남자와의 불륜관계를 정리하고 싶은데 두려운 나머지 충동적인 행동을 많이 하고 있다. 특히 남편을 향한 죄책감도 들고 아이 양육에도 집중하지 못하여 고통스럽다고 한다. 남편은 대기업을 다니며 직장에 대한 부담감으로 육아를 핑계로 휴직한 상태이고, 작년에는 갑상선 암 수술을 하였고 스트레스를 받고 싶지 않다는 태도로 내담자에게도 무관심하다. 내담자의 주 호소 문제는 불안, 우울 그리고 남편이 자신의 마음을 알아주지 않아서 외롭다는 것이다. 이 내담자의 문제를 REBT 과정에 따라 정리하면 다음과 같다.

- 정서적 문제
  - 두렵다.
  - 불안하다.
  - 우울하다.
- 행동적 문제
  - 충동적이다.
  - 새로운 남자친구를 찾아 나선다.

이와 같은 정서적, 행동적 문제를 일으키는 비합리적 생각은 다음과 같이 정리할 수 있다.

- 남편은 남자로 느껴지지 않는다. 남자로 느껴지는 남자친구가 있어야만 한다.
- 남자친구가 있으려면 인물이 좋아야만 하고 그렇게 하기 위해 치장해야만 한다.
- 나는 누군가에게 사랑받고 인정받아야만 한다.
- 누군가에게 사랑받고 인정받지 않으면 의미 없는 삶이다.
- 나는 다른 사람에게 의지해야만 하고 의지할 만한 강한 누군가가 있어야만 한다.
- 누군가에게 사랑받고 인정받아야만 하며, 의지할 강한 누군가가 있어야만 가치 있는 삶이다.

내담자는 이와 같은 신념이 내재화되어 남편을 통해 자신의 의존욕구를 충족시키고 싶어하나 내담자의 남편은 내담자가 실제로 의지할 수 있는 대상이 아니다. 남편은 열악한 환경 속에서 성실하게 살아온 사람이지만 아내의 의존욕구를 충족시켜 줄 수 있을 만큼 정서적으로 강건하고 여유 있는 사람이 아니다. 오히려 내담자에 대해서 무관심하며 상대하기 꺼리고 회피하고 있다. 그런 상황에서 마음속의 알 수 없는 허기는 더욱 증폭되고 외간 남자를 찾아 나서서 그와 함께 시간을 보내며 인정욕구와 의존욕구를 충족시키려 하지만 아이들이 두 명이나 있는 유부녀가 지속하기에는 들킬지도 모르고 인생이 파탄날지도 모른다는 불안에 늘 휩싸여 있는 듯하다. 상담자의 지적처럼 내담자는 어린 시절 부모의 잦은 부부 싸움, 남동생에게만 관심이 있었던 어머니, 내담자의 마음속에서 이미 제쳐 버린 아버지에게 깊은 사랑을 못 받았던 것으로 보인다. 어린 시절 부모와의 관계 속에서 형성되었을 불안정 애착은 내담자로 하여금 어떤 어려움이나 난관도 극복할 수 있는 심리적 힘의 근원으로 기능하기 어려워 보인다. 내담자가 지각하는 우리 가족은 '화목하지 않고 늘 불안했다.'고 기술하고 있는데 이는 내담자의 심지가 뿌리 내릴 수 있는 안전한 환경은 못 되었던 것으로 보인다. 인간이면 누구나 가지고 있을 인정과 사랑에 대한 욕구가 원가족 내에서 충족되지 못했고 결혼한 후에 남편에게서 이를 충족시켜 보려 하지만 역시 그것도 가능하지 않은 상황에서 자신만의 방법으로 좌충우돌하고 있는 듯이 보인다. 이상의 내용을 종합해 보면 내담자는 '좋은 인생이 되기 위해서는 의지할 만한 강한 누군가가 있어야 하고 사랑받고 인정받아야만 가치 있는 삶이다.'라는 핵심적 신념을 지니고 있는 듯이 보인다.

1) 상담자가 수립한 상담의 목표와 전략 및 진행 과정

(1) 상담의 목표

- 정서적 측면
  - 두려움에서 벗어나기
  - 불안에서 벗어나기
  - 우울에서 벗어나기
- 행동적 측면
  - 충동적 행동에서 벗어나고 새로운 남자친구를 찾아 나서지 않기
  - 남편과 진실한 부부애를 키워 나가기
  - 아이들을 잘 키우고 정서적으로 안정된 가정을 만들어 나가기

이 사례에서 내담자가 지녀야 할 합리적 생각은 '누군가에게 사랑받고 인정받아야만 가치 있는 삶은 아니다. 좋은 인생이 되기 위해서 의지할 강한 누군가가 있어야만 하는 것은 아니다.'라고 정리할 수 있다.

(2) 상담의 전략

상담의 전략으로 우선 내담자가 다른 사람의 인정을 받으려고 하는 근원적인 이유를 탐색해 본다. 내담자는 어린 시절 부부 싸움이 잦았던 양친 사이에서 해결을 위한 방편으로 그들의 마음에 드는 행동을 하면서 과도한 인정의 욕구와 의존의 욕구가 싹텄을 것이다. 아울러 이런 구조 속에서 어린아이가 겪어내야 했을 외로움과 불안, 때로는 공포에 대해서 지금-여기에로 가져와 논박의 정서적 기법인 심상법 등을 활용할 수 있다. 우선 내담자가 어머니나 아버지에게 맺혀 있는 원한과 억울함에 대해 상담 장면에서 다시 한번 강렬하게 느끼도록 유도한다. 정서의 특징은 이를 회피하지 않고 있는 그대로 강렬하게 느끼면 오히려 강렬한 정서는 사라지고 해소되는 특성을 지니고 있기 때문이다. 구체적인 단계는 다음과 같다.

- 단계 1: 우선 내담자에게 눈을 감고 어린 시절 아빠와의 관계 속에서 가장 불편했던 상황을 현재 시제로 말하게 한다. 이때 가급적 슬로우 비디오를 보듯이 가능한 한 그 장면을 자세하게 설명하게 한다.

- 단계 2: 그다음에는 그 심상 속에서 무슨 일이 일어나고 있는지 가능하면 '아주, 상세하게, 지금' 일어나고 있는 것처럼 묘사할 것을 요구한다(주위에서 어떤 것들이 보이는지, 어떤 냄새가 나는지, 어떤 소리가 들리는지 등에 대해서).
- 단계 3: 그러한 경험 속에 담겨 있는 숨은 의미를 밝혀내도록 한다. 이때 상담자는 그 이미지가 내담자에 대해, 다른 사람에 대해, 이 세상과 미래에 대해 어떤 의미를 가지는지 물어본다.
- 단계 4: 심상에 대해서 내담자의 메타인지, 즉 생각에 대한 생각이 무엇인지 탐색한다. 그런 이미지의 의미는 무엇인지? 그 이미지 다음에 떠오르는 일은 무엇인지 등에 대해서 물어볼 수 있다.
- 단계 5: 마무리 단계로, 내담자가 힘든 감정을 주체하지 못한 채 끝나지 않도록 충분한 시간을 확보해야 한다. 상담자는 이때 중립적이고 지지적인 자세를 취해야 하고 가능한 한 심상의 흐름을 방해하지 않도록 공감하며 지시를 절제하도록 해야 한다.

앞의 작업을 통해서 내담자는 주변사람들의 사랑과 인정에 목말라 하고 있으며 의지할 강한 누군가를 끊임없이 찾아 나선 정황을 파악한 다음에는 이에 대해 인지적 논박을 시도할 수 있다. 어차피 사람은 혼자의 책임하에 혼자서 이 세상을 살아가는 독립적인 존재임을 강조하고, 내담자 스스로도 자신의 힘을 키워 독립성과 자율성을 개발하여 의미 있는 삶을 살아 갈 수 있다는 깨달음을 유도하는 것이 필요할 것이다. 이때 상담자는 내담자가 어떤 말도 할 수 있고, 삶의 과정 속에 일어나 어떤 일도 나눌 수 있는 안전기지로의 역할과 스키마 치료에서 강조하는 제한된 양육(limited reparenting)의 기능을 잘할 수 있도록 해야 할 것이다. 내담자에게 한 번도 부모다운 부모가 없었으며 그들의 섬세한 보호를 받지 못한 점을 감안하면 상담자가 제한된 부모의 역할을 하면서 내담자와 함께 하는 것이 얼마나 중요한지는 아무리 강조해도 지나침이 없을 것이다.

(3) 상담의 진행 과정

1회기 앞서 제시된 축어록 참고

본 회기에서 바로 내담자의 문제, 즉 사랑과 인정에 대한 지나친 욕구 그리고 그와 관련한 비합리적 생각이 드러나고 있으며, 내담자가 감사일기를 쓰는 등 자신만의 문제를 해결해 왔던 점에 착안하여 내담자가 그간 얼마나 힘들었을지에 대해 공감해 주고 해결

하려는 의지에 대해서 격려해 준다. 내담자가 스스로 문제를 해결할 동기나 의도가 있을 때 성공의 확률은 더욱 높아진다는 점을 내담자와 나누었어도 좋았을 것이다.

2~3회기

아이가 스스로 우유를 먹겠다고 고집하는 것을 엄마인 자신을 무시하는 것으로 오해하는 내담자의 지각의 오류가 보이는데 생활이 불안하여 나타난 현상으로 보인다. 남자친구를 만날 때 마다 남편에 대한 죄책감과 한편으로는 남자친구가 헤어지자고 할까 봐 두려워서 더욱 예쁘게 꾸민다. 이때 나타나는 비합리적 생각은 '남자친구가 헤어지자고 하면 나는 참을 수 없고 그것은 내가 한심하다는 의미이다.' '남자친구에게 더욱 예쁘게 보여야만 그와의 관계를 유지할 수 있다.' '나는 항상 위로받을 대상이 있어야만 한다.' '다른 남자를 만나고 있지만 남편이 없으면 나는 큰일이다.'라고 보인다. 상담을 끌어갈 때 이렇게 회기마다 보이는 비합리적 생각에 대한 논박을 해 나가다 보면 그 속에 있는 스키마와 그것의 형성과정에 대해서 파악할 수 있다.

4회기

본 회기에서 내담자는 양극성 장애로 약을 복용하고 있다고 했다. 상담자는 양극성 장애에 대한 기본적인 이해가 있어야 한다. 자신이 양극성 장애를 앓았던 미국의 존스 홉킨스 대학의 정신과 교수인 제이미슨(Kay Redfield Jamison)은 그녀의 저서 『조용하지 않은 마음(An Unquiet Mind)』을 참고해도 좋을 것이다. 그녀는 20대 초반부터 양극성 장애를 앓았고 약물치료 없이 10년간 노력해 보았으나 결국 약물치료가 필요함을 절실히 깨달았다고 한다. 이 장애는 특히 자신에 대해 스스로가 '미쳤나'라는 생각이 들 정도로 자신이 대한 혼란이 많다. 통계에 따르면 조울증은 한 번 재발할 때마다 뇌의 기능이 5% 정도 떨어지는데 5번 재발하면 25%의 기능이 떨어져서 시간이 지날수록 증상이 심해진다고 한다. 제1형 양극성 장애인 경우에 10년 중 우울 상태 32%, 조증 상태 9%, 정상 상태가 53%로 나타나며, 제2형인 경우 우울 상태 50%, 조증 상태 1%, 정상 상태 46%로 나타난다(김원, 2019). 상담치료는 정상 상태일 때 개입하는 것이 좋다.

내담자가 이렇게 자신의 문제를 이해하고 해결하기 위해 약을 먹고 상담 장면에 노출되는 것에 대해서 충분한 격려가 필요하다.

5~8회기

어린 시절 잦은 전학과 부모의 무관심, 따돌림으로 힘들어하며, 누군가 이사를 가는 것도 자신을 떠나는 것이라고 오해하며 힘들어 한다. 지금까지도 어린이집 학부모들에게 따돌림당한다고 스스로 느끼면서 고통스러워한다. 이 부분에 대해서 구체적으로 어떤 상황에서 학부모들이 어떻게 행동을 하였길래 따돌림이라고 생각하는지 확인해 볼 필요가 있다. 이 내담자는 사소한 단서를 침소봉대하여 해석하며 자신을 비하하는 특성이 있기 때문이다. 양극성 장애의 특성대로 마음속에서 심한 소용돌이가 친다고 호소한다. 이것도 장애의 특성임을 이해시키면서 그때마다 내담자의 마음속에 이는 생각이 무엇인지 찾고 이를 대치할 수 있는 합리적 자기 말을 마음속으로 조용히 해 보게 하였으면 좋았겠다.

9~12회기

내담자의 마음속 소용돌이가 계속해서 드러나고 있다. 남에게 신경을 많이 쓰며 타인의 평가에 민감한 내담자. 다른 사람에게 반드시 인정받아야만 한다는 그녀의 신념이 유도한 행동양식이다. 그리고 이 내담자의 마음속 깊은 곳에는 진정으로 남에게 인정받기 위해 어머니 역할도 잘해야만 하고 아내의 역할도 잘해야만 한다는 것을 알고 있다. 그럼에도 자신의 행동을 스스로 조절하지 못하고 상담자가 남자친구를 그만 만나라고 이야기해 주니까 마침 누군가가 그런 말을 해 주기를 바랐다고 하는 점 역시 의존성의 한 단면으로 보인다.

2) 상담의 방향에 대한 제언

이 사례는 앞서 지적한 바와 같이 한 그루의 묘목이 무성한 나무로 성장하기 위해 필요한 신체적 · 심리적 영양의 공급이 결여된 내담자이다. 하여 상담자는 지금이라도 필요한 영양분, 즉 진심어린 공감과 격려, 그리고 안전기지로서 기능하며 제한된 양육을 하는 부모역할과 더불어 REBT 상담 과정에서 요구하듯이 때로는 교사의 역할도 하며 가르치는 것이 필요하다. 특히 내담자에게 REBT의 중요한 개념 중의 하나인 '단기적 기쁨(short term hedonism)'과 '장기적 기쁨(long term hedonism)'에 대해서 알려줄 필요가 있다. 단기적 기쁨은 마약과 술처럼 단기적으로는 인간에게 향략을 제공하지만 결국 장기적으로는 인간을 파괴한다는 것을 분명히 볼 수 있도록 해야 한다. 내담자의 경우에도 지금 당장은 남자친구를 사귀는 것이 내담자의 친밀감에 대한 욕구는 만족시켜 줄 수 있지만 이미 내담자의 아이들이 정상적인 발달에 어려움을 겪고 있고 남편도 힘들어하고 있다. 이러한 증상들은 인간은 동물이기 때문에 아이들도 남편도 그 동물적

감각으로 엄마와 아내가 지금 정상에서 벗어나고 있다는 것을 알아차리고 있다는 방증이다. 궁극적으로 내담자가 행복하기 위해서는 단기적 향락은 버려야 할 카드라는 것을 분명히 알게 해야 할 것이다. REBT를 활용하여 상담을 한다면 이러한 상황을 염두

표 12-1 핵심 비합리적 신념과 파생된 비합리적 생각

1회기에 나타난 비합리적 생각 (**평가적 인지**)

얼굴에 보톡스 맞고 화장을 예쁘게 해서라도 남자친구에게 인정받고 사랑받아야만 한다.
남자친구가 없으면 살아갈 수 없다. 누군가 의지할 만한 강한 사람이 있어야만 한다.

2~3회기에 나타난 비합리적 신념 (**추론과 당위적 평가적 신념의 혼재**)

아이가 스스로 우유를 먹겠다고 고집부리다가 흘리고 먹으면 나를 무시하는 것이다.
나는 따뜻한 누군가에게 항상 인정받고 이해받고 사랑받아야만 한다.

4회기에 나타난 비합리적 신념 (**평가적 인지**)

충동구매만 일삼는 나는 무기력하고 한심하다.
내가 불쌍하고 비참하다.

5~8회기에 나타난 비합리적 신념 (**추론**)

어린이집 학부모가 이사를 가는 것은 나를 떠나는 것이다.
어렸을 때 친구들에게 따돌림 받았던 것처럼 지금도 어린이집 학부모들에게 따돌림을 당하고 있다.

9~12회기에 나타난 비합리적 신념 (**평가적 인지**)

남편은 나의 힘듦을 알아주고 특별히 대해 주어야만 한다.
그렇지 못한 남편을 둔 나는 한심하고 불행하다.
나는 다른 사람에게 항상 좋은 평가를 받아야만 하고 인정을 받아야만 한다.
이러면 안 되는 줄 알면서도 남자친구는 나와 교류가 잘되어 만나고 있다.
나는 언제라도 인정받고 사랑받아야만 하기 때문에.

내담자의 내재된 신념구조 (**스키마**)

나는 항상 인정받고 이해받고 사랑받아야만 한다.
나는 의지할 강한 누군가가 있어야만 한다.

에 두고 내담자에게 보이는 비합리적 신념을 논박하면서 상담을 수행해 나갈 수 있다. 내담자가 지니고 있는 회기별 비합리적 생각은 〈표 12-1〉에 제시된 바와 같다.

상담자는 앞에서 회기별로 나타난 비합리적 생각이 내담자를 얼마나 해서는 안 되는 행동을 하도록 몰고 가는지를 보게 한다. 내담자는 자신이 남자친구를 만나는 행동이 자신을 단기적으로는 행복하게 해 주지만 그리고 인정과 사랑과 의존의 욕구는 충족시켜 주지만, 장기적으로는 내담자의 삶을 파괴하고 있고 지금도 내담자의 삶, 즉 아이들과 남편에게 악영향을 끼치고 있다는 것을 알게 해 주어야 한다. 내담자의 아이들은 2명 다 온전하게 성장하고 있지 못하며 남편도 자기의 능력보다 더 많은 역량을 요구하는 곳에서 허덕이고 있다. 이때 내담자가 한눈팔지 않고 가족을 돌보는 데 몰입한다면 상황은 지금과 달라질 수 있다는 것을 분명히 하면 좋을 듯하다. 내담자로 하여금 '나는 인정받고, 이해받고 사랑받아야만 하고, 누군가에게 의존해야만 한다.'는 생각에서 벗어나면 내담자는 자녀의 양육에 몰입할 수 있으며 남편에게도 훨씬 더 다정하고 좋은 아내가 될 수 있다는 점을 깨닫도록 이끌어 가야 한다. 상담 과정 중에 나타난 내담자의 반응을 보면 그렇게 할 수 있는, 즉 통찰과 성찰이 일어날 수 있는 저력이 있는 내담자로 보인다. 내담자가 남편을 있는 그대로, 존재 자체로 수용하면서 자신이 아내 역할에 몰입한다면 남편도 아내에 대해 방어하지 않고, 편하게 받아들이면서 진정한 교류를 할 수 있는 경험이 쌓이게 될 것이다. 남편도 아내에게 결혼기념일에 아무것도 못 주어 미안하다는 말도 하고 회사 내에서 힘들었던 이야기를 2시간 동안이나 하였다. 내담자도 이를 듣고 나니 남편을 이해하는 마음이 생기고 남편도 고마워했다는 내용이 7회기에 나온다. 이 장면을 부부관계를 회복할 수 있는 단초로 활용할 수 있다. 인간에 대한 무조건적 수용(unconditional acceptance)은 REBT 상담의 기초가 되는 개념임을 다시 한번 강조하고 싶다.

3) 상담자에 대한 슈퍼비전

〈279쪽 '슈퍼비전을 받고 싶은 내용' 참고〉

[다시 상담을 시작했을 때 남친과 성관계로 발전했고 혼란스러워하는 내담자를 돕는 길은?]

내담자의 혼란을 해결하는 가장 쉬운 방법은 내담자가 남편과 남자친구 사이에서 양다리를 걸치고 있기 때문에 나타나는 현상이므로 내담자의 남자친구에게 걸쳐 있는 한 다리를 내려놓도록 하면 될 것이다. 이는 앞에서 이미 지적하였지만 동어반복을 하자면 내담자의 신념체제를 바꾸어 줌으로써 '내가 누구에게 인정받고 사랑받아야 하는

것이 아니고 나의 자율성을 가지고 나에게 주어진 길을 나 스스로 걸어갈 때 나의 삶은 빛나는 것이다.'라는 소신을 분명히 지니게 하고 자기에게 주어진 일, 여기서는 자녀양육과 남편과 좋은 관계를 맺는 것을 하면 불안은 자연히 해소될 것이다.

연습문제

1. 이 사례에서 내담자가 보이는 양극성 장애의 특성에 대해서 설명하시오.
2. 이 사례의 내담자에게 필요한 제한된 양육(limited reparenting)이 무엇인지 설명하고 필요한 이유에 대해서 기술하시오.
3. 이 사례에서 보이는 내담자의 강점과 자원을 상담 장면에서 어떻게 활용할 수 있을지 기술하시오.

3. 통합적 접근의 사례개념화

내담자('버들 씨'라고 하자)는 불안, 초조, 우울, 충동구매와 외도 관계에서 오는 죄의식 때문에 상담을 받으러 왔다. 그녀는 수년 전에 신경정신과에서 양극성 장애(조울증)라는 진단을 받았다.

그녀가 경제 사정은 고려하지 않고 덜커덕 큰 집을 사서 이사 간 다음에 후회한다든지, 가슴 울렁증이 일어나면 외간 남자를 만나 외도를 하지만 죄의식으로 괴로워하는 현상은, 그녀가 조증 상태와 우울 상태에서 보이는 삽화라고 볼 수 있다.

양극성 장애는 유전적인 소인이 많다. 그리고 양극성 장애 환자의 81%가 아동기에 심각한 방치나 학대를 경험한 사람인 것으로 나타나 있다(제호영 역, 2016, p. 229).

조증 상태가 되면 안절부절못한 마음에서 무슨 일을 저지른다. 그것이 충동구매와 외도이다. 그리고 조증 상태가 지나가면 우울 상태로 접어들고, 이때 죄책감, 자존감의 상실과 자살 욕구가 나타난다. 이런 현상은 특히 월경주기, 임신, 출산 후와 갱년기에 악화되는 것으로 나타나 있다. 그녀의 양극성 장애가 혹시 두 번째 아이의 임신과 출산 시기(4년 전에)에 발발했는지도 모르겠다. 그녀는 조증 상태에서 몹시 흥분하고 잠도 2~3시간 자고 에너지가 넘치면 그칠 줄 모르는 성적 욕구를 보이면서 남편에게 성관계를 강요했을 것 같다. 한편 양극성 장애에 대한 이해가 부족한 남편은 에너지 넘쳐나는 아내가 그렇게 보채고 요구할 때 몹시 당황하고 압도된 나머지, 아내를 회피하게 되고, 끝내는 자신의 성적 욕구를 혼자서 포르노를 보면서 자위행위로써 간단히 해결하는 방식으로 굳어진 것 같다. 이들 부부는 양극성 장애에 대하여 확실하게 인지하고 생활해야 하겠다.

그녀는 좋은 엄마가 되고 싶고 남편과 오순도순 가정생활을 꾸리고 싶은데, 그것이 잘 되지 않고 마음이 허전하다. 그래서 외도와 충동구매를 한다. 그 뒤에 느끼는 심한 죄책감이 괴로워 상담을 받으러 왔다. 이것은 그녀의 무의식이 무언가 그녀에게 외치는 소리에 부응한 것으로서 참 잘한 일이다. 다시 말해서, '너는 부모대에서 연유된 조울증을 인지하고, 거기에서 빠져 나오는 길을 찾아라. 그것이 너의 가정과 너를 살리는 길이다. 그것이 너를 안정시킬 것이다.'라고 소리 없는 소리로써 들려주고 있다고 본다. 무의식 안에 들어 있는 지혜의 목소리를 따를 때 그녀는 참된 자기실현의 길로 돌아설 수 있다.

다행히 '기분 장애'라고도 하는 양극성 장애는 정신병 중에 치료율이 높은 것으로 나타나 있다. 신경정신과에서 처방되는 약(리티움)을 복용했을 때, 약 70%가 호전되고, 20%는 완치되는 것으로 알려져 있다. 그러므로 그녀는 신경정신과의 약을 복용하면서, 꾸준히 상담을 병행하면 상당히 호전될 수 있다고 본다.

1) 상담자가 수립한 상담의 목표와 전략 및 진행 과정

상담자는 그녀가 부정적 감정을 떨치고 좋은 엄마와 아내로서 잘 살 수 있는 길을 찾는 것을 상담 목표로 삼았다. 그것은 타당하다. 그러나 상담을 받는 동안에는 외간 남자와 외도하지 않겠다는 약속을 하게 하는 것이 요구된다.

상담의 진행 과정을 살펴보면 1회기 상담시간부터 상담자는 내담자의 마음을 따뜻하게 잘 공감해 주고 있다. 다시 말해서 그녀는 대상관계에서 충족되지 못했던 보호와 안전감을 상담자로부터 충족받고 있는 것으로 보인다. 그래서 그녀는 상담에 열심히 참여하고 있다. 또 상담자는 부드럽게 직면화의 질문을 하여 그녀의 자각(알아차림)을 촉구하고 있다(4회기, 6회기). 그것도 잘한 일이다.

버들 씨의 현재 증상이 어린 시절의 트라우마 때문에 형성되었다는 것을 내담자가 깨닫도록 인도하기 위하여, 상담자는 6회기와 8회기에 내면아이 치유 심상작업을 시도했다. 그것은 잘한 일이다. 그리고 6회기와 9회기에 '자신에게 편지 쓰고 감정 읽어주기'의

과제를 내주었다. 또 상담자는 AP(적극적인 부모역할) 부모코칭 지도자이기 때문에 내담자가 경험하는 자녀 양육의 애로점에 대하여 효과적인 지도 방법을 코칭해 주었다.

그 결과 상담의 효과가 나타나서 7회기에는 그녀가 남편과 두 시간이나 대화하고 남편의 고민을 이해하게 되었다. 또 음성 틱과 함묵증을 보이는 아들에게 사회성을 길러 주기 위하여 아들의 친구들을 집에 초대하였다(11회기). 그러다가 가슴 울렁증이 다시 일어나자 앱을 통해 남자를 사귀게 되었다. 상담자의 개인사정과 내담자의 사정상 7개월간 상담이 중단되었고, 그 뒤에 상담을 재개했을 때, 그녀는 새로운 남친과 성관계로 발전한 상태였다. 버들 씨는 여전히 안절부절못한 상태이다. 남친과 만나면서 외로움은 잠시 치유된 듯하지만, 마음이 더 불안하다고 하였다.

그러니까 그녀의 심리상태는 상담 시초 때와 비슷하거나 악화되어 있다. 물론 얼마간의 공백 기간에 조증삽화가 나타났을 가능성이 있기 때문에, 그것이 그간 이룩한 상담의 효과에 악영향을 끼친 소지가 없지 않다. 그러나 이 문제는 다른 각도에서 조명해 볼 필요가 있다.

2) 상담의 방향에 대한 제언

버들 씨의 양극성 장애를 치유하기 위한 상담과 심리치료는 크게 다음의 네 가지 차원을 고려할 필요가 있다고 본다.

- 생리적인 측면에서 조증 상태의 에너지 항진과 울증 상태의 에너지 저하를 잘 조절하고 관리해야 한다. 그러므로 병원의 치료를 받고 약을 복용하는 일을 게을리 하지 않도록 점검할 필요가 있다.
- 장기간에 걸쳐 꾸준히 상담을 받도록 해야 한다. 그녀를 상담할 때 따뜻한 어머니처럼 수용해 주는 마음과 더불어 일상생활의 요령을 쉽게 가르쳐 주고 지도하는 코칭이 필요하다. 그리고 상담에 적용되는 이론을 이해하기 쉽게 설명해 주고, 노트에 적어주며, 일지를 기록하도록 안내할 필요가 있다.
- 취약한 성격의 그녀가 일상생활상의 도움을 받을 수 있는 사회적 지지망을 개발하도록 연구해 보는 것이 바람직하다.
- 종교적인 관심을 촉구할 필요가 있다. 마음이 여리고 허전한 그녀가 영적으로 의지할 수 있는 절대자(신)를 발견할 수 있고 종교단체의 사람들과 사귀게 되면 안전감과 위안을 느끼게 될 것이다.

이 사례에서 상담 목표와 전략은 다음과 같이 점진적으로 진행하는 것이 현명하다고 사료된다.

- 자기의 부적응과 심리적 고민의 원인이 어린 시절의 트라우마에서 시작되었다는 것과 그것이 자신의 성격 형성에 미친 영향을 확실하게 깨닫게 한다.
- 그녀의 외도의 충동성이 3~4대에 걸쳐 전승되었다는 것을 가계도 분석을 통하여 이해하게 한다.
- 남편의 성적인 무능을 ① 선천적(생리적) 요인, ② 결혼 전부터의 성적 습관, ③ 버들 씨와의 상호작용에서 비롯된 심리적 요인의 관점에서 조명하도록 한다.
- 그녀는 친하게 지냈던 학부모들이 이사 갈 때도 상처를 받는데, 이것은 어린 시절의 잦은 전학과 유기불안에 그 뿌리가 있음을 깨닫도록 하고 인지이론으로써 다룬다.
- 오순도순한 가정을 꾸리고 지키는 것을 최우선의 삶의 목표로 선택할 마음가짐과 용기가 있는지 확실하게 알아보고 나서 집중적인 부부상담과 개인상담을 병행하도록 한다. 심리적으로 취약한 그녀에게는 장기간의 상담과 외부적인 지지집단의 도움이 필요하다. 상담에서 다룰 내용은 다음과 같다.

(1) 발달적 트라우마와 가계도 분석

상담자는 버들 씨에게 어린 시절에 경험한 어머니의 부재(不在)와 부모의 불화로 인하여 불안정 애착 상태로 지냈고, 그러한 심리적인 상처가 머릿속에 각인되었다는 것을 설명해 주도록 한다.

이 시점에서 버들 씨와 함께 그녀의 가계도를 분석하는 것이 요구된다. 어쩌면 그녀의 할아버지와 아버지에게도 양극성 장애가 있었을 것 같다. 그녀의 친정어머니 역시 외조부모로부터 양육 태만, 학대, 불안정 애착 등을 경험하고 성장했는지도 모른다. 이런 이해와 더불어 그녀 쪽에서 조상으로부터 대물림된 만성적이고 기질적인 장애, 곧 극단적이고 변덕스러운 기분장애를 단호하게 끊기로 결단하고 노력하는 것의 중요성이 강조될 필요가 있다.

자신이 결단하고 삶의 방향을 바꾸면, 두뇌에 있던 기존의 신경회로는 약화된다. 그리고 새로운 생각-감정-행동을 집요하게 반복하면, 새로운 회로가 강화된다. 그리하여 세대 간에 대물림된 양극성 장애와 불안증은 점차로 약화될 수 있다.

(2) 남편의 성적인 문제

상담이 이상적으로 진행된다면, 남편과 개별상담의 시간을 먼저 갖도록 하라. 상담자는 남편과 치료적 동맹을 맺고 남편을 충분히 지지해 준 다음에, 부부간의 애정문제를 다루도록 한다. 그러고 나서 부부상담을 하는 것이다.

① 상담자는 성치료자적 입장에서 도와주도록 하라

원래 그는 성욕이 적은 사람인가?(성욕저하증 여부) 발기불능이나 조기사정의 증상이 있었는가? 자위행위는 총각 시절부터 습관화된 것인가? 신혼 시절과 첫 아이 출산 전후의 성생활은 어땠는가? 아내와의 성관계 횟수가 감소하기 시작한 시점에 무슨 일이 있었는가? 아내의 조울증이 언제 시작되었는가? 그것이 부부의 성생활에 미친 영향을 서로 알고 있었는가?

항암치료를 받게 되면 성욕 감퇴와 성 기능 저하 현상이 일어나며, 그것을 회복하는 데에 상당한 시간이 걸린다. 그런 사실을 부부는 잘 알고 있는가? 배우자는 이런 점을 이해하고 기다려 주어야 한다. 그리고 이 시기에는 성행위 대신에 신체적인 어루만짐으로써 배우자를 토닥여 주는 것이 필요하다. 또한 남편은 아내를 다루는 기술을 배울 필요가 있다. 아내와 신체적인 토닥거림과 부드러운 대화를 시도하여 연결감을 느끼게 하라. 조기사정(조루)의 경향이 있고 성적으로 취약한 남성이 배우자를 어루만져 미리 흥분시켜 줌으로써 배우자가 먼저 오르가슴에 이르도록 하는 방법을 이안 커너(Ian Kerner)가 소개하고 있다. 『그 남자의 섹스』(전광철 역, 2014)를 참고하기 바란다.

남편은 아이들을 보살피고 집안일을 도와주는 식으로 사랑을 표현하고 있는데, 버들씨는 부드러운 말과 따뜻한 신체 접촉을 통하여 사랑을 확인받고 싶어 한다. 이렇게 부부간에 서로 다른 사랑의 언어를 사용하고 있음을 상담자가 알려주는 것이 좋다. 그리고 상담자가 감정단어를 종이에 적어 주고 연습시키는 것도 좋다.

여자는 청각에 예민하다. 그러므로 아내는 그녀가 좋아하는 시집을 (남편의 수준에 맞는 것으로) 사오도록 하고, 상담 시간에 남편이 상담자와 함께 읽는 연습을 시키고, 그 시 속에 나오는 간단한 문구를 적어서 아내의 귀에 들려주라고 과제를 주는 것도 도움이 된다. 그런 다음에 점진적으로 성적인 관계로 발전하는 것을 상담자는 코치해 줄 필요가 있다. 부부 중 어느 한쪽이 성 기능이 약하거나 성욕저하증이 있더라도 서로 간에 잘 조절해 가면서 그런대로 무난하게 지낼 수 있도록 상담자는 감각 집중법(sensate focus)을 가르쳐 주도록 하라(그 내용은 5장을 참고하기 바란다). 기타 성적인 기술(예: stop and start)에 대한 정보를 제공하라. 그리고 정서적인 친밀감과 연결감을 개발시키기 위하여 부부간에 감사대화를 하는 이마고 대화 기술을 상담실에서 매번 연습시키면 크게 유익할 것이다.

② 아내와의 관계에 대한 남편의 마음을 탐색할 필요가 있다

아내는 그에게 어떻게 비치는가? 성장 배경상 아내는 매달리는(추격자) 유형이고, 남편은 회피하는(도망자) 유형으로 보인다. 조용한 성품의 남편에게, 버들 씨는 자꾸 사랑을 요구하고 섹스에 집착하니까, 그는 심리적으로 부담감을 느끼지 않았을까? 상담자는 아내가 양극성 장애 때문에 갑자기 들뜨고 성욕이 증가하고 일을 벌이고 또 갑작스럽게 우울해지는 것이 반복된다는 것을 그에게 설명해 주어야 한다.

③ 남편은 아내를 대할 때나 직장생활에서 의사 표현을 잘하고 있는가

남편은 전문대학 출신으로 대기업에 입사하였기에, 기능계통에서 이미 실력을 인정받았다고 본다. 그러므로 너끈히 자존감이 높아야 할 소지가 많다. 그런데 엉뚱하게 4년제 대학과 대학원 출신의 직원들과 자신을 비교하고 열등감을 느끼고 있다. 그리고 이직하려고 한다. 그가 느끼는 열등감은 다른 직장에 갈 때도 따라다니기 마련이다. 그리고 강요하는 성향의 아내에게도 똑같이 열등감을 느낄 소지가 많다. 그러므로 상담자는 남편의 왜곡된 사고, 즉 비교 대상의 비합리성을 지적해 주며, REBT와 같은 인지이론으로 그의 생각을 바꾸어 그가 자존감을 찾도록 도와주는 것이 필요하다. 그가 자신감과 자존감을 획득하면, 아내와의 애정 관계도 호전될 수 있다.

(3) 학부모와의 이별에 따른 심리적 상처

버들 씨는 아들의 어린이집에서 친하게 사귄 학부모들이 이사를 갈 때마저 상처받고 가슴이 저려온다. 이 문제를 다룰 때 상담자는 다시 한번 어린 시절의 유기불안과 연관하여 이해시키고 나서 인지이론을 적용하여 비합리적 신념을 바꾸도록 해야 한다. 즉, 학부모들이 이사를 가는 것이 곧 그녀를 버리는 행동인가? 그녀가 옛날에 이사를 갔을 때는 그녀는 친한 친구를 마음속으로 곧바로 버리고 배척했던가? 그 뒤에도 연락하고 지냈던 사람은 한 명도 없는가? 그녀는 몸이 멀어지면(지리적으로) 마음도 매정하게 닫아 버리는가? 그렇다면 누가 누구를 배척하고 있는가?

그녀의 비합리적인 자동적 사고를 수정하기 위해서 REBT와 벡(Beck)의 인지이론을 쉽게 설명해 주고 노트에 적어주도록 하라. 그리고 선천적으로 두뇌에 각인된 '나=외로운 사람'이라는 융합된 사고에서 벗어나도록 수용전념치료(ACT)를 적용하도록 한다.

'초연하게 거리두기'와 '관찰하는 자기' 되기 및 마음챙김과 호흡명상을 실천하도록 훈련시킬 필요가 있다. 특히 마음챙김 호흡명상은 상담 회기마다 반복해서 가르쳐야 한다.

버들 씨는 자존감이 낮다고 말한다. 그러므로 상담자는 자존감에 대해 설명해 주고, 자기를 있는 그대로 수용하고 비판하지 않는 기술을 연습시켜야 한다. 그리고 자기의 장점을 찾아내서 일지에 적어오는 과제물을 매주 부과하는 것이 좋다(홍경자, 정욱호, 최태산, 권선이, 2017).

(4) 외도와 관련된 심리적 갈등은 유추하기와 변증법적 태도로 풀어나가게 한다

그녀는 외도의 충동을 억압하지도 않으며 자기질책하지도 않으면서, 그 행동(외도)의 장점과 단점에 대하여 객관적인 평가를 하고, 그것을 똑똑하게 인지하도록 하는 것이 바람직하다. 그런 대차대조표적인 방법이 곧 유추하기(referenting) 기법이다. 그녀가 몰래 외도할 때의 장점과 단점에 대하여 자세하게 적은 내용을 소리 내어 읽고 똑똑하게 외우면서 남친을 만나게 되면, 역기능적인 행동(외도)이 서서히 줄어들게 된다.

이제부터는 다른 방식으로 사고하고 느끼고 행동하기 위해서 변증법적으로 임하는 길이 있다. 그것은 정(正)도 아니고 반(反)도 아닌 합(合)의 입장을 선택하는 것이다(9장을 참고하라).

그녀는 혼신의 힘을 다하여 가정을 지키려고 노력한다. 그것이 정(正)의 입장이다. 그러다가 가슴에 울렁증이 올라오면 모든 것을 놓아버리고 충동적으로 외간 남자의 품에 안겨 짜릿한 사랑을 구한다. 그것이 반(反)의 입장이다. 그러다가 불안하여 허겁지겁 집으로 돌아오고, 또 가슴 울렁증이 일어나면 다시 애인의 품으로 가기를 반복하여 조울증의 악순환이 계속된다.

이제부터 그녀는 정도 아니고, 반도 아닌, 합의 길을 찾아야 한다. 여기서 합(合)이란 그녀의 에너지를 보다 차원 높은 수준에서 한데 모아 아름답게 승화시키는 것을 의미한다. 즉, 가정을 지키되, 사랑을 주고받고 싶은 정열을 사회적으로 용납되는 방향으로 발산하는 것이다. 외도란 낭만적인 정열의 에너지가 분출되는 하나의 돌파구라고 보아야 할 것이다. 합의 길은 다음과 같이 모색할 수 있을 것이다.

① 그녀의 취미와 적성에 맞는 여가 생활을 찾아야 한다

그녀에게는 음악에 맞춰 땀을 흘리면서 낭만의 기를 마음껏 발산하는 포크댄스나 스포츠댄스가 매우 적합하다고 본다. 그리고 팝송이나 클래식 노래반에 등록하여 멋진 노래로써 정열을 쏟아내는 것도 좋다. 이런 예술적 취미 활동은 풍부한 감정을 사람들과 함께 나누는 것이므로, 고독감을 해소하고 두뇌의 기쁨 센터를 열어준다. 그녀는 직장 일을 하고 싶어 하는데, 정신적 장애가 있는 데다가, 두 아이를 기르면서 직장에 나가는 생활을 한다는 것은 무리가 있다고 하겠다. 그러므로 약간 파트타임으로 일하면서, 자기 계발을 위한 취미 활동의 시간을 갖는 것이 현명할 것이다. 그리고 자녀 양육으로 소진된 에너지를 재충전할 수 있는 휴식과 여가의 시간을 반드시 갖도록 한다. 이것이 AP(적극적인 부모역할)에서 강조하는 부모의 '자기 보살핌'이다.

그녀는 친정 부모와 화해하고 사이가 좋아졌다고 한다(8회기). 그러므로 친정 부모에게서 1주에 1일 정도 자녀 양육과 관련된 도움을 받을 수 있는지 알아보면 좋을 것 같다. 그리하여 어머니로부터 보호와 사랑을 받게 되는 보상적 경험을 하게 하라.

② 사람들과 만날 수 있는 기회와 신(하나님)을 찾고 자존감을 회복하도록 돕는다

버들 씨는 상담 시간에 빠지지 않고 열심히 참석하고 두 시간 동안 남편의 고민 이야기를 듣고 나서 마음이 편안해졌다고 하였다. 그러니까 외로움을 안고 사는 그녀가 사람들과 질적인 대화를 나누고 서로 격려받는 기회를 찾아보도록 연구할 필요가 있다. 그리고 상담자가 기독교 신자라면, 하나님과 예수님에 대하여 소개해 주는 것이 매우 유익할 것이다.

우리가 엄마 배 속에 수정란으로 잉태되는 순간부터 이 세상에서 숨을 거둘 때까지 자나 깨나 따스한 에너지로 우리를 길러내고 감싸주고 있는 생명력, 그 생명력의 근원인 신(하나님)이 우리 곁에 있다는 사실을 설명해 주는 것이다. 친구나, 남편이나, 부모나, 남친은 그녀에게 조건부적이고 불완전한 사랑을 주기 때문에, 그녀에게는 항상 채워지지 않는 허전함이 있다. 그러나 그녀의 눈에 보이지는 않지만, 분명히 그녀를 지켜보고 그녀를 떠난 적이 없는, 따스한 에너지의 근원인 하나님의 존재를 느껴보아라. 그 하나님에게 자신이 너무도 고독하다는 것을 말씀드린다면, 사랑과 자비와 용서의 하나님은 여러 가지 방법으로 변함없고 완전한 사랑을 공급해 주신다. 그것이 하늘나라에서 부어주는 영원한 생명수이고, 안정감과 기쁨의 근원이라는 것을 말해 주는 것이다. 그러고 나서 성경공부를 하거나 종교 활동에 합류하는 길도 찾아보면 좋다. 사랑의 허기를 외부로부터 채우려 하기보다는, 내 쪽에서 사랑과 관심을 주는 역할을 할 때 역설적으로 뻥 뚫린 가슴과 허기는 채워진다. 말하자면 결핍욕구를 버리고, 성장욕구로써 주도적으로 자기 성장을 기하는 것이다. 이런 제안에 그녀가 동의한다면, 상담자는 상담 시간에 성령님의 도움을 구하면서 그녀를 위한 기도를 해 주는 것이 좋다.

그녀는 자기가 조울증이 있고 또 어떤 면에서 뛰어난 능력이 있는 것도 아니고 외도까지 하기 때문에 형편없는 존재라는 생각이 강해서 자존감이 낮은 것으로 보인다. 자신은 '나쁜 사람'이라고 자기개념화하니까 죄의식이 생기는 것이다. 죄의식은 자신이 수립한 허구적 자아상에서 비롯되므로 오류가 많다. '모든 사람과 마찬가지로 나는 실수하고 부족하다. 그러나 나는 착하게 살려고 노력하며, 나는 존귀한 존재이다.'라는 인식으로 자기를 사랑하기로 결단하고 포용적 입장을 취하도록 상담자가 도와주어라. 그렇게 되면 죄의식에서 자유로워질 뿐만 아니라 자존감을 회복할 수 있다(16장을 참고하라).

(5) 남편과의 관계를 집중적으로 다루어 나가도록 한다

버들 씨의 남편에 대한 허전한 마음을 다음과 같이 다루어 보도록 한다.

① 결혼 7~8년 차인 배우자에게서 짜릿한 감정을 기대하는 것은 비현실적이다

오래도록 부부가 같이 산다는 것은 은은한 사랑을 키워가는 것이다. 만약에 그녀가 가슴 설레고 싶다는 욕구에 집착한다면, 1~2년마다 새로운 남자로 바꿔치기해야 한다는 의미가 된다. 사실상 그녀가 남편에게 기대하는 것은 이상적인 아버지상 내지는 부성 원형인데, 누구에게나 그런 부성 원형은 현실 속에서 발견하기가 어렵다. 그러니까 그녀가 너무 이상적인 것을 추구한다는 점을 깨닫도록 인도할 필요가 있다.

② 버들 씨가 남편을 보는 눈은 무의식적으로 자기 아버지를 보는 눈과 동일하다

그녀는 마음속으로 아버지를 멸시하고 아예 제쳐 두었다고 했다. 그러니까 그녀의 두뇌 속 거울신경에 남성상으로 남아 있는 이미지는 보잘것없고 무시해도 되는 남자의 사진이다. 그녀가 남편을 시시하게 보고 무시하는 것은 사실상 그녀의 어머니의 시각이라고 해석할 수도 있다. 어머니가 아버지에 대하여 실망했던 감정은 딸을 임신했을 때 전달되어 버들 씨의 DNA에 박혀 있다. 그것은 투사이다(정지인 역, 2016). 그렇다면 남편은 그녀의 투사의 피해자이다. 엄밀히 따져 보자면, 버들 씨는 자기의 아버지와 어머니의 미완결된 과제(unfinished business)를 대신 몸으로 체험하고 있다고 볼 수 있다.

아무튼 버들 씨는 무의식적으로 그런 이미지를 가지고 남편을 보기 마련이므로, 남편이 초라하고 수준 미달의 존재로 보일 수밖에 없다. 초라한 이미지의 남편을 보고 어찌 끌리는 마음이 일어나겠는가?

설상가상으로 남편은 그녀가 자기를 시시한 존재로 보고 있다는 것을 느끼고 있다.

아내와 남편 사이에 에너지(기)의 장이 있다. 그 속에 있는 에너지는 거울신경(mirror neuron)의 이미지로써 서로 공명하기 때문이다. 자기를 하찮은 존재로 보고 있다는 것을 느끼는 남편은 아내와 성관계를 하고 싶은 마음이 생기겠는가?

그렇다면 무엇이 문제인가? 버들 씨의 두뇌 속에 멸시받아 마땅한 이미지로 각인된 아버지의 사진첩을 바꾸는 일이 시급하다. 그러므로 상담자와 함께 그녀는 아버지의 가계도 분석을 통하여 아버지의 인생을 조감해 보는 시간을 먼저 가져야 한다. 이를 위해서 가능하다면 게슈탈트 치료나 가족 조각 및 가족 세우기의 기법을 사용하여, 그녀가 아버지의 어린 시절을 역할놀이 해 볼 수 있다. 그리하여 그녀의 아버지가 술 마시고 폭력하고 외도할 수밖에 없었던 처지를 그녀가 이해할 수 있어야 한다. 이것이 '맥락적인 이해'이다. 그 결과, 아버지에 대한 연민과 동정의 마음이 일어나면, 지금까지의 아버지에 대한 이미지가 변화될 수 있다. 그렇게 되면 남편의 이미지도 달라진다. 그리하여 그녀는 연민의 마음으로 남편에게 다가가게 될 것이고, 남편도 두 팔을 벌려 아내를 안게 될 것이다.

③ '남편은 내 스타일이 아니라서 항상 실망스럽다.'는 마음을 다루도록 한다

그녀의 말은 100% 옳다고 본다. 그것은 마치 나에게 단 하나뿐인 아들이 착하고 건강하긴 한데 학교 공부는 중하위권에 맴돌기 때문에 항상 나의 마음이 허전한 것과 유사하다. 그러나 또 다른 관점으로 조명해 보자. 미혼 시절에 버들 씨는 자기와 코드가 잘 맞는 기분파와 멋쟁이 기질의 남자를 결혼 대상으로 삼지 않았다. 그 대신에 선뜻 마음이 끌리지는 않았지만 성실한 남편을 택했다. 그 당시 그녀의 무의식은 그녀에게 어떤 말을 했을까?

'난 멋 내고 재미있게 노는 기분파가 좋아. 그런 남자는 내가 좋을 때 나한테 사랑한다고 말하면서 정열적으로 뽀뽀해 줄 거야. 그런데 가만 있자. 그런 남자는 기분파라서 또 쉽게 마음이 변할 거야, 아빠처럼. 그러면 뒤돌아보지 않고 나를 버리겠지. 그러면 나는 엄마같이 소박맞고 울게 될 거야. 나도 기분파인데, 두 사람이 모두 기분파이면, 우리 집안 살림은 어떻게 될까? 그것도 걱정이 되네. 그래, 이 남자가 마음에 썩 내키진 않지만, 그래도 이 남자는 변함 없이 끝까지 은은하게 오래 나를 좋아하겠지. 그리고 낭비벽도 없을 테니까 우리집 경제는 괜찮을 거야.'

그녀는 무의식이 하는 말이 지혜롭다고 믿고, 현재의 남편과 결혼한 것이다. 그녀의 무의식은 직관적이어서, 그녀에게 현명한 판단을 하게 한 것이다. 자기의 무의식이 옳았다. 그런 의미에서 버들 씨는 자부심을 느껴야 하고 자기의 무의식적 판단을 대견하

게 생각해야 한다.

인생에서 100% 만족할 수는 없다. 그녀의 남편이 낭만이 없다는 것은 애초부터 알고 선택한 것이 아닌가? 그렇다면 일상생활 중에 가능하고 건전한 낭만의 기회를 자기 쪽에서 만들기로 하자. 가령 남편과 같이 놀러가는 것이 재미가 없다면, 남편 친구 가족이나 자기 친구 가족과 함께 놀러가도록 계획을 짜보는 것이다.

'세련되고 멋 내는 남자와 결혼했더라면, 그런 남편은 옷 사고 꾸미는 데에 돈을 많이 쓰고 살 것이다. 나처럼 충동구매도 할 것이다. 아예 멋이라고는 전혀 관심도 없는 내 남편 덕에 우리집 경제가 이 정도는 되는 것 아닌가? 내가 멋있는 셔츠를 남편에게 철마다 사다 입히고, 외출할 때 그 옷을 입혀 주자. 그럼 훨씬 더 나을 것 같다.' 이런 독백도 시켜 볼 수 있다.

④ 부부에게 성 치료적 정보와 코칭을 제공한다

남편에게 발기부전이나 조기사정 등의 문제가 있을 경우에는 비뇨기과 치료를 권유하라. 앞에서 설명했듯이 감각 집중법을 소개해 주도록 하라. 서양에서는 성적 흥분을 고조시키기 위해서 부부가 서로 마주하고 각자 자위행위를 하며, 성적인 장난감 도구와 진동기(vibrator)를 사용하라고 권고한다. 우리나라도 이러한 시점에 와 있다고 본다. 이안 커너가 저술한『그 남자의 섹스』를 참고하면 유익할 것이다.

(6) 관점의 전환과 삶의 방식을 바꾸어 심리적으로 성장하게 인도한다

마음이 취약한 버들 씨의 뻥 뚫린 가슴을 누군가가 채워주기를 기대하는 것은 사실상 영원히 실현 불가능할지도 모른다. 그러므로 그녀는 스스로가 자기를 사랑하는 방법을 익혀야 한다. 다시 말해서 유・아동기에 정체되어 있는 그녀가 심리적인 성인으로 성장해야 할 것이다. 그 방법은 대략 다음과 같다.

첫째, 그녀는 스스로 자기 위로하는 길을 모색해야 한다. 그것은 앞서 언급된 변증법적인 이론에서 이미 설명하였다. 둘째, 그녀는 자신의 바람대로 두 아이에게 좋은 엄마 역할을 수행하는 일에 매진해야 한다. 상담자는 이 시점에서 ACT를 설명해 주어야 하겠다. 셋째, 그녀는 가끔씩 남편을 아이처럼 생각하고, 마치 어머니처럼, 누나처럼 남편의 심신을 보살펴 주는 역할을 너그럽게 담당하라고 상담자가 자주 격려해 줄 필요가 있다. 그녀는 취약함에도 불구하고 남편을 길러주는 장한 아내가 될 수 있다. 그렇게 되면 자존감이 올라갈 것이다. 남자는 여자의 품에서 힘을 얻고 성장한다. 자신감이 부족한 남편에게 그녀는 가끔씩 버팀목 역할을 하며 격려해 주어야 하겠다. 엄마가 갓

난아기를 자기 팔에 안고 토닥거리듯이 가끔씩 남편을 자기 팔에 안고 누워 부드럽게 쓰다듬어 주는 행동을 하게 되면 남편의 결핍욕구가 채워지고, 사랑받는다는 느낌으로 남편은 자신감이 생길 수 있다. 그리고 또 버들 씨는 남편에게 섹스를 하지 않아도 괜찮으니까 다만 자기를 안고 토닥여 달라고 부탁하라고 코칭하라. 그러니까 두 사람이 모두 상처받은 내면아이가 있다는 것을 인정하고 서로 격려, 수용하는 것이다. 버들 씨는 어린 시절에 마음고생이 심했기 때문에 남편의 처지를 이해하고 공감해 줄 수 있다. 상담자는 그녀로 하여금 남편의 뒷모습을 지긋이 바라보라고 지시하라. 남편의 뒷모습에서 지치고 외로운 가장의 그림자가 그녀의 눈에 들어오는지를 질문하라. 그리고 버들 씨가 자기 자신을 사랑하고 자기 치유하기 위해서는 EFT와 같은 방법으로 자신의 가슴과 등과 생식기를 가볍게 두드려 주라고 코칭할 수 있다(정유진, 2010). 그리고 무엇보다도 남편의 건강 회복에 신경을 써야 한다. 갑상선암의 발병 원인은 ① 유전적 요인, ② 방사선 노출의 위험성, ③ 제대로 된 섭생을 하지 않아 소장에 문제가 생겨 몸에 열과 염증이 발생한 것 등으로 알려져 있다. 그리고 갑상선암 수술 후에는 체력이 현저하게 떨어지며, 만사가 귀찮고, 삶의 의욕과 성욕 자체가 사라지게 되어 있다. 버들 씨는 이러한 남편의 상태를 이해하고, 남편에게 소화가 잘 되는 유기농의 자연 섭식으로 식단을 짜고, 스트레스를 잘 관리하도록 도와줄 필요가 있다. 그녀는 남편과 온 가족의 건강 지킴이이다. 유튜브 등을 통하여 건강 정보를 접하도록 하라. 비싸지 않지만 뛰어난 항암식품으로는 농약 없이 재배되는 호박, 가지, 토란, 버섯, 다시마 등이 있다. 우리가 먹는 식품 속의 유해성분을 해독시키기 위하여 감초와 생강액을 대추와 함께 달인 물을 한 달에 한두 번씩 마시는 것도 매우 유익하다. 동해안 황태도 해독 작용이 뛰어나다. 누구나 체내의 독소를 배출시키면 피곤증이 가시고 힘이 난다. 친정어머니에게 대추차(즙)를 만들어 달라고 부탁하고 어머니와 버들 씨 가족이 가끔씩 마실 수 있다면 아주 좋을 것이다. 항암제의 해독과 정력 회복을 위해서 저자는 낙지 요리와 마늘(구운 밭마늘 요법) 등을 꾸준히 섭취하도록 권장한다.

3) 상담자에 대한 슈퍼비전

〈279쪽 '슈퍼비전을 받고 싶은 내용' 참고〉

[다시 상담을 시작했을 때 남친과 성관계로 발전했고 혼란스러워 하는 내담자를 돕는 길은?]

상담자는 그 문제를 내담자와 함께 논의해야 할 것이다. 아마도 그 시기에 버들 씨에게 조증삽화가 일어난 것으로 보인다. 그런 모습을 똑똑하게 바라보게 하라.

양극성 장애는 유전적인 소인이 강하기 때문에 완치되기는 힘들며, 언제든지 변덕스러운 흥분 상태와 우울 상태가 엄습하기 마련이다. 내담자는 그 점을 수용하고, 그런대로 적응하면서 살아가면 된다. 마치 당뇨병이나 고혈압 환자가 그 병을 평생 동안 잘 관리하고 살아가듯이.

외도를 하면서 불안과 죄의식을 느끼는 것은 양극성 장애의 특징이지만, 그것은 또한 자기의 가치관과 충동적 본능 간의 괴리 때문일 것이다. 내담자의 내면에는 아이들에게 자기처럼 불행한 가정생활을 절대로 경험시키지 않겠다는 생각이 강하게 깔려 있기 때문에, 비밀스러운 연애에 대하여 죄의식을 느끼는 것이다. 그런 의미에서 죄책감은 긍정적으로 소중한 의미가 있다. 남편 역시 내면에 '상처받은 어린아이'가 있는 외로운 인간이라는 것을 인지하고, 가끔씩 남편에게 누나나 엄마처럼 포근하게 다가가 수용하는 역할을 하라고 코치할 수 있다. 그러니까 심리적으로 유·아동기에 정체되어 있지 않고, 버들 씨가 주도적으로 성인으로 성장하라고 격려하는 것이다. 그리고 상담자의 코치를 받음으로 인하여, 성적으로 약한 남편과 잘 조절해서 남편과 함께 손을 잡고 애정과 섹스의 기쁨을 다시 찾도록 꾸준히 모색하는 방향으로 나아가야 할 것이다.

4) 상담자-내담자 관계와 발전 과제

이 사례는 상당히 다루기 힘든 사례이다. 먼저 상담자가 인생을 조감하는 능력과, 내담자를 어린아이 다루듯이 부드럽게, 천천히 안내하고 기다리는 자세가 필요하다.

상담자는 내담자의 손을 잡고 춤을 추는 춤꾼이다. 내담자의 속도에 따라 함께 보조를 맞추어 한 발씩 내딛고 진지하고 가벼운 마음으로 춤을 추는 것이다. 이런 관점에서 이 사례의 상담 장면을 그려보자면, 상담자는 내담자의 마음을 내담자의 가슴으로 들어가 잘 공감해 주었다. 그리고 따뜻하게 수용하고 지지하며, 부드러운 직면화를 시도하였다. 어쩌면 상담자 역시 어린 시절에 유기불안의 발달적 트라우마를 경험했던 것 같다. 그리고 그것을 잘 헤쳐나갔기에 내담자를 편안하게 치유작업으로 인도했는지도 모른다. 그래서 내면아이 치유 심상기법 등을 적용하면서 내담자 스스로가 자기를 사랑하는 길을 찾으라고 촉구하고 있다.

어린 시절에 적절한 지도와 양육 면에서 결손이 있었던 그녀에게 상담자는 자녀양육 기술의 코칭을 하였다. 이제 한 걸음 더 나아가 일상생활의 시간표 짜기나 자기 보살핌의 계획, 자기 강화 일지 쓰는 요령 등을 가르쳐 주는 다정한 교사의 역할을 해 주면, 그녀는 안정감을 찾고 성장할 소지가 많다고 본다. 특별히 호흡명상과 낭만의 시간을 강조하는 것이 필요하다.

남편이 혼자서 자위하면서 성욕을 해결한다는 말을 내담자가 첫 회기 때 언급했음에도 불구하고 상담자는 그 문제를 다루지 않고 넘어갔다. 상담자는 성 문제의 치료에 아직은 자신감이 없었는가? 아니면 성 문제를 다루기가 어색하다는 느낌이었는가? 혹시 자기가 강력하게 직면화하게 되면 내담자의 상처를 건드릴까 봐 주저하게 되었는가? 이런 면에 대하여 상담자는 자기 점검해 볼 필요가 있다. 상담자의 타고난 성격이 온유하고 두루뭉술하다면, 내담자가 언급하는 문제를 하나씩 하나씩 좀 더 분석적으로 접근해 보는 것이 좋다. 그렇게 되면 논리적 사고와 주도성 있는 리더십이 개발될 수 있다.

연습문제

1. 내담자의 외도는 양극성 장애와 어떤 연관성이 있는가?
2. 부부관계를 호전시키기 위하여 아내가 해야 할 일과 남편이 해야 할 일은 어떤 것인가?
3. 내담자의 어린 시절의 트라우마는 어떻게 치유될 수 있는가?
4. 남편의 자존감을 길러주기 위한 방법에는 어떤 것이 있는가?
5. 함묵증과 밥을 잘 먹지 않는 아들의 양육에 대하여 어떻게 코칭해 줄 수 있는가?
6. 상담자의 장점과 보완해야 할 점은 무엇인가?

13장

연애갈등 성인상담 사례

"화를 다스리고 싶어요"

인적 사항

35세 여성, 대졸, 2교대 근무직업, 미혼, 기독교

상담 신청 경위

최근 남자친구와 크게 다툰 뒤 남자친구가 권유하였고, 예전부터 상담을 좀 받아보고 싶은 마음도 있어서 신청하였다.

주 호소 문제

"화가 나면 가까운 가족이나 연인에게 감정조절이 잘 안 되고 그대로 폭발해서 관계를 망치게 돼요. 화를 다스리는 방법을 배우고 싶어요."

가족관계

- 아버지(64세): 중졸, 무직. 학원을 다니고 관련 사무실도 차리고 해서 60세까지는 경제적으로 풍족했다. 어머니와는 5년 전 이혼하였다. 엄마에게 신체적 폭력을 행사하는 것을 보고 내담자가 중학교 때부터 어머니를 보호하다가 함께 맞게 되었다. 대학교 1학년 때까지 신체폭행을 당하였다. 현재는 내담자와 관계가 단절된 상태이다.
- 어머니(62세): 전문대졸, 주부, 기독교. 오랫동안 내담자에게 경제적인 의지를 하였으며, 현재는 다른 남자와 재혼했다. 뒤늦게 검정고시, 학점은행제 등을 통해 사회복지학을 공부하였다. 지금은 내담자와 관계가 회복되어 좋은 관계를 유지하고 있다.
- 여동생(33세): 대졸, 주부. 어머니와 함께 내담자에게 경제적인 의지를 하였으며, 사회복지사로 일하다 작년에 결혼하였다. 동생이 결혼하면서 최근에 좀 가까워졌다. 지금은 언니처럼 내담자를 잘 챙겨준다.
- 남동생(30세): 대학을 외국으로 갔다가 잠시 귀국하였다. 부모가 너무 끔찍히 여기며 귀하게 키웠다. 지금은 카페에서 알바하며 용돈을 벌고 있다. 내담자와도 잘 지낸다.

인상 및 행동 특성

165cm 정도의 다소 체격이 있어 보이는 화장기 없는 얼굴에, 정돈되지 않은 듯한 긴 파마형의 헤어스타일로 수수한 차림이었으며, 대체적으로 눈 맞춤은 적절하고, XX도 사투리로 말의 속도가 좀 느린 편이다. 상담 중간중간 감정이 격해질 때 눈물을 주체할 수 없을 정도로 많이 흘린다. 전체적인 인상과 언어의 느낌은 편안하고 안정되어 보인다.

심리검사 결과 및 주요 해석

MMPI-2, SCT, TCI 실시 결과: MMPI-2와 SCT 검사 결과 내담자는 현재 우울감, 불안, 초조한 정서가 혼재되어 있는 상태이다. 이는 가족관계에서 미해결된 부적 정서 누적, 미래에 대한 불안감과도 관련이 깊어 보인다. 현재 자아 강도 및 자긍심, 자기-확신도 상당 수준 약화되어 있는 상태로, 스트레스가 발생할 경우 취약할 소지가 있다. 그러나 단순한 일상생활을 영위하고 자신을 관리하는 등의 기본적인 기능은 유지될 것으로 보인다. TCI 검사를 통해 살펴본 기질적 특성은 새롭거나 흥미로운 일에 쉽게 끌리는 한편, 위험에 대한 억제 기제도 발달되어 있어 사소한 부분에 대해서도 심사숙고

하는 신중한 성향으로 보인다. 성격적 특성은 자율성의 발달이 다소 저조한 편으로 삶의 방향성과 목적에 대한 분명함이 부족하고, 당면한 사건과 삶에 대한 책임감이 낮아 스스로에 대한 불만족감이 있을 것으로 보인다.

내담자 강점 및 자원

상담에 적극적이고 성실하게 참여한다. 목소리가 차분하여 신뢰감을 주며, 안정적인 직업과 내담자를 격려하고 지지해 주는 가족이 있다. 독서, 산책, 음악, 운동 등의 다양한 취미활동을 통해 심리적 어려움을 극복하려고 한다.

II. 상담자의 사례개념화

내담자는 어릴 때부터 부모의 잦은 다툼과 폭력적이고 강압적인 아버지로 인해 상당한 긴장과 불안을 경험하며 살아왔으며, 긍정적인 정서적 상호작용의 경험이 부족하였고, 특히 가족들을 책임지는 과정에서 어머니로부터 받은 상처로 인해 현재 자신이 이용당했다는 피해의식과 억울함으로 가족들에게 분노감을 표출하고 있다. 또한 사랑받고 인정받고 싶은 내면의 욕구가 해결되지 않을 때 연인에게 버럭 하며 폭발하게 되는 상황이다. 내담자는 어쩔 수 없이 아버지와 닮은 자신의 모습을 발견하고 최근 남자친구와 계속해서 문제가 생겼기 때문에 상담을 통해 화를 다스리는 방법을 배워서 가족이나 연인과 잘 지내고 싶어 하였다.

상담을 통해 내담자가 자신의 정서를 수용할 수 있도록 상담자가 내담자의 고통을 그대로 담아주고 버텨주는 안전한 환경을 제공함으로써 내담자가 있는 그대로의 자신을 받아들일 수 있도록 도우며, 자기주장 훈련을 통해 상대를 비난하지 않고 자신의 솔직한 감정과 욕구를 표현할 수 있도록 도울 예정이다.

1. 상담의 목표와 전략

• 목표

–자신의 감정을 잘 알아차리고 화내지 않고 솔직하게 말로 표현할 수 있다.

- 전략
  - 상담자가 내담자의 고통을 그대로 담아주고 버텨주는 안전한 환경을 제공함으로써 내담자가 있는 그대로의 자신을 받아들일 수 있도록 돕는다.
  - '나-전달법' 훈련을 통해 화가 났을 때 상대를 비난하지 않고 자신의 솔직한 감정과 욕구를 표현할 수 있도록 돕는다.

2. 슈퍼비전을 받고 싶은 내용

"내담자의 핵심 이슈인 아버지와의 관계 안에서의 감정을 다루고 싶었는데 진행하지 못한 아쉬움이 있습니다. 추후 이런 내담자를 만났을 때 분노의 감정을 잘 다룰 수 있는 구체적인 개입기술이 궁금합니다."

3. 상담의 진행 과정

1회기

직장동료나 친구들하고는 잘 지내는데 연인이나 가족에게 화가 나면 통제가 안 되고 상처 주는 말을 많이 하였다. 작년에 8년 사귄 남자친구와 헤어지고 지금 남자친구와는 사귄 지 7개월 정도 되었는데, 최근에 별일 아닌 것으로 크게 다툰 후 남자친구가 나로 인해 너무 힘들다고 상담을 받아보라고 권유하였다. 아빠가 굉장히 폭력적인데 내가 아빠를 닮은 것 같다. 20대 초반에는 술을 엄청 먹고 길 가는 사람하고 부딪치면 몸싸움을 하기도 하고 화가 나면 물건을 던지기도 하였다. 엄마가 나의 모습을 보고 "너 왜 아빠랑 똑같이 그래?"라는 말을 듣고는 너무 충격을 받아 그때부터 책을 읽으면서 지금은 그때처럼 화를 내거나 물건을 던지지는 않는다. 중학교 때 엄마가 힘드시니까 갑자기 집을 나간 적이 종종 있었다. 그때 아빠와 동생들을 챙겨야 했다. 그리고 빨리 독립하고 싶은 마음에 적성에 안 맞지만 취직이 잘되는 대학의 전공으로 갔다. 취직하고 독립했을 때, 엄마가 부부싸움을 한 뒤로 내 집으로 들어오면서 부모님이 별거를 시작하였다. 여동생도 나한테로 왔다. 엄마는 몸이 안 좋고, 동생도 우울해서 일을 안 하였다. 남동생 학원비까지도 내가 충당하였다. 7년 정도를 힘들게 가족을 부양했다. (상담자의 애써왔다는 말에 이해받고 인정받는 느낌이 든다며 눈물을 흘림)

남자친구도 업무 스트레스로 힘든 상황이고, 나도 괜히 남자친구 눈치 보고 하는 것보다는 나 자신에게 좀 더 집중하고 싶어서 우선은 각자의 시간을 갖자고 한 뒤로 현재 서로 안부는 묻고 있다. 아빠는 중졸인데 미술에 재능이 있어서 그때 당시 외국으로 갈 기회가 있었지만 할머니가 반대하며 못 가게 하였다. 그 후 서울에 있는 관련 학원을 다니고 본인 사무실을 차려서 직원들도 두고 돈도 많이 벌고 현재는 쉬고 있다. 아빠는 특별한 이유 없이 화를 버럭버럭 내서 아빠가 퇴근할 때가 되면 다들 긴장하고 있었다. 중학교 때부터 엄마를 보호하려고 방어하다가 엄마랑 같이 맞았다. 고등학교 때 아빠의 폭력으로 엄마의 다리가 골절돼서 두 달간 입원한 적도 있다. 대학교 1학년 때까지 맞고 살았고 그 이후 기숙사로 들어가면서부터는 전화로 언어폭력을 하였다. 아빠가 엄마하고 별거하면서 엄마에게 못 하는 화풀이를 나한테 다해서 너무 힘들어서 연락을 차단하였다.

3회기

이 직업으로 일한 지도 10년이 넘었고 엄마와 동생들을 책임지느라 7년간은 너무 힘들었다. 엄마는 교회 아는 분들하고 봉사활동이나 신앙 세미나에 다니면서 회복하고, 경제적인 부분은 나에게 다 미루었다. 주위에 주식하는 분들로 인해 돈을 많이 날리기도 했고 약한 엄마였지만 나를 이 힘든 상황에 밀어 넣었다는 생각이 들어, 엄마에 대해선 마음이 좀 복잡하였다. 나중에 엄마가 미안하다고 사과는 했지만, 마음이 그리 그냥 풀리지가 않는다. 고등학교 1학년 때 담임 선생님이 굉장히 따뜻하게 대해 주셨다. 또한 친구들이 비교적 가정이 다들 평안해서 같이 있으면 나도 편안해지는 느낌이 있어서 좋았다.

4회기

최근에 기분이 좀 우울하였다. 남자친구하고는 관계를 완전히 정리하든 다시 연인관계로 가든 뭔가 하고 싶은데 남자친구가 애매한 반응을 보이는 것이 화가 나고 짜증이 난다. 남자친구는 아빠하고 좀 비슷하게 예민한 부분이 있다. 기분이 나쁘면 바로 버럭하지는 않지만 잠깐 쉬다가 나중에 이야기하자고 하면 나는 그동안 마음이 너무 불안하였다. 내가 뭘 잘못했나? 별 생각 없이 한 말인데 너무 예민한 것 같은 생각이 들면서 말하는 것이 너무 조심스럽다. 생각해 보면 엄마가 저런 말을 안 했더라면 아빠가 덜 화가 났을 텐데 이런 마음이 들면서 엄마가 화를 돋운다는 생각을 하였다. 근데 내가 지금 그러고 있는 것 같고 그런 내가 한심하다는 생각이 든다. 상대가 떠날까 봐 불안해하면서 전체적인 상황을 생각하면 우울하고 그런 것 같다.

5회기

지난주 좀 많이 힘들었다. 남자친구의 연락을 기다리면서 슬퍼하고 불안해하는 것보다 차라리 정리하는 것이 나을 것 같아서 남자친구에게 너의 마음이 어떤지 궁금하다고 했더니, 지금은 그냥 친구처럼 대하는 정도만 할 수 있다고 해서 정리를 하고 엄청 슬펐다. 8년 사귄 남자친구에게도 똑같이 상처를 많이 준 것 같고 헤어질 때 너무 모질게 한 것 같아 마음이 아팠다. 그래서 사과하고 싶은 마음에 충동적인지 모르겠지만 전화 연락을 하였다. 전 남자친구가 작년에 헤어질 때 당분간 아무도 안 만나고 기다리겠다고 했는데 새로운 사람이 생겼다고 하니 사실 좀 충격이었다. 겉으로는 잘됐다고 하였다. 너무 기댈 데가 없어서 엄마한테 전화해서 다 이야기를 했더니 엄마가 올라오셨다. 엄마가 내가 상담받는 것을 알고 좀 놀란 것 같다. 엄마가 그동안 상처 줬던 것에 대해 미안하다고 하고 안아주면서 같이 울었다. 그 위로가 더 따뜻하게 느껴졌다.

6회기

한 주 지내면서 괜찮다가도 갑자기 눈물이 왈칵 쏟아지곤 하였다. 엄마에게 남자친구 이야기를 다 했는데 잘 들어주어서 위로가 많이 되었다. 엄마가 함께 있다가 가니까 많이 허전하였다. 8년 사귄 전 남자친구가 2년 전에 갑자기 쓰러져서 연락이 두절되었던 일이 있었다. 그때 이후로 남자친구와 연락이 안 되면 불안하였다. 최근 남자친구에게도 지나칠 정도로 연락을 자주 하도록 강요를 했었다. 얼마 전 너무 힘들어서 이야기 좀 하자고 다시 연락해서 지금은 아무렇지 않게 일상 대화를 나누고 있다. 상담 시작하고 전자피아노를 하나 사서 피아노치고, 산책하고, 성경 말씀을 보면서 지낸다. 사람에게 의지하는 것이 아니라 하나님께 의지하고 싶은 마음이 있고 교회에 가고 싶은 마음이 있다.

7회기 축어록

내담자 1: 화가 났을 때, 사람들은 심호흡을 하고 생각을 해서 마음을 가라앉히고 이야기를 하라고 하던데, 저는 그게 잘 안 되더라고요. 만약에 저랑 뭐 별로 관련이 없는 사람들이 저한테 오해를 해서 화를 내고 그러면 저는 그게 별로 신경이

안 쓰여요. 그런데 가까운 가족이나 남자친구 같은 경우는… 막 탁 그랬을 때, 그냥 필터가 없이 그냥 팍 올라오는 거죠. 이성이 없이 막 화를 내고 난 다음에 나 '화내 버렸네!' 약간 이런 느낌이니까. 그게 조금… 그러고선 항상 후회하고. 조절이 잘 안 되는 거예요. 왜 화가 날까? 이런 책들을 많이 봐도 그건 정말 잘 안 되더라고요.

상담자 1: 음, 그래요. 〈중략〉 아, 나에게 이런 부분이 있으니까 앞으로는 그런 상황일 때 어떻게 해야 되겠다 하는 것들을 계속 생각하고 있어야 하는 거예요.

내담자 2: 계속 일기 쓰고 '하지 마라, 하지 마라' 하는데도. 계속 제가 한번 참았는데 상대가 한두 번 콕콕 찔러 버리면 '뭐! 말해 봐!' 이렇게 하면, 그때는 이제 마지막 이성의 끈이 끊어지고 팍!! 이렇게 되는 거죠. 그 사람이, 그 사람도 이제 저한테 대하는 애정이나 이런 게, 조금 떨어져 있고 힘든 상황에서 제가 이렇게 하니까 잘 못 받아 주고 그랬는데요. 처음에는 다 내 잘못이라고만 생각했어요. 근데 나중에는, 내가 화를 낸 건 잘못했지만 그 사람도 저한테 오해의 소지를 줬던 것들, 그런 것들을 생각하면서 내가 꼭 그렇게 자책하면서 나 혼자서 내가 잘못했다, 나 때문에 그렇게 됐다는 생각을 계속 할 필요가 없겠다는 마음도 들더라고요. 생각하면 슬프고 그랬는데, 다 내 잘못 같고. 그러면서 저도 조금 잘 생각해야겠다. 그냥 누구 보면 사실 앞뒤 안 가리고 저도 마음을 주거나, 그래서 더 스트레스였는데 그러지 말아야겠다. 그냥 나를 먼저 좀 챙겨야겠다는 생각을 많이 했어요. 제가 처음에 참았는데, '왜 말해 봐. 네가 생각하는 거 다 말해 봐!' 이러니까 '말하라 그랬지?' 하면서 다 말했던 거 같아요. 근데 제가 조금 그렇게 하면 터트릴 줄 알고 자극했지 않았나 싶기도 하고. 자기가 계속 그런 식으로 싸웠으니까.

상담자 2: 그래요. 어찌됐건 말을 할 때 그렇죠. 말할 때 보통 상대방을 비난하는 말들을 먼저 내뱉게 되어 있어요. 갈등 상황에서는 그렇죠. 그러다 보니까 사실은 말의 내용보다는 감정이 전달되는 것 같아요. 상대방이 나한테 지금 비난하는, 서로 감정 대 감정으로 싸우다 보니까 이게 대화가 안 되는 거예요. 그렇죠? 그래서 나의 감정을 표현하고, 나의 욕구를 표현하는 거. 지금 이 시간에 잠깐 한번 해 볼까요? 그 전에 그 남자친구하고의 에피소드 한번 떠올릴 수 있어요?

내담자 3: 마지막에 싸웠을 때요?

상담자 3: 네, 떠올릴 수 있어요? (네.) 그러면, 만약에 그때 남자친구한테 그렇게 표현하지 않고 다르게 표현해 본다면 어떤 말을 했을 것 같은지. 지금 여기, 앞에

전 남자친구가 앉아 있어요. 그때 상황인데 지금 같으면 어떻게 말을 하면 좋을지 한번 해 보세요.

내담자 4: 어제 왜 연락이 안 됐어? 분명 어제 네가 기분이 안 좋은 거 같았는데, 하루 종일 연락이 없어서 걱정하기도 했어. 근데 계속 연락을 안 하니까 나중에는 조금 서운하고 화나더라. 근데 또 아침에 아무렇지 않게 얘기하니까, 그냥 내가 걱정했던 건 네가 알면서도 모른 척하는 거 같아서 너무 기분 나빠. 그냥 서운해. 너무 서운해.

상담자 4: 그렇군요. 남자친구와 연락이 안 돼서 전화했는데 전화도 안 받고, 다음날이 돼서야 연락이 왔는데 내가 걱정하는 마음 이런 거는 신경도 안 쓰고 아무렇지 않게 받는 남자친구한테 화가 났었네요?

내담자 5: 네, 그것도 있었고, 이 친구가 만났던 전 여자친구가 계속 연락하는 걸 알게 됐어요. 친한 친구가 갑자기 심장마비로 죽었고, 그래서 그걸 새벽에 문자를 받았다고 하면서 그 채팅한 거를 저한테 보여 주다가, 뒤로가기를 눌렀는데 거기에 전 여자친구가 있는 거죠. 근데 대화가 있었던 건 아니고, 무슨 링크를 보내 준, 링크 주소 같은 게 있더라고요. 제가 그걸 보고 하루는 참았어요. 그러고 나서 그다음 날에, '어제 왜 연락이 안 됐어? 내가 걱정하는 줄 몰라서 연락 안 해? 바쁘거나 쉬고 싶으면 내가 얘기해 달라고 했잖아. 근데 왜 말도 안 하고 하루 종일 연락 안 했어?' 이렇게 얘기했거든요. 그랬는데 그 친구가 저한테 그랬어요. '그거 말고 다른 건 없어?' 이러더라고요.

상담자 5: 음. 남자친구가 눈치챘구나.

내담자 6: 모르겠어요. 그냥 그거 말고 평소에 제가 조금씩 툴툴대니까 뭐 또 다른 거 서운한 거 없냐고 묻더라고요. 그래서 그때 말하지 말았어야 했는데, 그 여자친구 얘기를 했던 거죠. '그 여자친구랑 왜 아직도 얘기를 해? 그리고 너네 뭐, 한 3년 전에 만났던 건데 왜 아직도 연락하고 그래? 나를 가지고 노는 거야?' 약간 제가 그런 식으로 했었죠. 그런데 그 여자가 이 남자친구 통해서 그 일을 하게 된 거라서. 어떻게 계속 그런 건 주나 봐요. 자료를 주거나 아니면 그런 부분들로는 소통하는 걸 알고는 있었는데, 개인적으로 메시지하고 이렇게 하는 건 몰랐었죠. 그걸 이제 같이 얘기를 해 버리니까. 남자친구가 그때 그랬어요. '이걸로는 갈등이 될 만한 건 하나도 없다. 문제 될 만한 건 하나도 없다. 그냥 너의 믿음 문제다.' 이렇게 하면서 '나 지금 너무 힘들어서 너하고 이렇게 씨름할 새가 없어. 그럴 마음의 여유가 하나도 없어. 나 진짜 쉬고 싶어.' 그렇게 얘기를

하고, 생각할 시간을 조금 가졌으면 좋겠다고 했어요. 그러고서는 서로 나중에 얘기하고 정리하기로 했던 거거든요.

〈중략〉

(상담자는 내담자에게 나-전달법에 대하여 설명해 주고, 내담자가 나-전달법의 방법으로 남친에게 자기의 마음을 표현하도록 코칭하였음)

내담자 10: 제가 원하는 걸 생각하지도 않고 무작정 화만 냈거든요. 아까 선생님이 얘기했을 때 '원하는 게 뭐냐' 하는데 그 친구도 그랬었어요. 네가 이야기할 때 뭔가 원하니까 하는 거지, 그걸 확실하게 얘기하라고 그랬는데 그때는 화만 내느라, 원하는 거 없이 화만 냈었거든요.

상담자 10: 그래, 그래요. 지금 마음이 어때요?

내담자 11: 이제 연습 많이 해 봐야겠다, 이런 생각. 그리고 내가 뭘 원하는지 별로 생각을 안 했었구나, 그냥 감정이 올라오는 대로만 했고 이 사람한테 내가 의사소통을 잘 못했다는 생각이 들어요. 그래서 친구들하고 내가 무엇을 원하는지보다는 정보 공유하는 데 이렇대, 저렇대 이런 얘기만 하느라고 그런 것에 되게 서툴렀다는 생각을 많이 했어요. 〈중략〉 그동안, 내 감정을 알아주고 내가 뭘 원하는지 계속해서 생각하고 하다 보면 화났을 때… 이걸 계속 훈련하고 연습하면 감정적으로 하지 않고 조금 더 효율적으로 감정을 표현하면서 잘하지 않을까, 마음을 정리하고 그럴 수 있지 않을까, 후회하지 않고 화를 내지 않을까.

8회기

이제는 '왜 그러지?' 그러지 않고 그냥 '그렇구나' 하면서 좀 나아지는 느낌이 든다. 친구들에게 먼저 연락해서 이야기하거나 음악을 들으면 빨리 회복이 되었다. 결혼한 친구의 아들이 나를 엄청 좋아해 줘서 가끔 가서 놀아준다. 애기 낳고 싶은 생각이 없었는데 그 아이를 보며 대리만족을 하였다. 전 남자친구와의 관계도 저번에는 힘들었는데 이제는 좀 받아들여졌고 그게 그렇게 슬프거나 하지 않고 내 할 일에 좀 더 집중해야지 하는 생각이 든다. 상담을 시작하고 엄마와 동생이랑 관계가 좋아지면서 원망하는 마음이 사라졌다. 마음이 좀 편안해져서인지 동료들도 나에게 얼굴이 좋아졌다고 하였다.

9회기

엄마가 재혼하셨는데 재산문제로 그쪽 자식들이 엄마를 괴롭혔다. 지금 엄마는 지인의 집에서 지내고 있다. 엄마 사건으로 좀 힘들었는데 남자친구 만나서 이야기를 하고 많이 위로받았다. 둘의 관계에 대해서도 이야기를 나누고 연인관계를 완전히 정리하기로 하였다. 어학공부모임은 계속하고 있고 영어도 좀 공부하려고 하였다. 소개팅을 두 번 했는데 둘 다 내 스타일이 아니다. 오늘 쉬는 날인데 좀 울적해서 집 밖으로 나와 예쁜 카페도 가고 맛있는 것도 먹고 했더니 기분전환이 되었다. 지금은 지내기가 괜찮은데 상담을 그만하게 되면 어떨지 좀 걱정이 되었다. 2주 텀으로 두 번 정도 만나고 3주 후에 종결하기로 하였다.

10회기

직장 일이 너무 많아서 시간이 어떻게 지나갔는지 모르겠다. 엄마도 다녀가시고 친구도 만나고 하면서 잘 지낸다. 엄마는 사회복지학을 같이 공부하신 분들과 힘든 부분에 대해 서로 위로를 받으면서 잘 지내고 있으며 그쪽 자식들이 전에 잘한 부분들도 있어서 시간을 더 두고 관계를 회복하고 싶다고 하였다. 예전에는 친구들한테 연락을 하려고 해도 왠지 미안하고 죄책감 같은 것이 느껴지고 했는데 내가 애정 욕구가 높다는 것을 인정하니까 '나 심심한데 좀 놀아줘.' 하고 편안하게 이야기할 수 있다. 어학공부모임에서 만난 이성친구가 차 한잔 마시자고 연락이 계속 와서 만났는데 그 사람과 결혼이나 본인의 신상에 대해 계속해서 이야기하는 것이 부담스러웠다. 한편으론 이러한 힘든 상황에서 벗어나고 싶어 안정적인 사람 만나서 빨리 결혼하고 싶다는 마음도 있긴 한데 또 실패하면 어쩌지 하는 두려움이 있다.

11회기

요즘은 쉬는 날에는 자전거를 많이 탄다. 그 이성친구가 나에 대해 직접적으로 호감을 표현했다. 난 이성적인 마음이 안 가고 그냥 아는 오빠였으면 좋겠다는 생각이 들었다. 그래서 현재는 연락이 끊긴 상태이다. 그러나 그 친구를 통해 뭔가 이해하는 부분이 많이 확장되는 느낌이 든다. 현재는 엄마와 앙금 같은 것도 없고 예전에 엄마가 전화하면서 나에게 사랑한다 그러면 너무 불편해서 그냥 끊으라고 했는데 지금은 그 말이 듣기 좋고 나도 엄마한테 사랑한다고 표현하였다. 솔직하게 마음을 표현하는 것을 해 보면서 마음이 너무 편안해지는 것을 느꼈고 이제는 엄마에게 서운했던 마음이 일도 없이 다 풀린 것 같다. 3주 후 종결하기로 하였다.

Ⅲ. 슈퍼바이저의 사례개념화(정신역동적, 인지적, 통합적 접근)

1. 정신역동적 접근의 사례개념화

35세 미혼여성인 내담자는 최근 남자친구와 크게 다투고 남자친구의 권유와 예전부터 상담을 좀 받아보고 싶은 마음도 있어서 상담을 신청하게 되었다. 주 호소 문제는 화가 나면 다른 사람들한테는 안 그러는데 가까운 가족이나 연인에게는 감정조절이 잘 안 되고 그대로 폭발해서 관계를 망치게 되어, 화를 다스리는 방법을 배우고 싶은 것이다.

내담자는 어릴 때부터 부모의 잦은 다툼과 폭력 속에서 중학교 때부터 대학생이 될 때까지 어머니를 보호하고 방어하려다 어머니와 함께 아버지에게 신체폭력을 당해왔다. 13여 년 전에 부모는 별거 및 이혼하였고 현재 내담자는 아버지와의 관계가 단절 상태이다. 이후 내담자는 오랫동안 어머니와 동생들에게 경제적 의지처가 되었고 집안의 가장 역할을 하였다. 이런 과정에서 어머니로부터 받은 상처로 인해 현재 자신이 이용당했다는 피해의식과 억울함으로 가족들에게 분노하고 있으며, 사랑받고 인정받고 싶은 내면의 욕구가 해결되지 않은 채 연인에게 버럭 하며 폭발하게 되는 상황이 되고 있다. 특히 자신이 강압적이고 폭력적인 아버지를 닮았다고 생각하며 이를 고치고 싶어서 노력하고 있다. 요약해 보면, 내담자는 아버지에 대한 강한 거부감과 함께 다른 가족을 본인이 책임져야만 한다고 생각하고 생활해 왔다. 이런 과정에서 통제할 수 없는 화가 표출되어 당황스럽게 되고, 특히 친밀한 정서적 교류가 요구되는 관계를 망치는 결과를 초래하고 있다. 이는 의식의 일방성에 대한 무의식적 조정이라는 목적적 의미를 내포하고 있는 것이다. 앞으로 내담자는 자신의 이러한 삶의 방식이 자신의 본성인 정서성, 관계성을 지향하고자 하는 의도였음을 의식화해 나갈 필요가 있다. 이에 상담을 통해서 자신에 대하여 충분히 고백함으로써 개인적이고 내적인 욕구를 이해하고 부정적 아니무스 여성상이 아니라 개인적 관계를 지향하고 지속할 수 있는 여성으로서, 한 인간으로서의 자신만의 개성화를 찾아나가도록 도움받는 것이 필요할 것이다.

1) 상담자가 수립한 상담의 목표와 전략 및 진행 과정

상담자의 상담 목표와 전략은 다음과 같다. 먼저 목표는 '자신의 감정을 잘 알아차리고 화내지 않고 솔직하게 말로 표현할 수 있다.'이며, 전략은 '내담자가 자신의 정서를 그대로 맞닥뜨리고 이를 수용할 수 있도록 상담자가 내담자의 고통을 그대로 담아주고 버텨주는 안전한 환경을 제공함으로써 내담자가 있는 그대로의 자신을 받아들일 수 있도록 돕는다, 나-전달법 훈련을 통해 화가 났을 때 상대를 비난하지 않고 자신의 솔직한 감정과 욕구를 표현할 수 있도록 돕는다'로 수립되고 있다.

상담자는 상담 목표를 구체적이고 실천 가능하게 설정하고 이를 상담 결과가 되도록 개입하고 있다. 특히 대상관계상담이론을 통한 안아 주기, 거울 되어주기, 울타리 되어주기를 적절히 활용하여 조력함으로써, 실제로 내담자는 이에 잘 반응할 뿐 아니라 위로와 격려를 받고 자신의 태도와 소통법을 다르게 하고자 노력하는 모습이 나타났다. 한 가지 덧붙이자면 내담자는 자신의 본성인 여성성을 발견하고 개인적이고 정서적인 대인관계를 맺어나갈 수 있는 작업이 필요하다고 생각된다.

2) 상담자에 대한 슈퍼비전

〈316쪽 '슈퍼비전을 받고 싶은 내용' 참고〉

[아버지와의 관계와 분노 감정을 다룰 수 있는 구체적인 개입 방법은?]

(1) 안아주기, 거울 되어주기, 버텨주기

이 사례는 상담 진행 과정의 8회기, 9회기에서 큰 변화를 보이는 것으로 생각된다. '나도 이제 혼자 있어 볼래요.'라고 말하기 시작하고 온통 남자친구에게로 향해 있던 시선을 자기쪽으로 거둬들이는 모습을 보이고 있다. 전 남친에게만 의존하면서 안달하던 것에서 이제는 남친의 연락이 뜸해진 것을 받아들이고, 내 할 일에 집중해야겠다고 말한다. 그리고 그간 소원했던 자기 친구에게 먼저 연락하면서, 본인의 엄마, 동생과도 소통하고 있으며 더불어 내담자의 얼굴이 좋아졌다는 것을 볼 수 있다. 또 9회기에서 엄마와 엄마의 재혼한 남편 문제 등도 해결되어 가고, 외국어 공부도 하고 카페도 가고 맛있는 것도 먹고 있다. '지금은 지내기가 참 괜찮다, 그러나 상담이 끝나면 어떨지 모르겠다.'라고 말하고 있기는 하다. 그러나 8회기나 9회기의 이러한 변화들을 보면서 이것이 상담의 효과 아닌가, 상당히 조용해지면서 자기 내면으로 집중하려고 한달까? 그

러면서도 소원했던 다른 사람과의 관계도 찾아보는 것, 그런 부분들이 많아지는 것을 보면서 일단은 상담 개입의 효과가 나타나고 있다고 판단해 본다.

그러면 이러한 변화가 어디서 나왔는가 할 때 7회기 축어록을 보면 상담자가 내담자에게 감정이 날 때 워워하는 것을 알려주고 있다. 내담자가 화난다고 할 때 상담자 1, 2, 3, 4는 이것이 확 올라오지 않도록 찬찬히 데리고 가는데, '제가 이렇게 표현을 한다.'고 개방하면서 같이 동행하는 입장이 되고 결국은 '한번 친구에게 말해 보자.' 하는 롤플레이를 통해서 알려주고, 연습시켜 주는 시간을 갖고 있다. 8, 9회기에 효과들이 나타났는데 의사소통 기술이랄까 어떤 조용히 내 의견을 말하는 것을 알게 되어서 이렇게 바뀌지 않았는가 하는 생각을 해 본다. 무엇보다도 상담자의 태도, 상담자가 내담자에게 하는 멘트를 보면 상당히 따뜻하고 공감적이다. 대화가 진행되면서 '잘했다, 잘한다.'를 잊지 않고 있다. 그렇게 해나가는 모습이 이 내담자를 달래주고 먹이고 있는 것처럼 보인다. 이 내담자는 화가 나는데, 화가 나면 받아주는 사람은 아무도 없었기에 이제 있는 그대로 이 내담자를 받아준다는 태도, 이것이 내담자가 갈망하던 중요한 욕구가 아니었겠는가? 내가 화를 쏟아부으면 가족들도 무섭다 하고 8년 사귄 남자친구도 도망가고 7개월 사귄 새 남자친구도 좀 떨어져 있어 보자 하더니 끝을 낸다. 내담자는 지금까지 어떤 달래주기, 사랑해 주기, 어루만져 주기, 예쁜 건 예쁘다고 미러링해 주기, 화를 내고 막 이럴 때는 버텨주면서 왜 그러냐, 원하는 게 뭐냐 하고 말해 주는, 울타리를 경험하는 것이 없었을 것이다. 그런데 상담자는 그런 쪽으로 내담자와 같이 동행하면서 7회기에 따뜻하게 '다시 해봐라, 연습해 봐라, 말해 봐라' 하는 것. 이런 것이 바로 버텨주기 태도이면서 안아주기 태도라고 생각한다. 이러한 것이 바로 참자기에게로 향하게 하는 대상관계적인 체험이라고 할 수 있을 것이다. 말하자면 이러한 경험이 내담자가 8~9회기에서 좀 더 차분하고 조용해지는 계기가 아니었을까 생각하면서 이 사례에 전체적인 포인트는 이 부분이라고 생각한다. 상당히 훌륭한 상담 과정이 아니었나 하는 생각이 드는 것이다.

(2) 화를 다스리고 싶어요

지금은 이 내담자가 고민하고 있는 문제에 대한 이야기이다. 내담자가 현재 35세인데 가족 상황을 보면 아버지의 폭력이 있었고 중학교 때부터 자신이 엄마를 못 때리게 막아서 같이 맞았다고 하고 이후 분가했을 때 엄마도 따라오고 동생도 따라오고 다 따라온다. 여동생은 결혼하고 남동생은 외국 유학도 갔는데 자기는 지금 미혼으로 35세가 되었다. 그럼 내담자는 결혼을 안 하는가 그런 생각이 든다. 그리고 남자친구가 있었고 8년을 사귀었는데 이 남자친구랑은 무슨 관계였을까, 연인이었을까 혹은 동맹관계처럼 오래오래 가는 마음 맞는 친구관계였을까? 8년을 사귀었는데 어찌하여 툭 틀어지고 말았는지 궁금해진다.

이 내담자의 인상 및 행동 특성을 보면 165cm 키에 다소 체격이 있다. '다소 체격'은 어떻게 보인다는 건지는 잘 모르겠다. 화장기 없는 얼굴에 정돈되지 않은 긴 파마 머리의 수수한 모습, 중간중간 감정이 격해지면 눈물을 주체할 수 없을 정도로 많이 흘린다. 금방 묘사한 것들은 35세 아가씨가 8년을 연애하고, 7개월째 연애하고 있다는 사람의 모습으로는 어떨까 싶다. 요즘 상실감 때문에 잠을 못자서 그런가? 일이 좀 힘든가 그건 좀 몰라도 기본적으로 털털한 여성 같은 느낌이 들고, 격정적일 것 같기도 하고, 그 분위기를 보면 전체적인 언어와 느낌이 안정되게 느껴진다 했다. 그러니까 전체 느낌에서 사실은 정서적인 측면이 열등한 것으로 보이는데, 조금 푸석한 외모에 안정된 느낌이라? 인상은 편안하고 안정된 느낌으로 힘 있어 보이고 생활력도 좋아 보이겠다고 생각된다.

이런 측면의 이해와 함께 아까 그 남자친구랑 8년을 어떻게 사귀었는가? 7개월 사귄 남자는 당신에게 무엇이 좋아 보인다고 하던가? 이렇게 내담자의 남성과의 관계맺기에 대하여 생각해 보면 좋겠다. 그 이유로 우선은 이 내담자가 화가 나서 못 견디겠다 하면서 남자친구의 권유도 있었지만 실제로 자발적으로 상담에 왔다는 점이다. 이에 '당신이 오랫동안 가정에서 폭력 당하고 그러그러한 것들 때문에 화를 내게 되는 것이다.' 하는 것은 인과론적인 설명이 될 것이다. 무려 35년 된 이야기이다. 적어도 이제 아빠하고 단절하기 전까지 24~25년까지는 내담자가 경험해 온 것들이다. 그런데 지금 내가 화가 나서 못 견디겠다고 말할 때에는, '현재 무슨 일이 있기에 당신이 이것을 호소해야만 하는가?'로 물어보아야 할 것이다. 여기에는 남자친구 문제가 걸려 있는 것이 아닌가? 내담자는 상담하고 있는 동안에 연인관계를 완전히 털기로 결정했다고 했다. 이런 부분이 화가 나고 안 받아들여지고 내담자가 정서면에서 어려움을 느끼게 하는 요인이 아닌가 한다.

(3) 나하고 사귀든지 끝내든지 하라

어떤 관계에 들어갔을 때 특히 이 내담자가 호소하는 게 '친밀한 관계에 있을 때는 안 받아들여지면 너무너무 화가 난다, 다른 사람은 어떻게 해도 상관없어 이게 되는데, 우리 가족이나 연인 같은 제일 소중한 사람들한테는 화가 나서 못 견디겠다.'고 말한다. 융(융저작번역위원회, 2004)에 의하면 이것은 관계에서 과도한 개입으로 인해 겪게 되는 신경증 같은 증세이다. 이런 측면은 내가 의식적으로 조절하기가 쉽지 않은 부분이다.

이 상태가 한계를 넘어가면 그것이 정신병이다. 우리의 관계에서 이렇게 되기 쉬운 때 중의 하나가 연애할 때이다. 이 관계가 진지해져 갈수록 긴장과 집착으로 쩔쩔매게 되고 내가 내가 아닌 것 같다고 느낄 때가 많아진다. 그래서 내담자가 상담하는 중에 연애를 시작한다면 상담이 깊게 잘 안 될 수도 있다고 생각되는 지점이다. 차라리 이별을 경험할 때가 드디어 조용하게 내면으로 들어가는 작업을 할 수 있을 때가 아닐까 생각해 본다. 지금 말하는 바는 내담자가 굉장히 몰입하고 있을 때가 그런 때라는 것이다. 이제 이 남자친구에게 몰입하게 된다. 몰입하는 자체는 좋은 것이다. 연애라는 건 아름다운 것 아닌가 하는데, 결론적으로 말하면 내담자가 겪고 있는 건 아름다운 것이 아니라 눈물의 씨앗이고 신경증이다.

내담자의 발달력을 봤을 때 굉장히 방어하면서 지키면서 살아야 했었다. 아버지한테 말했다가 당하는 부분이나 엄마를 폭력에서 구하는 부분이나 남동생, 여동생을 데리고 지내는 동안에 나는 경제적으로 계속적으로 지원했다고 하는 부분 등 사실 이런 과정들에서 내담자의 권리와 권위가 좀 있었을 법도 하고, 무엇보다도 이렇게 하면서 내담자는 자신의 본성과는 다른 삶을 살았을 것 같다.

이때 자신의 본성이라는 것은 딱 하나다. '나는 여자'라는 본성을 말하는 것이다. 이성관계, 연인관계에 걸려 있으니 그렇다는 이야기이다. 내담자는 자기 자신과는 다른 본성을 살아왔었다는 생각을 해 볼 필요가 있을 것이다. 말하자면 내담자는 여잔데 남자처럼 살아왔다. 이것이 누구의 이론이겠는가? 난 여자지만, 내 안에 남자 있다. 내가 사회적으로 일하면서 표방하는 의견, 신념, 주장들을 펼칠 때나, 어떤 맡은 과업을 지향하면서 살아갈 때에는 무의식 중에 내 안의 남자(logos, 이성)가 나온다. 이 내담자는 여러모로 남자처럼 살았다. 그래서 상당히 남성상을 위주로 살았다고 한다면 술 먹고 깡패가 와도 '해 보자' 이렇게 될 수 있는 것이다. 내담자가 남자친구와 8년을, 7개월을 사귈 때 여자(eros, 관계성)로 있고 싶었을 것이다(이에 대하여는 이부영, 2001을 참고하라). 살아내는 일에 남자였다가, 여자가 되고자 할 때 확 전환이 안 된다. 느낌을 가지고 생각해 보면 내가 밀어붙이듯이 터프하게 살다가 이성 관계에 막상 들어가게 되면 여기서 발동되어야 하는 것은 로고스가 아니라 개인적인 에로스이다. 정서적인 어떤 측면이 발현되어서 둘이 관계 속에서 주거니 받거니 하고 아기자기한 관계가 되어야 하는데 이 부분이 우리 내담자에게는 어려운 문제가 될 수 있겠다. 그렇게 되면 또 다른 현상이 일어나는데 무조건 의존적이 되거나 집착처럼 몰두하게 된다. 그러면서 상대의 모든 것이 내 것이어야만 한다고 여긴다.

특히 이 내담자가 남자친구하고 삐걱거리게 된 이유들을 4회기에서 찾아보면, 최근 남자친구와의 관계를 '완전히 정리하든지 다시 연인관계로 가든지' 요구하는 마음이 있다. 이게 '모 아니면 도'라는 방식이다. 뭐가 맘에 안 드냐 하면 '남자친구가 애매하다.' 했다. 애매한 반응 보일 때 열 받는다. 아니꼽다고 말한다. 맞으면 맞고 아니면 아니라고 말하지! 이건 여성들의 방식이 아니라 남성들의 이성적이고 합리적인 방식이다. 특히 이제 여성들이 열 받으면 '자기답지 않게' 정서를 안 쓰던 사람이 정서를 쓰면 이렇게 된다. '네가 나 좋다고 하든지 안 좋다고 하든지 택하라'고 요구하는 것이다. 이 내담자의 방식은 '분명하게 해라, 명확하게 해라, 나하고 사귀든지 끝내든지 하라.'는 것인데 이는 남자친구로 하여금 좀 겁나게 만든다. 우리도 룸메이트(?)랑 '한판 결투하자'고 할 때, 주로 결투신청은 여성이 하는 것이 보편적이라고 한다. 새벽 1시거나 2시거나 상관이 없지 않던가? '일어나봐' 하고 안 재운다. '내가 잘못했다.'는 말을 듣게 된다면 그다음 말은 '뭐가 미안한지, 뭘 잘못했는지 말해 봐라' 하고, '잘 생각 안 난다.' 하면 가차 없이 쥐어뜯을 형국이 된다. 조목조목 따져들어 간다. 이때 따지는 것은 사실적인 것을 근거로 한 것이 아닐 때가 더 많다고 한다.

5회기에 보니까 남자친구에게 자기가 힘들었다는 얘기를 또 하면서 '네(남친) 마음이 어떤지 궁금하다.'고 했더니 '나도 잘 모르겠다.'며 결국 관계를 정리하게 된다. 내담자가 다른 일에는 참 쿨하게 넘어가는데, 연인관계 혹은 정서를 나누어야 할 때는 이렇게 미숙하게 되는 것 같다. 그러니까 내담자는 바깥일에 대처할 때에도, 엄마, 여동생, 남동생을 건사할 때에도 다 잘됐다. 엄마도 나름의 자기 길을 갔는데 나는 되는 일이 없다. 특히 친밀한 관계에서 안정감도 찾고 의존할 사람도 있고 그랬으면 좋겠는데 화가 나는 걸 안 받아주더라는 거다.

그런데 이 내담자가 이제 좋아지게 되는 것은 상담자와 만나서 이야기하면서이고 한 가지 깨닫게 되는 것이 있다. 가장 통찰을 얻은 부분이, 축어록 내담자 10, 11에 보면 '내가 원하는 건 말하지 않았다. 내가 원하는 건 없이 화만 냈다.'는 것이다. 이 내담자는 감정표현 기회는 잘 없었고 바깥에서 의젓하게 행동하는 남성적인 것, 즉 로고스를 발동하며 사는 건 잘 했는데 막상 에로스를 발동하는 관계에 들어오면 너무 미숙해서 맨날 이렇게 조율이 안 되고 화만 냈다. 그래서 우리가 하는 방법은 상담자가 말한 것처럼 원하는 것을 말하는 것이다. 네가 이렇게 해줬음 좋겠어, 저렇게 해줬음 좋겠어, 내가 징징대고 화를 내면 한번 기다려 준다든지 '아, 왜 그래~' 하고 나를 좀 달래준다든지 해 달라, 예를 들면, 그런 식으로 원하는 것을 표현하기를 배웠다. 이것만 해도 큰 것이긴 하다. 이제 내담자에게 요청되는 한 가지는 사람들과 친밀하고 개인적인 관계 맺기를 배워가야 하는 것이다.

(4) 바람피우는 남자

여자친구 문제가 나왔는데 그건 제일 어려운 문제다. 그래서 SCT에도 보면, 남자한테 제일 안 좋은 건 바람피우는 것이라 했다. 그러니까 이 친구는 남자친구에게 그런 혐의를 두고 있는가 보다. 내가 이 남성과 감정적으로 연결되어 있다는 자신감이 없으면 또 따지기를 해야 한다. 그래서 무슨 관계냐 이렇게 물어봤을 때 남자친구가 '나는 여기에 대해 너하고 갈등할 게 없다.'고 말했다. 자세히 볼 때 이 남자친구가 괜찮은 사람인 것 같다. 상당히 기다리고, 어려울 때 밥도 먹어주고 근데 연인관계에선 아니라고 말해 주는 이런 사람인데 내담자는 견디지를 못한다.

아직 이 내담자가 이런 남성을 얻을 만한 여성이 안 됐을 수 있다. 어떻든 할 수 있는 일은 이러한 의심스러운 일이 있을 때 전처럼 하지 말아보자는 것이다. 남성화된 여성들이 잘하는 것이 '비난한다, 따진다, 물고 늘어진다, 비판한다'인데 이를 제일 무서워하는 이들이 남자들이다. 딱히 남자들과 잘 지내기 위해서라기보다는 따져야 할 때, 머리에 환하게 불이 들어올 때 약간 불을 낮추라는 것이다. 그래서 쓸 수 있는 용어가 있다. darkened light. 불을 좀 어둑하게 밝히라는 의미가 포함되는 말이다. 사실 바로 이런 관계에 있을 땐 '불을 밝히지 말아야 한다.' 이런 한 수를 알려주는 이야기가 있다.

에로스가 프시케와 사랑을 시작하면서 그녀에게 금기를 딱 하나 준다. 어떤 일이 있어도 어두운 밤에 나를 보려고 하지 말라는 것이다. 그러나 언니들의 질투에 의해서 만들어진 계략이 생긴다. 언니들이 계략을 주는데, 바로 에로스가 괴물일 테니 밤에 불을 밝혀보라는 것이다. 그래서 등불을 켜고 보니까 너무나도 아름다운 미소년이었다. 감탄이 절로 나오는데 그만 등불기름 한 방울이 에로스에게 떨어져서 잠을 깨게 되고, 그는 떠나가면서 뭐라고 했는가? 사랑이 깨졌다. 불을 켜지 말아야 하는 것이다. 이러한 지점에서 darkened light, 어두운 불빛을 통해서 저 사람을 은근하게 봐주는 것이 에로스 관계에서 제일 중요한 어떤 것 같다. 여성들도 관계에서 너무 따지고 들어오면 무섭고 싫다. 같은 여성이라도 그렇다. 가까이 하기엔 너무 먼 당신이다. 특히 상담자들은 내담자들 것을 봐도 모른 척하다가 적절할 때가 되었을 때에야 직면(confrontation)하지 않던가.

(5) 나하고 좀 놀아줘

이 내담자에게는 열심히 잘 살아왔던 모든 것에 대하여 '잘했다, 고맙다, 감사하다'는 치하가 필요할 것이다. 내담자가 사람 잃어버린 것에 대해서 교훈을 얻는다면, 이제부터는 내담자 자신답게 살아야 하는 것이다. 상담에서는 나-전달법을 사용하는 것을 배웠다. 그리고 내담자는 다른 관계들을 새롭게 찾아보면서 친구에게도 '나하고 좀 놀아줘.' 라고 말하는 것이 눈에 들어온다. 먼저 청하는 자리. 이런 게 관계를 만드는 좋은 지혜인 것 같다. 잘하고 있는 것으로 보인다. 앞으로도 내담자는 계속적으로 개인적인 정서적 친밀관계를 체험해 가면 좋을 것이다. 끝으로 내담자에게는 정서적 · 교정적 체험이 여러 번 보이는데 이런 것들은 어쩌면 내담자가 갖게 된 수용적 태도 때문에 바깥에도 배열(constellation)된 움직임들이 아닐까 생각한다.

연습문제

1. 아버지와 관계 안에서의 감정과 현재 내담자의 분노의 감정이 연결되는 지점을 아버지 콤플렉스라는 개념으로 설명하시오.
2. 남성과 여성에서의 로고스와 에로스 개념을 설명하시오.
3. 이 사례에서, 청년기의 내담자가 지향해야 할 개인적 과제는 무엇인지 이야기하시오.
4. 내담자가 가지게 된 수용적 태도 때문에 바깥에도 배열된 움직임들이 있다고 하는 것은 무슨 의미인지 이야기하시오.

2. 인지적 접근의 사례개념화

내담자는 30대 중반의 미혼여성으로 직장에 다니고 있다. 늘 아무것도 아닌 일에 버럭 화를 내고는 후회하는 일이 반복된다. 화가 나면, 특히 가족이나 연인에게는 감정조절이 어렵고 화를 그대로 폭발해 버려서 관계를 망치게 된다는 점을 호소하고 있다. 내담자의 부모는 몇 년 전에 이혼하였고 어머니는 재혼하였다. 형제관계는 내담자 밑으로 여동생 1명과 남동생 1명이 있다. 어린 시절의 아빠는 특별한 이유 없이 화를 버럭버럭 내서 가족 모두가 아빠의 퇴근 시간이 되면 긴장하였다고 한다. 아빠가 엄마와 별거 후에는 엄마에게 못한 화풀이를 내담자에게 해서 내담자가 너무 힘들어하였다. 호소 문제를 보면 성장 과정에서 목격한 부친의 행동 패턴이 학습되어 내담자에게 대물림 된 듯이 보인다. REBT 방식으로 상담을 해 나갈 때 내담자의 호소 문제를 다음과 같이 정리할 수 있다.

- 정서적 문제: 사소한 것에 대해서 화를 버럭버럭 낸다.
- 행동적 문제: 사람들과의 관계를 망친다.

이와 같은 정서적, 행동적 문제를 일으키는 비합리적 생각은 다음과 같이 정리할 수 있다.

- 가족과 남자친구는 내가 원하는 대로 행동해 주어야만 한다.
- 가족과 남자친구가 내가 원하는 대로 행동해 주지 않으면 나는 참을 수 없다.
- 아무것도 아닌 일에 화를 버럭 내는 나는 바보 멍청이이다.
- 화를 버럭 내는 똑같은 실수를 반복하는 나의 삶은 실패한 인생이다.

내담자는 평소에 감정조절이 안 되고 남자친구와도 사소한 일로 크게 다투게 된다고 하였다. 내담자는 잘 느끼지 못하겠지만 내담자가 정서조절이 안 되고 화를 내는 것은 바로 그 당시에 당면한 크고 작은 사건에 대한 내담자의 신념 때문이다. 아마도 화를 내게 되는 어떤 상황에 대한 해석이 내담자로 하여금 화를 표출하도록 하는 것이다. 내담자는 자신이 원하는 대로 상대방이 반응하지 않거나 세상이 나의 생각과는 달리 움직일 때 화를 내는 것으로 보인다. 그러고 나서 또 자신이 별것 아닌 일로 화를 낸 것에 대해 자신을 바보 멍청이로 비하하게 되고, 똑같은 실수를 반복한 것에 대해서 실패했다고 지각함으로써 계속되는 분노의 쳇바퀴 속으로 자신을 밀어 넣은 듯이 보인다. 결국 내담자는 스스로 '화를 내지 않아야 하는 상황에서 아무 때나 화를 내고, 반복적인 실수를 계속하며 남자친구를 떠나가게 만드는 내 인생은 참으로 한심하다.'와 같은 내재된 신념구조, 즉 핵심 스키마를 형성하면서 이에 따라 분노가 계속되는 악순환의 고리 속에 놓여 있는 듯이 보인다.

1) 상담자가 수립한 상담의 목표와 전략 및 진행 과정

(1) 상담의 목표

- 정서적 목표: 사소한 일에 화를 곧바로 내지 않는다.
- 행동적 목표: 사람들과의 관계 특히 중요한 사람과의 관계를 망치지 않고 건강한 관계로 더욱 발전시켜 나간다.

이 사례에서는 앞에서 제시한 내담자의 비합리적인 생각을 바꾸어 다음과 같은 합리적인 스키마로 바꾸는 것이 목표가 된다. 내담자가 지녀야 할 합리적 생각은 '아무 때나 함부로 화를 내지 않는다. 혹시라도 화를 내서 반복적인 실수를 하더라도 나를 한심한 인간, 실패한 인생이라고 낙인찍지 않는다. 한 번뿐인 내 인생은 소중하고 나 또한 소중한 사람이다.'라고 정리할 수 있을 것이다.

(2) 상담의 전략

내담자의 화를 욱하고 내는 상황에서 드러난 비합리적 신념을 찾고 이에 대해 각각 논박을 진행하여야 한다. REBT 상담을 할 때 가장 중요한 것은 우선 내담자가 화를 아무 때나 버럭버럭 내고 있는 자신의 태도가 어디에서 유래되었는지, 그리고 계속해서 화를 표출하는 것을 유지하게 만들었던 요인이 무엇인지를 파악하는 것이 선행되어야 할 것이다. 그런 다음에 REBT 상담에서 가장 기본적으로 쓰는 ABCDE 워크시트에 대해서 가르쳐 주고 화가 나는 상황이 생길 때마다 그때그때 ABC 기록지를 통하여 자신이 화가 날 때의 상황과 그때의 신념이 무엇인지를 찾아내도록 안내해야 한다. 그러면서 비합리적 생각을 찾아 그 생각이 논리나 이치에 맞는지, 우리가 경험하고 있는 현실과 일치하는지, 그리고 내담자의 성장과 발전에 필요한지에 대해서 꼼꼼히 따져 가면서 논박하는 방법을 상담시간에 보여 주고 평소에 이를 할 수 있도록 가르치고 스스로 해 보도록 하는 것이 필요하다. 이 사례의 내담자는 자신이 이 문제를 해결하기 위해 책도 읽고 일기도 쓰는 등의 노력을 하는 것을 고려하여 상담자가 독서치료(bibliotherapy)와 ABC 기록지 쓰는 것을 병행하면서 상담을 수행하면 금상첨화일 것이다. 홍경자와 김선남이 번역한『화가 날 때 읽는 책』을 읽혀 가면서 회기마다 시간을 할애해서 책의 내용에 대해 나누며 상담을 진행하면 상담실에서 상담자의 언어로만 상담하는 것보다 치료의 효과가 배가될 수 있다.

(3) 상담의 진행 과정

1회기 접수면접 및 호소 문제 탐색

내담자는 일반적인 사람들과는 문제가 없는데 가족이나 연인에게는 화가 통제가 안 된다고 한다. 자신이 스스로 폭력적인 아빠를 닮은 것 같다고 말하고 있으며 20대 초반에는 술 먹고 길 가는 사람과 부딪치면 몸싸움도 했다고 한다. 이는 20대의 여성이 보이는 행동이라고는 상상하기 어렵다. 아마도 내담자는 어린 시절부터 해소되지 않은

엄청난 분노가 마음속에 숨어 있다가 사소한 촉발요인만 나타나도 성냥을 그어 불을 지피듯이 화를 내고 분노를 폭발하는 것 같다. 어머니가 물건을 던지고 화를 내는 내담자의 모습을 아버지와 같은 행동이라고 지적하자 충격을 받은 다음부터 책을 읽고 있으며 지금은 그때처럼 화를 내거나 물건을 던지지는 않는 것을 보면 통찰력이 상당히 있는 것으로 보인다. 내담자가 지닌 이런 점을 상담의 예후를 좋게 해 주는 자원으로 활용할 수 있을 것이다.

2회기 심리검사 해석과 가계도 탐색/아버지와의 관계 및 관련된 비합리적 생각 파악

내담자에게 보이는 화의 근원은 아버지와 관련이 있는 듯이 보인다. 이때 상담자는 내담자로 하여금 아버지의 삶에 대해서 탐색하고 이해하는 것이 선행되도록 도와야 할 것이다. 내담자의 할아버지는 부친인 아들을 낳기 위해 세 번이나 결혼했어야 했고 역시 여러 번 결혼했던 경험이 있는 어머니 사이에서 태어났다. 이는 가계도에서는 나타나 있지 않지만 여러 명의 이복, 이부 형제간의 복잡한 관계역동에서 여러 가지 어려움을 겪었을 가능성이 농후해 보인다. 또한 부친은 비록 중학교만 졸업을 했지만 미술에 재능이 있었고 외국에 갈 기회가 있었는데 할머니가 못 가게 하여 이미 어린나이에 꿈이 좌절된 사람이었다. 이러한 환경은 내담자의 부친에게 성격의 공격적 특성을 개발하게 만든 필요충분조건이 되었을 것이다. 가정환경을 폭력적으로 만드는 모습을 보고 자란 내담자의 성향도 아버지를 싫어하면서 닮게 되었는지 모른다. 이때 내담자가 지니고 있었을 비합리적 생각은 '나의 모든 화의 근원은 아버지에게 있다. 아버지는 늘 폭력적인 행동을 일삼았고 나는 그것을 보고 배웠다. 이것은 나를 너무 한심하게 만든다.'라고 파악할 수 있다.

3회기 어머니와의 관계 및 관련된 비합리적 생각 파악

고된 직장생활을 하면서 엄마와 동생들을 책임지느라 너무 힘들었다고 한다. 이는 내담자로 하여금 분노가 쌓이게 하는 충분한 상황이 될 수 있다. 특히 어머니가 경제적인 부분을 내담자에게 모두 떠넘기고 어려운 일은 하려고 하지 않아 내담자의 분노를 더욱 가중시켰을 것이다. 이때 내담자가 지닌 '어머니가 내게 모든 경제적 책임을 떠넘기는 것은 참을 수 없다.' '나를 힘들게 하는 어머니와 함께 사는 것은 고통스럽고 힘든 일이다.'라는 식의 비합리적 생각이 내담자를 더 분노하게 만들었고 어머니답지 않다고 생각이 드는 어머니에게 쉽게 분노를 표출했으리라.

4회기 남자친구와의 관계 및 관련된 비합리적 생각 파악

내담자의 남자친구는 내담자와 달리 기분이 나쁠 때 생각 없이 화를 버럭 내지 않고 잠깐 쉬다가 나중에 이야기하자고 한다. 내담자는 자기가 별 생각 없이 한 말로 남자친구를 기분 나쁘게 한 것은 아닌지 조심스럽고 불안하다. 어머니와 아버지의 관계를 돌아보며 어머니의 말 때문에 아버지가 화를 내는 일이 많았던 것을 상기하면서 자신도 어머니처럼 남자친구의 화를 돋우는 것은 아닌지 자신이 한심하다는 생각이 든다고 한다, 그러면서 남자친구가 떠날까 봐 불안하고 이는 우울로 이어진다고 말하고 있다. 여기에서 내담자에게 드러나는 비합리적 생각은 '내가 생각 없이 말을 함부로 해서 남자친구가 떠난다면 나는 너무 한심할 것이다.'로 파악할 수 있다.

5회기 전 남자친구와의 관계탐색

내담자는 지금 사귀고 있는 남자친구와 관계를 정리하고 그냥 친구처럼 대하려고 생각하니 마음이 슬프다고 한다. 아울러 지난번에 8년 동안 사귀었던 남자친구에게도 똑같이 상처를 많이 준 것 같고 헤어질 때 모질게 대해서 마음이 아파 사과하려고 전화했더니 새로운 여친이 생겼다고 해서 실망했다고 한다. 본 회기에서는 '똑같은 이유, 즉 별일 아닌 것으로 생각 없이 화를 내서 남자친구를 힘들게 하고 또 나를 떠나게 만드는 내가 너무도 한심하다.'라는 내담자의 비합리적인 생각이 잘 드러나 있다.

6회기 어머니에게 위로받음

남자친구와의 관계를 다 이야기하고 어머니에게 위로를 받았다고 한다. 괜찮다가도 갑자기 눈물이 쏟아지는 것으로 보아 자신의 잘못으로 계속해서 남자친구를 떠나가게 만드는 처지가 비관스럽게 느껴지는 것 같다. 남자친구에게 지나칠 정도로 연락을 자주 강요해서 남자친구가 부담스러웠을 것이라는 통찰이 생겼다. 내담자는 자신의 문제를 스스로 해결해 보려고 관련 책도 많이 읽고, 또 내담자의 어머니가 사회복지학 공부를 한 영향을 받아서인지 자신의 문제를 바로 보는 힘이 있다.

7회기 내담자의 남친에 대한 핵심 비합리적 신념의 탐색. 축어록 참고

가족이나 남자친구와의 관계에서 여과 없이 화가 올라온다. 계속 일기 등을 쓰면서 그렇게 하지 않으려고 해도 이성의 끈이 끊어져 버렸고 처음에는 그런 것이 다 본인의 잘못 같다고 생각이 들었지만 남자친구도 오해의 소지를 주었기 때문에 '나 혼자 잘못했다. 모든 것이 나 때문이다.'라는 생각을 계속할 필요가 없다는 통찰을 하게 되었다

고 말한다. 남자친구에게 계속 챙김을 받으려고 자신이 그냥 잘못했다고 말을 해버리곤 했는데 정신을 차리고 보니 그쪽도 받아줄 마음이 없어서 그런 거라고 생각하니까 자신에 대한 자책이 진정이 되었다고 한다. 상대방에게 기대고 싶어서 앞뒤 안 가리고 마음을 줬던 것이었는데 이제는 자신을 좀 더 챙겨야 되겠다는 생각을 많이 했다고 한다. 여기까지의 정황으로 보아 내담자가 지니고 있는 비합리적 생각은 '연인과 같이 가까운 사이일수록 자신의 정서를 있는 그대로 표현 했을 때 서로의 속마음을 알 수 있고 그래야 기댈 수 있으므로 여과 없이 자신의 화를 내는 것이 좋다.'로 사료된다. 이에 대해 상담자는 이러한 생각을 내담자에게 가설적으로 제시하고 동의하는지 물어보았으면 좋았을 것이다. 동의한다면 실제로 그렇게 생각을 하고 화를 내니까 상대방이 속마음을 알아주기는커녕 오히려 내담자를 성급하거나 사려 깊지 않은 사람으로 생각하고 내담자로부터 떠나게 만드는 결과를 초래 했다는 것을 보게 하면서 자신의 신념이 오히려 관계를 해쳤다는 것을 깨닫도록 하는 과정이 필요했으리라.

상담자 2에서 갈등상황에서는 말의 내용이 전달되기보다 감정 대 감정이 싸우게 되므로 나-전달법을 사용해서 내담자에게 대화하는 기법을 상담자가 가르치고 내담자는 잘 따라하고 있다. 사실 이 내담자는 자기 통찰이 잘 되는 내담자이고 분노를 바로바로 터트리는 자신의 문제를 잘 알고 있고 이에 대해 여러 가지 책도 읽고 일기도 쓰면서 해결하려는 와중에 있는 내담자이기 때문에 나-전달법만 가지고는 이 내담자의 핵심적 문제를 해결하는 데는 거리가 있어 보인다. 앞에서 제시한 비합리적 신념을 다루었다면 근본적인 문제의 원인에 가 닿을 수 있었을 텐데 아쉽다.

8회기 남자친구와의 이별을 수용함

남자친구와의 이별을 수용하고 의존하는 것이 줄어들면서 자신이 처한 상황을 받아들이자 자기 일에 좀 더 집중해야겠다는 생각이 들었다고 하였다. 내담자는 점점 건강한 방식으로 자신을 찾아가는 듯이 보인다. 그러나 내담자에게 한 가지 유념하도록 안내해야 할 것은, 한 번씩 다운될 때에는 친구들에게 먼저 연락하고 이야기하거나 음악을 들으면 빨리 회복된다고 하였으나, 이것은 임시방편일 뿐 내담자의 신념과 철학이 바뀌지 않는 한 문제는 해결되지 않는다는 다는 점을 분명히 해 줄 필요가 있다.

9~10회기

현재의 연인관계를 완전히 정리하고 어학공부모임에서 만난 이성친구가 호감을 보이면서 본인의 신상에 대해서 계속 이야기하는 것이 부담스럽다고 하였다. 한편 힘든 상황에서 벗어나 안정적인 사람을 만나서 빨리 결혼을 하고 싶은 마음도 있지만 또 실패하면 어쩌나 하는 두려움도 있다고 한다. 이때 상담자는 내담자가 이성친구에 대해서 '이성친구라면 나의 모든 것, 특히 나의 불편한 정서를 바로바로 표현해도 잘 받아주어야 한다. 그래야 그는 내가 기댈 만한 사람이다.'라는 비합리적 생각을 바꾸지 않는 한 내담자의 예감처럼 또 실패할 수도 있다는 점을 분명히 하는 것이 좋았을 것이다.

11회기

내담자는 이성친구를 통해 뭔가 생각하고 이해하는 부분이 많이 확장되는 느낌이라고 했는데 그 '뭔가'가 무엇인지에 대해서 탐색하였으면 무슨 대답이 나왔을까? 사회복지학 공부를 한 어머니는 표현의 중요성을 알아서인지 내담자에게 사랑한다는 말을 하곤 하는데, 전에는 그 말이 너무 불편해서 말을 끊었지만 지금은 내담자도 엄마에게 사랑한다고 표현한다고 한다. 이는 7회기에서 상담자와 함께 열심히 연습했던 나-전달법의 효과로 보인다. 솔직하게 마음을 표현해 보면서 마음이 편안해지고 어머니에게 서운했던 마음도 다 풀렸다고 하니 하나의 단일한 기법이 이렇게까지 효과를 낸다는 것이 놀랍게 느껴진다. 일상생활에서 상대방의 마음을 상하게 하지 않으면서 자신의 의견을 표현하는 것이 얼마나 중요한가!

2) 상담의 방향에 대한 제언

이 사례를 REBT를 활용하여 상담을 한다면 먼저 내담자가 지니고 있는 비합리적 생각을 찾아서 논박을 해야 한다. 사례 전반에 흐르고 있는 내담자의 비합리적 생각은 다음과 같다.

- 연인과 같이 가까운 사이일수록 자신의 정서를 표현했을 때 서로의 속마음을 알 수 있고 그래야 기댈 수 있으므로 여과 없이 화를 내는 것이다.
- 화를 내지 않아야 하는 상황에서 아무 때나 화를 내고 반복적인 실수를 계속하며 남자친구를 떠나가게 만드는 내 인생은 참으로 한심하다.

이 생각을 중심으로 ABCDE 자기조력양식을 〈표 13-1〉, 〈표 13-2〉와 같이 작성해 보게 할 수 있다.

내담자는 상담실에 오기 전에 이미 자신의 문제에 대한 통찰이 많이 되어 있는 상태에

표 13-1 ABCDE 자기조력양식 예시 1

A (사건 및 상황)	B (생각 및 신념)	C (정서적/행동적 결과)	D (논박 및 개입)	E (효과)

A (사건 및 상황)	B (생각 및 신념)	C (정서적/행동적 결과)	D (논박 및 개입)	E (효과)
남자친구와의 사소한 말다툼	연인과 가까운 사이일수록 자신의 정서를 있는 그대로 표현했을 때 서로의 속마음을 알 수 있고 그래야 기댈 수 있으므로 여과 없이 화를 내야 한다.	화가 더 나고 속이 더 상한다. 남자친구에게 상처를 주고 궁극적으로 남자친구를 떠나가게 만든다.	내담자에게 다음과 같은 질문을 할 수 있다. • 화가 났을 때 그것을 여과 없이 그대로 표현하면 상대방이 나의 속마음을 금방 알아채기는 하겠지만 그렇게 했을 때 과연 상대방이 나와 함께하는 것이 편안하다고 느낄까요? • 여태까지 남자친구와의 관계에서 화를 바로바로 냈을 때 과연 상대방이 여자친구가 자기 속을 보여주는 솔직한 사람이라고 여기면서 여자친구를 자신에게 더 기대어 오게 만들었나요?	앞의 논박을 통해 내담자는 비록 가까운 사이라고 해도 정서를 있는 그대로 표현하지 않고 여과해서 적절한 수준으로 표현하는 것이 오히려 남자친구나 다른 가까운 사람과의 관계를 유지하고 더 좋은 관계로 발전할 수 있게 된다는 것을 알게 한다. 신념을 이렇게 바꾸었을 때 그에 따른 효과는 다음과 같다. • 정서적 변화: 화가 나더라도 조절할 수 있으며 내담자의 속이 더 상하지 않을 수 있다. • 행동적 변화: 궁극적으로 남자친구 등과의 관계도 좀 더 질 높은 좋은 관계로 발전하게 할 수 있을 것이다.

표 13-2 ABCDE 자기조력양식 예시 2

A (사건 및 상황)	B (생각 및 신념)	C (정서적/행동적 결과)	D (논박 및 개입)	E (효과)
남자친구와 결별한 상황	화를 내지 말아야 하는 상황에서 아무 때나 화를 내고 반복적인 실수를 계속하며 남자친구를 떠나가게 만드는 내 인생은 참으로 한심하다.	자신에게 비참함을 느낀다. 남자친구를 함부로 사귀지 못하게 만든다. 새로운 남자친구가 다가오려 해도 자꾸 막게 된다.	내담자에게 다음과 같은 질문을 할 수 있다. • 반복적으로 남자친구에게 화를 내서 남자친구가 나를 떠나갔다고 해서 정말 내 인생이 한심하다는 증거는 어디에 있습니까? • 남자친구가 떠난 지금 내담자의 생활은 어떠신가요? 내담자는 오히려 외국어를 배우러 다니면서 새로운 남자를 만나고 그에게서 이성친구로 사귀고 싶다는 제안까지 받은 상황이라면 내담자의 생각처럼 내담자의 삶이 비참하지 않다는 것을 깨닫도록 한다.	앞의 논박을 통해 내담자는 반복적으로 화를 내서 비록 남자친구를 떠나가게 만들었다고 해도 내담자의 생각처럼 내담자의 삶이 비참하지 않다는 것을 알게 해 준다. 신념을 이렇게 바꾸었을 때 그에 따른 효과는 다음과 같다. • 정서적 변화: 자신의 인생에 비참함을 더 이상 느끼지 않아도 되고 자신에 대한 태도가 편안하다. • 행동적 변화: 다른 남성이 친구를 하자고 제안했을 때 거절하기보다 만나보면서 이 남자친구가 진실한 나의 반려자가 될 수 있을 것인지에 대해서 살펴볼 것이다.

◈ 과제

REBT 상담에서는 내담자의 변화를 이루고 유지하기 위해서는 생활 속에서 실천해야 할 과제를 많이 내준다. 이를 위해 위의 바뀌게 된 비합리적 생각을 자기 언어(self-talk)로 반복적으로 암송하거나 글로 써 보도록 한다. 예를 들면, 하루에 세 번씩 한 달 동안, 그리고 나서 한 달이 지났을 때 과연 바뀐 생각이 내재화되었는지에 대해서 점검해 볼 수 있다. 여기에 부가하여 이러한 생각의 변화로 내가 취할 수 있는 이득이 무엇인지 작성해 보도록 할 수 있을 것이다.

서 방문하였다. 상담자가 제시한 전략인 자신의 정서를 그대로 맞닥뜨리고 수용하는 것과, 내담자의 고통을 그대로 담아주고 버텨주는 안전한 환경의 제공, 그리고 나-전달법의 훈련만 가지고는 효과적인 상담이 이루어질 수 있다고 보기 어렵다. 이 사례는 총 12회기를 진행해 온 사례인데, 9회기에서 내담자는 울적해서 예쁜 카페도 가고 맛있는 것도 먹고 자전거도 탔더니 기분전환이 되었지만, 상담이 끝나면 어떨지 걱정이 된다고 말하고 있다. 이런 상황을 상담의 인지적 기법에서는 feel better, 즉 기분이 좋아진 상태라고 말하는데 이것은 상담에 의해서 이루어진 일시적 기분전환이라고 보아도 무방할 것이다. 만약에 내담자에게 자신을 힘들게 했던 비합리적 신념을 찾게 하고 그것을 변화시켰더라면 get better, 즉 정말로 나아진 상태를 느꼈을 것이다. 상담의 종결기에도 자신의 변화된 행동과 더불어 혹시 어려움이 오더라도 스스로 자신을 조력(self-help)하는 방법을 알게 되어 이 내담자처럼 종결 이후를 대비한 걱정을 안 해도 되었을 것이다.

3) 상담자에 대한 슈퍼비전

〈316쪽 '슈퍼비전을 받고 싶은 내용' 참고〉

[아버지와의 관계와 분노 감정을 다룰 수 있는 구체적인 개입 방법은?]

상담자는 내담자의 핵심 이슈인 부와의 관계에서 감정을 좀 더 다루고 싶었는데 진행하지 못한 점이 아쉽고 이런 내담자를 만났을 때 분노의 감정을 잘 다룰 수 있는 구체적인 개입기술에 대해서 묻고 있다. 이는 이미 본문에서 설명하였지만 분노의 감정을 유도했던 상황과 그 상황에 대한 내담자의 지각이나 해석이 어떠했는지 묻고 분노, 즉 부적절한 부정적 정서를 유도한 내담자의 신념을 논박을 통해 바꾸어 준다면 내담자의 분노라는 정서가 해결될 수 있을 것이다.

연습문제

1. 이 사례에서 내담자가 보이는 기분 좋아지기(feel better)와 정말로 나아지기(get better)의 차이점에 대해서 설명하시오.
2. 이 사례의 내담자가 지니고 있는 핵심 비합리적 신념을 논박하기 위해 필요한 다양한 방략에 대해서 설명하시오.
3. 상담자가 주요 기법으로 활용하고 있는 나-전달법의 강점과 단점을 기술하시오.

3. 통합적 접근의 사례개념화

내담자('안나'라고 하자)는 가까운 사람, 곧 가족이나 남자친구에게 사소한 일로 화를 폭발해서 관계를 악화시키는 경우가 많다. 지금의 남친에게 연인관계인지 확실히 하라고 다그치고, 남친이 바쁜 상황에 놓여 있는지는 전혀 고려하지 않은 채 무조건 자기에게 관심 보이고 연락을 취해야 한다고 보챘다. 그러니까 그녀는 사랑과 인정욕구에 목말라 있다. 그리고 상대방의 처지를 이해하고 공감하는 능력이 매우 부족하다. 안나에게 화가 많은 것은 성장사와 연관이 있다. 어린 시절 아버지는 어머니와 그녀에게 폭력을 행사하였다. 중 · 고 시절부터 어머니가 가출을 하면 안나는 동생들을 챙겨주며 생활하였다. 안나가 대학을 졸업하여 따로 살면서부터 어머니와 동생들에게 7년 동안이나 가장 노릇을 하였다. 그런 시기에 길거리에서 낯선 행인과 심하게 몸싸움을 하였고, 집에서도 기물을 던지는 행동을 하면서 아버지와 비슷한 공격적 성향이 노출되었다. 그러니까 안나는 선천적으로 아버지의 기질을 물려받았고, 아버지의 가정폭력을 여러 차례 목격함으로써 분노 폭발과 폭력 행동이 모방학습되었다고 볼 수 있다. 이제 그녀는 시도 때도 없이 분노 폭발하는 성격을 고치고 싶어 한다. 안나는 지적 능력은 뛰어나기에 직장생활에서 유능하며, 20대 때부터 가족을 부양할 수 있었다. 그런데 가까운 사람들과의 관계에서는 요구적이고 사이좋게 지내지를 못한다. 말하자면 대인관계의 능력이 부족하다. 그것은 자기가 느끼고 원하는 것을 잘 알아차리지 못한 채 깊은 생각 없이 불안과 공포로 반응하기 때문이다. 이는 성장과정 중에 경험한 트라우마가 그녀의 생각과 감정에 뒤틀림을 가져다준 것 때문이라고 본다. 따라서 안나에게는 자기 감정을 인식하는 것과 트라우마의 치유가 일어나서 내면의 부드럽고 편안한 자기의 본성을 발견하고 수용하는 것이 필요하다.

1) 상담자가 수립한 상담의 목표와 전략 및 진행 과정

이 사례에서 내담자에게 의사소통의 기술 개발을 상담 목표로 삼고 그녀에게 상담자가 마음을 담아주고 버텨주는 것과 나-전달법의 훈련을 통하여 남자친구에게 자신의 욕구를 담담하게 표현할 수 있도록 돕는 것으로 하였다. 그것은 타당하다.

상담의 진행 과정을 살펴보면, 1회기 때 상담자는 안나가 20대 때부터 어머니와 동생들을 보살피며 생활하느라고 애써 왔다고 따뜻하게 수용해 주었고, 그녀는 눈물

을 보였다. 2~3회기 때 아버지의 가정폭력과 어머니에 대한 양가감정을 호소하였다. 4~6회기에서 안나는 남자친구가 떠나갈까 봐 불안하고 슬퍼졌으며 드디어 그냥 친구로 지내자는 통고를 받았다고 했다. 이 시점에서 상담자는 안나의 전화를 강요하는 행동이 어린 시절의 유기불안에 뿌리가 있다는 것을 깨닫게 했더라면 좋았을 것이다.

7회기에 그녀는 분노가 올라오면 앞뒤 가리지 않고 무조건 화부터 내고, 그 다음에야 후회를 한다고 말했다. 상담자는 그때 자기 감정을 알아차리고 그 자리를 피하라고 충고했고, 나-전달법을 잘 가르쳐 주었다. 그러나 근원적인 원인을 알아야 한다.

8~11회기에 그녀는 어머니와의 관계가 호전되었고, 남친과의 관계도 곧바로 정리하였다고 했다. 그리고 친구도 사귀고, 외국어 공부도 하면서 씩씩하게 살고 있다. 그녀는 행동형이다. 친구에게는 '나 외로워. 나랑 같이 놀자.'라고 말할 만큼 자기 감정에 접촉하고 있다. 이것은 상담자가 그녀를 수용하면서, 자기 감정을 어느 정도 알아차리도록 인도했기 때문이다.

2) 상담의 방향에 대한 제언

감정 인지 불능증의 내담자에게는 핵심 감정이 의식화되고 치유되는 집중적인 치료 시간이 요구된다.

안나는 자기의 분노 아래 묻혀 있는 진실한 감정이 무엇인지를 인지하지 못하고 있다. 남자친구에게 자꾸만 연락하지 않는다고 다그치는 것은 그녀가 경험한 트라우마와 연관되어 있다는 것을 알아야 한다. 즉, 그녀가 어렸을 때 엄마가 떠나갈까 봐 불안했던 경험이 그녀의 무의식 속에, 신체 감각 속에 저장되어 있다가, 지금도 그런 반응이 튀어나오는 것이다.

그래서 트라우마를 경험한 사람은 가까운 주변 사람들과 만성적으로 충돌하며, 사이좋게 지내지 못한다(제호영 역, 2016, p. 137). 따라서 상담 시간에 다음과 같은 작업이 진행되어야 하겠다.

① 상담자는 먼저 유·아동기 방치, 학대로 인한 트라우마가 자기의 성격 형성에 미친 영향을 설명해 주도록 한다. 이 시점에서 상담자는 안나에게 두뇌 안에 있는 변연계의 기능에 대해서 설명해 줄 필요가 있다.
내담자가 성인이 되었음에도 불구하고, 어린 시절의 트라우마와 약간 비슷한 상황이 발생하면, 별것 아닌 상황에서도 두뇌의 뇌간은 그것을 위험 자극으로 지각

하고, 잽싸게 변연계로 연락한다. 그러면 감정의 중추기관인 변연계는 생존의 본능이 지시하는 대로 상대방을 공격하거나, 도망치거나, 얼어붙도록 활성화된다. 안나는 공격하기의 접근방식으로 나와서, 남친을 비난하고 화를 내는 것이다. 그래서 본능적으로, 비논리적으로 반응한다.

② 내담자는 자기가 의식하지도 못하는 사이에 '욱' 하고 화부터 낸다는 것만 알고 있다. 이제부터는 분노가 올라올 때, 자기에게 분노가 올라오고 있다는 것을 의식할 수 있어야 한다. 자기의 무의식 속에 들어 있고, 신체 감각 속에 들어 있는 감정(예: 분노, 증오, 폭력성)을 의식화하기 위해서 신체 정밀검색(body scan)이나 게슈탈트 치료기법을 적용할 수 있다.

③ 분노 감정(2차적 정서) 밑에 숨겨져 있는 1차적 정서(primary emotion) 내지 핵심 감정을 찾아내도록 한다. 그것은 어린 시절에 홀로 남겨질까 봐 두려웠고, 엄마가 떠나갈까 봐 불안했던 감정이다. 핵심 감정을 찾아내기 위해서 다음과 같은 것을 알아보도록 한다.

- 집에 혼자 남아서 남친에게 전화를 하려고 할 때, 자기에 대하여 무슨 이미지가 떠오르는가?
- 그때 자기는 무슨 말을 독백하는가?
- 무슨 생각에 사로잡혀 있는가?

④ 분노 감정과 연관된 그녀의 비합리적 생각을 발견하고 나서, 트라우마를 치유하는 작업으로 들어간다. '남친이 나를 사랑한다면 하루에 두어 차례는 꼭 나에게 전화를 하고 사랑의 말을 해 주어야 한다. 그렇지 않으면 나는 참을 수가 없다.' 등의 생각을 반추하고 있는 것은 아닌가? 그렇다면 그런 생각이 합리적이고 유익한가를 따져 보아야 한다.

- 이때 REBT의 ABCDE 자기조력표를 활용할 수 있다.
- 심리도식치료의 '제한된 재양육'의 기회를 제공하거나, 이마고 치료의 부모-자녀 대화(P-C Dialogue) 기법을 사용할 수 있다.
- 변연계의 치료가 요구된다. 그것은 명상을 습관화하는 것이다.

이 책에서 여러 번 언급했듯이, 어린 시절에 심리적 상처를 경험한 사람은 자기 생존과 보호를 위해서 끊임없이 신경을 곤두세우고 조그마한 부정적 자극에도 과잉 반응하며, 해당 사건에 대하여 잘못 해석(오해)한다.

트라우마 환자들의 뇌영상을 촬영해 보면, 대부분 '섬엽'이 비정상적으로 활성화되어 있다고 한다. 섬엽은 근육, 관절, 고유수용감각체제 등의 기관을 통해서 우

리 몸에 들어오는 정보를 통합하여 체현감각으로 만들어 내는 기능을 한다. 그리고 변연계 안의 편도체에 신호를 전달하여 투쟁(공격)–도피(회피) 반응을 하도록 기능한다(제효영 역, p. 389). 시도 때도 없이 과잉 각성상태에 있는 변연계를 진정시키기 위해서는 두뇌의 기쁨센터에 해당되는 전전두엽의 활동을 강화해야 한다. 노래(합창), 춤(사교댄스 등), 요가, 태권도 등의 운동과 마사지가 매우 유익하다.

그리고 명상(마음챙김)을 매일 하도록 한다. 마음챙김은 전신을 이완시킨 다음에, 의식의 중추인 전전두엽에 에너지를 보내어 정신작업을 하게 하는 것이라고 볼 수 있다. 그것은 다음과 같은 정신작업이다.

–자기 호흡과 신체 감각을 알아차린다.
–그때 느낀 감정을 알아차린다.
–그때의 자기 기분을 수용해 준다.

자기의 감정을 인정해 주면 활성화된 교감신경의 기능이 수그러들고 변연계도 조용해진다. 마음챙김하는 사람의 두뇌를 촬영한 결과에 의하면 단 8주간 실천했음에도 불구하고 감정조절 부위의 부피가 22% 이상 증가한 것으로 나타났다. 그리하여 역경에서의 회복력과 타인에 대한 동정심과 자기연민, 자기조절력이 향상된다(최경규 역, 2020, p. 47). 그리고 의식적으로 '평안' '평화' '사랑하자' 등의 말을 독백하고 그런 생각을 하게 되면, 그와 연관된 뇌의 신경회로가 증가되고 몸속의 원자와 분자에 즉각적이고 깊은 변화가 일어난다. 뿐만 아니라 자기 주위의 현실에도 영향력을 미친다. 그리하여 평화와 사랑의 에너지가 감돌게 된다. 우리의 마음이 이런 창조력으로 인하여 우리는 절대자(신)의 마음 내지 우주 에너지와 합일되며 초월적인 영성으로 존재할 수 있게 된다고 하겠다.

⑤ 상대방을 비난하지 않고, 담담하게 자신을 표현하는 의사소통의 방법을 코칭한다. 이 시기에 나–전달법의 기술을 가르쳐 줄 수 있다. 그리고 공감적 자기주장의 대화기술을 코칭하도록 한다(홍경자, 2007; 홍경자, 오정선, 김유정, 2017).

⑥ 이제부터는 가까운 사람들과 즐겁고 편안하게 유머를 나누며, 느리고 여유롭게 사는 방식으로 관계를 맺는 연습을 해야 한다. 그래서 안나의 표정이 밝고 너그럽게 되고, 행동은 다소 느리나 안정감이 있고, 목소리는 차분하게 변해야 하겠다. 안나가 이런 방향으로 변화하도록 상담자가 격려하고 지지하기 위해서 다음과 같은 질문을 던져 그녀에게서 '긍정적인 자원'의 보물을 캐도록 하라.

• 당신은 그렇게 힘든 어린 시절에 어떻게 살아남을 수 있었는가?

• 어려서 함께 있으면 안전하다고 느낀 사람이 있었는가?
• 당신 쪽에서 누구에겐가 안전감을 주는 버팀목이 조금이라도 되어 줄 수 있는가? 누구에게? 어떻게? 어느 정도를?

3) 상담자에 대한 슈퍼비전

〈316쪽 '슈퍼비전을 받고 싶은 내용' 참고〉

[아버지와의 관계와 분노 감정을 다룰 수 있는 구체적인 개입 방법은?]

아버지와의 관계는 그녀의 분노 분출과 밀접하게 연관되어 있다. 그러므로 여기서는 분노 감정을 다루는 방법 속에 아버지와의 미해결 과제를 풀어가는 것을 포함시켜 한꺼번에 소개하기로 한다.

① 자신의 감정을 의식화시키기 위한 신체의 정밀검색(신체감각 알아차리기: body scan) 방법에 대해서 소개하자면 다음과 같다.
내담자가 심호흡을 한 다음에, 신체 부위별로 어떤 감각이 느껴지는지 헤아려 보게 하는 것이다. 가령 얼굴에 열이 있는가? 숨이 벅차오르는가? 심장이 두근거리거나 조여 오는가? 그러고 나서 그 부위와 관련하여 떠오르는 기억의 파편이나 숨겨진 이야기를 연상해 보라고 지시할 수 있다. 그것은 안나가 태아로 엄마 배 속에 있었을 때, 또 갓난아기였을 때 그녀 아버지가 가지고 있었던 분노와 그녀 어머니가 부부싸움하면서 느꼈던 공포와 불안과 분노, 즉 이전 세대가 경험한 강력한 정서가 안나의 유전인자 속에 들어 있는 것이라고 보는 것이다. 감정의 대물림 현상이다. 그리고 그녀가 2~3세 이전에 경험했던 놀라고 불안했던 정서일 수도 있다. 이처럼 내담자가 언어 이전에 경험한 내용은 성장한 다음에는 전혀 기억되지 않지만, 신체 감각과 불쑥불쑥 튀어나오는 말과 이미지로써 무의식 속에 남아 있다. 그것을 '비서술적 기억'이라고 한다(정지인 역, 2016, pp. 97-98). 그러다가 성인이 되어 그와 비슷한 상황을 연상시키는 조그마한 자극에도 민감하게 반응하여 불안과 화를 폭발하게 된다. 안나와 남친과의 관계는 그녀의 가족사를 투영(project)하고 있다고 보아야 할 것이다.

② 그런 다음에 아버지와 어머니의 삶을 재연출하게 한다. 트라우마를 극복하려면 트라우마의 사건을 재경험해야 한다. 그래서 안나로 하여금 분노한 아버지와 불안한 어머니가 되어, 당시 상황을 상상하고 그때의 감정을 재경험해 보는 작업으

로 들어갈 수 있다. 그리고 나서 상담자가 그녀에게 이마고 치료의 부모-자녀 대화나 심리도식치료의 제한된 재양육의 시간을 제공하게 되면, 그녀의 유기불안이 치유되고, 어린 시절에 잃어버렸던 부모의 사랑이 이제는 느껴지고 수용되는 경험을 할 수 있다(홍경자, 2020a, p. 199).

③ 이런 정서체험적인 치유시간을 가진 다음에는, 인지적인 작업으로 들어갈 필요가 있다. 안나는 과연 무슨 생각 때문에 남자친구를 닦달하며 화를 내는 것일까? 그녀는 자기가 무슨 생각을 하고 있는지도 확실하게 인지하지 못하고 있다. 자신의 사고 내용은 REBT나 CBT의 '계단 밟기'식으로 추적할 수 있다(홍경자, 2020a, p. 58). 그리고 합리적 정서-행동 심상법을 가르쳐 줄 수 있다. 또 은유와 유머를 사용하여 그녀의 전두엽에 새로운 긍정적인 신경회로가 발달하도록 도와줄 수 있다.

④ 화내는 습관을 고치기 위해서는 수용전념치료(ACT) 이론을 안나에게 설명해 준다. 그리고 다음과 같이 수용전념치료의 탈융합 기법을 훈련시킬 수 있다(홍경자, 2016, pp. 235-248; 홍경자, 2020b, p. 143).

- 생각과 감정을 물체로 표현해 본다(예: 찰흙 빚기).
- 감정을 평가적인 단어가 아니라, 객관적인 단어로써 표현한다.
- 냇물에 떠내려가는 단풍잎이나, 기차의 짐칸에 분노 감정을 내려놓기
- 버스의 운전기사(자기)가 말썽부리는 승객(분노)을 처리하는 기법
- 영화관 스크린 기법

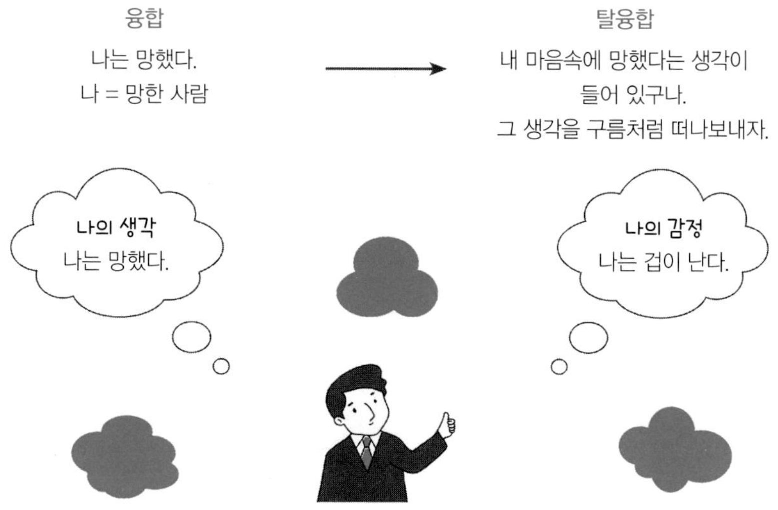

그림 13-1 초연하게 거리 두고 바라보기(탈융합)

출처: 홍경자(2020b), p. 144.

통합적 접근

• 마음챙김과 '관찰하는 자기'가 되어 바라보기, 감사하기

⑤ 화가 났을 때 상대방을 비난하지 않으며, 자기의 감정과 자기가 원하는 바를 담담하게 표현하는 기술, 즉 주장적 자기표현을 코칭한다.

4) 상담자-내담자 관계와 발전 과제

상담자는 내담자를 따뜻하게 수용하고 있기에, 공격적인 기질의 안나가 안정감을 느끼며 치료적 동맹관계가 잘 이루어지고 있는 것으로 보인다. 그러나 그녀의 핵심적인 문제를 풀어나가려면 전문성이 요구된다. 상담자로서 전문적으로 발전하려면 여러 가지 치료적 전략에 대해서 좀 더 연구해야 한다. 관련 서적도 읽고, 슈퍼바이저들로부터 집중적인 슈퍼비전을 받는 것이 필요하다.

게슈탈트 치료, 표현예술치료, 신체 감각-TRE 치료, 분노관리 및 마음치유 워크숍 등에 참석하는 기회를 갖는 것도 유익할 것이다.

연습문제

1. 내담자의 강요적인 태도와 관련하여 그의 핵심 문제는 어떤 것인가?
2. 분노의 근원(어린 시절의 상처)을 내담자가 알아차리도록 하려면, 어떤 상담적 접근을 시도할 수 있는가?
3. 트라우마에서 벗어날 수 있는 길로 어떤 방법을 소개할 수 있는가?
4. 상담자로서 강점과 보완할 부분은?

14장

폭력 부부상담 사례

"우리는 맨날 싸우면서 살아야 하나 봐요"

I. 내담자의 기본 정보

인적 사항

- 남편: 38세, 대졸, 개인 사업, 기독교
- 아내: 36세, 대졸, 유치원 교사, 기독교
- 자녀: 4세(여), 어린이집

상담 신청 경위

폭력 신고로 인해 경찰서에서 의뢰하였다.

주 호소 문제

- 남편: "아내가 상의하지 않고 혼자 맘대로 결정할 때 화가 나요."
- 아내: "남편이 욱하고 화내며 폭행하는 것 때문에 늘 불안해요."

인상 및 행동 특성

남편은 눈이 크고 180cm 정도의 키에 우람한 체구이며, 말이 빠르고 목소리가 컸다. 아내는 160cm 정도 키에 어깨가 좁고 뱃살이 많고 화장기 없는 얼굴이다.

가족관계

〈남편〉

- 할아버지(60대에 사망): 술, 여자를 좋아하고 난폭한 성격, 19년 전 뇌출혈로 사망하였다.
- 할머니(82세): 수다쟁이, 외향적이고, 자기주장이 강하고, 남아선호사상으로 손자인 내담자를 왕 대접하였다.
- 외할아버지(사망): 결혼 직후 교통사고로 돌아가셨다.
- 외할머니: 말없이 통제하고 화내시는 성품이었다.
- 아버지(66세): 권위적이고 난폭한 성격의 독불장군, 형제와 왕래가 전혀 없고 청결강박이 있다. 그러나 물질적으로 풍족한 지원을 하였다.
- 어머니(60세): 외할아버지의 사랑을 많이 받고 자랐다. 몸이 약하였다. 욱하는 성격으로 특별히 딸을 통제하고 아들을 편애하였다. 부부간에 언쟁이 많았다.
- 내담자(남편): 38세, 폭력적이고 겁이 많은 독불장군, 청결 강박이 있다. 게임, TV, 영화를 좋아한다. 할머니와 어머니의 사랑을 독차지하였다. 청결 강박이 있는 아버지로부터 청결 문제로 통제를 받았다. 경제적인 부분은 풍요하였으나 아버지에게 존중받지 못했다.

〈아내〉

- 할아버지(사망): 위암으로 일찍 사망하였다.
- 할머니: 1년 전 91세로 사망하였다. 남아선호사상이 있고, 며느리를 구박하였다.
- 외조부모 정보 없음.
- 아버지(72세): 1남 4녀 중 장남, 고집이 세고, 친구가 없고, 자녀와 소통이 없었다.
- 어머니(67세 때 사망): 1년 전 교통사고로 사망하였다. 2남 4녀 중 3녀로, 희생적이고, 이해심이 많고 리더십이 있다. 심한 시집살이를 하였다.
- 내담자(아내): 36세, 친정엄마는 대인관계가 좋으나 바쁘셨고, 아빠는 말이 없으셨기 때문에 외롭게 자라면서 아버지에게는 필요한 것을 사달라고 하면 사주지 않았던 기억을 가지고 있다.

부부의 발달사

이 부부는 ×클럽에서 만나서 사귀다가 임신이 되어 결혼하였다. 부부는 말싸움을 하면 서로 지기 싫어하고, 남편은 감정 조절을 하지 못하고 욕을 하다가 물건을 던지거나 몸을 밀친다고 하였다. 결혼 후 임신 상태에서 남편의 폭력이 있었으므로 아내가 지금도 원망의 감정이 있다. 폭력 주기는 한 달에 한 번 정도이며, 남편의 폭력으로 아내가 경찰에 신고하여 경찰서에서 상담을 권고하여 오게 되었다. 남편은 폭력신고 받은 것을 오히려 잘 되었다고 느꼈다.

아내는 1남 2녀 중 둘째로 출생하였다. 아버지는 할아버지가 일찍 돌아가셔서 일찍 가장이 되었고 자녀들에게도 말이 없으시고 무심한 편이며 소통이 안 되었다. 어머니는 시집살이와 구박을 많이 받았으며, 희생적이고, 이해심 많고, 리더십이 있으셨는데 1년 전 교통사고로 돌아가셨다.

남편은 1남 1녀 중 장남으로 태어나 할머니가 애지중지 키우셨다. 아버지는 난폭하고 권위적이며, 청결에 대한 강박이 심해서 성장과정 중에 씻는 것에 대한 통제를 많이 받았다. 그러나 원하는 것은 다 사주셨고 경제적으로 풍족하게 성장하였다. 어머니는 남아선호사상이 심하여 내담자를 편애했고, 수용적인 성격이면서도 욱하는 성격으로 자녀를 통제하였다.

남편은 안방에서 자기만의 공간을 꾸미고 생활하며, 아내는 거실에서 딸과 같이 잠을 잔다. 처음에는 남편이 예민해서 아내 코골이 소리에 잠을 못 잔다고 해서 아내가 거실에 나와서 자기 시작했는데, 요즈음은 아내가 대화를 하고 싶어서 남편 방에 들어가면, 아내가 잘 씻지 않는다고 하며 머리카락 떨어진다, 각질 떨어진다며 롤러로 머리카락을 정리하며 짜증을 내서 아내가 그럴 때마다 거절감으로 상처를 받는다고 하였다.

내담자 강점 및 자원

- 남편: 솔직하게 자기표현을 한다.
- 아내: 상담에 적극적으로 임하며, 폭력으로부터 벗어나고자 하는 열망이 있다.

II. 상담자의 사례개념화

이 부부는 집에 함께 있는 시간에 사소한 일로 분노가 폭발한다. 예를 들면, 남편이 불을 켜 놓은 경우, 아내가 끄고 잔소리하면 남편은 왜 끄냐고 한다. 그래서 부부싸움으로 발전하고 부부싸움은 폭력적으로 심각해져서 경찰에 신고하는 상황이 되었다. 남편은 아내가 자신의 기준을 따라 주기를 원하고, 끊임없이 아내에게 무언가를 사달라고 요청한다. 아내는 남편이 미덥지 못하여 무슨 일이든지 혼자서 처리해 버리려고 하는 패턴을 보인다. 부부는 의사소통이 원활하지 못하고, 부부 각자가 어린 시절 부모로부터 제대로 된 인정과 수용감의 욕구가 미해결됨으로 인하여 부부간 안전한 연결에 어려움을 겪고 있다고 사료되었다.

1. 상담의 목표와 전략

- 목표

  〈임상 목표〉

  –어린 시절 미해결 과제를 파악하고 부부의 취약점을 공유함으로써 서로에게 측은지심을 갖도록 한다.

  –의사소통(자기표현) 기술 및 관계 기술을 증진시킨다.

  〈부부의 목표〉

  –부부가 서로 상의하여 원하는 것을 말로써 표현하고 합의점을 찾는다.

- 전략

  –가계도를 작성하여 부부가 원가족의 영향을 이해하게 한다.

  –어린 시절 미해결 과제를 파악하고, 이마고 대화를 연습함으로써 부부간에 안전한 연결감을 이루어 간다.

2. 슈퍼비전을 받고 싶은 내용

"아내는 부부가 합방하길 원하고, 남편은 계속 각방을 사용하기를 원하는데 어떻게 도와야 할지요? 또한 남편이 개인상담을 회피하고 있습니다. 어찌해야 할지 난감합니다."

3. 상담의 진행 과정

1회기 아내 개인상담

우리는 서로 지기 싫어하고 말싸움을 하게 되면 남편이 감정조절을 못한다. 내가 임신한 상태에서 남편이 밀쳐서 넘어졌는데 그건 아직도 원망스럽다.

지난달에 부부싸움이 있었고 남편의 폭력으로 내가 경찰에 신고했다. 상담을 기다리는 3주 동안 싸움은 없었고, 서로 폭력 쓰지 않고 거짓말 안 하고 배려하자고 약속했다. 그 전에는 1주에 한 번 정도 싸웠고, 심하게 욕하고 물건 던지고 몸을 밀치고 하는 싸움은 한 달에 한 번 정도로 일어났었다. 결혼 후 거의 이렇게 싸우면서 참고 살다가 도저히 안 되겠다 싶어서 처음으로 경찰에 신고했는데, 남편이 오히려 안도하는 눈치였고, 남편의 반응이 좋았다. 또 언제 싸우고 폭력이 일어날지 모르지만, 지금까지는 서로 폭력을 안 쓰고 조심하고 있다. 딸은 우리가 싸우면 처음에는 울고 매달리더니, 이제는 자기 방에 들어가 숨어 있다.

내가 퇴근하면 아이를 어린이집 차에서 맞이하고 가사와 양육으로 일과가 정신없이 바쁘고 몸이 지치는데, 남편이 퇴근해서 오면 우리 집은 평안이 깨진다. 남편은 내가 좀 쉬고 있으면 잔소리를 시작한다. "냄새 나니까 빨리 설거지 좀 해." "청소한 것이 이렇게 지저분하냐?"는 등 계속 시비조로 말을 하니까 다툼이 일어나고 폭력이 나타난다. 폭행하고 나면 잘해 주다가 며칠 후부터 또 싸우기 시작한다. 그러면 나는 '이 결혼을 지속할 수 있을까?' 하는 생각이 지배적이다. (울면서 이야기함)

2회기 부부상담

- 이마고 관계치료에 대한 소개와 승낙을 받았다.
- 이마고 감사대화법을 통해 결혼 생활의 좋았던 추억을 회상하게 하였다.
- 주제: 지금까지 살면서 많은 고마운 것 중에 작은 한 가지는?

  –아내: 대화자(sender)/ 남편: 경청자(receiver)

  결혼하고 남편이 내가 못하는 살림을 도와주고 배려해 줘서 고맙다. 남편이 그럴 때 나는 사랑받는 느낌이 들고, 안심이 되고, 많이 고맙다. (남편이 반영을 잘함)

  –남편: 대화자/ 아내: 경청자

  내가 좋아하는 음식을 직접 시장 봐다가 음식을 만들어 줘서 아내가 고마웠다. 그것이 그렇게 고마운 이유는 존중받는 것 같고, 기분이 행복하고, 평안하고, 사랑받는 기분이었기 때문이다.

상담자의 회기 평가 아내가 대화자로서 말을 전할 때, 본래의 습관대로 남편에 대한 비난의 습관이 나타나서 상담 진행에 방해가 되었다. 남편이 더 적극적으로 참여해서 무사히 마칠 수 있었다.

3회기 부부상담

• 가계도 분석을 통한 원가족 탐색

남편의 가정은 간섭과 통제가 할머니와 엄마를 통하여 나타나고 있으며, 아버지를 통하여는 강박적인 간섭과 폭력이 드러나고 있다. 남편의 아버지는 할머니와 밀착되어 있고(할아버지는 일찍 돌아가심), 할아버지가 난폭하고 술과 여자 문제로 부부갈등이 심했기에 아버지가 삼각관계 속에서 할머니의 정서적 배우자였음을 알 수 있었다. 남편의 가족은 폭력이 대물림되고 있다. 아버지는 돈으로 해 주시는 것은 뭐든지 잘해 주셨는데 나를 존중하는 것은 아니었다. 이유를 묻지 않고 때린 것이 난 억울했다.

아내는 말이 없고 답답한 아버지와 외향적이고 항상 바쁘신 어머니와 함께 살았고, 아버지가 경제적으로 무능하여, 자기가 늘 학교에 준비물을 못 가져간 것이 제일 화가 났었다.

아내의 할아버지는 일찍 돌아가셨고 아내는 할머니가 엄마를 구박하고 시집살이를 많이 시키는 게 싫었다. 아버지와는 서로 대화가 없었으나, 엄마가 돌아가신 후 지금은 아버지가 혼자 계시므로 돌보아 드리느라 대화를 하게 되었다고 하였다.

상담자의 회기 평가 아내의 가정도 역기능적인 삼각관계가 할머니와 부모님 사이에 이루어지고 있었다.

4회기 부부상담

상담자 1: (호흡명상 지시)

어린 시절 나를 상상해 보세요. 즐거웠던 기억들, 속상하고 슬펐던 기억들… 자 이제 부모님과의 관계에서 행복하거나 즐거웠던 이야기를 나누어 볼까요?

〈중략〉

그럼 부모님과의 관계에서 섭섭했거나 억울했던 이야기를 나누어 볼까요?

남편 1: 네. 전 지금도 이해가 가지 않고 억울한 것이, 동생하고 심하게 다툰 후 아버지한테 죽기 전까지 맞았던 기억이 있어요. 두 살 차이 여동생이 내 친구들 앞

에서 함부로 나를 무시하는 말을 했거든요. 그래서 내가 동생을 때리고 동생도 나를 때렸거든요. 그때 아버지는 들어오시자마자 우리가 싸우는 걸 보시더니 나한테 왜 동생하고 싸우냐고 한마디도 안 물어보시고 나를 엄청 때리셨어요. 그때 난 '아버지가 나를 미워하는구나.'라고 생각했죠. 그 후 그렇게 많이 맞은 적은 없었던 것 같아요. 또 아버지랑 살면서 힘들었던 것은 아버지 성격이 유난히 깔끔해서 혼난 기억이 많이 있어요. '씻어라. 균 옮는다. 빨리 씻어.'라고 혼나면서 자랐어요. 덕분에 지금은 씻는 것이 습관이 되어서 밖에서 들어오면 바로 씻어요. 지금은 이 사람한테, 아버지한테 들었던 잔소리를 내가 하는 것 같아요. '씻어라, 왜 안 씻냐, 냄새 난다, 빨리 씻지 않고 뭐하냐?'는 등….

상담자 2: 말도 안 들어주시고 아버지한테 맞았을 때 엄청 억울했을 것 같아요. 엄마하고는 친밀하게 잘 지내셨나요?

남편 2: 좀 그렇긴 한데, 엄마는 유행을 인정 안 하고 고지식하게 긴 머리를 짧게 자르라고 하고, 엄마 마음에 안 드는 옷을 입는다고 옷을 찢어 버린 기억이 나네요. 또 친구랑 싸웠을 때 내 편은 안 들어주고 친구 편을 들어주실 때 화가 났었죠.

상담자 3: 지금도 생생하게 기억하시는 것을 보면 그때 엄청 속상했나 봐요. 배신감과 존중받지 못했다는 느낌이 많았던 것 같아요. 그 후로 그런 일이 또 있었나요?

남편 3: 아뇨. 내가 부모님을 피했던 것 같아요. 지금도 좀 세게 나오는 사람들을 피하게 돼요.

상담자 4: 부모님이 내게 묻지 않고 일방적으로 명령하고, 평가하는 게 싫어서 방으로 피했다는 말씀으로 들리네요.

남편 4: 네 맞아요. 아내도 나한테 상의하지 않고 가정에 필요한 것을 혼자 결정할 때, 날 무시하고 통제하는 것 같은 생각이 들어서 기분이 나쁘고 싸우게 됩니다.

상담자 5: 아내 분도 남편처럼 지워지지 않는 속상한 기억이 있나요?

아내 1: 있죠. 엄마 아빠는 학용품 살 돈을 안 주는 일이 다반사였죠. 학교 가서 기를 못 펴고 창피했어요. 그런데다가 아버지한테 인사('다녀오셨어요') 안 한다고 종아리를 맞았죠. (봇물 터지듯이 눈물을 흘림. 남편에게 티슈를 건네주라고 권했음) 가난해서 쪽팔리는데 인사 안 한다고 매를 맞으니 그때 정말 죽고 싶었어요. 그때 즈음에 친한 친구도 갑자기 나한테 말을 안 하고, 아는 척도 안 하는 거예요. 그때 어린 마음에 정말 살기 싫었어요. (계속 흐르는 눈물, 남편이 티슈를 건네줌)

상담자 6: 정말 힘들고 외로웠을 것 같아요. 마음이 아프네요. 부모님과 어떻게 살고 싶었는데요?

아내 2: 가난하지 않고 여유롭게 삶을 누리고 싶고, 사랑을 느끼고 싶었어요.

상담자 7: 여유롭고 사랑받고 싶으셨군요. 지금은 어떤가요?

아내 3: 난 어릴 때부터 가난해서 아끼는 것이 버릇이 되었어요. 남편이 전등불을 켜 놓고 외출하거나 선풍기 틀어 놓고 끄지 않으면 화가 나서 잔소리하게 돼요. 우리는 그럴 때 싸우게 돼요. (남편이 할 말이 있는 듯함)

상담자 8: 남편 분 하실 말씀이 있는 것 같아요.

남편 5: 우리는 사소한 일로 크게 싸운다는 생각이 들어요. 아내는 말투가 좀 세고 짜증을 내는 목소리여서 화가 나요. 아내 기분이 언제 안 좋아질지 몰라서, 난 늘 아내 기분을 살펴요. 아내가 화만 안 내면, 나도 화 안 낼 수 있어요.

아내 4: 자기는 말을 안 하고 행동으로 나를 화나게 하지. 쓰지도 않을 물건을 사들이면 당연히 내가 화가 나지.

남편 6: 그래서 지금 차도 사고 싶은 것 안 사고 당신이 사줄 때까지 기다리고 있잖아.

아내 5: 차는 오래돼서 바꿔 줄 거야. (남편은 금방 어린아이처럼 얼굴이 환해짐) 우리는 안 싸우려고 말을 줄이고 있어요. 내가 '왜 그런 걸 사냐, 다른 게 더 좋다.'고 하면 나의 선택을 믿어주지 않고 남편이 비아냥거리니까 화가 나요.

상담자 9: 남편이 그럴 때 내가 하는 행동은?

아내 6: 화를 내고 소리를 질러요.

상담자 10: 그렇게 행동하면 남편은 어떻게 하나요?

아내 7: 화를 내고 난폭하게 하고 때로는 폭력으로 이어지기도 하죠.

상담자 11: 그럼 그럴 때 남편이 어떻게 해 주길 기대하나요?

아내 8: 내 말에 귀 기울여 주고 들어줬으면 좋겠어요. '인정해, 네 말이 맞아, 속상해하지 마, 그거 좋네, 당신 안목이 좋은데' 이렇게 해 주면 좋겠어요.

상담자 12: 아, 남편의 인정을 바라네요. (네.) 남편 분은 어떤 생각이 드시나요?

남편 7: 아내가 큰 것을 바라는 게 아닌데, 그게 안 돼요. 우린 정말로 별것도 아닌 일로 싸웁니다.

상담자 13: 그럴 때 아내에게 원하는 것은?

남편 8: 아내가 내 상황을 알고, 현명하게 같이 알아보고 결정하자고 부드럽게 말해줬으면 좋겠습니다.

5회기 부부상담

• 이마고 대화를 통하여 어린 시절 미해결 과제를 다루기
  –아내의 대화 주제: 어릴 적 학용품을 안 사준 것(거절)에 대한 이야기
  –남편의 대화 주제: 아버지한테 매를 맞고 억울했던 사건과, 청결에 관하여 계속 잔소리 듣고 통제받았던 이야기
• 이마고 대화의 행동수정 요청하기 시도
  –남편은 아내에게 어린 시절 상처 치유를 위하여 앞으로 두 달간 일주일에 세 번 이상 부드럽게 말해 주기를 요청하였고 아내가 수락함.
  –아내는 남편에게 어린 시절 상처 치유를 위하여 한 달 동안 일주일에 한 번씩 설거지를 해달라고 요청하였고 남편이 수락함.

6회기 부부상담

상담자가 부부의 성생활에 대하여 질문하자 남편이 당황하며 자기네는 둘 다 잠자리를 별로 좋아하지 않는다고 했다. 아내는 처음에는 아기 낳고 자기가 코를 골아서 남편이 함께 잘 수 없다고 하여 아이 방으로 가서 잤는데 시간이 지나면서 점점 부부관계도 소원해지고 지금은 몇 달째 거의 부부 잠자리를 안 했다고 하였다. 아내가 남편과 대화를 하고 싶어서 안방을 노크하고 들어가면, '당신이 잘 씻지 않아서 못 자겠다, 머리카락 떨어진다, 각질 떨어진다.'고 하면서 끈끈이 롤러로 머리카락을 찾아서 '이것 봐, 네 머리카락.' 하는데, 그럴 때마다 거절감을 느낀다. 남편이 자신을 싫어서 밀어내는구나 계속 이렇게 남남처럼 살 수 있을까 하는 생각을 자꾸 하게 된다고 하였다. 남편은 아내가 저녁에 중요한 부위만 대충 씻지 말고 전체 샤워를 하면 자기 방에 들어오게 하겠다고 약속했다.

상담자는 부부에게 한 달에 두 번 정도 남편 방에서 대화하기를 과제로 부과하였다.

III. 슈퍼바이저의 사례개념화(정신역동적, 인지적, 통합적 접근)

1. 정신역동적 접근의 사례개념화

아내는 1남 2녀 중 둘째로, 말없고 무심하고 소통이 안 되는 아버지와, 남아선호사상을 가진 집에서 심한 시집살이와 구박을 받으면서도 희생적이고, 이해심 많고, 리더십이 있었던 엄마 밑에서 성장하였다. 남편은 1남 1녀 중 장남으로, 할머니의 남아선호사상으로 애지중지 키워졌다. 특히 아버지는 난폭하고 권위적이며, 청결에 대한 강박이 있어 성장과정에서 씻는 것에 대한 통제를 많이 받았다. 그러나 원하는 것은 다 사주었고 경제적으로 풍족하게 성장하였다. 어머니도 남아선호사상이 심하여 아들만 편애하였으며, 수용적이면서도 욱하는 성격으로 자녀를 통제하였다.

이들의 이전 상담 경험은 없으며 상담 신청 경위는 폭력 신고로 인해 경찰서에서 의뢰된 것이었다. 주 호소 문제로 아내는 남편의 욱하는 성격 때문에 늘 불안한 것이고, 남편은 아내가 상의하지 않고 혼자 맘대로 결정할 때 화가 난다고 했다. 부부는 서로 지기 싫어하고 말싸움을 하게 되면 남편은 감정조절을 못하고 격해져서 서로 욕을 하다가 남편이 물건을 던지거나 몸을 밀치거나 한다. 폭력은 한 달에 한 번 정도로 행해지고 있는 실정이다. 이에 상담에서는 우선적으로 폭력에 대처하고 상호 대화와 합의 가운데 부부간의 욕구가 실현될 수 있도록 하는 현실적인 대처가 필요할 것이다. 또한 대인관계 부부역동을 활용하여 대상과의 애착(attachment), 반복되는 강박(compulsion), 연대감(bonding), 의사소통(communication)의 영역에서 사례를 이해해 보는 것도 좋을 것으로 생각된다.

1) 상담자가 수립한 상담의 목표와 전략 및 진행 과정

합의된 상담 목표는 '부부가 상의하여 서로 원하는 것의 합의점을 찾아낸다', 임상 목표는 두 가지로 '어린 시절 미해결 과제를 파악하고 부부의 취약점을 공유함으로 서로에게 측은지심을 갖도록 한다, 의사소통(자기표현) 기술 및 관계 기술을 증진시킨다.'이

다. 이를 위한 상담 전략은 '가계도를 작성한다, 어린 시절 미해결 과제를 이마고 대화로 연습한다.'이다.

전체 상담의 진행에서 상담자는 주도권을 가지고 부부치료를 담당하고 있는 것으로 보인다. 사례를 소개하면서 이마고 의사소통의 기법을 시연해 주는 것을 볼 때 이마고 의사소통법 전문가임을 알 수 있었다. 이런 면에서 상담 중에도 30대 후반의 부부를 상당히 유연하고 소신 있게 끝까지 이끌어 가겠다고 생각된다. 다만 부부가 합의한 목표를 구체적으로 제시하여 개입하는 과정이 필요할 것으로 보인다.

2) 상담자에 대한 슈퍼비전

〈350쪽 '슈퍼비전을 받고 싶은 내용' 참고〉

[남편은 각자의 거처를 원하며 개인상담 시간을 회피한다. 어떻게 해야 할까?]

(1) 살려고 하는가 혹은 이혼하려고 하는가

상담자가 주도권을 가지고 부부치료를 시도하고 있다. 이미 힘 있고 준비가 잘된 상담자로 보인다. 부부치료라는 것은 둘을 하나로 이끌어 가는 과정이니까 그래서 둘이 사는 것을 전제하고 상담하고 있는 것으로 보인다.

그런데 어떤 경우에는 이혼을 염두에 두고 상담할 수도 있지 않을까 하는 생각을 해본다. 그러니까 상담을 시작하기 전에 '살려고 하는가 혹은 이혼하려고 하는가?' 확인하고 시작하면 좋겠다는 생각이다. 이 사례에서 볼 때 부부상담의 방향이 '둘을 하나로'를 정해놓고 가는 것은 다소 일방적이지 않을까? 적어도 아내로서는 몰라도 남편에게는 그렇게 한번 물어볼 수 있다고 본다. 물론 아내에게도 '만약에 함께 산다면? 혹은 이혼한다면 어떤 모습이겠나?' 하고 확인해 보는 것이 필요하다고 생각한다. 사례를 읽어볼 때 이 내담자들은 ×클럽에서 만나서 임신하고 곧장 결혼했는데, 강점이 둘 다 솔직하고 액티브하다. 이런 점은 갈등이 심화되는 상황으로 들어와서도 솔직하고 적극적으로 발휘되어서, 전혀 당신과 나하고 각자가 하나되겠다는 시도가 없는 것으로 보인다.

(2) 남편의 욱하는 성격 때문에 늘 불안하다

우선 이들은 폭력 때문에 경찰이 의뢰한 부부라고 말하고 있다. 아내의 주 호소 문제도 남편의 욱하는 성격 때문에 늘 불안하다는 것이다. 남편 또한 아내가 상의하지 않고 혼자 맘대로 결정할 때 화가 난다고 한다. 이들의 폭력관계는 '남편의 성격'과 '아내의 자기 맘대로 결정하기' 때문에 이루어진다. 이들의 각자에 대한 불평, 불만은 이제는 주기적으로 폭력을 부르고 있다. 이들이 결혼한 지는 4년째이고 자녀는 네 살이다. 가계도에서는 2년 전부터 매달 한 번씩 폭력이 있다고 말하는데 그전에는 어떠했는지 궁금하다. 아마 출산 이후부터 폭력이 표면화되었을지는 모르겠으나 현재는 폭력 문제가 자꾸 순환되고 있는 실정이다. 순환되는 폭력에 방점을 찍어야 한다. 이것은 정말 위기 상황이 아니겠는가? 무엇보다도 먼저 다루어져야 할 상담의 주제라고 여겨진다. 그러니 한방을 쓰는 일보다는 폭력 문제가 먼저 정리될 수 있도록 보다 빠른 상담적 개입과 절차가 필요한 것이다.

(3) 아내가 상의하지 않고 혼자 맘대로 결정할 때 화가 나요

이 사례에서 부부와 합의된 상담 목표는, '부부 합의하에 원하는 것을 찾아낸다.'이다. 그렇다면 부부간에 합의된 상담 목표는 무엇이었는가? 사례에서 직접적인 제시를 찾아보기가 어려웠다. 그렇다면 이들은 아직 어느 문제에도 합의하지 않고 있으면서, 자신들의 의견만 일방적으로 주장하고 있다는 생각이 든다. 그러니까 먼저 합의된 상담목표부터 설정해야 할 것 같다. 부부 갈등 문제에서 주로 남편은 아내가 지저분하다, 바로바로 집안일을 안 한다며 호소하고, 아내는 남편이 TV와 컴퓨터와 영화만 보고 나와 대화를 하지 않고 이기적이라고 호소하고 있다. 남편의 '성격'이나 '이기적'이라는 부분은 오래 가져가야 할 상담의 주제이다.

그러므로 아내에게, 이 상담 열 번 끝내면 남편과의 관계에서 어떻게 하고 있겠는지, 예를 들면, 남편이 말하는 대로 '깨끗하게 하고 바로바로 집안일을 하겠는가?' 물어보면 좋을 것 같다. 남편에게도, '당신은 상담 이후에 어떻게 행동하고 있겠는가?' 물어야 할 것이다. '아내에게 비난하기를 멈춘다.' 또는 '아내가 원하는 걸 들으려고 한다.'든지, 특히 '폭력은 어떤 상황에서도 중단한다.' '완전히 폭력은 하지 않겠다.' 이렇게 분명히 기술되어 있어야 10회기 상담으로 이런 것을 이루었다 말할 수 있을 것이다. 물론 상담자로서는 가계도도 그리고 의사소통 기술도 사용하고 있다고 볼 수 있었다.

(4) 우리는 이렇게 살아야 하나 봐요

슈퍼비전 받고 싶은 부분에, 아내는 합방하길 원하고 남편은 각방을 쓰길 원한다. 남편의 '내 방에 들어오지 마, 여기는 내 거야!' 이렇게 하는 태도는 아직 각자가 하나로 되려고 하는 시도가 전혀 아니다. 내가 방해 받지 않겠다고 매번 방으로 들어가 문을 잠가

버리면 어떻게 결혼생활이 지속되겠는가? 가족배경에서 보듯이, 한쪽은 '나는 통제 안 받겠다.' 하고, 한쪽은 자꾸 들러붙으려 하면서, '날 거부하는 거냐. 나 그때 느낀 거 느낀다.'고 말하고 있다. 계속적으로 이들은 원가족에서의 느낌을 두 사람 모두 갖고 있는 것 같다.

이들은 정신적으로 아직도 원가족의 구성원인 것이다. 그래서 각자 부모에게서 떠나 둘이 연합해서 한 몸을 이룰지니라 할 때, 아직 부모를 떠나지 않았다는 말이다. 이런 의미에서 이마고 치료는 도움이 될 것이다. 개입을 통하여 남편에게는 당신이 그런 통제를 받았기 때문에, 아내에게 그런 식으로 통제를 하려는 게 있지만, 이 아내에게는 그러면 안 되는 것이라고 깨닫도록 돕는 것이 필요하다. 아내에게는 당신이 자꾸 거부 당하네 아니네 그것을 남편에게 불평하는데 어떤 이유로 그러는지, 지금 팩트가 무엇인데 서로 거절하고 실랑이하는지 볼 수 있도록 하는 것이 필요할 것이다. 무엇보다도 이들은 속히 자신들의 문제를 현실이라는 탁상으로 가져와야 된다고 생각된다. 여기에서는 자유, 여가, 돈, 성, 양육 문제 등을 논할 수 있을 것이고, 더 실제적 주제는 폭력, 그다음에 한방에서 같이 대화하는 것으로 이 문제는 부부가 서로 합의점을 찾아내야 가능한 일이다.

특히 성 문제를 서로 합의해 가길 원하는가 하는 문제가 있다. 남편이 이렇게 말하고 있다. '씻고 와라.' 어떤 경우이기에 이런 말을 하는지 살펴볼 필요도 있겠다. 산부인과적인 문제인지, 취향 문제인지. 이들은 솔직하고 적극적인 면이 있으니 터놓고 이야기할 수 있으리라고 본다. 그런데 한편으로는 슈퍼비전 받고 싶은 내용이 다소 남편의 욕구를 맞춰주는 쪽으로 기우는 것 같아 안타깝게 생각되는 면이 조금 있다. 상담자는 이들의 의사소통 문제를 다루고 있는데 실제로 여기에선 남편이 너무 권한을 쥐고 있다는 느낌 때문에 아내가 '우리는 이렇게 살아야 하나 봐요.' 하는 것은 아닐까? 아내는 원가족으로 치자면 어머니도 아버지도 다 냉정했기 때문에 자기가 다 추슬러야 됐다. 그러니까 만약 이 남편하고 산다면 그래야 하나 보다 하고 살 수도 있지만, 이러면 안 된다는 것이다. 남편은 자기 것 다 누리고, 다 나한테 해달라는 식으로 보이는 게 사실이다. 축어록에서도, 아내가 '차 사주려고 그랬어.' 하니까 되게 기분이 좋아졌다고 말하고 있다. 아내가 맨날 남편을 좇아가는 형국이 되고 있다. 대인관계적 부부역동치료에서 보면 부부 연결(bonding)을 위한 시도가 아내에게서만 일방적으로 드러나는 상황인 것이다(김정규 역, 2004). 이런 방식에 대해서도 서로 알게 해야 할 것 같다. 아내는 자기가 지금 얼마나 부담을 많이 가지고 있는지, 남편은 지금 얼마나 자기 본위로 행동하고 있는지를 볼 수 있어야 할 것이다. 그래서 상담자가 슈퍼비전 받고 싶은 점으로 제시한

두 개의 문제는 같은 문제로 이해되는 것이다. '너 씻고 와. 씻고 오면 두 번은 내가 허락해 준다.' 이건 아니다. 그래서 우리가 지금 초점을 맞추고 같이 합의해야 될 리스트를 만드는 일이 우선 필요한 것으로 보인다.

연습문제

1. 부부상담을 할 때 가장 먼저 점검해 보아야 할 영역들을 알고 있는 대로 열거해 보시오.
2. 부부간에 야기되는 갈등을 부모 콤플렉스라는 개념으로 설명하시오.
3. 이 사례의 부부관계를 대상과의 애착, 반복되는 강박, 연대감, 의사소통의 네 가지 역동 관점에서 토의하시오.
4. 이 사례의 부부를 도울 좀 더 실제적인 개입 방략은 무엇인지 논의하시오.

2. 인지적 접근의 사례개념화

부부는 모두 30대 후반으로, 4세 된 여아를 두고 있다. 이들은 사소한 말싸움이 불씨가 되어 한 달에 한 번 주기로 싸우며 물건을 던지고 남편의 폭력이 행사되어 급기야 아내가 경찰서에 신고하게 되었다. 이를 계기로 부부상담이 수행되었으며, 상담자가 상담한 내용을 중심으로 REBT에 따라 핵심적인 문제를 정서적인 문제, 행동적인 문제로 정리하면 다음과 같다.

〈아내의 입장〉

- 정서적 문제
  - –남편이 욱하고 화를 내면 언제라도 폭력을 행사할 것 같아 불안하다.
  - –남편의 행동이 불만스럽다.
- 행동적 문제
  - –남편과 각방을 쓴다.
  - –남편에게 퉁명스럽게 대한다.

이와 같은 정서적, 행동적 문제를 일으키는 비합리적 생각은 다음과 같이 정리할 수 있다.

- 남편에게 지는 것은 불행한 일이다.
- 남편은 나를 항상 위로해 주고 믿음직스러워야만 한다.
- 남편이 나에게 화를 내거나 폭력을 쓰는 것을 참을 수 없다.
- 부부관계가 이렇게 갈등이 심하면 좋은 결혼생활을 할 수 없을 것이다.

아내는 이와 같은 신념으로 늘 남편의 행동에 불만이 많고 불안하다. 아내의 부모와의 관계를 살펴보면 친정아버지는 아내가 어렸을 때 학용품을 사주지 않아 준비물을 못 챙겨 갔었고 인사를 안 한다는 등의 사소한 이유로 얻어맞기도 해서 아버지에 대한 불만이 많았다고 한다. 이러한 거절감과 억울함으로 힘들어하였고 남편은 어린 시절에 못다 받았던 사랑과 위로를 해 줄 것 같아서 결혼을 했는데, 남편이 오히려 아내의 행동에 불만을 지니고 자기 방으로 숨어버리는 등의 행동을 할 때 어렸을 적 아버지에게 느꼈던 거절감을 그대로 느낀다. 남편의 주기적인 폭력으로 결혼이 지속될 수 있을지에 대해서 의문을 품고 고통스러워하고 있다.

〈남편의 입장〉

- 정서적 문제
  - 아내가 나와 상의하지 않고 혼자서 마음대로 할 때 화가 난다.
- 행동적 문제
  - 아내와 각방을 쓰고 있다.
  - 무시당한다고 느끼면 폭력을 쓴다.
  - 갈등을 일으키지 않으려고 회피한다.

이와 같은 정서적, 행동적 문제를 일으키는 비합리적 생각은 다음과 같이 정리할 수 있다.

- 아내는 나와 크고 작은 일을 반드시 상의해야만 한다.
- 아내는 항상 깨끗하게 집안을 정돈해야 하고 그렇지 않으면 나는 참을 수 없다.
- 아내가 나와 상의하지 않고 자기 마음대로 물건을 사는 것은 나를 무시하는 것이다.

• 아내와의 싸움에서 항상 이겨야만 한다. 그렇지 않으면 부부관계에서 기선을 제압하지 못하는 것이다.

남편은 이와 같은 신념으로 늘 아내의 행동에 대해 불만 등의 불편한 정서가 많다. 남편이 자기 부모와의 관계를 살펴보면, 어머니와 할머니는 전폭적인 지지를 보였지만 어머니는 때로 옷이 마음에 안 든다고 찢어버리는 극단적인 성격도 있었다. 아버지는 청결을 지나치게 강조하였으며 그것이 대물림되어 청결강박증상이 나타나서 아내를 괴롭히고 있는 듯이 보인다. 특히 어린 시절 퇴근길에 동생과의 싸움을 목격한 아버지가 묻지도 않고 동생과 친구들 앞에서 죽기 전까지 때렸던 기억이 상처로 각인되어 있다. 아버지가 무서워서 피해 다니다가 지금까지도 세게 나오는 사람이 있으면 대응하지 못하고 피하는 행동패턴을 보인다. 아내는 통제적인 아버지와 달리 허용적인 것 같아 결혼을 했는데 실제로는 나와 상의하지도 않고 마음대로 결정해 버리는 것을 보면 화가 난다. 이러한 아내와의 갈등상황을 드러내 놓고 해결하지 못하고 아내와 각방을 쓰면서 자기만의 공간을 만들어 놓고 그 안에 숨어 버리는 행동을 하고 있다. 아내가 남편의 폭력행동을 경찰서에 신고하자 이에 대해 안도하는 등 반응이 좋은 점을 미루어 보아 자신이 스스로 해결하는 능력에 안 되어 제삼자에게 의존하는 경향이 있는 것으로 사료된다.

이상의 내용을 통합해 보면 아내의 스키마는 '남편은 약점이 없어야 하고 내가 믿고 의지할 수 있는 믿음직스러운 존재여야만 한다.'이고, 남편의 스키마는 '아내는 모든 일에 있어서 나와 반드시 상의해야만 하고 그렇지 않으면 나를 무시하는 것이다.'라는 것으로 이해할 수 있다.

1) 상담자가 수립한 상담의 목표와 전략 및 진행 과정

(1) 상담의 목표

이 사례에서 아내가 달성해야 할 결과적 목표는 정서적인 측면으로 '남편이 언제라도 폭력을 행사할 것 같은 불안감에서 벗어나는 것' 그리고 행동적 측면으로 '남편에게 퉁명스럽게 대하지 않고 다정하게 대하는 것'으로 정할 수 있다. 남편이 달성해야 할 결과적 목표는 정서적 측면으로 '아내가 상의하지 않고 혼자서 일을 처리하더라도 분노하지 않는다.' 그리고 행동적 측면으로는 '부부간의 갈등이나 대인관계의 갈등에서 회피하지 않고 직면한다. 그리고 어떤 상황에서도 가정 내에서 폭력을 행사하지 않는다.'

로 설정할 수 있다.

또한 이러한 결과적 목표를 달성하기 위해서 필요한 과정적 목표는 아내와 남편의 비합리적 생각을 합리적 생각으로 바꾸는 것이다. 아내의 합리적 생각은 '남편도 인간이기 때문에 약점이 있을 수 있고 남편은 내가 의지해야 할 대상이 아니고 함께 가정을 꾸려가야 할 동반자이다.'이고, 남편의 합리적 생각은 '아내는 크고 작은 모든 일을 나와 함께 상의를 해야만 하는 것은 아니다. 상의를 해오면 좋겠지만 그렇지 않더라도 그것은 나를 무시하는 것이 아니다.'라는 생각이 될 수 있다.

(2) 상담의 전략

이 사례에서 상담 과정 곳곳에서 나타나고 있는 비합리적 신념을 아내와 남편의 각각의 측면에서 찾고 이에 대해 각각 논박을 진행하여야 한다. 이 사례는 또한 부부상담 사례이므로 아내와 남편의 각각의 가계도를 살피면서 대물림되어 형성된 비합리적 생각이나 행동패턴은 없는지 살펴보아야 할 것이다.

(3) 상담의 진행 과정

상담의 진행 과정에서 상담자가 제출한 사례를 중심으로 살펴보면 다음과 같다.

1회기 아내상담

본 회기에서 아내가 우리는 서로 지기 싫어한다고 말하는 것으로 보아 아내는 부부관계를 이기고 지는 권력 게임으로 보는 것은 아닌지, 꼭 이겨야만 향후의 부부관계에서 우위를 점한다고 생각하는 것은 아닌지 살펴볼 일이다. 내담자인 아내에게 진정한 부부관계가 이기고 지는 경기와 같은 게임인지, 그리고 좋은 부부관계에서 우위라는 것이 있는지에 대해서 생각해 보도록 질문을 하면서 논박을 진행할 수 있다.

2회기 부부상담

이마고 감사대화법에서 남편이 더 적극적으로 참여한 점으로 보아 남편도 부부의 문제를 해결하고 싶은 강력한 의지가 있는 것으로 보이며 이에 대해 상담자의 격려와 지지가 필요했을 것으로 보인다.

3회기 부부상담

남편은 어린 시절의 경험을 통해 아버지가 묻지도 따지지도 않고 나를 때려서 억울하고 불안했는데 결혼한 지금은 아내가 여러 가지 일들을 상의하지 않고 마음대로 해서 무시당한 것 같아 억울한 것으로 파악된다. 아내는 어린 시절에 아버지가 충분히 준비물을 사주지 않아서 화가 나고 분했는데 지금은 남편이 충분히 나를 돌보아 주지 않아서 억울하고 분하다는 생각을 하는 것이 드러나고 있다. 이러한 생각들의 허술한 논리구조, 그리고 사실과 다르다는 점을 내담자들에게 인식시켜 남편과 아내가 지각체계의 허점을 보도록 하는 것이 중요하다.

4회기 부부상담. 앞서 제시된 축어록 참고

본 축어록은 내담자의 원가족으로부터 대물림된 내용과 내담자 각각이 보이는 비합리적 신념의 형성과정이 잘 나타나 있다.

• 남편에 대한 것

남편의 아버지는 청결 강박이 심하고 아들이 자신을 미워했다고 지각하고 있다. 남편의 어머니는 아들을 사랑했지만 자신의 방식을 고집하여 긴 머리도 짧게 짜르게 하고 마음에 안 드는 옷은 찢어버리기도 했다. 그리고 내담자가 친구랑 싸웠을 때 아들 편을 들지 않는 점 등으로 보아 내담자의 부모는 중립적으로 타협하고 조율하는 태도보다는 극단적인 태도를 보였던 것 같고 남편은 이를 내재화한 것으로 보인다. 이 때문에 아내가 대화로 문제를 해결해 보려고 남편 방에 들어가면 머리카락 떨어진다, 각질 떨어진다고 하면서 아내를 밀어내 버린다. 즉, 조율하고 화해할 수 있는 기회 자체를 차단해 버리는 연유가 되는 것 같다. 남편 3에서 그가 고백하고 있는 것처럼, 그는 극단적인 부모의 특성 때문에 성인이 된 다음에도 센 사람들을 만나면 직면하기보다 회피하면서 살아왔던 것 같다. 이것이 부부관계에서도 드러나 갈등상황에서 자기만의 공간을 따로 만들어 버리고 그곳을 피신처로 삼는 듯이 보인다. 이때 상담자는 부부가 자기만의 공간에 따로 아지트를 차리고 그곳에 머문다면 진정한 의미의 결혼과 부부생활에 도움이 될 수 있는 것인지에 대해서 물어야 한다. 이러한 질문을 통해 남편이 부부는 공동 운명체로서 형식적인 요건을 갖추는 것이 중요하다는 것을 깨달을 수 있도록 도와야 할 것이다. 또한 남편의 청결관념은 위생적인 측면이 있으나 이것이 심할 때에는 강박증이라는 질병이 된다는 것을 일깨우도록 도와야 한다. 어린 시절, 남편 1에 제시된 것처럼 "씻어라, 균 옮는다. 빨리 씻어."라는 아버지의 요구에 대해서 내담자는 어떤 느낌이 들었는지 묻고, 지금의 아내도 그때 내담자가 느꼈을 그 불쾌함을 그대로 느낄 수 있다는 것을, 상대방의 입장에서 살펴볼 수 있는 조망력을 확장시켜야 할 필요가 있다.

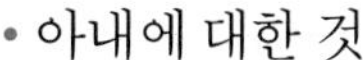

• 아내에 대한 것

아내는 어린 시절 물질의 결핍으로 부모에게 충분한 돌봄을 받지 못했으며 스스로 무시당한다는 괴로움에 살기 싫고 슬펐다. 그래서 여유로운 삶을 살고 싶었고 사랑을 받고 싶었다. 남편과의 관계에서 남편의 사소한 낭비에도 신경이 쓰였으며 화가 났다. 남편이 입지도 않을 옷을 택배로 시켜 오면 더욱 분노했다. 남편이 미덥지 않아서 혼자서 일을 해결해 버리는 것이 남편 입장에서는 어렸을 때 아버지에게 당했던 무시와 연결되면서 분노가 일게 하는 원인을 제공해 주고 있기도 하다. 서로 상의하지 못하며 살게 되는데, 남편에게 막상 말을 하면 아내의 선택을 믿어 주지 못하고 비아냥거려서 좌절하고 화가 난다고 한다. 이 부분에 대해서도 정말 남편이 비아냥거린 것인지, 아내가 해석을 그렇게 한 것은 아닌지 살펴보았어야 했다.

남편 4에서 '우리는 작은 상의도 못 한다.' 남편 7 '아내가 큰 것을 바라는 것도 아닌데 그게 안 된다. 별것도 아닌 것으로 싸운다.'고 말하고 있는 점을 미루어 보아 그동안 싸웠던 내력을 구체적으로 기술하고 했던 반응을 잘 살피게 해서 다음에 그런 일이 일어나지 않도록 하기 위해 쉽게 바꿀 수 있는 행동 전략부터 남편과 아내가 머리를 맞대고 노트에 적어 보게 하는 것도 유용한 기법이 될 수 있을 것이다.

6회기 부부상담

아내는 남편이 자신을 싫어해서 밀어낸다고 생각하면서 계속 이렇게 남남처럼 살 수 있을까에 대해서 곱씹게 된다고 한다. 이때 상담자는 바로 남편에게 정말로 아내가 싫어서 밀어내는 것인지에 대해서 물어볼 수 있다. 아마도 남편은 크고 작은 갈등을 직면하는 것이 두려워 회피전략을 쓰는 것이지 진정으로 아내가 싫어서 그런 행동을 하는 것이 아닐 것이다. 그렇다면 아내의 그러한 가정(assumption)은 가정일 뿐 사실이 아니라는 것을 분명히 했으면 좋았겠다. 여기서 서로에게 남아 있는 애정을 기반으로 새로운 관계정립이 될 수 있는 계기로 활용할 수 있기 때문이다.

2) 상담의 방향에 대한 제언

이 사례에서 'REBT를 활용하여 부부상담을 할 때 파악해야 할 다섯 가지 신념'을 살펴보면 다음과 같다.

• 부부가 서로의 부부역할에 대해서 가지고 있는 기대를 평가한다.

- 결혼만족을 위해 감정을 적절하게 잘 표현해 내는 것은 중요하다.
- 남녀는 근본적으로 다양한 면에서 차이가 있다.
- 갈등상황에 대해서 서로 협력적으로 대처한다.
- 부부가 함께 사랑을 키워가는 것이고, 서로 노력하는 만큼 결혼의 만족도가 유지되는 것이다.

그리고 그들의 사례 속에 나타난 비합리적 생각을 구체적으로 찾고 이것이 얼마나 결혼생활을 불편하게 만드는 것인지에 대해서 바로바로 논박을 진행해 나가면 좋다. 아울러 그 유명한 존 그레이(John Gray)의 저서『화성에서 온 남자 금성에서 온 여자』를 읽히면서 상담을 한다면 서로의 차이점에 대해서 이해하고 이를 통해 서로를 사랑할 수 있는 단초를 찾아낼 수도 있을 것이다. 내담자들이 지니고 있는 회기별 비합리적 생각은 〈표 14-1〉에 제시하고자 한다.

상담 과정에서 나타나고 있는 이러한 비합리적인 생각을 차분하게 논박하여 남편과 아내의 신념구조에 도전해야 한다. 무엇보다도 결혼생활은 이기고 지는 게임이 아니며 남편과 아내는 어린 시절의 내 삶과 무관한 사람이므로 어린 시절에 부모에게 받았던 상처를 연관시키지 않고 사고하는 연습을 하도록 해야 한다. 예를 들면, 남편의 경우에는 부친에게 느꼈던 좌절감과 억울함을 아내에게 투사하지 말아야 하고 아내의 경우에는 친정아버지에게 느꼈던 화와 분노를 역시 남편에게 투사하지 않아야 한다. 남편과 아내는 서로 부족한 사람이 만나서 서로의 부족함과 결핍을 인정해 주면서 부부 모두 행복한 결혼생활이라는 공통의 목표를 향해 함께 나아가야 하는 존재, 즉 운명 공동체 같은 것임을 인정하고 받아들이도록 해야 한다. 이런 과정에서 필요한 부분은 상의하고 남편의 주장처럼 싸움의 촉발은 항상 작은 것에서 시작하므로 이제는 그런 상황에서 상담자가 행했던 방식인 이마고 대화에서처럼 상대방을 거절하고 대항하기보다 수용하고 공감해야 하며 결혼관계는 서로서로 노력해서 만들어 가는 관계라는 것을 강조해야 할 것이다. 특히 남편은 갈등을 두려워하거나 회피하지 말고 맞닥뜨리고 드러내서 해결을 해나가야 한다는 것을, 아내도 남편의 청결 강박을 거부만 하지 말고 이것의 장점을 잘 살리면 윤기 나는 살림도 할 수 있는 주부 8단이 될 수 있을 것을 알게 해야 한다. 상대방의 요구를 들어주면 지는 것이 아니고 상대방을 인정하게 되며 이는 부부가 함께 할 수 있는 모멘텀으로 자리 잡게 된다는 시각을 갖게 할 필요가 있다.

표 14-1 핵심 비합리적 신념과 파생된 비합리적 생각

1회기에 나타난 비합리적 생각 **(추론과 귀인)**

부부싸움에서 지면 안 된다. 지게 되면 기선 제압을 놓치게 된다.
상대방의 요구를 들어주면 지는 것이다.
이 결혼을 지속할 수 있을까 의문이다.

3회기에 나타난 비합리적 신념 **(추론과 귀인)**

아내도 내 아버지처럼 나를 무시하고 함부로 하고 있다.
남편도 내 아버지처럼 나를 돌보아 주고 위로해 줄 수 있는 믿을 만한 존재가 아니다.

4회기에 나타난 비합리적 신념 **(추론)**

남편의 생각: 아버지가 나를 괴롭히고 무시한 것처럼 내 아내도 저 혼자 일처리를 하면서 나를 무시한다.
주변에 센 사람이 있을 때는 대응하기보다 회피하는 것이 낫다. 아내와도 마찬가지이다.

아내의 생각: 친정아버지가 나를 돌보아 주지 않은 것처럼 남편도 나를 돌보아 주지 않을 것이다. 내가 상의를 하려 해도 나의 선택을 존중해 주지 않고 내 의견을 거절하고 이는 결국 나를 거절하는 것이다.

부부 공통의 생각: 우리는 별것도 아닌 것으로 싸움을 일삼는 한심한 부부이다.
우리의 결혼생활이 지속될 수 있을지 의문이다.

6회기에 나타난 비합리적 신념 **(추론)**

남편이 나를 싫어해서 밀어내고 있다.
계속해서 남남처럼 살 것이다.

내재된 비합리적 신념 **(평가적 인지–당위적 사고)**

아내의 스키마: 남편은 약점이 없어야 하고 내가 믿고 의지할 수 있는 믿음직스러운 존재여야만 하는데 지금의 태도로는 불가능하며 나는 이것을 참을 수 없다.

남편의 스키마: 아내는 모든 일에 있어서 나와 반드시 상의해야만 하고 내가 원하는 대로 집안도 깨끗하고 말끔하게 해놓아야 하는데 그렇지 못한 것으로 보아 나를 무시하는 것이고 나는 그것을 참을 수 없다.

3) 상담자에 대한 슈퍼비전

〈350쪽 '슈퍼비전을 받고 싶은 내용' 참고〉

[남편은 각자의 거처를 원하며 개인상담 시간을 회피한다. 어떻게 해야 할까?]

남편은 부부상담에는 잘 참여하고 있고 상담자가 시키는 이마고 대화도 잘 따라하고 있는데 개별적으로 개인상담을 하려고 하는 이유가 무엇일지 궁금하다. 상담자가 특별한 계획이 있다면 이를 남편과 상세하게 공유하고 남편이 개인상담의 필요에 대해 느끼도록 한 다음에 개별상담을 시도하도록 해야 할 것이다. 부부가 방을 쓰는 문제에 대해서 이견을 보이는 것에 대해서는 함께 있는 자리에서 합방을 하는 것과 각방을 쓰는 것의 장점과 단점을 열거해 보고 대차대조표를 만들어 보게 한다. 그리고 부부 합의하에 결정하도록 도울 수 있을 것이다. 이 사례에서도 마찬가지로 아내와 남편이 지니고 있는 각각의 비합리적 생각을 바꾸도록 해야 하지만 궁극적으로는 결혼생활에 대한 합리적인 철학을 지닐 수 있도록 도와야 할 것이다.

연습문제

1. 대표적인 상담의 인지적 기법인 REBT 방식으로 부부상담을 진행할 때 먼저 점검해야 할 신념의 리스트를 작성해 보시오.
2. 남편과 아내가 각각 지닌 핵심 비합리적 생각(core belief)이 무엇인지 찾고 이것이 형성되었던 과정에 대해서 설명하시오.
3. 남편과 아내가 지닌 핵심 비합리적 생각에 따라 회기별로 변주되어 나타나는 비합리적인 생각을 찾고 이에 대한 논박의 전략을 기술하시오.

3. 통합적 접근의 사례개념화

이 부부는 부부갈등이 발생하면 남편이 폭력을 행사하는 것이 습관화되어 있다. 그래서 아내가 경찰에 폭력신고를 하여 상담에 연계되었다. 아내는 남편이 켜 놓은 전등불과 보일러를 일일이 끄면서 잔소리를 하고, 남편은 아내가 깨끗이 몸을 씻지 않는다

고 안방에 들어오는 것을 막는 등 사소한 일을 가지고 언쟁하고 피차간에 결코 양보하지 않는다. 그러다가 남편이 물건을 던지고 몸을 밀치다가 폭력으로 발전하는 것이 한 달에 한 번 꼴로 일어난다. 이들 갈등의 근원은 첫째, 3대에 걸친 폭력의 대물림 현상으로 풀이될 수 있다. 둘째, 부부간에 통제 욕구가 충돌한 것으로 볼 수 있다. 원가족에서 물질적으로 풍요를 누리고 과잉보호적으로 자란 남편은, 아내가 가사 결정에 따른 자기의 결정권을 무시하고, 아내 마음대로 물건을 사는 것에 대하여 분개한다. 어린 시절에 가난한 환경에서 자란 아내는, 남편의 낭비벽을 막고자 하여 가정 경제의 주도권을 가지고 무슨 일이든지 남편과 상의하지 않고 자기 뜻대로 처리하는 습관이 있다. 이것이 남편의 자존심을 건드리는 것이다. 이 부부는 첫째, 갈등이 있을 때 '욱'하고 감정적 대립으로 치닫는 근본 원인을 깨달아야 한다. 둘째, 이들은 의견의 차이를 조곤조곤 말로써 표현하며, 또 상의하고 합의하는 요령을 훈련받아야 할 것으로 보인다. 강한 성격의 부부는 가끔씩 적당한 거리를 두고 생활하는 지혜를 터득하는 것이 매우 중요하다.

1) 상담자가 수립한 상담의 목표와 전략 및 진행 과정

상담자가 수립한 이 부부의 상담 목표는 타당하게 보인다.

- 서로 상의하여 원하는 것을 말로써 표현하고 합의점을 찾는다.
- 어린 시절의 미해결 과제를 파악하고 부부의 취약점을 공유함으로써 서로에게 측은지심을 갖도록 하며, 의사소통의 기술과 관계기술을 증진시킨다(임상적 목표).

상담자가 세운 다음과 같은 상담의 전략도 적절하게 보인다.

- 가계도 분석을 통하여 관계 패턴을 이해한다.
- 이마고 대화 연습으로 부부간에 안전한 연결감을 이룬다.

상담의 진행 과정을 살펴보면 첫 회기에는 아내와 개인상담을 진행하였고, 2회기부터 6회기까지 상담자는 이마고 부부대화로써 부부상담을 진행하였다. 2회기 때 남편이 이마고 부부대화에 더 적극적으로 임하였고, 서로 간에 감사대화가 잘 이루어졌다. 이것으로 미루어 보건대 이마고 부부대화를 상담자가 부드럽게 잘 인도한 것으로 보인다. 그래서 이들 부부의 결속에 대한 예후가 낙관적으로 전망된다. 3회기 때 남편 원가족의 가계도 분석을 통하여 3대에 걸친 난폭성이 대물림되고 있는 것이 발견되었다. 아내 원가족 분석에서 할머니가 어머니에게 모진 시집살이를 시켰고 아버지의 방임과 가난한 생활이 언급되었다. 이 시점에서 아내의 원가족 관계 패턴에 대하여 좀 더 깊은 성찰이 이루어졌더라면 좋았을 것이다.

아내는 어머니처럼 학대받고 살지 않겠다는 마음이 강했기 때문에, 통제의 욕구가 강화되지 않았을까? 그런 통제 욕구가 지나쳐 남편과 갈등하게 된 것 같다. 그리고 아내 또한 할머니의 독선적인 기질을 전수받은 것 같다. 그러니까 아내의 마음속에는 피해의식과 통제의 욕구가 혼재해 있는 것으로 보인다.

4회기에서는 어린 시절 부모와의 관계를 회상하는 시간이 주어졌다. 남편은 아내가 강하고 짜증난 말투로 말을 하고 자기 요구를 거절하기 때문에 화가 나서 소리지른다는 것을 이야기하였다. 이 시점에서 상담자는 아내의 짜증난 목소리 속에 과거의 좌절감이 묻어 있다는 것과 남편의 폭언 속에도 과거에 부모로부터 무시 받고, 통제 받았던 것에 대한 반항심리가 들어 있다는 것을 지적할 수 있었더라면 좋았을 것이다.

5회기에서는 부부가 이마고의 부모-자녀 대화(P-C Dialogue) 형식으로 4회기 때 다루었던 내용을 다시 언급하는 시간이 주어졌다. 그것은 잘한 것이다.

6회기에서는 상담자가 부부의 성생활에 대해서 질문하였다. 남편이 당황하여 성문제 다루기를 회피하였는데, 아내는 성관계가 거의 없어 좌절감을 느낀다고 하였다. 부부상담 시 성생활에 대한 질문을 상담자가 먼저 던진 것은 적절하다고 생각된다. 그러나 6회기를 시작할 때는 먼저 5회기 때 부모-자녀 대화를 나눈 경험에 대한 이야기를 하게 한 다음에, 그러한 어린 시절의 부모-자녀 관계 경험이 자기네 부부 생활에 미친 영향에 대해서 좀 더 탐색했더라면 좋았을 것이다. 그런 다음에 그런 영향이 부부의 성생활에는 어떤 영향을 주고 있는가를 질문했더라면, 남편이 방어적으로 대화를 회피하기보다는 좀 더 자연스럽게 대화가 이루어질 수 있었지 않을까 사료된다.

2) 상담의 방향에 대한 제언

상담자는 국제 이마고 부부치료 자격증 소지자로서, 그동안 이마고 부부상담의 경험이 많은 것으로 보인다. 그래서 이 폭력 부부에게도 효율적으로 부부대화를 잘 이끌어 가고 있다. 6회기까지 부부상담을 한 결과로, 그들은 조상의 폭력성이 자기네 부부 세대까지 전수되었다는 것을 알게 되었고, 어린 시절에 부모로부터 억울하게 처벌받았던 경험의 찌꺼기가 미해결된 채 지금의 부부생활에 악영향을 끼치고 있다는 것까지 깨단

게 되었다.

이처럼 폭력적 언행의 뿌리는 파악이 되었는데, 문제는 부부가 각기 다른 의견을 내비칠 때마다 앞뒤 가리지 않고 화부터 내고 공격적인 말이 튀어나오는 것을 다스릴 수 없다는 데에 있다. 그런 문제점은 이마고 부부대화 방법으로는 풀어나가기가 매우 어렵다.

×클럽에서 만나 연애-결혼으로 발전한 이들 부부의 기질은 두 사람이 모두 정열적이고 외향적이고 강하다고 본다. 그렇기에 사회적 능력면에서 우수하나, 함께 많은 시간을 같이 보내는 가정생활에서는 크게 부딪칠 소지가 많다. 따라서 이들은 자기네의 강한 에너지를 외부에서 쏟도록 의도적으로 출구를 마련하고, 가정에서 배우자끼리 지내는 시간이 다소 부족하여, 서로 만남을 고대하도록 생활패턴을 바꾸는 것이 현명하다고 본다. 그리고 다음과 같은 작업이 요청된다.

① 그들은 무의식 속에 들어 있고 신체 감각에 숨어 있는 감정(예: 억압된 분노와 공격성)을 의식화하는 작업이 필요하다. 그것은 신체 정밀검색(body scan) 등의 방법이나 게슈탈트 치료기법으로써 가능하다. 그리고 폭력의 대물림의 고리를 끊기 위하여 크게 각성할 것이 요구된다. 즉, 마음을 안정되게 하는 요령을 코칭하고, 그와 연관된 두뇌의 기능(변연계와 전두엽)에 대해서 설명해 주어야 하겠다.

② 자기네들이 무슨 생각을 하고 무슨 말을 독백하기에 '욱'하고 화를 내는지 파헤칠 필요가 있다. 예를 들어, 남편은 '아내가 내 행동을 제지하고 나를 미성년자 취급해서는 절대로 안 돼. 나는 그것을 도저히 참을 수가 없다.'라는 생각에 사로잡혀 있을 가능성이 높다. 또 아내는 '남편은 철부지 아이처럼 쓸데없는 물건을 사고 싶어 떼를 쓰는데, 나는 그런 습관을 기어코 고쳐주어야만 한다. 그렇지 않으면 우리 집안이 경제적으로 빨리 자립할 수가 없다. 그러면 우리는 망할 것이다.'라는 믿음으로 굳게 무장되어 있을지도 모른다. 따라서 그들의 분노 감정 밑에 놓여 있는 생각 내지 신념을 찾아내고 그 생각의 합리성을 따져 보는 것이 필요하다. 이를 위해서 REBT 및 인지행동치료이론을 적용해야 할 것이다.

③ 통제의 문제에 대하여 깊이 있는 논의를 할 필요가 있다.
가정에서 중요한 의견은 누가 제시하고, 누가 최종적으로 결정하는가? 누가 방어적인가? 유구한 인류 역사를 통하여 사회와 가정의 우두머리는 남자들이었다. 한

국이 비록 민주주의 국가가 되었다고 하지만, 아직도 우리네 가정에서는 남편에게 가장(家長)의 권위와 통제권이 위임되고 있는 것이 사실이다. 그런데 이 가정에서는 아내가 가정 경제의 주도권을 가지고 있고, 미덥지 않은 남편의 씀씀이에 대하여 강력하게 제재를 가하고 있다. 그러니까 통상적으로 용인된 리더십과 통제권의 면에서 균형이 깨진 집안에서 남편이 반기를 드는 것은 당연하지 않겠는가? 그 결과 남자로서의 권위를 나타내기 위해서 남편은 폭언과 폭력을 행사하고, 잠자리를 거부하지 않겠는가? 게다가 자기도취의 성향이 강한 남편은 아내가 거실에서 잠을 자게 하고 자기가 안방을 점령하고 있다. 한편, 아내는 자기가 할머니를 닮은 것 같아 전제적 기질이 강하다는 것을 똑똑하게 알아차릴 필요가 있다. 가사를 결정할 때 남편과 상의하고 남편의 의사를 존중하는 태도로써 타협하는 것이 체득되어야 하겠다. 서로가 윈윈(win-win)하는 대화 방법을 터득해야 한다.

이들 부부는 서로 말이 많고 자기 생각만 내세우며 결코 양보하지 않는 유형이다. 그러니까 부부는 모두 강성이다. 그래서 크게 부딪친다. 이상적으로 보자면 남편이나 아내가 무조건 자기 본위의 생각을 고집하지 않고, 어떤 선에서는 서로 양보하는 태도를 익힘으로써 두 사람이 부드러운 성품으로 조금씩 변화되어 가야 하겠다. 그런데 문제는 이것이 결코 용이하지 않다는 것이다. 이 남편의 왕자병은 좀처럼 개선될 것 같지 않다. 결국 누가 주도적으로 관계 변화를 위한 리더십을 발휘해야 할까?

어려서부터 왕자처럼 자기가 원하는 것을 다 가지고 자랐기 때문에 자기애가 강한 남편에게 양보하는 미덕을 새롭게 배우라고 지시한다면 오히려 역효과를 낼 수 있다. 초강성의 남편은 결코 변화하지 않을 것이다. 그러니까 아내 쪽에서 전략적으로 양보해야 한다.

첫째, 아내는 남편과 대화를 나눌 때 힘겨루기식의 감정적인 대응(reactive)을 하지 않고, 엉뚱한 반응, 즉 공감적인 반응을 해야 한다. 예를 들어, 남편이 고가의 티셔츠를 사가지고 집에 들어와서, "여보, 당신이 나더러 또 비싼 옷 사왔다고 간섭하면 가만두지 않을 거야. 내 돈은 내가 쓰는 거야."라고 할 때, "당신은 멋있는 옷을 사입고 싶었군요. 그리고 내가 당신 씀씀이에 간섭하지 않았으면 좋겠다는 거죠? 알겠어요."라고 (비꼬지 않으며) 담담하게 말하는 것이다. 그렇게 아내가 공감적으로 부드럽게 반응하면 신경을 곤두세웠던 남편의 마음이 누그러지게 된다(변연계를 잠재운다). 이것이 아내의 주도적인(proactive) 리더십이다.

둘째, 아내는 남편의 자존심을 높여줌으로써 남편 쪽에서 자진하여 아내가 원하

는 행동을 할 수 있도록 연구해야 할 것이다. "여보, 당신은 세상을 보는 눈이 있고 결단력이 있잖아요. 우리 집안 문제도 당신이 먼저 계획을 세워 봐요. 그리고 나한테 이야기해 주면 나도 가능한 한 당신 뜻대로 따라갈게요. 가령 우리의 1년 수입 중에 얼마를 저축하고 얼마를 생활비로 쓸지, 그리고 당신 피복비와 내 피복비, 또 외식비와 여행 경비는 얼마로 하는 것이 좋을까를 당신이 현명하게 정해 보세요. 나는 당신을 믿어요. 당신은 한번 한다면 하는 사람이니까요." 그리고 남편이 계획한 대로 실천하면 남편을 칭찬해 주고 극진히 예우하는 것이다. 남편은 아내가 진실로 양보적인지를 시험하고 불신할 가능성이 높다. 그러므로 아내는 비굴하지 않으면서 자아를 철저히 죽이는 수준까지 내려가도록 각성해야 한다. 아내는 의식적으로 딸처럼 어리광 부리는 역할을 연습하라. '지는 것이 이기는 것'임을 명심하라. 그렇게 되면 남편은 온유한 영국신사가 될 수 있다.

노자(老子)는『도덕경』에서 우리에게 물처럼 부드럽고 낮아지고 만물을 길러주는 자세로 살 것을 강조하였다. 약한 것이 강한 것을 이기고, 부드러운 것이 모진 것을 이긴다(78장).

상담자의 이마고 부부대화 기법을 잘 따라 하고 있는 남편의 태도를 보자면, 아내가 상담자의 태도를 본받아 부드럽게 품어주는 지도력을 행사할 때 남편이 크게 변화될 가능성이 충분하다고 본다.

④ 가치관 충돌의 문제가 다루어져야 하겠다.

아내는 미래를 대비하여 절약하는 것을 중요시한다. 그것이 친정에서 대물림되고 각인되었다. 그런데 어린 시절에 풍족한 가정에서 왕자처럼 대우받고 자란 남편은 근검절약하는 생활이 매우 불편하다. 이런 가치관의 충돌은 참으로 타협하기가 어려운 문제이기 때문에, 두 사람이 모두 좌절감을 느끼지 않을 수 없을 것이다. 결국 두 사람은 가정의 경제 문제에 대해서도 여러 번 대화하고, 서로가 서로를 이해하는 태도로 양보하면서 의사 결정에 임하는 요령이 체득되어야 한다.

누가 더 양보적으로 나와야 할 것인가? 단단하게 마음의 방어선을 두르고 있는 쪽이 남편으로 보이기 때문에, 아내가 남편의 욕구를 더 헤아리고 더 양보해야만 할 것이다. 다시 말해서 미래에 조금 더 넉넉한 삶을 준비하기 위하여 현재의 생활에서는 부부간에 끊임없이 전쟁을 하고 지낼 것인가? 아니면 조촐한 미래의 삶이 예상되지만, 남편이 좋아하는 방식대로 현재를 즐기며 사이좋게 살 것인가? 인생은 선택이다. 어느 쪽이 더 현명한가? 아내가 단란한 가정생활도 원하고, 경제적인 대비도 원한다면, 제3의 길을 강구할 수 있다. 즉 아내 쪽에서 재테크에 대한 공부를 많이 해야 할 것이다. 그래서 매우 힘들겠지만, 직장생활을 하면서 부업도 강구하는 것이다. 그것도 선택이다.

⑤ 가정폭력을 근절하겠다고 크게 각성하고, 분노 감정을 잘 다룰 수 있게 한다.
이를 위해서는 유추하기(referenting)의 기법이 유용하다(홍경자, 2020b, pp. 110-112). 이 부부에게 3대째 전수되고 있는 폭언과 폭력의 피해는 이미 4대째 대물림되고 있다는 것을 똑똑하게 인지시켜야 한다. 4세의 딸은 엄마 뱃속에서부터 부모의 폭력을 경험하였고, 영유아기 3년 동안 수없이 놀라고 떨면서 지금까지도 트라우마 속에 성장하고 있다. 딸의 성격과 장래 인성이 치유되기가 용이하겠는가? 그리고 습관적으로 싸우는 생활을 반복하다 보면, 어느 시점에서 그들은 서로가 도저히 함께 결혼 생활을 유지할 수 없다고 생각되는 지점에 다다를 수 있다. 분노 감정을 잘 다룰 수 있는 구체적인 방법은, 이 책 속의 13장을 참고하기 바란다.

⑥ 스트레스를 풀고 주의 전환하는 방법을 생활화하도록 한다.
이 부부는 기분 좋게 즐기는 시간이 거의 없는 것으로 보인다. 단조롭고 판에 박힌 듯한 생활을 하다가, 부부간에 의견 차이가 생기면 그때 가서는 신이 난 것처럼 크게 화를 터트리고 폭언과 폭력이 튀어나온다. 삶의 리듬에 심한 불균형 상태가 보이고, 무언가가 빠져 있다. 이제부터는 결여된 영역을 찾아 새로운 생활 습관으로 정착시켜야 한다.
정열적이고 강한 성품의 이들 부부는 적극적이고 강렬한 방식으로 집 밖에서 각자가 스트레스를 풀고, 집에 와서는 오로지 휴식을 취하도록 생활방침을 정하는 것이 좋다. 그래서 나는 다음과 같이 권장하고 싶다.

- 신체적 활동하기: 수영, 에어로빅, 산책 등
- 정신적 활동하기: 낱말 맞추기, 웹이나 컴퓨터 게임 등
- 강렬한 감각(맛, 향기, 청각-노래, 시각, 촉각) 경험하기

요약하자면 부부간에도 코로나 사태 때의 '사회적 거리 두기'와 '마스크 쓰기'의 원리를 적용하여, 수시로 적당한 거리를 두고 생활하는 지혜를 강구해야 할 것이다.

그리고 자동차를 운전할 때 지켜야 하는 교통법규를 부부관계에도 적용하도록 하라: 경적(큰 소리) 금지, 추월 금지, 일단 정지, 차간 거리 유지, 쌍방통행하기

⑦ 마음챙김과 효과적인 의사소통의 기술을 훈련시킨다.

앞서 언급한 인지적인 작업을 시도한 다음에, 바람직한 의사소통의 기술과 마음챙김을 훈련시키는 것이 좋다. 상담자가 이마고 대화의 '행동수정 요청하기'를 시도하기 이전에, 이 부부는 먼저 마음을 안정시키고 부드러운 말로써 자기의 생각과 감정을 표현하는 방법을 훈련 받아야 한다. 그래서 마음챙김 명상을 매 회기마다 실시할 뿐만 아니라, 집에서도 실천하라고 과제를 주는 것이 매우 유용하다.

상담자는 다음과 같은 대화 매뉴얼을 이 부부에게 유인물로 만들어 줄 수 있을 것이다.

〈대화를 준비할 때: 아내의 예〉

- 자기가 원하는 것(예: 남편에게 불필요한 물건을 사지 말라고 이야기하고 싶다)을 적는다. 그때 자신의 감정을 적는다.
- 배우자의 마음을 헤아려 보고 적어본다.
- 자기가 취해야 할 새로운 행동, 즉 부드러운 자기표현과 남편을 존중하는 말을 적어본다.
- 타협하기: 자기네 경제 계획에 의한 조율의 원칙을 구체적으로 세우도록 한다. 이때 다소간 양보하고 여유를 가지도록 유념한다. 그것이 윈윈(win-win)의 길이다.

〈지정한 시간에 대화를 할 때〉

- 심호흡을 한다. 그리고 배우자의 이미지를 긍정적으로 만들어 떠올린다.
- 상대방에 대하여 고마운 점을 이야기하고 나서 자기가 원하는 바를 나지막한 목소리로 말한다.
- 이마고 대화기법으로 반영하기–요약 반영하기–인정하기–공감하기로 대꾸한다.
- 두 사람이 세운 타협안에 의거하여 서로 조율하고 끝마무리는 긍정적으로 한다.

3) 상담자에 대한 슈퍼비전

〈350쪽 '슈퍼비전을 받고 싶은 내용' 참고〉

[남편은 각자의 거처를 원하며 개인상담 시간을 회피한다. 어떻게 해야 할까?]

남편은 상담자가 자기보다는 아내를 더 배려하고 있다고 느끼며 섹스 문제를 여성 상담자와 논의하기가 싫다는 마음이 무의식적으로 일어난 것 같다. 이때는 상담자 쪽에서 아내와 남편을 공정한 입장에서 이해하려고 노력하는 제스처를 취하도록 하라. 즉, "아, 두 분 각자는 그럴 만한 이유가 있는 것 같아요. 언제쯤 그 이야기를 저와 함께 따로따로 만나서 이야기해 보시겠습니까?"라고 제의하라.

아내가 잠잘 때 코를 고는 문제는 이비인후과에 가서 치료를 받도록 해야 할 사항이다. 그리고 코를 고는 사람은 대개 잠을 자다가 자기도 모르게 입을 벌리고 자면서 코를 골 수가 있는데, 입술에 테이프(면 실크 반창고)를 두르고 자면 효과적이라는 의사의 처방을 따라 실천해 보기 바란다(유튜브 참조).

청결과 냄새 문제는 남편의 강박적 성향 때문이기도 하지만, 상담자는 체취에 대하여 남편에게 객관적인 정보를 제공해 줄 필요가 있다. 즉, 동물과 마찬가지로 인간에게도 어떤 체취가 있는데, 지나치게 씻고 청결하게 하면 피부막이 얇아져서 오히려 세균 감염의 위험도 있다. 그리고 여성은 생리중이나 생리 후에 몸에서 생리의 냄새가 나기 마련이다.

그러나 한편으로는 남편의 불만에 타당한 이유가 있다는 것을 인정하고, 아내가 노력해야 할 부분도 찾아보아야 한다. 예를 들어, 자궁경부에 염증이 있을 때 소량의 피가 묻고 생선비린내 같은 냄새가 난다. 또 겨드랑이에서 나는 냄새가 유독 강한 사람도 있다. 그러므로 부인과, 피부과, 이비인후과 내지 치과 등에서 적절한 치료를 받도록 해야 한다. 또 아내는 평소에 아로마 오일, 바디 크림, 향수를 바르도록 유념하라. 그리고 기분 좋은 날에는 거실에서 음악을 틀어놓고 예쁜 옷을 입고 자기들이 좋아했던 춤의 스텝을 춰보는 장면을 연출하여 잠시 낭만의 분위기를 만드는 것도 시도해 보도록 하라. 그렇게 하여 서서히 낭만의 느낌(eros)이 되살아나면, 얼마의 시간이 지난 후에는 부부가 한방에서 잠을 자는 사건도 일어날 수 있다고 본다.

4) 상담자–내담자 관계와 발전 과제

상담 시초부터 상담자는 부드러운 성품으로 이 부부와 치료적 동맹이 잘 이루어졌다. 주장적이고 독점욕구가 강한 이들 부부가 상담에 열성적으로 임하여 긍정적인 변

화를 가져왔다. 그것은 상담자가 그들을 안전하고 부드러운 분위기 속에서 허심탄회하게 자기 심경을 말하게 허용한 것이 효과를 가져왔기 때문이라고 본다. 그들은 상담자의 태도와 대화 스타일을 보고 '아, 우리도 저렇게 수용적으로 자기표현해야 되겠구나.' 라고 느꼈을 것이다. 그러니까 상담자가 바람직한 의사소통 기술의 표본을 보여 준 것이다. 그런데 상담자가 6회기에 불쑥 성 문제를 질문하였고, 그 시점에서 남편이 거부 반응을 나타냈다. 부부상담을 할 때 상담자는 자기도 인식하지 못하는 중에 어느 한쪽 편을 드는 인상이 들지 않도록 신중을 기해야 한다. 혹시 상담자는 성관계가 거의 없어 좌절감을 느끼는 아내에게 무의식적으로 마음이 더 쏠린 나머지, 남편에게 개인상담의 시간을 가져보자고 제의한 것이 아닌가 자기성찰을 해 볼 필요가 있다. 평소에 상담자는 대개 여성이 피해자이고 남성이 더 권리를 남용한다는 생각을 가지고 있었기에, 남편 쪽에서 더욱 협조적으로 나와야 한다는 생각이 강했던 것은 아닌지, 그리고 그와 유사한 성장경험이 있었던 것은 아닌지를 음미해 볼 필요가 있다.

상담자는 이마고 부부대화의 코칭에 마음이 쏠린 나머지, 다른 상담적 접근은 전혀 시도하지 않고 있는 듯한 인상이 든다. 한 가지 약으로 만병통치할 수 없듯이, 어느 한 가지 이론에 편향되는 것은 편식하는 것과 같다. 앞으로의 발전 과제는 이마고 이론뿐만 아니라 그 외에도 좋은 치료 방법이 많이 있다는 것을 인지하고, 이 사례에도 여러 가지 상담 이론을 접목하는 것이 필요하다.

연습문제

1. 아내와 남편이 자기의 요구만 앞세우고 배우자의 욕구를 무시할 때, 상담자는 어떤 방식으로 부부를 대화로 이끌 수 있는가?
2. 가정폭력 부부에게 분노 감정을 다스리도록 도와줄 수 있는 방법은?
3. 이들에게 효과적인 부부역할과 의사소통의 기술을 어떻게 코칭할 수 있을까?
4. 성관계를 회피하는 문제는 어떤 식으로 도와줄 수 있는가?
5. 상담자로서 강점과 보완해야 할 점은?

15장

경쟁 부부상담 사례

"남편이 나를 무시해요"

I. 내담자의 기본 정보

인적 사항

45세 여성, 대졸, 결혼 13년 차 주부, 딸 12세

상담 신청 경위

본 상담자가 내담자의 딸을 상담하여, 경계선 지능인 딸의 상담은 단기상담으로 종결되었고, 1년쯤 후에 연락이 와서 내담자 상담이 시작되었다.

주 호소 문제

- "남편이 나를 무시하고 잔소리가 너무 심하고 항상 지적질을 해서 우울해요."
- "지능검사 결과, 경계선 지능에 가까운 점수를 받은 딸아이 때문에 걱정이 많아요. 혹시나 학교에서 아이들이 함부로 대할까 봐, 그리고 앞으로의 진로는 어떻게 해야 할지 걱정이에요."

이전 상담 경험

심리상담을 받은 경험은 없고, 주변사람들의 권유로 병원에 방문하여 우울증 약을 처방받아 복용한 적은 있다. 기운이 없고 처져 있을 때 약간 도움이 되었다.

가족관계

- 남편(47세): 보통의 키, 야무져 보이는 얼굴, 현재 외국계 회사 근무. 원가족에게 매우 자랑스러운 아들이다. 유년시절 아버지의 폭력이 다소 있었고 원가족으로부터 벗어나고 싶었다. 원가족에 대한 열등감이 있고, 처가에 대한 불편감으로 잘 어울리지 않으려고 하였다. 아내(내담자) 모르게 본가에 금전적인 도움을 주고 있다. 아내에게는 불만이 많고, 살림을 못한다고 지적하는 일이 많다. 주말에는 주로 테니스 동호회에 나가서 시간을 보내고, 가족과 함께하는 시간이 많지 않다. 그러나 매주 교회 모임에는 부부동반으로 나가고 있고 예배와 교회 활동도 적극적이다. 모임에서 아내에 대한 불만을 이야기하는 일이 많아서 싸우고 오는 경우가 많다. 딸에게 직접 공부를 가르치기도 하나, 학업 스트레스를 주지는 않는다.
- 딸(12세): 또래에 비해 큰 키에 예쁜 얼굴, 밝은 표정이다. 잘 웃고 이야기도 잘 하는 것으로 보아 대인관계에는 큰 어려움이 있어 보이지 않는다. 매우 느린 학습자이다.
- 여동생 3명: 결혼과 직장생활 모두에서 사회적으로 성공하였다.

인상 및 행동 특성

키가 168cm 정도에 이목구비가 뚜렷한 미인형이다. 패션 등 스타일링에 관심이 많아 보이고, 가끔은 대담한 옷을 입기도 하였다. 때로는 부스스한 얼굴과 머리, 실내복(잠옷)에 슬리퍼, 패딩 점퍼를 걸치고 상담실을 오기도 하였다. 초기에는 산만해 보이고 집중을 잘 못하는 것 같았으나 회기가 지날수록 차분해지는 모습이다. 상담시간에 메모하는 등의 모습을 보이기도 하였다.

심리검사 결과

K-WAIS-IV를 실시하였는데, 전체지능은 114(83%)로 평균 상이다. 지능검사 결과 중 가장 낮은 점수는 '어휘(=9)'이다.

내담자 강점 및 자원

- 가정을 잘 유지하고자 하는 욕구가 크다.
- 원가족, 사회적으로 성공한 자매와의 관계가 좋아 내담자의 지지 자원이 될 수 있다.
- 상담에 빠지지 않고 열심히 나오는 적극성이 있다.

II. 상담자의 사례개념화

내담자는 동생이 2명 태어나자 5세 무렵부터 친할머니에게 보내져 양육되었다. 아버지가 혼자 외롭게 사시는 할머니를 생각해서 내담자와 동생을 보냈는데, 동생은 많이 우는 등 할머니를 힘들게 해서, 순한 편이었던 내담자만 할머니 댁에서 자라게 되었다. 이에 대해 내담자는 최근까지도 자신이 부모로부터 버려졌다고 여기고 원망과 서운함이 지속되고 있다가 몇 달 전에 막냇동생을 통해 내담자의 부모에 대한 마음이 아버지에게 전달되었고, 아버지는 내담자에게 미안함에 대한 장문의 문자를 보내기도 하고, 직접 대화를 통해서 내담자의 섭섭함을 풀어주려고 노력했다고 한다. 내담자의 섭섭함이 다소 해소되긴 했으나, 충족되지 않는 애정욕구, 인정욕구가 해결된 것이라고 보이지는 않는다. 내담자가 가진 기질적인 면에 과거 양육환경에서 형성된 내담자의 심리적 불안정을 완화하기에는 많은 시간이 필요해 보인다. 내담자 할머니의 적극적인 손녀 양육에도 불구하고, 삼촌의 가족이 할머니와 함께 살게 되면서, 작은엄마의 눈치와 사촌 간의 차별적 대우를 받게 되었고 그러면서 많이 힘들었기 때문에 내담자에게 애착손상의 경험으로 자리 잡은 것으로 파악된다. 부모님 밑에서 자란 동생들이 잘된 것과 지방대를 나온 자신을 비교하면서 열등감과 낮은 자존감에 따른 우울감이 만성으로 자리 잡은 것으로 생각된다. 내담자는 자신보다 가정환경이 안 좋아 보이는 친구 오빠인 남편과 결혼함으로써 남편이나 시댁에서 자신을 귀하게 여기고 떠받들어 줄 거라 기대했으나 기대는 충족되지 않았고 오히려 시어머니는 시댁을 무시한다 하고, 내담자는 시어머니의 말을 무시하는 행동을 보였다. 이는 남편에게는 큰 불만이 되어 잦은 싸움으로 이어졌다. 남편 역시 어린 시절의 경제적 결핍과 낮은 교육 수준의 부모에 대한 불만족을 아내를 통해서 보충하고 싶은 마음이 있었던 것 같다. 또한 내담자는 딸아이 돌봄과 불면의 이유로 수년간 남편과 각방을 쓰고 있는데 남편은 이 또한 자신을 무시하는 것이라 생각하고 있다. 이들 부부는 서로 피해자라고 호소하면서 직간접적인 공격적 행동을 보이기도 한다. 본 상담을 통해서 내담자의 강점을 찾아내 지지해 주고 응원해 주는 경험을 함으로써 자존감 회복을 돕고 정서적 안정을 도모하고자 한다. 또한 경계선 지능인 딸의 양육방법을 도와줄 필요가 있다. 이를 위해 정서중심, 인간중심, 해결중심의 상담 기법이 적절할 것으로 사료된다.

1. 상담의 목표와 전략

- 목표
  - 딸의 양육 스트레스 줄이기
  - 남편과의 갈등 줄이기
- 전략
  - 경계선 지능의 딸 학업 문제 다루기
  - 남편에게 바라는 것을 구체적으로 작성해 보기
  - 남편과 함께 서로 개선 가능한 점들을 시행해 보기(산책, 예배참석 등)

2. 슈퍼비전을 받고 싶은 내용

① "개인상담을 통해서는 부부관계 회복이 어려울 것 같은데 어디까지 도와줄 수 있을까요?"

② "경계선 지능 아이의 부모에게 가능한 양육코칭은 어떤 것입니까?"

③ "내담자의 긍정적인 변화가 더디고, 좀 변화되었나 싶다가도 원래대로 돌아간 것 같아 지치게 하는 내담자를 상담할 때, 상담자는 어떤 태도가 필요할까요?"

3. 상담의 진행 과정

1회기

(두 번의 지능검사에서 경계선 지능 결과를 보인 딸에 대한 양육 스트레스를 호소) □□가 영어학원 시험에 떨어져서 집에서 과외를 한 다음에 보낼까 하는데, □□가 외우는 걸 잘 못해서 그런지 하기 싫어해서 너무 스트레스다. (□□는 느린 학습자일 수 있다고, 공부보다는 다른 좋아하는 것을 찾아보라고 제안했었는데….) 그래도 대학 가려면 공부는 해야

한다. 피겨 스케이팅도 □□가 점프하는 것을 무서워해서 그만두고, 발레를 시작했다.

2~3회기

내담자의 요구로 K-WAIS-IV를 실시했다. 이는 딸의 경계선 지능검사 결과가 혹시나 자신의 낮은 지능 때문이 아닐까 하는 두려움과 불안 때문에 자신의 지능검사 결과를 알고 싶어 하였다. 혹시나 낮게 나올 경우, 남편한테 약점으로 잡힐까 봐 걱정되는 마음도 읽을 수 있었다. 검사 결과가 평균보다 높게 나와서 내담자는 결과에 만족해하였다. 남편에게 이야기하겠다며 밝은 표정을 하고 귀가하였다.

4~5회기

저학력이고 경제적으로 풍족하지 않은 시부모님에 대해 친척들이 격이 안 맞는 결혼을 했다고 이야기한다. 남편하고 아침부터 한바탕했다. 매일 아침에 남편은 운동을 한 시간쯤 하고 오고 나는 보통 8시쯤 일어나서 밥을 차려 준다. 어젯밤에 밥솥도 예약해 놓았고, 찌개도 다 해 놨고 퍼 주기만 하면 되는데, 들어와서 짜증을 내더라. □□(딸) 밥 안 먹여서 학교 보내냐고, 밥 차리는 데 5분도 안 걸리는데 오늘따라 난리. (오늘은 뭐가 달랐나?) 내가 어젯밤에 잠을 못 자서 애아빠가 들어와서야 일어나긴 했지만 그렇다고 밥을 안 차리는 것도 아닌데, 김이 눅었다느니 밥이 설었다느니 빨래 건조대는 왜 거실에 두었냐느니 빨래가 말랐으면 빨리빨리 개야지 안 갠다고… (잔소리가 많네?) 어젯밤에 목장(교회모임)에서도 애아빠가 내 흉을 보니까 다른 자매가 □□ 아빠가 너무 심하시다고 했다. 항상 그런다. 날 못 잡아먹어서 안달이다. 집안일이 얼마나 할 게 많은데, 집구석에서 뭐하냐고….

6회기

네 살인가 다섯 살 때부터 할머니네 가서 살았다, 나만. (분노와 억울함의 표정) 아버지가 할머니 외로우실까 봐 나를 보낸 거다. 그래서 내가 지금 이 모양으로 살고 있는 거다. 대학교 갈 때까지였고 동생들은 부모님과 계속 같이 살았다. 그래서 동생들은 공부도 잘하고 대학도 잘 가고. 나를 보낸 이유는, 아버지가 교사였는데 전근을 가는 일이 자주 생기니까 할머니 근처에 살기가 어렵고 교사 월급에 아이가 셋이나 되니까 힘드셔서. 할머니는 자영업을 했는데 돈걱정은 없으셨다. (말하면서 여전히 화가 난 표정) 지금도 서운하다. 동생들은 다 잘되었다. 나만… (부모님과 함께 살았으면 무엇이 달라졌을까?) 지금의 남편, 시댁은 안 만났을 거다.

7회기

경계선 지능의 딸에 대해 학업적 성취는 기대를 접었다고 하면서도, 발레교육에 대하여 몇 년 전에 시작한 다른 아이들과 비교하고 딸이 따라잡기를 원하는데 그렇지 못한 것에 조바심을 낸다. 자녀지도 코칭을 하였다.

8~9회기

몇 년 전에 시댁에 갔는데 시아버님이 이제 시집온 지도 오래 되었고 한 식구니 술 한 잔 주시겠다고 했고, 허심탄회하게 하고 싶은 얘기 있으면 하라고 해서 남편이 나한테 얘기 안 하고 아버님께 돈 드리는 게 섭섭하다고 했더니, 어머니는 받은 적 없다고 펄쩍 뛰더라. 그래서 순간 나도 모르게 열 받아서 술잔을 던진 일이 있었다. (모든 가족 앞에서?) 뭐 나도 모르게 열 받아서 그때 □□아빠가 나한테 난리를 피웠다. (식구들이 놀라긴 했겠다.) 아니, 하고 싶은 말 하라고 해서 없는 얘기를 한 것도 아니고, 남편이 자기 부모를 무시한다느니 날 잡아먹으려고 하더라. (○○씨는 하고 싶은 얘기 하라고 해서 한 건데, 억울한 면이 있을 수도 있겠다. … 그래도 술잔 던진 것은…) 잘못했다고는 했다. 그랬더니 남편이 진심 없는 사과라고 또 난리를 쳤다.

10회기

친정에 가서 친정엄마와 김장을 같이 했다. 남편이 나르는 걸 도와주었는데 친정부모님께 좀 더 상냥했으면 좋겠다. 딸과 친구들(3명) 사이의 교우관계와 이들 엄마들과의 사이에서 일어난 에피소드와 자신이 어떻게 행동해야 할지에 대한 자문을 구하였다.

11회기

동생한테, 남편이 사고가 나서 죽어버렸으면 좋겠다고 생각한 적이 있다고 얘기했더니, 나쁜 생각이라고 그러더라. 이게 나쁜 생각인가? (왜 그런 생각이 들었을까?) 날 너무 힘들게 하니까. (어떤 거? 잔소리?) 그렇다. 막말도 많이 하고. (음, 간혹 남편이 너무너무 밉고 싫으면, '죽여버리고 싶다.'는 생각이 든다고 하는 경우도 있는데 ○○씨는 그런 생각은 안 해 보았나?) 그건 범죄이지 않은가? 나는 남편이 벌 받는 거였으면 좋겠다. (○○씨를 괴롭혔으니 벌 받는 거? 갑작스러운 사고사? 만약에 그럴 경우, ○○씨 마음은 어떨 거 같나?) 뭐 그냥 놀라겠지만… (슬프지 않을까?) □□(딸)는 슬프겠지.

12회기 부부상담

남편과 함께한 상담 회기인데 상담자가 내담자한테 휘둘리는 것 같기도 하다.

12회기 축어록

아내 1: 그러니까 어제도 밤에, 그러니까 제가 목욕을 하고, 아이가 목욕을 하고 이제 제가 보일러 목욕 버튼을 못 껐어요. (음) 목욕 버튼을 꺼야지 꺼지거든요? 안 그러면 계속 온수가 들어가요. 근데 저는 이제 꺼야겠다 생각하고 나와서 뭐 이것저것 하다 보니까 깜빡 잊고 한 10분 정도 방 안에 들어가 있었어요. 그러고 있는데 거실에서 남편이 TV 보고 있다가 '야! ○○아, 나와 봐!' 뭐 이러면서 소리를 지르는 거예요. 그래서 또 왜 그러나 이랬더니 '목욕 버튼, 나와서 끄라고 직접.' 이렇게 얘기하는 거예요. 자려고 들어간 사람한테 나와라, 나오라고 야단치면서 정말 저를 뭐 이렇게 사람을 뭐… 마음이 있는 남자라면, 그걸 모른 척하고 자식도 있는데 저를 야단치듯 뭐라 하지 않고 그냥 슬쩍 꺼주겠어요. 그리고 나중에 □□ 없을 때 너 어제 목욕 불 켜놨더라 그러면 좋은데. 그니까 저는 아빠한테 자식이 막 혼나는 것 같은 느낌이 들어요. (음) 그러니까 너무 진짜, 아니 그래 너 이거 (남편 한숨) 딱 걸렸어! 이런 느낌. 너 이거 내가 하지 말라고 했는데 또 걸렸지? 근데 반대로 남편이 목욕 버튼을 가끔 켜고 나가요. 그러니까 그럴 수 있잖아요. 깜빡할 수도 있잖아요. 전 그냥 조용히 꺼요. 그리고 나중에 '어? 불이 켜져 있네?' 이렇게 말을 하죠. (남편 한숨) 끄고 나가, 이렇게. 그러니까 그게 상대방에 대한 배려인데, 그거를… 모르는 게 아니라 내가 만약에 당장 나와서 끄라고 입장을 바꿔서 얘기했더라면 굉장히 기분 나빴을 거예요. 남편은 (음) 그러니까 그런 문제가, 제가 일부러 계속 한다고 오해하는 거고, 저는 뭘 하다가 깜빡 잊어서 그걸 못 끄는 거고. 근데 자기가 한 거는 뭐, 오케이 괜찮은 거야, 근데 제가 그렇게 된 거면 애 있는 데서 완전히 정말. 이게 진짜 어? (음) 잘못을 더 크게 확대해가지고 보여 주는 셈이 되죠.

상담자 1: 음. 그러면 그 버튼을 안 끈 것이 □□ 아버님 보시기에는 계속적으로 안 끄는 거라고 생각하신 거예요?

남편 1: 아니, 제가 원하는데 안 들어주는 것 중 하나는 버튼 끄는 게 아니에요, 절대.

아내 2: 그거잖아! (감정이 상한 목소리로 끼어듦)

남편 2: 얘기 들어봐, 얘기 들어봐. 제가 왜 그때 화를 내면서 얘기를 했냐면, 그 사건,

목욕 버튼 그 방으로 있기 전에 사건이, 이제 그게 바로 그거였어요. 그러니까 강아지를 키우는데, 강아지 그 빗이 있었어요. (네) 근데 그게 언제 보니까 식탁 위에 있더라고요. 그러니까 설마설마했는데 그리고 또 전에 청소를 하다 보니까 소파 위에 강아지 털이 이렇게 뭉쳐 있는 게 보이더라고요. 그래서 내가 '아, 강아지 털이 많이 빠지나 보다.' 그렇게만 인지하고 있었어요. 그리고 그 전전에, 옛날에 한번 아내가 강아지 털을 집에서 이렇게 빗고 있었을 때 제가 뭐라고 했었죠. 왜냐면 강아지 털을 집에서 빗는 건 위생적이지 않고, 그냥 그러니까 하지 말아라, 그런 게 있었죠. 안 한다고 얘기를 했었고요. 그런데 어제 □□가 강아지 털이 꼬인 거를 얘기했고, □□ 엄마가 갑자기 그 강아지 빗을 거실로 가지고 오더니 제가 보는 앞에서 소파 위에서 그거를 빗으면서 방바닥으로 이렇게, 이렇게 하고 있는 거예요. 그러니까 저는 우선 그거를 전에 내가 분명히 하지 말라고 했는데 제가 싫어하는 그 행동을 했던 거고. 그래서 화가 났던 거죠. (음) 그러고 나서 너무 스트레스 받아가지고 그냥 들어왔을 때 안 되겠다 더 이상, 이러면 □□도 힘들고 차라리 내가 없는 게 낫겠다 싶어서 얼른 방에, 그냥 안방에 들어가서 누워서 잤어요. 자고 나서 한 5분 있다가 분명히 목욕 버튼이 켜져 있을 거야, 그 생각이 팍 들더라고요. 딱 나가자마자 확인했죠. 켜져 있었고 그래서 아내한테 소리치면서 끄라고 했고, 제가 그걸 끌 수 있었지만 아내는 항상 뭔가 되게 빠뜨리고 건망증이 심하고 그래요. 근데 그걸 계속 주의시켜야만, 그거는 사실 뭐 에너지가 소모되는 경우니까. 그래서 아내한테 얘기를 해가지고 끄라고 했었던 거고. (개털 날리는 문제에 대해서도 서로 반론)

상담자 2: 어… 음… 그렇게 안 고쳐지는 게 뭐라고 생각하세요?

남편 3: 저를 사랑하지 않는다고 생각하죠. 심지어 저를 싫어한다고 생각해요. 예를 들어서, 모든 행동, 태도들이 다 그렇게 비쳐져요, 저한테는. (음) 그러니까 뭐 잠자리, 잠자리도 그렇고 모든 것들이 다. 어떻게 나를 싫어하지 않으면 저렇게 행동할 수 있을까 생각이 들었죠.

상담자 3: 음, 남편이 싫어하신다는 여러 가지 것들이 있는 게, 잘 기억이 안 나요? 아니면 그냥, 잊어버려져요?

아내 3: 네, 잊어버려지죠. (음) 잘 생각이 안 나죠. (음, 그럼 지금) 근데 너무 요구하는 게 많아요. 그러니까, 제가 하는 행동마다 다 하지 말라 그래요.

〈중략〉

아내 4: 근데 남편은 자꾸 저를 고치려고 해요. 너 아직도 똑같다고. 어제도 (남편 한숨) 뭐, 징글징글하게 말 안 듣는다고 저한테 그러는 거예요, 자식이 있는데. 그 난방 안 껐다고. 그래서 그 말에 참 어이가 없는 거예요. 내가 깜빡 잊은 거고 나에 대한 실수인데. 뭐 그렇게까지 표현을 하나. 내가 그렇게 징글징글 맞나.

〈아내는 분에 차서 계속 이야기를 이어가려 하고, 남편의 이야기를 막음.〉

13회기

막냇동생이 내담자의 부모님에 대한 원망(어렸을 때 자신만 할머니 손에 맡긴 것)을 듣고 가족여행을 마련하였다. 친정아버지의 사과를 받고 마음이 많이 풀렸다고 하였다.

14~15회기

남편이 친정부모님 해외여행 예약을 해 주고, 친정부모님 텃밭에서 일을 해 주었는데 고마운 마음이 들어 고맙다고 이야기했다고 하였다.

남편 몰래 취직을 하고 싶은 생각이 들었다. 파트타임으로. (갑자기 취직을 해야겠다는 생각이 든… 이유가?) 노후 비상금이 필요할 것 같아서. 아이 레슨비도 많이 들어가고 노후가 좀 걱정이 되어서다.

16~17회기

설 명절에 시댁 가족이 모두 모였는데 시누이 남편이 비트코인 얘기로 가족들을 현혹시키는 것 같아서 한마디 했더니 시어머니가 내담자 편을 들어주는 상황에 대한 이야기를 했다. 시어머니가 편을 들어주어서 기분이 어떠했는지 내담자에게 물었으나, 대답을 하지 않고 잠시 침묵하다가 시누이 남편에 대한 부정적인 이야기를 이어갔다.

남편이 내담자에게 잔소리도 안 하고 잘해 주었으면 좋겠는데 큰 변화가 없다. 상담자는 부부상담이 필요한 것 같다고 이야기했고, 내담자도 남편하고 상의해 보겠다고 하였다.

18회기

내담자는 결혼을 후회하고 있지만 이혼한다고 해서 지금보다 더 나은 삶을 살 것 같지도 않고, 아이한테 상처 주고 싶지 않기 때문에 이혼을 원하지 않는다고 했다. 나는 어려서 부모님 사랑을 못 받고 자라서, 사랑 많이 받고 자랐다고 하는 남편이(약간 비꼬는 표정) 나한테 사랑을 주었으면 좋겠다. (남편도 ○○씨한테 사랑 받기 원하시지는 않을까?) 그럴 리가! 나한테 이렇게 막 대하는데.

19회기

발렌타인데이 이벤트로 딸과 초콜릿 퐁듀를 만들어서 남편에게 주었더니 좋아했다. 남편이 선물로 50만 원 상당의 물건을 구입할 수 있는 회사 포인트가 있으니 사고 싶은 거 사라고 해서 건조기를 사겠다고 했다가 안 된다고 다른 거 사라고 해서 다투었다. 상담자는 나라도 감정적으로 얘기하면 건조기 사 주기 싫었을 거라고 하였다.

III. 슈퍼바이저의 사례개념화(정신역동적, 인지적, 통합적 접근)

1. 정신역동적 접근의 사례개념화

내담자는 4자매 중 맏이로 5세 무렵부터 대학에 들어갈 때까지 친할머니에게 보내져 양육되었다. 내담자는 할머니의 적극적인 손녀 양육에도 불구하고, 삼촌 가족이 할머니와 함께 살게 되면서, 작은엄마의 눈치와 사촌 간의 차별적 대우를 받아서 많이 힘들었다고 보고하고 있다. 그리고 부모님 밑에서 자란 동생들이 잘된 것과 지방대를 나온 자신을 비교하고 있다. 이에 대해 내담자는 자신이 부모로부터 버려졌다고 여기고 원망과 서운함, 억울함을 드러내고 있다.

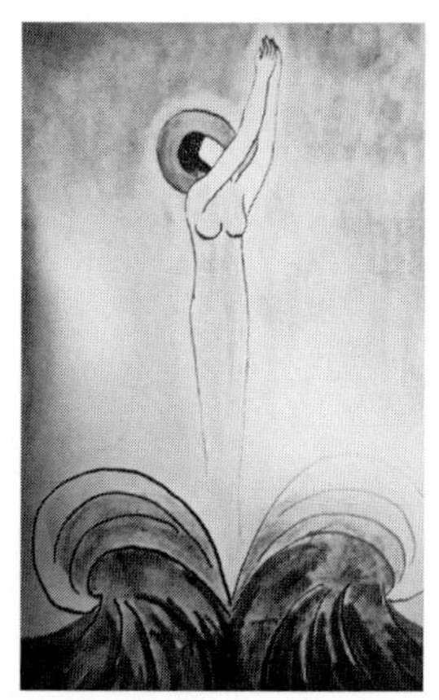
'물이 갈라지고 빛의 관을 쓴 여인이 올라오다.' 융 환자의 비전 중 Vol. 2, 1997

내담자는 자신보다 가정환경이 못해 보이는 친구 오빠인 남편과 결혼함으로써 남편이나 시댁에서 자신을 귀하게 여기고 떠받들어 줄 거라 기대했으나 기대는 충족되지 않았다.

현재 내담자의 두 가지 호소 문제는 남편이 나를 무시하고 잔소리가 너무 심하고 항상 지적질을 해서 우울하다. 그리고 지능검사 결과 경계선 지능에 가까운 점수를 받은 딸아이 때문에 걱정이 많다. 혹시나 학교에서 아이들이 함부로 대할까 봐, 대학은 좀 잘 갔으면 좋겠는데 앞으로 진로는 어떻게 해야 할지 걱정이다. 이에 먼저 내담자의 발달력에서 보고된 양육환경이 내담자에게 끼친 무의식적 영향을 탐색하고, 부모 이미지가 내담자의 콤플렉스에 기여하는 과정을 인식하는 것이 필요해 보인다. 특히 내담자의 아버지에 대한 원망은 본인의 페르소나와 연관되고, 자매들과 남편, 딸에게 사회적 성공, 성취를 기준으로 삼아 가치를 부여하는 방식으로 나타나는 것으로 생각된다. 상담에서는 내담자가 이루어 온 사회적 선택 및 성취에 대한 탐색과 내담자 자신의 고유한 특성 및 관계성에 대한 의식화가 가능하도록 조력하는 것이 요청된다. 더불어 개인적 관계성이 부부관계에서 표현되는 과정이 필요한 것으로 보인다.

1) 상담자가 수립한 상담의 목표와 전략 및 진행 과정

상담의 목표와 전략은 다음과 같다.

- 딸의 양육 스트레스 줄이기: 경계선 지능에 대해 이해하기, 학업적인 면의 성과에 대해 스트레스 받지 않기, 아이가 원하지 않는 학원은 그만두기, 현재 하고 있는 딸의 발레 실력에 만족하고 다른 아이들과 비교하는 것을 줄이기
- 남편과의 갈등 줄이기: 남편이 내담자에게 원하는 개선 가능한 잔소리 목록을 작성하기, 남편에게 바라는 것을 구체적으로 작성해 보기, 남편과 함께 서로 개선 가능한 점들 시행해 보기, 남편과 함께할 수 있는 행사 만들기(같이 산책하기/같은 시간에 주말예배 참석하기)

이에 상담자는 구체적인 상담 목표와 실제적인 행동 목록을 제시하고 있다. 상담 회기 내에서 달성이 가능하리라 기대할 수 있겠다. 다만 상담 목표 및 전략을 긍정적인 용어로 진술하면 좋을 것 같다. 상담 회기 내내 금지 항목들, 즉 스트레스 줄이기, 갈등 줄이기 등을 되뇌면서 있기보다는 바람직하다고 생각되는 상태와 행동들을 나누는 것이 보다 더 생산적일 것이라고 생각된다.

2) 상담자에 대한 슈퍼비전

〈382쪽 '슈퍼비전을 받고 싶은 내용' 참고〉

우선 이 사례의 슈퍼비전 이전에 진행 과정을 살펴보면서 궁금한 점들을 몇 가지 제시한다. 이러한 질문을 통해 슈퍼비전 받고 싶은 부분에 대하여 언급하고자 한다.

- 부부관계이면 부부가 함께 상담을 받는 것이 당연하다. 그러나 먼저 어떤 이유로 남편이 상담받아야 한다고 판단하는 것인지 궁금하다. 내담자는 매우 자기중심적인 태도를 보이고 있고 다른 사람 탓을 많이 하고 있다. 따라서 본인이 아니라 그들이 달라져야 한다는 생각이 많아 보이는데 이에 대한 상담자의 의견은 무엇인가?
- 상담 경위를 보면 내담자는 원래 아이를 상담했던 상담자를 다시 찾아와서 아이의 진로 문제를 의뢰하다가 본인의 이슈로 상담을 시작하게 되었다. 그러므로 아이 문제인지 내담자 자신의 문제인지 구분할 필요가 있어 보이는데 상담자의 의견은 무엇인가?
- 내담자가 우울증 관련 약 복용 경험을 이야기했는데 상담자의 의견은 무엇인가?

① [개인상담으로는 부부관계 회복이 어려울 것 같은데 어디까지 도와주는지?] 우선 상담자의 상담 기대 혹은 상담자의 임상목표가 무엇인지 궁금하다. 상담자의 회기 정리 후 평가 및 소감을 보면 '지친다.' 혹은 '지치고, 기쁘고, 부부상담을 시켜야겠다.'고 말하고 있다. 내담자의 직업적 의견 관련하여 XX기술을 배운다 하니 상담자가 정보를 주고 있다. '남편에게 조금만 맞춰주면, 조금만 들어주면 남편이 예뻐해 줄 거다.'라고도 말하고 있다. '본인이 할 수 있는 일을 하는 것, 남편과 한 방에서 자는 것, 부부관계, 딸은 다른 방에서 재우고, 그래서 부부관계가 괜찮은 것을 원한다.' 이런 말들을 하고 있는데 상담자는 내담자에게 상당히 맞춰 주고 있다. 내담자는 미인형으로 기술되어 있으나 상담실까지 5~10분 거리에 살면서 상담실에 올 때는 부스스한 머리에 잠옷 같은 옷을 입고, 슬리퍼를 끌고 온다. 아빠와의 관계에 대해서 말할 때, 아빠에게서 온 카톡 글을 상담자에게 보여 주며 아빠에게 뻗대면서 자신이 대답 안 했다는 식으로 어린아이처럼 행동한다. 12회기에 보면 상담 장면에 남편을 얼른 데려와 이르듯이 남편에 대해 이야기한다.

발달력을 보면 할머니가 내담자를 위해 다른 사람들에게 난리도 쳐주고 싸워도 주고 했던, 내담자가 기고만장했던 시절이 있다. 내담자는 아직도 할머니 품에 있는 것인가? 실제로 엄마가 키우는 것과 할머니가 키우는 것은 양육자의 레벨이 다르다. 무엇보다도 이런 할머니 집에 삼촌네가 들어오면서, 특히 사촌의 등장으로 불충분한 관계경험을 더욱 호소하게 되는 빌미가 되긴 하지만 그래도 거의 엄마와 동급으로 아빠에게도 징징댈 수 있다. 남편도 자세히 보면 다소 자기를 위해 사용되는 친구급이다. 상담자는 마치 내담자의 어머니 혹은 할머니와 시어머니 같은 역할을 맡고 있는 것인지 살펴보게 된다. 아마 할머니와 비슷한 느낌이지 않

을까 생각하게 된다. 내담자는 본 상담 중에도 다른 기관에서 상담을 받고 있는데 이것에 대한 설명도 필요한 것 같다. 내담자는 본 상담에 계속 오고 있는데 상담이 무엇을 주니까 오고 있는 것일까? 그러므로 이런 상황에서 상담자의 임상목표, 상담에 대한 기대를 재정리해 보고 원하는 바를 분명히 하면 목표를 이룰 것이라 생각한다. 이런 관점을 가지고 내담자에게도 상담을 통해 지향하게 되는 행동을 찾아내기를 권하고 싶다. 이를 위한 질문 방식은 다음과 같다. 예를 들면, '남편과 사이가 좋아지고 싶은가? 그렇게 되었다면 어떻게 행동하고 있을 것인가? 매번 남편과 잘 지내고 있다면 그때 무엇을 하고 있겠는가?' 하는 것들이다. 이때 긍정적인 행동 측면에 초점을 두고 방향을 정하여 가게 하는 것이 필요할 것이다.

다음으로, 4~5회기에 나오는 남편의 지적은 현실적으로 타당한 것인가? 남편은 어떤 이유로 일일이 지적하며 바깥 모임에서도 아내 흉을 보는 것인지 내담자와 탐색해 보았는가?

8회기에 시댁에서의 태도도 참고해 볼 수 있다. 17회기에서도 상담을 전체정리해 보는 단계에서 내담자의 소감을 통해 생각해 보자. 내담자는 끝까지 남편의 가족들과 남편이 바뀌어야 했다고 말하고 있다. 자신에게는 결코 초점을 두지 않고 있다. 도리어 남편이든 누구든 변해서 자신을 펑 뚫리게 해 주어야 한다고 생각하고 있는지 봐야 할 것이다. 한편으로 내담자는 상담에 대해 많이 의존적이었을까? 위에서도 언급하고 있는 부분이긴 하지만, 상담자는 내담자에게 늘 최선의 공감(?)만 준 것인가? 마치 예쁘다 예쁘다 하면서 자기만 알도록 키워준 할머니 같지 않았을까? 상담자가 12회기에서 휘둘린 느낌이라고 하는 지점을 이해하였는가 궁금해진다.

내담자는 아직도 자기 자신의 문제가 무엇인지 이해하지 못한 듯하다. 그런데 상담자는 남편을 상담 장면에 개입시키려 한다. 사례보고서에는 '상담자가 모 기관의 부부상담을 소개했었는데, 본인이 연락을 해서 남편과 함께 갔었다고 하였다. 1월 말경 종결되었다고 들었고, 크게 도움되지 않았다고 이야기함'으로 기록되어 있다. 아직은 내담자 자신의 인식이 아무것도 달라진 것이 없어 보이는데 관계가 어려운 책임을 남편이 져야 할 것인지? 이런 것이 휘둘림 아닐는지? 내담자는 남편에게 가서 무엇이라고 말하며 상담으로 끌어들였겠는가 짐작해 본다. 그러므로 내담자의 자기중심적인 태도를 인식하게 하는 작업이 우선되어야 할 것이라 생각한다.

아무튼 18~19회기에서 내담자는 이혼은 원하지 않는다고 말한다. 이유는 아이

때문이라고는 하지만 이보다 더 잘 살 수 있을 것 같지 않아서다. 어쩌면 남편에게 사랑을 갈구하면서도 이것을 얻을 방법을 모르고 있는 것일 수도 있겠다. 이후 상담을 통해서는 자기중심적인 일방적 관계에서 벗어나 관계할 줄 알게 되고 관계에서의 진전을 볼 수 있기를 바란다.

② [경계성 지능지수의 아이를 양육하는 부모에 대한 코칭은?] 양육코칭 자체보다는 지능검사를 요구한 내담자의 동기와 관련하여 언급하려고 한다. 1회기에 상담자 소감을 보면 '1년 전쯤 아이 상담에서 만났을 때와 달라지지 않은 모습'이다. 2~3회기에서 상담자는 내담자가 지능검사를 요구했을 때 이유를 충분히 탐색해 보았는가? 지능검사를 요구한다고 굳이 시켜야 할 것인가? 표면상으로는 딸의 경계선 지능검사 결과가 혹시나 자신의 낮은 지능이 원인이 아닐까 하는 두려움과 불안 때문이라고 했는데 내담자는 실제로 지능검사를 어떻게 이해하고 있는 것일까? 지능검사가 학업성취에 대한 예측을 위한 것이라고 한다면 내담자는 자신의 지적 유능성에 대하여 어떻게 평가하고 있을까? 7회기에서도 아이의 지능이 아니라 정서적인 면에서 편안하고 안정되는 것이 중요한 것인데 계속 성취를 바라고 촉구하는 내담자의 태도에 대한 탐색이 필요한 것으로 보인다. 이는 아이에 대한 기대와 바람으로 표현되고 있는 자신이 아직 못 살아낸 삶 때문이 아닌가 생각된다. 내담자의 강점에, '딸 때문에 이혼 안 하려고 한다.'고 되어 있는데 과연 그렇게 알아들으면 되겠는가? 내담자 자신이 남편을 어떻게 생각하는가를 찾고 그 이유 때문에 결혼생활을 유지한다고 해야지, 딸 때문에 이혼하지 않는 것이라고 말해선 안 될 것이다.

또 남편에 대해 무시하는 듯하면서 경쟁적인 태도를 보인다. 남편을 인정할 때는 능력 때문이다. 예를 들면, 영어로 말할 수 있었다, 좋은 직장 다닌다 등이다. 이것은 내담자의 투사로 보인다. 이런 면에서는 앞으로 내담자가 자기 일 혹은 자기 능력을 발휘해 볼 수 있는 기회를 갖게 해 주어야 할 것 같다. 그러니까 딸에 대해서도, 피겨스케이팅 그만두게 한 이유는 '선수가 될 가능성이 없어서, 대학 못 가서'이다. 딸도 상담에 갔더니, 3~4일 만에 집에 보냈다고 하는데 그 이유는 무엇일까? 굳이 상담이 필요하지 않아서라고 이해된다. 또한 필요시 딸 문제는 별도로 전문가에게 의뢰할 수 있을 것이다.

이로 볼 때 현재 내담자는 사회적 페르소나에 붙잡혀 있는 상태로 보인다. 어쩌면 40대 중반까지 못다 산 자기 삶, 페르소나 때문에 주변 사람을 못살게 구는 것일

수도 있겠다. 이때는 딸도 남편도 무능력하면 무가치하게 되고 따라서 자기 자신도 무가치한 것이 될 수밖에 없을 것이다. 자기 형제들의 성취에 비해 자기만 못하다고 말하고 있다. 페르소나가 미진한 것이 아니라 본인이 이런 식으로 느끼고 있는 것이 문제이다. 그러니 딸에 대해서 불평하는 것을 거둬들이고 이것이 자기 문제인 것을 보게 하는 것이 필요하다. 즉, '내가 뭘 원했나? 어떻게 살고 싶었나?' 질문함으로써 내담자가 스스로 못다 산 삶을 찾아가게 하는 것이 필요한 것으로 보인다.

③ [내담자가 진보와 퇴보를 반복함으로써 상담자가 지칠 경우에는?] 내담자는 현재 살고 있는 모습이 만족스럽지 않은 것은 자신을 할머니에게 보낸 부모 때문이라고 생각한다. 그래서 공부도 못하고 대학도 잘 못 가고 결혼도 격이 낮은 곳으로 가게 되었다고 말한다. 이 부분이 사실인지, 옳은 진술인지 탐색할 필요가 있겠다.
공부, 대학 간판, 어떤 사회적 지위 혹은 내담자가 말하는 격이 결혼생활에 대한 행불행과 관련되는 것일까? 이는 능력(로고스)에 달려 있는 것이 아니라 관계(에로스)에 있는 것이다. 또한 내담자는 조모가 자신을 어떻게 예뻐하며 키웠는지 생각하고 동생들보다 상대적으로 여유로워서 많이 누렸던 것을 누락시키고 있는 것이 아닌지 찾아볼 필요가 있겠다. 그리고 혼자만 예쁨 받고 자라서 모든 것이 자기중심적으로 돌아가야 한다고 생각하는 것은 아닌지 알아보는 것이 요구된다고 하겠다.
9~10회기에서 보면 내담자의 친정엄마와의 관계는 어떠한가? 함께 김장하면서 어떤 정서를 느꼈는가 살펴볼 필요가 있다. 아버지에게는 계속 서운하다고 했는데 어머니에 대한 이야기는 거의 나오지 않고 있다. 관계를 맺는 측면의 리비도인 에로스는 딸과 어머니(그리고 엄마인 내담자와 딸아이)의 관계에서 살펴볼 수 있을 것 같다. 이는 아이의 친구 엄마들과의 관계와도 연결하여 생각해 볼 수 있을 것이다. 11회기에서 내담자의 남편과의 상호작용 방식을 탐색하는 것이 필요해 보인다. 남편은 어떠한 상황에서 막말을 하고 내담자는 어떠한 방식으로 대응하고 있는가? 상담자의 '여기서도 정서(감정)에 대한 접촉을 못하고 있는 것으로 보인다.'는 표현은 어떤 측면에 대한 이야기인가?
또한 상담에 남편과 함께 만났으면 하는 제안은 누가 한 것인가? 남편은 쉽게 상담에 올 수 있었던가? 상담자가 내담자한테 휘둘리는 것을 느꼈는데 내담자는 무엇을 휘두르고 싶었던 것인가? 14회기에서는, 내담자가 남편에 대하여 다른 태도를 보이고 있는데 계기가 무엇이었을까? 13회기 이후 때문일까? 아니면 친정부모님 해외여행 예약, 친정부모님 텃밭에서 일해주기, 뿌듯하게도 영어로 전화해 주기 때문인가? 내담자의 달라진 태도는 아버지와 친정식구의 환대와 주인공이 된 경험 때문인지, 혹은 남편이 새삼 내담자의 체면을 세워주고 능력을 보여 주어서인지 들어볼 필요가 있겠다. 그 두 가지 모두 환영할 만한 일들이 일어난 것임이 틀림없고 상담하는 입장에서도 반가운 일이 될 것이다. 그러나 그 근거가 여전히 바깥에서 누군가가 날 위해 봉사해 주고 있는 것 때문이라면 아직도 더 생각해 볼 여지가 있을 것이다. 상담을 통하여 내담자 내면에서의 깨달음과 자기인식에 의한 주도적 개선의 태도가 아니라면 여전히 내담자는 미숙한 입장에 있게 될 것이기 때문이다.

15회기는 내담자의 가정에서의 일방적 생활방식이 아닐지 탐색해 보아야 할 것 같다. 남편과 대등한 관계에서 대화하며 가정에 필요한 것을 꾸려나가는 방식을 생각해 볼 수 있겠다. 한편으로 '노후에 대하여' 인생 전체를 놓고 내담자 자신의 바람, 기대, 계획도 표현되면 좋을 것이다. 지금부터 아이나 남편에 대해서가 아니라 자신에 대해서 이야기해 볼 수 있지 않겠는가 생각된다. 늘 못다 살고 있는 인생에 대하여 부모를 탓하기보다는 자기 자신이 살고 싶은 삶을 이야기하기 시작해야 할 것이다. 16회기, 관계방식에서, 시어머니에 대한 다른 판단이 가능한 회기인 것으로 보인다. 상황이 어색했으나 기분이 좋았던 것을 상담자가 이해했는데 이어서 내담자는 어떤 방식으로 그런 감정을 표현할 수 있을지 나눠보는 것도 좋을 것이다. 이는 내담자에게 부족한 관계방식, 에로스 측면이니까. 이런 경우 표현을 해 볼 수 있다면 아이 친구 엄마들과도 어떻게 관계할지 알게 되지 않겠는가 생각한다. 그래도 16, 18, 19회기는 변화를 볼 수 있는 회기가 아닌가 생각된다.

연습문제

1. 이 사례에서 보이는 내담자의 페르소나와 그림자의 관계를 찾아보시오.
2. 이 사례에서 내담자의 아니무스가 드러나는 측면을 토의하시오.
3. 이 내담자의 개인적인 정서적 관계를 위한 적절한 상담적 개입은 어떠한 것이 있을지 이야기하시오.
4. 내담자가 투사하고 있는 어머니 상(image)은 어떤 것인지 설명하시오.

2. 인지적 접근의 사례개념화

내담자는 45세의 여성으로, 결혼해서 12세의 딸을 두고 있다. 남편과는 사사로운 문제로 마음이 많이 상하는데, 남편이 자신을 무시하는 것 같으며 잔소리가 너무 많고 지적질이 심해서 우울하다고 호소하고 있다. 상담한 내용을 중심으로 REBT에 따라 핵심적인 문제를 정서적 문제, 행동적 문제로 정리하면 다음과 같다.

〈아내의 입장〉

- 정서적 문제
  –남편의 심한 잔소리와 지적질로 우울하다.
- 행동적 문제
  –남편이 밉고 남편의 요구대로 행동하지 않는다.
  –부부간의 싸움이 잦다.

이와 같은 정서적, 행동적 문제를 일으키는 비합리적 생각은 다음과 같이 정리할 수 있다.

- 남편은 나에게 지적질을 해서는 안 된다.
- 남편은 나에게 잔소리를 해서는 안 된다.
- 남편이 나에게 지적질과 잔소리를 해대는 것은 나를 무시하는 것이다.
- 남편이 아내인 나를 무시하는 것은 참을 수 없다.
- 남편에게 무시당하는 내 존재는 너무나 한심하다.

아내는 자신이 남편에게 무시를 당하고 살며 이는 너무 참기가 어렵다는 것이다. 아내는 중산층 가정의 장녀로 비교적 유복하게 살았다. 그러나 어린 시절 부친이 할머니 외로워하신다고 할머님 댁에서 성장하게 했는데, 40대 중반인 지금까지도 부모 밑에서 성장하여 사회적 성취를 많이 한 동생들과 비교하면서 부모에 대한 원망을 하고 있다. 내담자는 자신보다 가정환경이 안 좋은 친구 오빠와 결혼하면 시댁에서 자신을 귀하게 여기고 떠받들어 줄 것이라는 비합리적 기대로 결혼을 하였으나 오히려 시어머니는 내담자가 시댁을 무시한다며 싫은 소리를 하고 내담자도 이에 지지 않고 시어머니를 무시하는 행동을 하였으며, 어떤 날은 시어머니 앞에서 술잔을 던진 일화도 있다. 남편도 아내에게 지지 않고 자신과 가족을 무시하는 아내, 특히 아내가 자신을 싫어한다고 지각하면서 아내에 대한 잔소리, 지적질이 심해지고 있다. 이 부부의 문제는 각자가 결혼에 대해서 기대하는 바가 이루어지지 않으면서 사소한 것으로 마찰이 심해지고 악순환이 계속된다는 것으로 보인다.

내담자의 스키마 또는 내재된 신념구조는 '가정환경이 좋은 나와 결혼한 남편과 시댁은 나를 떠받들어야만 한다. 그런데 오히려 나에게 잔소리하고 지적질하는 것은 나를 무시하는 것이다. 남편이 나를 무시하는 것을 나는 참을 수 없으며 나의 존재는 참으로 한심하다.'라는 것으로 정리할 수 있다.

1) 상담자가 수립한 상담의 목표와 전략 및 진행 과정

(1) 상담의 목표

REBT에서의 결과적 목표는 '정서적 측면으로 남편이 사소한 일에 잔소리를 하거나 지적질을 하더라도 우울에서 벗어나는 것' 그리고 '행동적 측면으로 남편의 요구를 행동으로 응해 주면서 부부싸움을 멈추는 것'으로 정할 수 있다.

이러한 결과적 목표를 달성하기 위한 과정적 목표는 아내와 남편에게 각각 내재하고 있는 비합리적인 생각을 바꾸어 다음과 같은 합리적인 생각으로 바꾸는 것이다. 아내의 합리적 생각은 '가정환경이 나보다 나쁘다고 하여 시댁과 남편이 나를 떠받들어야 하는 것은 아니다. 남편과 아내라는 부부관계는 상호 협력하여 좋은 가정을 이루어 가는 관계이지 떠받들어 주고 떠받듦을 받는 주종의 관계가 아니다. 남편이 내게 지적질, 잔소리하는 것은 나를 무시하는 것이 아니고 내가 남편의 요구를 무시하기 때문에 반작용으로 나오는 것이다. 나도 남편도 서로를 한 인간으로 수용하고 존중해 주어야 한다.'가 될 수 있다.

(2) 상담의 전략

이 사례에서 상담 과정 곳곳에서 나타나고 있는 비합리적 신념을 아내와 남편, 각각의 측면에서 찾고 이에 대해 각각 논박을 진행하여야 한다. 이 사례는 남편에 대한 불만이 많은 아내의 사례이므로 남편도 상담에 초대하여 부부상담이 지속적으로 이루어지면 금상첨화일 듯하다. 그러나 이 사례에서 남편의 출현은 1회기에 국한된다. 그렇다면 결국은 아내의 행동변화를 통하여 간접적으로 남편의 행동이 바뀌는 것을 기대해 볼 수 있다.

(3) 상담의 진행 과정

1회기

많은 부부들이 자신의 문제를 직접 들고 상담에 오기 어려운 경우, 처음에는 아이의 문제를 이야기하는 경우가 간혹 있다. 이 사례도 그런 경우가 아닐까 한다. 내담자는 아이문제를 이야기하지만 결국 남편과의 갈등이 더 큰 스트레스 요인임을 고백하고 있다. 그럼에도 불구하고 아이의 문제는 중요하기 때문에 필요하다면 잘 다루어야 한다. 열두 살인 딸은 두 번의 지능검사에서 경계선 지능점수를 보였다고 한다. 그것이 자신에게 너무 스트레스이고 아이를 대학에 보내고 싶은 일념으로 피겨스케이팅을 시켰지만 아이가 점프하는 것을 무서워해서 그만두고 발레를 시키고 있다고 한다. 이때 상담자는 분명히 경계선 지능인 사람이 공부 대신으로 대안적으로 선택하는 것이 피겨스케이팅, 발레 등이 아니라는 것, 특히 이 분야는, 물론 공부에 대한 지능은 많이 요구되진 않지만, 소위 다중지능학자인 하워드 가드너(Howard Gardner) 교수에 의하면 '신체근육운동감각적 지능'이 필요한 영역이라는 것을 분명히 설명해 주어야 한다. 평범한 부모들은 상식적인 수준에서 공부를 못하면 운동을 시켜서 이를 아이의 진로와 연결시키려고 하지만 모든 분야가 그 분야에서 성공하기 위해서는 그것이 요구하는 지능이 있어야 함을 상기시켜야 할 것이다. 마침 우리나라가 배출한 세계 최고의 피겨 스케이터 김연아, 세계 최고의 프리마 발레리나 강수진 등은 운동영역에 대한 지능과 더불어 피나는 노력과 의지와 끈기가 있었다는 점을 알려주어야 할 것이다. 물론 운동을 시작한다고 모두 그들처럼 되는 것을 목표로 하는 것은 아니지만 그 분야에서 기능하기 위해서는 상당한 수준의 능력과 끈기와 노력 3박자가 맞아야 하는 것이므로 섣불리 이런 것을 취미가 아니라 전공으로 시켰다가 경계선 지능의 아이에게 더 좌절감만 배가시키는 것은 아닌지 살펴보게 할 필요가 있다. 내담자의 딸을 위해 진로상담 전문가에게 진로상담을 받아보게 하는 것도 좋은 아이디어가 될 것이다.

2~3회기

아이의 낮은 지능이 혹시라도 자신에서 기인한 것이 아니라는 것을 알게 되고 안도의 한숨을 쉰다. 남편에게 자신이 당당할 또 하나의 이유를 찾은 것으로 밝은 표정을 짓고 있다. 그렇다면 내담자는 아이의 낮은 지능의 유전자를 남편에게서 찾으면서 가정에 분란을 일으킬 수도 있지 않을까? 자식은 신이 주신 선물이므로 누구에게서 무슨 유전자를 물려받았는지를 가리는 것이 중요한 것이 아님을 내담자가 깨달았으면 어땠을까?

4~5회기

시부모님에 대해 격에 안 맞는 결혼을 했다고 친척들이 한마디 한 것을 상담자에게 이야기하는 것을 보면 내담자는 은근히 자신이 남편보다 집안의 수준이 높다는 것에 자부심이 있는 듯이 보인다. 그러면서 은근히 시댁을 비하하고 비난하는 것을 알아차린 남편은 아내의 행동을 사사건건 마음에 안 들어 한다. 교회 등의 공간, 즉 남이 있는 데서 아내를 함부로 비난하고 집에 와서도 밥이 설었다, 설은 밥을 먹이고 아이를 학교 보낸다는 등으로 아내의 행동을 비난하면서 아내를 못마땅하게 생각한다. 이는 서로에 대한 기대가 채워지지 않으면서 악순환이 계속되는 듯이 보인다.

6회기

내담자는 자신이 어렸을 때 할머니 집으로 보내져서 대학 다닐 때까지 살았다고 한다. 부모와 함께 살면서 직업적 성취를 한 동생들과 달리 자신이 이 모양으로 살고 있다고 한탄한다. 그리고 부모와 살았다면 지금의 남편과 시댁은 안 만났을 거라고 귀인한다. 이때 상담자는 모든 역사의 가정은 의미가 없는 것임을 일깨우고 부모와 살았더라면 너무 많은 형제들과 함께 사느라 맏딸이기 때문에 오히려 집안일을 많이 했을지도 모르고 동생을 돌보아야 했을지도 모르기 때문에 내담자가 지금보다 더 좋았으리라는 보장도 없다는 것을 분명히 일깨웠으면 좋았으리라.

7회기

몇 년 전에 발레를 시작한 딸을 다른 아이들과 비교하면서 따라잡지 못해서 조바심이 난다고 하였다. 딸에게 발레를 시키는 목적이 무엇인지를 분명히 하는 것이 필요했다.

8~9회기

내담자의 남편이 내담자에 대해 지나칠 만큼 잔소리와 지적질을 하는 이유가 구체적으로 드러나 있다. 내담자는 시아버지가 하고 싶은 이야기를 하라고 해서 남편이 몰래 시어머니에게 돈을 드리는 것이 섭섭하다고 말했고 시어머니는 받은 적이 없다고 펄펄

뛰는 상황에서 순간 자신도 모르게 열 받아서 술잔을 던진 일이 있다고 하였다. 이 일이 있고 남편은 자기 부모를 무시한다고 내담자를 잡아먹으려고 했다는 이야기를 한다. 이때 상담자는 내담자가 정서조절에 실패한 이유를 물어볼 수 있다. 평소에도 할 말과 안 할 말을 가리지 않고 아무때나 생각나는 대로 하는지, 아무리 순간적인 억울함이 있다고 하더라도 그것을 조절해야 하는데 그렇지 못한 것은 무엇 때문인지에 대해서. 미성숙한 아내와 살아야 하는 남편의 막막함에 대해서도 내담자가 느껴 볼 수 있도록 안내해야 할 것이다. 이런 극단적인 사건에 대해서는 그냥 말로만 풀어 놓지 말고 그 현장의 그 상황을 지금-여기에 다시 재현해 보고 내담자가 시어머니 역할을, 상담자가 내담자 역할을 해 보면서 상대방이 느꼈을 그 감당이 안 되는 체험을 다시 해 보면서 상대방의 입장을 헤아려 보게 하는 것이 필요하다. 이 세상의 많은 남편들이 아내의 그런 태도를 달갑게 볼 리 없고 자연스레 아내의 모든 행동이 눈에 거슬리면서 미움이 싹트고 지금 내담자의 남편과 같은 행동이 나타날 수 있다는 것을 깨닫도록 해야 한다.

11회기

내담자는 남편이 사사건건 자신을 무시하고, 막말도 많이 하고 너무 힘들게 해서 사고가 나서 죽어버렸으면 좋겠다는 생각을 동생에게 말했더니 동생이 나쁜 생각이라고 하는데, 내담자는 이것이 나쁜 생각이냐고 묻는다. 아마도 현재의 부부관계가 너무 힘들기 때문에 잠시 도피하려고 이런 극단적인 생각을 했을 수도 있다. 이것의 원인이 어디에 있는지 내담자로 하여금 다시 한번 살피게 하는 것이 필요하지 않을까?

18~19회기

내담자는 18회기에서 자신이 어렸을 때 부모의 사랑을 충분히 받지 못하고 자라서 남편이 그 사랑을 주었으면 좋겠다고 한다. 상담자가 남편도 내담자에게 사랑받기를 원하지 않겠느냐고 하자 남편이 자기를 막 대하는 것으로 보아 그렇지 않을 것이라고 한다. 19회기에 내담자는 남편을 위해 초콜릿 퐁듀를 만들어 주니 남편도 그에 대해 고마워하면서 회사 포인트로 사고 싶은 것을 사라고 했다고 한다. 이러한 상황을 내담자에게 상기시키면서 내담자의 태도가 바뀔 필요가 있다는 것을 분명히 해야 한다. 만약에 상담의 현장에 남편이 있었다면 남편에게도 태도 변화를 요청했을 것이라는 말을 부가하여 해야 한다. 이 부부의 문제는 누가 먼저 문제를 제공했느냐를 따지기 전에 한편이 다른 한편을 서로 화나게 하면서 계속 문제가 이어져 왔다는 것이다. 이분들이 교회를 다니는 점을 고려한다면 집회서 42장 24절 '만물은 서로 마주하여 짝을 이루고 있으니 그분께서는 어느 것도 불완전하게 만들지 않으셨다.' 25절 '하나는 다른 하나의 좋은 점을 돋보이게 한다.'라는 구절을 상기시키면서 어떻게 서로의 좋은 점을 나를 통해 돋보이게 할 수 있는지 생각해 보게 하는 것도 필요하리라 본다. 세상의 수많은 사람 중에 부부로 만나서 함께 아이를 낳아서 기르고 가정을 꾸리는 것이 얼마나 독특한 인간관계인가에 대해서 알게 하고 이제 그만 싸움을 멈추는 것이 어떨까에 대해서 생각해 보게 한다.

2) 상담의 방향에 대한 제언

앞의 14장 371쪽에서 살펴본 'REBT를 활용하여 부부상담을 할 때 파악해야 할 다섯 가지 신념'을 염두에 두도록 한다.

아내는 자신이 어렸을 때 못 받은 사랑을 남편에게 받으면서 보상받으려는 것이 얼마나 어리석은 것인지 깨닫게 하고, 남편은 남편대로 자신의 아내가 자기 집에 대해서 못마땅하게 생각하는 점을 그냥 수용하는 것이 필요하다. 만약에 그것이 참을 수 없을 만큼 못마땅하고 수용이 안 된다 해도, 잔소리, 지적질, 다른 사람 앞에서 창피를 주는 것으로 화풀이나 앙갚음을 하는 것은 두 부부 사이의 문제해결에 도움이 안 된다는 것을 분명히 한다. 대신에 서로 시간을 내서 남편이 아내에게 시댁식구를 무시하지 않으려면 어떤 태도를 취해 주면 좋겠는지 설명해 주고 그러한 태도가 생활 속에서 보이면 고맙다는 표현을 한다. 그리고 남편도 더 이상 자신의 불만을 있는 그대로 표현하지 못하는 미성숙함에서 벗어나서 내담자에게 잔소리하고 지적질하는 것을 그만두어야 할 것이다. 남편에게는 '내가 원하는 대로 행동해 주지 않는 것은 나를 싫어하는 것이다.'라는 추론적 수준의 생각이 옳지 않다는 것을 깨닫도록 논박이 필요하다.

내담자가 지니고 있는 회기별 비합리적 생각은 〈표 15-1〉에 제시하고자 한다.

〈표 15-1〉에 제시된 비합리적 생각은 내담자의 비합리적 스키마인 '가정환경이 좋은 나와 결혼한 남편과 시댁은 나를 떠받들어야만 한다. 그런데 오히려 나에게 잔소리하고 지적질하는 것은 나를 무시하는 것이다. 남편이 나를 무시하는 것을 나는 참을 수 없으며 나의 존재는 참으로 한심하다.'라는 생각에서 회기마다 다르게 파생된 비합리적 생각이다. REBT 상담자는 앞의 내용을 그때그때 논박해 나가면서 내담자의 내재된 신념구조, 즉 스키마가 완전히 바뀌도록 도와야 한다. 아울러 내담자의 남편에게 나타나는 생각, 즉 남편이 싫어하는 행동을 아내가 고치지 않고 계속해서 하는 것은 남편을 싫어하기 때문이라는 생각이 추론적 수준의 잘못된 생각임을 분명히 알도록 논박해

표 15-1 핵심 비합리적 신념과 파생된 비합리적 생각

1회기에 나타난 비합리적 생각 **(추론과 귀인)**

나의 딸은 지능이 좀 모자라지만 대신에 발레를 해서 반드시 대학에 들어가야만 한다.
나의 딸이 경계선 지능이라는 것을 받아들여서는 안 된다.

2~3회기에 나타난 비합리적 신념 **(추론과 귀인)**

아이의 낮은 지능이 혹시 나 때문이라면 남편에게 약점을 잡힐 수 있고 이는 큰일이다.

4~5회기에 나타난 비합리적 신념 **(추론)**

남편은 어디서나 나의 흉을 보고 지적질한다. 남편은 이를 통해 나를 괴롭히는 것이다.

6회기에 나타난 비합리적 신념 **(추론)**

어렸을 때 나를 할머니에게 보내서 할머니가 나를 길렀기 때문에 내가 지금 이 모양으로 산다.
부모님과 함께 살았다면 나는 지금의 남편과 시댁은 안 만났을 것이다.

7회기에 나타난 비합리적 신념 **(추론과 평가적 인지)**

발레를 시작한 딸아이가 다른 아이들을 따라잡지 못해서 너무 한심하다.

8~9회기에 나타난 비합리적 신념 **(추론과 평가적 인지)**

시아버님이 하고 싶은 이야기를 허심탄회하게 이야기하라고 해서 했다가 나도 모르게 술잔을 던져 버렸다. 이 광경을 보고 남편이 시댁을 무시한다고 하면서 나를 잡아먹으려고 했다. 이것은 너무너무 끔찍하고 창피하다.

11회기에 나타난 비합리적 신념 **(자동적 사고 또는 반영적 사고)**

막말도 많이 하고 나를 힘들게 하는 남편이 사고가 나서 죽어 버렸으면 좋겠다.

12회기에 나타난 비합리적 신념 **(추론과 평가적 인지)**

아내의 생각: 남편은 마치 내가 자식이 아빠한테 혼나는 느낌이 들도록 야단을 친다. 남편에게 이렇듯 야단을 맞고 있는 나는 너무 한심하다. 남편은 항상 나의 행동거지를 쳐다본다. 내 뒷모습까지도. 남편의 생각: 아내는 내가 분명히 하지 말라고 하는 행동을 계속해서 하는 것으로 보아 나를 싫어하는 것이 틀림없다. 나를 싫어하는 아내와의 결혼생활은 참을 수 없다.

17회기에 나타난 비합리적 신념 **(추론과 평가적 인지)**

남편이 확 바뀌어서 잔소리를 안 해야만 하는데 상담을 통해 뻥 뚫리는 것은 없고 남편이 계속해서 잔소리를 하는 것은 참기 어렵다.

18회기에 나타난 비합리적 신념 **(추론과 평가적 인지)**

어려서 부모 사랑을 못 받고 자라서 사랑을 많이 받고 자란 남편이 나를 사랑해 주어야만 한다. 그런 사랑을 받지 못한 나는 너무 한심하다.

19회기에 나타난 비합리적 신념 (평가적 인지)

남편은 내가 사고 싶은 건조기를 못 사게 하고 다른 것을 사라고 한다. 남편은 이렇게 나를 간섭해서는 안 된다.

야 할 것이다. 이미 내담자가 상담에서 이야기한 것처럼 내담자는 오히려 남편에게 사랑받기를 원한다는 점을 분명히 해야 할 것이다. 이 부부의 관계는 남편도 아내도 다소 미성숙함이 충돌하여 빚는 에피소드로 가득 차 서로를 성찰할 여유를 갖지 못하고 있는 듯이 보인다. 아내와 남편 각각이 지니고 있는 신념의 변화와 더불어서 이마고 대화법과 같은 대화기법의 훈련이 필요해 보인다. 이 사례에서는 미네소타 부부대화법 등을 활용할 수 있을 것이다. '미네소타 부부대화법'은 부부들이 자신들의 부부관계를 정확하게 지각하도록 하고, 분명하고 직접적이며 개방적인 의사소통 능력을 키워주는 것을 목표로 하고 있다. 제공되는 기술은 두 가지인데, 첫째, 자신들의 관계 규칙과 상호작용 양상을 이해하도록 도와주는 기술이며, 둘째, 관계 규칙과 상호작용 양상을 변화시키는 의사소통 기술을 가르치는 것이다.

3) 상담자에 대한 슈퍼비전

〈382쪽 '슈퍼비전을 받고 싶은 내용' 참고〉

① [개인상담으로는 부부관계 회복이 어려울 것 같은데 어디까지 도와주는지?]

② [경계성 지능지수의 아이를 양육하는 부모에 대한 코칭은?]

③ [내담자가 진보와 퇴보를 반복함으로써 상담자가 지칠 경우에는?]

①에 대한 답으로, 상담자가 과연 내담자의 문제를 제대로 짚고 그것을 과녁으로 조준하기 위해 상담을 했었는지에 대해서 묻고 싶다. 상담자가 내담자의 문제를 정확하게 조준해야 그에 대한 치료법도 효과를 낼 수 있을 것이다. 상담자는 무슨 근거로 부부관계의 회복이 어렵다는 생각을 하게 되었는지 묻고 싶다. 상담의 효과를 위해서는 내담자 변인에 못지않게 상담자의 전문성도 중요하기 때문이다. ②에 대한 답은 이미 본문에서 기술하고 있는 바 경계선 지능의 아이들에게 결국 자신의 진로와 연결시켜서 스스로 생계를 유지해 갈 수 있고 이를 통해 세상과 관계를 맺을 수 있도록 올바른 진로지도 코칭이 필요하리라. 본 내담자는 아이의 능력에 대한 충분한 고려 없이 자신의 생각에 따라 지능이 떨어지니 체육이나 무용으로 대치한다는 위험한 행동을 하고 있는 것에 대해 바로 잡아 주는 것이 필요하다. 마지막 ③에 대한 질문도 ①의 질문과 연관이 있어 보인다. 따라서 이에 대한 답도 ①의 답과 유사하다. 내담자의 문제가 원래대로 돌아가 버리는 것은 문제의 뿌리나 핵심을 제대로 다루지 못하고 주로 공감하고 지지하는 것에 그치지 않았는지에 대해서 숙고해 보아야 할 것이다.

연습문제

1. 미네소타 부부 대화법에 대해서 설명하시오
2. 남편과 아내가 각각 지닌 핵심 비합리적 생각이 무엇인지 찾고 이것이 부부관계에 미치는 영향에 대해서 기술하시오.
3. 상담자가 공감과 지지를 넘어서는 상담의 고급 기법이나 이론을 상담 과정에서 활용해야 하는 이유에 대해서 설명하시오.

3. 통합적 접근의 사례개념화

내담자(40대, '인순 씨'라고 하자)는 남편이 자기를 무시하고 잔소리가 심해서 몹시 우울하다고 한다. 그리고 경계선 지능의 딸의 진로에 대하여 걱정이 많다.

이들 부부는 만성적인 힘겨루기 상태로 살고 있다. 부부 갈등의 시초는 내담자의 시부모가 자기를 깍듯이 우대해 주지 않자 아내가 그들에게 함부로 대했고, 이것이 남편의 자존심을 상하게 하면서부터다. 그것은 시부모와 남편이 자기를 우대해 주기를 바랐던 인순 씨의 비현실적인 기대감 문제라고 본다. 누구나 각박한 삶을 살다보면 마음마저 인색하게 되기 십상이다. 일생 동안 가난에 쪼들리고 제대로 교육도 받지 못한 시부모는 그녀에게 관용과 애정으로 대하기보다는 요구적이고 무례하게 대했을 가능성이 크다. 게다가 인순 씨는 할머니에게서 양육되었기에 일상생활에 필요한 예절이나 상식에 대하여 제대로 교육 받지 못했을 것이다. 그리고 경제적으로 여유가 있는 할머니(사업함)가 과잉보호했기에 그녀는 때로는 자만심이 높고, 또 방임적인 양육으로 인하여 자신감의 결여와 불안감을 경험하였다고 본다. 그래서 그녀는 때로는 유치원생처럼 지나치게 불평하고 요구적으로 나오고, 또 어떤 때는 곧바로 자포자기하고 우울감에 빠져 살아온 것 같다. 다시 말해서 인순 씨는 불안정하며 심리적인 성장이 유・아동기 수준에 정체되어 있다고 볼 수 있다.

인순 씨는 사촌 형제간이나 친정 여동생들에게 평생 동안 품고 살아왔던 경쟁 심리와 애정의 결핍 욕구를 무의식적으로 남편에게 투사하여, 남편을 비난하고 강요하고 일방적으로 통제하는 방식으로 나온 것 같다. 명절 때 인순 씨는 시부모 앞에서 술잔을 내던졌다. 정상적인 여성이라면 자기에게 잘못을 범하지 않은 시어른에게 어떻게 술잔을 내던질 수 있겠는가? 그녀는 천방지축 제멋대로 행동하고, 자기 감정대로 관계를 악화시키는 데에는 익숙한 것으로 보인다. 다시 말해서 이성적인 판단능력이 결여되어 있어서 세상을 살아가는 방법을 잘 모르고 있다.

남편은 착하나 단순하고, 원가족에 대한 열등감이 있는 사람으로 보인다. 한편 남편은 꼼꼼하고 완벽주의인데, 아내는 주의력이 부족하다. 그래서 남편은 보일러 버튼, 빨래 건조대, 강아지 털 등에 대하여 시시콜콜 아내의 단점을 지적한다. 이런 반대 성향의 기질이 그들의 갈등을 더욱 악화시키는 것으로 보인다.

인순 씨는 유전적으로 우울 증상이 잠재되어 있다가 환경적으로 불리한 성장과정에

서 우울증적 성향이 높게 발현되었고, 그와 더불어 주의력 결핍 장애와 반항 장애가 동반증상으로 나타난 것으로 보인다. 그래서 그녀는 자기조절능력이 결여되어 있기에 시부모 앞에서 술잔을 던지는 등의 행동을 한 것이다.

그러므로 인순 씨는 비교적 장기간의 상담을 받으면서 일상생활에 필요한 대화기술과 감정조절의 능력을 친절한 상담자로부터 코칭받아야 하겠다. 그리하여 심리적으로 서서히 성장해야 할 것이다. 식탁에 강아지 털을 뭉쳐 놓아 둔다든지의 행동은 남편을 미워해서 일부러 그렇게 한 것이 아니라, 결혼 이전부터 그녀에게서 나타난 주의력 결핍 장애의 증상이라고 볼 수 있다. 남편은 이런 점을 이해할 필요가 있으므로 남편에게 아내를 어린 아이 다루듯이 부드럽게 교육하라고 코칭할 필요가 있다.

1) 상담자가 수립한 상담의 목표와 전략 및 진행 과정

상담자가 수립한 상담 목표와 전략은 무난하게 보인다. 인순 씨가 우울증을 앓고 있다면, 항우울제를 복용하도록 권고하고 나서 심리상담을 진행하도록 한다.

이때 상담의 목표는 두 가지라고 하겠다.

- 무시받았다는 생각과 슬프고 우울한 감정에서 자유로워지기
- 남편과 무난한 관계로 생활하기

상담의 진행 과정을 살펴보면 상담자는 1회기부터 19회기까지 인순 씨의 하소연을 잘 경청하고 수용해 주었다. 상담자로부터 자기가 잘 받아들여지고 또 이해받고 있다는 느낌 때문에, 상담시간에 빠지지 않고 열심히 임하는 효과가 나타난 것으로 보인다. 12회기 한 차례에 남편이 참석하여 부부상담이 이루어졌다. 그 회기에서도 인순 씨가 상담시간을 독점하고 시종일관 남편을 비난하는 모습은, 마치 어린애가 부모에게 형제간을 고자질하는 듯한 인상을 준다. 상담자는 그녀가 남편의 입장을 헤아려 보도록 유도하고 있으나, 인순 씨는 전혀 그럴 의향이 없다. 이런 경우에 상담자는 내담자가 남편을 비평하는 말을 중단시키고, 그 대신에 자기가 느끼는 감정(좌절감)을 표현하는 방식으로 바꾸어 보는 방법을 코칭할 수 있다. 남편을 초대하여 부부상담으로 진행했는데 이때 서로가 효과적인 대화 방식으로 자기표현하게 코칭함으로써 내담자가 지피지기(知彼知己) 내지 역지사지(易地思之)하는 능력을 길러주어야 한다. 그러니까 상담자는 주도적 리더십을 발휘하여야 한다. 상담자는 나-전달법 등의 기술을 가르쳐 주고,

그 자리에서 연습시키는 것이다.

2) 상담의 방향에 대한 제언

첫째, 경계선 지능의 딸을 지도하는 면에서는 내담자에게 경계선 지능을 가진 아이의 지적 능력에 대하여 설명해 주고, 딸이 어느 분야에 소질이 보이는가를 잘 관찰하라고 지시하는 것이 좋다. 딸에게 발레를 시키는 것은 고려해 보아야 한다. 운동이나 무용의 전문성을 살리는 데에는 예능적 소질뿐만 아니라 우수한 지적 능력이 요구되기 때문이다. 음식 만들기 등의 실용적인 분야에서 적성을 발견하는 것이 장래의 진로 설정에 유리하다고 알려주어야 한다.

둘째, 부부간의 경직된 관계를 풀어나가는 문제는 어떤 방식으로 접근해야 할까를 다각도로 고찰해 보자. 먼저 이들 부부는 자기네들이 벌이고 있는 파괴적인 게임의 실상을 알아차려야 한다. 그러고 나서 비극적인 종말이 예상되는 게임을 지속할 것인가, 아니면 그 게임을 종식시키고 새로운 관계의 패러다임으로 도약할 것인가를 결정해야 한다.

이어서 상담시간에는 각자의 내면에 '상처받은 어린아이'가 있다는 것과 그 어린아이가 투정을 부리기 때문에 부부관계에 금이 가고 있다는 것을 이해시키도록 해야 한다. 심리적으로 유·아동기의 수준에 머물어 있는 이 부부에게, 특히 아내에게는 자기네들의 성장 과정과 트라우마에 대한 깨달음과 치유의 시간이 주어져야 한다. 그런 다음에 부부가 서로를 시기, 질투의 경쟁대상으로 대할 것이 아니라, 상호 연민을 가지고 협력하는 동반자로서 변화된 관계를 맺도록 도와주어야 한다. 그리하여 그들이 심리적으로 적어도 청소년기까지 성장하도록 상담자는 다정한 교사역을 수행해야 한다. 즉, 쉽고 긍정적인 부부 대화기술을 코칭함으로써, 그들이 새롭게 연결감과 친밀감을 느끼게 하는 것이 요구된다.

이제 상담과 심리치료의 과정으로 들어가 보자. 특히 인순 씨의 치유에 대하여 살펴보자.

① 부부간의 힘겨루기 반응 내지 경쟁의식은 각자의 취약성이 건드려질 때 무의식적으로 나타나는 감정적 대응이고, 투사이다. 그들은 이것을 자각하고 의식적인 동반자 역할을 익혀야 한다. 어려서부터 행여나 사람들에게서 무시당하지 않을까 하는 생각이 많았던 인순 씨가 가정에서는 남편을 비난하고 시댁(남편 집안)을 무

시하는 태도로 나왔다. 이것이 남편의 취약성, 즉 원가족에 대한 콤플렉스를 건드린다. 그래서 남편은 인순 씨에게 화내고 잔소리하고 교회 모임에서도 공개적으로 아내의 흉을 본다. 그러니까 남편의 잔소리와 비난은 남편의 대처 전략이다. 그들은 누군가가 자기네들의 취약성을 건드리면 자동적으로 과잉 반응한다는 것을 깨달아야 한다.

이 부부의 공동과제는 어린 시절에 꼭 받았어야 하는 사랑과 관심과 지지와 따뜻함의 결핍에 대하여 연민과 동정심을 가지고 서로가 인정해 주는 것이다. 다시 말해서 부부는 상담자를 통하여 상처받았던 어린 시절의 마음, 즉 슬픔, 소외감 등을 수용해 주는 언어를 배워야 한다. 그리고 무의식적으로 서로 경쟁하는 습관을 버리고, 이제부터는 의식적으로 깨어 있는 동반자 역할을 연습하는 것이다. 그런 의미에서 배우자는 자신의 치유와 성장에 꼭 필요한 파트너라는 것이 이마고 이론이다. 이것을 아주 쉬운 말로 설명해 주도록 하라.

• 두뇌의 변연계 활동에 대하여 설명해 준다.

남편이 아내의 행동을 비난하고 지적하면 아내의 두뇌 속, 변연계 안에 있는 '해마'는 어린 시절에 비난받고 비교당했던 기억을 떠올리고, 편도체는 그때 느꼈던 열등감과 불안을 되살린다. 그래서 어린 시절에 자기방어를 하기 위하여 화내고 비난하고 싸움 걸던, 그런 똑같은 방식으로 감정적인 대응을 하는 것이다. 그러니까 과잉반응을 한다. 상담자는 이런 설명을 그녀에게 해 주어야 한다.

상담자는 인순 씨의 몸 안에 새겨진 결핍감, 경쟁의식, 분노 등의 감정을 찾아내고 해소하기 위해서 신체 정밀검색 내지 신체감각 알아차리기(body scan)의 작업을 호흡명상과 함께 실시할 수 있다(홍경자, 2020b, p. 150). 그러고 나서 내면에 갇혀 있는 부정적인 감정을 밖으로 발산시키도록 한다(13장을 참조하라).

• 내담자의 마음속에 담긴 트라우마의 느낌을 밖으로 발산시키는 작업을 한다.

이를 위해서는 인순 씨의 정서적 수준에 맞도록 표현예술치료적 접근이 권장된다. 어린 시절에 경험한 사건이나 그때의 감정을 그림으로 그리게 하고, 또 음악(슬픈 동요)과 간단한 춤 동작으로 표출하게 하는 것이다. 그리고 몸의 동작(춤)이나, 신체감각 정밀검색(body scan)을 할 때 내담자가 자기 몸의 특정 부분에서 편안한 곳을 찾아보게 한다.

가령 호흡을 할 때 편안한가? 손을 움직여 보니까 편안한가? 목과 가슴과 배의 어떤 부분이 편안한가? 손가락의 지압점을 눌러볼 때 편안한 지점이 있는가?

이 부분은 '미주신경'이 닿지 않는 곳이다. 미주신경은 두려움의 메시지를 가슴과 복부와 목으로 전달함으로써 트라우마로 통합하는 역할을 한다(제효영 역, 2016, pp. 385-386). 그러니까 내담자가 자기 신체에서 편안한 곳, 즉 '안전한 섬'에 해당하는 곳에 집중하면서, 트라우마에서 자유로워지는 느낌을 느껴보라고 지시할 수 있다. 이때 자기의 호흡은 어떻게 변화하는가? 손, 발, 몸에서 느껴지는 무거운 신체의 무게를 밖으로 내뿜어 버리라고 지시할 수도 있다. 다시 말해서 감각운동 심리치료(이승호 역, 2021)를 쉬운 말로 설명해 주고, 또 그것을 노트에 적어 보라고 하여 그녀가 다시 한번 정리하도록 한다. 그리고 상담 시간마다 그 내용을 재확인시키면 인순 씨는 위안의 감정을 느끼게 될 것이다.

- 글쓰기 작업을 시도한다.

이어서 트라우마를 머리로 정리하고 의미화하는 작업, 즉 인지적인 통합이 이루어져야 한다. 그래서 상담시간에 인순 씨로 하여금 어린 시절에 경험한 부정적인 사건에 대하여 사건 하나하나마다 상세하게 묘사하는 글을 적어보라고 지시한다. 그리고 그 경험에 대하여 느낀 점(감정)과 그것이 자기에게 미친 영향(피해)을 적도록 한다. 이런 작업이 이루어진 끝부분에 가서는 그 경험을 통하여 자기에게 어떤 유익함이 있었는가, 또 그 경험을 살려서 자기 인생을 어떻게 멋있게 살고자 새롭게 계획할 것인가를 적어보도록 한다. 이때 상담자는 인순 씨의 수준에 맞추어 그에 대한 해석의 글을 직접 적어 주는 것도 좋다. 그 시점에서 연민의 마음을 가지고 자기를 위로하며 지금까지 잘 견디어 온 것을 감사하는 글을 적게 한다. 그리고 그것을 소리내어 말하면서 자신이 치유되어 우아하게 새롭게 관계 맺는 모습을 시각화하게 한다. 이것이 융(Jung)이 말하는 '적극적 상상'이다. 이런 상상을 반복하게 되면, 실제로 자기가 우아하고 부드럽게 관계 맺는 모습과 똑같은 이미지가 두뇌의 시각피질에서 나타난다. 그리고 그렇게 행동하게 된다.

우리의 말과 생각과 내면의 이미지가 마치 살아있는 생명체처럼 두뇌에 자리잡게 되면, 세로토닌이 증가하여 변연계의 활동이 줄어들고, 전-전두엽의 활동이 증가한다. 우리가 알다시피 조상으로부터 (3대에 걸쳐) 각인된 트라우마는 DNA에 프로그램되어 유전된다(정지인 역, 2016, p. 69). 그러나 내담자가 생각과 이미지를 긍정적으로 바꾸어 여러 번 시각화하게 되면, 두뇌 안에 새로운 신경조직이 생기게 된다. 그래서 DNA가 기능하는 방식을 바꾸어 주어, 마치 DNA가 변경되는 것과 같이 된다. 이것이 뇌신경의 가소성이고, 회복 탄력성이다.

② 남편의 마음을 남편의 입장에서 헤아려 보도록 촉구한다.

즉, 역지사지하는 안목을 길러준다. 인순 씨는 남편이 너무 비정한 사람이어서 차라리 죽었으면 좋겠다고 생각한다. 정서적으로 유아같이 미숙한 상태에 머물러 있는 인순 씨는 공감능력이 개발되어야 한다. 그리고 상담자는 아내가 성관계를 거부하는 것은 남편의 권리를 박탈하는 것이고, 남편이 가정 이외에서 성적 출구를 찾으라는 말과 같다는 사실을 부드럽게 설명해 줄 필요가 있다. 또한 아내는 남편을 길러주는 착한 천사가 될 수 있다고 말하면서 인순 씨를 격려하는 것이 좋다. 상대방에 대한 공감 능력을 개발시키기 위해서 연극이나 심리극의 방법으로 상대방의 역할을 연기해 보는 기회를 주는 것이 매우 효과적이다. 그리고 인순 씨는 선천적으로 우울하고 주의력 결핍 장애와 반항 장애의 기질이 있는 것으로 보이는데, 남편이 심리적으로 비교적 건강하고 낙천적인 성격의 여성과 결혼할 수도 있었는데, 자기에게 왔으므로 자기는 행운아라고 말해 줄 수도 있다. 한편 강아지를 기르는 문제에 대하여 상담자는 지시적인 방식으로 인순 씨에게 설명해 주어야 하겠다. 어떤 집에서나 강아지 털이 방 안에 떨어지는 것은 민감한 사항인데, 그것은 유난히 결벽증이 있는 남편의 신경을 더욱 건드리는 것이다. 게다가 인순 씨는 깔끔하지 못한 성격이라, 이 문제로 만성적 갈등이 악화될 수 있다. 그러니까 인순 씨가 강아지를 기르지 않아야 부부관계도 개선된다고 말하라.

③ 남편에게 아내의 성장배경과 심리적 특성을 이해시킨다.

상담자는 아내에게서 제대로 대접받지 못한 자신이 피해자라고 여기는 남편에게 아내의 내면을 이해하도록 유도할 필요가 있다. 원래 착하고 순한 아이였던 인순 씨가 성장 과정 중에 부모로부터 애정과 보호를 제대로 받지 못한 결과로 신경증적이고 우울한 성격으로 성장하였다는 것을 이해시키고, 거칠고 반항적인 태도의 아내 속에 숨어 있는 상처투성이의 어린 소녀를 바라보게 하는 것이다. 그리하여 남편의 두뇌 속에 있는 아내에 대한 이미지가 변화할 때, 그는 아내를 연민의 눈으로 바라볼 수 있게 된다. 그렇게 되면 남편의 화난 감정은 줄어들 수 있다. 그리고 남편에게는 아내를 어린이 다루듯이 칭찬으로 기르는 교사역할을 해달라고 부탁하라.

④ 기독교적 상담의 기회를 모색하라.

이 부부는 교회에 나가고 있다. 교회의 목회 관련자와 연계되어 기독교적인 상담의 관점에서 인순 씨가 자기를 바라보는 기회가 주어진다면 매우 유익할 것이다.

- 자기는 하나님으로부터 사랑을 받은 귀한 존재라는 것을 깨닫고, 또 할머니에게서 받은 사랑도 확인해 볼 필요가 있다. 현재의 남편과 시댁에 대한 감사의 조건도 일일이 찾아보는 것이다.
- 자기는 하나님의 자녀로서 이 세상에 선한 영향력을 끼치며 살고 싶어 한다면, 어떤 일을 할 수 있을까를 생각해 보라고 촉구할 수 있다. 자원봉사기관에 후원금을 내는 것도 한 가지 방법이겠다. 그러나 남편과 시댁 식구도 그녀의 도움과 사랑을 필요로 하는 '이웃'이라는 것을 설명해 주어야 한다. 인순 씨로 하여금 자기는 똑똑한 남자인데, 자기 아들, 딸과 아내만 챙기고, 고생하며 길러주신 본가의 부모에게는 일체 용돈도, 생활비 보조도 하지 않고 사는 남편역을 연출해 보도록 지시할 수 있다. 그리고 인순 씨는 그런 남편을 좋은 남편이라고 생각하겠는가? 그러니까 인순 씨가 남편으로 하여금 시댁 식구들에게 사랑을 베풀어 주도록 착한 마음으로 자기가 먼저 솔선해서 천사역을 하라고 종용할 수 있다. 그것이 동양의 삼강오륜에 해당하는 덕성이고, 하나님이 주신 십계명을 실천하는 크리스천의 삶이 아니겠는가? 인순 씨의 착한 마음을 격려하라.

⑤ 부부간에 공평하게 사랑과 배려를 주고받도록 지도한다.

우리가 알다시피, 아내나 남편은 서로 사랑을 주고받으며 부부생활을 유지하는 것이 정상이다. 게다가 가정의 생계를 책임지고 힘들게 일하는 남편은 주부인 아내의 품 안에서 휴식과 활력을 얻고 싶어 한다. 그리고 당연히 그럴 권리가 있다. 지금까지 남성우월주의의 한국 사회에서 극진한 어머니의 사랑을 받은 많은 수의 한국 남성들은 아내의 사랑을 받는 것을 당연시한다. 그런데 인순 씨는 그에 대한 이해가 부족하다. 엉뚱하게도 부모의 사랑을 많이 받은 남편은 마땅히 사랑이 결핍되었던 자기에게 사랑을 베풀어 주어야 한다고 억지 떼를 쓰고 있다(17회기). 즉, 비합리적인 신념을 가지고 있다. 남편은 본가에서 사랑을 많이 받고 자랐기 때문에 아내에게서도 당연히 많은 사랑을 받기를 기대하는 것이다. 그런데 아내가 푸대접한다면, 남편은 그런 대우를 도저히 견딜 수 없다고 생각할 것이다. 이런 것도 역지사지로 헤아려보게 해야 한다.

아내가 고생을 하고 자랐든, 남편이 호강을 하고 자랐든 그것과는 무관하게, 남편은 무조건 아내에게서 사랑받고, 수용받고 존경받고 싶은 것이고, 아내 역시 동일한 욕구가 있다. 그러니까 부부는 서로 아끼고 존중하며, 어떤 의미로든지 주고받

음(give & take)에 있어 공평성이 느껴져야 행복하다. 실제로 행복한 부부들은 그렇게 살고 있다.

상담시간에는 인순 씨에게 인지이론적으로 그녀의 잘못된 생각을 바라보게 도와주어야 한다. 그리고 부부가 동등한 인격체로서 상호간에 사랑의 행동을 주고받도록 계획을 짜는 일까지 도와주어야 할 것이다. 심리적으로 미숙한 인순 씨에게는 마치 초등학생을 다루듯이 칭찬하면서 세세한 일상생활 요령을 하나씩 가르쳐 주어야 한다.

⑥ 사회적, 환경적인 면에서 도움을 받도록 기한다.

인순 씨는 딸 친구들의 엄마들과 함께 있을 때 어떻게 행동해야 할지 잘 모르겠다고 자문을 구했다(9~10회기). 그녀는 전반적으로 인간관계를 맺는 면에서 매우 서투르다. 상담자는 친절한 멘토로서 그녀에게 대인관계의 기술, 즉 상대방에게 관심을 가지고 호의적인 대화를 하며, 적절한 시기에 자기 개방을 하는 등의 사회성의 요령을 쉬운 말로, 만화로써 코칭해 주는 것이 요청된다(홍경자, 오정선, 김유정, 2017).

상담 기간 내내 그녀는 어머니에 대한 언급이 없다. 아마도 인순 씨의 어머니가 인순 씨처럼 우울증을 앓았거나, 무관심하고 냉정했던 것 같다. 그리고 그것 중 일부가 인순 씨에게 대물림되지 않았을까? 아무튼 내담자는 우울증을 보이는 취약한 성격의 사람이다. 그래서 인순 씨가 비록 40대의 성인이지만, 그녀에게 환경적인 지지가 제공된다면 부부관계의 회복에도 커다란 도움이 될 수 있다. 그러므로 상담자는 가능하다면 세 자매와 아버지에게 카톡 메시지를 통하여 협조를 구하는 것도 유익하다고 본다. 친정 식구들이 내담자에게 '미안해' '사랑해'의 말과 선물을 보낼 것을 부탁하고, 또 처가 식구들이 인순 씨의 남편에게 '정말 고마워'의 편지와, 물질과 애정으로써 그를 적극적으로 보상해 주라고 부탁하는 것이다.

⑦ 장래의 비전을 그려보도록 한다.

남편과 만성적인 힘겨루기 상태에 빠져, 불평에만 몰두하고 있는 그녀에게 상담자는 장차 어떤 인생을 살고 싶은가를 가끔씩 질문함으로써 그녀가 미래의 꿈과 희망을 설계하는 방향으로 살아가도록 인도할 필요가 있다.

첫째, 자기네 부부 생활과 가정생활의 종착점을 생각해 보게 한다. 그러니까 70~80세, 그리고 100세가 되었을 때 어떤 부부사이로 살게 될까를 여러 번 생각해 보도록 이미지 작업을 시키는 것이다.

통합적 접근

둘째, 인순 씨 개인적인 장래를 설계해 보도록 촉구한다. 그녀는 여동생들보다 학력이나 능력 면에서 열등하다는 콤플렉스를 안고 살아왔기 때문에 자존감이 낮고 공부에 대한 한(恨)이 있다. 앞으로 남은 인생의 시간에 굳이 공부의 길을 가지 않더라도, 그녀가 잘하는 분야(적성)와 좋아하는 일(취미)을 찾아 매진한다면 어떨까? 그렇게 되면 남편과 티격태격할 시간도 줄어들고, 우울증에서 탈피하는 출구도 될 수 있을 것이다. 상담자는 그녀가 쉽게 시작해 볼 수 있는 일이나 취미 활동을 찾아보라고 자극을 주고 다소간 도전 정신을 길러줄 필요가 있다.

⑧ 새로운 모험을 시도해 볼 수 있다.
마지막으로 다소 모험적인 방법을 하나 제안해 보겠다.
환경이 바뀌면 태도와 마음가짐도 바뀔 수 있다. 이들 부부가 한 지붕 아래서 서로 비난하고 힘겨루기하며 살아 왔는데, 동일한 환경에서 일상적인 습관을 고치기는 결코 용이하지 않을 것이다. 그러므로 새집으로 이사를 가는 것도 고려해 볼 만하다. 새집으로 이사가서 집안을 다른 방식으로 꾸민 다음에, 새로운 대화 방식으로 생활할 것을 구체적으로 적어 냉장고 위에 붙여 두고 생활할 수도 있다.
그리고 인순 씨가 애정과 섹스에 관심이 적은 것은 우울증 때문에 야기된 성적 욕구 저하 현상일 가능성이 많다. 부부관계에서 원만한 성생활이 절대적이라는 것을 누누히 강조하면서 병원치료를 받고, 성욕 강화를 위한 호르몬치료와 여성용 비아그라와 자위 기법 등을 적극적으로 수용하라고 코칭해 주어야 한다고 본다.

3) 상담자에 대한 슈퍼비전

〈382쪽 '슈퍼비전을 받고 싶은 내용' 참고〉

① [개인상담으로는 부부관계 회복이 어려울 것 같은데 어디까지 도와주는지?] 이 사례는 초기 몇 회기에는 개인상담을 한 다음, 약 7~10회기부터는 부부상담을 시작했더라면 좋았을 것이다. 상담자는 18회기 동안이나 개인상담을 진행하였으므로, 내담자가 상담자로부터 충분히 이해받고 위로받았다는 느낌이 들었을 것이다. 그러나 한편으로는 내담자가 남편을 비난하는 것이 타당하다는 생각을 강화시킬 소지도 있다.

② [경계성 지능지수의 아이를 양육하는 부모에 대한 코칭은?] 아이가 일상생활을 자기 힘으로 잘 수행하도록 지도하며, 사회생활에 필요한 기본예절을 가르쳐 주도록 한다.

③ [내담자가 진보와 퇴보를 반복함으로써 상담자가 지칠 경우에는?] 원래 상담을 받으러 오는 내담자는 발전과 퇴보를 반복하면서 천천히 발전해 나간다. 그 점을 이해하고 상담자는 기다려 주어야 한다. 이 사례처럼 특히 심리적인 발달이 제대로 이루어지지 않은 내담자는 진보가 매우 느리며, 예후도 밝지 않다는 것을 인지할 필요가 있다.

4) 상담자-내담자 관계와 발전 과제

이 사례를 다룰 때 상담자는 두 가지로 착잡한 감정을 느꼈을 것 같다. 첫째, 내담자가 상담시간마다 열심으로 왔기 때문에 그녀에 대한 호감과 연민의 감정을 느꼈을 것 같다. 그래서 상담자는 이 사례의 상담에 집착하게 되었고, 좀 더 빠른 기일 안에 내담자를 부부상담 전문가에게 위촉하지 못하고 차일피일 미루지 않았을까 하고 사료된다. 두 번째로, 상담자는 이 내담자의 문제가 개인상담으로 접근하기에는 한계가 있다는 것을 경험하고 좌절감을 느꼈을 것 같다. 이 시점에서 상담자가 느끼는 좌절감에 유의할 필요가 있다. '내가 상담을 계속하는 것이 이 내담자에게 유익한가, 부부상담 전문가에게 위탁하는 것이 내담자에게 더 유익한가?'를 자문자답하는 것이 필요하다. 상담자는 자신의 학문적인 호기심이나 학문적인 성장을 위해 내담자를 붙들고 있어서는 안 된다. 상담자는 내담자의 유익(복지)을 가장 크게 고려해야 한다. 그래서 다른 전문가에게 위탁했어야 했다. 혹시 상담자는 어떤 사람이나 문제를 적절한 시간에 놓아버리지 못하고 소유적이며, 자기 확신감이 많은 성향이 있지 않은가를 성찰해 볼 필요가 있다고 본다. 이런 면에서 개인분석을 받게 되면 많은 통찰이 일어날 것이다.

연습문제

1. 아내는 남편이 자기를 무시한다고 굳게 믿고 남편과 갈등하고 있다. 그 말이 타당한가? 아내의 생각이 잘못되었다면 그것을 어떤 방식으로 접근하여 찾아낼 수 있는가?
2. 어린 시절의 트라우마를 발견하고 거기에서 벗어나는 방법은 무엇인가?
3. 배우자에 대한 이해 내지 공감의 태도를 길러주려면 어떻게 해야 하는가?
4. 경계선 지능의 자녀지도에 대한 노하우는?
5. 상담자로서의 강점과 보완해야 할 점은?

16장

이혼 직전 부부상담 사례

"아내는 공주, 남편은 하인"

I. 내담자의 기본 정보

인적 사항

• 아내: 37세, 대졸, 회사 사무직 근무
• 남편: 41세, 대졸, 회계/세무관련 직장 근무
• 기업체 경진대회에서 만나 1년간 교제한 후에 결혼했고 1년 반이 되었다. 임신이 되기를 기다리고 있으며, 부부는 아내의 친정 가까이에서 살고 있다.

주 호소 문제

• 아내: "성격 차이가 심해서 함께 살기가 너무 힘들어요. 남편은 자기 생활, 친구만 있고 나를 너무 외롭게 해요."
• 남편: "아내에 대한 애정이 없습니다. 성격 차이가 많이 나요. 뭔가 같이 할 수 있는 것이 없고, 모든 게 다 안 맞아요."

이전 상담 경험

- 서로 합의이혼하기로 결정한 후 마지막으로 상담을 한번 해보자고 생각하고 아내가 상담을 신청하고, 남편이 따라왔다.
- 아내는 수년 전 우울증 등으로 개인상담을 받은 경험이 있다.

인상 및 행동 특성

- 아내: 날씬하고 아주 예쁜 외모, 세련된 복장, 막내 비슷한 말투이다.
- 남편: 다부진 체격에, 체격과는 다른 다소 부드럽고 귀여운 얼굴, 부드러운 목소리, 시선을 다른 곳에 두며, 말끝을 흐리거나 한숨 섞인 말을 한다.

가족관계

1) 아내의 원가족

- 아버지(69세): 사업가(대표), 무뚝뚝하고 조용한 성격이다.
- 어머니(66세): 전업주부, 잔소리가 많다. 체면이 중요하고, 딸의 생활에 간섭한다.
- 첫째 여동생(34세): 부모가 예쁜 언니만 편애하는 것에 불만이 많았고, 지금은 독립하여 따로 살고 있다.
- 둘째 여동생(31세): 23세에 결혼하여 아이가 하나 있다. 애교가 있다.
- 남동생(28세): 발달지체아로 집에 있다.

2) 남편의 원가족

- 아버지(73세): 회사원으로 정년 퇴직 후 집에 있다. 따뜻하고 가정적이다.
- 어머니(67세): 전업주부, 아버지에게 순종적이고 여성스럽고 따뜻한 성격이다.
- 형(43세): 사법고시 준비 중이다.

3) 사회적 관계

- 아내: 매사에 자신감이 없고 소극적이다. 최근에 홍보부서의 디자인 관련 업무를 맡으면서부터 흥미와 의욕을 보이고 있다. 속 깊은 얘기를 하는 친구는 없다.
- 남편: 회사 동료들과 잘 지내며 친구를 매우 중요하게 생각한다. 상담에 대한 기대가 거의 없었으나 상담에 참여했고, 상담 중후반부터는 좀 더 자기를 표현하였다.

부부의 발달사

- 결혼 전: 〈아내〉 예쁜 외모로 인해 남자들에게 인기가 있었다. 그러나 조금 사귀고 나서는 아내가 매번 먼저 헤어지자고 하는 식으로 지냈다. 거절당해 본 경험은 파혼했던 전 남친(3년 전) 단 한 명뿐이었다. 중 · 고 · 대학 시절에, 직장생활 중에 어머니가 일찍 귀가하라고 잔소리가 심했고 외출도 금했다.
  〈남편〉 어려서부터 공부 잘하는 형에게 가려져 존재감이 별로 없었으나 형이 오랫동안 사법고시를 준비하고 있어서 형 대신에 장남 역할을 하며 가족과 친밀하게 지냈다. 친구와 노는 것을 좋아해서 결혼이 늦어졌다.
- 결혼 동기: 〈아내〉 남편이 순수하고 착해 보였다. 저 사람이라면 나만을 사랑할 거라 생각했다.
  〈남편〉 나이도 찼고, 아내가 예쁘고 여성스러워서 그리고 부모님에게 잘해 줄 것 같아서 결혼했다.
- 결혼 후: 〈남편〉 신혼 초부터 직장의 출장이 많은데다가 친구, 술, 일을 좋아하여 늦게 귀가했다.
  〈아내〉 친정부모님에게 시시콜콜 알렸고, 어머니가 사위를 야단쳤다.
- 현재: 아내는 안방에서, 남편은 거실 소파에서 지내고 있다.

심리검사 결과 및 주요 해석

	아내	남편
SCT	12. 나의 어머니는 <u>너무 잔소리를 한다</u>. 25. 어머니와 나는 <u>친하지만 부담스럽다</u>. 2. 내 생각에 아버지는 <u>엄하지만 속정 깊고 자상하다</u>. 22. 결혼생활에 대한 나의 생각은 <u>후회(잘못 선택한)</u>	25. 어머니와 나는 <u>친하다</u>. 49. 아버지와 나는 <u>친구 이상의 사이, 사랑한다</u>. 22. 결혼생활에 대한 나의 생각은 <u>그저 그렇다. 별생각 없다</u>.
	46. 나의 성생활은 <u>없다</u>. 31. 내가 제일 좋아하는 사람은 <u>부드러운 사람</u> 20. 다른 친구들이 모르는 나만의 두려움은 <u>욕심이 많은 것</u> 33. 나의 가장 큰 결점은 <u>비교하고 욕심부리는 것이다</u>.	46. 나의 성능력은 <u>문제 없다</u>. 31. 내가 제일 좋아하는 사람은 <u>당신</u> 5. 어리석게도 내가 두려워하는 것은 <u>(가장으로서) 아무것도 못하는 것이다</u>. 33. 나의 가장 큰 결점은 <u>걱정 없이 사는 것이다</u>.

MBTI	ISFJ: 내향적이며 감각을 통해 인식하고 감정으로 판단하는 생활양식임. 한국에 가장 많은 유형. 자기중심적이고 미성숙하며, 감정기복이 심하고 주변 사람들의 평가에 민감함.	ESTJ: 외향적이며 감각을 통해 인식하고 이성으로 판단하는 생활양식임. 사람을 좋아하고 인정이 많으며 남들에게 이용당할 수 있음.

 II. 상담자의 사례개념화

부부는 1년간 연애 후 결혼을 했으나, 남편의 출장이 많아서 서로 충분히 사귈 시간이 없었고, 신혼 초부터 갈등과 다툼이 반복되었다. 남편의 관계 및 알코올 의존, 아내의 원가족과의 융합/의존된 모습이 역기능적으로 악순환되었다. 부부 모두 원가족에서 친밀한 관계를 맺고 있다.

남편은 공부 잘하는 형이 사법고시를 준비하고 있기 때문에 희생과 봉사, 배려하는 장남 역을 하였고, 타인을 기쁘게 하려고 하며, 거절이 어렵고, 의사 표현을 잘하지 못하였다. 아내는 남편과 갈등할 때마다 친정부모(특히 모)를 끌어들여 삼각관계를 형성하였다. 엄마에 대한 불안정 애착과 양가감정은 부부체계의 경계선에 혼란을 주었다.

원가족과의 분화 수준을 높여 가족 체계를 바로 세워나가는 것이 필요하다. 비효율적인 상호작용을 보완하여 부부가 긍정적 상호작용과 애착을 형성하도록 돕는다.

1. 상담의 목표와 전략

• 목표
 – 원가족과의 분화 수준을 높여 부부체계를 건강하게 세우기(탈 삼각관계)
 – 부부관계에서의 역기능적인 의사소통을 기능적인 의사소통으로 개선하기
• 전략
 – 통합적 접근: 보웬(Bowen)의 가족치료이론과 사티어(Satir)의 경험적 가족치료이론

2. 슈퍼비전을 받고 싶은 내용

① "상담자가 지시적이고, 결혼생활에서의 남녀 역할 등을 코칭한 것이 옳은가요?"
② "서로 상대방 탓만 하고 비난하는 부부에게 어떤 개입을 하면 좋은지요?"

3. 상담의 진행 과정

1회기 부부상담

- 아내: 신혼 초 남편의 계속되는 야근과 늦은 귀가로 정말 외로웠다.
- 남편: 아내의 이런 말이 술, 담배, 친구, 사회관계를 다 끊으라는 말로 들렸다.
- 상담자의 소견
  - 이혼 불안으로 왔지만, 부부 각자는 자신이 정말 원하는 것이 무엇인지를 알지 못하고 있다는 것을 자각하였다.
  - 부부 상호작용 탐색 중 아내와 남편이 상대방의 말을 듣지 않고 자신의 말만 얘기했다.
- 과제 1:『부부 같이 사는 게 기적입니다』 책 읽기
- 과제 2: 결혼 후에 생활의 방식은 부부생활 중심으로 조율한 적이 있었는지 탐색하고, 달라진 생활에 대해 '나는 어떻게 반응했는지'에 대해서 생각해 오기

2회기 부부상담

- 신혼 초부터 갈등으로 싸움을 많이 했다(소리를 지른 후 집 밖으로 나가버림).
- 아내: 99.9% 이혼할 거라고 말하면서, 남편이 술 먹고 늦게 들어온다고 불평하며 계속 '언제 들어올 건데?'라고 문자를 보냈다.
- 남편: 그런 아내가 이해되지 않는다고 하였다. 부부가 결혼하고부터는 부부관계와 역할을 조율해야 한다는 것을 알지 못했고, 아내가 싫어졌다.
  - 이혼하기 전에 마지막으로 상담해 본 것이라고 말은 했으나, 상담 받기 전에 부부가 함께 미리 와서 기다리고 있다.
- 과제:『부부 같이 사는 게 기적입니다』 책 읽기(계속)

3회기 부부상담

- 아내: 부부싸움에 엄마를 끌어들인 것은 잘못했다고 깨달았다. 그런데 너무 '불안'

해서 그렇게 할 수밖에 없었다. 남편이 항상 술 먹고 늦게 들어오고 친구들을 만나는 모습이 도무지 이해되지 않았다.

- 남편: 신혼 때 회사의 출장이 잦았고, 결혼을 축하해 주는 사람들이 많아서 거절할 수 없었다. 그리고 재무와 감사일 때문에 회사 야근이 많았다. 친구, 사람이 전 재산이라고 생각했었다. 지금은 모임이 많이 끊겼다.
- 과제: 결혼생활에 대한 희망이 없다면서 상담에 임하고 있는 나의 모습 관찰해 보기

4회기 부부상담

- 아내: 친정엄마의 잔소리가 싫고, 친정엄마는 "이혼은 절대 안 된다."고 한다. 남편이 너무 질릴 정도로 술과 친구들을 좋아한다.
- 남편: 따뜻한 집을 꿈꿨다. 애정이 있고 쉼이 있는 집. 그런데 내가 있을 곳이 없다. 그 어디에도 나의 공간은 없었다. (아내의 잔소리가 지겹다. 그리고 나를 청소부처럼 부려먹는다)

5회기 남편과 아내 개별상담: SCT 탐색 질문

- 아내: 〈SCT 남성에 대한 태도 관련〉 남자가 여자 원하는 대로 해 주는 것이 당연하지 않나? (당연하지 않을 수 있다는 생각은?) 한 번도 해 본 적이 없다.
- 남편: (결혼 초 기대했던 것은?) 그냥 평범하게 사는 거. 그런데 저 여자는 자기가 원하는 대로만 한다. 내가 늦게 퇴근하고 집에 와서 냉장고에서 반찬그릇을 꺼내놓고 밥솥에서 밥을 차리면 '여태까지 어디를 쏘다니다가 왔느냐?'고 호통을 친다. 밥이 목구멍으로 넘어가지를 않는다. 내가 친구 한번 만나러 가는 걸로도 날 정신병자 취급을 하는 여자다.
- 부부가 함께 있을 때는 개인의 욕구를 표현하지 않고 있다가 상담시간에 자신의 얘기를 좀 더 표현하는 것이 관찰되었다.

6회기 부부상담, 심리검사 해석상담

- 아내: '돈'에 대한 개념과 '남자'에 대한 이상적 기대가 많이 있다. 타인의 시선에 신경 쓴다.
- 남편: 형의 공부 때문에 차남이면서도 장남 역할을 오랫동안 해 와서 형에 대한 불편한 감정을 토로하였다.

  –부부역할이 있다는 말은 처음 듣는 말이라고 표현하였다.

–검사 결과를 통해 서로가 많이 다름을 보게 되었다. 종전까지 서로 비난만 했던 상대방을 다른 시각으로 보게 되었다.

7회기 **아내 개인상담 ①**

- 전 남자친구와의 관계에서 해결되지 않은 감정을 발견하였다. 어느 날 전 남친과 싸운 후에 내가 토라져 집에 왔는데 남친은 나를 따라 왔다. 그리고 우리집 문 앞에 꿇어앉아 잘못했다고 빌면서 사정사정을 했지만 나는 끝까지 문을 열어주지 않았다. 그 일이 있은 지 보름 후에 남친에게서 카톡이 왔다. 우리가 결혼하기로 한 것은 백지로 돌린다고 했다. 사랑했던 사람이 먼저 파혼하자고 했을 때, 정말 나에게 그렇게 할 줄 몰랐다. '어떻게 나에게 감히?' 내가 아무리 심하게 대해도 괜찮을 줄 알았다. 그 이후로 그 친구는 다른 여자와 결혼했다. 지금은 아이 낳고 너무 행복하게 잘 사는 것 같은데, 나만 잘못 살고 있어서 화가 난다. 우리 부부는 영 안 맞는다. 자존심 상한다.
- 자신은 '공주' 대접을 받아야 하고, 남편은 '하인'처럼 대했던 모습을 자각하였다.
- 상담자 개입: 남자에 대한 이해 교육과 부부관계, 아내 역할, 남편 역할의 코칭

8회기 **아내 개인상담 ②**

- 파혼한 전 남자친구는 너무 행복하게 잘 사는 것 같은데 나만 불행하게 살아서 억울하다. 이혼을 하게 되면 사람들이 '콧대가 높아서 그럴 줄 알았다.'라고 손가락질을 할 것 같아서 이혼을 못 하겠다.
- 지난 회기 상담 후 처음 남편에 대한 미안함이 올라와서 식탁을 치우다가 한참 동안 운 뒤에 남편에게 '미안해'라고 표현하였다. 애교쟁이 막내를 떠올리고 막내가 제대로 살고 있다는 것을 깨달았다. 어색하지만 처음으로 애교를 부려봤다.
- 이혼에 대한 두려움과 외부 시선에만 의지하는 자신을 발견하였다.
- 이전 남자친구와의 관계에서 미해결된 부정적 정서에 접촉하고, 남편에 대한 자기 중심적인 사고와 태도를 처음 자각하였다.

9회기 **축어록**

상담자 1: 두 분 지금 관계는 어떠신 것 같아요?

아내 1: 근데, 저의 개인상담을 하고 난 뒤였나? 갑자기 남편이 제 핸드폰 번호를 차단해 버린 거예요. 뭣 때문에 그런지 모르겠어요. 그냥 갑자기 갑작스럽게. 뭐,

너 때문에 짜증나니까, 네 번호 다 차단했다고, 그런 식으로 얘기를 하더라고요. 저는 무슨 말인가 이해도 안 되고. 갑작스럽게 그러는 게 너무 당황스럽더라고요.

상담자 2: 남편의 반응이 그래서 매우 당황스러웠겠군요. (네네.) 왜 그랬는지 물어보세요. 안 물어보셨어요?

아내 2: 그냥 딱히 구체적으로 물어보면, '왜 네가 그거 궁금해하는데?' 그래요. (8초 침묵) 어. '왜? 왜 그런 건데?'

상담자 3: 갑자기, 음, 뭔가 심경에 변화가 있으셨네요.

남편 1: 네. 술 마시고… 와이프도 자꾸만 언제 오냐고. 재촉하는 카톡도 오고 그러니까 그런 게 좀 답답하더라고요. 사이가 지금 안 좋아 죽겠는데 언제 오는 게 뭐가 그리 중요하고… 정말… 또 내 모습을 보이기도 싫은 거고. 우리는 할 말이 필요 없잖아, 그런 생각으로. 밤에 그냥 지워버린 거예요, 다.

상담자 4: 그냥 마음이 그렇게 좀… 더 격하게 가셨구나.

남편 2: 네. 강하게 간 거죠. 이거 아니면 저거예요.

상담자 5: 나한테 있어서 아내의 친정은 어떤 의미예요?

남편 3: 처가에는 아들다운 아들이 없어서 내가 장남 노릇을 하고 싶은 마음이 컸고.

상담자 6: 음. 그런 마음도 있으셨군요.

남편 4: 예. 그런 맘이 많았어요. 설날 때나 추석 때 가끔 장인어른 모시고 같이 외식도 해드리고 싶고. 그런 마음을 장모님한테도 얘길 했었거든요. (애정이 많으셨네요.) 아, 근데 와이프와 싸우고 나서, 처갓집에서 나한테 하는 걸 보면, 정말 남이구나, 이 생각이 들더라고요. 뭐 하나 실수하면 그냥 벼랑 끝으로 내몰잖아요.

상담자 7: 처가로부터 나는, 벼랑 끝에 몰리는 경험을 많이 하셨나 봐요.

남편 5: 그니깐. 무기력해진 거죠. 놓고 싶은 거죠. 난 안 한다, 안 한다.

상담자 8: 그럼, 이 가정의 가장은 누구인 것 같으세요?

남편 6: 장모님이나 장인어른이 가장이시겠지요. 장인, 장모가 집도 물색했고 지금은 와이프가 가장이겠죠. 그냥 저는 가장이 아닌 것 같아요. 나는 머슴인지….

상담자 9: (남편에게) 아내분에게 뭐라고 물어봐 주시겠어요? 여기에서 다시 한번 말씀해 주시겠어요?

남편 7: 자기야, 우리 이사 가서, 둘이서 같이 좀 살자. 좀 떨어져서 우리 둘만의 집에서 살아 보지 않을래?

아내 3: (침묵) 음, 근데 왜 제가 전제조건을 다는 건 안 되죠?

남편 8: 전제조건은, 내가 일찍 들어오고 술을 좀 줄이라는 거지? 신혼집을 처갓집 옆에 잡은 것도 내가 한 것도 아닌데. 장모님 마음대로 장모님이 무조건 거기에 집을 잡았다고 말씀하는데 할 말이 없더라고요. 왜 결혼했냐, 그거부터 따지고. 너무 충격적이었어요. 나는 완전 남이구나.

상담자 10: '나는 완전 남이구나'도 있지만. 그런 얘기를 들었을 때 내 존재가 어떻게 느껴지시던가요?

남편 9: 이건 내 가정이 아니다, 이거죠. 우리 둘이서 가정을 이루는 집인데, 우리 집에 와 가지고 장모님과 장인어른이 나한테 야단치고 화를 내는구나. 이 집에서 나는 이제 진짜 하찮은 존재가 되는 건가, 이제 사위도 아니고.

상담자 11: '내 존재는 이 가정에서 아무것도 아니다.'라는.

남편 10: 사위도 아니고 한 가정의 가장도 아니고. 그리고 내가 아들 행세를 했던 게 너무 그렇고. 이젠 다 포기한 거죠. 나도 이제 못하겠다. 그렇게 되어버린 거죠. 무조건 나만 잘못했다고 할 때, 그때 좀 되게 황당했어요.

상담자 12: 선생님은 친구 좋아하고, 사람 좋아하는 분인데, 장인, 장모와도 친밀하고 싶으셨어요. 그런데 내 생각과 다르게 나는 그럴 수 없는 존재네요.

남편 11: 솔직히 제가 좀 친화력도 있고 살갑게 대하는 게 많으니까. 과거에는 사람들이 나를 좋아했는데 처갓집에서는 완전히 하찮은 사람이 되어버린 거죠. 그래서 처갓집에서는 못 하겠더라고요.

상담자 13: 어딜 가도 내가 관계에서 형편없는 사람이질 않았었는데. (부인에게) 남편이 친정으로부터 그런 취급을 당한 거에 대해서, 그런 거에 대해서 속상하고 내가 하찮은 존재로 느껴진다고 하잖아요? 거기에 대해 어떤 마음이 들어요?

아내 4: 아, 저도 엄마가 심했다고 생각해요. 그래서 엄마랑은 싸웠어요. 그냥 반반이에요. 이해도 가고요, 조금. 그렇지만 왜, 나하고 결혼 왜 했니? 너 이렇게 가정 안 돌보고, 술 마시고 다니는데 왜 결혼했어? 나를 외롭게 만든 것도 사실이니까.

〈하략〉

10회기 남편 개인상담 ①

- (내가 '형보다 더 잘되면 안 된다는 생각'이 무엇인가요?) 내가 잘나가게 되면 형의 자존심이 몹시 상할 것 같아요. 그러면 집안 위계가 불안하지요. 그래서 내가 차도 작은 차를 타고 다닙니다.
- 갈등 회피적인 성향이 부부관계에 어떤 영향을 주고 있는지에 대한 탐색을 했다.
- 과제: 『화성에서 온 남자, 금성에서 온 여자』 책 읽어 오기

상담 결과

효과적인 개입: 99.99% 이혼 외에는 방법이 없다고 생각하며 서로 비난하고 체념만 했던 부부가 자신들을 되돌아보는 시간을 10회기나 갖게 되었다.

III. 슈퍼바이저의 사례개념화(정신역동적, 인지적, 통합적 접근)

1. 정신역동적 접근의 사례개념화

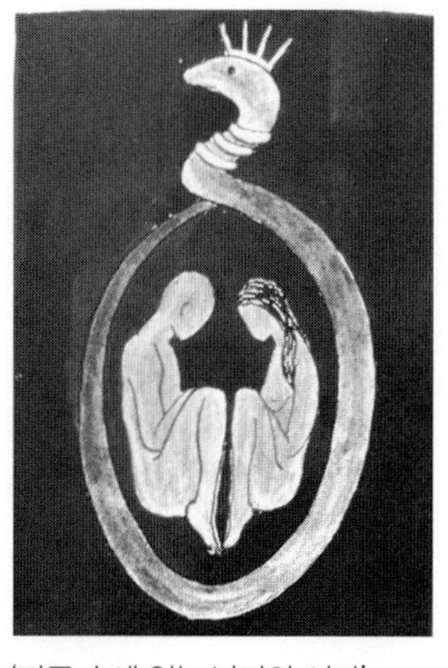

'자궁 속에 있는 남자와 여자',
융 환자의 비전 중 Vol. 1, 1997

이 부부는 이혼 결정 후 마지막으로 상담이 필요하다고 여겨 아내가 상담을 신청하고 남편이 상담에 따라 오게 되었다. 호소 문제는 다음과 같다. 아내는 '성격 차이가 심하여 함께 살기가 너무 힘들다. 남편은 자기 생활, 친구만 있고 나를 너무 외롭게 한다.' 이고, 남편은 '아내에 대한 애정이 없다. 성격 차이가 많이 난다. 뭔가 같이 할 수 있는 것이 없다. 모든 게 다 안 맞는다.'이다.

아내의 결혼 동기는 남편이 순수하고 착해 보였고 나만을 사랑하고 뭐든지 내가 바라는 대로 해 줄 것으로 생각했다는 것이고, 남편의 결혼 동기는 나이도 찼고, 아내가 예쁘고 여성스러워서 그리고 부모님에게 잘해 줄 것 같아서였다. 결혼 후에는 각자의 바라는 바가 전혀 해소되지 않으므로 갈등이 계속되어 왔다.

이에 부부간의 관계를 원형적 유형의 적응 형태에서 나오는 가치체계, 행동유형으로 이해하고 관계 및 개체로서의 성숙을 도모하는 것이 필요할 것으로 보인다.

1) 상담자가 수립한 상담의 목표와 전략 및 진행 과정

상담자의 상담 목표와 전략은 원가족과의 분화 수준을 높여 부부체계를 건강하게 세우기(탈 삼각관계), 부부관계에서의 역기능적인 의사소통을 기능적인 의사소통으로 개선하기이다. 전략은 주로 보웬의 가족치료이론과 사티어의 경험적 가족치료이론(의사소통)이다.

이에 상담자는 전문성과 경험을 통하여 부부간의 이혼 위기를 해소하고 새로운 관계 설정의 분위기를 이끌어 내고 있다고 생각한다.

2) 상담자에 대한 슈퍼비전

〈419쪽 '슈퍼비전을 받고 싶은 내용' 참고〉

① [남자와 여자의 역할 등을 상담자가 지시적으로 코칭한 것은 옳은가?] 첫 번째 질문에 대하여, 상담자가 슈퍼비전을 통하여 자신의 코칭 관련한 스타일을 알고 싶다고 하였다. 코칭은 지시적이고 교육적인 면뿐만 아니라 좋은 점, 강점, 그 사람의 가능한 잠재력을 이끌어 내주는 것이다.

이런 점에서 상담자는 사례 진행 중에, 그리고 보고하고 있는 내용 중에서 이미 그렇게 하고 있는 것으로 보인다. 슈퍼비전의 자리에서 만나고 있는데, 상담자가 상당히 그라운딩되어 있는 것으로 느껴진다. 말하는 투도 툭툭, 쉽고 간결하면서도 편안한 느낌을 갖게 된다.

이로 볼 때, 이 부부에게도 상담자가 편하고 안정된 무게감을 전달할 것으로 보인다. 상담자는 지도자이면서 상담자로서 이 둘의 가정적 분위기에 그리 어색하지 않을 것으로 생각한다. 좋은 관계형성이 가능하니 바라는 목표만 분명히 설정하고 성과를 이루어 내면 좋을 것이다. 특히 처음부터 과감하게 '이혼 할래, 안 할래?' 묻고 있다. 상담자이자 코치로서의 질문은 효과를 보고 있다. 그들은 이혼하지 않고 다른 곳으로 이사가려고 한다. 이혼할 것이라고 하고 왔다가 이혼 안 하는 쪽으로 갔으니 이것이 작은 일이 아니다! 패러다임이 바뀌었으니 이것을 성취한 이후에는 부부간의 성장, 발달, 부부간에 나누어야 할 과제들을 충분히 조력할 수 있을 것이라고 생각한다.

② [상대방 탓만 하고 서로 비난하는 부부에게 필요한 개입 방법은?] 여기에서는 방어적이고 비난하는 태도에 대하여 어떻게 하라는 제안보다 이들이 각자 어떠한 특성을 지니고 있고 이로 인한 관계방식 양상은 어떠한지를 먼저 살펴보고자 한다. 여성 분석가인 토니 볼프(Toni Wolff)는 '여성적인 것'에 대한 유형론을 시험적으로 분류해서 설명한 바 있다(김성민 역, 2019). 남성의 적응 양태에도 그런 지배 원리가 어떻게 작용하는지 살펴볼 수 있을 것이다. 이런 유형론은 원형적인 것으로서 본능적 특성의 기반 위에 서 있다. 그런데 그것들은 환경과 문화에 의해서 형성되는 특성들에 영향을 미칠 뿐만 아니라 그것들에 반응하면서 만들어진다. 그래서 이런 적응 양태가 이미지, 가치체계, 행동유형 등에서 어떻게 나타나는지 그려볼 수 있을 것이다.

(1) 어머니 유형과 딸의 유형

볼프는 여성의 유형은 개인적 영역에서 작용하는 대극의 쌍 하나와 비개인적 영역에서 작용하는 대극의 쌍 하나로 이루어져 있다고 주장하였다. 어머니 유형은 개인적 기능의 집단적 형태이고, 헤타이라 유형(딸, puella aeterna)은 개인적 기능의 개별적 형태이다. 마찬가지로 아마존 유형은 비개인적 기능의 집단적 형태이고, 영매 유형은 비개인적 기능의 개체적 형태이다. 그리고 어머니 유형과 영매 유형은 정태적이지만, 헤타이라 유형과 아마존 유형은 역동적이고, 음(陰)이 드러난 것이다. 정태적이고, 그 안에 무엇인가를 품는 음은 어머니 유형의 개인지향적 형태에서 드러나고, 영매 유형에서는 순전히 주관적인 체험으로 드러난다. 반면에, 바깥으로 나아가는 에로스 측면은 아마존 유형에서 비인격적이고 대상지향적인 형태로 드러나고, 헤타이라 유형에서는 개인지향적으로 드러난다.

① 어머니 유형

어머니 유형은 사람을 향한 집단적 정향으로, 보호하고, 가정을 꾸리며, 엄호하는 태도를 나타낸다. 우리는 이런 기능 형태가 발달하지 않은 모습을 사로잡고, 너무 보호하려고 하며, 불필요하게 간섭하는 데서 발견할 수 있다. 그녀들은 아이가 독립심을 가지지 못하게 하며, 개인적인 인격 발달을 막는다.

어머니의 기능이 발달한 여성은 남성을 한 개인으로 보지 않고, 그의 사회적 · 집단

적 기능과의 관련 아래서 보면서, 그를 아버지와 가족의 보호자로 보려고 한다. 그녀는 가정 역시 그 안에서 인격적이고 개인적인 상호작용이 일어날 수 있는 장소로 보기보다는 사람들이 필요로 하는 따뜻한 쉼터, 품는 기관으로 여긴다. 같은 맥락에서 그녀는 그녀의 아이들도 아이들이 해야 하는 것을 따라서 하기 바란다. 아이들이 그녀가 양육하는 방식과 사회적 요구를 잘 따르면서 적응하기를 바란다. 아이를 하나의 개체로 생각하지 않는 것이다. 그것은 그녀가 만나는 모든 사람들에게도 마찬가지다. 여성의 이런 측면은 여러 가지 다양한 태모의 측면에서 찾아볼 수 있는데, 그런 여성은 양육하고, 개성을 무시하면서 보호하거나 파괴적으로 삼키는 어머니이다.

② 딸의 유형

이와 반대편에 있는 딸의 유형, 다른 말로 헤타이라 유형은 본능적으로 개인적인 것을 향하여 나아가서, 사회적 관심을 망각하기 쉽다. 그녀는 영원한 딸이나 누이, 즉 영원한 아이(puella aeterna)이다. 그녀는 그녀 자신은 물론 남성들에게서도 개인적이고, 주관적인 것들이 분출되는 데 관심을 기울인다. 어머니 유형이 사회적 페르소나 때문에 그림자를 무시하려고 하는 반면, 헤타이라 유형은 그녀 자신을 개인의 그림자 측면에 넘겨주려고 한다. 이런 유형의 여성은 자신의 관심을 개인적 감정의 변하는 파동에 맡기기 때문에 외부 세계와 지속적인 관계를 맺는 데 어려움을 느낀다. 그녀는 그녀의 반대편에 있는 남성형의 영원한 어린이(puer aeternus)처럼 그 어떤 일에도 구체적으로 헌신하지 못하고, 그런 일이 있으면 수줍어하면서 도망친다. 또한 그녀는 언제나 정동적으로 방황하면서, 임시적인 삶을 산다. 간단히 말하면 볼프는 여성의 원형을 네 가지로 구분하고 있는데, 각 한 쌍은 서로 대극을 이룬다. 그러니까 여성은 '어머니로 사는 여자' 대 '딸로 사는 여자'가 있다. 또한 '아마존 전사' 대 '영매 혹은 중재자' 같은 입장으로 사는 여자가 있다. 이것이 한 쌍이다.

③ 영원한 소녀, 푸엘라

우리 내담자를 '어머니로 사는 여자' 대 '딸로 사는 여자'로 생각해 볼 수 있겠다. 내담자의 어머니는 개인적으로 기능하면서 집단적으로 행사하고 있다. 딸은 개인적으로 하면서 개별적으로 살려고 한다. 내담자의 어머니는 체면을 중요시한다. 남 눈치, 타인의 시선에 신경을 많이 쓴다. 사위를 욕하면서도 이혼은 안 된다고 한다. 이런 유형은 매우 개인적으로 집단적으로 어머니로만, 아내로만 기능한다. 남편이라면, 혹은 자식이라면 그렇게 해야만 한다는 것이 강하다. 남편이 역할하도록 한다. 어머니로서 기능한다면 아이들은 '이렇게 해야만 해.' 하면서 기능하도록 한다. 개인적으로 정을 주거나 친밀감으로 하는 것이 아니다. 그냥 어머니로서 기능을 다 한다.

이 사례에서 어머니는 딸에게도 그렇게 하고 있다. 이들 부부에게 문제가 생겼을 때 보라. 딸은 엄마가 다 해주면 된다. 문제 있으면 '엄마 어떻게 해?' 하면서 엄마가 조절을 하도록 한다. 그러면 자신은 편하다. 막상 그때 자기는 살짝 빠져 버린다. 엄마가 너무 기능을 잘하고 있는 것이다. 딸을 가르치는 게 아니다. 처음에도 어머니가 휘둘렀고 지금도 그렇다. 딸은 이것이 불편한 줄 안다. 그러나 엄마가 등장해서 해결해 주면 편한 것이다.

딸은 헌신하는 법이 없다. 딸은 개별적이다. 내가 중요하다. 개인적인 게 중요하다. 어머니가 늘 그 사회의 집단적인 정신에 의거하여 여자는 어떻게 해야 하고, 딸은 어떻게 해야 하고, 말하면서 기능, 역할을 강조하고 있다. 여기에서 하나의 그림자가 나온다. 딸은 자기 마음대로 살려고 한다. 정숙한 엄마 밑에서 소위 문란한 딸이 나올 수 있다. 이것이 '한 쌍'이라는 말이다. 딸이 그림자 기능을 하는데 이 딸이 남자관계가 좀 있었다. 그리고 그들에게 늘 나만 보라고 하였다. 이 딸은 헤타이라 유형이라 부를 수 있다. 신화에서 보면 헤타이라는 신전에서 남자가 오면 그를 상대로 하룻밤 잔다. 모 인문학자의 책 제목이 '매춘부 헤타이라'인 것을 본 적이 있다.

이 딸의 입장은 자기만 보면 된다. 그리고 헌신 같은 것은 없으므로 이 내담자의 남자관계는 길게 못 간다. 흥이 식으면 자른다. 나만 볼 사람을 찾다가 남편을 선택하게 되었던 것이다. 그런데 그런 남자가 있었다. 상담자가 부부상담의 구조화에서 아내만의 개인상담 시간을 만들어 이 부분을 다루어 준 것은 적절한 것으로 보인다. 그때 그 이야기를 했다. 전에 그 남자가 감히 나를 찼다고 말하고 있다. 이때 '당신이 배우게 된 것은 무엇이었는가?' 하고 물어봐 주면 좋을 것이다. 어머니는 집단적으로 하여 가정을 지키려고 하는데 딸은 그렇지 않다. 상담에서 이 이야기를 한 뒤 집에 돌아가서는 남편에게 미안해서 오랫동안 울었다고 한다.

이 내담자는 개인적으로 자기 이야기를 좀 많이 해야 할 필요가 있다. 늘 연애하는 딸, 그러다가 마음에 안 들면 날아가 버리는 딸이 이제는 자기 자신에 대한 이야기를 하는 것이다. 그래서 본인도 서서히 집단적으로 요구되는 어머니 역할을 배워나가야 할 필요가 있다. 자신의 어머니처럼 기능만 하고 삼켜버리는 부정적 어머니가 아니라 한 존재를 진심으로 만나고 사랑하는 법을 배우면 좋을 것이다. 이 일은 오랜 시간이 걸릴 것이다.

(2) 아버지 유형과 아들 유형

① 아버지 유형

볼프에 의하면, 남자는 아버지 유형과 아들 유형이 있다. 아버지 유형은 어머니 유형처럼 개인적 기능이 집단적 형태로 펼쳐진 것이다. 그것은 양(陽)의 원리를 가진 로고스적 측면을 나타내는데, 구조와 질서가 그 표상이다. 아버지 유형은 원형적 지도자, 집단적 권위의 목소리, 주(主), 왕이나 폭군은 물론 수호자, 법이라는 이름으로 나타나는 사회 질서를 따른 계급과 관계된 상(像)들로 나타난다. 아버지 유형은 지시하고 보호하지만, 오직 아이들이나 신하들만 알지, 개인은 안중에도 없다.

② 아들 유형

아버지 유형의 반대편에 영원한 아이로서 친구나 형제인 아들 유형이 있다. 이 유형은 남성다움을 아버지라는 사람으로 체험하는 것과 전혀 다른 모습이다. 그런 의미에서 아들 유형은 아버지 유형과 전적으로 다르다. 아들 유형은 헤타이라와 마찬가지로 집단적 요구와 무관한 개인적이고, 개체적인 관심을 표현한다. 그것은 언제나—활동하고, 바깥으로—나아가는 양(陽)의 원리를 나타낸다. 아들 유형과 헤타이라 유형은 모두 '다른 사람을 사랑하고, 다른 사람을 떠난다.' 그러나 에로스—동기적인 헤타이라와 더불어서 사랑에 강세가 주어지고, 어린아이는 떠나기를 더 잘한다. 그래서 아들 유형은 개인적 관계를 추구하고, 그 자신의 개인성을 찾으며, 그 자신의 길을 간다. 그리고 그의 내면에 있는 보물과 언제나 새로워지는 틀을 찾으면서 권위와 지속성에는 거의 관심을 기울이지 않는다. 그는 아도니스, 아티스, 피터팬이다. 그는 영원한 친구이지만 동시에 도전하는 적이며, 밝은 동생 또는 어두운 동생이다. 그는 방랑하는 기사이며, 영원한 구도자이다.

남성성이 가진 외부를 향해서 역동적으로 나아가는 성향이 객관적이고 집단적 가치를 향할 때 영웅, 전사(戰士), 활동가가 된다. 그는 집단적 준거체계 안에서 싸우고, 분투하며, 성취한다. 그들의 싸움은 개인적 가치를 위한 것도 아니다. 그럼에도 불구하고, 영웅 원형은 자아가 표현되는 중요한 형태이다. 영웅은 개인적 의지와 힘에 초점을 맞추는 것이다. 성인이 자아를 형성하는 과정에서 최초로 나타나는 형태는 그가 사회에서 그 자신의 자리를 확립하는 것과 관련된다. 그의 개인성을 찾는 것은 인생의 두 번째 단계에서의 문제이다. 이를 정리해 보면 볼프는 남성의 원형 또한 네 가지로 구분하고 있는데, '아버지 유형' 대 '아들 유형'과, '영웅 유형' 대 '현자 유형'이 있다. 각 한 쌍은 서로 대극을 이룬다.

③ 푸에르, 아버지, 영웅

이 사례에서 남편은 영원한 소녀 푸엘라의 반대편에 있는 남성형의 영원한 어린이, 푸에르(puer aeternus)라고 할 수 있을지 생각해 보고자 한다. 그는 늘 밖에서 놀면서 떠돌고 있는 것 같다. 땅에 내려앉지 않고 떠다니는 것이 맞다면 아내와 자꾸 싸우다가 또 다른 곳으로 이사해 가면서 살면 견딜 만할지도 모를 일이다. 그렇다면 이 사람도 푸에르인가? 영원한 소녀, 푸엘라와 피터팬 같은 푸에르의 조합이라면 어떻게 될까? 이들이 조화를 이루지 못하고 갈등이 일어나는 것은 파워투쟁일 수도 있겠으나 한편으로는 이런 것이 푸에르, 푸엘라의 모습이 아닐까? 영원한 소녀와 소년이면 계속 이사다니면서 '함께 각자' 자기들의 삶을 산다면 어떨까 생각해 본다.

그런데 남편은, 아내처럼 일만 있으면 엄마를 부르거나 달려가면 되는데 이 내담자는 그렇게 하지는 않는 것 같다. 푸에르만은 아니고 뭔가 책임을 지려고 한다. 어쩌면 이 남편이 아내의 아버지 기능을 하고 있는 것은 아닐까 짐작하게 만드는 모습들이 보인다. 남자 유형에서 아버지는 제도와 질서를 지킨다. 아내가 불만스러워하고 있는 부분에서 상담자는 남편이 술 마시고 늦고 다른 사람들과의 술자리를 뿌리치지 못하는데 이유를 들어보자 한다. 남편의 대답은 '제도 조직에서는 그래야지요. 그래야 되는 것 아니에요?'라고 한다. 이런 방식이면 아버지 유형이다. 아버지는 전통, 제도, 관습이고 그래서 '형보다 나으면 안 되지요.' 하는 말도 이런 맥락에서 이해할 수 있을 것 같다. 그렇게 보면 남편과 아내는 딸과 아버지 관계가 되는 것이다. 남편은 아내에게 인출기가 되어주고 좋은 차도 사주고 끌려 다니면서 흉내도 내주고 있다. '좋아하고 예뻐하니까.' 이럴 때 그녀는 '예쁜 짓'을 할 수 있다.

이렇게 무의식적으로 일어나고 있는 관계 양상에 대하여 만약 이들이 의식화할 수 있다면 도움이 될 것이다. '아내에게 당신이 하고 있는 것이 무엇인지 아는가?' 의식화가 되면 그녀는 어떻게 될까? 더 이상 딸이 아니라 성인 여성이 될 것이다. 소녀, 아가씨가 아니라 여자가 되는 것이다. 남자도 자신의 방식이 무엇인지 알아야 한다. 푸에르이거나 아버지이거나 혹은 영웅일 수 있다. 본인이 어떻게 원가족에서는 영웅 유형으로 기능하고 있는지도 살펴보는 것이 필요할 것이다.

한편 민담에서 보면 제일 바보가 영웅이 되는 경우가 많다. 순진하거나 어리석어 보이거나 형제 서열상 가장 말째 같이 눈에도 안 들어오던 소년이 영웅이 된다. 영웅은 진귀한 보물을 얻거나 공주를 구하여 왕이 된다. 혹시 남편이 영웅이라면 아내는 공주

이다. 공주를 얻으려면 험난한 시험이 많다고 해 줄 수도 있지 않겠는가.

그러면 이 남편은 푸에르인가, 아버지인가, 혹은 영웅인가? MBTI 검사에는 ESTJ로 나와 있는데, 유형 자체는 관계 지향이 아닐 수 있는데 사람을 좋아하고 인정이 많으며 남들에게 이용당할 수 있다고 하고, 인상 및 행동 특성에서는 체격과는 다르게 다소 부드럽고 귀여운 얼굴, 부드러운 목소리, 시선을 다른 곳에 두며, 애매모호하고, 말투를 흐린다고 한다. 개인적 관계 속에서도 내담자는 상당히 어리숙하고 세련되지 못한 것 같다. 상호 동등하고 당당하게 되기보다 뭔가 아래로 자꾸 기어들어간다. 결혼생활에서도 늦게 귀가했기에 자기 스스로 밥상을 차려먹는 것조차 아내의 눈치를 보아야 한다. 자신의 공간 같은 것은 가져볼 수도 없다. 소파에서 웅크리고 자는 건 덤이다. 심리검사 TCI 결과에 의하면 남편을 '속기 쉬운 영웅'이라고 했다. 어떻게 보면 이 사람은 영웅적이긴 하다. 그는 자기 집에서 장남 역할을 하고 있다. 그러나 실제로는 어려서부터 똑똑하고 공부 잘하는 형에게 가려져 별다른 존재감이 없이 형이 더 높여지고 있다. 그러면 물어볼 수 있겠다. 원가족 내에서 어떻게 그렇게 당신이 다 도맡아 하는가? '본래 그러는 것 아닌가요?'라고 대답하는 것 같다. 남편에게는 아버지의 그림자로서의 푸에르도 있지만 자아의 표현이 아직 분명하게 관철되지 못하고 있는 영웅의 모습도 있다. 이 때문에 남편에게서 여러 유형이 혼재되어 보이는 것이 아닌가 생각해 본다.

이로 볼 때 먼저는, 남편의 존재감을 높여줄 필요가 있겠다고 한 상담자의 판단은 대체적으로 적절한 것으로 보인다. 볼프에 의하면 영웅이 된다는 것은 개인적 의지와 힘에 초점을 맞추는 것이라고 하였다. 영웅은 자아가 표현되는 중요한 형태이다. 성인이 자아를 형성하는 과정에서 최초로 나타나는 형태는 그가 사회에서 그 자신의 자리를 확립하는 것과 관련된다. 그의 개인성을 찾는 것은 인생의 두 번째 단계에서의 문제라고 말한다. 그러므로 이 남편에게는 지금 푸에르적인 것보다는 사회에서의 자신의 입지 속에서 자아정체감을 분명히 하도록 돕는 것이 필요한 것으로 보인다.

아내 역시 상실을 경험하면서 교훈을 받아야 할 것이다. 본인도 차이고 거절받는 경험을 할 수 있는 것이다. 개인적으로는 상실을 애도할 뿐만 아니라 남편을 긍정적으로 바라볼 수 있어야 하겠다. 그녀는 이후로 남편에게 미안해했다. 그래도 될 만큼 남편은 상당히 괜찮은 사람으로 보인다. 두 사람이 소년-소녀로, 혹은 아버지-딸 관계로 살게 되면 여전히 삶을 살아가면서 삐걱거릴 것이다. 자신이 누구보다도 잘 담아낼 수 있는 개인적인 에로스를 가지고 이제는 성숙한 한 여인으로 성장해 나가도록 노력하는 것이 요청된다. 각자 부모의 그림자로 살면서 그들의 자문을 구하는 것이 아니라 상담을 통해 스스로 자신이 누구인지를 의식화해 나가는 과정이 계속적으로 필요할 것으로 보인다.

연습문제

1. 코칭과 상담은 어떻게 다른지 설명해 보시오.
2. 분석심리학에서 설명하고 있는 원형 및 여성적인 것, 남성적인 것에 대하여 설명해 보시오.
3. 부모의 그림자로 산다고 하는 것은 무엇을 말하는지 논의하시오.

2. 인지적 접근의 사례개념화

남편은 40대 초반, 아내는 30대 중후반으로 결혼한 지 1년 반밖에 안 된 신혼부부이다. 1년의 연애기간 동안에도 교제할 시간이 충분하지 못하였다. 결혼의 동기는, 아내는 '저 사람이라면 나만을 사랑할 거라 생각했고 내가 원하는 대로 해 주고 하자는 대로 할 줄 알았다.'고 하고, 남편은 '아내가 부모님에게 잘할 것 같고 예쁘고 여성스러웠다.'라고 말하고 있다. 그러나 두 사람은 성격 차이로 신혼 초부터 싸움이 잦았으며, 남편은 특히 친구, 술, 일을 좋아하고 거절하지 못했으며, 아내는 남편이 자신의 요구와 달리 자기 말을 듣지 않는 것에 불만이 있었다. 아내는 친정 가까이에 살고 있으며 이러한 갈등에 대해서 친정부모에게 시시콜콜 이야기하며 장모의 간섭과 비난이 시작되었다. 두 사람은 이혼을 결정하였으나 마지막으로 상담을 받아보고자 하여 상담실에 오게 되었다. 상담자가 상담한 내용을 중심으로 REBT에 따라 핵심적인 문제를 정서적 문제, 행동적 문제로 정리하면 다음과 같다.

〈아내의 입장〉

- 정서적 문제
  - 남편이 친구와 술 등 자기 생활만 너무 즐겨서 나를 외롭고 힘들게 한다.
- 행동적 문제
  - 남편을 비난하다.
  - 부부싸움을 한다.
  - 남편의 행동에 불만이 많다.

–부부싸움의 내용을 모두 부모에게 보고하며 고통을 호소한다.

이와 같은 정서적, 행동적 문제를 일으키는 비합리적 생각은 다음과 같이 정리할 수 있다.

- 남편은 내가 원하는 대로 행동해 주어야 한다.
- 남편이 나보다 술과 친구를 더 좋아한다.
- 주변 사람들의 요구를 거절하지 못하는 내 남편은 너무 한심하다.
- 내가 원하는 것을 다 들어 주지 않는 것은 나를 사랑하지 않는 것이다.

아내는 이와 같은 신념으로 늘 남편의 행동에 불만이 많아 부부싸움이 잦고 언제부터인지 모르지만 남편은 소파 앞 이부자리가 자신의 유일한 공간이라고 말하고 있다. 아내는 예쁜 외모로 인해 항상 남자친구들이 먼저 다가오고 자신이 먼저 헤어짐의 주도권을 사용해 왔다. 그동안 남자에게 거절당했던 경험은 파혼당했던 전 남자친구가 유일하다. 아내는 '내 약혼자라면 반드시 내가 요구하는 것을 다 들어 주어야만 하고 그렇게 하지 않는 것은 나를 사랑하지 않는 것이다.'라는 비합리적 신념이 약혼관계를 파국으로 몰고 갔다는 통찰이 이루어지지 않는 상태에서 새로운 결혼이 이루어졌고, 아내의 남자에 대한 변하지 않은 태도는 지금과 같은 잦은 갈등과 싸움을 유도했던 것으로 보인다. 아내의 부모와의 관계를 살펴보면 특히 친정어머니가 의사결정에 많은 영향을 끼쳤으며 지금까지 어머니에게 의존하는 삶을 살고 있는 듯이 보인다.

〈남편의 입장〉

- 정서적 문제
  –아내에 대한 애정이 없다.
- 행동적 문제
  –술을 자주 먹는다.
  –소파 앞에 자기만의 공간을 마련했다.
  –자신의 의사를 분명하게 표현하지 못한다.

이와 같은 정서적, 행동적 문제를 일으키는 비합리적 생각은 다음과 같이 정리할 수 있다.

- 아내와 모든 것이 다 안 맞는다.
- 아내와 뭔가 같이 할 수 있는 것이 없다.
- 아내는 내 부모와 형제에게 잘해야만 한다.
- 아내가 내가 좋아하는 것을 이해해 주지 못하는 것은 참을 수 없다.
- 아내는 내가 거절하지 못하여 친구와 어울리고 술을 먹는 나를 반드시 이해해 주어야만 한다.

남편은 이와 같은 신념으로 아내에게 불만이 많으며 애정이 없음을 호소하고 있다. 남편의 원가족은 사랑이 많고 따뜻한 가정으로 보인다. 사법고시 준비를 하였던 형이 오랫동안 공부하여 자리 잡기까지 차남이었던 남편은 장남 역할을 하였고 이에 대해 자신의 희생을 당연시하는 태도가 있는 듯하다. 한 가지 특기할 것은 형님의 자존심을 상하게 하지 않으려고 자기를 희생하는 것을 감수하고 그 대가로 상대방이 편안하고 좋으면 된다는 사고방식 역시 내재화되어 있는 듯하다.

이상의 내용을 통합해 보면 아내의 핵심 신념(core belief)은 '남편이 나를 사랑한다면 내가 원하는 대로 행동해 주어야만 한다. 그렇게 하지 않는 것은 나를 사랑하지 않는 것이다.'이고, 남편의 핵심 신념은 '아내가 시시콜콜 부부싸움과 갈등의 내용을 친정부모에게 보고하는 것은 나를 무시하는 것이고 나는 그것을 참을 수 없다.'라는 것으로 이해할 수 있다. 부부상담 사례에서 결국 양쪽 모두에게 비합리적 신념이 있고 그것이 충돌하면서 비합리적 신념이 크게 증폭되고 확대되어 문제를 일으키는 경우가 허다하다. 그러나 이 사례의 내막을 자세히 들여다 보면 아내가 부부싸움의 방아쇠를 당기는 역할을 주도적으로 하는 것으로 판단된다. 즉, 아내의 핵심 신념이 남편의 그것보다 더욱 크고 부부싸움의 촉발요인으로 작용하는 것으로 나타나고 있다.

1) 상담자가 수립한 상담의 목표와 전략 및 진행 과정

(1) 상담의 목표

이 사례에서 아내가 달성해야 할 결과적 목표는, 정서적 측면으로는 '남편이 자기생활을 즐기더라도 외롭고 힘듦에서 벗어나는 것'이며, 행동적 측면으로는 '남편의 행동을 불만스러워하기보다 이해하며, 부부가 싸우더라도 친정부모에게 이르지 않고 스스로 해결하는 것'으로 설정할 수 있다. 남편이 달성해야 할 결과적 목표는, 정서적 측면으로는 '아내에 대한 애정이 생기도록 한다.'를, 행동적 측면으로는 '술을 먹는 횟수를

줄이고, 소파 앞에 마련한 자기만의 공간을 폐쇄하고 분명하게 자신의 의사를 표현한다.'로 설정할 수 있다. 이 부부가 각각의 이러한 목적을 달성하면 결국 양측은 '서로를 이해하고 독립적으로 가정을 꾸려가며 부부싸움의 횟수를 줄여 이혼의 위기를 벗어난다.'라는 궁극의 목표를 달성할 수 있을 것이다.

이 사례에서 아내의 합리적 생각은 '남편은 독립적인 한 명의 인간으로 나의 부속물이 아니다. 내가 원하는 대로 행동하지 않는다고 해서 이것이 나를 사랑하지 않는 것이 아니다. 남편은 그가 원하는 대로 행동할 권리가 있다.'이며, 남편의 합리적 생각은 '아내가 부부싸움의 내용을 친정부모에게 호소한다고 해서 그것이 나를 무시하는 것은 아니다.'라는 생각이 될 수 있다.

(2) 상담의 전략

이 사례에서 상담 과정 곳곳에서 나타나고 있는 비합리적 신념을 아내와 남편의 각각의 측면에서 찾고, 이에 대해 각각 논박을 진행하여야 한다. 이 사례는 또한 부부상담 사례이므로 아내와 남편의 각각의 비합리적 생각이 어떻게 원가족과의 관계와 연결될 수 있는지 살펴보는 것도 필요하다.

(3) 상담의 진행 과정

1회기 부부상담

본 회기에서 상담자는 아내가 불평하고 있는 신혼 초부터 계속되는 남편의 야근과 늦은 귀가에 대해서 정말 하고 싶은 이야기가 무엇인지 묻자 "저는 정말 외로웠다."고 항변하고 있고, 남편은 이 말이 술, 담배, 사회성을 다 끊으라는 말로 들린다고 대답하고 있다. 이 부부는 소통의 문제가 있는 듯이 보이며 부부간의 이마고 대화나 인지행동적 미네소타 대화법 등을 활용한 소통의 기술이 서로 필요해 보인다. 아울러 외롭다는 호소가 술, 담배, 친구를 모두 끊으라는 것으로 해석하는 것에 대한 남편의 지각 체계를 지적하는 것이 필요하다.

2회기 부부상담

아내는 남편이 당연히 자기에게 맞추어 주어야만 한다는 당위적 사고를 드러내고 있고, 남편은 아내가 '언제 들어올 건데?'라는 문자를 보내는 것이 이해가 가지 않는다고 항변한다. 아내의 생각도 현실적이지 않으며 남편도 아내의 외침을 들으려고 하지 않는 태도에 대해서 이유가 무엇인지 상담자가 탐색했으면 좋았겠다.

3회기 부부상담

아내는 남편이 항상 술 먹고 늦게 들어오고 친구들 만나는 모습이 이해되지 않아서 친정어머니를 끌어들였는데 이것을 잘못했다고 생각했다고 했다. 그렇지만 남편의 태도가 폭력적이라고 항변한다. 남편은 이직한 지 얼마 되지 않고 야근도 많고 친구가 전 재산이라고 생각하기 때문에 그들과 시간을 보냈지만 지금은 많이 끊겼다고 한다. 이 부부는 신혼 초부터 둘의 가정을 지키기 위해 서로 양보가 필요한데 이에 대해서 진지하게 논의해 본 적이 없는 것으로 보인다. 지금이라도 이 점에 대해서 진지하게 이야기하게 할 필요가 있다. 남편의 '친구가 전 재산'이라는 말에 대해 가정을 이루는 아내보다 더 그들이 중요한지에 대해서 묻고, 자신이 아내를 소홀하게 한 점은 없는지 돌아보도록 했으면 좋았겠다. 그리고 남편이 처음부터 아내에게 양해도 구하지 않고 술을 먹고 늦게 들어온 것은 아닌지에 대해서 살펴보고, 아내도 남편이 그런 양해를 구했음에도 불구하고 처음부터 그것을 받아들이지 못하고 자신의 요구만을 관철시키기 위해서 애를 쓴 것은 아닌지 탐색했으면 좋았을 것이다.

4회기 부부상담

아내는 남편이 결혼 전에는 내 잔소리가 좋다고 했는데 지금은 싫다고 하니 이해가 되지 않는다고 주장한다. 그렇다면 상담자는 결혼 전의 잔소리 내용과 결혼 후의 잔소리 내용이 구체적으로 무엇인지 파악해 보는 것도 좋다. 대개의 경우 결혼 전 배우자의 장점은 결혼 후에는 그대로 단점이 되어 결혼생활을 힘들게 하는데, 이는 다른 부부들의 결혼생활에도 일어나는 갈등의 대원칙임을 알려줄 필요가 있다. 남편은 따듯하고 애정이 있는 집을 꿈꾸었는데 사소한 잔소리가 너무 힘들다고 한다. 머리카락 떨어지는 것이 싫으니까 흘리지 말고 깨끗하게 청소하라는 소리가 너무 싫다고 한다. 서로의 결혼생활에 대한 기대를 분석하고 그 속에 있는 역기능적 요소를 파악하고 이해를 시켰으면 어땠을까?

5회기 부부 개별 상담(각각 30분씩)

아내 상담: 아내는 '남자는 여자가 원하는 대로 해 주는 것이 당연하다.'고 하면서 주변의 사람들도 그렇게 살고 있지 않느냐고 반문하며 당연하지 않을 수도 있다는 생각은 한 번도 해 본 적이 없다고 한다. 아내는 주변사람들과의 교류가 거의 없

는 듯하며 사고체계가 터널비전으로 협소하게 보인다.

남편 상담: 아내는 자신이 친구 한번 만나는 것을 병신병자 취급하며 자기가 원하는 대로 해 주지 않으면 안 되는 여자라고 피력하고 있다. 집에서 자기만의 공간도 없을뿐더러 다 자기 마음대로 하지 않으면 안 된다고 한다. 하나의 에피소드로, 늦게 퇴근하여 남편이 냉장고에서 반찬그릇을 꺼내놓고 밥을 떠서 먹으려고 하는데 그런 남편을 큰 소리로 야단치고 있다. 이런 점을 보면 아내의 자기중심성이 도가 지나치며 과도하고 극단적인 성격 특성이 분명하게 드러나는 회기로 보인다.

6회기 부부 개별 심리검사 해석 상담

본 회기에서 아내와 남편의 상담을 종합해 보면 남편은 나름대로 가정에 대한 전통적인 가치관이 내재화되어 아내와 남편의 역할에 대해 남편이 가진 전통적인 상과 아내가 가진 상이 상충하고 있는 듯하다. 남편이 자신의 의사를 분명히 표출하지 못하는 특성이 아내와의 관계에서도 나타나 둘의 관계를 더욱 어렵게 할 수 있다는 가설도 세울 수 있다.

7회기 아내 개인상담

결혼 전 한 남자와 파혼한 적이 있었다. 자신과 친정어머니가 약혼자에게 심하게 해도 되는 줄 알고 그렇게 했다가 파혼하자고 했을 때 놀랐다고 했다. 내담자는 세상이 자기중심적으로 돌아가야 한다고 생각하며 지금의 남편도 자기만 바라보아야 한다는 생각에 사로잡혀 있다. 상담자의 도움으로 자신은 남편에 대해서 이해하지 못했고 알려고도 하지 않았으나 남편은 자신에 대해서 알았고 수용하고 살았음을 깨달은 것은 이 상담의 전환점으로 보인다.

8회기 아내 개인상담

파혼한 남자친구는 행복하게 사는데 자신만 불행하다고 하면서 남들의 시선 때문에 이혼도 못하겠다고 한다. 이 점에 대해서 굳이 자신의 행복을 남의 행복과 비교하며 판단하는 근거를 제시하게 하고 전 남자친구가 어떤 근거로 행복하다고 생각하는지에 대해서도 묻는 것이 필요하다. 본 내담자는 사실에 근거를 두기보다 자신이 막연하게 가지고 있는 가정을 사실로 믿는 경향성이 농후해 보인다. 타인의 시선 때문에 이혼을 못한다고 하는데, 타인의 시선에 대해서 구체적으로 질문을 해 보자. 타인의 시선? 누구의 시선? 타인이 무엇이라고 생각하는지? 등에 대해서 질문을 해나가다 보면 타인은 자

인지적 접근

신의 인생을 사느라 바빠서 내가 생각하는 만큼 내 인생에 대해서는 그다지 관심이 없다는 것을 알게 될 것이다. 본 회기에서 남편에 대해 미안함이 생겼다는 점은 상담을 통해 도달한 통찰로 보인다.

9회기 부부상담. 앞서 제시된 축어록 참고

본 회기에서 남편은 아내의 태도와 처가의 태도에 대해서 표현하고 있다. 아들이 변변하지 못한 처갓집에서 장남 역할을 해주고 싶은 마음도 많았는데, 처가의 '모 아니면 도' 식의, 뭐 하나 실수하면 벼랑 끝으로 내모는 태도 때문에 힘들고 더 이상 가장이 아니라고 느껴진다고 한다. 자신은 이 집에서 사위도 아닌 하찮은 존재라는 생각이 든다고 하였다. 부모가 자녀의 경계를 침범하여 부부의 체계가 침범당하는 것으로 보인다.

아내는 자신이 부부싸움의 내용을 어머니에게 이야기할 때마다 "미쳤지"라고 말하면서도 계속해서 하고 있는 자신의 모습을 발견하게 되었고, 그것이 후회가 된다고 하였다. 그리고 아내가 자신의 그런 행동의 문제점을 파악한 것은 본 상담의 예후를 좋게 해 주는 요인으로 볼 수 있다.

10회기 남편 개인상담

남편은 자신의 원가족 내에서 형의 자존심을 상하게 하면 안 된다는 생각이 짙게 배어 있다. 차를 사도 형보다 더 좋은 것은 안 되고 가정이 안정되기 위해서 형보다 잘나서는 안 된다는 생각이 있다. 이 남편은 자신을 희생해서라도 가정 내의 안정을 바라고 있다. 이렇게 자신의 잠재력을 충분히 발휘하기보다는 형에게 기준점을 맞추고 있는 것이 꼭 바람직한 것인가? 내가 잘되면 가정 내의 안정이 어떻게 깨질 수 있는지에 대해서도 묻고 자신의 삶이 방식에 대해서 점검해 볼 수 있는 기회를 제공하는 것이 필요하리라.

2) 상담의 방향에 대한 제언

앞의 14장 371쪽에서 살펴본 'REBT를 활용하여 부부상담을 할 때 파악해야 할 다섯 가지 신념'을 염두에 두도록 한다.

이 사례에서 문제의 핵심에는 아내의 비합리적 생각과 처가의 사위에 대한 태도, 그리고 분리되지 않은 체제로 인한 것임을 분명히 해야 한다.

내담자들이 지니고 있는 회기별 비합리적 생각은 〈표 16-1〉에 제시하고자 한다.

표 16-1 핵심 비합리적 신념과 파생된 비합리적 생각

1회기에 나타난 비합리적 생각 (**추론과 귀인**)

아내의 생각: 신혼 초에 남편의 계속되는 야근과 늦은 귀가는 나를 무시하는 것이다.

남편의 생각: 아내가 내가 늦게 귀가하여 외롭다고 말하는 것은 나보고 술, 담배, 친구 등 나의 모든 것을 끊으라는 것이다.

2~3회기에 나타난 비합리적 신념 (**평가적 인지와 추론**)

아내의 생각: 남편은 나에게 반드시 맞추어 주어야만 한다.
남편이 항상 친구를 만나고 술 먹고 늦게 들어오는 것은 이해할 수 없으며 폭력적이다.

남편의 생각: 친구가 전 재산인 내게 친구를 만나는 것을 이상하게 여기는 것을 참을 수 없다.

4~5회기에 나타난 비합리적 신념 (**평가적 인지**)

아내의 생각: 결혼 전 나의 잔소리가 좋다고 했던 남자가 지금 내 잔소리가 싫다고 하는 것이 이해가 안 되고 참을 수 없다.
남자는 여자가 원하는 대로 해 주는 것이 당연하다.

7~8회기에 나타난 비합리적 신념 (**평가적 인지**)

아내의 생각: 사랑하는 사람에게 심하게 해도 되는 줄 알았다가 파혼을 당한 것은 참을 수 없었다.
이혼을 할 때 남의 시선을 고려해야만 한다.

9회기에 나타난 비합리적 신념 (**평가적 인지**)

남편의 생각: 처가에서 우리 결혼 생활을 침범하는 것은 더 이상 참을 수 없다.
처가에서 하찮은 존재인 나는 참으로 한심하다.

남편과 아내의 핵심 신념

아내의 핵심 신념: 남편은 내가 원하는 대로 행동해 주어야만 하고 세상은 내가 원하는 대로 돌아가야만 한다.

남편의 핵심 신념: 처가에서 나의 결혼생활을 침범하는 것은 나를 무시하는 것, 나를 하찮은 존재로 여기는 것이다, 이러한 결혼생활은 지속하면 안 된다.

상담 과정에서 나타나고 있는 이러한 비합리적인 생각을 놓치지 말고 이것이 과연 사실인지, 현실성이 있으며 우리의 삶에 도움이 되는지에 대해서 차분하게 논박을 해 나가면서 궁극적으로 남편과 아내의 신념구조에 도전해야 한다. 특히 이 사례에서는 앞서 언급한 바와 같이 아내의 비합리적 생각이 부부관계에 치명적인 걸림돌이 되고 있는 점을 감안하여 집중적으로 논박할 필요가 있다. 이 세상의 어떤 남편이 아내가 원하는 대로 행동해 줄 수 있는지? 어떻게 그것이 가능한지? 결혼이란 한 인격과 또 다른 인격의 만남이고 인격이라는 것은 자율에 따라 행동하고 그에 대한 책임을 지는 존재가 아닌가. 과연 남편이 자기 생각이 없이 아내가 원하는 대로 움직여 준다면 그것은 꼭두각시 인형과 다를 바가 무엇인지에 대해서 생각해 보도록 한다. 그렇다면 아내는 자기가 조종하고 마음대로 움직이는 인형과 같은 존재와 결혼생활을 한다면 진정으로 행복할 수 있을지에 대해서 생각해 보도록 한다. 남편도 자신이 결혼생활에서 늦게 들어가고 좋아하는 술과 친구를 예전처럼 가까이 하면서 아내가 힘들 수 있다는 생각은 왜 못하는지에 대해서 돌아보게 하는 것이 필요하다. 이 부부들에게는 또한 중다양식치료의 창시자 아놀드 라자루스(Anold Lazarus)의 저서『Marital Myth』가 필자에 의해 번역되어 출간된『결혼의 신화』를 독서치료를 위해 읽혀도 좋을 것이다.

3) 상담자에 대한 슈퍼비전

〈419쪽 '슈퍼비전을 받고 싶은 내용' 참고〉

① [남자와 여자의 역할 등을 상담자가 지시적으로 코칭한 것은 옳은가?]

② [상대방 탓만 하고 서로 비난하는 부부에게 필요한 개입 방법은?]

먼저 부부 역할의 코칭은 상담 과정에서 당연히 일어나는 것이다. 특히 이 사례의 내담자들처럼 미숙한 특성을 지니고 있는 경우에는 더욱 그렇다. 사색을 통한 스스로의 통찰을 이루기까지 시간이 많이 걸리므로 적절한 코칭과 교육은 상담에서 늘 필요한 과정이다. 서로 상대방 탓만 하고 비난하는 부부에게는 그렇게 했을 때 문제해결이 되지 않는다는 것을 분명히 할 필요가 있다. 그러나 앞서 지적하였듯이 이 사례에서는 문제의 원인을 아내가 더 제공하고 있는 것으로 보인다. 그리고 아내가 남편을 사랑하고 있는 모습이 더 보이므로 남편과 아내를 양비론으로 아내도 나쁘고 남편도 나쁘다는 식으로 몰고 가지 말고, 다소 아내가 자존심이 상하더라도 이 부부관계의 핵심적 문제를 아내가 바로 볼 수 있도록 하는 것이 관건으로 보인다.

연습문제

1. 이 부부상담 사례에서 핵심적 문제는 무엇인지 기술하시오.
2. 이 사례에서 가족 체계의 분리가 중요한 이유에 대해서 설명하시오.
3. 아내의 비합리적 신념을 들고 이에 대해 논박을 하는 과정을 예를 들어 제시하시오.

3. 통합적 접근의 사례개념화

이들 부부는 지적으로는 우수하며 직장생활을 잘하고 있지만, 심리적으로는 미성숙하여 독립된 자아, 곧 주체성이 확립되지 못한 상태에서 결혼한 것으로 보인다. 남편(허허 씨)은 정작 결혼을 하고 나서도 신부를 내팽개친 채 친구들과 직장 관계의 사람들을 만나 늦도록 시간을 보내고 귀가하였다. 즉, 총각 시절의 습관으로 임했다. 한편 아내(나르시스)는 자기가 예쁘니까 남자는 무조건 자기를 공주처럼 떠받들어야 마땅하다는 유아적인 신념으로 살아 왔다. 그래서 남편을 크게 비난하고 강요하고, 끝내는 남편을 하인 취급하고 멸시하였다. 그리고 그녀는 부부싸움에 친정 부모를 끌어들여 부부관계를 악화시켰다.

이들 부부의 핵심 문제는 무엇인가?

첫째, 아내는 부모, 특히 어머니로부터 분화가 이루어지지 않고 있다. 어려서부터 어머니의 비난과 간섭을 받고 자랐기에, 그것을 싫어하면서도 자기 역시 어머니처럼 요구적이고 비난형으로 의사소통하고 있다. 그녀는 과잉보호와 통제적인 부모의 양육 과정에서 불안정애착 상태로 성장하였기 때문에 사람들과 정을 주고받는 일이 제대로 학습되지 못하였다는 것과, 불안이 심하고 의존적이며, 미성숙한 어린 아이의 정서 상태에 머물러 있다는 것을 알아차려야 한다. 이러한 그녀의 성격 패턴은 일생 동안 대인관계 속에 나타나고 불만족스러운 삶의 형태로 지속되며, 그녀 역시 그것이 문제라는 것을 어느 시점에서 심각하게 깨닫게 될 것이다. 그런데 결혼을 하자마자, 방임적인 신랑과의 관계가 유발요인이 되어 그 문제가 투명하게 드러난 것이다. 따라서 그러한 자기이해가 이루어지고 난 다음에, 그녀는 앞으로의 삶을 어떤 방식으로 재편하여 행복과 발전을 기하고 싶은가를 심도 있게 성찰하면서, 남편과의 문제도 동시에 풀어나가야 한다.

둘째, 그녀의 친정 부모는 결혼한 딸의 부부생활의 경계선을 침범하고 있다. 신혼부부가 살 집은 부부가 서로 논의하여 결정하도록 일임했어야 했고, 딸이 부부싸움을 할 때 사위를 야단쳐서는 안 된다. 장인 · 장모는 사위를 불러 자초지종을 들어보고 부드러운 말로 충고하고 부탁하며, 현명한 결혼 생활의 요령을 가르쳐 주는 것이 요구된다. 나르시스는 부모에게 이러한 점을 설명해 주고, 이제는 자기도 성인이니까 자기 쪽에서 부모와 거리두기를 실천해야 한다. 이 부부가 지금의 결혼생활을 깨트리지 않고 싶다면, 부모님 집에서 거리가 먼 곳으로 이사 가는 것도 필요하다.

셋째, 남편은 갓 결혼한 시점에서 친구와 아내 중 어느 쪽이 자기 인생에서 가장 중요한 가치인지를 분별하지 못한 것이다. 그리고 아내가 자기를 하인 취급할 때도 마음속으로는 절망하지만, 크게 항변을 하지 못한 채 수모를 그대로 받고 있다. 40대로 접어든 중년이 되어가도록 20대 초반의 총각처럼 밖으로만 살아왔던 생활양식을 고수하고, 결혼생활에 대한 책임의식을 전혀 갖지 못하고 있는 남편의 태도는 황금 같은 자기 인생의 시간표와 과제를 소홀히 하고 허송세월하는 것으로 보인다. 그러한 남편의 본질적인 문제점이 결혼생활을 시작하자마자 극명하게 드러나게 되었다고 본다. 그는 아내와 남편이 인격적으로 동등한 위치에서 존경과 배려로 결혼 생활을 유지하며, 특히 가정의 가장으로서의 권위를 지켜야 하는 과업을 하나씩 하나씩 수행해 나가야 한다. 그리고 혹시 허허 씨가 관계 중독증이 있는지도 살펴볼 필요가 있다. 다시 말해서 그는 자기 인생의 목표를 진지하게 재설계해 볼 필요가 있다. 진실한 자기 삶을 회피하고 도망치게 하는 것이 무엇인가를 정면으로 응시할 필요가 있다. 요약하자면, 이들 부부는 지금 이 자리(here and now)에서 공동으로 취해야 할 행동이 무엇인가, 그리고 서로가 인격적 존중과 책임감으로 임하고 있는가에 대하여 성찰할 필요가 있다. 아울러 각자의 사적 세계도 어느 정도를 구축할 것인가를 설정하여 합의하도록 할 것이다. 즉, 부부 공동체 생활과 독자성에 균형을 기하도록 한다. 또 장차 어떤 부모가 되고 싶고, 노년에 대하여 어떤 생각을 가지고 있는가도 대강 헤아려 보아야 한다. 그러니까 무작정 사는 것이 아니라 성숙한 어른으로 자기네 인생에 대한 그림을 미리 스케치해 볼 필요가 있다.

1) 상담자가 수립한 상담의 목표와 전략 및 진행 과정

상담자가 수립한 상담 목표와 상담 전략, 즉 건강한 부부 하위체계 세우기(탈 삼각관

계)와 효과적인 의사소통의 기술 가르치기라는 상담 전략은 훌륭하게 보인다.

상담자가 이들 부부와 처음에 부부상담을 하고 그 다음으로 남편과 아내와 각각 개별 상담시간을 가지고, 또다시 부부가 함께 상담을 하는 식으로 진행한 것도 현명하다.

1~4회기에 상담자는 내담자 부부와 치료적 동맹을 잘 이루었다. 그래서 상담에 소극적이던 남편 허허 씨가 꾸준히 아내와 같이 상담에 임하였다.

5회기 때 나르시스는 남자란 여자가 원하는 대로 해 주는 것이 당연하다는 생각을 가지고 살아왔다고 언급했다. 물론 남녀가 인격적으로 동등해야 하겠으나, 여성 우월주의 사상은 인류의 역사상, 특히 한국의 전통 문화에서 최근까지 찾아볼 수 없는데, 나르시스에게 그런 관념이 어디에서 비롯되었는지도 따져볼 필요가 있다. 이때 상담자는 그녀의 생각이 비논리적이라는 것과 자기도취란 사실상 자존감이 낮은 것의 발로라는 것을 깨닫도록 직면화시켰더라면 좋았을 것이다. 그러나 6~8회기에서 바람직한 부부 역할에 대하여 상담자가 코칭해 준 것은 아주 잘한 일이다. 그리고 독서요법을 병용하여 『부부 같이 사는 게 기적입니다』와 『화성에서 온 남자, 금성에서 온 여자』를 부부가 읽어보도록 책 읽기의 과제를 부과한 것도 효과적이었다고 본다.

나르시스는 친정어머니와 융합되어 삼각관계를 형성하고, 남편을 배척하고 있다. 그리고 남편 허허 씨는 원가족에서 형이 어머니와 융합된 삼각관계라는 것을 인지하고, 집 밖의 세계(일과 친구)로 뛰쳐나가는 것이 습관화된 것으로 보인다.

상담자가 보웬의 이론을 적용하려고 했기 때문에, 이러한 삼각관계는 타파되어야 한다는 보웬의 이론을 그들에게 확실하게 설명해 줄 필요가 있다. 그리고 상담자는 사티어의 이론을 적용하려고 했으므로, 사티어의 이론에 의거하여, 아내는 줄곧 비난형으로, 남편은 산만형으로 의사소통하고 있기에 역기능적이라는 점을 확실하게 지적해야 하겠다.

통합적 접근

2) 상담의 방향에 대한 제언

시초에 이 부부는 99.9% 이혼해야 하겠다는 결정을 다지기 위해서(?) 상담을 받으러 왔을 뿐, 자기들의 진정한 바람(wish)이 무엇인지를 알지 못하였다. 그런데 이들 부부가 10회기 이상 함께 상담에 임하고 있으므로, 상담자는 이들 부부의 상담의 목표를 재수립해야 한다. 따라서 다음과 같은 상담 목표를 새롭게 수립해야 할 것이다.

- 앞으로 1년간 서로가 배려와 존경심을 가지고 효과적으로 자기표현하면서 가정생

활을 영위하는 것을 실천하고, 그것이 가능한지를 알아본다. 그러고 나서 이혼 여부를 결정한다.

- 이 부부는 자기들이 어떤 마음 상태인지, 그리고 미래의 꿈은 구체적으로 어떤 것인지에 대하여 확실하게 인지하지 못한 채, 그저 매일매일을 살아가고 있는 것으로 보인다. 각자 어떤 꿈을 가지고 살고 싶은지, 자기가 구상하는 행복과 만족에 대하여 성찰하고 미래의 계획을 수립하도록 한다.

이러한 목표에 부부가 동의한다면, 앞으로의 상담은 다음과 같은 내용을 다루는 일에 초점을 맞추어야 하겠다.

(1) 무의식과의 대화

이 부부가 배우자를 향하여 비난하는 측면, 즉 부부관계에 장애가 되는, 무책임하고 나쁘다고 여겨지는 원형은 '그림자'라고 볼 수 있다. 이 부부는 마음이 편치 않다. 무엇인가가 잘못되었다고 느끼고 있다. 그것을 다른 말로 표현하면 각자가 자기실현을 향한 성장이 멈춘 상태로 정체되어 있다는 것을 의미하며, 현재의 '부부 갈등'은 그것을 자각하고, 성장과 성숙의 단계로 발전하라는 무의식적인 메시지라고 볼 수 있다. 따라서 상담자는 나르시스와 허허 씨 각자에게 개인상담을 통하여 자기 발견을 위한 이미지 작업을 행할 수 있다.

눈을 감고 자기가 어떤 이미지의 자아로 앉아 있는지, 어떤 마음 상태인지, 무엇을 원하는지를 상상해 보고 나서 이야기하라고 지시하는 것이다. 그들은 30, 40대의 성인임에도 불구하고, 아마도 외롭고 허전한 마음 상태로 앉아 있는 어린이와 십대의 모습이 상상된다고 이야기할 것 같다. 상담자는 또 게슈탈트의 '빈 의자 기법'을 활용할 수 있다. 나르시스에게는 결혼하지 않고 자유롭게 살고 싶은 '나'와 결혼함으로써 첫사랑에서 상처받고 손가락질 당한 자존심을 회복하고, 행복한 부부생활을 하고 있는 모습을 사람들에게 보여 주고 싶은 '나' 사이에 대화를 나누는 것이다. 그녀는 99.9% 이혼해야 한다고 의식적으로 판단하고 있는데, 무의식이 그것을 막고 있는 것은 무슨 이유 때문인가? 두 개의 대립된 '나'와의 대화를 통하여 깨닫게 될 것이다.

즉, 영원히 소녀로 남아 편안하고 단순하게 사는 삶은 무언가 잘못된 것이다. 결혼하여 부부가 서로 맞추려고 노력하고 자녀를 낳아 기르는 것이 힘들고 도전적인 일이라고 예상되지만, 그래도 그런 과정을 거쳐야 성숙한 인간이 되는 것이 아닌가? 그래서 '이제부터는 캥거루 주머니에서 빠져나와 도전적인 결혼생활에 뛰어들어라'라고 그녀

의 무의식이 종용하였다는 것을 발견할 수 있을 것이다. 그러니까 비록 사람들 손가락질이 신경 쓰이게 되어 허허 씨와 결혼을 하였지만, 그녀가 자기 안에 있는 집단 무의식이 들려주는 원형의 외침에 귀를 기울인 것은 아주 잘한 일이라고 본다. 그녀는 무의식 속에 있는 지혜를 따른 것이다.

허허 씨 역시 일생 동안 사람들을 도와주고 즐겁게 노는 삶을 추구하고 싶은 '나'와 결혼하여 가정을 꾸리는 것이 더 낫다고 생각하는 '나' 사이에 대화를 나누게 한다. 그는 현재의 결혼생활에 절망하고 있고 상담을 받으려는 마음이 아예 없었는데, 왜 자기를 멸시하는 아내를 따라와 상담에 충실하게 임하고 있는가? 두 개의 대립된 '나'와의 대화를 통하여 그는 깨닫게 될 것이다. 자기가 일생 내내 많은 시간을 투자하여 친구와 친지들의 어려운 문제를 도와주었는데 그들은 결국 자기네들의 결혼 생활로 돌아가서 잘 살고 있을 것이다. 허허 씨는 허탈하게 홀로 남아 중년기와 노년기를 맞이하게 될 것이다. 총각처럼 밖으로만 치닫고 산 삶은 진정한 '자기'가 없는 껍데기의 삶이다. 부부간에 서로 티격태격하더라도 가정생활을 하면서 무언가 삶의 목적과 보람을 얻는 것이 진정한 '자기'를 찾는 것이 아니겠는가? 그래서 허허 씨 안에 있는 집단 무의식은 지금의 '절망을 넘어서서 희망을 찾아라, 어린이 상태에 정체되어 있지 말고 사나이답게 청소년기의 성인식을 치루고 어서 '어른'이 되어라'라고 외치고 있었지 않을까? 그는 그러한 외침에 부응하여 아내를 따라와 상담자를 만나고 있다. 그러니까 상담을 받는다는 것은 그의 무의식 안에 있는 지혜가 가르쳐 준 바, 현명한 선택이었다.

따라서 나르시스나 허허 씨는 그들의 나이에 어울리는 독립된 주체성 내지 개성화의 작업을 수행해야 한다. 이것이 의식화를 통한 자기 분화와 자기실현이다. 그것은 배우자를 수용하고 배려하되, 자기의 독자성도 동시에 찾는 것이다.

(2) 아내의 문제를 집중적으로 다루기

지금까지 상담한 내용을 살펴보자면, 남편보다는 아내 쪽에 적응적인 문제가 더 심각한 것으로 보인다. 그녀는 자기에게 호감을 표시했던 남성들을 무시하고 배척하고 튕기며 미모의 자기는 무조건 '공주'로 특별대우 받아야 한다는 생각으로 살아왔다. 그런 꿈이 신혼 초에 깨지게 되자 남편을 무자비하게 학대하는 수준으로 비난과 잔소리를 퍼부었다. 어려운 일이 생기면 어머니에게 매달리고, 또 자신감이 없고 자기비하하며 우울하다. 재미있거나 생동감이 있는 면모가 전혀 드러나 있지 않다.

상담 시간에 그녀는 이러한 자기의 특성에 대하여 객관적인 깨달음이 일어나야 한다. 설령 이번 회기의 상담을 통하여 남편이 자기를 챙겨주는 방식으로 변화되었다고 하더라도, 그녀의 이러한 자기애적 성격이 변하지 않는 한, 그녀는 앞으로도 여전히 요구적이고, 불만이 많고, 불행한 삶을 살게 될 것은 자명하다. 그러므로 다음과 같은 내용이 다루어져야 하겠다.

① 그녀의 특성에 대하여 솔직한 직면화를 시도해야 할 것이다.

그녀가 10대, 20대라면 만인의 추앙을 받는 '공주'로 남아 있는 것도 그런대로 이해가 된다. 그런데 그녀는 30대 중반의 나이이다. 이제는 더 이상 '공주'가 아니다. 뭇 남성들에게서 추앙받는 존재가 되려면 그녀는 이제 '여왕'이나 '왕비'로서 존재해야 한다. 여왕은 뛰어난 미모와 품위와 너그러움과 자신감과 그녀만의 매력을 발산해야 할 것이다. 상담 시간에는 나르시스에게 그런 품성이 갖추어져 있는가를 따져보고, 그런 사람이 되고 싶은가를 질문해야 할 것이다. 나르시스는 어머니를 싫어하면서도 자기 엄마처럼 남편에게 잔소리하고 남편을 미성년자처럼 함부로 다루었다는 것을 깨닫게 되었다(8회기). 그런 깨달음에 근거하여 그들의 부부생활은 180도 바뀌어야 한다. 이제부터는 무의식적인(과거의 습관에 따른) 결혼생활을 청산하고 의식적인 부부생활을 해야 한다.

남편 허허 씨는 그녀와 재미있게 공유할 소일거리가 전혀 없어서 자기의 미래에 대하여 부정적인 견해를 가지고 있다. 이대로 가다가는 남편은 그녀를 버리고 떠나갈 것이 분명하다. 게다가 이 세상에 자기를 하인처럼 취급하는 배우자와 함께 결혼생활을 할 의사가 있는 사람은 남녀를 불문하고 단 한 명도 없다. 다시 말해서 그녀는 과대망상에서 벗어나야 한다. 자존심이 높다는 것은 자존감이 낮다는 의미가 된다.

② 상담자는 그녀를 성장과 치유의 길로 안내해야 할 것이다.

그녀가 활기도 없고 재미도 없고 우울하며 자신감이 없는 것은 그녀의 성장 배경과 관련이 있을 것이다. 통제적인 어머니가 어려서부터 규칙에 복종할 것을 강요하고 오로지 공부만 하라고 지나치게 규제하였고, 그녀는 어머니의 규범에 따르는 착한 인형처럼 살아오지 않았을까? 그래서 자기가 진정으로 원하는 삶을 살아보지 못했을 것이고 거짓된 자아에 맞추어 재미없게 살아왔을 것 같다.

상담자는 나르시스에게 어린 시절의 꿈은 무엇이었는지, 소꿉놀이를 하며 무슨 말을 중얼거렸는지를 질문해 보라. 아마도 나르시스는 거울 앞에 서서 예쁜 옷을 입어보면서 잠자는 공주와 일곱 난쟁이 연극을 하지 않았을까? 그녀는 최근에 홍보부서의 디자인 업무를 맡게 되면서 처음으로 활기를 띠고 있다. 어쩌면 그녀에게는 예술가적인 '끼'가 있어서 패션과 beauty artist의 자질이 있을 것만 같다. 자기가 진정 좋아하는 것을

추구할 때 생기가 나고 즐거움이 샘솟는다. 그래서 상담을 통하여 나르시스의 예술가적 원형(archetype)을 발견하게 되면 그녀는 행복하게 삶을 살 것 같다. 그녀는 다시 태어나야 할 것이다.

③ 상담자는 그녀에게 인간관계의 기술을 코칭해 줄 필요가 있다.

그녀는 지금까지 자기가 사랑받는 것에만 관심이 집중되었던 관점을 버리고 자기를 확대해야 한다. 자기의 주변사람들—직장동료와 친구들, 남편 친구들—에게 관심을 가지고, 친절을 베풀며, 그들을 칭찬하고 좋아하도록 일상생활의 계획표를 수립해야 한다. 그렇다고 해서 비굴하게 사람들의 눈치를 보거나 과장된 표현을 하라는 말은 아니다.

그리고 남편을 반기고 남편의 장점을 지적해 주고, 감사하며, 남편의 좋은 면을 배우도록 노력하라. 그녀는 재미가 없는 편인데 남편은 재미가 많은 사람이다. 그러니까 남편에게 다가가 남편에게 인간관계 맺는 법을 가르쳐 달라고 하고 남편 친구들과 어떻게 친하게 지내는지를 질문하는 것이다.

인정욕구가 유별나게 많은 남편이므로 그러한 아내의 자세를 쌍수로 환영하지 않겠는가? 나르시스가 생기 있고 즐거운 삶의 태도로 그렇게 조금씩 변화하도록 노력하게 된다면, 그들의 결혼생활은 긍정적으로 전망된다. 설령 그들이 헤어지게 되는 경우가 발생하더라도, 나르시스는 더 이상 자기연민과 콤플렉스에 사로잡힌 유아적인 존재가 아니며, 품위와 매력과 자족감 속에 사는 성숙한 여인이 될 것이다.

수용전념치료(ACT)에서는 누구의 행동에 대하여 옳고 그름의 판단을 배제하고, 다만 지금 자신이 느끼는 마음을 있는 그대로 알아차리고 그것을 수용하게 한다. 그리고 내담자가 지금 이 순간에 가장 중요하게 여기는 삶의 제일 우선순위가 무엇인가를 깨닫고 그것을 실행하도록 한다. 그래서 ACT 이론을 가르쳐 주는 것이 좋다. 나르시스의 경우에 지금 내가 남편을 야단쳐서 남편을 굴복시켜 내가 승자가 되는 것이 중요한가? 아니면 남편을 기다릴 때의 외롭고 불안한 자기의 마음을 알리고 속히 귀가하라고 부탁하는 것이 중요한가를 판단하게 하는 것이다.

그녀는 SCT에서 '자기가 제일 좋아하는 사람은 부드러운 사람'이라고 했다. 그래서 따뜻한 성품의 허허 씨를 결혼 상대로 선택한 것이 아니겠는가?

허허 씨의 장점은 부드러운 성품이다. 그런데 부드러운 성격의 사람은 인간관계에서 '맺고 끊고'를 확실하게 하지 못하는 약점이 있다. 그것을 나르시스는 파악하지 못했다. 또 자기는 재미가 없고 융통성이 부족한 데 반하여, 허허 씨는 재미가 있고 사람들과 너그럽게 어울리는 것 같아서, 그런 매력 때문에 허허 씨와 결혼한 것이 아닐까? 이 세상 만물은 강약, 대소가 한데 어우러져 있다. 우리 눈에 완전한 인간이란 없는 것이다. 그러므로 그녀에게는 아름다운 외모라는 장점이 있는 반면에, 이해심 많은 인간미와 포근하게 품어주고 길러주는 모성애적인 성품은 부족하다. 그러므로 부부는 배우자의 장점과 단점을 있는 그대로 인정하고, 비난하지 않으며, 서로 감싸주고 서로서로가 보완하려고 노력해야 한다는 것을 설명해 주도록 하라.

신혼부터 지속되어 온 부부싸움은 두 사람에게 꼭 필요한 것이었고, 성장과 변화로 비약하게 하는 귀중한 기회인 것이다.

만약에 내가 이 부부를 상담했더라면, 상담의 중반부에 가서는 "당신네들이 크게 싸우고 절망한 것은 참 잘한 일이다. 그 일이 꼭 일어나야만이 당신들은 멋있는 인품으로 성장할 수가 있다. 상담받으러 오기를 참 잘했다."고 말해 주었을 것 같다. 상담자는 가끔씩 솔직한 직언을 해 줄 필요가 있다. 상담의 중반부에 가서 이렇게 말해 줄 수 있다.

"옛말에 '미인 소박은 있어도 박색 소박은 없다.'는 말이 있어요. 그것은 자기 미모만 믿고 남편을 홀대하면 소박맞고 친정으로 쫓겨 간다는 거지요. 그에 비해서 못생긴 여자는 최선을 다해서 남편을 섬기니까 소박맞는 일이 없이 오히려 사이좋게 산다는 거지요. 외모는 처음 데이트할 때만 영향을 주지, 결혼생활에서는 전혀 영향력이 없어요. 다행히도 ○○씨는 막내 여동생처럼 애교 있고 너그러운 것이 옳게 사는 것이라는 것을 깨달았군요. 아름다운 ○○씨가 지금부터 너그러움과 배려와 헌신적인 태도를 개발하면 금상첨화이겠지요."

그리고 상담자는 이들 부부가 서로 간에 느끼는 감정과 욕구를 효과적으로 표현하고, 진정성 있게 경청하는 방법을 코칭해야 한다. 이를 위해서 상담자는 사티어의 경험적 가족치료이론의 의사소통 기법을 적용한다고 말하였으나, 이 사례에서는 그런 흔적이 보이지 않는다. 게다가 사티어의 이론에서 강조하는 일치형의 의사소통 기술은 내담자에게 확실한 자기표현과 경청의 방법을 가르쳐 주는 데에는 한계점이 있다. 비폭력 대화나 이마고 부부대화 기술이 더 구체적이다. 이마고 부부대화에서는 부부가 상담자와 한 팀이 되어서, 어느 한쪽 배우자는 화자가 되고 다른 쪽은 경청자가 되어 공평하게 대화하기를 연습한다(오제은 역, 2005).

(3) 자기네 삶의 패턴을 이해하기: 교류분석적 상담의 이론 적용

상담자는 내담자가 지속하고 있는 행동패턴을 이해하고 역기능적인 행동방식의 악순환적 고리를 끊기 위해서 자기의 행동이나 삶에 대한 입장을 철저히 분석하여 이해

하도록 인도할 필요가 있다. 그런 목적으로 교류분석적 상담에서의 네 가지 분석, 즉 구조분석, 교류분석, 게임분석과 각본분석을 시행할 수 있다.

- **구조분석**: 내담자가 보이고 있는 언어적, 비언어적 메시지는 그의 성격을 구성하고 있는 세 가지 자아 상태, 즉 부모자아, 성인자아, 어린이자아의 상태를 표현하고 있다. 내담자가 지나치게 강압적인가?(성인자아) 어린이처럼 항상 보호만 받으려고 하는가?(어린이자아) 이상적으로 보자면 상황에 따라 객관적이고 현실적인 판단을 할 수 있는 성인자아가 중심이 된 상태에서 부모자아와 아동자아가 적절히 기능해야 한다. 만약에 어떤 자아 상태가 다른 것을 배제하거나 오염되어(섞여) 있다면 객관성을 상실하고 편견 속에 살게 된다.

이고그램(Egogram)을 통해서 다섯 가지 기능적인 자아 상태, 즉 비판적인 부모자아와 양육적인 부모자아, 성인자아, 자유분방한(무책임한) 어린이자아와 지혜로운(꾀돌이) 어린이자아가 어떻게 나타나는가를 분석해 보는 것이 유용하다.

Ⓟ 부모자아 상태
Ⓐ 성인자아 상태
Ⓒ 어린이자아 상태

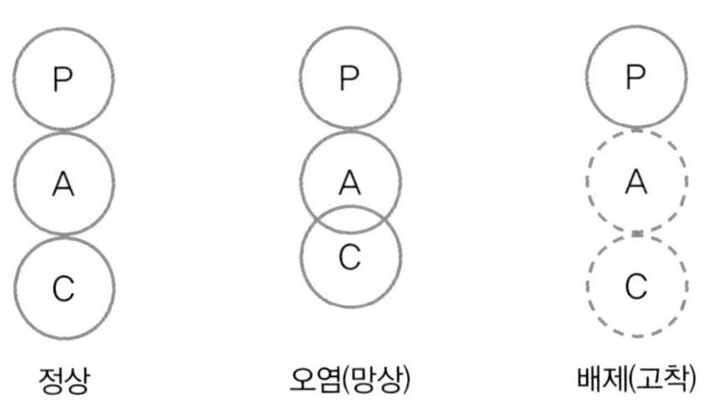

그림 16-1 구조분석 도표

출처: 노안영(2005), p. 437.

허허 씨와 나르시스는 성인자아 상태가 아주 약하고 어른자아와 어린이자아 위주로 관계를 맺고 있다. 특히 나르시스는 자아 간에 오염과 배제 현상이 심하게 표출되고 있는 것 같다.

- **교류분석**: 인간은 서로가 인정받고 싶고 긍정적인 어루만짐을 받기 위해 관계를 맺는다. 상담시간에 내담자는 자기가 관계 맺는 방식, 즉 교류하는 방식이 직접적이고 서로 개방적인지(상보적 교류), 방어적이고 폐쇄적인지(교차적 교류) 또는 진실하지 않은지(저의적 교류)를 분석 받는다. 그리하여 부적절한 교류, 즉 교차적, 저의적(이중적) 교류를 중단하고 상보적 교류를 하도록 훈련 받는다.

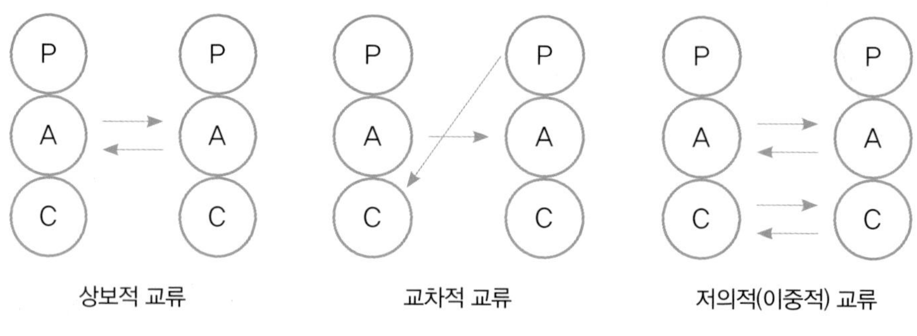

그림 16-2 상보적 교류, 교차적 교류, 저의적 교류

이들 부부는 진정한 의사소통이 이루어지지 않고 있기에 교차적이고 이중적인 교류를 하고 있다. 특히 나르시스가 심하다. 이들 부부는 서로가 마음이 통하는 대화, 즉 상보적인 교류의 의사소통 기술을 훈련받아야 하겠다.

- **게임분석**: 모든 사람은 상대방으로부터 인정받고 어루만짐을 경험하기 위하여 상호작용하면서 게임을 한다. 주로 세 가지 역할, 즉 구조자, 박해자, 희생자 역할의 게임을 계속한다. 나르시스는 희생자 역할의 게임을 주로 하고 있고, 허허 씨는 구조자와 희생자 역할의 게임을 하고 있다. 이런 심리적인 게임을 중단하고, 직접적이고 진솔하게 친밀감을 나눌 수 있도록 하는 것이 중요하다.
- **각본(삶의 관점)분석**: 어린 시절의 양육 경험에 의하여 형성된 내담자의 자아 상태, 즉 부모자아 상태와 어린이자아 상태가 내담자의 삶의 기본적인 관점과 의사소통의 양식을 결정한다. 그것은 네 가지이다.

① 자기 부정–타인 부정(I'm not OK, You're not OK)
② 자기 긍정–타인 부정(I'm OK, You're not OK)
③ 자기 부정–타인 긍정(I'm not OK, You're OK)
④ 자기 긍정–타인 긍정(I'm OK, You're OK)

내담자가 추구해야 할 관점(각본)은 '나도, 당신도 이만하면 괜찮다.'는 수용과 긍정의 태도이다. 이 부부는 모두 자기 긍정-타인 부정의 각본에 입각하여 상호작용하고 있는 것 같다. 상담에서는 자기 긍정-타인 긍정의 각본으로 바꾸는 방법을 연습할 수 있다.

(4) 부부의 핵심문제를 다루기 위한 내면가족체계이론 설명하기

슈왈츠(Richard Schwartz)가 창안한 내면가족체계(Internal Family Systems: IFS)이론에서는, 개인의 내면에는 각기 다른 인격체가 마치 각각의 가족체계인 것 같이 존재하며, 각각의 체계가 특별한 역할을 담당한다고 설명한다(김춘경, 변외진 역, 2010).

개인마다 학대받고 버려진 취약한 부분이 있다. 이것은 트라우마를 경험하고 두려움에 압도된 채, 자신의 내면에 갇혀 있는 '유배자'(추방자) 체계이다. 유배자는 '상처받은 내면아이'와 비슷한 개념이다. 유배자의 고통을 감싸주기 위해서 보호 기능을 하는 가족체계에는, '관리자' 체계와 '소방관' 체계가 있다.

관리자는 이성적이고 합리적으로 힘을 발휘하여 취약한 유배자를 보호한다. 관리자는 실력을 쌓아 능력을 인정받고, 일중독에 빠지고, 막중한 책임감으로 임하거나, 상대방을 공격하고 비난하거나, 사람들과 거리를 두고 친밀한 관계를 거부하는 행위로써 임한다.

소방관은 유배자가 심리적으로 아주 위태로운 상황이라는 느낌이 들면, 그러한 긴급상황의 불을 끄기 위해서 필사적으로 강박적인 방어행동을 한다. 충동구매, 게임중독, 끝없는 외도, 지칠 줄 모르는 운동 몰입 등으로 뛰어드는 것이다. 말하자면 즉각적(단기

〈뒤죽박죽이 되어 Self가 안 보인다〉

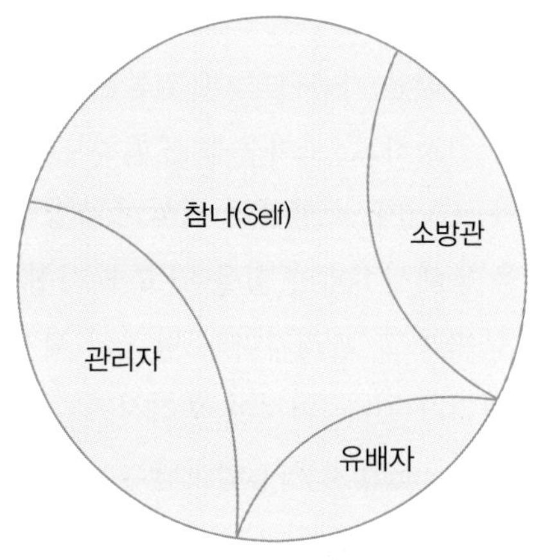

〈Self가 리더십을 발휘한다〉

그림 16-3 참나, 관리자, 소방관, 유배자

적) 욕구충족을 기한다.

그러나 각자의 내면에는 자기를 수용하고 사랑하고 격려하는 '참나(Self)'가 있다. 참나는 유배자, 관리자, 소방관 체계를 인식하고, 이들 부분이 서로 조화되도록 노력한다. 마치 오케스트라의 지휘자와 같은 역할을 하는 것이다. Self는 상처받은 내면아이를 길러주는 '성인자아'와 유사하다. 그리하여 장기적 욕구충족과 자기실현의 방향으로 나아가도록 궤도를 수정하는 것이다.

내면가족체계이론에 입각하여 나르시스를 살펴보자. 나르시스의 내면에는 만성적인 불안과 의존성이 있다. 그리고 아직은 의식 상태에 떠오르지 않았지만, 그녀에겐 남 모르는 비밀이나 트라우마가 자리 잡고 있음 직하다. 이것이 나르시스의 유배자 부분이다. 그런 유배자를 보호하기 위해서 관리자가 앞장서서 활동한다. 그것은 자기 자신을 매력적으로 꾸미며, 자기에게 친절한 남성들을 냉대하는 행위로 임하는 거만함이다. 그녀가 남편을 비난하고 하인 취급하고 소리 지르는 것은 소방관 부분인 것으로 보인다.

허허 씨를 살펴보자. 허허 씨의 내면에는 자기가 형보다 열등하다는 의식이 유배자로서 존재하는 것 같다. 그런 열등의식을 느끼지 않도록 방어하기 위해서 그는 사람들을 돕는 일에 모든 시간과 정력을 쏟고 있다. 이것이 그의 관리자 체계가 하는 행위다. 그리고 아내가 자기를 무시하면 할수록 성생활을 거부하는 것은 소방관 부분인 것으로 보인다.

상담자의 도움을 받아서 나르시스나 허허 씨가 이런 특성을 알아차릴 필요가 있다.

그리고 그들 내면에 있는 관리자와 소방관이 무엇을 보호하려고 하는가를 깨닫도록 인도하는 것이다. 그래서 내담자가 자기 내면에 있는 관리자와 소방관 체계가 자신의 상처받은 마음(수치심, 열등감, 불안 등)으로부터 자신을 보호해 주려고 노력했다는 것을 인정하고, 고마움을 표현하도록 돕는 것이다. 다시 말해서 지금까지는 Self와 유배자, 관리자, 소방관이 뒤섞여(융합) 있었다. 그래서 마음이 혼란스러웠다. 그런데 상담을 통해서 Self가 힘을 얻고 리더십을 발휘하는 것이다. 그리하여 그들 각각의 체계를 분리하고, 관리자나 소방관의 체계가 보여 준 노고를 인정하게 되면, 혼란된 마음이 정리가 된다. 이것을 분리시키기(unblending)라고 한다. 그래서 마음의 부담을 덜고(unburdening) 치유가 일어난다.

나르시스는 어린 시절에 부모가 자기를 다른 사람과 비교해서 평가하고, 자기의 고유성을 인정해 주지 않는 것을 그대로 수용하고 살면서 마음이 괴로웠다. 그런데 우리는 누구나 실수하기 마련이고 완벽한 사람은 없다. 장애인이든, 추남이든, 정박아이든

간에 우리는 모두 행복하게 살 권리가 있다. 그러니까 조건부적으로 자타를 수용하지 않으며, 우리의 고유성을 있는 그대로 인정해 주어야 한다. 그런 관점에서 보자면 나르시스는 유치하게 남편을 헐뜯고 비난한 자신의 일면도 용인하는 것이 필요하다. 허허 씨가 소년처럼 친구들 속에서 그들의 환심을 사는 것에만 신경을 쓰고 살았던 일면도 받아들이는 것이 필요하다. 그들은 부부갈등의 좌절적인 상황에서 심리적으로 자존심을 지키기 위하여 그렇게 행동할 만한 구실이 있었는데 그것도 수용해 주는 것이다. 다만 앞으로는 그런 방어적 대응행동을 지속하지 않고, 보다 더 성숙한 태도로 임하면 되는 것이다.

그러니까 내면가족체계이론을 적용하여 '자각'이 이루어진 다음에는, 그들이 무조건적인 자기 수용과 자기 사랑으로 거듭나도록 인도할 필요가 있다.

나르시스는 외모가 예쁜 것만큼 마음속에도 사람들에게 친절하고 배려와 애정을 표현할 수 있는 예쁜 마음이 들어 있다. 다만 어린 시절의 콤플렉스가 그녀를 붙잡고 있기에 그녀의 예쁜 마음이 실력을 발휘하지 못하고 있다. 그래서 상담자는 부정적이고 파괴적인 방향으로 편향된 그녀의 태도를 바꾸고, 또 긍정적이고 건설적인 대화방식으로 바꾸어 균형을 이루도록 인도하는 것이다. 한편 허허 씨는 밖에서 재미만 찾는 시간을 줄이고, 내면의 정신적 성장을 위해서, 그리고 부부 공동의 삶을 위해서 어느 정도 방향을 바꾸어야 한다. '부부갈등'이 있다는 것 자체가 그런 깨달음이 필요하다는 것과 '변화하고 성장하라'는 메시지이다.

(5) 부부의 핵심문제를 다루기 위한 정서중심치료이론 적용하기

곧잘 화내며 불안하고 우울한 성격의 나르시스와 친구에게 도망가고 싶은 허허 씨는 자기네 콤플렉스의 근원을 깨닫고 그것을 다루는 작업이 반드시 필요하다. 그런 면에서 보다 더 심층적이고 체계적인 치료를 위해 정서중심치료(Emotionally Focused Therapy: EFT)의 이론을 소개하자면 다음과 같다(김현진 역, 2015; 김현진, 에스더 박, 양명희, 소피아 박, 김은지 역, 2018).

EFT 이론에서는 내담자의 자기(self)가 환경과의 상호작용을 통하여 변화되기를 경험하도록 변증법적 구성주의의 관점에서 치료를 진행한다. EFT의 상담자는 첫 회기에 내담자가 호소하는 애로 상황 내지 문제되는 스토리(narrative)를 경청한다. 그리고 내담자가 경험했던 애로 상황 속에서 주로 어떤 감정을 느꼈는지를 파악한다.

이 사례에서 밤늦도록 남편을 기다리다 지친 나르시스는 우울하고 화가 나서 드디어 남편을 멸시하는 말로 배척하고 하인 취급을 했다. 그리고 친정 부모에게 달려가 그 사실을 일러바쳐 부모가 사위된 남편을 야단치게 만들었다. EFT에서는 이런 방식으로 그녀가 좌절감을 처리하는 것을 '정서 처리(emotional processing)'라고 한다. 그리고 그녀의 주된 감정을 표현하는 특징적인 말과 행동을 정서 처리 형태의 '표식(marker)'이라고 한다.

그들의 근본적인 콤플렉스는 무엇인가? 그것을 발견하기 위해서는, 나르시스의 분노 감정(2차 정서) 아래 깔려 있는 1차적(근원적) 감정과 허허 씨의 절망감 뒤에 숨어 있는 1차 감정을 찾아내야 한다. 즉 핵심 감정을 찾아보는 것이다.

이를 위해서 EFT에서는 게슈탈트 치료의 '빈 의자 기법'을 주로 사용한다. 빈 의자 기법을 통하여 나르시스는 남편에게 화내고 비난하는 '나'와 자기 혼자 집에 남아 불안과 외로움에 떠는 '나', 즉 두 개의 나를 연출하게 한다. 그리하여 나르시스는 자기가 근본적으로 외로움을 두려워하고 살아 왔다는 것을 발견하게 한다. 그녀의 1차 정서 내지 핵심 감정은 외로움이다. 남편이 자기를 거부하여 끝내 홀로 남겨질까 봐 두려워하는 마음, 불안, 의존심, 무력감, 사랑받지 못한다는 느낌, 수치심, 자기 존재가 아무 것도 아니라는 무가치감이 1차 감정이다. 이것이 그들의 부부생활을 방해하는 요인이 되고 있다. 그리고 그런 1차 감정 뒤에는 남편이나 가족(주로 어머니)과 다정하게 지내고 싶은 욕구, 즉 친밀감의 욕구와 자기가 귀한 존재라는 것을 인정받고 싶은 욕구가 깔려 있다. 그녀가 이런 핵심 감정을 알아차릴 때 비로소 치유가 일어난다. 이 시점에서 상담자는 그런 부적응적 정서(외로움)의 뿌리를 어린 시절의 부모-자녀 관계에서 찾아보도록 유도한다.

나르시스가 항상 느끼는 두려움과 수치심은 어머니에게서 버림받을까 봐 두려워했던 어떤 경험에서 유래되었다고 본다. 불안정 애착 관계에서 느꼈던 불안과 슬픔이 자기 내면에 억압되고, 현실세계에서는 비난-거부적 태도와 분노(표식)로써 나타난다. 이제 나르시스는 어린 시절에 학습된 부적응적인 정서도식을 알아차렸기 때문에, 보다 더 능동적으로 자기의 세계를 조직해 나가는 주체로서 살아가야 한다. 기존에 느꼈던 부정적이고 자기파멸적인 감정을 이성(인지)으로써 조율해서 기능적인 삶을 살아가는 것이 필요하다. 이렇게 적극적으로 이성(생각)과 정서와 행동을 계속해서 조직하고 종합함으로써 새로운 정서적 반응을 하는 것을 EFT에서는 '자기의 조직화'라고 하였다(김현진, 2014, pp. 88-90).

자기의 조직화는 어떻게 일어나는가? 상담자가 내담자의 자기 조직화를 도와주어, 내담자가 새롭게 변화되도록 어떤 조처를 취할 수 있는가?

첫째, 알아차림을 유도한다. 내담자는 대부분 부정적 감정의 홍수 상태에 빠져 있기

때문에, 자기가 무슨 감정을 느끼고 있는지를 확실히 알아차리지 못하고 있다. 따라서 내담자가 느끼는 정서를 알아차리도록 촉구하기 위하여 신체적 감각을 인지하도록 한다.

둘째, '표식'이 되는 정서를 충분히 느끼게 한다. 이를 위해서 자기의 콤플렉스 내지 핵심감정을 건드리는 요소(triggers)를 분별해 내도록 한다. 예를 들어, 나르시스는 남편이 핸드폰의 수신을 차단하면, 갑자기 욕설이 튀어나오고 안절부절못한다고 하자. 이 때의 불안(정서)과 비난(행동)이 그녀가 수정해야 할 '표식'이다.

이 상황에서 정서중심치료적 기법을 사용하는 상담자는 다음과 같이 접근하여 이들 부부로 하여금 그들이 느끼는 핵심 정서에 접촉하도록 도와줄 수 있다.

상담자: (나르시스에게) 남편이 핸드폰 수신을 차단할 때 어떤 느낌이 들었나요?

나르시스: 이게 뭐야? 참 별꼴이네. 망할 녀석!

상담자: 참 별꼴이네, 망할 녀석이라고 할 때의 느낌은?

나르시스: 괘씸해서 미치겠죠.

상담자: 괘씸해서 미치겠지요. 그래서 느끼는 감정은?

나르시스: 화가 나고 불안해요.

상담자: 아, 선생님은 화가 나고 불안한 감정이 많으시군요.
(허허 씨에게) 선생님이 핸드폰 수신을 차단할 때는 어떤 마음이었나요?

허허 씨: 그야 뭐, 우리 사이에는 할 말도 없잖아요?

상담자: 우리 사이에는 할 말이 없다고 생각할 때의 느낌은?

허허 씨: 아내가 자꾸 재촉하고 야단치는 데 난 질려버렸어요.

상담자: 아내한테 질려버렸다는 건 구체적으로?

허허 씨: 난 원래 싸움을 하기 싫어해요. 약한 여자하고 싸움도 못 해요. 그런데 아내가 싸움을 거니까 황당해서 도망가고 싶지요.

상담자: 도망가고 싶네요. 그때의 심정은?

허허 씨: 아내가 싫고, 우리 결혼은 희망이 없어요. 그러니까 절망적이죠.

상담자: 아, 선생님은 싸우기 싫고 도망가고 싶고 절망적이네요.

셋째, 부적응적 정서를 어떻게 조절할 수 있는지를 코칭한다. 다시 말해서 상담자는 나르시스에게 자기의 감정을 다스리는 요령을 가르치고 연습시킨다. 몇 가지 방법을 소개하자면 다음과 같다.

- 자기가 느끼는 감정(정서)을 식별하고, 그에 대해 이름 붙이기(말로 표현하기)
- 그때 느끼는 감정을 얼마 동안은 견딜 수 있게 허락하기
- 고통스러운 정서(슬픔)를 자기 자신에게 충분히 표현하고 받아들이기
  괴로운 마음을 수용하게 되면, 역설적으로 괴로운 마음이 경감된다.
- 연민의 마음으로(예: 버림받고 학대 받아 수치스러운) 자기를 스스로 위로하기
- 의식적으로 자기의 사고(인지적 체계)를 변화시키기
- 명상, 이완, 기분 전환을 실천하며, 긍정적인 정서를 늘리기
- 융합된 사고에서 벗어나기
  나르시스는 '나는 맨날 화가 나 있는 사람'이라는 관점으로 살아왔다(융합된 사고). 그런데 이제부터 '나는 화가 날 때도 있고 그렇지 않을 때도 있다.'라는 관점을 취한다. 그래서 분노가 자기를 온통 집어삼키는 것이 아니라, 분노는 자기의 일부분일 따름이라는 생각을 하는 것이다. 그렇게 되면 자기 내면의 일부분에 불과한 분노의 문제를 다루기가 훨씬 더 용이해진다. 그리고 나르시스에게는 어려서부터 자기 행동을 일일이 간섭하고 거부적이었던 어머니를 싫어하는 마음과 그런 어머니를 따르고 의지했던 마음이 동시에 있다는 것, 즉 자기 내면에는 여러 개의 부분이나 여러 가지의 목소리가 있다는 것을 수용하는 것이다.
- 자기의 중심 주제에 대하여 새로운 이야기(narratives)를 만들기
  EFT이론에서는 내담자가 ① 자기–자기, ② 자기–타인, ③ 실존적 문제 중의 하나에 마음이 집중되어 있다고 보고 있다. 나르시스의 경우에는 '② 자기–타인'의 문제에 초점이 맞춰져 있다고 볼 수 있다. 즉, 남들이 나를 어떻게 보는가, 나와 남편 중에 누가 더 잘났는가, 누가 더 사랑받아야 하는가 등에 관심이 많다. 또 실존적 문제에 집중되어 있다고 볼 수도 있다. 즉 '나는 외모 이외에는 내세울 것이 하나도 없는 존재다.'라는 무가치감 내지 자기 존재의 의미 상실이 그녀의 문제일 수도 있다.
  이제 상담자는 나르시스가 어린 시절의 트라우마에 대한 기억의 내용을 재구성하여, 새로운 이야기를 만들게 할 수 있다(김현진 역, 2015, p. 134). 과거에는 그녀의 감정이 뒤죽박죽이었는데, 이제 글쓰기 작업을 통하여 변증법적으로 통일된 스토리를 만들어 낸다. 그리하여 건강한 자기로 조직화하여, 성장지향적으로 살아갈 수 있게 한다. 이것이 분화요, 자기 정체성의 확립이다. 상담자는 그녀에게 이제부터 천진난만한 어린이 자아와 성인 자아를 회복하라고 권유할 수 있다.

이상에서 살펴본 바와 같이 EFT이론은 대상관계이론과 인간중심이론, REBT 및 인지행동이론과 특히 수용전념치료와 내면가족체계이론을 통합한 것으로 보인다. 그런 가운데 내담자의 지각되지 않았던 정서에 초점을 맞추어 그것을 알아차리고 수용하며, 계속 변화하고 발전된 자기의 모습으로 조직하기를 촉구한다.

3) 상담자에 대한 슈퍼비전

〈419쪽 '슈퍼비전을 받고 싶은 내용' 참고〉

① [남자와 여자의 역할 등을 상담자가 지시적으로 코칭한 것은 옳은가?] 허허 씨와 나르시스는 원가족에서 바람직한 부부 관계의 역할 모델을 보고 배우지 못한 것 같고, 정서적으로 매우 미숙하다. 그러므로 상담자가 먼저 내담자의 마음에 공감해 주고 수용한 다음에, 아내와 남편의 역할을 코칭해 주는 것이 필요하다. 이때 코칭 내지 심리교육을 할 때는 지시적인 방법보다는 소크라테스식 대화법으로 하는 것이 바람직하다.

② [상대방 탓만 하고 서로 비난하는 부부에게 필요한 개입 방법은?] 이 책 서두에서 내가 제시한 바와 같이, 상담의 6단계를 따라가도록 하라. 또는 현실치료의 핵심 원리인 WDEP를 활용하라. 먼저 W(Want)를 알아본다. 즉, 내담자에게 원하는 것이 무엇인가를 질문한다. 그것(Want)이 상담의 목표와 연결된다. 그러고 나서 D(Doing), 즉 이들 부부가 현재 무슨 행동을 주로 하는가를 탐색한다. 이어서 E(Evaluation)는 그들의 현재 행동이 그들이 원하는 것을 성취하는 데에 도움이 되는가를 평가해 보는 것이다. P(Planning)는 그들이 원하는 목표를 성취하기 위하여 새롭고 효과적인 사고-감정-행동을 계획하는 것이다.

이들 부부는 오순도순한 결혼생활을 원하기 때문에 상담 목표는 '사이좋게 부부생활을 영위하는 것'이 될 것이다. 그들이 서로를 비난하는 행위로 임하고 있는데, 그것이 그들의 목표 달성에 도움이 되지 않는다는 것을 깨닫게 될 것이다. 그리하여 다정한 부부생활을 하는 데에 필요한 여러 가지 계획을 새롭게 수립하는 것이다. 이것은 상담의 과정 6단계 중 5단계에 해당된다. 그래서 그들이 비난하고 미워하고 멸시하는 행동 대신에, 상담에서는 유익하고 즐겁고 실천하기 쉬운 다른 관계 맺기의 방법을 도출해 내는 방향으로 진행되어야 하겠다. 이 단계에서 이들이 머리를 짜내서 현명한 대안을 도출해 내도록 시간을 준 다음에, 마지막으로 상담자가 그에 해당하는 상담이론을 소개하는 것이다. 그것은 '상담의 방향에 대한 제언'에서 내가 자세하게 설명하고 있다. 그리고 치유 작업을 위해서 가능하다면 상담자가 정서중심치료와 내면가족치료이론의 주요 개념을 이들 부부에게 간단히 설명해 주어도 많은 도움을 받게 될 것이다. 또한 친구를 좋아하는 남편에게 얼마의 자유 시간을 허용할까? 아내가 함께 있고 싶어 하는데 일주일에 몇 번, 몇 시간을, 무슨 일을 함께 하면서 같이 지낼까를 구체적으로 협상하도록 코칭할 필요가 있다.

4) 상담자-내담자 관계와 발전 과제

'슈퍼비전을 받고 싶은 내용'을 보면, 상담자는 자신의 지시적인 성향이 행여나 상담 진행에 역작용을 하지 않을까 하고 신경을 쓰는 것으로 보인다. 그러한 알아차림(자기 인식)이 있다면 상담을 진행하면서 평소에 습관대로 지시하는 경향성이 나타날 때 그것을 알아차릴 수 있게 되고, 따라서 자제할 수가 있다. 그러므로 염려하지 않아도 된다고 본다.

이 사례의 아내는 99.9% 이혼하겠다는 생각이 있었고, 남편은 상담에 대한 기대를 거의 하지 않은 채 수동적으로 아내를 따라왔다. 그런 부부가 10회기까지 나란히 상담에 참여하고 있다. 그 이유는 두 가지로 추정할 수 있겠다.

첫째, 아내와 남편의 원가족 배경을 살펴보면, 그들은 비교적 원만한 가정에서, 부모의 사랑을 받고 자랐다. 그런 성장배경 때문에 비록 그들이 신혼 때부터 심각한 마찰을 경험하고 괴로움 속에 살고는 있지만, 결혼생활을 포기하기보다는 가능한 한 결혼생활을 정상 궤도로 돌려보고자 하는 마음이 더 강하다고 하겠다. 그런 면에서 보자면 이들이 과거의 성격대로 반응하는 결혼생활, 즉 무의식적인 결혼생활에서 벗어나, 의식적인 결혼생활을 지속하려고 노력하게 된다면 장래의 전망은 긍정적으로 보인다.

둘째, 상담자와 내담자의 관계적 측면에서 볼 때, 상담자의 시원시원하고 솔직하며, 긍정적인 태도와 카리스마 있는 리더십이 이들 부부에게 좋은 삶의 모델이 되고 있는 것으로 보인다. 다시 말해서 불평 많은 아내는 상담자에게서 갈등 상황에 대해서도 대범하고 객관적으로 바라보는 시각을 배우게 되었고, 잔소리와 비난 대신에 솔직하게 자기의 생각과 감정을 말하는 것을 간접적으로 학습하는 것 같다. 또 사람들의 비위를 맞추는 호인형의 남편은 상담자에게서 자기 주장성을 배우는 것 같다. 그래서 '아, 나도 내 마음을 그때그때 이야기해야 하겠구나. 비록 내가 실수했더라도 아내나 사람들의

눈치를 보고 저자세로 임할 것이 아니다. 누구든지 때로는 실수할 수도 있지, 나에게는 실수할 권리도 있다. 그러나 나는 남편과 가장으로서 정당하게 대접받을 권리가 있지 않느냐? 다음부터 아내의 비인격적인 처우는 용납하지 않겠다!'라는 것을 모방학습하지 않았을까 사료된다.

그러므로 상담자는 이들 부부에게는 상보적인 면에서 환상적인 궁합(치료동맹)으로 보인다. 상담자는 자기의 타고난 강점인 리더십을 그대로 살리되, 내담자들에게 공감해 주고 그들이 문제해결적인 대안을 탐색하도록 브레인스토밍하는 질문을 좀 더 많이 사용하도록 유념하면 충분하다고 생각한다. 파이팅!!

연습문제

1. '성격이 맞지 않아 도저히 같이 살 수 없다.'고 하는 이 부부의 표면적 문제와 핵심 문제는 무엇인가?
2. 아내의 비난형 대화와 남편의 회피형 대화를 바꾸어, 이들이 효과적으로 소통할 수 있는 방법에는 어떤 것들이 있는가?
3. 내면가족체계이론으로 이들 부부의 심리적 체계를 설명해 보라.
4. 이 사례를 정서중심치료이론으로 접근하자면, 어떤 것들을 다루어야 하는가?
5. 상담자의 강점과 보완해야 할 점은?

참고문헌

강영우(2000). 우리가 오르지 못할 산은 없다. 서울: 생명의 말씀사.

강진령 역(2010). 상담 심리치료 실습과 수련감독 전략(Supervision Strategies for the First Practicum). Susan Allstetter Neufeldt 저. 서울: 학지사.

김경숙 역(2002). 화성에서 온 남자, 금성에서 온 여자(Men are from Mars, Women are from Venus). John Gray 저. 서울: 친구미디어.

김도연 역(2016). 분노를 위한 변증법적 행동치료 기술워크북(Using DBT Mindfulness & Emotion Regulation in Skills to Manage Anger). Alexander L. Chapman & Kim L. Grats 저. 서울: 하나의학사.

김성민 역(2019). 분석심리학과 상징적 추구(The Symbolic Quest). Edward C. Whitmont 저. 서울: 달을긷는우물.

김원(2019). 양극성 장애의 심리치료. 2019 인지행동치료 토요 세미나 자료집.

김정규 역(2004). 대인관계 정신역동 부부치료: 브라켈만스 세미나 CD. 서울: 학지사.

김주경 역(2001). 느리게 산다는 것의 의미 2(Chemins Aux Vents). Pierre Sansot 저. 서울: 동문선.

김춘경 외(2016). 상담의 이론과 실제(2판). 서울: 학지사.

김춘경, 변외진 역(2010). 내면가족체계치료(Internal Family Systems Therapy). Richard C. Schwartz 저. 서울: 학지사.

김학렬, 김정호 역(2012). 자살환자의 인지치료(Cognitive Therapy for Suicidal Patients). Amy Wenzel, Gregory K. Brown, & Aaron T. Beck 저. 서울: 학지사.

김현진 역(2015). 정서중심치료(Emotion-Focused Therapy). Leslie S. Greenberg 저. 경기: 교육과학사.

김현진, 에스더 박, 양명희, 소피아 박, 김은지 역(2018). 정서중심치료 사례개념화(Case Formulat-ion in Emotion-Focused Therapy). Rhonda N. Goldman, & Leslie S. Greenberg 저. 서울: 학지사.

노안영(2019). 상담심리학의 이론과 실제(2판). 서울: 학지사.

박경애(1997). 인지정서행동치료. 서울: 학지사.

박경애 역(2012). 결혼의 신화(Marital Myth). Arnold Lazarus 저. 서울: 시그마북스.

박경애(2013). 아동 및 청소년을 위한 인지행동치료. 서울: 학지사.

박경애(2013). 아동 및 청소년을 위한 인지행동치료 상담사례: REBT를 중심으로. 서울: 학지사.

박경애, 김희수 역(2015). 왜 나는 계속해서 남과 비교하는 걸까. Paul Hauck 저. 서울: 소울 메이트.

박경애, 하진의, 윤정혜, 이유미 역(2018). REBT를 활용한 정서 교육 프로그램(Thinking, Feeling, Behaving: An Emotional Curriculum for Children/Grades1-6). Ann Vernon 저. 서울: 학지사.

설기문(2003). NLP 파워. 서울: 학지사.

신성만 외(2021). 심리상담의 이론과 실제. 서울: 마인드포럼.

오규훈, 이재훈 역(2008). 초보자를 위한 대상관계 심리치료(The Primer of Object Relations). J. S. Scharff & D. E. Scharff 저. 서울: 한국심리치료연구소.

오제은 역(2005). 당신이 원하는 사랑 만들기: 국제공인 이마고 커플 워크숍 매뉴얼(Getting the Love You want). H. Hendrix & H. Hunt 저. 서울: 한국부부상담연구소.

이민수(1998). 노자 도덕경(혜원동양고전 10). 서울: 혜원출판사.

이부영(2001). 아니마와 아니무스: 남성 속의 여성, 여성 속의 남성. 서울: 한길사.

이부영(2015). C. G. 융의 인간실험론. 분석심리학(3판). 서울: 일조각.

이승호 역(2021). 감각운동심리치료(Interventions for Trauma and Attachment). Pat Ogden & Janina Fisher 저. 서울: 하나의학사.

이재훈 역(1997). 놀이와 현실(Playing and Reality). Donald Winnicott 저. 서울: 한국심리치료연구소.

이재훈 외 역(2001). 박탈과 비행(Deprivation and Delinquency). Donald Winnicott 저. 서울: 한국심리치료연구소.

이형득(2003). 본성실현상담. 서울: 학지사.

임용자(2021). 소마 신경언어 심리치료. 서울: 메타심리치유연구소.

전광철 역(2014). 그 남자의 섹스(She Comes First). Ian Kerner 저. 서울: 플레이북.

전광철 역(2014). 그 여자의 섹스(Passionista). Ian Kerner 저. 서울: 플레이북.

정유진(2010). EFT: 두드림의 기적. 서울: 정신세계사.

정지인 역(2016). 트라우마는 어떻게 유전되는가?(It Didn't Start with You). Mark Wolynn 저. 서울: 푸른숲.

제호영 역(2016). 몸은 기억한다(The Body Keeps the Score). Bessel Van Der Kolk 저. 서울: 을유문화사.

최경규 역(2020). 깨어 있는 마음의 과학(Mind to Matter). Dawson Church 저. 서울: 정신세계사.

최종훈 역(2010). 닉 부이치치의 허그(Life Without Limits: Inspiration for a Ridiculously Good Life). 서울: 두란노서원.

최혜란 역(2011). 모든 상실에 대한 치유, 애도(The Dynamics of Grief). David Switzer 저. 서울: 학지사.

최혜란 역(2011). 목회적 돌봄을 위한 애도 다루기(Ministering to the Grief Sufferer). C. Charles Bachmann 저. 서울: 학지사.

최혜란 편역(2016). 알기 쉬운 매직 NLP. 서울: Essay.

한국융연구원 역(2001). C. G. 융, 〈정신요법의 기본문제〉(C. G. 융 기본저작집 제1권). 서울: 솔.

한국융연구원 역(2004). C. G. 융, 〈인격과 전이〉(C. G. 융 기본저작집 제3권). 서울: 솔.

혜민스님(2017). 멈추면, 비로소 보이는 것들. 서울: 수오서재.

홍경자(2006). 자기주장과 멋진 대화. 서울: 학지사.

홍경자(2007). 자기주장의 심리학. 서울: 학지사 이너북스.

홍경자(2016). 넉넉한 부모, 잘되는 아이. 서울: 학지사.

홍경자(2020a). REBT와 인지이론의 실제: 생각 바꾸기 훈련 사례. 서울: 학지사.

홍경자(2020b). REBT와 인지이론으로 마음 다스리기. 서울: 학지사.

홍경자, 김선남 역(1995). 화가 날 때 읽는 책(How to Live with and without Anger). Albert Ellis 저. 서울: 학지사.

홍경자, 오정선, 김유정(2017). 사회성과 대화능력을 길러주기. 서울: 홍경자심리상담센터 출판부.

홍경자, 정욱호, 최태산, 권선이(2017). 자존감을 심어주기. 서울: 홍경자심리상담센터 출판부.

Clarkin, A. J. (1998). Altered relationships with peers: Peer group affiliation, friendships, first love. In L. T. Flaherty & R. Sarles (Eds.), *Handbook of child and adolescent psychiatry* (Vol. 3). New York: John Wiley & Sons, Inc.

Ellis, A. (1962). *Reason and emotion in psychotherapy*. Seraicis, NJ: Lyle Stuart.

Ellis, A. (2003). Similarities and differences between rational emotive behavior therapy and cognitive therapy. *Journal of Cognitive Therapy: An International Quarterly, 17*(3), 225-240.

Ellis, A. (2010). *Albert Ellis All Out*. Prometheus Books.

Jamison, K. R. (1997). *An unquiet mind: A memoir of moods and madness*. Vintage Press.

Visions, vol. 1, C. G. Jung, Notes of the seminar given in 1930-1934, Bolligen series XCIX, 1997, Princeton University Press

Visions, vol. 2, C. G. Jung, Notes of the seminar given in 1930-1934, Bolligen series XCIX, 1997, Princeton University Press

저자 소개

저자들이 함께 모여(왼쪽부터 박경애, 홍경자, 최혜란)

홍경자(Hong, Kyung-Ja)

전남대학교 교수(1976~2006)를 역임하였고, 현재는 전남대학교 명예교수이자 미국 데이브레이크대학교(The Daybreak University)의 석좌교수이며, 홍경자심리상담센터 소장으로서 세계적인 부모코칭 프로그램인 적극적인 부모역할 훈련(AP)의 지도자를 20여 년간 양성해 왔다. 저자는 한국사회에 '상담심리학'이라는 학문을 처음 소개한 제1세대 학자이기도 하다. 그리고 엘리스(Ellis)의 REBT 이론 및 글래서(Glasser)의 현실치료를 한국사회에 최초로 소개하였다. 지난 50년 동안 상담자들에게 상담의 실제적인 기술을 명쾌하게 가르쳐 왔고 특히 '마음치유여행'의 워크숍을 통하여 한국인의 한(恨)과 화병을 치유하고 있다. 저자는 국제공인 이마고 부부상담치료사이고, 상담심리학 분야의 네 개 학회(한국심리학회, 한국상담학회, 한국가족상담협회, 한국기독교상담심리학회)에서 공인 슈퍼바이저로 활동하고 있으며, '아리랑Therapy'에 대한 특허를 소유하고 있다. 현재는 개인상담, 부부상담, 집단상담, 상담자 기술 훈련과 슈퍼비전 등에 주력하고 있다.

대표 저 · 역서로는『REBT와 인지이론으로 마음 다스리기』(2020),『REBT와 인지이론의 실제』(2020),『자존감을 심어주기』(2017),『사회성과 대화능력을 길러주기』(2017),『넉넉한 부모, 잘되는 아이』(2016),『의사소통의 심리학』(2007),『청소년의 인성교육』(2004),『상담의 과정』(2001),『이혼 · 별거 가정의 부모역할』(역, 2009),『부모코칭 프로그램: 적극적인 부모역할, NOW』(역, 2007) 등이 있으며, 100여 편의 논문을 저술하였다.

박경애(Park, Kyung-Ae)

한국상담심리학회, 한국상담학회 수련감독자이며, 현재 광운대학교 교육대학원 상담심리, 심리치료교육 전공 주임교수 및 동 대학교 일반대학원 교육학과 상담교육 학과장으로 재직 중이다. 미국 미주리 대학교(University of Missouri-Columbia)에서 교육 및 상담심리학으로 박사학위를 받았으며, 1995년 엘리스연구소에서 Ellis Scholar로 선정되는 영예를 얻었다. 1997년 REBT 지도감독 자격증(Supervisory Certificate)을 취득하였고, 영국 킹스 칼리지 런던(King's College of London)의 정신의학 · 심리학 · 신경과학연구소(Institute of Psychiatry, Psychology, and Neuroscience)에서 교환교수를 역임하였다. 국내에서는 광운대학교 교육대학원장과 학교상담학회장을 역임하였고, 2019년에는 한국REBT인지행동치료학회를 창설하여 회장으로 취임하였으며, 한국REBT인지행동치료 상담센터(www.rebt.kr)에서 슈퍼바이저로 활동하며 REBT 전문가를 양성하고 있다.

대표 저 · 역서로는 『인지정서행동치료(REBT)와 집단상담』(2020), 『REBT 클로버 보드게임: 집단상담 및 정서교육 프로그램』(2020), 『인지정서행동치료(REBT) 단회기 상담사례』(2018), 『아동 및 청소년을 위한 인지행동치료』(2013), 『아동 및 청소년을 위한 인지행동치료 상담사례』(2013), 『인지정서행동치료(REBT)』(1997), 『REBT를 활용한 정서교육 프로그램 초등학생용/중 · 고등학생용』(역, 2018), 『인지치료기법』(역, 2019), 『왜 나는 계속 남과 비교하는 걸까』(역, 2015), 『결혼의 신화』(역, 2012), 『우울과 불안장애의 치료계획과 개입방법』(역, 2008), 『우울증 스스로 극복하기』(역, 2005) 등이 있다.

최혜란(Choi, Hye-Ran)

한국상담심리학회, 한국상담학회, 한국코칭심리학회, 목회상담협회, 한국가족상담협회 등의 수련감독자이자 국제공인 NLP 트레이너이며, 현재 백석대학교 교육대학원 주임교수이고 상담심리, 코칭심리 전공 지도교수로 재직 중이다. 부산대학교 사범대학을 졸업한 뒤, 고신대학교 대학원, 동아대학교 대학원에서 상담심리 전공으로 박사학위를 받았다. 미국 인디애나 주립대학교(Indiana State University)에서 객원교수를 역임하였고, 국내에서는 백석대학교 학생생활상담센터 소장을 역임하였다. 융심리학에서의 교육 분석 및 지도 분석으로 오랜 시간 훈련받고 있으며, 꿈 분석을 주요 과제로 삼고 있다.

대표 저 · 역서로는 『상담자 개성화를 위한 슈퍼비전의 실제』(2019), 『분석심리학으로 본 상담 슈퍼비전의 실제』(2019), 『생생하게 듣는 슈퍼비전』(2016), 『알기 쉬운 매직 NLP』(편역, 2016), 『모든 상실에 대한 치유, 애도』(역, 2011), 『목회적 돌봄을 위한 애도』(역, 2011), 『전인적 치유 워크북』(역, 2004) 등이 있다.

3명의 슈퍼바이저와 함께하는

상담사례 슈퍼비전

–통합적, 인지적, 정신역동적 접근–

Counseling Cases and Supervision
with Three Different Supervisors

–Integrafive, Cognitive and Psychodynamic Approaches–

2022년 1월 20일 1판 1쇄 인쇄
2022년 1월 25일 1판 1쇄 발행

지은이 • 홍경자 · 박경애 · 최혜란

펴낸이 • 김진환
펴낸곳 • ㈜학지사
04031 서울특별시 마포구 양화로 15길 20 마인드월드빌딩
대표전화 • 02-330-5114 팩스 • 02-324-2345
등록번호 • 제313-2006-000265호

홈페이지 • http://www.hakjisa.co.kr
페이스북 • https://www.facebook.com/hakjisa

ISBN 978-89-997-2526-5 93180

정가 25,000원